——幼儿园“家园共育”家庭教育指导课程

丛书主编 王桂亮 刘洁

让孩子走向优秀

Ranghaizi zouxiang youxiu

（小班·上册）

本册主编 项敏 吴振芳

山东城市出版传媒集团·济南出版社

图书在版编目（CIP）数据

让孩子走向优秀 / 王桂亮，刘洁主编. -- 济南 : 济南出版社，2023.6

ISBN 978-7-5488-5669-6

Ⅰ. ①让… Ⅱ. ①王… ②刘… Ⅲ. ①家庭教育 Ⅳ. ①G78

中国国家版本馆CIP数据核字(2023)第098073号

出 版 人　田俊林

责任编辑　郑红丽　李冰颖　姜海静

封面设计　侯文英　谭　正

出版发行　济南出版社

地　　址　济南市二环南路1号

印　　刷　山东彩峰印刷股份有限公司

版　　次　2023年8月第1版

印　　次　2023年8月第1次印刷

成品尺寸　170 mm × 240 mm　16开

字　　数　700千

印　　张　55.75

定　　价　288.00（全6册）

（济南版图书，如有印装质量问题，请与出版社出版部联系调换。联系电话：0531-86131736）

《让孩子走向优秀》编委会

前　言

“让孩子走向优秀”，是我们这套丛书的名称。为什么要为这套丛书起这样一个名字呢？因为它体现着作者的理念和目标。

好的家庭教育，首先要确立一个科学、明晰的培养目标，也就是父母应该培养一个什么样的孩子？应该为孩子设计一个怎样的人生发展目标？

当孩子还在妈妈腹中孕育的时候，父母心中往往已经对孩子有了一个个美好的期望；当孩子呱呱坠地，父母更是对孩子的未来发展设计出了一个个目标——上清华，考北大，出国留学，将来成为一名科学家、钢琴家、教师、医生，等等。

这些远大的目标，体现着父母的美好期待，但对3~6岁孩子来讲是非常遥远的，特别是有些父母缺乏发现孩子天赋和兴趣的能力，或者是完全不顾孩子的天赋和兴趣，只是一味地按自己的意愿来为孩子设定未来发展的目标，犹如寓言故事《动物学校》中的老师一样，让具有游泳天赋的鸭子放弃游泳去练习跑步，让兔子这位跑步冠军放弃跑步去学习游泳……这样做的结果，往往会产生一些严重的负面影响——将不适合的目标强加给孩子，并早早把孩子拖进教育内卷的过度竞争旋涡，对孩子进行“拔苗助长”式教育，忽视孩子的全面、健康发展，使孩子感到“压力山大”，身心疲惫不堪，甚至产生厌学情绪，形成片面、畸形的发展，最终往往与父母的期望南辕北辙。

本书所提出的“让孩子走向优秀”，是孩子身心健康发展的一种素质培养目标——让孩子学会做人、学会交往、学会生活、学会学习、学会审美、学会健体、学会劳动、学会创新等，让孩子全面、和谐、健康、快乐地成长，为孩子未来发展打下坚实的基础。这样，孩子具备了良好的素质，将来必定会“飞”得高、“飞”得远。正所谓“养其根而俟其实”“根之茂者其实遂”，养好根、育好苗。若是红杉树，日后自然会长成参天大树；若是苹果树，长大后定会硕果累累。

如何让孩子走向优秀呢？本丛书立足于孩子终身发展的核心素质培养这个“基点”，从孩子终身发展和社会发展需要必备的品格和关键能力等方面着手，精选了家庭教育的60个专题，从“为什么教”“教什么”“怎么教”三个方面对每一个专题的意义、内容和方法等做出详细的阐述。

本丛书采用了“案例法”的撰写方式，通过古今中外一个个典型且富有指导意义的家庭教育案例，深入浅出地诠释了亲子教育的科学理念、内容和方法等，书中所选案例通俗易懂，富有生活情趣。

希望这套丛书能够为已经成为父母或即将为人父母的读者们拓宽教育孩子的视野，提供科学的教育理念和教育方法；为学前教育工作者提供家庭教育指导的前沿理念和方法。如果本书能对您的家庭幸福和家庭教育哪怕有一点益处，也将让我们深感欣慰。因资源与水平所限，书中难免出现这样那样的纰漏和错误，若您发现，恳请批评指正。在此，我们先向您致以深深的敬意。

目 录

专题一 目标：让孩子走向优秀

培养什么样的孩子，是每一位家长养育孩子时的首要问题，也是家庭教育的一个终极问题。

很多家长会根据自己的意愿给孩子定下这样一些目标：

——考班级第一名；

——考上重点中学；

——考上清华、北大、哈佛；

——长大当一名科学家；

——长大当一名钢琴家；

——长大当一名大明星；

……

这些过于重视结果忽视过程的目标，具有唯一性和片面性，很多孩子因难以达到目标而成为家长眼中的失败者，不利于孩子身心健康发展。

父母应给孩子确立一个有利于全面发展、走向优秀的过程和结果有机结合的科学目标，让孩子无论是在学习上还是工作中，都能成为一个优秀的人。

目标，指的是射击、攻击或寻求的对象，也指想要达到的境地或标准。

目标是对活动预期结果的主观设想，是在头脑中形成的一种主观意识形态，也是活动的预期目的，为活动指明方向。

一个人追求的目标越高，他的能力就发展得越快，对于社会就越有益。

——高尔基

一 三百六十行，行行出状元

我们确立了“让孩子走向优秀”这一目标，那么，什么是“优秀”呢？在对“优秀”的标准进行界定前，我们先看看下面三位“感动中国2021年度人物”的故事。

（一）

诺贝尔物理学奖获得者杨振宁的颁奖词为：“站在科学和传统的交叉点上，惊才绝艳。你贡献给世界的，如此深奥，懂的人不多。你奉献给祖国的，如此纯真，我们都明白。曾经，你站在世界的前排，现在，你与国家一起向未来。”

杨振宁先生是跨世纪的伟大的物理学家，在粒子物理学、统计力学和凝聚态物理等领域做出了里程碑性贡献。他心系祖国科教事业，为国家的科技发展、中外科技文化交流做出了重要贡献，推动了香港中文大学数学科学研究所、清华大学高等研究中心、南开大学理论物理研究室和中山大学高等学术研究中心的成立，并担任香港中文大学博文讲座教授兼理论物理研究所所长，清华大学高等研究院名誉院长、教授。

（二）

苏炳添，第一个跨入男子田径100米9秒区的亚洲人。

他的颁奖词是：“世界屏住了呼吸，9秒83，冲出亚洲的速度。你超越伤病和年龄，超越了自己。你奔跑的背后，是强大的祖国。”

苏炳添，1989年生于广东，从小就表现出了良好的运动天赋。2004年11月，15岁的苏炳添第一次参加中学生田径比赛，以11秒72的成绩在100米比赛上夺得第一，成为轰动一时的“追风少年”。

之后，他又被选拔进了省队、国家队，成绩突飞猛进。2011年的全国田径锦标赛男子100米决赛上，他以10秒16的成绩夺冠，并打破了全国纪录。

2012 年，他第一次参加奥运会，就遇到了“世界第一飞人”博尔特。这次经历让他感受到了巨大的落差，他下定决心，要在 100 米比赛上进入 9 秒区。2015 年世锦赛，他又一次和博尔特站在了同一起跑线上，而这一次，他跟博尔特的成绩只差 0.03 秒。

对于这样优异的成绩，苏炳添并没有感到满足，因为他的目标是向更高水平挺进。

2021 年 8 月 1 日，已经 32 岁的苏炳添在东京奥运会男子 100 米半决赛中以 9 秒 83 的成绩刷新亚洲纪录，打破了亚洲人百米极限。

有记者采访他：“你已经到了退役年龄，为什么还要坚持？”他表示，自己要努力完成东京奥运会比赛，因为 100 米赛跑是最受瞩目的运动项目之一。他要证明，中国人可以跑得更快！

苏炳添虽然没有赢得冠军，但他凭着不屈不挠的精神、永不满足的努力，赢得了每个 0.01 秒的进步。

（三）

张顺东、李国秀夫妇身残志坚、自立自强，通过自己的艰苦奋斗去致富，书写了“踏出脱贫路，撑起半边天”的感人故事。

他们的颁奖词是：“山对山来崖对崖，日子好比江中排。毛竹天生筋骨硬，顺风顺水出山来。李家大姐人才好，张家大哥看上她。没脚走出致富路，无手绣出幸福花。”

张顺东家住云南省昆明市东川区乌龙镇坪子村，自小就失去右手的他，与邻村出生时就没有双手的李国秀喜结连理。

张顺东、李国秀夫妇身残志不残，他们心中有一个坚强的信念：生活不是等出来的，是干出来的，夫妻同心，黄土能变成金。

每天天不亮，夫妇俩就开始忙碌。干农活之余，李国秀还练成了绣花的本领来贴补家用。婚后，他们有了一双健康的儿女，这给家庭带来了希望，也让本就入不敷出的家庭捉襟见肘。

过度的劳累，让张顺东原本受伤的两只脚因溃烂不得不截肢。面对这些，身残志坚的夫妻二人，用嘴叼、脚抱养大儿女，还照顾着年迈的老人和失去双亲的 2 个侄女。夫妻二人靠着“汗水不会白流”的信念，通过种庄稼、养殖和绣花，成为村里最早一批脱贫户，也成为众人眼中“了不起的中国农民”。

信息链接

2017 年 6 月 1 日，因自身原因晚到导致误机，武汉某名牌大学在读女博士张丹（化名）情绪失控，大闹武汉天河国际机场值机柜台，辱骂、掌掴机场工作人员，被湖北省公安厅机场公安局依法处以行政拘留 10 日。

这是典型的高学历低素质，这样的人能说是优秀的吗？

李某，某著名歌唱家的儿子，连续两届荣获全国希望杯青少年儿童钢琴比赛二等奖、中国作品演奏奖；获得全国少儿钢琴比赛金奖、第八届北京钢琴艺术节优秀演奏奖；连续三届荣获“爱我中华”全国青少年书法大赛铜、银、金奖，并入选2009“激情奥运、爱我中华”青少年书画双年展；2009 年成为最年少的海淀区书法协会会员。

2011 年 9 月 6 日晚，时年 15 岁的李某无证驾驶一辆宝马，和同伴在海淀区某小区门前殴打一对夫妇，并损毁他人机动车。因李某尚未成年，故以寻衅滋事罪被收容教养 1 年，于次年 9 月获释。2013 年 2 月 22 日，其又因涉嫌轮奸案被刑事拘留。

这位典型的“高富帅”，学习出类拔萃，然而道德败坏，能说他是一个优秀的孩子吗？

杨振宁、苏炳添、张顺东夫妇，他们是不同行业的优秀人物代表。从他们身上可以看出，“优秀”并不只是指考上名牌大学、获得高学历，也不是才能出众、拥有财富。正所谓“三百六十行，行行出状元”，一个人无论是在高科技研究岗位上，还是在平凡的岗位上，只要能做出不平凡的业绩，他就是优秀的人。

优秀＝德才兼备＋身心健康＋超越自我＋奉献社会

让孩子走向优秀，这不是一句简简单单的话。我们为什么要提出这样一个目标呢？因为这个目标体现了一种先进的教育理念，符合孩子身心发展规律和教育规律，包含着丰富的思想内涵。

让孩子走向优秀，我们首先要明确一个问题：优秀的标准是什么？我们可以从杨振宁、苏炳添、张顺东夫妇等优秀人物的身上找到答案。

信息链接

中共中央、国务院颁发的《新时代公民道德建设实施纲要》指出："推动践行以文明礼貌、助人为乐、爱护公物、保护环境、遵纪守法为主要内容的社会公德，鼓励人们在社会上做一个好公民；推动践行以爱岗敬业、诚实守信、办事公道、热情服务、奉献社会为主要内容的职业道德，鼓励人们在工作中做一个好建设者；推动践行以尊老爱幼、男女平等、夫妻和睦、勤俭持家、邻里互助为主要内容的家庭美德，鼓励人们在家庭里做一个好成员；推动践行以爱国奉献、明礼遵规、勤劳善良、宽厚正直、自强自律为主要内容的个人品德，鼓励人们在日常生活中养成好品行。"

（一）德才兼备

一个优秀的人，首先要德才兼备。德，是指政治品质和道德品行；才，是指能力和水平。要成为一个优秀的人，这二者不可或缺——"德"是"才"的统帅，决定着"才"的作用和方向；"才"是"德"的支撑，影响着"德"的作用范围。有德无才，难以担当重任；有才无德，终究要给社会造成危害。道德品行不端的人，才干越强，干坏事的危害就越大。

有这样一句话说得很好：品格，不仅决定一个人事业能够做多大，而且还决定其人生能走多远；能力，能让一个人的事业做得很大，但不能决定人生能走多远。

（二）身心健康

身心健康是一个人优秀的重要标准之一，其中更重要的是心理健康。心理健康能够弥补身体的某些缺陷，如张顺东夫妇，他们虽然身体残疾但心理强大；一个人若心理不健康，即使具有健康的体魄，也容易成为一个废人。

美国心理学家马斯洛和米特尔曼提出的心理健康的十条标准被公认为是“最经典的标准”：

1. 有足够的自我安全感；
2. 能充分地了解自己，并能对自己的能力作适度的评价；
3. 生活目标切合实际；
4. 与现实的环境保持接触；
5. 能保持人格的完整与和谐；
6. 具有从经验中学习的能力；
7. 能保持良好的人际关系；
8. 能适度地发泄情绪和控制情绪；
9. 在符合集体要求的前提下，能有限度地发挥自己的个性；
10. 在不违背社会规范的条件下，能恰当地满足个人的基本需求。

（三）超越自我

“好学上进，不满足现状”“有一个远大理想和目标，不断激励自己学习和进取”“100% 的努力”“再进一步”“做最好的自己”“不断超越自我”，一个人能这样做，就能挖掘出自身的最大潜能。这样的人，是超越自我的人，是一个优秀的人。苏炳添取得优异成绩的过程，就是一个不断超越自我的过程。

（四）奉献社会

一个人优秀与否，还要看他是否能尽自己最大努力对社会做出贡献。

每个人都是社会的一分子，整个社会由各种职业、各个阶层的人组成。从社会分工的角度看，社会中不仅要有科学家、政治家、企业家等，还要有具有一定知识的普通工人、农民等。一个人不论能力大小、知识多少、职业贵贱，只要他对社会有用，能尽到自己的责任，为人类进步做出自己的最大贡献，他就实现了其自身价值和社会价值，就是一个优秀的人。

以上这四条标准适用于任何人，无论他是什么职务、什么职业、什么学历，只要达到这四条标准，就是优秀的人。

三 让孩子走向优秀的正确做法

父母在培养孩子的过程中，要实现“让孩子走向优秀”这个家庭教育的终极目标，应注意做好以下几个方面。

（一）目标是第一位的

目标决定人生的方向，人生有了目标才会有前进的方向和奋斗的动力。因此，父母培养孩子时，首先要确立孩子的未来发展目标——优秀。

“优秀”是一个人自我发展的最高境界，它需要两个维度的比较：横向和纵向。其中，应以自我发展过程的纵向比较为主，与他人横向比较为辅。因为，一个人的发展受制于很多客观因素：家庭、机遇、社会环境（人脉关系、资源）等，与他人比较并不客观、公平，没有可比性。例如，苏炳添虽然没有获得奥运会冠军，但他相对于自己却是优秀的，因为他能够不断超越自我。正如习近平总书记接见苏炳添时说的那样：“你虽然没有拿牌，但是含金量绝不次于一块金牌，你打破了亚洲人百米极限。”

著名作家毕淑敏说：“现在的孩子从幼儿园、小学、初中、高中到大学一路拼杀而上，在一个大的社会范围内经历着严酷的竞争，好像只有最优秀的人才能被整个社会承认，才是成功者，而绝大多数人都成为失败者，这样的评判标准是错误的。成功是为了什么，成功之后又将如何？其实这个问题经不住几次追问，事实上，每个人尽己所能、把自己的能量发挥出来就是成功。”

（二）做好目标的三个转化

一是将对孩子的培养目标转化为家长自我发展的目标。为人父母，要律人，更需律己，做到身教胜于言传。教育不仅仅是和孩子谈话，教训他、命令他。生活中，家长的一言一行也对孩子有着重要的教育意义。因此，要想实现对孩子的教育目标，家长必须成为一个优秀的人，在日常生活中以优秀的标准严格要求自己，以身作则，成为孩子的榜样。

二是转化为家长的教育行动。家长要将“让孩子走向优秀”这一目标渗透在日常生活中，渗透在每一天、每一分钟、每一件事之中，对孩子进行长期的、持之以恒的教育。

三是转化为孩子自我发展的目标。家长要将这一期望转化为孩子自己的心愿，双方形成一个合力，共同奋斗。这个转化是一个缓慢的、渐进的过程，家长要像春雨一样“随风潜入夜，润物细无声”。例如，父母发现孩子有音乐天赋，想让孩子学习钢琴，正确的目标是让孩子在钢琴学习之路上得到最大化发展，成为优秀的自己，而不单纯是成为钢琴家。家长可以不断将大目标转化为孩子的一个个阶段性目标，例如从启蒙阶段开始，随着孩子的不断进步，一步步提出各个阶段的发展目标：“你喜欢弹琴吗？”“你想当钢琴家吗？”“你想读钢琴演奏专业硕士吗？”“你想读钢琴演奏专业博士吗？”让阶段性小目标引领孩子不断超越自我，不断进步。只要孩子努力了，无论他最终实现哪个阶段性目标，都是优秀的。

（三）品格培养放在第一位

品格是指一个人的人品和做事风格，它是一个人最基本的素质，也是道德素质的核心。品格是一个人发展的根，有了良好的品格，便能为其他智能的发展打下良好的基础，如学习能力、交往能力等。例如，孩子具有勤奋、有序、专注、坚持、毅力等品格，他就会自觉、主动、努力地去学习知识；孩子具有宽容、友善、乐于助人、与人友好相处等品格，他在学校、社会上就能很好地与人交往。

品格决定命运。一个人的成功不仅仅是靠自身的能力，还取决于他的综合素质、人格特征，即勇气、意志力、坚持、兴趣爱好等。

（四）培养孩子要“全面＋特长”

作为家长，培养孩子的时候，要注重“全面＋特长”，这比单纯关注“学习”

更全面、更科学。全面发展，并不是指每个方面都要达到优秀，而是都要达到合格标准，并在这个基础上向更高的层次努力。

在全面发展的基础上，父母要注意根据孩子的自身优势培养孩子的特长，不要只用文化课成绩这一个标准去衡量孩子，因为，即使文化课成绩相同的两个学生，他们的未来发展也不会相同。

（五）激励孩子不断超越自我

不断超越自我是优秀的一个重要品质。因此，父母不要只关注孩子的智商，更要关注孩子的情商，培养孩子不断进取和努力超越自我的精神，让孩子在自身特有的条件下得到最大化发展。

情商主要是指人的情绪、意志、性格、行为习惯组成的商数，一个人的情商与其接受的培养息息相关。情商由五种特征组成：自我意识、控制情绪、自我激励、认知他人情绪和处理相互关系。20 世纪初，一个项目组持续跟踪调查过 1000 名智商在 140 以上的学生，其中七八十名后来被社会认可的成功人士都有一个共同特点——具有比较好的综合素质。是他们的情商、智商的共同作用，让他们获得成功。

（六）让孩子成为一个有益于社会的人

家庭教育的基本价值，在于帮助孩子发展个性，实现自身价值，成为有益于社会的人。这是“让孩子走向优秀”的一个重要标志。

要做到这一点，父母需注意，不要给孩子设立低层次目标，如考前几名、考名校、找好工作等。低层次目标往往会引导孩子只关注自己的利益，丧失了社会责任，成为“精致的利己主义者”。要让孩子实现自身价值和社会价值，成为一个有益于社会的人，父母就必须为孩子确立一

一个人没有目标，就像是一艘船没有舵。

——托马斯·卡莱尔

个高层次目标，即做一个优秀的人。作为家长，除了要根据孩子自身特点和优势去因势利导、因材施教，培养孩子“全面+特长”协同发展，还要教育孩子树立“为中华崛起而读书”的爱国和奉献的意识，培养孩子的社会责任感，引导孩子不断对自己提出更高要求，努力超越自我，激发出自身的最大潜能，实现人生价值。

专家点评

将孩子培养成什么样的人，这是家长要首先考虑的一个问题。只有确立了明晰的培养目标——让孩子走向优秀，才能引领孩子走在正确的人生道路上，这对于孩子一生的成长和发展非常重要。

问题与思考

1. 为什么要把“让孩子走向优秀”作为培养孩子的终极目标？请谈谈您对这个问题的认识。

2. 您认为孩子怎样发展才是优秀的？请谈谈您评价一个人是否优秀的标准。

专题二　入园：孩子走向社会的第一步

孩子到了 3 岁，就要准备上幼儿园了。对于这件事，家长有着不同的看法。有的家长认为孩子太小，自理能力差，等大一些再上幼儿园也不迟；有的家长觉得爷爷奶奶退休在家看孩子，在生活和教育上的照顾比在幼儿园更好；有的家长担心孩子在幼儿园受欺负……这些认识比较片面，存在着误区，没有从根本上认识到孩子上幼儿园的必要性和重要性。

孩子从家庭走进幼儿园，是人生的一个重要阶段，对于孩子的社会化发展有着重要的意义，能够为孩子的全面发展奠定良好的基础。因此，家长要树立正确的教育理念，及时送孩子上幼儿园，并注意教育、引导孩子每天高高兴兴地去幼儿园，让孩子在幼儿园中快乐幸福地成长。

知识窗

儿童社会化是指儿童在特定的社会环境中逐渐独立地掌握社会规范，正确处理人际关系，掌握文化知识和生活技能，养成良好行为习惯，树立正确的价值观念，从而适应社会生活的心理发展过程。这是儿童从一个自然人转变成社会人的过程。

一　入园：孩子从家庭走向社会

如果希望孩子在德智体美劳等方面健康、全面发展，家长就要让孩子从家庭走向社会，度过一个特定的社会化期，以掌握、巩固各种生活技能，接受社会的教化，从自然人逐步成长为社会人。送孩子上幼儿园，是孩子社会化进程中必须经历的一个阶段。

木木是家中的独苗苗，全家人都围着他这一个宝贝转，天热了怕热着，天冷了怕冻着，出门怕摔着，和小朋友玩怕受欺负……家长整天把他圈在家里小心呵护，可谓“含在嘴里怕化了，捧在手上怕摔了”。

木木 3 岁多了，该上幼儿园了。可是，家长总觉得孩子小，吃喝拉撒都是大人包办，怕他去幼儿园得不到很好的照顾，还担心他在幼儿园受欺负；木木每天都要睡到 10 点多，家长担心去幼儿园会耽误他睡觉……家长的担心成为木木不上幼儿园的充分理由，最终，家长们决定等木木长大一点让他直接上大班。

没有上幼儿园的木木，看起来比上幼儿园的孩子“幸福”多了：每天早上睡到太阳晒屁股；每天晚上玩手机、打游戏，到 11 点都不睡；想吃什么就吃什么，肯德基、麦当劳、火腿、肉串、小零食……体重严重超标；没有礼貌，一不顺心就打人骂人……

木木 5 岁多了，家长才恋恋不舍地把他送进了幼儿园。但木木提出要求，每天只在幼儿园上一个上午，午饭回家吃，下午在家里玩。家长疼爱孩子，满口答应。

在幼儿园里，木木和小朋友相比成了一个“另类”：其他小朋友都按时上幼儿园，唯独他每天睡到 10 点多才哭哭啼啼地来到幼儿园，中午又回家了；在教室里，别的小朋友都在认真听老师讲故事，他却自己玩自己的；小朋友们喜欢参

知识窗

哈佛大学曾经对全美幼儿园中将近 700 名 2~5 岁的孩子进行研究，发现孩子在幼儿时期的交际能力，将会影响他们 20 年后的成就。

国际 21 世纪教育委员会提出，人际交往能力是教育的四个支柱之一，儿童早期的人际交往技能、交往状况会深深影响其未来的人际关系、自尊，甚至幸福生活。

加各种游戏和体育活动，他却不愿意参与其中；小朋友们都有自己的好伙伴，木木整天独自一个人玩……

从这个案例可以看出，木木在社会规则、社会交往、生活习惯、个性品格等方面的发展远远落后于其他小朋友，其根本原因就是家长没有及时送木木上幼儿园，减缓了孩子的社会化进程。

我是一名 4 岁半孩子的妈妈。一年前，我把儿子阳阳送到了幼儿园。

大概是陪伴太少的缘故，阳阳性格有些内向、胆怯，不爱与人交流，但从上幼儿园开始，他发生了很多变化。

入园初体验：幼儿园有家的感觉

2019 年 9 月，是阳阳入园的第一个月。

“妈妈再见！”每天早上 7:30，儿子在幼儿园门前与我告别后，便被早已在门口等候的杨老师牵过手去。看到儿子欢快的模样，我感到很欣慰。一个月，孩子似乎长大了不少。

当我试探着问儿子在幼儿园感觉怎么样时，儿子告诉我“幼儿园有家的感觉”。他很喜欢那里，因为老师会像妈妈一样看着他的眼睛听他讲话，问他需要什么；小伙伴会和他一起玩，和他分享玩具，说悄悄话；幼儿园里还有很多没见过的东西，没做过的游戏。

个性得到尊重，孩子变得开朗了

入园第二个月，阳阳最明显的变化是开朗了许多。

“妈妈，我今天去拔萝卜了。”“妈妈，我今天和小朋友一起做游戏了。”“妈妈，今天老师给了我好多好吃的饼干，是她自己做的，是我最喜欢的牛奶味的。”……每天回家，儿子都会和我说很多在幼儿园发生的事情。看着他稚嫩的小脸和亮晶晶的眼睛，我心里像开了花一样。我知道，这是幼儿园给他带来的变化。

兴趣得以发现，孩子变得自信了

入园三个月，儿子告诉我他长大想成为插画师。

“妈妈，我们今天上绘本课了，绘本上的图案很好看，我照着画了，老师夸我画得好呢！”“妈妈，我画的小鸭子被老师在课堂上展示了，大家给我鼓掌了。”“妈妈，我长大了要做一名插画师，画很多好看的画，给小朋友们看。”……看着他喋喋不休的小嘴，我笑了出来，他开始变得自信了。

智能得到开发，孩子变得聪慧了

入园六个月，儿子成了我们家的“小博士”。

一次家庭聚会上，儿子把餐桌上菜的名称、生长经过、收获季节一口气说了一遍，还说改天要教我们怎样种植，这让我们很吃惊。“这些都是在幼儿园的种植园学到的，我经常在那里捉蝴蝶、看植物。”儿子告诉我们。

除了自然课程，幼儿园的特色课程还涉及健康、语言、社会、艺术、科学等多个领域，有游泳、轮滑、体智能、逻辑思维、奥尔夫音乐、合唱、创意美术、绘本音乐剧等课程。其中，绘本音乐剧是我儿子非常喜欢的一项活动，每学期都排练一场，所有孩子都要上场表演，非常锻炼孩子们的表现力和感知力。

身体得到锻炼，孩子变得结实了

入园九个月，儿子的小胳膊变得结实了。

儿子的强壮可不是无源之水，与幼儿园的户外活动、健康饮食密不可分。

在幼儿园里，孩子们可以穿过弯弯曲曲的防腐木小道、色彩绚丽的鹅卵石小径、柔软如毯的草皮，撒开小脚丫尽情地奔跑，自由玩耍。沙水区、陶艺区、体能训练区、大型木块搭建区、拓展训练区等户外设施也都时刻等待着小朋友的光临。在这个没有天花板和围墙的儿童世界里，孩子们在不断观察、实践、交往中收获经验，快乐成长。

幼儿园的饮食情况，是我最关心的方面之一。据我了解，幼儿园每天使用的蔬菜瓜果都由蔬果基地直接供给，保证新鲜绿色无污染；厨师也是特聘的，致力于餐饮服务，让食物好看好吃又有营养。

“相比于过早地学习知识，我更希望儿子有一个健康、结实的身体，在阳光充足的户外环境里自由探索。”这是我的教育观念。幸好，我的儿子也在一个拥有同样观念的幼儿园里成长。

信息链接

1972年，美国生物学家马克·罗兹维格进行了著名的老鼠实验，他把三组基因资质一致的老鼠分别放进三个自然条件不同的笼子里，几个月后发现，环境较好组的老鼠机灵好动，而环境恶劣的两组老鼠却表现得呆滞、老实。

马克·罗兹维格把做实验的老鼠解剖后发现，前者的大脑皮层在厚度、蛋白质含量、细胞大小等方面都比其他两组老鼠有优势。

这个实验结论很快被应用在多个领域，包括教育领域。科学家认为，即使资质一样的孩子，在不同环境里成长，大脑发育差异化也很明显。6岁前是大脑发育的关键期，这一时期，孩子所处环境、受到的启蒙教育十分重要。在家的孩子，大脑接收到的刺激和信息较贫瘠；而上幼儿园的孩子，在集体生活中接触的人和事物多，大脑得到的刺激和信息量更多，发育自然更快。因此，上过幼儿园和没上幼儿园的孩子，差异化十分明显。

心灵得到滋养，孩子变得温暖了

入园一年，儿子成了我的“小太阳”，他变得特别有爱心，爱着爸爸妈妈，爱着家人，给大家带来了阳光和温暖。

“老师就像妈妈一样温暖。”我知道，阳阳从沉默寡言到现在的阳光开朗，从过去以自我为中心到现在关心他人、爱他人，这些都与幼儿园老师们“爱的教育”密不可分。

阳阳的爱心、个性、兴趣、智能和体能等方面的全面发展，与幼儿园教育息息相关，充分体现了幼儿园教育对促进阳阳社会化进程的重要作用。

二 幼儿园：孩子社会化的加速器

根据国家颁布的《3~6岁儿童学习与发展指南》，幼儿园要从健康、语言、社会、科学、艺术五个领域对幼儿的学习与发展设定科学目标，每个领域按照幼儿身心发展规律和教育规律制订“应该学什么，怎么学；知道什么，做什么”等内容，促进孩子在身心健康、语言、品德习惯、科学探究、思维想象、社会交往、艺术素养等方面的全面发展。

（一）学会做人

幼儿园创设了温暖、关爱、平等的育人环境，通过故事、游戏、一日活动和各种社会活动等培养孩子的爱心，让孩子学会爱父母、爱老师、爱同伴、爱他人，萌发爱祖国、爱家乡、爱集体的情感。

在幼儿园的教育活动中，教师能够引导幼儿学会讲道德、讲文明、有礼貌、讲规则、守纪律，了解和遵守社会规范，关心尊重他人；教育幼儿学会自主决定、独立做事，培养其自尊心和自信心；引导孩子爱学习，激发孩子的学习兴趣，培养良好的学习习惯。幼儿园的生活活动还能让孩子养成不挑食、规律睡眠、讲卫生等良好生活习惯。

（二）学会交往

幼儿园会根据具体情境，让幼儿合作开展各种活动，引导幼儿相互交往，学会分享、合作，与同伴友好相处，关心他人，接纳他人，正确处理与小伙伴的矛盾，让幼儿初步掌握社会交往的基本规则和技

知识窗

皮亚杰曾指出：“一般的同伴交往和具体的同伴冲突是幼儿发展视角转换能力的必要条件，是幼儿摆脱自我中心的前提。”

现代幼儿心理学研究表明，幼儿到了3岁就想交朋友，需要小伙伴，这就是社会性的萌芽。

能，促进幼儿的社会化进程。

（三）学会认知

幼儿在幼儿园内能够了解和探索大自然，知道社会交往规则，学习语言和表达，培养认知能力。

（四）学会审美

幼儿园通过听音乐、玩游戏、画画、参观、游览等活动，让孩子在看、唱、跳、画等活动中学习，发现生活中美好事物的特征，感受、欣赏大自然和生活中的美，并通过绘画、做手工、唱歌、表演、搭建、泥塑等活动，培养孩子欣赏美、创造美、表现美等方面的能力。

（五）学会健身

幼儿园通过开展跑跳、钻爬、攀登、投掷、拍球等丰富多彩的体育活动，提高幼儿身体的平衡性、协调性和灵活性，让孩子初步了解和掌握一些健身方法，萌发积极参与体育活动的兴趣，养成锻炼身体的良好习惯。

（六）学会劳动

在幼儿园，教师会鼓励幼儿做力所能及的事情，指导幼儿学习和掌握生活自理的基本方法，如穿脱衣服和鞋袜，洗手洗脸，擦鼻涕，擦屁股，收拾和存放自己的玩具、图书、生活用品，以及做一些简单的劳动，培养幼儿的动手能力和劳动品质。

（七）学会想象

在幼儿园的教学活动中，教师会采取多种方式培养幼儿的想象力。例如，根据故事的部分情节或图书画面的线索，让孩子猜想故事情节的发展，或续编、创编故事；再如，为孩子提供丰富的创造性材料，如图书、照片、绘画或音乐作品等，让幼儿自主选择，用自己喜欢的方式去模仿或创作，培养幼儿的想象力和创新力。

三 让孩子顺利入园的准备工作

孩子 0~3 岁一直由父母亲人陪伴，3 岁后要与家人分离走进幼儿园，部分孩子和父母会产生分离焦虑。因此，父母在送孩子上幼儿园前后要做好各种准备工作，为孩子顺利上幼儿园铺平道路。

（一）树立正确的入园理念

一是树立上幼儿园是孩子社会性发展的需要，非特殊情况应该送孩子上幼儿园的理念。家长要让孩子快快长大，就应该让孩子从家庭走向幼儿园，逐渐形成社会性和个性。这些都是孩子在幼儿阶段生活和发展的重要内容。

二是树立让孩子上幼儿园不仅是为了学习知识，还是为了在德智体美劳等方面得到全面发展的理念。幼儿阶段，学习知识不是最重要的，重要的是让孩子健康成长，智能得到全面开发，培养良好的品德、习惯和兴趣。这种全面发展的教育在家庭中是难以实现的。

研究表明，一个人儿童时期建立并不断增强维持社会关系的能力，对他将来的心理健康和生活方式发展具有重要影响力和指导作用。

（二）做好孩子入园的准备

对孩子而言，入园并不是一件轻松愉快的事，面对和父母的分离，孩子会因为依恋而焦虑。因此，在孩子入园前，父母要引导孩子做好心理、能力、习惯等方面的准备。

一是引导孩子做好入园前的心理准备，让孩子对幼儿园的生活有一个美好的向往，弱化孩子的入园焦虑、不安、恐惧。例如，帮助孩

入园焦虑，其实质是一种分离焦虑。适龄幼儿（一般年满 3 岁）进入幼儿园，面对陌生的环境，会产生不安全感，同时每日面对与亲人的分离，会感到紧张、不安和害怕，从而产生了入园焦虑。

子树立每个小朋友 3 岁的时候都要去上幼儿园的意识，让孩子明确上幼儿园是小朋友必须做的一件事，建立起孩子的责任感。再例如，提前带孩子去参观幼儿园，让孩子熟悉新环境，增强孩子的安全感，摆脱对入园的抵触和焦虑。

二是培养孩子的交往能力、表达能力、自理能力和良好生活习惯，提高孩子的适应能力。例如，教育孩子在幼儿园如果需要帮助要主动跟老师说，积极和小朋友一起玩、友好相处等。再例如，入园前家长要提高孩子的自理能力，让孩子学会自己洗手、自己吃饭、自己上厕所、自己整理玩具等，养成按时作息、不挑食、讲卫生等良好的生活习惯。

三是创设积极的入园氛围，让孩子建立起自豪感和仪式感。首先，全家人对于孩子入园的观念要保持一致，祖辈不能因为心疼而不愿意送孩子去幼儿园，在孩子入园时掉眼泪等。消极的情绪也会影响孩子，一定要高高兴兴地用积极的语言和情绪送孩子入园。其次，在孩子上幼儿园前，家长可以经常向身边的人介绍："我家宝贝就要上幼儿园了。""我家宝贝特别棒，马上就是幼儿园的小朋友了。"这样会让孩子觉得上幼儿园是一件无比骄傲的事，进而喜欢上幼儿园。另外，在孩子入园的前一天，家长可以举行一个小小的"入园仪式"，给孩子送上小书包、小杯子等入园用品，庆祝孩子上幼儿园了；入园的第一天，让孩子穿上漂亮、整洁的新衣服，和孩子一起高高兴兴地去幼儿园，通过仪式感让孩子感到骄傲和自豪。

入园以前，家长利用一个月左右时间做好以上准备，孩子入园后就不会过于恐惧和焦虑。

（三）引导孩子坚持上幼儿园

刚入园阶段，由于孩子的生活发生了根本性的改变，离开了朝夕相处的亲人，面对不熟悉的教师和同伴，他们自然会因无助而滋生恐惧感，从而对幼儿园产生抵触心理，出现不愿意上幼儿园的现象。这个阶段非常关键，家长既要不妥协地让孩子坚持上幼儿园，又要采取科学的方法让孩子喜欢上幼儿园。

一是要给孩子积极暗示，避免消极暗示。例如，每天离园后，家长可以引导孩子说一说幼儿园内新鲜有趣的事，让孩子喜欢上幼儿园；避免谈论“小朋友打你了吗”“老师批评你了吗”等消极话题。再例如，孩子在家不听话，有的家长就用上幼儿园和向老师告状来威胁孩子：“在家不听话，送你上幼儿园去。”“你再调皮我明天告诉老师。”这样的语言会带给孩子一种消极暗示——上幼儿园是非常可怕的。

二是前 20 天一定要让孩子坚持每天都去幼儿园，不要三天打鱼两天晒网，否则不利于培养孩子的责任意识、规则意识以及良好习惯。孩子刚入园时，家长不要强行要求孩子不哭，更不要因为心疼孩子而中途放弃入园，这样会延长孩子的焦虑期。最好的方法是转移孩子的注意力，给予他更多关爱和安抚，引导孩子增进与老师的感情，对孩子的点滴进步都要鼓励，也可以用一些食品或玩具来安慰孩子。一般情况下，前 20 天坚持上幼儿园，孩子的入园焦虑、恐惧情绪就会慢慢消失，之后孩子的入园情绪就比较正常了。

（四）密切家园联系，促进孩子成长

孩子的健康成长，需要家庭与幼儿园密切配合，协调一致。因此，从送孩子进入幼儿园的第一天开始，家长就要与幼儿园建立起紧密的联系，特别是孩子刚入园阶段，每天放学时，家长都要与幼儿园老师进行交流，了解孩子在幼儿园各方面的表现，根据幼儿园老师提出的要求有针对性地对孩子进行教育和引导，让孩子尽快适应幼儿园生活，保证家园目标一致，促进孩子健康成长。

专家点评

人的成长，是一个从自然人逐渐变为社会人的社会化过程。要让孩子健康成长，家长必须要让孩子走向社会，使其逐步了解社会、适应社会。上幼儿园是为孩子社会性发展打下良好基础的重要一步，因此，家长一定要认识到孩子上幼儿园的重要意义，及时地支持孩子迈出走向社会的第一步。

问题与思考

1. 为什么孩子到了 3 岁就要上幼儿园？请您从孩子发展的角度谈谈对这个问题的认识。

2. 您认为上幼儿园对孩子的社会性发展有哪些影响？请谈谈您的个人看法。

儿童社会化

1. 儿童社会化的内容

（1）学习基本生活技能。儿童掌握吃饭、穿衣、语言表达等基本技能。

（2）促使自我观念发展。儿童能分清自我与非我及两者的关系。

（3）养成良好的生活习惯。儿童逐渐懂得约束自己的行为，调整好个人与个人，个人与家庭、学校、社会等方面的关系。

（4）培养良好的道德品质。儿童逐步适应社会规范，具备社会公德。

（5）培养社会角色。随着年龄的增长，儿童会不断扮演适当的性别角色、游戏角色、学校角色、社会角色等。儿童正是通过这些角色的培养和认定，使自我心理内容客观化，自我行为表现与社会规范渐趋一致。

2. 儿童社会化的途径

（1）家庭。它是童年生活的首属群体，儿童进行社会化的第一个基本单位。它对儿童个性、特定心理品质的形成以及行为方式的调节等方面都起着十分重要的作用。

（2）伙伴群体，即“游戏群体”。它对儿童社会化具有比较大的影响。

（3）幼儿园、学校。这二者是次属群体，是制度化的社会机构。在这种具有特殊功能的教育机构里，儿童人格得以发展成熟。

（4）大众传播媒介。电影电视、报纸杂志以及各种信息等都会对儿童社会化产生直接或间接的影响。

3. 儿童社会化的主要阶段

（1）0~1 岁。胎儿从母体内环境转入母体外环境，开始和周围的人发生最初的交往。

（2）1~3 岁。儿童通过走路、说话，扩大了人际互动和社交范围，在了解自己和周围环境的过程中迈出了重要的一步。

（3）3~6 岁。这是儿童自我意识的形成阶段，儿童心理发展变化快，个性开始有所展现，意识和行动的独立性倾向表现得最强烈。

（4）6~11、12 岁。儿童在该阶段的显著特征是情绪比较稳定，任性、执拗的现象逐渐消失；扮演的“角色”多了，人际关系也复杂起来；懂得在家庭、学校和社会等不同的场合以不同的身份出现，开始意识到自己人格的多面性。

（5）女孩 11~12 岁，男孩 13~14 岁。这个阶段是儿童青春发育期的开始，他们开始摆脱童年的稚气，进入少年时期，由儿童期向成年期过渡；自我意识得到进一步发展，逐渐能自觉地认识和评价自己的个性品质，独立性大大加强；同时社交范围扩大，朋友和伙伴开始在他们生活中占有重要地位；随着第二性征的出现，男女儿童都开始意识到两性关系。

专题三 分离：有一种爱叫“分离”

目前，家庭结构模式普遍以“421”为主，儿童在这种特殊的环境中长大，导致“巨婴”“啃老”等社会问题频发。很多人都将问题归结在孩子身上，其实，其根源是父母过度溺爱、依恋孩子，迟迟不愿和孩子“分离”，造成孩子“长不大”，成为一个躺在父母怀里的巨婴。

一 过度依恋，是一种危害

由 29 岁的加拿大华裔导演石之予拍摄的动画短片《包宝宝》，荣获第 91 届奥斯卡最佳动画“小金人”奖。

这部时长不足8分钟的短片，没有一句对白，却让中国式亲子关系——父母过度控制、依恋孩子，不愿让孩子与自己分离，在网上引发热议。

短片的女主角是一位华裔妈妈。有一天，她像往常一样一个人包完包子，和丈夫一起吃饭。丈夫匆匆吃完两个包子就走了，只剩下她一个人。她孤独地大口大口吃起包子来，突然，她手中的一个包子睁开眼睛，张开嘴巴，活了过来，变成了一个小男孩“包宝宝”。这个由包子变成的小男孩，点燃了她做妈妈的热情。因为有了“包宝宝”的陪伴，她的生活有了色彩。她每天把“包宝宝”捧在手心里，小心翼翼地呵护，悉心照料，洗澡、喂饭、逛街，生怕他饿着、伤着。就这样，“包宝宝”在她的溺爱下一天天长大。

可是，长大后的“包宝宝”有了自己的想法和个性，他渴望走出家门，不想再被妈妈约束和管教。妈妈的痛苦也随之而来。

一天，“包宝宝”想和小伙伴踢球，妈妈怕他受伤，便阻止了他。回家路上，生气的“包宝宝”不再吃妈妈递来的面包，两人有了第一次分歧。

渐渐地，不满被控制的“包宝宝”有了自己的生活，也有了自己的朋友圈。被冷落的妈妈想挽回，可“包宝宝”却视而不见，每天和朋友出去兜风。

看着渐行渐远的儿子，妈妈非常气愤，认为儿子翅膀硬了，开始不听话了。

终于有一天，“包宝宝”回家了，妈妈满心欢喜地开了门，然而，眼前的情景让妈妈大失所望——“包宝宝”带来了他的女朋友。更让她崩溃的是，“包宝宝”这次回来是要收拾东西离开她，离开这个家。

难以接受现实的妈妈上前阻拦，她不愿看到儿子不听话，更不愿儿子“逃出自己手掌心”。

妈妈几次想把儿子留下，不让他出家门，但都无果。在“包宝宝”坚决要离开时，着急的妈妈做出了一件出人意料的事——她一把攥住“包宝宝”，张开嘴，把“包宝宝”吃了下去。

幸好，这只是妈妈和儿子吵架后做的一个梦。醒来后，她意识到自己对儿子的控制欲太强，及时调整自己的心态，一家人其乐融融地生活在一起。

很多人看完视频后直言，这是自己家庭的影子——父母过分依恋子女，由于过度的掌控欲，千方百计阻止与孩子的分离，在无形中“吃掉了”孩子的独立人生。

很多父母不理解，为什么孩子并不感恩自己的辛苦付出，反而与父母关系紧张？其实，所有的孩子都会在与父母逐渐分离的过程中一天天长大，最终走向社会，独立生活。正所谓，真正的教育，是懂得撒开手；真正的父母之爱，是一场得体的退出。父母的第一个任务是和孩子亲密，呵护孩子成长；第二个任务是和孩子分离，促使孩子独立。

（一）父母“过度依恋子女”的几种表现

1. 分床过晚

在我国，父母与孩子分床的时间普遍过晚。孩子到了一定的年龄，就要和父母分床睡，这是孩子独立的开始，也是培养孩子良好心理素质的开端。

一般情况下，孩子满三岁后可以与父母分床睡；五岁左右较适合与父母分房睡。如果孩子上小学后还没与父母分床睡，就有些晚了。

2. 不送孩子上幼儿园

迟迟不送孩子上幼儿园，不利于加快孩子的社会化进程，会阻碍孩子的全面发展。

3. 控制孩子，不让其独立行事

许多父母认为，他们要随时看护着孩子，因此，孩子和小朋友玩、外出、求学、就业、结婚等过程必须受到父母的干涉和把关。

4. 孩子婚后与其一起居住

孩子结婚后，很多父母不舍得孩子，不让孩子独立生活，因此选择和子女一起生活。

（二）“过度依恋子女”的危害

父母过度依恋孩子，不能在适当的时候分离，会给孩子的成长带来一系列问题。

1. 孩子变成心智发育不健全的“巨婴”

真正的教育是促使孩子不断成熟、健康成长的，如果父母不能适时地与孩子分离，会拖延、阻碍孩子的成长，使其成为一个发育不健全的“巨婴”。

2. 剥夺孩子的独立性，导致性格缺陷

有些父母为了孩子的绝对安全，不让孩子走出家门，也不许孩子和其他小朋友玩。更有甚者，孩子不能离开父母或老人一步，搂抱着睡，偎依着坐，驮在背上走……这些行为导致孩子在家里横行霸道，到外面胆小如鼠；不会应对、处理

人际关系和矛盾，往往任性、固执和偏激，造成严重性格缺陷。

信息链接

某女明星因为对儿子Z溺爱、迟迟不分离，一直到儿子12岁才断奶；和儿子同床睡了15年才分房。

在溺爱中长大的Z养成了嚣张跋扈、目中无人的“巨婴”性格。

长大后，Z到美国留学。无人管教的他变得放肆和叛逆，但又不会应对生活中的问题和挫折。因为很难用平和的心态处理与同学的矛盾，他便产生了枪击同学的恐怖想法。有一次他对朋友说，自己准备袭击学校，让朋友别去上学，以免误伤。朋友听到后立即报了警。

警察在Z家里将他逮捕时发现了一堆武器、1600发子弹、防弹衣。Z最终锒铛入狱，成了被父母的溺爱送进监狱的囚犯。

3. 形成依赖型人格，有挫败感

父母长期担心孩子这不行、那不行，不敢放手，包办孩子的一切，不给孩子独立做事的机会，往往会导致孩子养成依赖型人格，成为一个生活上、心理上都非常脆弱的弱者。

孩子到了青春期，如果父母依旧干预、操纵、支配他们的生活，严重的挫败感会让孩子觉得生活无意义，没有成就感。

4. 心理负担过重，影响学业、事业发展

父母过度依恋孩子，会让孩子产生道德压力，导致其从留在父母身边的角度规划自己的学业和事业，往往使孩子飞不高、走不远。

5. 影响婚姻、家庭关系

很多父母在孩子结婚后仍不让孩子独立生活，长期在一起居住，孩子建立不起自己的核心家庭，造成家庭矛盾，导致婚姻破裂。有数据统计，家长长期与子女一起居住，是造成离婚率越来越高的重要原因之一。

分离的意义

父母适时、主动与孩子逐步分离，是孩子成长、成熟、独立的必经之路。

（一）分离是孩子成长的必然过程

一般情况下，从孩子出生到成人，亲子间要经历四次重大的分离。

1. 肉体分离

孩子出生时，从妈妈的体内来到体外，这是妈妈与孩子在肉体上的第一次分离。

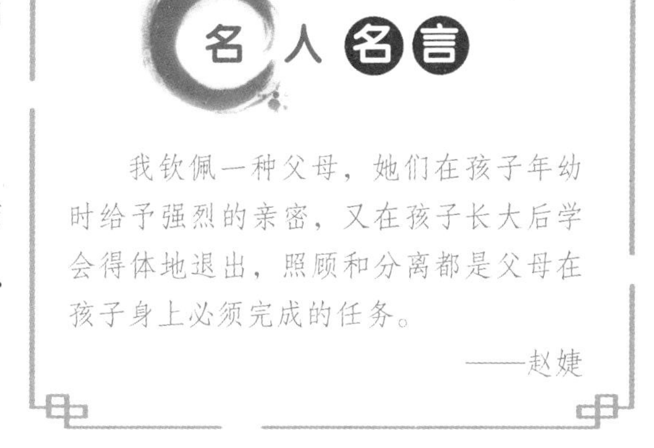

名人名言

我钦佩一种父母，她们在孩子年幼时给予强烈的亲密，又在孩子长大后学会得体地退出，照顾和分离都是父母在孩子身上必须完成的任务。

——赵婕

2. 生理断乳

妈妈给孩子断奶，是妈妈与孩子在肉体上的彻底分离和在心理上的初次分离。

3. 心理断乳

孩子在青春期开始寻求自我意识和独立，这是孩子在心理上的断奶，也是孩子与父母在心理上的第二次分离。

4. 生活分离

在工作和结婚这两个重要节点，孩子要离开父母的羽翼，完全独立谋生、自立于社会，这是孩子与父母在心理上的彻底分离。

在这四次分离的过程中，任何一次分离出现问题，都会对孩子的身心健康造成很大的影响。

（二）分离是孩子成长的催化剂

老鹰将小鹰带到陡峭的悬崖边上，一次次地把它推下去。小鹰会用尽自己的全部力量，扑扇着稚嫩的翅膀，冒着生命危险学习飞行。

鹰妈妈难道不心疼自己的孩子吗？当然不是！鹰妈妈知道，只有学会独立，小鹰才能在恶劣的大自然中更好地生存下去。这样的爱，胜过溺爱，胜过娇宠。

分离，使孩子成长为一个拥有独立人格、能在社会上靠自己的能力生存的人。可以说，没有分离就没有成长。

（三）分离是对孩子的真爱

英国著名心理学家西尔维娅·克莱尔说过："这个世界上所有的爱都以聚合为最终目的，只有一种爱以分离为目的，那就是父母对孩子的爱。父母真正成功的爱，就是让孩子尽早作为一个独立的个体从你的生命中分离出去，这种分离越早，你就越成功。"

美国心理学家斯考特·派克认为，懂得分离的爱才是"真爱"。

三 适时分离，让孩子长大

父母该怎样与孩子科学地适时分离，让孩子成为一个身心健康、拥有独立人格和独立生存能力的人呢？

（一）家长要正确理解爱与分离的关系

在我们日常人际交往中，有一种行为以爱为名义对他人进行强制性控制，让他人按照自己的意愿去做事情，这种行为，心理学上称为"非爱行为"。父母过度依恋孩子，不能与孩子科学地分离，这就是一种典型的"非爱行为"。这种行为迷惑了家长的视线和意识，以爱的名义去做对孩子身心发展有害的事。

父母要明确与孩子关系的两个要素：爱与分离。对孩子的爱，是孩子健康成长的保证；而适度的分离，能促进孩子的人格成长。爱和分离是相辅相成的，成熟的分离，是一边给予爱，一边坚定地告诉对方，你是你，我是我，这样，关系中的两个人才能发展出独立而健康的人格。

所以，父母必须懂得主动与孩子分离，给孩子一个独立的成长空间，自主地决定自己的生活，成为一个对自己、对家庭、对社会有用的人。

（二）注意把握好孩子的成熟度，做到成熟分离

适时分离的标准是什么呢？那就是孩子身心健康的成熟度。当孩子身体、心理成熟达到一个节点，父母就要进行相应的分离，不可提前也不宜拖后。

例如，12 岁前孩子正处于人格建构期，父母不常在身边，会导致孩子三观动荡，影响其一生。小学就寄宿的孩子，思想很容易受到同学影响，若结交不恰当的朋友，很可能三观会被带偏，上初中后更容易凭着狭隘的爱好寻找朋友，从而在错误的道路上一直走偏。如果家长就在身旁，能够及时发现孩子思想上的偏差，将孩子拉回正轨。

（三）把握好与孩子分离的几个关键节点

从孩子出生开始，父母和孩子会经历漫长的、渐进的、无数次的分离过程。在断乳期、青春期、独立生活等关键节点，父母要及时进行适度分离，让孩子逐步独立。但是，需要注意的是，6 岁以前是孩子人格培养的关键阶段，也是产生安全感的最重要时期。因此，父母一定要把握好分离的“度”。如果孩子在这一时期和父母长期分离，日后容易出现焦虑、抑郁等症状。

（四）坚持循序渐进、巧妙过渡的原则

孩子与父母分离，一开始都会产生一些焦虑情绪，虽然这是一种正常的心理反应，但是父母要足够重视，不要忽视。为了最大限度地弱化孩子的分离焦虑，父母要循序渐进，采取鼓励、讲故事等积极的方法，让孩子平稳地度过分离焦虑期。

例如，孩子 6 岁时应开始独立睡觉，如果孩子由于依恋父母、不适应新环境、害怕独处等原因，很抵触一个人独立睡觉，父母也不要太着急，应该给孩子一个过渡期。在过渡期内，父母可采取“分步分离法”，按孩子的意愿把房间布置得好玩、富有童趣；可以先分床或陪睡一段时间，慢慢过渡到孩子能独自睡觉；睡前给孩子讲故事、聊天等，待孩子睡着后再离开；半夜去看一看孩子的睡眠情况，盖盖被子等；起床后，竖起大拇指夸奖孩子：“昨天是你自己睡的，你真勇敢！”孩子有了自信，就愿意独自睡觉了。

在此需要特别强调，一是每个孩子独立睡觉的过渡期时间不太一样，只要达到了一个阶段的目标就可进入下一阶段，直至能单独睡觉。二是父母不要心软，要忍心让孩子去面对新环境和新起点。

（五）放手让孩子长大

一个人成熟的标志，就是开始懂得对自己的人生负责。父母要教会孩子独立面对世界的本领，然后再顺其自然地放手。我们要提醒自己，孩子长大了，这并不是与家庭关系的终结，而是一个崭新的开始。

专家点评

高尔基曾说过这样一句话："爱孩子这是母鸡也会做的事。"是的，爱孩子是父母的一种天性。但是，怎样爱，其中大有学问。懂得分离的爱，才是"真爱"。

问题与思考

1. 父母为什么要与孩子适时分离？请您从孩子健康发展的角度谈谈对这个问题的认识。

2. 您认为父母过度依恋孩子、迟迟不愿和孩子分离，对孩子的发展有哪些影响？请谈谈您个人的看法。

专题四 养教并重：抚养孩子的基本原则

《三字经》中“养不教，父之过”的古训，讲的是家庭教育的缺失。如今，“养”“教”出现两种极端现象：一种是“只养不教”，很多家长，只关心孩子的衣食住行，忽视品德教育，对不良行为视而不见、听而不闻；另一种是“教育错位”，一些家长只关心孩子的学习成绩，缺少和孩子心灵上的沟通与交流。

一 养不教，毁掉孩子一生

“只养不教”是我国很多家庭中的突出问题。家长只满足了孩子身体发育成长的物质需求，未提供健康成长的精神食粮，造成孩子的精神荒芜，严重的会导致孩子走向犯罪，毁掉其一生。

2019 年 10 月 20 日，13 岁大连男孩蔡某某将在同小区内居住的 10 岁女孩小淇（化名）骗到家中，欲强行与其发生性关系。遭到拒绝后，蔡某某残忍地连捅小淇 7 刀，将她杀害，并抛尸灌木丛。因蔡某某未达到法定刑事责任年龄，警方依法不予追究刑事责任，对其进行三年收容教养。

2020 年 5 月 9 日上午，小淇被杀案民事诉讼部分在大连市沙河口区法院开庭。开庭当天，被告蔡某某家属无一人出庭。

8 月 10 日，小淇被杀案相关民事诉讼案宣判，沙河口区人民法院判处蔡某某父母蔡某、庄某于判决生效之日起，十日内在辽宁省级平面媒体上向原告小淇母亲及家人公开赔礼道歉，并赔偿原告合计 1286024 元。

然而，蔡某、庄某迟迟不道歉、不赔偿，引起网民的极大愤慨。在强大社会舆论的压迫下，蔡某、庄某在小淇被害案发生一年多后，终于于 2020 年 11 月 6 日在《大连日报》刊登了《道歉信》。信中表示：“我们万分愧疚，惨剧的发生，我们后悔莫及，是我们做父母的失职和失败。”

蔡某某在学校和小区是一个出了名的“熊孩子”。在杀害小淇之前，蔡某某曾多次被发现行为反常——骚扰女同学，被骚扰女生的父母向学校举报后，蔡某某父母极力否认，称自己的儿子不是那样的人。蔡某某还多次在小区尾随一些年轻的女性，并对她们进行言语和行动上的骚扰。有一次，他在小区掀起一位年轻女性的裙子，姑娘找到了其父亲蔡某，蔡某非但不批评孩子，反而对这个姑娘破口大骂。

《中华人民共和国民法典》第一千零六十八条规定：“父母有教育、保护未成年子女的权利和义务。未成年子女造成他人损害的，父母应当依法承担民事责任。”

爱其子而不教，犹为不爱也；教而不以善，犹为不教也。

——方孝孺

由此可见，蔡某某之所以成为“熊孩子”走上犯罪的道路，是因为他的身后站着只养不教、不讲道德、无视法律的“熊父母”。

蔡某某犯罪的根源在于父母对他的“养不教”。正如古语所云：“养而不教，父母之祸；教而无方，父母之过。”

二 “养”“教”的内涵

很多家长认为“养”就是让孩子吃饱别饿着、穿好别冻着，“教”就是教孩子学好文化知识。这都是对“养”“教”简单化、片面化的理解。

家长要想做好“养教并重”，必须对“养”“教”的内涵有正确的理解。

（一）“养育”的含义和内容

养育，是指父母对孩子的抚育，为孩子提供所需生活用品，满足孩子身体发育和智力发育的需求，照料好孩子的吃、穿、住、行、用，保护其安全；培养孩子的良好生活习惯，引导孩子积极参加体育锻炼。

家庭养育的内容主要包括以下几方面：

1. 饮食合理

家长要根据孩子年龄和身体发育特点，提供多种多样的食物，保证孩子充分获取身体发育所需的各种营养成分。

2. 安全照护

家长能够为孩子提供干净、安全、有益于身心健康的照护环境，保障其居家安全、食品安全、外出安全和心理安全，防范意外伤害，让儿童在安全、温暖的养育环境中成长。

3. 生活习惯

0~6 岁是孩子习惯培养的关键期，在养育过程中，家长要注意培养孩子在饮食、睡眠、卫生、健身等方面的良好习惯。

4. 卫生保健

家长要在孩子成长过程中做好疾病的预防和及时治疗，保障孩子的身体健康。

5. 健身运动

家长要根据孩子成长不同阶段的特点，开展各种亲子体育游戏，培养孩子对体育运动的兴趣，让孩子锻炼体格，拥有一个健壮的身体。

6. 心理健康

家长要注意培养孩子形成积极的情感、良好的情绪、开朗的性格、阳光的心态，让孩子有一个健康的心理状态。

信息链接

1. 配置儿童膳食的原则

（1）符合幼儿对营养的需要。营养素种类齐全，供应量适宜，可满足幼儿在迅速生长发育时期对营养物质的需求。

（2）适合幼儿的消化能力。食物的品种、数量和烹调方法，应适合幼儿胃肠道的消化和吸收能力。

（3）能够促进食欲。尽量使食物的外形美、色诱人、味可口、香气浓、花样多，以促进幼儿食欲。

（4）讲究卫生。注意饮食卫生，严防食物中毒。

2. 膳食巧搭配

（1）粗细搭配。细粮容易消化，口感好；粗粮富含B族维生素，耐嚼。两三岁以后的幼儿可粗细粮搭配着吃，但要粗粮细做，兼顾儿童的食欲和营养需要。

（2）米面搭配。米比面食耐嚼，多嚼有益；但面食花样多，巧做、细做可引起食欲，两者应均衡搭配。

（3）荤素搭配。动物性食物含优质蛋白质，蔬菜含维生素、无机盐，荤素搭配不仅不腻，还可以均衡摄入营养，有利健康。

（4）谷类与豆类搭配。豆类中含有大量赖氨酸，可以弥补谷类不足，形成营养极高的蛋白质组合。

（5）蔬菜深浅搭配。深绿色、红色、黄色的蔬菜，所含的胡萝卜素等优于浅色蔬菜。因此，日常饮食中的蔬菜要深浅搭配，并以深色为主。

（6）干稀搭配。主食有干有稀，或有菜有汤，吃着舒服，水分也充足。

（二）“教育”的含义和内容

家庭教育，要教导孩子学会做人、学会生活、学会学习、学会交往、学会劳动等。

家庭教育的内容主要包括以下几方面：

1. 品德教育

培养孩子的良好品德是家庭教育的首要任务。品德教育主要包括爱家乡、爱祖国、爱集体、爱劳动，以及关爱他人、诚实守信、团结合作、遵守纪律、文明礼貌等。

2. 习惯养成

0~6 岁是习惯养成的重要阶段。要让孩子养成讲文明、讲礼貌、讲卫生、讲规则、爱学习、爱锻炼等良好习惯。

3. 智能开发

0~6 岁是婴幼儿各项身体机能发育最快的时期，开发孩子的各种智能是这个阶段家庭教育的主要任务之一。

4. 文化知识

父母要在日常生活中培养孩子对文化知识的兴趣，为日后的学习打下良好的基础。

5. 社会交往

培养孩子的社会交往能力，是家庭教育的主要任务之一。家长要在生活中为孩子创造与人交往的环境和条件，鼓励孩子积极地与同伴交往，引导孩子学会交往的基本礼仪和方法，让孩子体验到交往的乐趣。

6. 特长培养

根据多元智能理论，每个孩子都有一种或多种优势智能，只要教育得法，每个孩子都有可能习得某方面的专长，成为某方面的人才。家庭教育在培养孩子特长方面具有独特的优势，家长要善于发现孩子的特殊天赋和兴趣爱好，坚持“全面 + 特长”的教育原则，积极创造条件，培养孩子的特长。

三 养教并重的实施原则

养教并重，是家庭教育的基本原则，也是父母抚养孩子健康成长、让孩子走向优秀的一种科学方法。

父母如何将“养教并重”贯彻落实到日常对孩子的教育过程中呢？

（一）树立“养教”的责任意识

《中华人民共和国民法典》第一千零五十八条规定：“夫妻双方平等享有对未成年子女抚养、教育和保护的权利，共同承担对未成年子女抚养、教育和保护的义务。”第一千零六十八条规定：“父母有教育、保护未成年子女的权利和义务。”无论从法律层面还是角色、情感角度，养育和教育孩子都是父母应担负起的责任。因此，父母一定要树立起责任意识，既要把孩子养育好，又要把孩子教育好。

（二）“养教并重”不可简单化

那种吃好、喝好、学习好就是“养教并重”的认识是片面的、肤浅的。父母要学习和理解“养教并重”的丰富思想内涵，并且全面、具体、细致地贯彻到对孩子的教育行动中，让孩子德智体美劳等全面发展。

（三）“养”“教”不是一道选择题

在父母抚育孩子的过程中，“养”“教”不是一道选择题，而是一道必答题。“养教并重”的教育原则，就是要求家长在抚育孩子的过程中必须做到既要“养”，又要“教”，缺一不可。父母既要让孩子的身体健康，又要让孩子的心理健康；既要关注孩子的生活，又要培养孩子的良好生活习惯；既要关心孩子的学习，又要培养孩子的良好品德。

（四）养中有教、教中有养、养教同步，协调一致

家长抚育孩子的过程中，“养”中要有“教”，“养”的方式方法和过程一定渗透着“教”。例如，孩子吃饭时，家长要渗透对“不挑食”“吃饭时不嬉闹”等良好饮食习惯的培养，指导就餐基本礼仪，进行节约粮食等良好品德的教育，做到“养中有教”。根据孩子的年龄和身心发展特点培养其运动能力、特长时，运动量、练习时间不可超过孩子的身体负荷，不然会损害孩子的身心健康。孩子学习文化知识时，家长的期望要符合孩子的年龄和思维特点，不可拔苗助长，否则，不仅不利于孩子的学习，还会让孩子产生自卑和厌学心理。

很多家长还有一种“先养后教”的想法，认为孩子小，不懂事，等孩子大了再教育也不晚。这种思想也是非常错误的。家长要在孩子成长的每个阶段选择相应的抚养方法和教育内容、教育方式，“养”和“教”在抚育孩子过程中没有先后，一定要同步进行，协调一致。如果孩子的发育、养育、教育三者不能同步、协调进行，顾此失彼，重此轻彼，将不利于孩子的健康成长。

总之，在抚育孩子的过程中，家长要促进孩子身心和谐发展，让孩子健康快乐成长。

专家点评

所谓“教”“养”，是相辅相成的，正确处理二者的关系，就是要使刻意地教变为自觉地教，以养融教。

问题与思考

1. 结合您抚育孩子的经验，谈谈您对“养教并重”的认识。

2. 怎样做到“养教并重”？怎样处理好养、教之间的关系？

专题五　习惯：决定孩子的命运

我国著名教育家叶圣陶说：“什么是教育？简单一句话，就是养成习惯。”无论是家庭教育，还是幼儿园、学校教育，都是为了培养孩子良好的习惯。特别是针对0~6岁的幼儿，教育的重点应在此处。

习惯，从某种意义上讲，决定着孩子一生的命运。因此，家长一定要高度重视对孩子良好习惯的培养，为孩子的成功人生奠定良好的基础。

习惯是指一种长期养成、一时不容易改变的行为或生活方式，是一种稳定的、自动化的行为方式。例如：坚持每天早上锻炼身体，久而久之，就会形成早起锻炼的习惯。

一　习惯决定一个人的命运

习惯的力量是巨大的，一个好习惯能让人走向成功，而一个坏习惯可能会让人走向失败。

一个大学刚刚毕业的美国年轻人到一家汽车公司应聘，他在众多面试者中并无优势。当他走进面试办公室时，发现门口地面上丢弃着一张废纸，他很自然地弯腰把纸捡了起来，顺手扔进了垃圾篓。

这个动作引起了董事长的注意，经过一番交谈，董事长认为他是一个脚踏实地、注意细节的人，最后录用了他。这个年轻人就是福特。

从此，福特开启了自己事业的辉煌之路，最终成了这家公司的掌门人，让福特汽车闻名世界。

福特捡起一张纸的小事，表现出他爱整洁、认真负责的良好习惯，他因此得到了上司的赏识，最终成就了他的一生。

从前有个人叫王小二，他跟师父学剃头。师傅告诉王小二，剃光头不是件容易的事，刮重了，要刮出血来；刮轻了，头发刮不下来。王小二非常有信心地说：“徒弟听懂了，一定按师父的要求做，认真学艺。”师父让他先拿冬瓜练习。王小二每天从早到晚，废寝忘食地练，技术越来越好。但是他有个坏习惯，每次刮完后，总是将剃刀“噌”一下插在冬瓜上。师父告诫王小二别这样做，这种习惯不好。可是王小二不以为意，想：这不是练习吗？又不是真人的脑袋！他还是每次都这么做。半年后，王小二的手艺学好了，可往冬瓜插刀的习惯也养成了。

王小二出徒的第一天，师傅叫他给客人剃头，王小二剃得又快又好。当他要去取水给客人洗头时，便顺手将剃刀“噌”一下插了下去，客人“哎呀”一声，王小二猛然惊醒：这不再是冬瓜了。看着客人满头流血的痛苦样子，王小二吓傻了。从此，王小二的剃头铺再也没有人光顾了。

习惯是我们存放在神经系统中的道德资本，你有了好的习惯，一辈子就享受不尽它的利息；你有了坏的习惯，一辈子就偿还不尽它的债务，坏习惯能以它不断增长的利息让你最好的计划破产。

——乌申斯基

不要以为一个小小的不良习惯无关紧要，生活中许多祸患就是由这些看似不起眼的不良习惯造成的，一个小小的坏习惯可能毁掉一个人的一生。

二 全方位打造孩子的好习惯

0~12 岁是养成良好习惯的关键期，在这个阶段，家长要特别注意培养孩子的良好习惯。

（一）不同阶段的培养重点

家长要根据孩子在婴儿、幼儿、小学三个阶段的不同特点，抓好不同阶段对良好习惯的培养重点。

1. 婴儿期（0~1 岁）

这一时期主要培养婴儿健康的生活习惯和文明礼貌习惯。例如：定时自然睡眠，按时睡醒，有规律地大小便，独立进餐，饭前洗手，用动作或语言表示谢谢、再见、欢迎等。

2. 幼儿期（1~6 岁）

该时期要巩固和拓展孩子婴儿时期养成的健康的生活习惯、文明礼貌习惯，进一步拓展培养孩子的学习习惯和遵守规则的习惯。

有幼教专家根据多年研究成果制定了“3~6 岁幼儿良好品德与行为习惯对照表”，根据这个对照表，家长可以在日常生活中注意培养孩子养成良好的行为习惯。

3~4 岁：

（1）尊敬日常接触的成人。在成人的提醒下会说“早”“你好”“再见”。

（2）需要别人帮助时，会说“请”；接受别人的帮助后，会说“谢谢”。

（3）不怕生人，会在成人的提醒下热情而礼貌地欢迎客人。

（4）逐步养成过集体生活的习惯，积极参加各项集体活动。

（5）遵守幼儿园的一些规则，如按时入园离园，按时吃饭，参加游戏等。

（6）外出时，在成人周围活动，不离开成人独自乱跑。

4~5 岁：

（1）对长辈会称呼“您”；能注意倾听对方的谈话，不打岔，有礼貌地回答别人提出的问题。

（2）个人活动不影响他人。当别人碰撞了自己时会说“没关系”“不要紧”，当自己碰撞了别人时会说“对不起”等。

（3）说话不粗鲁，不说谎话，做错事能大胆承认，认真改正。

（4）能积极参加集体活动，并较自觉地遵守幼儿园的一日生活常规，生活有规律。

（5）在成人的提醒下，在公共场所知道遵守秩序，不乱跑、乱喊；过马路时注意车辆，遵守交通规则。

5~6 岁：

（1）能逐步较熟练地使用文明礼貌用语，主动、热情、大方、自然地接待客人。别人讲话时不插嘴；和别人交往时态度和气，举止文雅；不喊成人的名字，不给别人取外号；不嘲笑别人的缺点和生理缺陷。

（2）能自觉主动地遵守生活规范，遵守上课、游戏及其他活动的各项规则；知道要严格要求自己，不苛求别人。

（3）他人委托的事情能认真做，不偷懒、不争论，并能按顺序较好地完成任务；有集体荣誉感。

3. 小学时期（6~12 岁）

巩固和拓展孩子婴幼儿时期养成的习惯，继续培养学习、遵守规则、交往、生活自理、自我保护等方面的习惯。

（二）重点培养的良好习惯

1. 学习习惯

良好的学习习惯主要包括以下内容：

（1）树立学习目标，能够自主学习；

（2）上课认真听讲；

（3）按时完成作业；

（4）认真书写，作业整洁；

（5）每天复习、预习；

（6）细心检查作业；

（7）阅读课外书；

（8）善于问“为什么”，独立思考；

（9）上课大胆提问；

（10）善于与同学讨论探究。

2. 行为习惯

（1）举止文明。举止是指一个人在活动中的姿态，包括站立、行走、就座、手势和表情等。例如，见到老师、客人主动问好；自觉使用“请”“您好”“谢谢”“对不起”“再见”等礼貌用语；不骂人，公共场所不大声喧哗等。

（2）诚实守信。诚实守信既是一种道德品质和道德信念，又是每个公民的道德责任，更是一种崇高的人格力量。例如，说了的事就要努力去做；答应的事难以完成，应向对方说明缘由，并用诚挚的态度表示歉意；借了别人的东西要按期归还等。

（3）尊重他人。要想赢得他人的尊重，首先要尊重他人。例如，耐心听他人说话，不随便打断；不打扰别人学习、休息、工作和生活，一旦妨碍了他人要及时道歉；未经允许，不乱动别人的东西等。

（4）守时惜时。要让孩子养成良好的时间观念，从小懂得“时间就是金钱”“时间就是效率”。例如，放学后按时回家；及时完成老师布置的作业，当天事当天毕；做事有计划，不盲目、不拖沓等。

（5）懂得感恩。学会感恩是人性的体现，懂得感恩是责任的要求。只有懂得感恩，才会懂得付出，才会懂得回报。例如，体会父母、长辈的艰辛，主动替父母干一些力所能及的家务活；孝敬父母，报答父母的养育之恩；尊重他人的劳动。

（6）勤俭节约。勤俭节约是中华民族的传统美德。例如，爱惜学习用品，不在课本上乱写乱画，不随便撕扯作业本；不乱花钱买零食、玩具；珍惜粮食，不挑食，不浪费饭菜；节约用电、用水等。

（7）遵守秩序。规则和秩序是社会公共生活中的基本准则。没有秩序，集体活动很难有序开展。例如，上下楼梯轻声慢步，靠右行；红灯停，绿灯行，不乱穿马路，不在马路上追跑打闹；购物、上车时自觉排队，不加塞，集会时按指定位置就座；在公共场合遵守纪律，不大声喧哗等。

（8）勤于动手。孩子自己动手可以提高自理自立能力。例如，自己的事情自己做，自己整理书包、收拾房间、叠被褥、洗衣物等。

（9）锻炼身体。健康的身体是学习、工作、成才的基础，锻炼身体不仅有利于身体健康，还能磨炼人的意志。例如，积极参加集体活动和课内外文娱、体育、科技活动，上好“两操两课”等。

（10）讲卫生。讲卫生是一个人文明的表现，既有利于身体健康，又体现了良好的个人面貌和对他人的尊重。例如，勤洗澡、洗头，勤剪指甲，勤换衣服，睡前刷牙、洗脸，指甲内无污垢，身体无异味；保持衣服干净；饭前便后、活动后洗手；爱护环境，不随地吐痰，不乱扔杂物；注意用眼卫生等。

三　习惯培养要从小抓起，持之以恒

幼儿阶段是一个人习惯养成的关键期，家庭是学校，父母是老师。因此，家长一定要明确自身的责任，采取科学的方法，从小抓起，持之以恒，培养孩子的良好习惯。

（一）以身作则，为孩子树立榜样

父母对孩子的影响最早、最持久，因此，习惯更容易在家庭中以“遗传”方

信息链接

父母最容易对孩子产生影响的坏习惯：

1. 说谎。

2. 骂人。

3. 不遵守交通规则。

4. 乱扔垃圾。

5. 大手大脚，不注意节约。

6. 公共场所大声喧哗。

7. 购物乱插队不排队。

8. 不懂礼貌。

9. 不尊敬长辈。

10. 不讲卫生，不注意整洁。

11. 办事拖拖拉拉，没有时间观念。

12. 不耐烦，爱发脾气。

13. 对人不关心。例如：家长总是习惯性地一边干活一边问孩子："今天在幼儿园里过得怎么样？"这一行为好像在告诉孩子：我并不关心你的答案。孩子从家长身上感受到了不被尊重，并学会了敷衍别人。

14. 不认错。

15. 爱抱怨别人。

式传递。孩子的模仿能力很强，父母的言谈举止对孩子有很大的影响。一位家长说："对孩子的教育可以简单地概括为'从自身做起'。"

因此，要教育孩子养成好习惯，家长首先要做孩子的榜样——要求孩子做到的自己要首先做到，要求孩子不做的事自己首先不做，真正把"说教"变成"身教"，在潜移默化中逐渐培养孩子的好习惯。

（二）提高认识，激发动力

"习惯形成性格，性格决定命运。"美国教育家约·凯恩斯的这句名言，可以看出习惯对于一个人命运的重大影响。在日常生活中，家长要让孩子认识到养成习惯的重要性，引导孩子对养成好习惯、改掉坏习惯产生一种强烈的认同、向往和自信，自觉养成良好习惯，克服不良习惯。

（三）内容明确，具体细致

根据儿童的心理发展特点，家长对孩子良好习惯的培养要做到内容具体细致，让孩子明晰具体的要求、做法和标准。例如，只是笼统地要求孩子养成早睡早起的习惯，这样的目标不明确。要使目标具体化，明确要求孩子每天晚上 9:00 准时睡觉，早晨 7:00 准时起床。具体、细致的时间要求，便于孩子去实施。再如，培养孩子讲文明懂礼貌的好习惯，要指出具体的行为、做法——见了长辈、老师，要用尊称主动打招呼问好；不骂人、不说脏话、不乱扔杂物；公共场合不大声喧哗……把习惯内容具体化为日常行为，孩子便知道该怎样去做。

（四）随机教育，行动养成

习惯是在生活中养成的，它蕴含在生活的方方面面、时时处处。因此，家长培养孩子的良好习惯时，一是要留意孩子在生活中的一言一行，随时随地给予教育指导，对孩子一些好的做法及时鼓励、肯定，发现孩子有坏习惯的苗头要立刻阻止。二是要引导孩子在行动中养成好习惯，例如：让孩子自己定下闹钟，坚持按时起床，长此以往，这就会成为孩子的自觉行动。

（五）正反典型，明辨是非

孩子在成长过程中，对于好、坏习惯有一个逐步认识的过程。因此，家长平日里要结合生活中正面和反面的案例，引导孩子认识什么是好习惯，什么是坏习惯，明辨是非，知道应该怎么做，不该怎么做。青少年都是在模仿中长大的，身边的榜样对其习惯的养成具有很大的影响。因此，家长可以引导孩子向身边有良好习惯的小朋友、同学学习，向古今中外优秀的人物学习，从各类榜样人物身上学习良好的习惯。

（六）持之以恒，强化巩固

养成好习惯不是一蹴而就的，需要一个持之以恒的训练过程。因此，毅力也是影响好习惯养成的内在因素。

信息链接

有研究认为，要想让孩子培养一种习惯，父母大致要做到以下六个方面：

1. 认识到某个习惯的重要性，提出目标，激发孩子的内在动机。
2. 确立具体的行为规范，把习惯内容具化为日常行为。
3. 尊重孩子的偶像与榜样，使其成为孩子养成习惯的精神激励力量。
4. 让孩子通过持之以恒的训练，进行行为强化。
5. 对孩子的行为进行评估和引导，表扬良好的行为，纠正不良的行为。
6. 创造健康向上的环境，形成家庭内的良好风尚。

心理学研究表明，一种行为重复21天会初步成为习惯，重复90天会形成稳定的习惯。当然，这只是一个大致的概念，因为不同的行为习惯形成的时间并不相同。总之，坚持的时间越长，习惯巩固得就越牢。因此，家长要坚持不懈地对孩子进行行为训练，特别是在开始的一个月，更要持之以恒，强化巩固，让孩子由被动到主动再到自动去做。

英国教育家洛克曾说："儿童不是用规则教育就可以教育好的，规则总是被他们忘掉。你觉得他们有什么必须做的事，你便应该利用一切时机，甚至在可能的时候创造时机，给他们一种不可缺少的练习，使其在他们身上固定下来。这就可以使他们养成一种习惯，而且这种习惯一旦养成以后，便不用借助记忆，会很容易地、很自然地发生作用。"养成习惯就是不断地强化一种行为，直到它变成一种定式。

（七）有扬有抑，加减结合

要使孩子形成良好的习惯，一是家长要及时对孩子做出的良好行为习惯进行表扬、鼓励，强化、巩固这种习惯；二是要及时发现和遏制孩子的不良行为，在萌芽之际予以纠正，防止其成为一种坏习惯。这就是习惯培养的一种基本方法——"加减法"，即培养好习惯要用加法，让孩子在生活中多做良好行为，使好习惯越来越多；改正坏习惯要用减法，不断纠正孩子的不良行为习惯，使坏习惯越来越少。

（八）对不良习惯，坚决说“不”

孩子养成不良习惯，大多是家长容忍、迁就、不作为等造成的。容忍、迁就、不作为，这不是爱，而是一种害。为了培养孩子的好习惯，更好地教育孩子，家长一定要对孩子的不良习惯坚决说“不”。

家长要学会运用“第一次效应”的原理，当孩子第一次出现不良行为时，一定要及时、彻底地予以纠正。否则，这种不良行为一而再、再而三地出现，就会形成一个不良习惯，再纠正就为时已晚了。

家长需要特别注意的是，不要在萌芽期人为地强化孩子的不良习惯，家长不经意的强化会给孩子一种负面的心理暗示，相当于对孩子的另一种默认或纵容。例如，有的孩子不爱吃木耳和猪肝，当他第一次表现出不爱吃时，父母也许会说：“哎呀，这个孩子不爱吃木耳和猪肝。”这其实就给了孩子一种暗示，孩子自己就会想着：“我不爱吃木耳和猪肝。”从此以后，他就真的不吃了。

专家点评

从某种意义上讲，教育的本质就是培养习惯。人一旦养成一种习惯，就会形成一种惯性，会不自觉地在这个惯性轨道上运行。因此，家长一定要注意从小培养孩子的良好习惯，及时纠正孩子的不良习惯，让孩子始终沿着正确的人生轨道成长，这样才能让孩子走向优秀。

问题与思考

1. 为什么习惯决定一个人的命运？请您结合自身成长经历和社会案例谈谈对这个问题的认识。

2. 您认为3~6岁阶段应重点培养孩子的哪些良好习惯？请谈谈您个人的看法。

培养孩子21个好习惯

1. 真诚待人，守时、守信；
2. 尊重长辈，用尊称主动与人打招呼；
3. 充满自信，永不言弃；
4. 用心倾听，不随意插话和打断别人谈话；
5. 衣着打扮大方，言谈举止文明；
6. 遵守社会规则，守住底线；
7. 乐观，幽默，笑口常开；
8. 做事认真负责，雷厉风行，善始善终；
9. 乐于助人，善于合作，对别人的帮助能及时感谢；
10. 善于学习别人长处，欣赏和赞美他人；
11. 善于探究，勇于创新；
12. 爱读书，爱学习；
13. 凡事有目标，预先做计划；
14. 及时复习、预习；
15. 按时完成作业；
16. 早睡早起，不挑食偏食，专心吃饭；
17. 做家务，爱劳动，自己的事情自己做；
18. 讲卫生，爱整洁，有条理；
19. 合理消费，生活节俭；
20. 坚持锻炼，爱好文体活动；
21. 每天自我反省。

专题六 陪伴：给孩子最好的教育

很多年轻父母在养育孩子过程中，主观上意识不到“陪伴”对于孩子健康成长的重要性，客观上由于工作忙碌顾不上等原因，往往很少陪伴孩子，这对于孩子的身心健康发展有着很大的负面影响。

养育孩子是父母的责任，不仅仅要物质上让孩子吃饱喝足，更重要的是在精神上满足孩子对安全感和幸福感的需要，这就要求父母很好地陪伴孩子，让孩子幸福、快乐、健康地成长。

所谓陪伴，字典中的解释为随同做伴。陪是跟随在一起，在旁边做伴；伴是同在一起而能互助的人。

亲子陪伴，指父母陪同孩子一起完成适合孩子年龄发展需求的活动，一方面，父母要为孩子的发展提供支持；另一方面，父母也要通过与孩子的互动反思自己的陪伴程度与陪伴方式，实现父母的自我成长。

一 陪伴，孩子成长中不可或缺的重要一环

央视主持人杨澜在“第五届新东方家庭教育高峰论坛”上，讲过一个关于陪伴的故事。

1996 年她生了儿子，在这期间无论多忙她都会抽出时间陪儿子。一次由于工作的原因，她整整出差了一个星期没有回家。那天回到家，儿子先是背对着她不说话，最后哭出声来。看着儿子，她也忍不住流下了眼泪。

于是她给自己下了一个死命令——放下工作专心在家陪孩子一年。

那一年的陪伴，她给了儿子最需要的安全感。她感慨道："如果当时我不放弃自己的工作去陪儿子，造成的亲情缺失是后天不可弥补的。"

在儿子以后的成长道路上，她越来越庆幸自己当初的决定。对于她来说，放弃工作可能只是错过一个好的机会；但是对于儿子，她错过的可能是他的整个人生。

在杨澜的精心陪伴和教育下，2014 年，儿子以优异的成绩被美国哥伦比亚大学录取，和妈妈成为校友。

对于杨澜来说，无论是央视知名主持人、哥伦比亚大学硕士生，还是企业家，这些都不是她在乎的，她在乎的是自己的一对儿女。她用行动告诉天下父母，陪伴对于孩子来说有多重要。

2018 年 12 月 3 日 12 时 24 分，湖南沅江市公安局接到群众报警称：泗湖山镇东安垸村发生一起命案。

年仅 12 岁的吴某在家里偷着抽烟，母亲陈某无意发现后，气愤地用皮带将他教训了一顿。结果他被怒气冲昏了头脑，冲进厨房拿菜刀对着母亲一通乱砍，母亲当场死亡。

事后，警察询问吴某为什么杀死母亲，吴某神情自如地说："我就是恨她。"到底有多大的恨，让一个孩子失去童真，甚至失去人性，忍心向自己的母亲痛下杀手！

吴某的父母都在忙着赚钱，没时间陪伴、管教他，他一直寄住在爷爷奶奶家里。吴某从小缺少父母疼爱，据说他小时候出车祸，父母都没有上心过。

爷爷奶奶非常宠爱他，养成了他叛逆的性格。两年前，母亲怀了二胎，吴某才搬去和母亲同住。直到那时，母亲才发现吴某身上染上了很多不好的习惯。

长时间的分离，以及吴某的叛逆心理，母亲已经不知道如何和他沟通，犯错也只能动手打。一次又一次狠狠的教训，造成了这一场悲剧。

父母的漠视、暴力，祖辈的溺爱，让吴某变得越来越畸形。最后，他选择了爆发。

谈及吴某未来的管教问题时，警察与吴某的这段对话让人后背发凉。

“为什么要抽烟？”

“我们班几个同学也抽。”

“你把你妈妈杀了，你认为错了没有？”

“错了……但是我又没杀别人，我杀的是我妈妈。”

“那以后怎么办？”

“学校不可能不让我上学吧？”

杀了自己的母亲以后，吴某不认错不悔改，还用一副若无其事的姿态，理所当然地想要生活回到正轨。

对于弑母这种违反人伦的行为，吴某不认为自己犯了大错，他觉得自己的母亲杀了就杀了，其心理极其扭曲，剥夺了母亲的生命，也毁了自己的一生。由此可以看出，父母应尽量多地陪伴孩子，在他犯错时及时进行纠正，用爱感化，让孩子沿着正确的道路成长。

二 陪伴对孩子身心发展的重要影响

心理学家曾做过一个有趣的实验，将一个出生不久的小猩猩放入一个大房间，房间内有两个铁架子，一个铁架上光秃秃、没有任何装饰物；另一个铁架上缠满了绒布，形似一只母猩猩，地上还有吃的、玩的物品。

观察发现，小猩猩面对陌生的房间恐惧地叫了几声，然后就爬上模拟母猩猩的架子上，紧紧地抱住“它”。只有在饿的时候小猩猩才下来，吃点东西后又会迅速爬上去，紧紧抱住那只毛茸茸的“母猩猩”。

这一实验证明：幼小的动物虽然需要食物，但更需要抚养者的陪伴，对后者的需要超过玩具对其产生的吸引。

0~12 岁，这个时期是孩子的依恋期。特别是 0~6 岁这个阶段，孩子最需要的就是父母的陪伴。这一时期，有无父母的陪伴对孩子身心健康发展有着重大的影响。

（一）影响情绪的发展

父母是这个世界上与孩子最亲近的人。有父母陪伴在孩子身边，孩子的情绪发展会比较稳定和健康，容易产生高兴、快乐、幸福等积极的情绪；长期缺少父母的陪伴，孩子很容易产生焦虑、暴躁、沮丧、恐惧、抑郁等情绪障碍。例如：一岁内，妈妈离开时孩子会哭闹；当妈妈拥抱、爱抚时，哭闹的孩子就会很快安静下来。这种依恋和安全感经常得到满足，婴儿就会获得愉快、轻松的感受；相反，婴儿就会出现烦躁不安的现象。

（二）影响感情的发展

孩子都有“爱”的需要。孩子在陪伴中得到了爸爸妈妈和家人的爱，就会获得幸福感、满足感，产生爱他人的情感，在以后的生活中会富有爱心。如果缺少父母的陪伴，孩子得不到父母的爱，可能会有一种被遗弃感、自卑感，缺乏爱心。据调查发现，很多凶残冷漠的罪犯从小失去父母的陪伴，导致缺乏安全感，攻击性强，对人没有感情，生活在一种“无爱”的环境中。

（三）影响安全感的建立

安全感是儿童心理健康的基础，影响着孩子性格的发展。

孩子安全感建立的关键期是 0~6 岁，其中 0~3 岁最为重要。孩子安全感的建立，其首要条件是父母的陪伴。如果孩子长期得不到父

安全感是渴望稳定、安全的心理需求，是一种从恐惧和焦虑中脱离出来的信心。对于孩子来说，是让孩子在社会生活中有稳定的、不害怕的感觉。

母的陪伴，容易留下心理阴影，缺乏安全感和信任，这是无法弥补的。

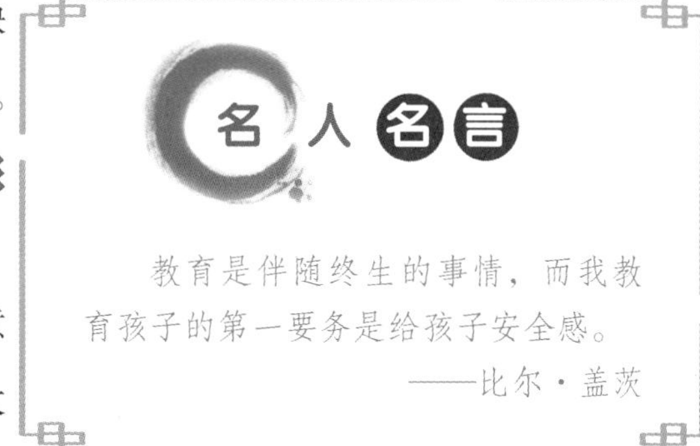

（四）影响人际关系的形成

幼儿阶段，孩子具有了自我意识，这是孩子认知发展的一个巨大进步。其具体表现是以自我为中心，不愿意和别人分享玩具，争夺零食。其实这是一种正常的心理反应。父母在陪伴过程中能及时发现这一问题，加以引导，让孩子正确认识自己和他人的关系，心中有他人，理解他人的感受，形成与他人分享、换位思考、处处为他人着想的良好品质。如果得不到父母及时的引导和纠正，孩子的认知就会错乱，形成自私的性格。

（五）影响责任感的建立

孩子在父母的陪伴下，能够感受到父母对自己的关爱和负责，通过父母及时引导，孩子会建立起做人、做事的责任感。

很多家长过分依赖于祖辈、幼儿园、学校，总是把孩子托付给老人、老师，认为只要自己提供经济支持就行了。这是不负责任的表现，这种行为也会让孩子缺乏责任意识。

（六）影响社会认知

孩子的成长、成熟是从无知到知的一个过程，需要父母的陪伴和及时的引导教育，孩子才能慢慢建立起“对与错”“好与坏”“美与丑”等正确的社会认知；如果缺失父母的陪伴，孩子得不到及时的引导和教育，就会产生错误的社会认知，往往会以丑为美，对一些不良行为和习惯不以为耻、反以为荣。例如，安徽来安警方破获一起盗窃案，两个 14 岁少年长期无人管教，在多地作案 40 余起，涉案金额 20 多万元，被警方抓获后因年龄不满 16 周岁被释放。两人因为自己年龄还不到法定年龄不会被处理，所以称：“我知道我还能偷 400 多天！”这不仅仅是狂妄，更是一种错误认知的悲哀。

（七）影响习惯的养成

品行习惯是在日常生活中慢慢养成的，0~12 岁又是品行习惯养成的一个重要时期。在这个时期，如果父母能够在陪伴过程中及时发现和纠正孩子的不良行为，用言传身教的方式对孩子产生潜移默化的正面影响，让孩子养成良好的品行习惯，那么将对孩子的一生有积极的影响。反之，孩子日常的一些不良的品行习惯得不到父母的及时发现和纠正，将贻害终身。

三 让孩子在陪伴中幸福成长

陪伴，并不仅仅是陪在孩子身边，而是一门内涵丰富的教育艺术。陪伴分为无效陪伴和有效陪伴，父母的无效陪伴，对孩子身心健康发展非但没有促进作用，反而还有消极影响；父母高质量的有效陪伴不仅能培养孩子感情，还能让孩子获得成长，对孩子身心健康发展具有积极的促进意义。

父母怎样有效陪伴孩子呢？

（一）具有科学陪伴的教育理念

一是树立“陪伴是给孩子的最好教育”的理念。

二是树立“培养孩子是父母一生中最重要的事业”的理念。父母在孩子童年陪伴付出的时间和精力，是给孩子最好的礼物。

三是树立“宁可牺牲自己的利益，也要挤出时间多陪陪孩子”的理念。

四是树立“在孩子发展的关键期，父母一定要克服一切困难陪伴孩子成长，错过关键期，将无法弥补”的教育理念。

“十年以后，你不会因为今天少做了一个项目而遗憾，但你会因为没有多陪孩子一小时而后悔。所以，你知道答案啦。”在一次与哈佛大学心理学系教授吉尔伯特聊天时，杨澜问他手头事情太多，常分不清主次怎么办，吉尔伯特教授给了杨澜这样的答复。

（二）做好“关键期”陪伴

中国人民公安大学教授李玫瑾指出：人的成长的关键期是成年前。孩子6岁前一定要陪伴孩子。在孩子12岁之前，依恋现象一直存在，依恋现象与年龄成反比，年龄越小越重要。

1. 依恋期陪伴

0~12岁是孩子的依恋期，尤其是0~6岁，是孩子最需要陪伴的时期。

心理学研究发现，若人在生命早期，依恋感长期没有得到满足，就容易产生不满足感，从而产生烦躁、敏感、神经质等性格障碍。

一般而言，孩子出现行为问题或心理问题，如逃学、撒谎、有网瘾、顶撞父母、离家出走、自杀、打架伤害、参与抢劫等，“发病期”多在12岁前后至18岁前后。但是，这一年龄段的行为问题和相关心理问题的根源都在12岁之前，而且大多源于父母对孩子的抚养方式。

《好孩子的成功99%靠妈妈的陪伴》一书中提出了“333陪伴法则”：

（1）每天至少要花3个小时和孩子在一起；

（2）孩子3岁以前是发育的关键期，要坚持这么做；

（3）若实在脱不开身，和孩子分离的时间也不能超过3个晚上。

2. 特殊时期陪伴

在孩子成长的四个特殊时期，最需要父母的陪伴。

（1）断奶时。断奶是孩子和妈妈第一次分离，孩子会焦躁不安，对安全感的建立影响很大。所以，妈妈在给孩子断奶时，要尽量多和孩子玩耍，让他知道妈妈一直爱他。

（2）生病时。每个人都会有身体不舒服的时候，这是最需要陪护的时期，也是体现和表达亲情的关键时期。所以在孩子生病的时候，家长一定要给予孩子精心的陪伴、照顾和鼓励，让孩子感受到父母暖暖的亲情。

（3）受挫折时。每一个孩子在生活和学习中都会遇到各种各样的挫折，比如被其他小朋友欺负了，表演节目没有被选上等。一旦发生这些事情，孩子的心情必然会很沮丧，第一个想到的都是父母。父母在这时候首先要认同孩子的心理，可以对孩子的失落心情表示理解，然后问问孩子准备怎么解决，引导孩子学会自主解决问题。

（4）开家长会时。幼儿园举办开放日活动、亲子活动和召开家长会时，如果自己的父母没来，孩子会感觉非常失落。对孩子来说，父母来幼儿园参加家长会，是对自己的重视。家长要积极参与这一类活动，让孩子知道自己在父母心里的位置。

（三）全身心陪伴

1. 全身心关注孩子的安全

如今，因父母玩手机、聊天导致孩子走失、遇险的新闻频发。保障孩子的安全，是陪伴的首要职责。

2. 全身心投入情感

父母陪伴孩子的时候，一定要心无旁骛，全心全意地和孩子在一起，不能一边和孩子玩着，一边时不时拿起手机翻看，或是玩着玩着就跑去做其他事情。

孩子遇到困难时，父母不要指责、不要轻视、不要打击、不要命令，要很单纯、很欣赏、很专注、很幸福地静静地聆听孩子诉说，还可以拍拍孩子的小手，摸摸孩子的头，把孩子的小手放在自己的手里，拥抱孩子，亲吻孩子。

很多孩子会利用晚上时间，向爸爸妈妈诉说幼儿园的新鲜事，也会向父母提问各种各样的奇怪问题。面对孩子求知的眼神，家长切忌敷衍，要认真倾听孩子的诉说，和孩子共同探讨问题的答案，培养孩子的思考能力，不能打击孩子的自信心。

当孩子一个人在专注地做一件事的时候，家长也可以在一旁专注地做自己的事。很多时候，家长专注的状态会影响到孩子，让孩子能够更好地完成自己的事情。

（四）全角色陪伴

1. 父母角色要全

父母各自对孩子的教养角色，具有不可替代性。一般来讲，妈妈代表着“感情”，当孩子哭闹时能够共情、接纳、无条件关注、及时响应孩子，这有利于孩子形成安全感、幸福感以及自信、自尊等心理品质。

爸爸大多代表着社会规则，让孩子学习和适应以社会他人为中心。爸爸对孩子的爱往往是“有条件的”，当孩子的行为符合社会他人的要求时，爸爸给予的鼓励和奖励会促使孩子在母爱的基础上学会共情他人，在尊重自己的同时尊重他人，进而适应社会，形成人人平等的社会价值观。因此，在孩子的教育问题上，父母缺一不可。

2. 父母责任角色要全

（1）保姆角色：在家庭中照顾好孩子，主要体现在孩子 0~3 岁时；

（2）营养师角色：为孩子健康成长提供营养丰富的三餐；

（3）监护人角色：监护孩子成长过程中发生的问题；

（4）玩伴、朋友角色：0~12 岁是孩子的玩伴，12 岁以后做孩子的朋友；

（5）人生导师角色：对孩子的成长全程指导，例如怎样做人，怎样做事；

（6）教育顾问角色：指导孩子怎样学习，提供方法指导、教育规划等；

（7）生活顾问角色：教育孩子怎样生活，陪伴孩子参加丰富多彩的娱乐活动，帮孩子购买服装、装饰品、小玩具等；

（8）保护神角色：通过高质量的陪伴，让孩子获得安全感。

（五）陪伴中渗透教育

陪伴孩子的过程也是一个教育的过程，是一个促进孩子发展的过程。其特点是渗透性、随机性、启发引导性。例如，和孩子一起玩水时，家长可以通过各种材料玩具的沉浮，让孩子观察不同物体沉浮的物理现象，并随机提出一些启发性问题，引导孩子思考怎样让浮在水上的物体沉下去、沉在水底的物体浮上来等，培养孩子的科学思维；和孩子玩游戏时，父母还要注意随机进行规则教育，让孩子学会守规则。

父母在陪伴的时候，还要学会“装傻”，思维跟孩子保持同步，甚至可以让孩子感觉“爸爸妈妈真是弱爆了”，从而激发孩子的兴趣、求知欲和探索精神。

（六）做好陪伴的“配角”

父母陪伴孩子玩游戏的过程，也是促进孩子全面发展的过程。

父母在陪孩子做游戏时，要注意从以下三个方面做好“配角”：

一要保证孩子能够主导整个游戏。孩子一定是游戏的主角，有充分的主动权和决策权。父母在平时生活中都是教导孩子的一方，在处理问题时一般都显得很强势。但在游戏的环节里，一定要孩子来主导，父母在一旁配合，让孩子彻底放松下来，按照自己的想法完成整个游戏活动。当孩子在玩耍时产生了一些很有创造性的想法时，父母要及时给予鼓励和嘉奖。

二是要扮演一个配合者的角色。在整个游戏中，父母不要对孩子做的事情指手画脚，而要尽量扮演一个有趣的弱者，并在孩子的安排下做好自己该做的事情，激发孩子对整个游戏的掌控力。

三要让孩子占上风。父母在游戏中的任务就是帮助孩子获得成就感，从而让孩子变得开心和自信。比如，把游戏设计成一场比赛，每场比赛孩子都通过自己的努力赢得了胜利，这会让孩子轻松愉快，从心底感到快乐。一场充满笑声的游戏，会让孩子对生活更加热爱，跟父母更加亲近。

（七）榜样式陪伴

父母是孩子的第一任老师，也是孩子终生的做人榜样。孩子的语言、思维、认识世界的方式，都是在父母潜移默化的熏陶下习得的。因此，父母在陪伴孩子的过程中，要在负责任、讲信用、爱学习、好读书、讲文明、有礼貌等方面为孩子做出榜样。例如，和孩子一起做游戏，父母要认真严谨，引导孩子学会无论干什么事都要认真去对待。

（八）全方位陪伴

1. 在生活中陪伴孩子一起就餐、做家务、购物等

2. 陪孩子一起做游戏

3. 陪孩子一起看动画片，并适时引导、提问，共度亲子时光

4. 陪孩子一起学习、阅读

亲子阅读的最好时光其实就是睡前，如果是不识字的孩子，需要父母绘声绘色地给他们讲书本内容；如果是识字的孩子，可以由他们把书中的故事讲给父母听，或者父母和孩子共同看故事书，从而增加亲子感情。

5. 陪孩子一起散步、旅游、爬山等

6. 陪孩子一起坐在地上观察小动物，认识和了解大自然等

中国教育科学研究院对北京、黑龙江、江西和山东4省市2万个家庭进行了家庭教育状态调查，调查数据显示，一家人共进晚餐并轻松闲聊的家庭、父母经常读书看报的家庭，子女成绩优秀的比例更高；父母经常和孩子一起玩智力游戏、一起打闹玩耍、一起运动、一起聊天谈心、一起尝试新事物、一起修理东西、共同保守一个秘密，对促进孩子的学业水平有明显影响。

（九）持之以恒地陪伴

教育不是一朝一夕的事情，孩子也不是一天就会长大，对孩子的教育是漫长而持久的。因此，父母对孩子的陪伴要做到持之以恒，才能充分体现陪伴的意义和价值。

专家点评

“如果希望把孩子养育成我们喜爱、钦佩的那种人，我们在生活中至少努力示范我们希望他们拥有的美德。”这也许就是陪伴的精髓所在，家长的陪伴不是一直陪在孩子身边，而是在陪伴中给予孩子正面的示范和榜样，让陪伴不只是陪伴，还有更加重要的作用。

问题与思考

1. 陪伴对于孩子的成长有哪些影响？你觉得高质量的陪伴是什么？

2. 如何陪伴孩子一起成为更好的自己？

有效陪伴应注意的几个问题

1. 高效陪伴，不是“过度保护”

父母害怕孩子外出活动时感冒生病、受伤，害怕他不会保护自己，害怕他被人欺负，因而过度地保护孩子，在焦虑和恐惧中剥夺了他探索的机会，也就失去了陪伴的真正意义。

2. 高效陪伴，不是“越俎代庖”

有一位家长说，我小时候受过太多的苦，现在一定不让孩子痛苦。学习太苦，可以不学，反正以后有钱给他；工作太累，也可以不干，以后也不指望那点收入。老师问他，孩子未来所有的痛苦是否都是你能够帮他承担的，比如失恋的痛苦、失去亲人的痛苦，有些人生必须要面对的课题，你是否都能替孩子完成？这位家长听完后，沉默许久。

既然我们无法代替孩子走未来的路，那就在能够陪伴他时，培养他面对痛苦的能力、独立处理问题的能力、勇敢的能力以及探索的能力。林文采博士这样说：生命有五朵金花——爱的能力、独立自主、联结、价值感、安全感，缺一不可，这是人成长为人的任务，也是孩子面对世界最基本的心理营养。

3. 高效陪伴，不是“永不分离”

孩子的成长过程是与父母逐步分离的过程，是一个由依赖父母逐步走向独立的过程。因此，高效的陪伴，就是让孩子逐渐学会独立，与父母慢慢分离、长大。

4. 高效陪伴，不是“拔苗助长”

高质量的陪伴，是让孩子顺其自然地成长。家长不干扰、不制止、不打岔，反而能让孩子心无旁骛地专注于自己想做和喜欢的事。

专题七 生养分离：给孩子造成难以弥补的创伤

如今，在婴幼儿的抚养过程中，“生养分离”是一个普遍的社会现象。在孩子成长过程中，特别是在0~6岁阶段，“生养分离”往往会给孩子造成许多难以弥补的创伤。

一 “生养分离”及表现形式

所谓“生养分离”，是指一般家庭（不包括父母离异、父母双亡等特殊家庭）的年轻父母把孩子送到祖辈家或早教机构养育，没有承担养育和教育孩子的职责，形成“生育孩子”与“养育孩子”分离的一种状态。

“生养分离”主要有以下三种表现形式。

（一）一起生活，孩子的养育和教育全部交给祖辈

很多家庭为了养育第三代，三代人一起生活，而年轻的父母把养育和教育孩子的任务全部交给了祖辈。

信息链接

调查发现，年轻的父母由于忙于事业，往往需要祖辈来帮忙照顾孩子。我国近几年帮助子女照顾孩子的老年人比例达66.47%；两岁半以前的儿童，主要由祖父母或外祖父母照顾的占总数的60%~70%，其中有30%的儿童甚至被放在祖辈家里抚养照顾。

（二）把孩子送到托育机构寄养

有的家长因为家庭条件或育儿观念的原因，早早地送孩子进“全托”幼儿园，

一周才见孩子一面；而很多农村地区近年来又搞“并校”活动，合并幼儿园、小学、中学，这使得很多年幼的孩子不得不过上寄宿制生活。早早地让一个孩子离开家庭，把他抛入集体生活中，会对儿童早期的情感发育造成损伤。

（三）父母外出打工，孩子成为“留守儿童”

很多父母因忙于工作或外出打工，将孩子交由老人抚养。有调查显示，农村的“留守儿童”一般占当地儿童的40%左右，这成为一个普遍的社会现象。

二　生养分离的危害

“生养分离”，往往给孩子幼小的心灵造成两次分离之痛——一次是和亲生父母分离，一次是情感上和抚养者分离。

调查研究发现，75%以上的受访者认为，“生养分离”弊大于利，对孩子身心发展有很大的负面影响。

（一）没有安全感和幸福感

儿童心理研究表明，在孩子6岁之前，特别需要与父母建立亲密的亲子依恋情感，这是孩子一生安全感和幸福感的重要基础。如果幼小的孩子早早离开父母，孩子很容易因为缺乏安全感而变得胆怯、敏感、封闭和多疑。

信息链接

美国一位心理学家曾用猕猴做过一个著名的心理实验。

实验人员把从小与母亲隔离的猕猴和另外一些在母亲怀抱中正常长大的猕猴放在一起，这些从小没得到正常母爱的猕猴不能正常融入集体生活，大多数性情冷漠，不会交配或拒绝交配。实验人员通过人工办法让这些有心理创伤的母猴怀孕，待小猕猴出生后，这些母猴对小猕猴冷漠而无情，残忍地虐待小猕猴，有的甚至咬死了自己的孩子。

猕猴和人的基因有94%是相似的，它们身上反映的正是人类最初始的情感状态。这个实验说明，温暖的怀抱、慈爱的眼神、温柔的话语、肌肤相亲，是一个有智力的生命能正常成长不可或缺的。

父母在养育和教育孩子时，一定要有这样的认识：孩子的幸福快乐，需要健全的人格和健康的身体作为基础。而健全人格和健康心理的核心又来自安全感，来自父母在孩子咿牙学语、蹒跚学步时的朝夕相伴、温柔呵护。

有安全感的孩子会更加有自信，能与他人建立相互信任的人际关系，积极挖掘自身的潜能，勇敢对外探索新事物。

（二）缺少爱心，情感淡漠

孩子都有“爱”的需要，当得到了爸爸妈妈和他人的爱，他就会产生一种幸福感、满足感，进而产生爱他人的情感。

“生养分离”使孩子缺失母爱、父爱，会产生一种被遗弃感、自卑感，缺乏爱心，与父母产生隔阂。

祖辈看似给予了孩子很多爱，但这种爱多表现为无条件满足孩子的需要。从孩子心理发展需要方面看，祖辈的这种爱并不能代替父母的爱。孩子对父母的情感依恋需要如不能得到满足，长大后往往情感淡漠。

（三）个性发展有障碍

祖辈抚养孩子有两个突出的问题，一是往往“重养轻教”，祖辈一般都重点关注孩子的衣食住行，而疏于孩子的智力开发、良好行为习惯养成等。二是祖辈对孩子的过度娇惯和溺爱，往往导致孩子自私、任性、骄横、暴躁、冷漠、随心所欲、毫无节制、自理能力欠佳、动手能力不强等。

1. 阻碍独立性、冒险和创新精神的发展

有的祖辈会包办替代和过度保护，容易泯灭孩子天生的好奇心、冒险性和创新精神，导致孩子胆小怕事、独立性差等。

2. 阻碍社会交往能力的发展

有的祖辈怕孩子受欺负，往往不让孩子出去和小朋友玩，容易使孩子错失形成友好交往和优良品质（如谦让、包容等）的良好机会，导致孩子形成孤僻、不合群、懒惰等不良品格。

3. 缺乏锻炼，见识少，视野窄

祖辈由于年龄大，大多喜欢安静，这往往会对孩子产生一些不良影响。一是导致孩子运动量小，身体缺乏锻炼。二是孩子出门机会少，很少接触新鲜事物，可能导致视野狭小，缺少活力，不敢面对生人，不会自己处理事情。

（四）智能发展迟缓

有的祖辈在体力、精力和教育水平等方面能力有限，无法培养和开发孩子的智能，会导致孩子的智能发展迟缓。

（五）健康安全没有保障

有的祖辈受身体状况所限，带孩子往往会力不从心，无法保障孩子的健康、安全。例如，由于祖辈监护不到位，农村环境复杂，容易导致留守儿童发生交通、溺水等安全事故，或受到他人的非法侵害等。

三　父母如何做好养育孩子的第一责任人

如何最大限度地减少和避免“生养分离”，弱化“生养分离”对孩子身心健康发展所产生的负面效应呢？

（一）父母要切实担负起养育孩子的责任

养育孩子是父母义不容辞的责任。正如美国慈善家罗斯·肯尼迪所说：“照看孩子不仅是一种爱与责任的表现，也是一项职业，就像世界上其他任何令人尊敬的职业一样，它充满乐趣和挑战，需要全身心地投入。”从这个意义上来说，养育孩子就是父母的终身事业，如果父母能用心陪伴孩子成长，孩子将受益一生。因此，父母要从孩子身心健康发展出发，坚持“孩子由自己带”的原则，正确处理好工作与养育孩子的关系，克服一切困难尽量自己养育孩子；如果父母在工作期间不得不托付他人照看孩子，下班后一定要担负起养育孩子的职责。

（二）孩子成长早期父母要尽量做好陪伴

父母要树立“与孩子相处也是一种教育”的理念，在孩子 0~18 岁的成长过程中，特别是0~6岁期间，要尽量抽出时间陪伴孩子，与孩子一起做游戏、一起学习、一起交流等，培养与孩子的感情和孩子的健康人格。

家长在与孩子相处中，首先要让孩子感受到爱，因为孩子感受到爱，心中才会有爱，才会去爱父母、爱他人，才会培养起健康的人格，获得幸福感和安全感。其二是家长要尊重孩子，让孩子意识到自尊的存在，感受到家庭的温暖和平等。其三是家长要赏识、赞美孩子，让孩子获得积极向上的动力源泉。其四是家长要在与孩子的相处中随机地进行潜移默化的教育，让孩子得到及时、丰富的生活教育。

（三）最大限度地减少“生养分离”的负面效应

特殊情况下必须“生养分离”时，父母要尽最大努力减少其负面影响。

一是在跟孩子分别的日子里，不管工作多忙、相距多远，父母都要通过电话、视频等方式，每天抽出时间与孩子聊天、交流感情，要定期看望，多跟孩子沟通，多抽出时间来陪孩子，让孩子感受到父母时刻都在关心他，爱着他，避免孩子产生失落情绪。

二是找一段时间高质量地陪伴孩子，可以去旅行或者带孩子做他想做的事情，以多种形式不断向孩子表达爱意，让孩子感受到来自父母的关心和爱护。

（四）不要早早地让一个孩子离开家庭

过早寄宿、托养等会造成孩子和父母心理上的疏远，导致孩子一生都无法与父母太亲近。

有研究表明，12岁之前的孩子在感情上对父母仍然很依赖，这就是为什么教育专家们都说“父母的有效期只有12年”。这个时期的孩子希望能从父母这里得到爱的滋养，一旦被送到寄宿学校，孩子的心理就处于“孤立无援”的状态，会影响和父母的亲密度。

家长要明白，再好的学校教育也补不上亲情教育这一课，更难以弥补孩子早期精神发育所缺失的东西。

父母只“生”不“养”，是一种严重的失职，会对孩子的健康成长造成不利影响，这种损伤后期难以弥补。一般情况下，父母一定要做到“生”“养”结合，让孩子的身心得到健康发展。

问题与思考

1.“生养分离”会对孩子的成长造成哪些不良影响？请您结合身边的案例谈谈对这个问题的认识。

2. 在 0~6 岁这个关键期，父母应如何养育好孩子？请您谈谈自己的看法。

专题八　底线：一条不可逾越的红线

底线是一个人做人、做事的最基本要求，是坚守道德的最后一道防线。一个人如果构建起了这道防线，那么在他的人生道路上就会有一个清晰的界限，让他知道什么能做，什么不能做。

因此，底线教育必须从小抓起，让孩子从小建立起底线意识，保障孩子一生不走歧路或少跌跟头。

所谓底线，就是指我们做任何事情时都必须坚持的最低、最基本的界限、标准、原则、要求、规定等。

一　底线教育缺失的严重后果

0 岁到 18 岁，孩子往往对一些事情缺乏正确的认知和判断，不知道哪些事该做、哪些事不该做，以及一些事情后果的严重性和危害性。

青春靓丽的美女教师杨玲玲（化名），2014 年从四川省眉山师范学院毕业之后，回到老家阿坝州金川县毛日乡中心校任小学教师。2016 年 6 月的一天，晚上 9 点左右，刚过完端午节的杨玲玲走在回住处的路上。当拐进住所院坝时，她面前突然冲出一个人，毫无防备的杨玲玲被迎面泼了一矿泉水瓶的汽油。她还没反应过来，那人就点着了手上的打火机，瞬间她就被大火包裹……

杨玲玲被紧急送往四川省人民医院，烧伤程度达到Ⅲ度标准，并且有中度吸入性损伤，被诊断为特重度烧伤。她的前胸、后背、大腿、颈部等部位的深度烧伤必须通过去掉死肉再植皮的修复手术才能恢复，且由于烧伤面积广而深，必须经历数次植皮手术。她的大部分手指也已坏死，将可能被截掉。

是什么人如此心狠手辣下此毒手，为的又是什么？

警方破案的结果让人大吃一惊——作案的竟然是一个13岁的初中学生方小金（化名），其作案动机就是抢劫杨玲玲手中的一部苹果手机。

方小金的家在金川县一个山村里，他从小父母离异，爸爸常年在外打工，奶奶照顾着他。由于家长疏于管教，方小金成天惹是生非。

从家庭教育的角度反思，方小金做出如此骇人听闻的事情，其主要原因是什么？

我们可以从记者对方小金的采访中发现问题的根本所在。

记者：你当时这么做，有没有想到会造成这么严重的后果？

小金：没有。

记者：你现在后不后悔自己干了这件事？

小金：很后悔，我也特别害怕。

从记者对方小金的采访中我们可以发现，方小金对自己这样做的后果的严重性一无所知。这充分反映出了其家长在家庭教育，特别是底线教育中的严重缺失。

底线教育，是指家庭教育中对孩子进行人生底线认知的教育，即如何做人和如何做事的“边界教育”——让孩子了解哪些事情是人生的底线，懂得人生底线是不可逾越的一条红线，知道触碰人生底线所带来的严重危害。

当前，中小学生犯罪率呈上升趋势，并且出现低龄化趋向。有调查统计表明，14岁至18岁的未成年人犯罪占青少年犯罪的70%以上。

北京石景山曾发生过一震惊全国的“四少年绑架同学杀人案”，四个少年因没钱去网吧聚在一起想办法，其中一人提议说：我们可以做个大案，反正我们都不到18岁，法律不能判死刑。当法庭判决他们分别被判无期徒刑、有期徒刑15年、有期徒刑3年时，4个少年竟相视而笑：果然，没有一个人被判死刑。4名少年令人不寒而栗的举动，引发了社会各界关于“未成年人犯罪”的热议。

人一生动摇、辗转于善恶之间，滑倒，跌下，攀登，悔悟，重入迷途，但只要不越过暴行的阈限，他还有可能回头，而他本人也还在我们的希望之中。当他因作恶过多，或达到了某种程度，或因权力过大而突然越过了阈限，他便自外于人类了。而且也许是一去不复返了。

——亚历山大·索尔仁尼琴

为什么会出现低龄化高犯罪率的现象呢？有研究表明，中小学生犯罪的首要原因是其社会认知不成熟，不了解道德、法律的底线，不知道触碰底线的危害性，以及突破底线的后果的严重性和不可逆性；其次是家庭底线教育的严重缺失。

综上所述，底线教育没有引起家长的足够重视，多数家庭对孩子的底线教育严重缺失，导致孩子因无知而早早走向毁灭自己幸福一生的不可逆的歧路，这给家长敲响了一个警钟——底线教育迫在眉睫！

二 给孩子画出一条清晰的底线

底线教育从内容上分包括四个方面：一是法律底线教育，二是道德底线教育，三是伦理底线教育，四是生命底线教育。

（一）法律底线教育

法律底线，就是法律法规所不准许做的事情，如徇私枉法、抢劫偷盗、奸淫妇女、杀人放火、嫖娼吸毒等，这些都是触碰法律底线的行为。

家长在日常生活中要经常对孩子进行法律教育，让其了解违法的严重后果，敬畏规则和法律。

（二）道德底线教育

道德底线指的是人们应该遵循的社会公德的最低警戒线，是道德的基本规范，即对人的最低道德要求。通俗地讲，道德底线就是守卫尊严、良知的最低防线。

对社会成员而言，社会道德底线是：诚实，厚道，有良心，不损害他人和社会利益，遵纪守法。

幼儿时期孩子的道德底线是：对人有礼貌，不撒谎，不打人，不骂人，不随便拿别人的东西等。

道德底线可细分为四个类别：

（1）行业道德底线——行业标准所规定的行业组织活动的范围。

（2）职业道德底线——职业标准所规定的从业人员活动的范围。

（3）私人道德底线——良知所规定的自我意志活动的范围。

（4）交往道德底线——社会交往规则所规定的个人理性活动的范围。

（三）伦理底线教育

一般地说，道德评价标准是善与恶、好与坏，如骂人、撒谎等；伦理评价标准是对与错，如懒惰、背叛等。通常我们将伦理、道德并列使用，其含义基本相同。

（四）生命底线教育

生命底线教育包括两个方面：一是不要伤害他人的生命；二是要防止他人伤害自己的生命。家长要教育孩子懂得这个道理：生命高于一切，没有什么比生命更重要。

三 底线教育须常抓不懈、警钟长鸣

在家庭教育中，家长如何对孩子进行人生的底线教育呢？

（一）让孩子全面了解哪些是做人的“底线”

针对孩子的人生底线教育，家长要坚持从小到大不间断进行，逐步扩展，让孩子全面了解哪些事情该做、哪些事情不该做、哪些事情绝对不可以做，把做人做事的底线牢记在心里。

有人说：“父母给孩子再多钱，也不如给孩子画一个界线。界线就是不可逾越的雷池，有了界线就有了方向，知道何谓对错，能分清好歹善恶。确保孩子不会走向人生的歧路和深渊，这是父母给孩子最大的爱。”

底线教育一是让孩子知道坚守个人底线，二是把握住与他人交往的底线。

教育孩子坚守个人底线，即做到珍爱生命、重视健康、孝敬父母、尊敬师长、尊重别人、遵守规则、敬畏法律等。底线教育的内容应根据孩子的不同年龄阶段来选择。如，幼儿时期，让孩子知道“诚实、有礼貌”等是底线，不可逾越，逾越了就不是一个好孩子。中小学时期，要进一步扩展对孩子底线教育的内容，特别是要从道德底线扩展到法律底线的范围，让孩子知道偷盗抢劫、强奸妇女、破坏公共设施、吸毒、放火、杀人、加入黑社会、参与赌博等是坚决不能做的事情，要坚守住这条底线。

教育孩子坚守与他人交往的底线，一是让孩子懂得远离对自己的生命、身体、健康、精神、自由进行控制和伤害的人，无论对方是谁，以何种名义，都要坚决地守护住自己的底线。二是教育孩子远离那些不孝敬父母、吸毒、赌博、酗酒、伤害生命等做人没有底线的人。三是要让孩子知道尊重他人，不要突破别人的底线。

（二）抓好孩子“第一次”犯错这个关键点

对孩子进行底线教育，家长要从看起来不起眼的小事做起，防微杜渐；要经常用社会道德、国家法律来约束孩子的一言一行。特别是把握好对“第一次”的教育，即孩子“第一次”犯的错误——第一次骂人、打人、偷盗等。如幼儿“第一次”打骂父母、老人时，家长不能将这看作是小事，认为孩子小不懂事，而是要严厉制止，杜绝孩子重复犯错，这样才能让孩子坚守住人生的底线。

（三）警钟长鸣，让孩子树立起底线意识

家长对孩子的底线教育，要坚持经常性、持久性，以及“前期预防”的原则，从小抓起，常抓不懈。在孩子成长过程中（尤其是 3~18 岁这一关键时期），家长要注意结合孩子成长阶段的特点和不同阶段的底线教育内容，经常、持久地对孩子进行底线教育，做到警钟长鸣，让孩子在大脑中画出一道红线，逐步树立起底线意识。如经常结合日常生活中的违法案件、不道德的事例等教育孩子，时刻警示孩子人生底线这条红线不可逾越。底线意识能让孩子在关键时刻三思而后行，望而却步；一旦触碰底线就会猛然警醒，快速收手，防止走向人生的歧途和深渊。

（四）用科学的方法教育犯错的孩子

上面的案例中，方小金的爸爸知道儿子犯下如此大错后，立即从外地赶回来。公安部门责令监护人将方小金看管在家中，方小金的爸爸担心儿子再出去闯祸，便用铁链把他锁在家中。这种不科学的家庭教育只能给孩子带来负面效应。

对于家长来说，孩子犯错误后，绝不应该用这种简单粗暴的方式对待

任何人都要犯错误，人从降生的那一天起，便不断地犯错误（小孩子的弄火伤手、吃东西、戏水等，都是一串的犯错误的过程），只有在不断的错误、不断碰钉子的过程中，才能逐渐懂得事情。

——刘少奇

孩子。此时，孩子内心有负罪感，因为他做这件事时缺乏对行为后果的判断力。因此，父母要通过陪伴、谈心、规劝等方式，攻破孩子内心的坚冰，才能改变孩子。适度的惩罚是必要的，但如果只有体罚，身体上的那把锁能打开，孩子心里的那把锁却再也打不开了。

专家点评

孩子对人生底线的无知，反映了家长底线教育的缺失。很多家长对孩子的底线教育，往往是“亡羊补牢”的“过去式”“弥补式”教育，而有些孩子由于无知所犯的错误往往又是无法弥补、不可逆的，会一失足成千古恨。因此，家长要重视对孩子进行预防性的底线教育，防患于未然，未雨绸缪，这是保证孩子健康成长的最好的教育方法。

问题与思考

1. 为什么要对孩子进行底线教育？请谈谈您对底线教育重要性的一些独特见解。

2. 从孩子终身发展的角度，您认为应该对孩子进行哪些方面的底线教育？

专题九 成熟效应：早教要适时、适度、适宜

“不要输在起跑线上”这一“伪早教”的错误理论，误导了很多家长，加上家长“望子成龙”心切，“早教”已经成为幼儿提前学习识字、英语与数学的代名词。早教等同于学习知识吗？早教真的是越早越好吗？答案是否定的。所谓早教，是相对于过去忽视孩子早期教育而提出的概念，指倡导家长要重视对孩子的早期教育。因此，家长必须以科学的教育理念和方法，进行适时、适度、适宜的早教。

知识窗

所谓早教，广义指从人出生到小学阶段之前的教育，狭义主要指上述阶段的早期学习。

一 成熟是幼儿学习的基础

孩子的成长是身心各项机能不断走向成熟的过程。对孩子的教育，必须建立在孩子身体、生理机能成熟的基础上，提前、滞后的教育都是低效的，甚至会对孩子的身心发展造成一些负面影响。

美国心理学家格赛尔曾做过一个著名的双生子（A和B）爬楼梯实验。A从出生后第46周起，每日进行10分钟爬梯训练，而B不做训练。A的

训练持续了6周，其间A比B更早地显示出某些技能。到了第53周，B开始进行爬梯训练。结果表明，55周时，A和B的能力没有差别。实验证明，B开始爬梯训练的年龄大于A，但获得同样能力所需的时间却远远少于A，也就是说A比B早开始的6周的爬楼梯训练，其实根本没有什么效果。

由此，格赛尔提出了成熟主义理论——生理的成熟是婴儿动作学习和训练的基础，只有在成熟的基础上进行学习或训练才能有成效。后来经过心理学家们的不断实验研究，这一理论得到进一步完善。

成熟主义理论认为，人的生理成熟的程度与动作训练或学习的效果有着密切的关系。在此基础上，研究者提出了“成熟—学习”的原则。

研究者发现，成熟是学习或训练的基础，成熟不但确定了个体发展的最大限度，而且也决定个体学习的效果和速度。某种机能生理结构未成熟以前，学习训练是不能进行的。只有在达到足以使某一行为模式出现的发育状态（即成熟状态）时，进行相适的学习或训练才是有效而成功的。否则，是无效的、浪费的。

“成熟—学习”的研究者还强调指出，在儿童达到适当成熟水平时给予相适的学习指导，儿童的印象最深，效率最高。

成熟理论对家庭教育有这样一些启示：

在家庭教育中，设计孩子各个年龄阶段的发展目标，以及学习内容的难度、量度、进度和教学的方法时，都必须遵循、符合孩子生理、心理发展的规律和水平。如今，很多家长误认为“早教”就是对孩子的教育越早越好。成熟理论告诉我们，对孩子的教育，万万不可拔苗助长，要尊重儿童的天性。人的发展首先依赖于机体的成熟，在幼儿机体器官与机能没有成熟以前，提前让幼儿进行学习训练是收效甚微的。

 "小学化"对孩子身心健康的负面影响

高考的激烈竞争，向下波及小学、幼儿园的教育，导致整个社会出现"教育内卷化"竞争现象，因而很多幼儿家长产生一些不科学、不全面的认识，认为"学习开始得越早越好"。家长把学习英语单词、书写拼音汉字、背诵九九乘法口诀等作为评价幼儿园好坏的标准，还有人让孩子在幼儿园阶段就参加各种"奥数班""英语班"等，让幼儿早早迈入"小学化"的教育。殊不知，"小学化"教育对孩子的身心健康发展会产生很大的负面影响。

（一）违背孩子成长规律和教育规律

幼儿教育"小学化"，突出的表现就是家长、幼儿园把小学阶段学习的内容提前用"灌输"和死记硬背的方式教给孩子，而这些内容基本都高于孩子认知、思维、动作发展的水平，教育方式与"在游戏中学习、在生活中学习"的幼儿教育原则相背离，这种拔苗助长的教育违背了孩子的认知特点和学习规律，会阻碍孩子身心健康发展。

（二）让孩子丧失学习兴趣，养成不良品格和习惯

孩子在幼儿园阶段就学完了小学一、二年级的内容，当进入小学后又要重复学习一次。这种知识的重复学习，会让有些孩子丧失学习的新鲜感，大大降低其学习兴趣。例如，在一年级重复学习汉语拼音时，孩子就会想："我都已经学过了，现在不需要再学习了。"上课的时候他就不再认真听讲，导致课堂上极易走神，养成不良的学习习惯，学习效率直线下降。更有甚者，到了二年级会厌学，对老师产生抗拒情绪，在班里调皮捣蛋，扰乱课堂秩序。

还有一部分学生，因为幼儿阶段就已经掌握了一、二年级的学习内容，所以不用花多大力气就可以获得好成绩。这会使孩子养成不爱动脑、不爱思考、死记硬背的不良学习习惯。

信息链接

研究发现，70.5% 的家长认为早教就是提前学习识字、英语与数学。这一认识导致我国小学生的厌学情绪呈低龄化，厌学率年年增高。北京某小学的调查表明，小学一年级的厌学率两年内上升了 7 个百分点。厌学者大都过早接受知识教育，而且往往采取灌输式的方法。早期教育是身体、情感、智力、人格、精神全面成长的教育，应以开发智力为主，而不是学知识。

（三）夺走了孩子欢乐幸福的童年

童年是一个玩的时期，孩子在这个阶段应该在游戏中成长，在游戏中学习。游戏中充满了他们的欢声笑语，游戏中弥漫着他们的成长足迹。对孩子来说，这就是最大的幸福。若家长望子成龙心切，不顾孩子身心发展的特点和需要，在这个阶段给孩子安排大量的任务，诸如写字、算术、抄写等，让孩子没有太多时间玩游戏，会夺走孩子的童年幸福。

（四）扼杀孩子的想象力

每个孩子天生具备丰富的想象力，并且年龄越小想象力越强，随着年龄的增长，想象力也会不断减退。这是因为越小的孩子思维越天马行空，不会受到约束；当孩子学习了很多知识以后，思维就会固化，对于事物的理解就会变得局限。因此，过早地让孩子学习小学知识，使孩子的认知过早符号化，会影响孩子想象力的发展；死记硬背的训练方式，会限制孩子的思维发散；而长期处在机械地读、写、算的状态中，则会扼杀孩子的想象力。例如，给孩子看一个圆圈，学习过拼音和英语的孩子，会立刻说出这个圆圈就是拼音“o”或英语字母“o”；而还没有学习过的孩子，则会说这个圆圈是鸡蛋、皮球、太阳、橘子……

3~6 岁是孩子想象力和创造力的高峰期。在这个阶段，不能让孩子过早地接受以脑力劳动为主的“小学化”教育，应该让他们拥有足够多的自由时间和足够大的自由空间，在不受任何约束的情况下，无忧无虑地去玩耍、去游戏、去想象、去创造。

相关研究告诉我们，孩子识字并不是越早越好，过早识字甚至弊大于利。

曾经有研究者在幼儿园大班里做过研究，把孩子识字水平分为三类：高识字水平、中识字水平、低识字水平。高识字水平的孩子的理解力是所有孩子中最强的，但是想象力和观察记忆的能力恰恰跟识字能力成反比，是低的。

过早识字不符合孩子的思维发展状况。学龄前儿童的思维方式偏好直观、形象、可感知，所以他们更喜欢有色彩的形状、图片之类的东西，把字更多地看成一个整体的图形。过早识字是让孩子把一个个的汉字当成一个个完整的、由若干个线条组成的图形来记忆，还有一些相近的字要孩子比较横横竖竖的区别，这样的记忆方式让识字变成一件非常枯燥、抽象的事情，不符合孩子思维习惯和水平。

家长强迫孩子过早识字，其实是过早让孩子用文字符号思维来代替形象思维，会影响孩子想象力的发展。过早识字后，孩子在阅读图文并茂的信息时，更多的是逐字逐词逐句阅读，图片对他们而言只是用于印证文字的内容而已，他们不再像以前那样积极观察图画细节，发挥想象，反而被文字“束缚”。让孩子过早地进入符号阶段，开始时收效甚快，但到后期就会出现想象力欠缺等方面的问题。

（五）挫伤孩子自尊心和自信心

有研究表明，对幼儿进行不科学、“小学化”超前教育的优势只能保持到三年级，但伤害却会伴随孩子一辈子。

知识窗

“三年级现象”是指一些在一、二年级成绩非常好的学生，随着三年级课程难度的加大，学习方式方法的改变，其在学习上开始不适应，学习成绩急剧下滑，名次从前几名滑到中后位次，伴随着出现自卑、厌学等消极情绪的现象。

三年级教材与一、二年级教材的侧重点是不一样的。一、二年级的课程，无论语文还是数学，读一读、算一算、记一记、背一背，思维含量相对较小，孩子靠“死记硬背”很容易考100分，特别是经过“早教”的孩子更是轻松地“摘金夺银”。但三年级课程对于学习方式而言是一个大的转折点，它不再单纯依靠记忆，而更多的是需要比较、分析、归纳、综合、抽象、概括、想象、创新等思维的参与。例如语文课程，阅读部分开始需要联系语境解读含义了，牵涉思维的广度、深度、敏捷度；作文部分由写话向写作文转变，立意、选材、布局、逻辑、修辞、文法，一样都不能少，更离不开想象。再如数学，计算开始迈入小数、多位数乘除，步骤与结果明显繁杂；统计出现了，需要理解图形语言，运用图形思维；几何出现了，需要掌握长方形、正方形、面积等几何概念；解决问题的步骤，从一步到两步，再到多步，思维难度明显加大；文字语言与符号语言的转换，更是令不少孩子丈二和尚摸不着头脑。

以上这种“三年级现象”告诉我们，如果只重视知识的学习，而忽视了对孩子良好学习习惯、学习品质、思维训练、想象力等方面的培养，不利于孩子的长远发展，会导致孩子在学习上有一种由高峰一下子滑向低谷的感觉，挫伤孩子的自尊心和自信心。

（六）影响孩子的全面发展

教育的基本规律告诉我们，一个人受教育的过程是从低到高、从基础向专业方向发展的。孩子年龄越小，越要重视教育的基础性和全面性，这样才有利于后续的发展。幼儿教育的“小学化”，往往只是进行知识教学，而忽视了对孩子的品格、健康、社会性、想象力、审美等方面的培养，导致孩子的身心发展出现片面性，严重影响了孩子的全面发展。

三 科学早教，让孩子快乐成长

那么，怎样才是科学的早教呢？

（一）兴趣培养放在第一位

从实践和研究看，0~6 岁孩子的认知学习中，兴趣是第一位的，只要引起孩子兴趣，他们就可以长时间地专注于一项活动。父母要做的是，针对孩子的兴趣创造一种学习的情境。例如，孩子是个车迷，家长可利用孩子对车的兴趣，教孩子认识各种车辆以及相关的车标、牌照数字等，帮助孩子流利地认读阿拉伯数字。

（二）教育要适时、适度、适宜

科学的早教，要遵循婴幼儿身心发展的特点和规律，在教育的时间、内容、方法等方面要适时、适度、适宜。

适时，就是要注意抓好孩子成长过程中的每个敏感期进行教育。0~6 岁是语言、感官、音乐、绘画、动作、秩序、规范、书写、阅读等方面发展的敏感期，让孩子在敏感期得到及时的教育，能获得较快的发展。例如，2~3 岁是孩子学习语言和发展语言的关键时期，也是孩子学习口语的最佳年龄。在这个阶段，家长一是要多与孩子交流，引导孩子认识生活中的物品；通过开展一些游戏活动，让孩子通过模仿来学习语言，并获得正确的引导。二是开展亲子阅读，通过讲故事、朗读儿歌、看图说话来丰富孩子的词汇。三是让孩子广泛接触周围的人和事，在与人交往、说话中发展和丰富语言能力。四是利用提问题的形式，鼓励孩子多说话，表达自己的感受。

适度，是指孩子的学习时间、学习难度、学习强度等一定要掌握好“度”，要适可而止，不能过度。例如，0~6 岁孩子的成长顺序是从头到脚、从中心到两边、从整体到局部、从大肌肉到小肌肉等，家长了解了儿童发展的这种模式和顺序，就会让一个 9 个月左右的孩子练习点头、摇头，而不会要求他走路；会让一个 3 岁左右的孩子踢腿、伸臂、扭屁股，而不会让他写字。

适宜，是指教育要与孩子身心发展的水平一致，与孩子自身的特点、兴趣一致，因材施教。例如，孩子喜欢听故事、看绘本，家长可根据孩子的这个兴趣点，经常给孩子讲故事，购买适合孩子阅读的绘

数学和阅读是一个复杂的技能，获得的阶段和年龄有关。如果和儿童的认知发展水平相符合，他们掌握这些技能会更容易、更健康。

——戴维·艾尔金德

本故事。再例如，孩子喜欢跳舞，家长可根据孩子的特点让孩子欣赏音乐、歌舞，参加舞蹈兴趣班等。

2004 年由英国教育部资助的一项对 3000 名儿童的研究表明，延长以游戏为基础的幼儿园教育，适当晚一点上学对孩子的发展更好，能显著提高孩子在小学阶段的学习和适应能力。因为儿童在 6~7 岁进入了具体运算阶段，可以开始进行计数、认图和学习书面语等方面的综合训练，所以大家普遍认为这时入学是合理的，它是构成具体运算和进行感知教育的最佳阶段。

（三）教育要游戏化、生活化

幼儿教育的主要方式是游戏化和生活化，这是幼儿园教育与小学教育的最大区别。

家长在对孩子进行早教的过程中，应让孩子在游戏中学习、在游戏中交往、在游戏中探索、在游戏中发展，从而获得全面发展的良好品质、习惯和基本能力。例如，家长可以经常和孩子玩“小售货员”“我是小医生”“坐公交车”等角色游戏，在游戏中培养孩子讲礼貌、讲秩序、友好交往等良好品质和习惯。

对孩子的早教，要贯穿于日常生活中，家长要利用生活中的教育资源对孩子进行潜移默化的教育。例如，多让孩子接触社会生活，从 1 岁开始，可经常带孩子去田野玩，让孩子观察绿色的世界，欣赏五彩缤纷的田园风光，接受自然美的熏陶；带孩子去动物园看各种动物，或看家禽、小鸟等，提高孩子观察的兴趣，发展其好奇心；经常带孩子去观察商场中陈列的各种商品、画片、模特儿等，同时为孩子进行详细的解说。这样不仅有助于发展孩子的视觉、感觉和听觉，丰

富感性知识，而且能为孩子良好的心理发展打下基础。另外，经常在大自然中活动，能让孩子呼吸到新鲜空气，接受阳光的沐浴，活动四肢，使孩子健康成长。

（四）让孩子身心全面发展

国家颁布的《3~6 岁儿童学习与发展指南》是指导幼儿园和家庭实施科学的保育和教育，促进幼儿身心全面和谐发展的纲领性文件。

该文件将幼儿的学习与发展分为健康、语言、社会、科学、艺术五个领域，每个领域按照幼儿学习与发展最基本、最重要的内容划分为若干方面。每个方面由学习与发展目标、教育建议两部分组成。

健康领域：科学地饮食、运动，让孩子身体健康、动作协调发展、心情愉快，养成良好的生活习惯和能力。

语言领域：通过听故事、表演故事等游戏活动培养孩子的阅读兴趣，提高语言理解能力，学会倾听与表达，养成认真倾听、喜欢阅读和正确表达的习惯；幼儿用笔或者其他书写替代物，通过感知、涂画、涂写等形式，向周围的人传递信息、表达感情及构建前书写经验。

社会领域：培养孩子良好的品德和习惯，学会与人交往，关心尊重他人，提高自理能力，了解和遵守社会规范，适应群体生活等。

科学领域：通过科学领域的探究活动，让孩子得到科学知识的启蒙教育；通过认识大自然和生活中的科学现象，让孩子大胆想象，爱上探究，培养科学探究的兴趣，发展想象思维能力；通过理解生活中的数学常识——数、量、数量关系，感知事物的形状和空间关系，发展孩子的逻辑思维和空间想象力。

艺术领域：通过玩音乐游戏、看展览、春游等活动，让孩子在看、唱、跳、画等游戏活动中学习，让孩子发现、感受大自然和生活中的美，培养孩子的想象力和创造力；通过搭建、绘画、泥塑等美工游戏活动，培养孩子创造美、表现美和动手操作等方面的能力。

家长要认真学习该文件，参照其内容和方法对孩子进行教育，这样能够确保孩子在德智体美劳等方面得到全面发展，为孩子后续学习和终身发展奠定良好的素质基础。

（五）因材施教、培养特长

世界上没有完全相同的两个孩子，每个孩子都是独特的，他们性格、天赋、兴趣等都不同，都有自己的特长和优势。有的孩子擅长语言学习和表达，有的孩子擅长数学学习，有的喜欢音乐，有的喜欢运动等。因此，家长在培养孩子时，要善于发现孩子的特长和兴趣，因材施教，帮助孩子扬长避短，在孩子全面发展的基础上培养其特长。

专家点评

家长一定要清楚早教的内涵——指人出生到小学以前阶段的教育，不是“越早越好”的意思。身心发育成熟是早教的基础，家庭是孩子早教的重要场所，父母是孩子最好的早教老师。因此，亲子早教是最好的方式，适龄化早教是最科学的方法。

问题与思考

1.“早教”的科学含义是什么？请您结合对孩子的教育谈谈对这个问题的认识。

2. 您认为 3~6 岁阶段早教应进行哪些方面的教育？请谈谈您个人的看法。

科学早教的十二条原则

1. 从 0 岁开始的原则

孩子在母体的时候，孕期的胎教等都属于早期教育。因此，早教要从胎教开始。

2. 保教并重、全面发展的原则

婴幼儿教育包括保育和教育，必须做到保教并重。婴幼儿成长过程是生理和心理各种机能全面、快速发展的时期，因此必须对孩子实施全面发展的教育。

3. 品格为首的原则

6 岁之前是孩子可塑性最强的时期，也是品格养成的关键期。因此，要培养孩子的好品格，一定要在 6 岁之前打好基础。

4. 习惯养成的原则

巴金曾说：孩子的成功教育从培养好习惯开始。习惯对于孩子的生活、学习乃至事业上的成功都至关重要。0~6 岁是习惯养成的关键时期，家庭是孩子成长的第一环境，是孩子习惯形成的摇篮。

5. 以兴趣为主的原则

兴趣是孩子最好的老师。早期教育如果想要取得好的效果，离不开孩子的兴趣。根据孩子的兴趣去开展教育活动是早教的一项重要原则。

6. 以游戏为主的原则

在玩中学、在游戏中学，是学前阶段孩子学习的主要方式。

7. 在生活体验中学习的原则

0~6 岁是孩子感官、动作、思维等快速发展的敏感期，要让孩子在生活中看一看、听一听、摸一摸、闻一闻、想一想、做一做，通过各种感官体验获得感性知识，促进孩子各种智能的发展。

8. 因材施教的原则

早教的关键是要尊重孩子身心特点和教育规律，根据孩子的兴趣爱好和特长因材施教。

9. 寓教于乐的原则

玩乐是孩子的天性，更是孩子成长的需要。寓教于玩符合孩子的天性，孩子能愿意学、喜欢学、主动学。

10. 避免过度教育的原则

“超前教育”“内容拔高”“超强度训练”等这些拔苗助长式的过度教育要不得。尤其是 0~6 岁期间，过度教育会让孩子产生怕学、厌学、自卑、没有自信等心理障碍。

11. 循序渐进的原则

婴幼儿身心机能发育有一定的先后顺序，是一个渐进发展的过程。因此，对孩子的早期教育应遵循生长发育规律、大脑记忆规律和知识学习的顺序性，由易到难、由浅到深，循序渐进，不能操之过急，超越孩子身心发展的实际水平和能力，否则会影响孩子身心健康发展。

12. 家园共育的原则

对孩子的教育，不是幼儿园或家庭单方面的教育，而是双方合作共同完成的教育。家园一致，合作共育，对孩子的健康成长至关重要。如果家园教育的目标、内容、方法一致，形成教育的合力，就会取得 5+2 ＞ 7 的教育效果，否则，会出现 5+2 ＜ 7 的结果。

专题十　敏感期：孩子发展的关键节点

“我们的孩子应该是什么样子呢？”在20世纪意大利儿童教育家蒙台梭利的经典著作《童年的秘密》中，“正常”的孩子是这样的：具有是非判断能力，正直不说谎，不会轻易对游戏或玩具等东西成瘾，心态平和，自信，善于思考，做事认真专注……但是，我们眼中的孩子却是问题不断，甚至成为家长或老师心中的“麻烦制造者”：不听话，磨蹭，不好好吃饭，经常发脾气，坐不住，故意和父母、老师对着干……这到底是孩子的问题还是成人的问题？还是说这是孩子成长的必然阶段，是敏感期来临的某种表现？

一　敏感期一旦错过，不会再出现

敏感期是儿童学习某种特定技能的最佳时期和关键时期。孩子敏感期的出现，意味着其大脑发育进入到某一特定发展的快速阶段。这种敏感期只是成长过程中的一个短暂阶段。这一时期，由于孩子对特定事物具有敏感力，其相关能力的发展较快，因此，这时开展针对性学习是最容易的。敏感期一旦错过就不会再度出现，儿童这一能力的发展速度就会比较缓慢，学习相关知识技能也比较困难。在家庭教育中，家长要注意抓住孩子发展的每一个敏感期，提供相应的环境刺激，对孩子进行有针对性的教育，以获得事半功倍的效果。

（一）

1920年，在印度加尔各答东北的一个名叫米德纳波尔的小城，人们常见到一种“神秘的生物”出没于附近森林——每到晚上，就有两个用四肢走路、像人的怪物尾随在三只大狼后面。后来，人们打死了大狼，在狼窝里发现了这两个“怪物”——两名裸体女孩，其中大的七八岁，小的约两岁。这两个小女孩被送到米德纳波尔的孤儿院抚养，人们还给她们取了名字，大的叫卡玛拉，小的叫阿玛拉。她们在孤儿院时，一切生活习惯都同野兽一样，不会用双脚站立，只能用四肢走路。她们害怕光，在太阳下眼睛眯着睁不开，而且不断地眨眼，习惯在夜间看东西。每天晚上她们会发出尖锐的叫声。她们完全不懂语言，经常像动物一样蜷伏在地上，不愿与他人接近。她们不会用手拿东西，喜欢吃生的东西，喝水用舌头舔；吃东西时，如果有人或动物靠近，便会发出“呜呜”的叫声。

虽然她们在孤儿院得到了很好的照顾，但她们的成长非常缓慢，阿玛拉的成长比姐姐还要稍快些，她进入孤儿院两个月后开始学会发一些简单的音节，并对别的孩子的活动感兴趣，但不到一年就去世了。姐姐卡玛拉用了 25 个月才开始说第一个词，4 年后一共学会了 6 个字，7 年后增加到 45 个字；2 年 8 个月才会用双脚站立。她一直活到 17 岁，但一直到最后都没有真正学会说话，智力相当于三四岁的孩子。这就是曾经轰动一时的“狼孩”故事。

（二）

1972 年，在东南亚的原始森林里，人们找到了一名二战中迷失在此的日本士兵横井庄一。当人们找到他时，他已经像野人一样远离人类生活 28 年了，丧失了正常人的一切习惯，连日本话都不会说了。

在没有人类文明的荒岛上，没有可以说话的人，更没有任何科技设备，横井庄一想要维持正常人的生活，有着和正常人一样的样子是非常困难的。

横井庄一被送回日本医院接受治疗，以及功能恢复方面的训练。仅仅经过 82 天的训练，他在生活习惯、语言等方面便基本上恢复到正常人的水平，适应了人类社会的生活，一年之后还结了婚。

上面的两个案例充分说明了敏感期在人的身心发展中的重要性，狼孩在成长敏感期阶段被剥夺了成长所需要的环境刺激，导致以后无论怎样训练都难以达到正常儿童的发展水平；而日本士兵虽然远离人类生活 28 年之久，但通过短暂的训练，他的所有能力都很快得到了恢复。

二 十二大敏感期的教育内容

研究发现，婴幼儿 0~6 岁期间主要有十二大敏感期。

0~6 岁，婴幼儿的各个组织、器官以及神经系统、视觉、语言、听力的发育均处于非常关键和敏感的时期，所以在此阶段，家长一定要带孩子定期检查、保健，对发育迟缓的现象要尽可能做到早发现、早干预、早治疗。一旦错过此敏感期后，孩子的很多组织细胞功能已基本发育完善，很难从根源上根治问题。比如儿童 6 岁以后治疗弱视非常困难，而在 3~6 岁敏感期时进行治疗，可以获得很好的疗效，甚至痊愈。

（一）语言敏感期

0~6 岁是婴幼儿的语言敏感期，这个阶段孩子开始咿呀学语，能够学习大人的口型，模仿大人说话。这一阶段，父母应经常和孩子交流，一起读绘本、讲故事、聊天，或多用“反问”的方式，为孩子的语言发展提供一个丰富的语言环境，让孩子不停地吸收环境中的语言刺激。

（二）感官敏感期

0~6 岁是婴幼儿感官发展的敏感期，孩子从出生起就会凭借听觉、视觉、味觉、触觉等感官来熟悉环境，了解事物。3 岁前，孩子通过感官来了解和熟悉周围事物；3~6 岁，孩子就能通过感官对周围环境作出一些分析和判断。

蒙台梭利指出，孩子是感官的探索者，他们是通过自己的感官通道来认知世界的，他们用嘴尝、用手摸、用脚踩、用鼻子闻、用耳朵听，一点点了解这个世界。而成人往往出于安全、卫生的考虑，不让孩子碰这个、吃那个，殊不知，虽然自己省时省心了，但孩子认知这个世界的权利却被剥夺了，也阻碍了他的感官发展。在为孩子创设安全的教育环境的前提下，家长要给孩子感触事物的自由，还给孩子自由探索事物的权利，让孩子的感官得到更好的发展。例如，父母可以在家中准备各种刺激感觉器官的玩具，引导孩子运用感官感受周围的事物，尤其当孩子充满探索欲时，在安全的前提下，应尽可能满足他的需求。

信息链接

佳佳是初春出生的。她满月后，一直在努力做一件事情，那就是抬起手臂，把手往嘴边送。通过自己的努力把手放到嘴边后，她看起来非常高兴，极度专注地舔咬手掌。随着时间的推移，孩子的吃手能力越来越强，吃到手的机会也越来越多。到百日的时候，她开始频繁地吃手指，她的小手几乎整天不离嘴边，都在嘴里。她吃完大拇指再吃其他手指，甚至把整个拳头都含在嘴里。

后来佳佳开始咬东西，见到什么就抓住什么，然后放到嘴边去咬，尤其是一个乳胶的咀嚼玩具，更是天天在咬；再后来就是吃奶嘴，逐渐地开始咬衣服、品尝硬东西等。

佳佳这时正处于用嘴来感知事物的敏感期，她在用口来认识自己的身体和身边的各种事物，唤醒身体感官的反应。在一开始，手和嘴被孩子全方位地使用和反应，她往嘴里放她所能接触到的一切物品，一直在品尝、感知。佳佳两岁以后，还是喜欢用嘴来分辨一切食物，打开一包尝一下，再换另一包吃一口，再换……孩子的想法和成人不同，成人是吃完这个再吃另外一个，大人是单纯地吃，按计划、秩序来吃，注重是否吃完，是否节约；儿童吃的目的则是感知事物，尝试味道，进而通过实践积累进行自我的主体建构。当成人的价值理解和儿童的主体建构发生冲突时，成人会要求儿童遵循节约和秩序原则来品尝食物，导致儿童的生命建构和内心需求发生冲突，出现一系列外显的表现行为，如违背成人的要求，与成人发生冲突。其实，孩子就是在这样一次次的冲突中进行生命成长和思维建构的。

（三）音乐敏感期

0~6 岁（持续到 12 岁）是婴幼儿的音乐敏感期。孩子的音乐敏感期是螺旋发展的——胎儿在妈妈肚子里就开始有了听觉，1 岁时能够跟着音乐节奏扭动身体，4 岁时进入真正意义上的音乐敏感期。孩子进入音乐敏感期具有明显的特征，会喜欢听音乐、唱歌，并且能伴随着音乐的节奏情不自禁地跳起来，甚至还会突然对学习某种乐器很感兴趣。

在孩子音乐敏感期阶段，家长要善于发现孩子的音乐天赋，为孩子提供丰富的音乐环境——播放孩子喜欢的音乐、教孩子唱歌等，培养孩子的音乐爱好和兴趣，让孩子根据自己的兴趣学习乐器、唱歌、舞蹈等。

（四）绘画敏感期

1~8 岁是婴幼儿的绘画敏感期。孩子进入敏感期的表现是喜欢涂涂画画，随心所欲、不知疲惫地画。

绘画敏感期包括涂鸦期（1.5~3 岁）、象征期（3~5 岁）和意向期（5~8 岁）三个时期，是孩子从根据自己的感受和想法去“乱画”，慢慢过渡到“会画”的一个过程。在这个过程中，家长不要给孩子规定一个“框框”，不要以像不像来评价孩子的绘画，更不要嘲笑或纠正孩子的画，应该鼓励孩子随心所欲地表达自己的意愿，让孩子的想象力和创造力得到最大化发展。

（五）秩序敏感期

2~4 岁是幼儿秩序敏感期。在这一时期，幼儿对事物的秩序有强烈的需求，在父母的引导下能够有秩序地去完成某些事。

幼儿的秩序敏感常表现在对顺序、生活习惯的要求上。处在秩序敏感期的孩子，经常会做一些成人无法理解的事情，比如小火车必须是对齐的，稍微打乱顺序孩子就会哭闹发脾气；再比如垃圾桶必须是放在厨房里的，拿到客厅里就不可以；又或者吃饭的时候，叉子、勺子、筷子必须同时拿出来放到桌上，一个也不能少，否则就哭闹不吃饭。这些“熊孩子很作”的表现，其实就是因为处在秩序敏感期，孩子会因秩序被破坏而感到受挫或沮丧。

（六）关注细小事物敏感期

1.5~4 岁是婴幼儿关注细小事物的敏感期，这个阶段的孩子对细节、微小的东西很感兴趣。大人常会忽略周围环境中的微小事物，但孩子却常能捕捉到一些细小的奥秘。比如成人不会注意的蜗牛壳，孩子一眼就会发现；父母看不到的树上的野果，孩子看得到；地上的头发丝，孩子捡得起来。这些对细微事物的观察，恰恰能够帮助孩子更好地了解和认知这个世界。所以，当孩子停下来观察和研究这些小“世界”的时候，请父母也停下来，不催促、不阻碍，让他慢慢来。若孩子对泥土里的小昆虫或你衣服上的细小图案产生兴趣，这正是你培养他细致、认真的好习惯的绝佳时机。

（七）动作敏感期

幼儿动作敏感期主要包括两个领域，一个是身体方面，如翻身、爬、坐、走路，这一敏感期是在0~2岁；另一个是手的动作，这个敏感期是在0~3岁。婴儿在6个月时，可以在别人的帮助下坐起来；1岁时，可在别人的帮助下走路；2岁时，已能行走自如，可以稳稳地跑。行走标志着儿童向独立迈出了关键的一步。

处于动作敏感期的儿童具有动作发展的需求，他们需要行走、抓握，以显示他们自身已具备的能量。而成人却总是将婴儿放在学步车里，把婴儿的双手用厚厚的衣服包裹，将婴儿的软弱夸大到极致。实际上，2岁的孩子已经能够行走，成人应给儿童提供充分运动的环境，使其肢体动作准确、熟练，并促进左、右脑均衡发展。

（八）社会规范敏感期

2.5~6岁是幼儿社会规范敏感期。在这个时期，孩子从依赖父母、以自我为中心的状态，逐渐转向对社会交往感兴趣，喜欢结交朋友，喜欢参与群体活动。

在这一阶段，父母要善于抓住时机对孩子进行社会规则、日常礼仪、生活规范、人际交往等方面的教育，为孩子后续融入社会、遵守社会规范、建立社交关系奠定良好基础。

（九）书写敏感期

3.5~4.5岁是幼儿书写敏感期。在这个时期，孩子突然很喜欢拿着笔涂涂画画，甚至“假装”在写什么。当有这样的表现时，那就说明孩子已经进入书写敏感期了。

孩子书写敏感期的出现，不代表孩子可以书写汉字了，因为，这仅仅是前书写的开始。此时，家长不要急着让孩子写汉字，因为此时孩子的小手肌肉发育还不完善，长时间的书写会让孩子的小手过于疲劳，影响手的正常发育；而且此时与其说是写字，不如说是画字，因为孩子根本就不能理解汉字的结构和笔顺。因此，在这个阶段，让孩子对写字产生兴趣，要远远比教给他们如何写更重要。爸爸妈妈不要急切地去教孩子写什么，要保护孩子的创造性与想象力，让孩子任意发挥就可以了。最好让他尽情地用笔写字，有些字可能是孩子想象出来的，家长没必要非得在这一阶段告诉他“这样写不对”“笔顺不对”等。只要孩子有兴趣，家长的要求就暂时放宽些。

（十）阅读敏感期

4.5~5.5 岁，幼儿进入阅读敏感期。孩子到了阅读敏感期，就进入了文字、符号、阅读等多方面快速发展的时期。在这一时期，孩子对于阅读产生了浓厚的兴趣，喜欢看书、读书；这一时期也是一个人一生记忆力最好的阶段。父母在这一阶段要关注对孩子阅读兴趣的培养，这是此阶段教育的重点。

幼儿进入阅读敏感期，其显著表现是：

1. 特别爱翻书，不管看得懂还是看不懂，总喜欢翻一翻，要是遇到能看懂的内容，或者好看的图片，会不停地、反复地翻看。

2. 对有书的地方表现得很有兴趣，比如图书馆、书店。

3. 经常吵着要大人给他讲故事，而且有时候还会把听过的故事讲给家长听，甚至还能自己编故事。

4. 喜欢指着书上面的字阅读，就算看不懂，也会编一个看起来通顺的发音和句子。

生理学家玛莉安·伍尔夫曾经研究发现，儿童在阅读的时候是左右两个大脑一起工作的，效率高，兴趣高。到了成人阶段，阅读的时候基本上只有一半大脑在运行了。

（十一）想象力敏感期

你或许拥有无限的财富，一箱箱的珠宝和一柜柜的黄金，但你永远不会比我富有，我拥有一位读书给我听的妈妈。

——史斯兰克·吉利兰

研究表明，当孩子2岁的时候，他的想象力就已经开始发展了。随着年龄的增长，孩子的想象力越来越丰富。3~4岁是孩子想象力爆发的时期，到了五六岁，创造性想象就开始萌芽了。

在幼儿阶段，家长一定要重视培养孩子的想象力，因为培养孩子想象力比单纯教孩子学知识重要得多。

想象力比知识更重要，因为知识是有限的，而想象力概括着世界上的一切，推动着进步，并且是知识进化的源泉。

——爱因斯坦

（十二）文化敏感期

6~9岁时孩子就进入了文化敏感期。孩子3岁的时候，他的小脑袋就开始生出一些问题，这是文化敏感期的萌芽。到了6~9岁，他们对探究事物产生了浓厚的兴趣和强烈的愿望。“妈妈，小牛为什么吃草？我怎么不吃草？”“妈妈，为什么我叫你妈妈，你怎么不叫我妈妈？”这时候的家长就要做好准备，认真回答孩子的“十万个为什么”。有可能他一个问题会问无数遍，有的问题还会打破砂锅问到底，家长不要因为孩子问多了烦，这正是孩子在文化敏感期的表现。

在文化敏感期这一阶段，孩子有了强烈的求知欲和探究欲，观察能力开始成熟，创造性思维萌芽，操作能力、自学能力、阅读能力和综合知识的学习能力开始形成。这个阶段，孩子极力渴求着文化的滋养，家长需要做的就是为孩子准备肥沃的土壤，为孩子创设丰富的文化环境，帮助孩子构建自己的知识体系。

 抓住敏感期，让教育事半功倍

敏感期是大自然赋予幼儿成长的礼物，作为父母，要认真学习与敏感期相关的知识，读懂孩子，创设有利于幼儿发展的环境，抓住幼儿敏感期的内在需求，为孩子提供适宜的帮助，获得事半功倍的教育效果，让孩子收获美好的童年。

（一）细心观察孩子，捕捉敏感期的出现

幼儿发展的各个敏感期都是一个大致的时间范围，每个孩子敏感期出现的时间并不是完全一样的，持续的时间长短也各不相同。因此，家长要细心观察孩子的发展状况，敏锐地发现孩子的敏感期。家长可参考这样一个原则去判断孩子是否处于某个敏感期：当孩子把所有的注意力都放在一件事上，并反复地重复这件事时，孩子就进入了相关方面发展的敏感期。例如，孩子喜欢听故事，成天缠着父母讲故事，这就说明孩子进入了阅读敏感期，家长要注意多给孩子讲故事、看绘本，开展多种形式的亲子阅读等。

（二）为孩子敏感期提供适宜的教育

孩子进入敏感期后，其身体的某一器官发育、心理某一机能发展最为迅速，这也是孩子学习某种技能最快的时期。在这个时期，家长一定要充分满足孩子身心发展的需要，为孩子提供相适宜的教育，促进孩子这一能力快速发展。例如，孩子喜欢和小朋友交往，这一现象表明孩子进入了社会规范敏感期，家长不要把孩子圈在家里，要根据孩子这一时期的特点和需要，有针对性地进行引导和教育，创造条件让孩子与小朋友交往，并及时引导、教育孩子学会交往的礼仪、规则等，确保孩子在这一敏感期内能够及时、全面地得到关于社会规则、日常礼仪、生活规范、人际交往等方面的教育，让孩子的社会规范意识和知识结构快速建构起来，为孩子后续的社会性发展打下良好基础。

（三）为孩子创设丰富的学习环境

荷兰生物学家德·弗里指出，敏感期就是生物在其发展过程中，对环境中某

事物的感知极其敏锐，产生无法抗拒的冲动，而且相应器官的机能也急速发展的时期。由此可见，敏感期是孩子特定能力和行为发展的最佳时期。但是，各个敏感期一般只会出现一次，家长稍不注意就会错过教育时机；而且各个敏感期会交错、重叠出现。因此，家长要注意根据各个敏感期的特点和孩子发展需求，为孩子创设丰富的学习与发展环境，尽量满足孩子各个敏感期的各种需要，让孩子在敏感期阶段得到最佳发展。例如，为孩子提供各种玩具、图书，带孩子外出游览，鼓励孩子与小朋友交往，经常给孩子讲故事，与孩子亲子阅读，和孩子开展各种亲子游戏等，让孩子在丰富的学习环境中快速提高语言、感官、动作、阅读、交往等各种能力，促进孩子全面、和谐、快速发展。

（四）创设自由、自主、宽松的氛围，鼓励孩子大胆探索

当孩子的某一敏感期到来时，受身心发展需求的驱动，孩子会对某一特定的事物产生极大的兴趣和热情，不断地去尝试、探索。家长如果限制孩子的这些尝试和探索，就会阻碍孩子的发展，让孩子错过最佳的学习时机，日后需要付出很大的心力和时间来弥补。因此，孩子处于敏感期阶段时，家长一定要因势利导，善于借助孩子的发展需要和兴趣，给孩子创设自由、自主、宽松的氛围，鼓励孩子大胆地去尝试、去探索、去学习、去发展。

当孩子热衷于某一事物时，最需要的是有一个自由的活动空间，一个适合他发展的环境。这时，父母要坚持“协助但不干预”的原则，适时予以帮助、指导。

（五）抓好敏感期教育，但不等于拔苗助长

抓住敏感期的同时，家长还要避免出现“超前教育”倾向。如果孩子的身心发展还未达到成熟阶段，家长就过早地进行不适宜的“超前教育”，往往会事倍功半，更严重的会让孩子丧失学习兴趣，产生厌学等问题，影响孩子身心健康发展。例如，在书写敏感期时强迫孩子写字，反而容易使他们讨厌写字。这个阶段，家长可以通过“筷子夹玻璃球”等游戏引导孩子掌握正确的握笔姿势，让孩子随意地涂涂点点、写写画画，培养孩子对书写的兴趣。

（六）错过敏感期，科学补救很重要

敏感期是一个人发展的重要时期，是学习和教育的最佳时期。如果错过了敏感期，该如何补救呢？儿童心理学家孙瑞雪认为：如果孩子在 0~6 岁的敏感期没有得到良好的发展，到了 6~12 岁还有弥补的机会。其主要方法是：一是给予孩子更多的爱和鼓励，让孩子不断体验到成功的快乐，增强自信心；二是多给孩子一些自由，让孩子在探索中成长；三是家长多一些耐心，当孩子第一次做得不够好时先别急着指责孩子，让孩子多试几次，相信孩子一定会越做越好。孩子有了更多尝试的机会，会更容易激发出潜力，也有机会做得更好。只要家长能够给孩子创造弥补的条件，相信孩子依然能够快乐成长。

专家点评

教育研究和实践证明，敏感期是对儿童进行教育的最佳时机，如果孩子在各个敏感期得到适时、适度的教育，其身心发展就会有一个巨大的飞跃。可以这样说，抓住了孩子的敏感期，父母的教育就做对了。

问题与思考

1. 敏感期的科学含义是什么？请您结合对孩子的教育谈谈对这个问题的认识。

2. 3~6 岁阶段的孩子有哪些敏感期，应该怎样进行适时、适度的教育？请谈谈您个人的看法。

3~6 岁儿童学习与发展指南

中华人民共和国教育部

说　明

一、为深入贯彻《国家中长期教育改革和发展规划纲要（2010—2020 年）》和《国务院关于当前发展学前教育的若干意见》（国发〔2010〕41 号），指导幼儿园和家庭实施科学的保育和教育，促进幼儿身心全面和谐发展，制定《3~6 岁儿童学习与发展指南》（以下简称《指南》）。

二、《指南》以为幼儿后继学习和终身发展奠定良好素质基础为目标，以促进幼儿体、智、德、美各方面的协调发展为核心，通过提出 3~6 岁各年龄段儿童学习与发展目标和相应的教育建议，帮助幼儿园教师和家长了解 3~6 岁幼儿学习与发展的基本规律和特点，建立对幼儿发展的合理期望，实施科学的保育和教育，让幼儿度过快乐而有意义的童年。

三、《指南》从健康、语言、社会、科学、艺术五个领域描述幼儿的学习与发展。每个领域按照幼儿学习与发展最基本、最重要的内容划分为若干方面。每个方面由学习与发展目标和教育建议两部分组成。

目标部分分别对 3~4 岁、4~5 岁、5~6 岁三个年龄段末期幼儿应该知道什么、能做什么、大致可以达到什么发展水平提出了合理期望，指明了幼儿学习与发展的具体方向；教育建议部分列举了一些能够有效帮助和促进幼儿学习与发展的教育途径与方法。

四、实施《指南》应把握以下几个方面：

1. 关注幼儿学习与发展的整体性。儿童的发展是一个整体，要注重领域之间、目标之间的相互渗透和整合，促进幼儿身心全面协调发展，而不应片面追求某一

方面或几方面的发展。

2. 尊重幼儿发展的个体差异。幼儿的发展是一个持续、渐进的过程，同时也表现出一定的阶段性特征。每个幼儿在沿着相似进程发展的过程中，各自的发展速度和到达某一水平的时间不完全相同。要充分理解和尊重幼儿发展进程中的个别差异，支持和引导他们从原有水平向更高水平发展，按照自身的速度和方式到达《指南》所呈现的发展“阶梯”，切忌用一把“尺子”衡量所有幼儿。

3. 理解幼儿的学习方式和特点。幼儿的学习是以直接经验为基础，在游戏和日常生活中进行的。要珍视游戏和生活的独特价值，创设丰富的教育环境，合理安排一日生活，最大限度地支持和满足幼儿通过直接感知、实际操作和亲身体验获取经验的需要，严禁“拔苗助长”式的超前教育和强化训练。

4. 重视幼儿的学习品质。幼儿在活动过程中表现出的积极态度和良好行为倾向是终身学习与发展所必需的宝贵品质。要充分尊重和保护幼儿的好奇心和学习兴趣，帮助幼儿逐步养成积极主动、认真专注、不怕困难、敢于探究和尝试、乐于想象和创造等良好学习品质。忽视幼儿学习品质培养，单纯追求知识技能学习的做法是短视而有害的。

一、健康

健康是指人在身体、心理和社会适应方面的良好状态。幼儿阶段是儿童身体发育和机能发展极为迅速的时期，也是形成安全感和乐观态度的重要阶段。发育良好的身体、愉快的情绪、强健的体质、协调的动作、良好的生活习惯和基本生活能力是幼儿身心健康的重要标志，也是其他领域学习与发展的基础。

为有效促进幼儿身心健康发展，成人应为幼儿提供合理均衡的营养，保证充足的睡眠和适宜的锻炼，满足幼儿生长发育的需要；创设温馨的人际环境，让幼儿充分感受到亲情和关爱，形成积极稳定的情绪情感；帮助幼儿养成良好的生活与卫生习惯，提高自我保护能力，形成使其终身受益的生活能力和文明生活方式。

幼儿身心发育尚未成熟，需要成人的精心呵护和照顾，但不宜过度保护和包

办代替，以免剥夺幼儿自主学习的机会，养成过于依赖的不良习惯，影响其主动性、独立性的发展。

（一）身心状况

目标 1　具有健康的体态

3~4 岁	4~5 岁	5~6 岁
1. 身高和体重适宜。 参考标准 男孩： 身高 94.9~111.7 cm 体重 12.7~21.2 kg 女孩： 身高 94.1~111.3 cm 体重 12.3~21.5 kg 2. 在提醒下能自然坐直、站直。	1. 身高和体重适宜。 参考标准 男孩： 身高 100.7~119.2 cm 体重 14.1~24.2 kg 女孩： 身高 99.9~118.9 cm 体重 13.7~24.9 kg 2. 在提醒下能保持正确的站、坐和行走姿势。	1. 身高和体重适宜。 参考标准 男孩： 身高 106.1~125.8 cm 体重 15.9~27.1 kg 女孩： 身高 104.9~125.4 cm 体重 15.3~27.8 kg 2. 经常保持正确的站、坐和行走姿势。

注：身高和体重数据源自《2006 年世界卫生组织儿童生长标准》4、5、6 周岁儿童身高和体重的参考数据。

教育建议：

1. 为幼儿提供营养丰富、健康的饮食。如：

参照《中国孕期、哺乳期妇女和 0~6 岁儿童膳食指南》，为幼儿提供谷物、蔬菜、水果、肉、奶、蛋、豆制品等多样化的食物，均衡搭配。

烹调方式要科学，尽量少煎炸、烧烤、腌制。

2. 保证幼儿每天睡 11~12 小时，其中午睡一般应达到 2 小时左右。午睡时间可根据幼儿的年龄、季节的变化和个体差异适当减少。

3. 注意幼儿的体态，帮助他们形成正确的姿势。如：

提醒幼儿要保持正确的站、坐、走姿势；发现有八字脚、罗圈腿、驼背等骨骼发育异常的情况，应及时就医矫治。

桌、椅和床要合适。椅子的高度以幼儿写画时双脚能自然着地、大腿基本保持水平状为宜；桌子的高度以写画时身体能坐直，不驼背、不耸肩为宜；床不宜过软。

4. 每年为幼儿进行健康检查。

目标 2　情绪安定愉快

3~4 岁	4~5 岁	5~6 岁
1. 情绪比较稳定，很少因一点小事哭闹不止。 2. 有比较强烈的情绪反应时，能在成人的安抚下逐渐平静下来。	1. 经常保持愉快的情绪，不高兴时能较快缓解。 2. 有比较强烈的情绪反应时，能在成人的提醒下逐渐平静下来。 3. 愿意把自己的情绪告诉亲近的人，一起分享快乐或求得安慰。	1. 经常保持愉快的情绪。知道引起自己某种情绪的原因，并努力缓解。 2. 表达情绪的方式比较适度，不乱发脾气。 3. 能随着活动的需要转换情绪和注意力。

教育建议：

1. 营造温暖、轻松的心理环境，让幼儿形成安全感和信赖感。如：

保持良好的情绪状态，以积极、愉快的情绪影响幼儿。

以欣赏的态度对待幼儿。注意发现幼儿的优点，接纳他们的个体差异，不简单与同伴做横向比较。

幼儿做错事时要冷静处理，不厉声斥责，更不能打骂。

2. 帮助幼儿学会恰当表达和调控情绪。

成人用恰当的方式表达情绪，为幼儿做出榜样。如：生气时不乱发脾气，不迁怒于人。

成人和幼儿一起谈论自己高兴或生气的事，鼓励幼儿与人分享自己的情绪。

允许幼儿表达自己的情绪，并给予适当的引导。如：幼儿发脾气时不硬性压制，等其平静后告诉他什么行为是可以接受的。

发现幼儿不高兴时，主动询问情况，帮助他们化解消极情绪。

目标 3　具有一定的适应能力

3~4 岁	4~5 岁	5~6 岁
1. 能在较热或较冷的户外环境中活动。 2. 换新环境时情绪能较快稳定，睡眠、饮食基本正常。 3. 在帮助下能较快适应集体生活。	1. 能在较热或较冷的户外环境中连续活动半小时左右。 2. 换新环境时较少出现身体不适。 3. 能较快适应人际环境中发生的变化。如：换了新老师能较快适应。	1. 能在较热或较冷的户外环境中连续活动半小时以上。 2. 天气变化时较少感冒，能适应车、船等交通工具造成的轻微颠簸。 3. 能较快融入新的人际关系环境。如：换了新的幼儿园或班级能较快适应。

教育建议：

1. 保证幼儿的户外活动时间，提高幼儿适应季节变化的能力。

幼儿每天的户外活动时间一般不少于2小时，其中体育活动时间不少于1小时，季节交替时要坚持。

气温过热或过冷的季节或地区应因地制宜，选择温度适当的时间段开展户外活动，也可根据气温的变化和幼儿的个体差异，适当减少活动的时间。

2. 经常与幼儿玩拉手转圈、秋千、转椅等游戏活动，让幼儿适应轻微的摆动、颠簸、旋转，促进其平衡机能的发展。

3. 锻炼幼儿适应生活环境变化的能力。如：

注意观察幼儿在新环境中的饮食、睡眠、游戏等方面的情况，采取相应的措施帮助他们尽快适应新环境。

经常带幼儿接触不同的人际环境，如参加亲戚朋友聚会，多和不熟悉的小朋友玩，使幼儿较快适应新的人际关系。

（二）动作发展

目标1　具有一定的平衡能力，动作协调、灵敏

3~4岁	4~5岁	5~6岁
1. 能沿地面直线或在较窄的低矮物体上走一段距离。 2. 能双脚灵活交替上下楼梯。 3. 能身体平稳地双脚连续向前跳。 4. 分散跑时能躲避他人的碰撞。 5. 能双手向上抛球。	1. 能在较窄的低矮物体上平稳地走一段距离。 2. 能以匍匐、膝盖悬空等多种方式钻爬。 3. 能助跑跨跳过一定距离，或助跑跨跳过一定高度的物体。 4. 能与他人玩追逐、躲闪跑的游戏。 5. 能连续自抛自接球。	1. 能在斜坡、荡桥和有一定间隔的物体上较平稳地行走。 2. 能以手脚并用的方式安全地爬攀登架、网等。 3. 能连续跳绳。 4. 能躲避他人滚过来的球或扔过来的沙包。 5. 能连续拍球。

教育建议：

1. 利用多种活动发展身体平衡和协调能力。如：走平衡木，或沿着地面直线、田埂行走。玩跳房子、踢毽子、蒙眼走路、踩小高跷等游戏活动。

2. 发展幼儿动作的协调性和灵活性。鼓励幼儿进行跑跳、钻爬、攀登、投掷、拍球等活动。玩跳竹竿、滚铁环等传统体育游戏。

3. 对于拍球、跳绳等技能性活动，不要过于要求数量，更不能机械训练。

4. 结合活动内容对幼儿进行安全教育，注重在活动中培养幼儿的自我保护能力。

目标 2　具有一定的力量和耐力

3~4 岁	4~5 岁	5~6 岁
1. 能双手抓杠悬空吊起 10 秒左右。 2. 能单手将沙包向前投掷 2 m 左右。 3. 能单脚连续向前跳 2 m 左右。 4. 能快跑 15 m 左右。 5. 能行走 1k m 左右（途中可适当停歇）。	1. 能双手抓杠悬空吊起 15 秒左右。 2. 能单手将沙包向前投掷 4 m 左右。 3. 能单脚连续向前跳 5 m 左右。 4. 能快跑 20 m 左右。 5. 能连续行走 1.5km 左右（途中可适当停歇）。	1. 能双手抓杠悬空吊起 20 秒左右。 2. 能单手将沙包向前投掷 5m 左右。 3. 能单脚连续向前跳 8m 左右。 4. 能快跑 25m 左右。 5. 能连续行走 1.5km 以上（途中可适当停歇）。

教育建议：

开展丰富多样、适合幼儿年龄特点的各种身体活动，如走、跑、跳、攀、爬等，鼓励幼儿坚持下来，不怕累。

日常生活中鼓励幼儿多走路，少坐车；自己上下楼梯，自己背包。

目标 3　手的动作灵活协调

3~4 岁	4~5 岁	5~6 岁
1. 能用笔涂涂画画。 2. 能熟练地用勺子吃饭。 3. 能用剪刀沿直线剪，边线基本吻合。	1. 能沿边线较直地画出简单图形，或能边线基本对齐地折纸。 2. 会用筷子吃饭。 3. 能沿轮廓线剪出由直线构成的简单图形，边线吻合。	1. 能根据需要画出图形，线条基本平滑。 2. 能熟练使用筷子。 3. 能沿轮廓线剪出由曲线构成的简单图形，边线吻合且平滑。 4. 能使用简单的劳动工具或用具。

教育建议：

1. 创造条件和机会，促进幼儿手的动作灵活协调。如：

提供画笔、剪刀、纸张、泥团等工具和材料，或充分利用各种自然、废旧材料和常见物品，让幼儿进行画、剪、折、粘等美工活动。

引导幼儿生活自理或参与家务劳动，发展其手的动作。如：练习自己用筷子吃饭、扣扣子，帮助家人择菜叶、做面食等。

幼儿园在布置娃娃家、商店等活动区时，多提供原材料和半成品，让幼儿有更多机会参与制作活动。

2. 引导幼儿注意活动安全。如：

为幼儿提供的塑料粒、珠子等活动材料要足够大，材质要安全，以免造成异物进入气管、铅中毒等伤害。提供幼儿用安全剪刀。

为幼儿示范拿筷子、握笔的正确姿势以及使用剪刀、锤子等工具的方法。

提醒幼儿不要拿剪刀等锋利工具玩耍，用完后要放回原处。

（三）生活习惯与生活能力

目标 1　具有良好的生活与卫生习惯

3~4 岁	4~5 岁	5~6 岁
1. 在提醒下，按时睡觉和起床，并能坚持午睡。 2. 喜欢参加体育活动。 3. 在引导下，不偏食、挑食。喜欢吃瓜果、蔬菜等新鲜食品。 4. 愿意饮用白开水，不贪喝饮料。 5. 不用脏手揉眼睛，连续看电视等不超过 15 分钟。 6. 在提醒下，每天早晚刷牙，饭前便后洗手。	1. 每天按时睡觉和起床，并能坚持午睡。 2. 喜欢参加体育活动。 3. 不偏食、挑食，不暴饮暴食。喜欢吃瓜果、蔬菜等新鲜食品。 4. 常喝白开水，不贪喝饮料。 5. 知道保护眼睛，不在光线过强或过暗的地方看书，连续看电视等不超过 20 分钟。 6. 每天早晚刷牙，饭前便后洗手，方法基本正确。	1. 养成每天按时睡觉和起床的习惯。 2. 能主动参加体育活动。 3. 吃东西时细嚼慢咽。 4. 主动饮用白开水，不贪喝饮料。 5. 主动保护眼睛。不在光线过强或过暗的地方看书，连续看电视等不超过 30 分钟。 6. 每天早晚主动刷牙，饭前便后主动洗手，方法正确。

教育建议：

1. 让幼儿保持有规律的生活，养成良好的作息习惯，如早睡早起、每天午睡、按时进餐、吃好早餐等。

2. 帮助幼儿养成良好的饮食习惯。如：

合理安排餐点，帮助幼儿养成定点、定时、定量进餐的习惯。

帮助幼儿了解食物的营养价值，引导他们不偏食不挑食，少吃或不吃不利于健康的食品；多喝白开水，少喝饮料。

吃饭时不过分催促，提醒幼儿细嚼慢咽，不要边吃边玩。

3. 帮助幼儿养成良好的个人卫生习惯。如：

早晚刷牙，饭后漱口。

勤为幼儿洗澡、换衣服、剪指甲。

提醒幼儿保护五官，如不乱挖耳朵、鼻孔，看电视时保持 3 m 左右的距离等。

4. 激发幼儿参加体育活动的兴趣，养成锻炼的习惯。如：

为幼儿准备多种体育活动材料，鼓励幼儿选择自己喜欢的材料开展活动。

经常和幼儿一起在户外运动和游戏，鼓励幼儿和同伴一起开展体育活动。

和幼儿一起观看体育比赛或有关体育赛事的电视节目，培养其对体育活动的兴趣。

目标 2　具有基本的生活自理能力

3~4 岁	4~5 岁	5~6 岁
1. 在帮助下能穿脱衣服或鞋袜。 2. 能将玩具和图书放回原处。	1. 能自己穿脱衣服和鞋袜、扣纽扣。 2. 能整理自己的物品。	1. 能知道根据冷热增减衣服。 2. 会自己系鞋带。 3. 能按类别整理好自己的物品。

教育建议：

1. 鼓励幼儿做力所能及的事情，对幼儿的尝试与努力给予肯定，不因做不好或做得慢而包办代替。

2. 指导幼儿学习和掌握生活自理的基本方法，如穿脱衣服和鞋袜、洗手洗脸、擦鼻涕、擦屁股的正确方法。

3. 提供有利于幼儿生活自理的条件。如：

提供一些纸箱、盒子，供幼儿收拾和存放自己的玩具、图书或生活用品等。

幼儿的衣服、鞋子等要简单实用，便于自己穿脱。

目标 3　具备基本的安全知识和自我保护能力

3~4 岁	4~5 岁	5~6 岁
1. 不吃陌生人给的东西，不跟陌生人走。 2. 在提醒下能注意安全，不做危险的事。 3. 在公共场所走失时，能向警察或有关人员说出自己和家长的名字、电话号码等简单信息。	1. 知道在公共场合不远离成人的视线单独活动。 2. 认识常见的安全标志，能遵守安全规则。 3. 运动时能主动躲避危险。 4. 知道简单的求助方式。	1. 未经大人允许不给陌生人开门。 2. 能自觉遵守基本的安全规则和交通规则。 3. 运动时能注意安全，不给他人造成危险。 4. 知道一些基本的防灾知识。

教育建议：

1. 创设安全的生活环境，提供必要的保护措施。如：

要把热水瓶、药品、火柴、刀具等物品放到幼儿够不到的地方；阳台或窗台要有安全保护措施；要使用安全的电源插座等。

在公共场所要注意照看好幼儿；幼儿乘车、乘电梯时要有成人陪伴；不把幼儿单独留在家里或汽车里等。

2. 结合生活实际对幼儿进行安全教育。如：

外出时，提醒幼儿要紧跟成人，不远离成人的视线，不跟陌生人走，不吃陌生人给的东西；不在河边和马路边玩耍；要遵守交通规则等。

帮助幼儿了解周围环境中不安全的事物，不做危险的事。如：不动热水壶，不玩火柴或打火机，不摸电源插座，不攀爬窗户或阳台等。

帮助幼儿认识常见的安全标志，如：小心触电、小心有毒、禁止下河游泳、紧急出口等。

告诉幼儿不允许别人触摸自己的隐私部位。

3. 教给幼儿简单的自救和求救的方法。如：

记住自己家庭的住址、电话号码、父母的姓名和单位，一旦走失时知道向成人求助，并能提供必要信息。

遇到火灾或其他紧急情况时，知道要拨打 110、120、119 等求救电话。

可利用图书、音像等材料对幼儿进行逃生和求救方面的教育，并运用游戏方式模拟练习。

幼儿园应定期进行火灾、地震等自然灾害的逃生演习。

二、语言

语言是交流和思维的工具。幼儿期是语言发展，特别是口语发展的重要时期。幼儿语言的发展贯穿于各个领域，也对其他领域的学习与发展有着重要的影响：幼儿在运用语言进行交流的同时，也在发展着人际交往能力、理解他人和判断交往情境的能力、组织自己思想的能力。通过语言获取信息，幼儿的学习逐步超越个体的直接感知。

幼儿的语言能力是在交流和运用的过程中发展起来的。应为幼儿创设自由、宽松的语言交往环境，鼓励和支持幼儿与成人、同伴交流，让幼儿想说、敢说、喜欢说并能得到积极回应。为幼儿提供丰富、适宜的低幼读物，经常和幼儿一起看图书、讲故事，丰富其语言表达能力，培养其阅读兴趣和良好的阅读习惯，进一步为其拓展学习经验。

幼儿的语言学习需要相应的社会经验支持，应通过多种活动扩展幼儿的生活经验，丰富语言的内容，增强理解和表达能力。应在生活情境和阅读活动中引导幼儿自然而然地产生对文字的兴趣，用机械记忆和强化训练的方式让幼儿过早识字不符合其学习特点和接受能力。

（一）倾听与表达

目标 1　认真听并能听懂常用语言

3~4 岁	4~5 岁	5~6 岁
1. 别人对自己说话时能注意听并做出回应。 2. 能听懂日常会话。	1. 在群体中能有意识地听与自己有关的信息。 2. 能结合情境感受到不同语气、语调所表达的不同意思。 3. 方言地区和少数民族幼儿能基本听懂普通话。	1. 在集体中能注意听老师或其他人讲话。 2. 听不懂或有疑问时能主动提问。 3. 能结合情境理解一些表示因果、假设等相对复杂的句子。

教育建议：

1. 多给幼儿提供倾听和交谈的机会。如：经常和幼儿一起谈论他感兴趣的话题，或一起看图书、讲故事。

2. 引导幼儿学会认真倾听。如：

成人要耐心倾听别人（包括幼儿）的讲话，等别人讲完再表达自己的观点。

与幼儿交谈时，要用幼儿能听得懂的语言。

对幼儿提要求和布置任务时要求他注意听，鼓励他主动提问。

对幼儿讲话时，注意结合情境使用丰富的语言，以便于幼儿理解。如：

说话时注意语气、语调，让幼儿感受语气、语调的作用。如：对幼儿的不合理要求应以比较坚定的语气表示不同意；讲故事时，尽量把故事人物高兴、悲伤的心情用不同的语气、语调表现出来。

根据幼儿的理解水平有意识地使用一些反映因果、假设、条件等关系的句子。

目标 2　愿意讲话并能清楚地表达

3~4 岁	4~5 岁	5~6 岁
1. 愿意在熟悉的人面前说话，能大方地与人打招呼。 2. 基本会说本民族或本地区的语言。 3. 愿意表达自己的需要和想法，必要时能配以手势动作。 4. 能口齿清楚地说儿歌、童谣或复述简短的故事。	1. 愿意与他人交谈，喜欢谈论自己感兴趣的话题。 2. 会说本民族或本地区的语言，基本会说普通话。少数民族聚居地区幼儿会用普通话进行日常会话。 3. 能基本完整地讲述自己的所见所闻和经历的事情。 4. 讲述比较连贯。	1. 愿意与他人讨论问题，敢在众人面前说话。 2. 会说本民族或本地区的语言和普通话，发音正确清晰。少数民族聚居地区幼儿基本会说普通话。 3. 能有序、连贯、清楚地讲述一件事情。 4. 讲述时能使用常见的形容词、同义词等，语言比较生动。

教育建议：

1. 为幼儿创造说话的机会并体验语言交往的乐趣。

每天有足够的时间与幼儿交谈。如：谈论他感兴趣的话题，询问和听取他对自己事情的意见等。

尊重和接纳幼儿的说话方式，无论幼儿的表达水平如何，都应认真地倾听并

给予积极的回应。

鼓励和支持幼儿与同伴一起玩耍、交谈，相互讲述见闻、趣事或看过的图书、动画片等。

方言和少数民族地区应积极为幼儿创设用普通话交流的语言环境。

2. 引导幼儿清楚地表达。如：

和幼儿讲话时，成人自身的语言要清楚、简洁。

当幼儿因为急于表达而说不清楚的时候，提醒他不要着急，慢慢说；同时要耐心倾听，给予必要的补充，帮助他理清思路并清晰地说出来。

目标 3　具有文明的语言习惯

3~4 岁	4~5 岁	5~6 岁
1. 与别人讲话时知道眼睛要看着对方。 2. 说话自然，声音大小适中。 3. 能在成人的提醒下使用恰当的礼貌用语。	1. 别人对自己讲话时能回应。 2. 能根据场合调节自己说话声音的大小。 3. 能主动使用礼貌用语，不说脏话、粗话。	1. 别人讲话时能积极主动地回应。 2. 能根据谈话对象和需要，调整说话的语气。 3. 懂得按次序轮流讲话，不随意打断别人。 4. 能依据所处情境使用恰当的语言。如在别人难过时会用恰当的语言表示安慰。

教育建议：

1. 成人注意语言文明，为幼儿做出表率。

与他人交谈时，认真倾听，使用礼貌用语。

在公共场合不大声说话，不说脏话、粗话。

幼儿表达意见时，成人可蹲下来，眼睛平视幼儿，耐心听他把话说完。

2. 帮助幼儿养成良好的语言行为习惯。

结合情境提醒幼儿一些必要的交流礼节。如：对长辈说话要有礼貌，客人来访时要打招呼，得到帮助时要说谢谢等。

提醒幼儿遵守集体生活的语言规则。如：轮流发言，不随意打断别人讲话等。

提醒幼儿注意公共场所的语言文明。如：不大声喧哗等。

（二）阅读与书写准备

目标 1　喜欢听故事、看图书

3~4 岁	4~5 岁	5~6 岁
1. 主动要求成人讲故事、读图书。 2. 喜欢跟读韵律感强的儿歌、童谣。 3. 爱护图书，不乱撕、乱扔。	1. 反复看自己喜欢的图书。 2. 喜欢把听过的故事或看过的图书讲给别人听。 3. 对生活中常见的标志、符号感兴趣，知道它们表示一定的意义。	1. 专注地阅读图书。 2. 喜欢与他人一起谈论图书和故事的有关内容。 3. 对图书和生活情境中的文字符号感兴趣，知道文字表示一定的意义。

教育建议：

1. 为幼儿提供良好的阅读环境和条件。如：

提供一定数量、符合幼儿年龄特点、富有童趣的图画书。

提供相对安静的地方，尽量减少干扰，保证幼儿自主阅读。

2. 激发幼儿的阅读兴趣，培养阅读习惯。如：

经常抽时间与幼儿一起看图书，给幼儿讲故事。

提供童谣、故事等不同体裁的儿童文学作品，让幼儿自主选择和阅读。

当幼儿遇到感兴趣的事物或问题时，和他一起查阅图书资料，让他感受图书的作用，体会通过阅读获取信息的乐趣。

3. 引导幼儿体会标志、文字符号的用途。如：

向幼儿介绍医院、公用电话等生活中的常见标志，让其知道标志可以代表具体事物。

结合生活实际，帮助幼儿体会文字的用途。如：买来新玩具时，把说明书上的文字念给幼儿听，让幼儿了解玩具的玩法。

目标 2　具有初步的阅读理解能力

3~4 岁	4~5 岁	5~6 岁
1. 能听懂短小的儿歌或故事。 2. 会看画面，能根据画面说出图中有什么、发生了什么事等。 3. 能理解图书上的文字是和画面对应的，是用来表达画面意义的。	1. 能大体讲出所听故事的主要内容。 2. 能根据连续画面提供的信息，大致说出故事的情节。 3. 能随着作品的展开产生喜悦、担忧等相应的情绪反应，体会作品所表达的情绪情感。	1. 能说出所阅读的幼儿文学作品的主要内容。 2. 能根据故事的部分情节或图书画面的线索猜想故事情节的发展，或续编、创编故事。 3. 对看过的图书、听过的故事能说出自己的看法。 4. 能初步感受文学语言的美。

教育建议：

1. 经常和幼儿一起阅读，引导他以自己的经验为基础理解图书的内容。如：

引导幼儿仔细观察画面，结合画面讨论故事内容，学习建立画面与故事内容的联系。

和幼儿一起讨论或回忆书中的故事情节，引导他有条理地说出故事的大致内容。

在给幼儿读书或讲故事时，可先不告诉名字，让幼儿听完后自己命名，并说出这样命名的理由。

鼓励幼儿自主阅读，并与他人讨论自己在阅读中的发现、体会和想法。

2. 在阅读中发展幼儿的想象和创造能力。如：

鼓励幼儿依据画面线索讲述故事，大胆推测、想象故事情节的发展，改编故事部分情节或续编故事结尾。

鼓励幼儿用故事表演、绘画等不同的方式表达自己对图书和故事的理解。

鼓励和支持幼儿自编故事，并为自编的故事配上图画，制成图画书。

3. 引导幼儿感受文学作品的美。如：

有意识地引导幼儿欣赏或模仿文学作品的语言节奏和韵律。

给幼儿读书时，通过表情、动作和抑扬顿挫的声音传达书中的情绪情感，让幼儿体会作品的感染力和表现力。

目标 3　具有书面表达的愿望和初步技能

3~4 岁	4~5 岁	5~6 岁
1. 喜欢用涂涂画画表达一定的意思。	1. 愿意用图画和符号表达自己的愿望和想法。 2. 在成人提醒下，写写画画时姿势正确。	1. 愿意用图画和符号表现事物或故事。 2. 会正确书写自己的名字。 3. 写画时姿势正确。

教育建议：

1. 让幼儿在写写画画的过程中体验文字符号的功能，培养书写兴趣。如：

准备供幼儿随时取放的纸、笔等材料，也可利用沙地、树枝等自然材料，满足幼儿自由涂画的需要。

鼓励幼儿将自己感兴趣的事情或故事画下来并讲给别人听，让幼儿体会写写画画的方式可以表达自己的想法和情感。

把幼儿讲过的事情用文字记录下来，并念给他听，使幼儿知道说的话可以用文字记录下来，从中体会文字的用途。

2. 在绘画和游戏中做必要的书写准备，如：

通过把虚线画出的图形轮廓连成实线等游戏，促进幼儿手眼协调，同时帮助其学习由上至下、由左至右的运笔技能。

鼓励幼儿学习书写自己的名字。

提醒幼儿写画时保持正确姿势。

三、社会

幼儿社会领域的学习与发展过程是其社会性不断完善并奠定健全人格基础的过程。人际交往和社会适应是幼儿社会学习的主要内容，也是其社会性发展的基本途径。幼儿在与成人和同伴交往的过程中，不仅学习如何与人友好相处，也在学习如何看待自己、对待他人，不断发展适应社会生活的能力。良好的社会性发展对幼儿身心健康和其他各方面的发展都具有重要影响。

家庭、幼儿园和社会应共同努力，为幼儿创设温暖、关爱、平等的家庭和集体生活氛围，建立良好的亲子关系、师生关系和同伴关系，让幼儿在积极健康的人际关系中获得安全感和信任感，发展自信和自尊，在良好的社会环境及文化的

熏陶中学会遵守规则，形成基本的认同感和归属感。

幼儿的社会性主要是在日常生活和游戏中通过观察和模仿潜移默化地发展起来的。成人应注重自己言行的榜样作用，避免简单生硬的说教。

（一）人际交往

目标1　愿意与人交往

3~4岁	4~5岁	5~6岁
1. 愿意和小朋友一起游戏。 2. 愿意与熟悉的长辈一起活动。	1. 喜欢和小朋友一起游戏，有经常一起玩的小伙伴。 2. 喜欢和长辈交谈，有事愿意告诉长辈。	1. 有自己的好朋友，也喜欢结交新朋友。 2. 有问题愿意向别人请教。 3. 有高兴的或有趣的事愿意与大家分享。

教育建议：

1. 主动亲近和关心幼儿，经常和他一起游戏或活动，让幼儿感受到与成人交往的快乐，建立亲密的亲子关系和师生关系。

2. 创造交往的机会，让幼儿体会交往的乐趣。如：

利用走亲戚、到朋友家做客或有客人来访的时机，鼓励幼儿与他人接触和交谈。

鼓励幼儿参加小朋友的游戏，邀请小朋友到家里玩，感受有朋友一起玩的快乐。

幼儿园应多为幼儿提供自由交往和游戏的机会，鼓励他们自主选择、自由结伴开展活动。

目标2　能与同伴友好相处

3~4岁	4~5岁	5~6岁
1. 想加入同伴的游戏时，能友好地提出请求。 2. 在成人指导下，不争抢、不独霸玩具。 3. 与同伴发生冲突时，能听从成人的劝解。	1. 会运用介绍自己、交换玩具等简单技巧加入同伴游戏。 2. 对大家都喜欢的东西能轮流、分享。 3. 与同伴发生冲突时，能在他人帮助下和平解决。 4. 活动时愿意接受同伴的意见和建议。 5. 不欺负弱小。	1. 能想办法吸引同伴和自己一起游戏。 2. 活动时能与同伴分工合作，遇到困难能一起克服。 3. 与同伴发生冲突时能自己协商解决。 4. 知道别人的想法有时和自己不一样，能倾听和接受别人的意见，不能接受时会说明理由。 5. 不欺负别人，也不允许别人欺负自己。

教育建议：

1. 结合具体情境，指导幼儿学习交往的基本规则和技能。如：

当幼儿不知怎样加入同伴游戏，或提出请求不被接受时，建议他拿出玩具邀请大家一起玩；或者扮成某个角色加入同伴的游戏。

对幼儿与别人分享玩具、图书等行为给予肯定，让他对自己的表现感到高兴和满足。

当幼儿与同伴发生矛盾或冲突时，指导他尝试用协商、交换、轮流玩、合作等方式解决冲突。

利用相关的图书、故事，结合幼儿的交往经验，和他讨论什么样的行为受大家欢迎，想要得到别人的接纳应该怎样做。

幼儿园应多为幼儿提供需要大家齐心协力才能完成的活动，让幼儿在具体活动中体会合作的重要性，学习分工合作。

2. 结合具体情境，引导幼儿换位思考，学习理解别人。如：

幼儿有争抢玩具等不友好行为时，引导其想一想：“假如你是那个小朋友，你有什么感受？”让幼儿学习理解别人的想法和感受。

3. 和幼儿一起谈谈他的好朋友，说说喜欢这个朋友的原因，引导他多发现同伴的优点、长处。

目标 3　具有自尊、自信、自主的表现

3~4 岁	4~5 岁	5~6 岁
1. 能根据自己的兴趣选择游戏或其他活动。 2. 为自己的好行为或活动成果感到高兴。 3. 自己能做的事情愿意自己做。 4. 喜欢承担一些小任务。	1. 能按自己的想法进行游戏或其他活动。 2. 知道自己的一些优点和长处，并对此感到满意。 3. 自己的事情尽量自己做，不愿意依赖别人。 4. 敢于尝试有一定难度的活动和任务。	1. 能主动发起活动或在活动中出主意、想办法。 2. 做了好事或取得成功后还想做得更好。 3. 自己的事情自己做，不会的愿意学。 4. 主动承担任务，遇到困难能够坚持而不轻易求助。 5. 与别人的看法不同时，敢于坚持自己的意见并说出理由。

教育建议：

1. 关注幼儿的感受，保护其自尊心和自信心。如：

能以平等的态度对待幼儿，使幼儿切实感受到自己被尊重。

对幼儿好的行为表现多给予具体、有针对性的肯定和表扬，让其对自己的优点和长处有所认识并感到满足和自豪。

不要拿幼儿的不足与其他幼儿的优点做比较。

2. 鼓励幼儿自主决定，独立做事，增强其自尊心和自信心。如：

与幼儿有关的事情要征求他的意见，即使他的意见与成人不同，也要认真倾听，接受他的合理要求。

在保证安全的情况下，支持幼儿按自己的想法做事；或提供必要的条件，帮助他实现自己的想法。

幼儿自己的事情尽量放手让他自己做，即使做得不够好，也应鼓励并给予一定的指导，让他在做事中树立自尊和自信。

鼓励幼儿尝试有一定难度的任务，并注意调整难度，让他感受经过努力获得的成就感。

目标 4　关心尊重他人

3~4 岁	4~5 岁	5~6 岁
1. 长辈讲话时能认真听，并能听从长辈的要求。 2. 身边的人生病或不开心时表示同情。 3. 在提醒下能做到不打扰别人。	1. 会用礼貌的方式向长辈表达自己的要求和想法。 2. 能注意到别人的情绪，并有关心、体贴的表现。 3. 知道父母的职业，能体会到父母为养育自己所付出的辛劳。	1. 能有礼貌地与人交往。 2. 能关注别人的情绪和需要，并能给予力所能及的帮助。 3. 尊重为大家提供服务的人，珍惜他们的劳动成果。 4. 接纳、尊重与自己的生活方式或习惯不同的人。

教育建议：

1. 成人以身作则，以尊重、关心的态度对待自己的父母、长辈和其他人。如：

经常问候父母，主动做家务。

礼貌地对待老年人，如坐车时主动为老人让座。

看到别人有困难能主动关心并给予一定的帮助。

2. 引导幼儿尊重、关心长辈和身边的人，尊重他人劳动及成果。如：

提醒幼儿关心身边的人。如：妈妈累了，知道让她安静地休息一会儿。

借助故事、图书等给幼儿讲讲父母抚育孩子成长的经历，让幼儿理解和体会父爱与母爱。

结合实际情境，提醒幼儿注意别人的情绪，了解他们的需要，给予适当的关心和帮助。

利用生活机会和角色游戏，帮助幼儿了解与自己关系密切的社会服务机构及其工作，如商场、邮局、医院等，体会这些机构给大家提供的便利和服务，懂得尊重工作人员的劳动，珍惜劳动成果。

3. 引导幼儿学习用平等、接纳和尊重的态度对待差异。如：

了解每个人都有自己的兴趣、爱好和特长，可以相互学习。

利用民间游戏、传统节日等，适当向幼儿介绍我国主要民族和世界其他国家和民族的文化，帮助幼儿感知文化的多样性和差异性，理解人们之间是平等的，应该互相尊重，友好相处。

（二）社会适应

目标1　喜欢并适应群体生活

3~4 岁	4~5 岁	5~6 岁
1. 对群体活动有兴趣。 2. 对幼儿园的生活好奇，喜欢上幼儿园。	1. 愿意并主动参加群体活动。 2. 愿意与家长一起参加社区的一些群体活动。	1. 在群体活动中积极、快乐。 2. 对小学生活有好奇和向往。

教育建议：

1. 经常和幼儿一起参加一些群体性的活动，让幼儿体会群体活动的乐趣。如：参加亲戚、朋友和同事间的聚会以及适合幼儿参加的社区活动等，支持幼儿和不同群体的同伴一起游戏，丰富其群体活动的经验。

2. 幼儿园组织活动时，可以经常打破班级的界限，让幼儿有更多机会参加不同群体的活动。

3. 带领大班幼儿参观小学，讲讲小学有趣的活动，唤起他们对小学生活的好奇和向往，为入学做好心理准备。

目标 2　遵守基本的行为规范

3~4 岁	4~5 岁	5~6 岁
1. 在提醒下，能遵守游戏和公共场所的规则。 2. 知道不经允许不能拿别人的东西，借别人的东西要归还。 3. 在成人提醒下，爱护玩具和其他物品。	1. 感受规则的意义，并能基本遵守规则。 2. 不私自拿不属于自己的东西。 3. 知道说谎是不对的。 4. 知道接受了的任务要努力完成。 5. 在提醒下，能节约粮食、水电等。	1. 理解规则的意义，能与同伴协商制定游戏和活动规则。 2. 爱惜物品，用别人的东西时也知道爱护。 3. 做了错事敢于承认，不说谎。 4. 能认真负责地完成自己所接受的任务。 5. 爱护身边的环境，注意节约资源。

教育建议：

1. 成人要遵守社会行为规则，为幼儿树立良好的榜样。如：答应幼儿的事一定要做到，尊老爱幼，爱护公共环境，节约水电等。

2. 结合社会生活实际，帮助幼儿了解基本行为规则和游戏规则，体会规则的重要性，学习自觉遵守规则。如：

经常和幼儿玩带有规则的游戏，遵守共同约定的游戏规则。

利用实际生活情境和图书故事，向幼儿介绍一些必要的社会行为规则，以及为什么要遵守这些规则。

在幼儿园的区域活动中，创设情境，让幼儿体会没有规则的不方便，鼓励他们讨论制定规则并自觉遵守。

对幼儿表现出的遵守规则的行为要及时肯定，对违规行为给予纠正。如：幼儿主动为老人让座时要表扬；幼儿损害别人的物品或公共物品时要及时制止并主动赔偿。

3. 教育幼儿要诚实守信。如：

对幼儿诚实守信的行为要及时肯定。

允许幼儿犯错误，告诉他改了就好。不要打骂幼儿，以免他因害怕惩罚而说谎。

小年龄幼儿经常分不清想象和现实，成人不要误认为他是在说谎。

发现幼儿说谎时，要反思是否是因自己对幼儿的要求过高过严造成的。如果是，要及时调整自己的行为，同时要严肃地告诉幼儿说谎是不对的。

经常给幼儿分配一些力所能及的任务，要求他完成并及时给予表扬，培养他的责任感和认真负责的态度。

目标 3　具有初步的归属感

3~4 岁	4~5 岁	5~6 岁
1. 知道和自己一起生活的家庭成员及与自己的关系，体会到自己是家庭的一员。 2. 能感受到家庭生活的温暖，爱父母，亲近与信赖长辈。 3. 能说出自己家所在街道、小区（乡镇、村）的名称。 4. 认识国旗，知道国歌。	1. 喜欢自己所在的幼儿园和班级，积极参加集体活动。 2. 能说出自己家所在地的省、市、县（区）名称，知道当地有代表性的物产或景观。 3. 知道自己是中国人。 4. 奏国歌、升国旗时能自动站好。	1. 愿意为集体做事，为集体的成绩感到高兴。 2. 能感受到家乡的发展变化并为此感到高兴。 3. 知道自己的民族，知道中国是一个多民族的大家庭，各民族之间要互相尊重，团结友爱。 4. 知道国家一些重大成就，爱祖国，为自己是中国人感到自豪。

教育建议：

1. 亲切地对待幼儿，关心幼儿，让他感到长辈是可亲、可近、可信赖的，家庭和幼儿园是温暖的。如：

多和幼儿一起游戏、谈笑，尽量在家庭和班级中营造温馨的氛围。

通过和幼儿一起翻阅照片、讲幼儿成长的故事等，让幼儿感受到家庭和幼儿园的温暖、老师的和蔼可亲，对养育自己的人产生感激之情。

2. 吸引和鼓励幼儿参加集体活动，萌发集体意识。如：

幼儿园和班级里的重大事情和计划，请幼儿集体讨论决定。

幼儿园应经常组织多种形式的集体活动，萌发幼儿的集体荣誉感。

3. 运用幼儿喜闻乐见和能够理解的方式激发幼儿爱家乡、爱祖国的情感。如：

和幼儿说一说或在地图上找一找自己家所在的省、市、县（区）名称。

和幼儿一起外出游玩，一起看有关的电视节目或画报等；和他们一起收集有关家乡、祖国各地的风景名胜、著名的建筑、独特物产的图片等，在观看和欣赏的过程中激发幼儿的自豪感和热爱之情。

利用电视节目或参加升旗等活动，向幼儿介绍国旗、国歌以及观看升旗、奏国歌的礼仪。

向幼儿介绍反映中国人聪明才智的发明和创造，激发幼儿的民族自豪感。

四、科学

幼儿的科学学习是在探究具体事物和解决实际问题中，尝试发现事物间的异同和联系的过程。幼儿在对自然事物的探究和运用数学解决实际生活问题的过程中，不仅获得丰富的感性经验，充分发展形象思维，而且初步尝试归类、排序、判断、推理，逐步发展逻辑思维能力，为其他领域的深入学习奠定基础。

幼儿科学学习的核心是激发探究兴趣，体验探究过程，发展初步的探究能力。成人要善于发现和保护幼儿的好奇心，充分利用自然和实际生活机会，引导幼儿通过观察、比较、操作、实验等方法，学习发现问题、分析问题和解决问题；帮助幼儿不断积累经验，并运用于新的学习活动，形成受益终身的学习态度和能力。

幼儿的思维特点是以具体形象思维为主，应注重引导幼儿通过直接感知、亲身体验和实际操作进行科学学习，不应为追求知识和技能的掌握，对幼儿进行灌输和强化训练。

（一）科学探究

目标1　亲近自然，喜欢探究

3~4岁	4~5岁	5~6岁
1. 喜欢接触大自然，对周围的很多事物和现象感兴趣。 2. 经常问各种问题，或好奇地摆弄物品。	1. 喜欢接触新事物，经常问一些与新事物有关的问题。 2. 常常动手动脑探索物体和材料，并乐在其中。	1. 对自己感兴趣的问题总是刨根问底。 2. 能经常动手动脑寻找问题的答案。 3. 探索中有所发现时感到兴奋和满足。

教育建议：

1. 经常带幼儿接触大自然，激发其好奇心与探究欲望。如：

为幼儿提供一些有趣的探究工具，用自己的好奇心和探究积极性感染和带动幼儿。

和幼儿一起发现并分享周围新奇、有趣的事物或现象，一起寻找问题的答案。

通过拍照和画图等方式保留和积累有趣的探索与发现。

2. 真诚地接纳、多方面支持和鼓励幼儿的探索行为。如：

认真对待幼儿的问题，引导他们猜一猜、想一想，有条件时和幼儿一起做一些简易的调查或有趣的小实验。

容忍幼儿因探究而弄脏、弄乱，甚至破坏物品的行为，引导他们活动后做好收拾整理。

多为幼儿选择一些能操作、多变化、多功能的玩具材料或废旧材料，在保证安全的前提下，鼓励幼儿拆装或动手自制玩具。

目标 2　具有初步的探究能力

3~4 岁	4~5 岁	5~6 岁
1. 对感兴趣的事物能仔细观察，发现其明显特征。 2. 能用多种感官或动作去探索物体，关注动作所产生的结果。	1. 能对事物或现象进行观察比较，发现其相同与不同。 2. 能根据观察结果提出问题，并大胆猜测答案。 3. 能通过简单的调查收集信息。 4. 能用图画或其他符号进行记录。	1. 能通过观察、比较与分析，发现并描述不同种类物体的特征或某个事物前后的变化。 2. 能用一定的方法验证自己的猜测。 3. 在成人的帮助下能制订简单的调查计划并执行。 4. 能用数字、图画、图表或其他符号记录。 5. 探究中能与他人合作与交流。

教育建议：

1. 有意识地引导幼儿观察周围事物，学习观察的基本方法，培养观察与分类能力。如：

支持幼儿自发的观察活动，对其发现表示赞赏。

通过提问等方式引导幼儿思考并对事物进行比较观察和连续观察。

引导幼儿在观察和探索的基础上，尝试进行简单的分类、概括。如：根据运动方式给动物分类，根据生长环境给植物分类，根据外部特征给物体分类等。

2. 支持和鼓励幼儿在探究的过程中积极动手动脑寻找答案或解决问题。如：

鼓励幼儿根据观察或发现提出值得继续探究的问题，或成人提出有探究意义且能激发幼儿兴趣的问题。如：皮球、轮胎、竹筒等物体滚动时都走直线吗？怎样让橡皮泥球浮在水面上？

支持和鼓励幼儿大胆联想、猜测问题的答案，并设法验证。如：玩风车时，鼓励幼儿猜测风车转动方向及速度快慢的原因和条件，并实际去验证。

支持、引导幼儿学习用适宜的方法探究和解决问题，或为自己的想法搜集证据。如：想知道院子里有多少种植物，可以进行实地调查；想知道球在平地上还是在斜坡上滚得快，可以动手试一试；想证明影子的方向与太阳的位置有关，可以做个小实验进行验证等。

3. 鼓励和引导幼儿学习做简单的计划和记录，并与他人交流分享。如：

和幼儿共同制订调查计划，讨论调查对象、步骤和方法等，也可以和幼儿一起设法用图画、箭头等呈现计划。

鼓励幼儿用绘画、照相、做标本等办法记录观察和探究的过程与结果，注意要让记录有意义，通过记录帮助幼儿丰富观察经验、建立事物之间的联系和分享发现。

支持幼儿与同伴合作探究与分享交流，引导他们在交流中尝试整理、概括自己探究的成果，体验合作探究和发现的乐趣。如：一起讨论和分享自己的问题与发现，一起想办法收集资料和验证猜测。

4. 帮助幼儿回顾自己的探究过程，讨论自己做了什么、怎么做的、结果与计划目标是否一致，分析一下原因以及下一步要怎样做等。

目标 3　在探究中认识周围事物和现象

3~4 岁	4~5 岁	5~6 岁
1. 认识常见的动植物，能注意并发现周围的动植物是多种多样的。 2. 能感知和发现物体和材料的软硬、光滑和粗糙等特性。 3. 能感知和体验天气对自己生活和活动的影响。 4. 初步了解和体会动植物和人们生活的关系。	1. 能感知和发现动植物的生长变化及其基本条件。 2. 能感知和发现常见材料的溶解、传热等性质或用途。 3. 能感知和发现简单物理现象，如物体形态或位置变化等。 4. 能感知和发现不同季节的特点，体验季节对动植物和人的影响。 5. 初步感知常用科技产品与自己生活的关系，知道科技产品有利也有弊。	1. 能察觉到动植物的外形特征、习性与生存环境的适应关系。 2. 能发现常见物体的结构与功能之间的关系。 3. 能探索并发现常见的物理现象产生的条件或影响因素，如影子、沉浮等。 4. 感知并了解季节变化的周期性，知道变化的顺序。 5. 初步了解人们的生活与自然环境的密切关系，知道尊重和珍惜生命，保护环境。

教育建议：

1. 支持幼儿在接触自然、生活事物和现象中积累有益的直接经验和感性认识。如：

和幼儿一起通过户外活动、参观考察、种植和饲养活动，感知生物的多样性和独特性，以及生长发育、繁殖和死亡的过程。

给幼儿提供丰富的材料和适宜的工具，支持幼儿在游戏过程中探索并感知常见物质、材料的特性和物体的结构特点。

2. 引导幼儿在探究中思考，尝试进行简单的推理和分析，发现事物之间明显的关联。如：

引导 5 岁以上幼儿关注和思考动植物的外部特征、习性与生活环境对动植物生存的意义。如：兔子的长耳朵具有自我保护的作用；植物种子的形状有助于其传播等。

引导幼儿根据常见物质、材料的特性和物体的结构特点，推测和证实它们的用途。如：带轮子的物体方便移动，不同用途的车辆有不同的结构等。

3. 引导幼儿关注和了解自然、科技产品与人们生活的密切关系，逐渐懂得热爱、尊重、保护自然。如：

结合幼儿的生活需要，引导其体会人与自然、动植物的依赖关系。如：动植物、季节变化与人们生活的关系、常见灾害性天气给人们生产和生活带来的影响等。

和幼儿一起讨论常见科技产品的用途和弊端，如汽车等交通工具给生活带来的方便和对环境的污染等。

（二）数学认知

目标 1　初步感知生活中数学的有用和有趣

3~4 岁	4~5 岁	5~6 岁
1. 感知和发现周围物体的形状是多种多样的，对不同的形状感兴趣。 2. 体验和发现生活中很多地方都用到数。	1. 在指导下，感知和体会有些事物可以用形状来描述。 2. 在指导下，感知和体会有些事物可以用数来描述，对环境中各种数字的含义有进一步探究的兴趣。	1. 能发现事物简单的排列规律，并尝试创造新的排列规律。 2. 能发现生活中许多问题都可以用数学的方法来解决，体验解决问题的乐趣。

教育建议：

1. 引导幼儿注意事物的形状特征，尝试用表示形状的词来描述事物，体会描述的生动形象性和趣味性。如：

参观游览后，和幼儿一起谈论所看到的事物的形状，鼓励幼儿产生联想，并用自己的语言进行描述。如：熊猫的身体圆圆的，全身好像是由一个个的圆形组成的。

和幼儿交谈或读书、讲故事时，适当地运用一些有关形状的词汇来描述事物。如：看图片时，和幼儿讨论奥运会场馆的形状，体会为什么有的场馆叫“水立方”，有的叫“鸟巢”。

2. 引导幼儿感知和体会生活中很多地方都用到数，关注周围与自己生活密切相关的数的信息，体会数可以代表不同的意义。如：

和幼儿一起寻找发现生活中用数字来表现的事物，如电话号码、时钟、日历和商品的价签等。

引导幼儿了解和感受数用在不同的地方，表示的意义是不一样的。如：天气预报中表示气温的数代表冷热状况；钟表上的数表明时间的早晚等。

鼓励幼儿尝试使用数的信息进行一些简单的推理。如：知道今天是星期五，能推断明天是星期六，爸爸、妈妈休息。

3. 引导幼儿观察发现按照一定规律排列的事物，体会其中的排列特点与规律，并尝试自己创造出新的排列规律。如：

和幼儿一起发现和体会按一定顺序排列的队形整齐有序。

提供具有重复性旋律和词语的音乐、儿歌和故事，或利用环境中有序排列的图案（如按颜色间隔排列的瓷砖、按形状间隔排列的珠帘等），鼓励幼儿发现和感受其中的规律。

鼓励幼儿尝试自己设计有规律的花边图案、创编有一定规律的动作，或者按某种规律进行搭建活动。

引导幼儿体会生活中很多事情都是有一定顺序和规律的。如：一周七天的顺序是从周一到周日，一年四季按照春夏秋冬轮回等。

4. 鼓励和支持幼儿发现、尝试解决日常生活中需要用到数学的问题，体会数学的用处。如：

拍球、跳绳、跳远或投沙包时，可通过数数、测量的方法确定名次。

讨论春游去哪里玩时，让幼儿商量想去哪里玩、每个想去的地方有多少人。根据统计结果做出决定。

滑滑梯时，按照“先来先玩”的规则有序地排队玩。

目标 2　感知和理解数、量及数量关系

3~4 岁	4~5 岁	5~6 岁
1. 能感知和区分物体的大小、多少、高矮长短等量方面的特点，并能用相应的词表示。 2. 能通过一一对应的方法比较两组物体的多少。 3. 能手口一致地点数 5 个以内的物体，并能说出总数。能按数取物。 4. 能用数词描述事物或动作。如：我有 4 本图书。	1. 能感知和区分物体的粗细、厚薄、轻重等量方面的特点，并能用相应的词语描述。 2. 能通过数数比较两组物体的多少。 3. 能通过实际操作理解数与数之间的关系。如：5 比 4 多 1；2 和 3 合在一起是 5。 4. 会用数词描述事物的排列顺序和位置。	1. 初步理解量的相对性。 2. 借助实际情境和操作（如合并或拿取）理解“加”和“减”的实际意义。 3. 能通过实物操作或其他方法进行 10 以内的加减运算。 4. 能用简单的记录表、统计图等表示简单的数量关系。

教育建议：

1. 引导幼儿感知和理解事物“量”的特征。如：

感知常见事物的大小、多少、高矮、粗细等量的特征，学习使用相应的词汇描述这些特征。

结合具体事物让幼儿通过多次比较逐渐理解“量”是相对的。如：小亮比小明高，但比小强矮。

收拾物品时，根据情况，鼓励幼儿按照物体量的特征分类整理。如：整理图书时按照大小摆放。

2. 结合日常生活指导幼儿学习通过对应或数数的方式比较物体的多少。如：

鼓励幼儿在一对一配对的过程中发现两组物体的多少。如：在给桌子上的每个碗配上勺子时，发现碗和勺多少的不同。

鼓励幼儿通过数数比较两样东西的多少。如：数一数有多少个苹果、多少个梨，判断苹果和梨哪个多、哪个少。

3. 利用生活和游戏中的实际情境引导幼儿理解数的概念。如：

结合生活需要，和幼儿一起手口一致点数物体，得出物体的总数。

通过点数的方式让幼儿体会物体的数量不会因排列形式、空间位置的不同而发生变化。如：鼓励幼儿将一定数量的扣子以不同的形式摆放，体会扣子的数量是不变的。

结合日常生活，为幼儿提供“按数取物”的机会。如：游戏时，请幼儿按要求拿出几个球。

4. 通过实物操作引导幼儿理解数与数之间的关系，并用“加”或“减”的办法来解决问题。如：

游戏中遇到让 4 个小动物住进两间房子的问题，或生活中遇到将 5 块饼干分给两个小朋友问题时，让幼儿尝试不同的分法。

鼓励幼儿尝试自己解决生活中的数学问题。如：家里来了 5 位客人，桌子上

只有3个杯子，还需要几个杯子？

购少量物品时，有意识地鼓励幼儿参与计算和付款的过程等。

目标3　感知形状与空间关系

3~4岁	4~5岁	5~6岁
1. 能注意物体较明显的形状特征，并能用自己的语言描述。 2. 能感知物体基本的空间位置与方位，理解上下、前后、里外等方位词。	1. 能感知物体的形体结构特征，画出或拼搭出该物体的造型。 2. 能感知和发现常见几何图形的基本特征，并能进行分类。 3. 能使用上下、前后、里外、中间、旁边等方位词描述物体的位置和运动方向。	1. 能用常见的几何形体有创意地拼搭和画出物体的造型。 2. 能按语言指示或根据简单示意图正确取放物品。 3. 能辨别自己的左右。

教育建议：

1. 用多种方法帮助幼儿在物体与几何形体之间建立联系。如：

引导幼儿感受生活中各种物品的形状特征，并尝试识别和描述。如：感受和识别盘子、桌子、车轮、地砖等物品的形状特征。

鼓励和支持幼儿用积木、纸盒、拼板等各种形状的材料进行建构游戏或制作活动。如：用长方形的纸盒加两个圆形瓶盖制作“汽车”。

收拾整理积木时，引导幼儿体验图形之间的转换。如：两个三角形可组合成一个正方形，两个正方形可组合成一个长方形。

引导幼儿注意观察生活物品的图形特征，鼓励其按形状分类整理物品。

2. 丰富幼儿空间方位识别的经验，引导幼儿运用空间方位经验解决问题。如：

请幼儿取放物体时，使用其能够理解的方位词，如把桌子下面的东西放到窗台上，把花盆放在大树旁边等。

和幼儿一起识别熟悉场所的位置。如：超市在家的旁边，邮局在幼儿园的前面。

在体育、音乐和舞蹈活动中，引导幼儿感受空间方位和运动方向。

和幼儿玩按指令找宝的游戏。对年龄小的幼儿要求其按语言指令寻找，对年

龄大些的幼儿可要求其按照简单的示意图寻找。

五、艺术

艺术是人类感受美、表现美和创造美的重要形式，也是表达自己对周围世界的认识和情绪态度的独特方式。

每个幼儿心里都有一颗美的种子。幼儿艺术领域学习的关键在于充分创造条件和机会，在大自然和社会文化生活中萌发幼儿对美的感受和体验，丰富其想象力和创造力，引导幼儿学会用心灵去感受和发现美，用自己的方式去表现和创造美。

幼儿对事物的感受和理解不同于成人，其表达自己认识和情感的方式也有别于成人。幼儿独特的笔触、动作和语言往往蕴含着丰富的想象和情感，成人应对幼儿的艺术表现给予充分的理解和尊重，不能用自己的审美标准去评判幼儿，更不能为追求结果的“完美”而对幼儿进行千篇一律的训练，以免扼杀其想象与创造的萌芽。

（一）感受与欣赏

目标 1　喜欢自然界与生活中美的事物

3~4 岁	4~5 岁	5~6 岁
1. 喜欢观看花草树木、日月星空等大自然中美的事物。 2. 容易被自然界中的鸟鸣、风声、雨声等好听的声音所吸引。	1. 在欣赏自然界和生活环境中美的事物时，关注其色彩、形态等特征。 2. 喜欢倾听各种好听的声音，感知声音的高低、长短、强弱等变化。	1. 乐于收集美的物品或向别人介绍所发现的美的事物。 2. 乐于模仿自然界和生活环境中有特点的声音，并产生相应的联想。

教育建议：

1. 和幼儿一起感受、发现和欣赏自然环境和人文景观中美的事物。如：

让幼儿多接触大自然，感受和欣赏美丽的景色和好听的声音。

经常带幼儿参观园林、名胜古迹等人文景观，讲讲有关的历史故事、传说，与幼儿一起讨论和交流对美的感受。

2. 和幼儿一起发现美的事物的特征，感受和欣赏美。如：

让幼儿观察常见动植物以及其他物体，引导幼儿用自己的语言、动作等描述它们美的方面，如颜色、形状、形态等。

让幼儿倾听和分辨各种声响，引导幼儿用自己的方式来表达他对音色、强弱、快慢的感受。

支持幼儿收集喜欢的物品并和他一起欣赏。

目标 2　喜欢欣赏多种多样的艺术形式和作品

3~4 岁	4~5 岁	5~6 岁
1. 喜欢听音乐或观看舞蹈、戏剧等表演。 2. 乐于观看绘画、泥塑或其他艺术形式的作品。	1. 能够专心地观看自己喜欢的文艺演出或艺术品，有模仿和参与的愿望。 2. 欣赏艺术作品时会产生相应的联想和情绪反应。	1. 艺术欣赏时常常用表情、动作、语言等方式表达自己的理解。 2. 愿意和别人分享、交流自己喜爱的艺术作品和美感体验。

教育建议：

1. 创造条件让幼儿接触多种艺术形式和作品。如：

经常让幼儿接触适宜的、各种形式的音乐作品，丰富幼儿对音乐的感受和体验。

和幼儿一起用图画、手工制品等装饰和美化环境。

带幼儿观看或共同参与传统民间艺术和地方民俗文化活动，如皮影戏、剪纸和捏面人等。

有条件的情况下，带幼儿去剧院、美术馆、博物馆等欣赏文艺表演和艺术作品。

2. 尊重幼儿的兴趣和独特感受，理解他们欣赏时的行为。如：

理解和尊重幼儿在欣赏艺术作品时的手舞足蹈、即兴模仿等行为。

当幼儿主动介绍自己喜爱的舞蹈、戏曲、绘画或工艺品时，要耐心倾听并给予积极回应和鼓励。

（二）表现与创造

目标 1　喜欢进行艺术活动并大胆表现

3~4 岁	4~5 岁	5~6 岁
1. 经常自哼自唱或模仿有趣的动作、表情和声调。 2. 经常涂涂画画、粘粘贴贴并乐在其中。	1. 经常唱唱跳跳，愿意参加歌唱、律动、舞蹈、表演等活动。 2. 经常用绘画、捏泥、手工制作等多种方式表现自己的所见所想。	1. 积极参与艺术活动，有自己比较喜欢的活动形式。 2. 能用多种工具、材料或不同的表现手法表达自己的感受和想象。 3. 艺术活动中能与他人相互配合，也能独立表现。

教育建议：

1. 创造机会和条件，支持幼儿自发的艺术表现和创造。如：

提供丰富的便于幼儿取放的材料、工具或物品，支持幼儿进行自主绘画、手工、歌唱、表演等艺术活动。

经常和幼儿一起唱歌、表演、绘画、制作，共同分享艺术活动的乐趣。

2. 营造安全的心理氛围，让幼儿敢于并乐于表达表现。如：

欣赏和回应幼儿的哼哼唱唱、模仿表演等自发的艺术活动，赞赏他独特的表现方式。

在幼儿自主表达创作过程中，不做过多干预或把自己的意愿强加给幼儿，在幼儿需要时再给予具体的帮助。

了解并倾听幼儿艺术表现的想法或感受，领会并尊重幼儿的创作意图，不简单用“像不像”“好不好”等成人标准来评价。

展示幼儿的作品，鼓励幼儿用自己的作品或艺术品布置环境。

目标 2　具有初步的艺术表现与创造能力

3~4 岁	4~5 岁	5~6 岁
1. 能模仿学唱短小歌曲。 2. 能跟随熟悉的音乐做身体动作。 3. 能用声音、动作、姿态模拟自然界的事物和生活情景。 4. 能用简单的线条和色彩大体画出自己想画的人或事物。	1. 能用自然的、音量适中的声音基本准确地唱歌。 2. 能通过即兴哼唱、即兴表演或给熟悉的歌曲编词来表达自己的心情。 3. 能用拍手、踏脚等身体动作或可敲击的物品敲打节拍和基本节奏。 4. 能运用绘画、手工制作等表现自己观察到或想象的事物。	1. 能用基本准确的节奏和音调唱歌。 2. 能用律动或简单的舞蹈动作表现自己的情绪或自然界的情景。 3. 能自编自演故事，并为表演选择和搭配简单的服饰、道具或布景。 4. 能用自己制作的美术作品布置环境、美化生活。

教育建议：

尊重幼儿自发的表现和创造，并给予适当的指导。如：

鼓励幼儿在生活中细心观察、体验，为艺术活动积累经验与素材，如观察不同树种的形态、色彩等。

提供丰富的材料，如图书、照片、绘画或音乐作品等，让幼儿自主选择，用自己喜欢的方式去模仿或创作，成人不做过多要求。

根据幼儿的生活经验，与幼儿共同确定艺术表达表现的主题，引导幼儿围绕主题展开想象，进行艺术表现。

幼儿绘画时，不宜提供范画，特别不应要求幼儿完全按照范画来画。

肯定幼儿作品的优点，用表达自己感受的方式引导其提高。如："你的画用了这么多红颜色，感觉就像过年一样喜庆。""你扮演的大灰狼声音真像，要是表情再凶一点就更好了。"

中华人民共和国家庭教育促进法

（2021 年 10 月 23 日第十三届全国人民代表大会常务委员会第三十一次会议通过）

第一章　总则

第一条　为了发扬中华民族重视家庭教育的优良传统，引导全社会注重家庭、家教、家风，增进家庭幸福与社会和谐，培养德智体美劳全面发展的社会主义建设者和接班人，制定本法。

第二条　本法所称家庭教育，是指父母或者其他监护人为促进未成年人全面健康成长，对其实施的道德品质、身体素质、生活技能、文化修养、行为习惯等方面的培育、引导和影响。

第三条　家庭教育以立德树人为根本任务，培育和践行社会主义核心价值观，弘扬中华民族优秀传统文化、革命文化、社会主义先进文化，促进未成年人健康成长。

第四条　未成年人的父母或者其他监护人负责实施家庭教育。

国家和社会为家庭教育提供指导、支持和服务。

国家工作人员应当带头树立良好家风，履行家庭教育责任。

第五条　家庭教育应当符合以下要求：

（一）尊重未成年人身心发展规律和个体差异；

（二）尊重未成年人人格尊严，保护未成年人隐私权和个人信息，保障未成年人合法权益；

（三）遵循家庭教育特点，贯彻科学的家庭教育理念和方法；

（四）家庭教育、学校教育、社会教育紧密结合、协调一致；

（五）结合实际情况采取灵活多样的措施。

第六条　各级人民政府指导家庭教育工作，建立健全家庭学校社会协同育人机制。县级以上人民政府负责妇女儿童工作的机构，组织、协调、指导、督促有关部门做好家庭教育工作。

教育行政部门、妇女联合会统筹协调社会资源，协同推进覆盖城乡的家庭教育指导服务体系建设，并按照职责分工承担家庭教育工作的日常事务。

县级以上精神文明建设部门和县级以上人民政府公安、民政、司法行政、人力资源和社会保障、文化和旅游、卫生健康、市场监督管理、广播电视、体育、新闻出版、网信等有关部门在各自的职责范围内做好家庭教育工作。

第七条 县级以上人民政府应当制定家庭教育工作专项规划，将家庭教育指导服务纳入城乡公共服务体系和政府购买服务目录，将相关经费列入财政预算，鼓励和支持以政府购买服务的方式提供家庭教育指导。

第八条 人民法院、人民检察院发挥职能作用，配合同级人民政府及其有关部门建立家庭教育工作联动机制，共同做好家庭教育工作。

第九条 工会、共产主义青年团、残疾人联合会、科学技术协会、关心下一代工作委员会以及居民委员会、村民委员会等应当结合自身工作，积极开展家庭教育工作，为家庭教育提供社会支持。

第十条 国家鼓励和支持企业事业单位、社会组织及个人依法开展公益性家庭教育服务活动。

第十一条 国家鼓励开展家庭教育研究，鼓励高等学校开设家庭教育专业课程，支持师范院校和有条件的高等学校加强家庭教育学科建设，培养家庭教育服务专业人才，开展家庭教育服务人员培训。

第十二条 国家鼓励和支持自然人、法人和非法人组织为家庭教育事业进行捐赠或者提供志愿服务，对符合条件的，依法给予税收优惠。

国家对在家庭教育工作中做出突出贡献的组织和个人，按照有关规定给予表彰、奖励。

第十三条 每年 5 月 15 日国际家庭日所在周为全国家庭教育宣传周。

第二章　家庭责任

第十四条 父母或者其他监护人应当树立家庭是第一个课堂、家长是第一任

老师的责任意识，承担对未成年人实施家庭教育的主体责任，用正确思想、方法和行为教育未成年人养成良好思想、品行和习惯。

共同生活的具有完全民事行为能力的其他家庭成员应当协助和配合未成年人的父母或者其他监护人实施家庭教育。

第十五条 未成年人的父母或者其他监护人及其他家庭成员应当注重家庭建设，培育积极健康的家庭文化，树立和传承优良家风，弘扬中华民族家庭美德，共同构建文明、和睦的家庭关系，为未成年人健康成长营造良好的家庭环境。

第十六条 未成年人的父母或者其他监护人应当针对不同年龄段未成年人的身心发展特点，以下列内容为指引，开展家庭教育：

（一）教育未成年人爱党、爱国、爱人民、爱集体、爱社会主义，树立维护国家统一的观念，铸牢中华民族共同体意识，培养家国情怀；

（二）教育未成年人崇德向善、尊老爱幼、热爱家庭、勤俭节约、团结互助、诚信友爱、遵纪守法，培养其良好社会公德、家庭美德、个人品德意识和法治意识；

（三）帮助未成年人树立正确的成才观，引导其培养广泛兴趣爱好、健康审美追求和良好学习习惯，增强科学探索精神、创新意识和能力；

（四）保证未成年人营养均衡、科学运动、睡眠充足、身心愉悦，引导其养成良好生活习惯和行为习惯，促进其身心健康发展；

（五）关注未成年人心理健康，教导其珍爱生命，对其进行交通出行、健康上网和防欺凌、防溺水、防诈骗、防拐卖、防性侵等方面的安全知识教育，帮助其掌握安全知识和技能，增强其自我保护的意识和能力；

（六）帮助未成年人树立正确的劳动观念，参加力所能及的劳动，提高生活自理能力和独立生活能力，养成吃苦耐劳的优秀品格和热爱劳动的良好习惯。

第十七条 未成年人的父母或者其他监护人实施家庭教育，应当关注未成年人的生理、心理、智力发展状况，尊重其参与相关家庭事务和发表意见的权利，

合理运用以下方式方法：

（一）亲自养育，加强亲子陪伴；

（二）共同参与，发挥父母双方的作用；

（三）相机而教，寓教于日常生活之中；

（四）潜移默化，言传与身教相结合；

（五）严慈相济，关心爱护与严格要求并重；

（六）尊重差异，根据年龄和个性特点进行科学引导；

（七）平等交流，予以尊重、理解和鼓励；

（八）相互促进，父母与子女共同成长；

（九）其他有益于未成年人全面发展、健康成长的方式方法。

第十八条　未成年人的父母或者其他监护人应当树立正确的家庭教育理念，自觉学习家庭教育知识，在孕期和未成年人进入婴幼儿照护服务机构、幼儿园、中小学校等重要时段进行有针对性的学习，掌握科学的家庭教育方法，提高家庭教育的能力。

第十九条　未成年人的父母或者其他监护人应当与中小学校、幼儿园、婴幼儿照护服务机构、社区密切配合，积极参加其提供的公益性家庭教育指导和实践活动，共同促进未成年人健康成长。

第二十条　未成年人的父母分居或者离异的，应当相互配合履行家庭教育责任，任何一方不得拒绝或者怠于履行；除法律另有规定外，不得阻碍另一方实施家庭教育。

第二十一条　未成年人的父母或者其他监护人依法委托他人代为照护未成年人的，应当与被委托人、未成年人保持联系，定期了解未成年人学习、生活情况和心理状况，与被委托人共同履行家庭教育责任。

第二十二条　未成年人的父母或者其他监护人应当合理安排未成年人学习、休息、娱乐和体育锻炼的时间，避免加重未成年人学习负担，预防未成年人沉迷

网络。

第二十三条 未成年人的父母或者其他监护人不得因性别、身体状况、智力等歧视未成年人，不得实施家庭暴力，不得胁迫、引诱、教唆、纵容、利用未成年人从事违反法律法规和社会公德的活动。

第三章 国家支持

第二十四条 国务院应当组织有关部门制定、修订并及时颁布全国家庭教育指导大纲。

省级人民政府或者有条件的设区的市级人民政府应当组织有关部门编写或者采用适合当地实际的家庭教育指导读本，制定相应的家庭教育指导服务工作规范和评估规范。

第二十五条 省级以上人民政府应当组织有关部门统筹建设家庭教育信息化共享服务平台，开设公益性网上家长学校和网络课程，开通服务热线，提供线上家庭教育指导服务。

第二十六条 县级以上地方人民政府应当加强监督管理，减轻义务教育阶段学生作业负担和校外培训负担，畅通学校家庭沟通渠道，推进学校教育和家庭教育相互配合。

第二十七条 县级以上地方人民政府及有关部门组织建立家庭教育指导服务专业队伍，加强对专业人员的培养，鼓励社会工作者、志愿者参与家庭教育指导服务工作。

第二十八条 县级以上地方人民政府可以结合当地实际情况和需要，通过多种途径和方式确定家庭教育指导机构。

家庭教育指导机构对辖区内社区家长学校、学校家长学校及其他家庭教育指导服务站点进行指导，同时开展家庭教育研究、服务人员队伍建设和培训、公共服务产品研发。

第二十九条 家庭教育指导机构应当及时向有需求的家庭提供服务。

对于父母或者其他监护人履行家庭教育责任存在一定困难的家庭，家庭教育指导机构应当根据具体情况，与相关部门协作配合，提供有针对性的服务。

第三十条 设区的市、县、乡级人民政府应当结合当地实际采取措施，对留守未成年人和困境未成年人家庭建档立卡，提供生活帮扶、创业就业支持等关爱服务，为留守未成年人和困境未成年人的父母或者其他监护人实施家庭教育创造条件。

教育行政部门、妇女联合会应当采取有针对性的措施，为留守未成年人和困境未成年人的父母或者其他监护人实施家庭教育提供服务，引导其积极关注未成年人身心健康状况、加强亲情关爱。

第三十一条 家庭教育指导机构开展家庭教育指导服务活动，不得组织或者变相组织营利性教育培训。

第三十二条 婚姻登记机构和收养登记机构应当通过现场咨询辅导、播放宣传教育片等形式，向办理婚姻登记、收养登记的当事人宣传家庭教育知识，提供家庭教育指导。

第三十三条 儿童福利机构、未成年人救助保护机构应当对本机构安排的寄养家庭、接受救助保护的未成年人的父母或者其他监护人提供家庭教育指导。

第三十四条 人民法院在审理离婚案件时，应当对有未成年子女的夫妻双方提供家庭教育指导。

第三十五条 妇女联合会发挥妇女在弘扬中华民族家庭美德、树立良好家风等方面的独特作用，宣传普及家庭教育知识，通过家庭教育指导机构、社区家长学校、文明家庭建设等多种渠道组织开展家庭教育实践活动，提供家庭教育指导服务。

第三十六条 自然人、法人和非法人组织可以依法设立非营利性家庭教育服务机构。

县级以上地方人民政府及有关部门可以采取政府补贴、奖励激励、购买服务

等扶持措施，培育家庭教育服务机构。

教育、民政、卫生健康、市场监督管理等有关部门应当在各自职责范围内，依法对家庭教育服务机构及从业人员进行指导和监督。

第三十七条 国家机关、企业事业单位、群团组织、社会组织应当将家风建设纳入单位文化建设，支持职工参加相关的家庭教育服务活动。

文明城市、文明村镇、文明单位、文明社区、文明校园和文明家庭等创建活动，应当将家庭教育情况作为重要内容。

第四章 社会协同

第三十八条 居民委员会、村民委员会可以依托城乡社区公共服务设施，设立社区家长学校等家庭教育指导服务站点，配合家庭教育指导机构组织面向居民、村民的家庭教育知识宣传，为未成年人的父母或者其他监护人提供家庭教育指导服务。

第三十九条 中小学校、幼儿园应当将家庭教育指导服务纳入工作计划，作为教师业务培训的内容。

第四十条 中小学校、幼儿园可以采取建立家长学校等方式，针对不同年龄段未成年人的特点，定期组织公益性家庭教育指导服务和实践活动，并及时联系、督促未成年人的父母或者其他监护人参加。

第四十一条 中小学校、幼儿园应当根据家长的需求，邀请有关人员传授家庭教育理念、知识和方法，组织开展家庭教育指导服务和实践活动，促进家庭与学校共同教育。

第四十二条 具备条件的中小学校、幼儿园应当在教育行政部门的指导下，为家庭教育指导服务站点开展公益性家庭教育指导服务活动提供支持。

第四十三条 中小学校发现未成年学生严重违反校规校纪的，应当及时制止、管教，告知其父母或者其他监护人，并为其父母或者其他监护人提供有针对性的家庭教育指导服务；发现未成年学生有不良行为或者严重不良行为的，按照有关

法律规定处理。

第四十四条 婴幼儿照护服务机构、早期教育服务机构应当为未成年人的父母或者其他监护人提供科学养育指导等家庭教育指导服务。

第四十五条 医疗保健机构在开展婚前保健、孕产期保健、儿童保健、预防接种等服务时，应当对有关成年人、未成年人的父母或者其他监护人开展科学养育知识和婴幼儿早期发展的宣传和指导。

第四十六条 图书馆、博物馆、文化馆、纪念馆、美术馆、科技馆、体育场馆、青少年宫、儿童活动中心等公共文化服务机构和爱国主义教育基地每年应当定期开展公益性家庭教育宣传、家庭教育指导服务和实践活动，开发家庭教育类公共文化服务产品。

广播、电视、报刊、互联网等新闻媒体应当宣传正确的家庭教育知识，传播科学的家庭教育理念和方法，营造重视家庭教育的良好社会氛围。

第四十七条 家庭教育服务机构应当加强自律管理，制定家庭教育服务规范，组织从业人员培训，提高从业人员的业务素质和能力。

第五章　法律责任

第四十八条 未成年人住所地的居民委员会、村民委员会、妇女联合会，未成年人的父母或者其他监护人所在单位，以及中小学校、幼儿园等有关密切接触未成年人的单位，发现父母或者其他监护人拒绝、怠于履行家庭教育责任，或者非法阻碍其他监护人实施家庭教育的，应当予以批评教育、劝诫制止，必要时督促其接受家庭教育指导。

未成年人的父母或者其他监护人依法委托他人代为照护未成年人，有关单位发现被委托人不依法履行家庭教育责任的，适用前款规定。

第四十九条 公安机关、人民检察院、人民法院在办理案件过程中，发现未成年人存在严重不良行为或者实施犯罪行为，或者未成年人的父母或者其他监护人不正确实施家庭教育侵害未成年人合法权益的，根据情况对父母或者其他监护

人予以训诫，并可以责令其接受家庭教育指导。

第五十条 负有家庭教育工作职责的政府部门、机构有下列情形之一的，由其上级机关或者主管单位责令限期改正；情节严重的，对直接负责的主管人员和其他直接责任人员依法予以处分：

（一）不履行家庭教育工作职责；

（二）截留、挤占、挪用或者虚报、冒领家庭教育工作经费；

（三）其他滥用职权、玩忽职守或者徇私舞弊的情形。

第五十一条 家庭教育指导机构、中小学校、幼儿园、婴幼儿照护服务机构、早期教育服务机构违反本法规定，不履行或者不正确履行家庭教育指导服务职责的，由主管部门责令限期改正；情节严重的，对直接负责的主管人员和其他直接责任人员依法予以处分。

第五十二条 家庭教育服务机构有下列情形之一的，由主管部门责令限期改正；拒不改正或者情节严重的，由主管部门责令停业整顿、吊销营业执照或者撤销登记：

（一）未依法办理设立手续；

（二）从事超出许可业务范围的行为或作虚假、引人误解宣传，产生不良后果；

（三）侵犯未成年人及其父母或者其他监护人合法权益。

第五十三条 未成年人的父母或者其他监护人在家庭教育过程中对未成年人实施家庭暴力的，依照《中华人民共和国未成年人保护法》《中华人民共和国反家庭暴力法》等法律的规定追究法律责任。

第五十四条 违反本法规定，构成违反治安管理行为的，由公安机关依法予以治安管理处罚；构成犯罪的，依法追究刑事责任。

第六章　附则

第五十五条 本法自 2022 年 1 月 1 日起施行。

——幼儿园“家园共育”家庭教育指导课程

丛书主编 王桂亮 刘洁

让孩子走向优秀

Ranghaizi zouxiang youxiu

（小班·下册）

本册主编 孙中国 武宁宁

山东城市出版传媒集团·济南出版社

图书在版编目（CIP）数据

让孩子走向优秀 / 王桂亮，刘洁主编. -- 济南 : 济南出版社，2023.6

ISBN 978-7-5488-5669-6

Ⅰ. ①让… Ⅱ. ①王… ②刘… Ⅲ. ①家庭教育 Ⅳ. ①G78

中国国家版本馆CIP数据核字(2023)第098073号

出 版 人　田俊林
责任编辑　郑红丽　李冰颖　姜海静
封面设计　侯文英　谭　正

出版发行　济南出版社
地　　址　济南市二环南路 1 号
印　　刷　山东彩峰印刷股份有限公司
版　　次　2023 年 8 月第 1 版
印　　次　2023 年 8 月第 1 次印刷
成品尺寸　170 mm × 240 mm　16 开
字　　数　700 千
印　　张　55.75
定　　价　288.00（全 6 册）

《让孩子走向优秀》
编 委 会

前　言

“让孩子走向优秀”，是我们这套丛书的名称。为什么要为这套丛书起这样一个名字呢？因为它体现着作者的理念和目标。

好的家庭教育，首先要确立一个科学、明晰的培养目标，也就是父母应该培养一个什么样的孩子？应该为孩子设计一个怎样的人生发展目标？

当孩子还在妈妈腹中孕育的时候，父母心中往往已经对孩子有了一个个美好的期望；当孩子呱呱坠地，父母更是对孩子的未来发展设计出了一个个目标——上清华，考北大，出国留学，将来成为一名科学家、钢琴家、教师、医生，等等。

这些远大的目标，体现着父母的美好期待，但对 3~6 岁孩子来讲是非常遥远的，特别是有些父母缺乏发现孩子天赋和兴趣的能力，或者是完全不顾孩子的天赋和兴趣，只是一味地按自己的意愿来为孩子设定未来发展的目标，犹如寓言故事《动物学校》中的老师一样，让具有游泳天赋的鸭子放弃游泳去练习跑步，让兔子这位跑步冠军放弃跑步去学习游泳……这样做的结果，往往会产生一些严重的负面影响——将不适合的目标强加给孩子，并早早把孩子拖进教育内卷的过度竞争旋涡，对孩子进行“拔苗助长”式教育，忽视孩子的全面、健康发展，使孩子感到“压力山大”，身心疲惫不堪，甚至产生厌学情绪，形成片面、畸形的发展，最终往往与父母的期望南辕北辙。

本书所提出的“让孩子走向优秀”，是孩子身心健康发展的一种素质培养目标——让孩子学会做人、学会交往、学会生活、学会学习、学会审美、学会健体、学会劳动、学会创新等，让孩子全面、和谐、健康、快乐地成长，为孩子未来发展打下坚实的基础。这样，孩子具备了良好的素质，将来必定会“飞”得高、“飞”得远。正所谓“养其根而俟其实”“根之茂者其实遂”，养好根、育好苗。若是红杉树，日后自然会长成参天大树；若是苹果树，长大后定会硕果累累。

如何让孩子走向优秀呢？本丛书立足于孩子终身发展的核心素质培养这个“基点”，从孩子终身发展和社会发展需要必备的品格和关键能力等方面着手，精选了家庭教育的60个专题，从“为什么教”“教什么”“怎么教”三个方面对每一个专题的意义、内容和方法等做出详细的阐述。

本丛书采用了“案例法”的撰写方式，通过古今中外一个个典型且富有指导意义的家庭教育案例，深入浅出地诠释了亲子教育的科学理念、内容和方法等，书中所选案例通俗易懂，富有生活情趣。

希望这套丛书能够为已经成为父母或即将为人父母的读者们拓宽教育孩子的视野，提供科学的教育理念和教育方法；为学前教育工作者提供家庭教育指导的前沿理念和方法。如果本书能对您的家庭幸福和家庭教育哪怕有一点益处，也将让我们深感欣慰。因资源与水平所限，书中难免出现这样那样的纰漏和错误，若您发现，恳请批评指正。在此，我们先向您致以深深的敬意。

目 录

专题一 一致性：给孩子有效的教育

在日常生活中，我们经常看到，在教育孩子过程中，因教育观念不一致、对孩子的要求不统一，父母之间、父辈与祖辈之间、家庭与幼儿园之间出现分歧。这是家庭教育的一大禁忌，不仅会造成双方矛盾，而且会对孩子的成长产生极为不利的影响。

父亲对孩子的要求必须跟母亲对他的要求保持一致，只要孩子感到母亲和父亲对“可以”“不可以”“应该”“不应该”等概念有不同的看法，那么，即使最合理的要求，在他们看来也会是暴力、强制，是对他自由、欲望的践踏。这样就会养成孩子任性、不讲理的恶习。

——苏霍姆林斯基

一 不一致，家庭教育的禁忌

家长对教育的不一致可能会造成孩子心理的畸形发展。

电视剧《隐秘的角落》中的男主角朱朝阳，是一个典型的“别人家的孩子”——学习成绩一直都是第一名，听话懂事，活泼开朗，待人有礼貌，面对作弊绝不同流合污，收留无处可去的严良和普普……不难看出，这是一个懂事、善良又多情的“乖孩子”，大家都觉得他是一个十分优秀的男孩。

但是，随着朱朝阳的成长，我们却看到了他“优秀”光环背后的另一面——小时候活泼开朗的他，逐渐变得性格孤僻、不合群、冷漠，最终走上杀人犯罪的歧路。

朱朝阳为什么会从活泼开朗、善良多情的乖孩子变成冷漠心狠、杀人不眨眼的“魔鬼”呢?

其根本原因是家庭教育出现了很大问题，其中父母教育不一致、家庭教育与学校教育不一致是原因之一。

朱朝阳从小生活在“不一致”的教育氛围中：

——爸爸只是给他买鞋子等日用品，在物质上关心他的需求，从不关心他渴望爱、渴望亲情等精神上的需求；妈妈只关心他的学习，对他要求严苛，近似于疯狂而让人窒息的控制，让他感受不到母爱。

——爸爸要求朱朝阳在学校要多跟同学交流，称以后这就是他的资源跟人脉；而妈妈则要求他以学习为主，交朋友是进入社会以后的事情。

——朱朝阳被同学孤立，甚至欺负。老师在开家长会后提醒朱朝阳的妈妈要多关心孩子的内心健康，引导他和同学友好相处。然而，妈妈的反应是排斥的，并说“学生就应该好好学习，其他都不重要”“其实我还真怕朝阳跟一些坏小孩瞎玩，耽误了学习”。

爸爸妈妈完全相悖的教育，让朱朝阳无法适应。缺少父母的关爱，无人听他诉说自己的心声，所以，朱朝阳“懂事”地选择了“一直沉默”，一个人承担所有，不与爸爸沟通，也不寻求妈妈的帮助，他的性格由活泼开朗逐渐变得内向、沉默、冷漠，心理问题未能及时得到矫正，导致他在歧路上越走越远。

现实生活中还有很多类似的案例，值得家长高度重视。

二 家庭教育不一致的负面影响

家庭教育保持一致，才能形成合力，取得 $1+1>2$ 的效果；如果家庭教育不一致，相互矛盾、相互抵消，就会成为 $1+1\leqslant 0$ 的无效教育，对孩子成长产生诸多负面影响。

家庭教育一致性原则，是指家长（包括父母、祖辈）在对孩子进行教育的过程中，在教育目标、要求、过程和方法等方面应保持一致，并与幼儿园（学校）教育、社会教育协调一致，形成教育合力，取得最佳效果。

（一）导致孩子是非不清

3~6 岁时，孩子的人生观、价值观正处在启蒙构建阶段，孩子没有辨别是非的能力，需要家长正确引导，帮助孩子逐步建立起正确的人生观、价值观和是非观。长辈教育不一致，往往会使孩子不知对错，从而出现认知上的偏差。例如，爸爸妈妈教育孩子要真诚待人、谦让包容等，爷爷奶奶则对孩子说做人太诚实了会吃亏；幼儿园要求幼儿自己的事情自己做，家长总是包办代替……这些做法都违背了教育一致性的原则，长此以往，孩子不知道怎么做是正确的，怎么做是错误的，也无法判断自己的行为应该纠正还是继续下去，是非观念变得模糊，导致其自身出现一些不良行为却不认为是错误的。

（二）孩子缺少安全感

父母在教育孩子时的不一致，往往容易引发争执，甚至争吵等，导致家庭气氛紧张、不和谐。孩子会因此感到惶恐不安，缺乏安全感，更有甚者形成心理阴影，性格变得敏感、脆弱，对家庭生活和亲密关系产生怀疑和恐惧。

（三）孩子形成“两面人”性格

教育不一致，对孩子人格的形成非常不利。如果爸爸妈妈严格要求孩子，爷爷奶奶却溺爱袒护孩子；幼儿园要求孩子要谦让、包容、不打架，家长则教育孩子“谁打你你就打谁”，孩子就会选择听对自己有利的一方的话。有些孩子甚至会形成“两面人”性格，在爸爸妈妈面前是一个样，在爷爷奶奶面前又是另一个样；在幼儿园一个样，在家中又一个样。例如，爸爸妈妈严格要求孩子不准在手机上玩游戏，而爷爷奶奶却对孩子溺爱娇纵，偷偷让孩子玩手机。一段时间之后，孩子就会在爸爸妈妈面前很听话，从不玩手机；一旦爸爸妈妈不在跟前就玩个不停。

（四）降低父母威信

家庭教育不一致，还会直接影响父母的权威性。家长因为教育孩子的方式或意见不一致而在孩子面前出现冲突时，特别是双方彼此否定对方的时候，孩子会对父母产生怀疑，从而影响父母在孩子心中的形象，降低父母的威信，以后父母再教育孩子时，孩子可能就不会听了，教育效果也大打折扣。

（五）孩子学会“钻空子”

周末时，孩子想看电视，但是还有作业没有完成，妈妈的意见是先写完作业，剩下的时间孩子自由支配，可以选择看电视，也可以选择下楼玩。但是爸爸却觉得反正一天时间那么多，晚上再写作业也不迟。于是孩子立刻抓住机会，理直气壮地要求看电视，因为爸爸说了，作业可以晚上再写。再例如，妈妈看到孩子晚上吃糖，便批评孩子：“说了多少回了，糖吃多了对牙齿不好，特别是晚上，不能吃糖。”孩子却推卸责任说：“爸爸允许我吃的，他说吃了糖刷牙就没事。”由此可见，当父母双方意见不一致时，孩子就会“钻空子”，迅速靠上对自己有利的那一方，既达到自己的目的，又逃避了责任，而正确的教育也失去了意义。

三 如何保持一致，给孩子有效的教育？

家长如何在家庭教育中保证一致，给孩子有效的教育呢？

（一）全员、全方位、全过程保持一致

家庭教育的一致性是家庭教育有效的基本保证，包括全员、全方位、全过程的高度一致。

全员一致，指爸爸妈妈、爷爷奶奶、姥姥姥爷等家庭所有成员，在教育孩子上要保持理念一致，提高教育的有效性。

全方位一致，指家庭与幼儿园、家庭与社会的教育要保持一致，形成整体合力。

全过程一致是指对孩子的教育要保持前后一致，不能前紧后松、忽宽忽严，更不能朝令夕改，要一以贯之，实现高效性教育。

要做到家庭教育全员、全方位、全过程保持一致，一个重要的前提条件是家长们要一起学习科学的育儿知识，反复商量，经常研究，提高育儿水平和能力，保持教育理念一致，行为上互相支持，建立教育孩子的统一战线。

家长肩负着教育儿女的责任，但不可以随心所欲地使用各种方法来管教孩子，家长之间要团结，教育孩子的观点要一致。

——陶行知

（二）有效沟通，制订基本原则

为了保证父母之间、父辈与祖辈之间在孩子教育上的一致性，家长日常要注意进行有效沟通，并制订一些基本的教育原则。例如，针对孩子作息时间、观看电视节目和时间等的要求，全家人要统一意见，坚持基本准则，保持一致。

家长应严格执行家庭教育准则，不要随意推翻打乱。有些家长看到孩子撒娇哀求就会丧失原则、妥协放纵，这种朝令夕改的行为其实对教育孩子非常不利，容易让孩子没有规则意识，也会丧失父母的权威性。

（三）在孩子面前避免争执

在日常家庭教育中，夫妻之间、父辈与祖辈之间会有一些不同的看法和教育方式，这是很正常的。但是在孩子面前家长必须保持态度一致，一方在教育孩子时，其他人即便有不同的看法或不同的处理方式，也不要在孩子面前表现出来，更不要在孩子面前发生争执或争吵，双方可以事后单独讨论，最终达成一致意见。

还有一些家庭，当家长双方意见不统一时，会把孩子拉来当裁判，这对孩子的成长也是很不利的。

（四）父母相互尊重，维护双方的威信

在家庭教育中，父母之间相互尊重是非常重要的。如果有一方不尊重另一方，就会导致不被尊重的这一方在孩子心中的威信大幅降低，该方教育孩子的效果就会打折扣。有一句话说得非常有道理："一个爸爸对孩子最好的爱，就是好好疼爱孩子的妈妈；一个妈妈对孩子最好的爱，就是欣赏并推崇孩子的爸爸。"父母相互尊重，维护好彼此的威信，是家庭教育有效的前提条件。

（五）父母要"唱"好"红脸""白脸"

很多人认为，父母在教育孩子的过程中要扮演不同的角色，即一个"唱红脸"，一个"唱白脸"。

如果把"红脸""白脸"简单理解为黑与白、严格与宽松、严厉与和蔼，是不科学、不正确的，这会导致父母对孩子的教育不一致，久而久之，还会产生"亲子关系后遗症"：一是孩子会和长期"唱红脸"的人不亲；二是孩子只听"唱红脸"的人的话，不听"唱白脸"的人的话。

家长扮演"红脸""白脸"的科学做法是，一个人扮演严格管理的角色时，另一个人就扮演调解、缓和矛盾的角色，双方一唱一和，而非互相对立的黑与白。父母可不时地轮换扮演"红脸""白脸"两个角色，互相尊重，维护双方的威信。例如，孩子在楼下和小伙伴玩游戏，妈妈多次喊他回家吃饭，他只是答应却迟迟不回家。妈妈生气了，跑到楼下把孩子骂了一顿。孩子哭着回了家，也不吃饭就进了自己的房间。妈妈气得把孩子拖出来吃饭，孩子就是不吃，哭闹不止……此时，爸爸看到孩子和妈妈闹僵了，便站出来调节，对孩子说："到了吃饭时间，妈妈喊了几遍都不回家，这是你的不对，你有错在先，今后要按时回家吃饭。"然后对妈妈说："孩子不按时回家不对，但你在小朋友面前骂孩子，让孩子丢了面子。"最后安抚双方："大家先平复情绪，高高兴兴吃完饭，然后我们再一起反思一下。"

这样处理，让双方都有一个台阶下并认识到自己的不足，教育效果会更好。

家庭教育的一致性是家庭教育有效性的基本保证，家长必须充分认识其重要意义和价值，发挥出其最高效益，让孩子受到有效的家庭教育。

问题与思考

1. 为什么说家庭教育要保持一致？请您结合个人家庭教育的经验谈一下自己的看法。

2. 家长应该怎样保持家庭教育的一致？

家庭教育如何做到与幼儿园教育保持一致？

家庭与幼儿园密切合作、保持教育的一致性，不仅能够提升教育的效果，还能让孩子在家、在幼儿园保持同一个状态，是家庭教育科学性、有效性的一个重要保证。

那么，作为幼儿家长，应如何做到与幼儿园教育保持一致呢？

1. 了解幼儿园阶段的教育内容和方法

要做到家庭教育与幼儿园教育一致，很重要的一点就是家长要了解幼儿园教育的目标、内容和方法。家长可以学习一下《3~6 岁儿童学习与发展指南》，树立科学的幼儿教育理念。

2. 每天与孩子进行交流，了解幼儿园一日活动情况

每天孩子从幼儿园回来后，家长要与孩子交流，询问并倾听孩子在幼儿园里所见、所闻、所学、所做，欣赏孩子在幼儿园学习的儿歌、故事、舞蹈以及制作的手工、图画作品等，了解幼儿园的教育内容和一日活动的要求，从而保证家庭教育与幼儿园教育保持一致。

3. 积极参加幼儿园家园共育活动

家长要积极参加幼儿园组织开展的节日联欢会、运动会、家长会、开放活动、亲子活动等各种家园共育活动，可以了解幼儿园的教育目标、课程设置、教育方式等，全面直观地了解孩子在幼儿园的学习、生活、游戏以及与其他小朋友的交往情况，既培养了亲子情感，也能有针对性地与老师进行配合，保证家园教育一致，有利于孩子健康成长。

4. 积极主动地配合幼儿园的工作

我国著名教育家陈鹤琴指出："幼稚教育是一种很复杂的事情，不是家庭一方面可以单独胜任的，也不是幼稚园一方面可以单独胜任的，必须两方面共同合作方能得到充分的功效。"因此，家长要积极配合并圆满完成幼儿园和老师安排的各种家园共育教育活动。例如，幼儿园和老师要求开展一些手工制作、生活观察、资料搜集等亲子活动时，家长要配合孩子认真完成。

5. 主动与老师沟通，了解孩子的在园情况

家长主动与老师沟通，是了解孩子学习与发展情况的好方法。因此，离园时，家长要主动与老师沟通，了解孩子的在园情况，全面了解孩子在幼儿园的成长与表现，并主动向老师介绍孩子的优缺点、个性特征以及在家的表现，与老师相互配合，共同做好孩子的教育工作。

6. 与老师的教育理念保持一致

幼儿园教育主要是对幼儿进行健康、语言、社会、科学、艺术五大领域的教育，培养孩子德智体美劳全面发展，为孩子一生身心健康发展打下良好基础。家长要虚心听取老师的教育建议，认真配合，做好对孩子的教育工作。例如，凡是老师要求孩子完成的任务，家长可以讲解、提示，鼓励孩子自己做，但不能包办代替、越俎代庖，也不能允许孩子放弃不做，否则会不利于孩子良好品德的培养和良好习惯的形成，也不利于孩子自主学习能力和动手能力的提高。

专题二　鱼缸法则：父母的格局影响孩子人生的高度

孩子未来飞得多高、走得多远，很大程度上受父母格局的影响。父母要想让孩子成为一个优秀、有价值的人，就必须有大格局、大视野。

一　鱼缸法则及启示

什么是鱼缸法则？它源自一个有趣的故事。

某公司总部的办公室门口摆着一个漂亮的鱼缸，鱼缸里十几条产自热带的鱼在开心地嬉戏着。它们长约三寸，脊背一片红色，头尤其大，长得很是漂亮。

小鱼们一直在鱼缸中快乐地生长着，它们时而游玩，时而小憩，吸引着众人欣赏的目光。两年时间过去了，鱼儿们的“个头”没有什么变化，依旧三寸来长，在小小的鱼缸里游刃有余地游来游去。

有一天，董事长的儿子来办公室，看到这些鱼就想摸一摸，可是慌乱中，鱼缸被他推下去摔碎了。人们赶紧把鱼捡起来，临时放入了院子中的喷泉里。

两个月后，新鱼缸来了，人们就去喷泉旁捞这些鱼，结果，这些鱼竟然都由三寸来长疯长到了一尺！

对于鱼的突然长大，人们七嘴八舌，有的说可能是因为喷泉的水是活水，最有利于鱼的生长；有的说喷泉里可能含有某种矿物质，是它促进了鱼的生长；也有的说那些鱼可能是吃了什么特殊的食物。但无论如何，这些猜测都有一个共同的前提，那就是喷泉池要比鱼缸大得多！

谋大事者，首重格局。

心中的格局大小决定了眼光的长远，而眼光的长远决定了人生的成败。

——曾国藩

鱼，因为生活环境的改变，由之前两年没怎么长，两个月竟然长到了一尺多！于是人们把这一现象命名为鱼缸法则。

鱼缸法则对我们有很大的启示：在孩子成长过程中，家长为孩子提供怎样的发展环境，将影响着孩子人生发展的高度。父母如果目光短浅、格局很小，孩子往往走不远、飞不高；如果父母目光长远、眼界开阔，为孩子提供自由广阔的发展空间，孩子往往走得远、飞得高。

二　格局的具体体现

什么是格局？下面这个生动而有趣的故事，会给我们一个清晰的答案。

三个工人在工地砌墙，有人问他们在干什么。

第一个人没好气地说："砌墙，你没看到吗？"

第二个人笑笑说："我们在盖--幢高楼。"

第三个人笑容满面地回答："我们正在建一座新城市。"

10 年后，第一个人仍在砌墙，第二个人成了工程师，而第三个人是前两个人的老板。

为什么这三个人站在同一个起点上，10 年之后却出现了如此大的差别？问题就在这三个人的格局大小不同：第一个人看到的只是眼前这堵墙；第二个人眼光比第一个人长远一些，他看到了房子建成后的景象；第三个人格局最大，他看到了整个城市的发展前景。

由此可见，格局是一个人的眼界、胸襟、胆识、气度等心理要素的内在布局，是他看问题的宽度与高度。

那么，格局大具体体现在哪些方面呢？

（一）大目标

拥有大格局的人，都具有长远的目光，做事目标远大，不会被眼前的蝇头小利所吸引。正如人们常说的那样：能走多远，取决于你能看到多远。而小格局的人往往目光短浅，没有远大目标。

（二）大视野

具有大格局的人，人生视野宽阔，做事总是从大视角切入，力求站得更高、看得更远、做得更大。他们既能够看清楚当前的局面，也能看到未来发展的态势。小格局的人只看到局部，看不到大局态势；只看到眼前利益，看不到长远利益。

（三）大胸怀

大格局的人具有大的胸怀，能够尊重别人，包容差异，做人做事既拿得起又放得下，不会被一点利益、挫折、迷茫所诱惑、阻碍、打倒。他们有胆识，面对机会果敢而坚决，坚定地追求长远目标和理想。格局小的人心胸狭隘，常常会因一些小事而烦恼，在机会面前犹豫不决、瞻前顾后，错失大好机会，到头来空留遗憾。

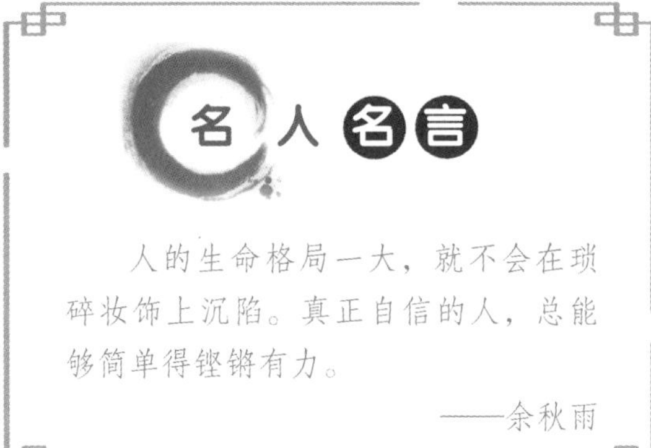

（四）大境界

格局大的人境界也大，因为他能看清事物本质，思考问题时能立足于全局。格局小的人境界也小，因为他只看到了点而看不到整体，只看到表面现象却看不到事物的本质。

（五）大见识

大格局的人往往具有丰富的社会阅历和专业知识，见过大世面，有大见识。马云曾说过：“格局就是你见各式各样的人，走各式各样的路，经历各种磨难，自然就形成了你的高度和格局。”

三　如何培养有格局的孩子？

父母要想将孩子培养成有格局的人，应做到以下几点。

（一）为孩子发展设立一个长远目标

父母要从孩子未来发展的视角设立一个长远目标，并在这个长远目标的指引下抓好对孩子的教育，尽最大可能创造条件，让孩子的潜能得到最大限度发展；孩子要在心中树立起这个长远目标，从现在做起，不断超越自我，朝着未来目标砥砺前行，努力做优秀的自己。

（二）培养孩子的良好品格，让孩子有大胸怀

有格局的父母，总是以大爱、大善教育孩子，注重培养孩子善良、宽容、乐于助人等良好品格，让孩子拥有大胸怀。

获得诺贝尔文学奖的著名作家莫言，在回顾自己的成长之路时，常常讲述自己母亲的故事：中秋节的时候，家中难得包了一顿饺子，且每人只有一碗。一个乞讨的老人来到他家门口，莫言端起半碗红薯给他吃，老人有些不满。莫言气愤地说：“我们家一年也吃不了几次饺子，一人只有一小碗，给你红薯不错了！”听到莫言的话，母亲立刻制止并批评了他，然后端起自己的半碗饺子倒进老人的碗里。莫言从妈妈身上学到了善良，感受到目不识丁的母亲的人生格局。

可见，大格局的教育，就是父母在孩子心中种下善的种子，帮助孩子树立正确的人生观、价值观和世界观，爱祖国、爱父母、爱他人，正确面对得失，养成谦让、包容、与人为善的良好品质。

信息链接

在北京张自忠路地铁站，有人进站准备乘车时，发现一男子尾随自己趁机溜了进来，随后该男子的妻子带着两个小孩子刷卡进站。

更巧的是，出站时他又看到该男子，就想拍个视频看他们如何出站，结果发现一家四口共刷一张卡，抱团逃票出站，其中的小女孩还一边跑一边哈哈大笑。

他把视频发到网上，一时间，网友纷纷留言：“可悲，他缺的不是钱，而是教养。”“言传身教很重要。”“孩子的素质很大程度都是从小受父母影响的。”

一张地铁票起步价 3 元，单程最高票价 9 元，按最高票价 4 口人共计 36 元。他们看起来省了一笔钱，丢掉的却是为人父母的人格与尊严，给孩子种下贪婪的种子，让他们过早地失去了胸怀和高度，直接影响到孩子未来的品格形成。

我国近代民族英雄林则徐说：“海纳百川，有容乃大。”一个人善良、心胸宽广，他的人格才会像海一样伟大。

斤斤计较、爱占便宜的家庭走不出胸怀博大的孩子。我们很难在一个庸俗的家庭里面发现一个孩子有着高雅和大气。

——俞敏洪

（三）引导孩子多读书，丰富自己的学识

具有大格局的父母，培养孩子时一般都坚持“立身以立学为先，立学以读书为本”的原则，坚信“读书改变命运，知识改变人生”，会创造条件，尽一切可能让孩子上学，让孩子多读书。一般来讲，一个人学历层次越高，职业选择范围就越广阔，未来的发展空间也越大；一个人学历层次越低，职业选择范围

书籍是人类进步的阶梯。

——高尔基

就越狭窄，未来的发展空间也越小。

双胞胎兄弟赵稞、赵棣高考后分别被清华大学和北京大学录取的事迹，一度被传为佳话。

兄弟两人的父母都是农民，父亲赵忠其没有多高的学识，但是这个老实巴交的男人清楚地知道：大山里的孩子没有别的出路，唯有读书才能改变命运。正是抱着这样朴实而坚定的信念，这位父亲一直在背后默默地为孩子助力。在高中三年里，他坚持每个周末赶到县城陪伴孩子，了解孩子的想法，在孩子压力大时鼓励孩子挺住。

作为父亲，赵忠其用自己朴素的信念、眼界支持两个孩子进了名校，让他们有了更广阔的世界和更光明的前途。

多读书不仅仅是指让孩子上学，还要让孩子在日常生活中爱上读书，养成读书的好习惯，增加阅读量，树立起终身学习的理念。只有这样，孩子才会不断超越自己，创造自己人生的辉煌。

（四）让孩子走出去开阔眼界

有格局的父母，懂得“读万卷书，行万里路”的道理。他们不会把孩子圈在自己身边，而是让孩子走出去看世界，开阔孩子的眼界，丰富孩子的见识，培养孩子大格局的宏观思维方式。正所谓，看到的世界有多大，心就有多大。孩子的心胸越宽广，人生格局就越大。

一个人年轻时候的容量比什么都重要，这决定了一个人生命的宽度，决定了你将来能够建立的格局。

——韩寒

针对不同年龄段的孩子，旅行的方式和侧重点是各不相同的，而且旅行的计划也要根据孩子的年龄来安排。例如，幼儿园阶段，家长可安排去附近城市和乡村旅行。在带着孩子旅行时，家长一是要注意把活动安排得丰富多彩一些，多让孩子体验一些日常生活中没有接触过的事物，激发孩子的兴趣；二是要注重陪伴，及时回答孩子的疑问，满足孩子的好奇心；三是注意随机教育，对旅途中的所见所闻进行详细讲解，并注意提出一些问题让孩子思考，启发孩子自己寻找答案，培养孩子的问题意识和探究、创新能力。

除了上面谈到的四个方面，具有大格局的父母还会注意引导孩子设计好自己的人生目标和规划，培养孩子做人、做事的智慧等，让孩子成为一个具有大目标、大智慧、大格局的人。

专家点评

父母的格局影响着孩子人生发展的高度和宽度，父母有格局，孩子才会更优秀。古今中外，无数家庭教育成功案例都充分证明了这句话的正确性。父母格局大，孩子未来的路会越走越宽；父母格局小，孩子未来的路会越走越窄。因此，父母一定要站得高、看得远，为孩子提供自由广阔的发展空间，让孩子走得远、飞得高。

问题与思考

1. 为什么父母的格局在一定程度上决定了孩子人生的高度？请谈谈您对这一问题的独特见解。

2. 家长如何让自己成为一个具有大格局的人？

父母有格局，孩子才会更优秀

蔡笑晚，1941年出生，浙江瑞安人。他从小热爱读书，从小学到中学，学习成绩一直名列前茅。蔡笑晚渴望考入大学深造，然而，由于家庭、社会等特殊原因，他最终从大学退学，这成为他人生的一个遗憾。

1967年到1977年，蔡笑晚和妻子共生育了5子1女。养育6个孩子，让蔡笑晚家的生活十分困难。

“把父亲的角色当事业来经营。”这句话是蔡笑晚的座右铭。

蔡笑晚作为父亲的事业就这样拉开了序幕。他把自己的名字改为“笑晚”，寓意是不能在青春年少时开怀大笑，就要让自己笑在最晚，笑得最好。蔡笑晚的孩子陆续上学了，当时普遍流行“读书无用”的说法——读书是在荒废时光，读书人肩不能扛手不能提，在劳力为主的时代根本就是“废物”。但是，蔡笑晚并不这么看，他觉得，知识就是力量，孩子不仅要身体好，还需要有深厚的知识基础。

“一定要把孩子培养成才”成了蔡笑晚的人生目标。他以不同于常人的眼界和格局，让孩子好好学习，“把自己的智慧、知识、追求延续到下一代身上，转化为下一代的发展优势”。

蔡笑晚不仅重视孩子在学校的学习，还十分重视家庭教育。当时，他们一家八口人挤在30多平方米的破房子里面，但家里到处都贴着名人肖像，蔡笑晚经常会给孩子们讲名人故事，让孩子们从小就有积极向上的志向；每天晚上，当别人家都在休闲娱乐的时候，蔡笑晚却带着孩子们一起阅读、学习；一到节假日，蔡笑晚便带着孩子们四处旅行，让孩子们开阔眼界，增长见识。

就这样，他一直坚持着，最终，一家6子，5个博士、1个硕士。长子蔡天文，博士毕业，后成为宾夕法尼亚大学最年轻的终身教授，荣获世界统计学“诺贝尔奖”——考普斯总统奖；次子蔡天武，25岁获博士学位；三子蔡天思，博士生，在国内开办实业；四子蔡天润，博士生，于上海创办医院；五子蔡天君，中国科技大学硕士；六女蔡天西，麻省理工学院博士生，获得哈佛大学博士学位，是哈佛大学终身教授。

蔡笑晚也因此被众多媒体誉为“人才魔术师”，被人们亲切地称为“博士老爹”，他的家教理念被视为家庭教育的“孙子兵法”。

专题三 “隔辈亲”的正负面效应

“隔辈亲”是指老人疼爱孙辈的程度远远超过疼爱自己的儿女。“隔辈亲”是一种普遍社会现象，在对孩子的教育中有利有弊，处理不适当，就会弊大于利。

一 “隔辈亲”效应

“隔辈亲”效应指隔代教育对孩子养育所产生的积极或消极的影响。

中央电视台著名主持人倪萍，在她的成长和人生之路上，姥姥的教导对她影响很大。

倪萍不到两岁就由姥姥抚养。当时她父母离异，妈妈工作繁忙，让她上了一所长托性质的寄宿制幼儿园。姥姥见到她的时候，她严重营养不良，连站都站不住，连笑都不会。姥姥把她接回山东荣成的水门口村，7 岁后，倪萍才回到母亲身边上学。

倪萍说：“如果你问姥姥教会了我什么，那就是对人对事的态度。”她的《姥姥语录》记录了姥姥一生的人生哲学和智慧。

在姥姥和母亲身上，倪萍体会到两种不同的教育方式，亦是做人方式。小时候她在灶台上用树枝画三毛，母亲直接斥责她：“把画擦了，饭都弄脏了。”而姥姥则说：“别再画了，再画他就活了，跳下来多个人吃饭。”

这种为人处世的智慧，被倪萍总结为“用心”。

倪萍小时候捡不到麦穗，就从生产队偷了一篮，姥姥知情后，任由生面团长毛，问她：“这麦子哪来的？怎么蒸都蒸不熟。”倪萍哭着交代了情况，晚上就吃上了自己家麦子蒸的馒头。从此，她知道了，不是自己的东西不能拿。

去别人家做客，姥姥嘱咐说："你去别人家做客，桌上摆了一盘苹果，主人让你先来，你就该吃那个最小的，这样人家才不会讨厌你。"

倪萍的儿子在刚出生没多久的时候，就被查出患上了严重的眼疾。顷刻间，倪萍的世界都坍塌了，毫无办法。

也是那个时候，倪萍学会了抽烟。她惧怕黑夜的来临，晚上不知所措的时候，就会点燃一支烟，驱逐恐惧。

90 岁的姥姥虽不知自己孙女遇到了什么事，但姥姥看到桌子上的一个个烟头，便明白肯定是大事。

一次深夜，其他家人都睡熟了，姥姥看着客厅里愁眉不展的倪萍，便拉着她的手说："天黑了，就是遇上挡不住的大难了，你就得认命。认命不是撂下（放弃），是咬着牙挺着，挺到天亮。天亮就是给你希望了，你就赶紧起来往前走，有多大的劲儿，往前走多远，老天会帮你。别在黑夜里耗着，把神儿都耗尽了；天亮就没劲儿了。孩子，你记着，好事来了，它预先还打个招呼，不好的事咣当一下就砸在你头上了，从来不会提前通知你。能人越砸越结实，不能的人一下子就被砸倒了。"

虽然已是 90 岁的高龄，但是姥姥内心的那份坚毅却从没因为生命的衰老、岁月的打磨而丧失掉，她把人生的苦难理解成老天给自己下的战书，你强它就会示弱，你相信自己就一定能成。这也是姥姥一辈子面对生活里的沟沟坎坎，给自己的内心期望。

姥姥对倪萍的教育与培养，是"隔辈亲"所产生的积极效应——父母没有时间养育孩子时，祖辈抚养和教育孩子，能够保证孩子身心健康发育；祖辈有充分的时间和精力与孩子玩耍，能让孩子体验到亲情的温暖；祖辈丰富的社会阅历和人生感悟，拓展了孩子的知识，丰富了孩子的人生经验等。

王军从 1 岁时就跟着爷爷奶奶生活。老人的宠爱、迁就、包办等，把他惯得不成样子：任性、自私、为所欲为、自理能力差……在家稍不如意就哭闹，甚至撒泼打滚。

有一次，爸爸妈妈带王军到商场玩，王军要买奶油雪糕吃，妈妈同意了，给他买了一支。刚吃完，他又非要再买一支巧克力雪糕。妈妈不给买，可孩子被爷爷奶奶娇惯得太任性了，王军大哭大闹不说，还在公众场合躺在地上打滚。爸爸妈妈想借此教育一下他，于是坚决不给他买。

回到家里，爷爷奶奶见王军哭得像个泪人似的，心疼得不得了，当着孩子的面狠狠地教训起了爸爸妈妈，还亲自给孩子买了冰棍，让爸爸妈妈很难堪。每次爸爸妈妈想教育王军的时候，老人都是护着孙子。

在家里，王军的一切都由爷爷奶奶包办。吃饭时，奶奶追着孙子一路跑一路喂，导致王军不会自己吃饭；王军不喜欢嚼水果，爷爷就每天为孩子榨果汁，所以孩子不会吃水果；连抹眼泪也多是老人代劳……王军上幼儿园的第一天，吃水果的时间到了，他突然大哭了起来：“我不会吃葡萄，我不知道怎么吃啊！”老师走过去一看，同桌小朋友的盘子里都只剩葡萄皮和籽了，王军的盘子里却是一颗颗吃过却又吐出来的葡萄，他还一直哭着喊：“帮我擦眼泪啊！怎么办！我要擦眼泪！”

吃午饭了，有的孩子很快就吃完了，但王军的碗里却还是满满的。

老师问他：“王军，你怎么不吃饭呢？”

王军说：“这个饭太大了，我吃不了！”

“那你就用勺子舀一口放到嘴里，这样就不大了。”

“可是它太烫了！”

“你可以自己吹一吹呀。”

“可是我不会啊！”说着他又哭了起来。

就这样，从早上入园到离园，只要需要自己动手、自己做事情的时候，王军总是用“不会”“不知道”“你帮我”来回答老师。

王军从小到大，永远都是“霸王”一样的角色。在家里，所有人都让着他哄着他；在学校里，因为他有钱大方，身边所谓的“兄弟”很多，慢慢地，他开始横行霸道，背了好几个警告处分，严重的时候直接被学校劝退，不几年就换了好几所学校……

这么多年，他惹出了无数个麻烦——把别人的轿车当滑梯、拦路抢劫小同学、打架斗殴等。爸爸妈妈多次想要管教他，爷爷奶奶却总是在一旁拦着说：“他还小，他不懂事。”

王军16岁那年，因为和同学发生了两句口角，他就在校园外“约架”，捅了对方好几刀，将对方捅成重伤，自己也被送进了拘留所。

王军被送进拘留所，说爷爷奶奶把他送进去的一点也不过分。这个案例说明了“隔辈亲”所产生的负面效应——祖辈的溺爱、娇惯、包办、纵容等，会导致孩子自私、任性、懒惰、骄横、暴躁、随心所欲、毫无节制等。

二 “隔辈亲”对孩子教育的利与弊

“隔辈亲”对孩子的影响，有利与弊两个方面。

（一）“隔辈亲”对孩子教育的优势

“隔辈亲”对孩子的影响，其优势主要表现在以下几个方面。

1. 能够满足孩子对陪伴的需求

0~6岁婴幼儿最需要大人的陪伴，祖辈退休后一般有充裕的时间和精力，而且愿意与孩子在一起生活，陪伴孩子一起游戏、学习、游玩，能够满足孩子的需求。

2. 能够让孩子得到良好的养育

孩子出生后，在喂养、出行、健康、运动、安全等方面会出现不同的问题。与父母相比，祖辈具有丰富的抚养和教育孩子的实践经验，可以让孩子得到妥善的养育。

3. 有利于培养孩子的人生智慧

祖辈在几十年的漫漫人生路程中积累了丰富的社会阅历和人生感悟，能够给孩子提供人生策略和智慧方面的指引，这是促进儿童发展和有效处理孩子教育问题的有利条件。例如，祖辈会给孩子讲一些民间机智故事，这会启迪孩子的创造性思维，培养孩子的发散思维和人生智慧。

4. 满足孩子爱、玩、问的需要

祖辈有爱心、童心和耐心，极易与孩子建立融洽的感情，为教育孩子打下良好的感情基础，能够满足孩子对亲情的需要，有利于孩子的身心健康；能够满足孩子对玩耍的需要，让孩子有一个快乐、幸福的童年；能够满足孩子的好奇心，耐心回答他们的问题，发展孩子的逻辑思维和发散思维。

5. 有利于培养孩子的特长

很多祖辈有自己的一技之长，又有足够的时间和耐心教育孩子，对培养孙辈的特长非常有利。

（二）“隔辈亲”对孩子教育的弊端

“隔辈亲”容易造成对孩子的溺爱，所以隔代教育具有先天的缺陷，有时会弊大于利。

“隔辈亲”的弊端主要表现在以下几个方面。

1. 阻碍孩子接受新思想

许多祖辈往往思想观念陈旧、教育方式落后，不顾时代的变化发展，仍用老观点、老经验教育孩子，影响对孩子创新精神和发散性思维的培养。还有一些祖辈因文化水平低、思想有些陈旧，会无意识地给孩子传授一些封建迷信的东西，无形中增加了孩子接受新思想、新知识的难度。

2. 祖辈“代养”会让孩子有一种被遗弃感

有的父母外出务工，不得已将孩子交给自己的父母养育；还有的父母贪图享受，把孩子交给老一辈养育。这种“只生不养”、由祖辈“代养”的养育方式，对孩子的成长极为不利。

著名教育专家尹建莉说，孩子与父母相处是天性，如果过多地与老人生活在一起，他们会产生被抛弃感，进而影响到其健康成长。

3. 袒护孩子会造成孩子与父母的亲子感情隔阂

由于祖辈溺爱孩子，当孩子的父母教育孩子时，祖辈往往会袒护孩子，造成家庭教育不一致，使正常和必要的教育难以进行，引发家庭矛盾，甚至会导致孩子与父母产生对立情绪，孩子往往在感情上形成错觉：只有爷爷、奶奶、外公、外婆爱我，爸爸、妈妈并不疼我，从而使孩子与父母间的感情出现隔阂。

4. 过度保护影响孩子的身心健康

很多祖辈在养育孙辈时会过度保护，不让孩子到外面与其他孩子玩耍，不让孩子玩各种玩具；孩子自己能做的事情，不让孩子自己做……这些都会影响孩子的交往、动手等能力的发展。

5. 养育方式不科学会影响孩子身体正常发育

很多老年人会用不科学的方式来养育孩子，从而影响孩子的正常发育，严重的还会给孩子留下后遗症，成为终生的遗憾。例如，孩子睡前哭闹，老人便抱着孩子入睡，导致孩子只有在被抱着时才容易睡着，不能养成良好的睡眠习惯；孩子睡前哭闹，有的老人用糖果安抚孩子，导致孩子总要含着糖才能睡着，长大后患上龋齿病等；还有的老人在孩子 6 岁前不让孩子吃任何带盐的食品，影响孩子健康发育。

6. 过度溺爱，让孩子养成不良个性习惯

溺爱对孩子良好习惯的养成有着非常大的负面影响，容易让孩子养成以自我为中心、随心所欲、为所欲为、懒惰、依赖性强、缺少责任心、自主能力差等不良习惯。

有专家认为，无论是站在教育学还是社会学的层面审视，隔代教育都不是一个绝对不利的教育模式，不能在强调亲子教育重要性的情况下，贬低了隔代教育。

理性的做法是尽量避免隔代教育中的问题，发挥其积极作用，趋利避害，使隔代教育与亲子教育无缝对接，共同发挥教育孩子的重要功能，进而充分发挥家庭教育的作用。

三 充分发挥“隔辈亲”的正面效应

如何最大限度地发挥“隔辈亲”在养育孩子中的正面效应，减小其负面效应呢?

（一）父母要主动承担起养育孩子的责任

养育孩子是父母不可推卸的责任和应尽的义务。年轻的父母首先要端正态度，不管多么忙，都要抽时间与孩子一起生活。除特殊情况外，不要把孩子的教育权、抚养权完全交给祖辈。

孩子不仅需要吃饱穿暖，他们还有心理需求。家庭教育专家指出，父母的角色是其他人无法代替的，亲子依恋关系建立不好，会给孩子将来的发展埋下隐患。研究表明，0~12 岁是儿童成长的关键时期，尤其是孩子 0~6 岁期间，父母不应与孩子分离。 在这个关键时期，孩子最需要的就是父母的陪伴，孩子能否跟父母建立亲密的依恋关系，关乎孩子一生安全感和幸福感的建立——许多孩子在青春期与父母出现隔阂，多是因为孩子在依恋期缺失父母的陪伴。

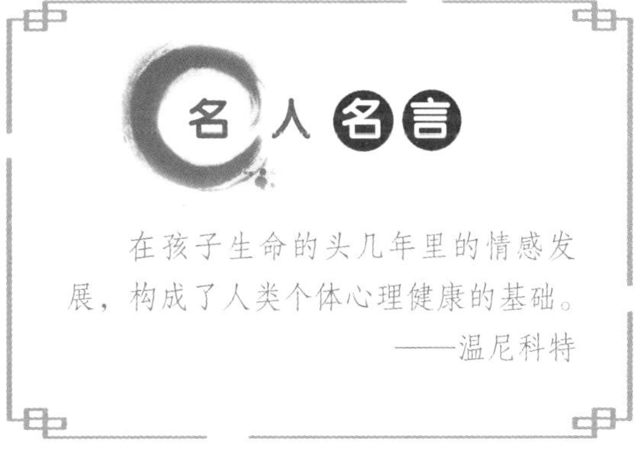

因此，父母一定要认识到自己对孩子成长的重要性，义不容辞地承担起养育孩子的责任。

（二）祖辈参与抚养孩子的最佳方式：父母养、祖辈帮

“父母养、祖辈帮”，是指祖辈只是在喂养、看护孩子上协助，培养教育孩子的任务应全部由父母承担。父母要尽量多抽时间与孩子在一起，最好是让孩子每天都能见到父母。父母上班时由祖辈看护孩子，下班回到家里再由自己照顾，让孩子感受到来自不同人的不同的爱，这对孩子来说也是很宝贵的财富。

（三）“隔辈养”要注意科学养育

有一项资料显示，中国有60%以上的失足少年与隔代教育有关，青少年网络成瘾综合征也在隔代教育家庭中呈高发状态。

当然，不能因此而全盘否认“隔辈养”这一养育方式，只要注意科学性，克服其消极影响，这种养育方式还是有一定优势的。

要提高“隔辈养”对孩子教育的成功率，应注意做好以下几点：

1. 祖辈不可溺爱孩子，不要对孩子过度保护、过度放纵、过度娇惯；

2. 祖辈教育孩子时要以事论事，讲究原则；

3. 祖辈要接受新思想，学习新知识，运用现代科学知识抚养、教育孩子；

4. 父母、祖辈要多与孩子交流，了解孩子的想法，传授自己的生活智慧，培养孩子的抗挫力。

（四）不要让“隔辈亲”成为“隔辈溺爱”

“隔辈亲”对养育孩子的负面效应，主要体现在祖辈对孩子的溺爱。因此，祖辈在帮助子女养育孙辈时，要从有利于孩子身心健康成长的角度，充分认识到溺爱的危害，照顾孙辈时把握好一个度，坚持原则，坚守底线，做到关爱而不溺爱，呵护而不庇护。

（五）家人要注意相互沟通，达成教育的共识

一是祖辈必须牢记，教育和养育孩子的主要责任人是孩子的父母，要以孩子父母为主，祖辈不要越位。二是父母在教育孩子时，祖辈要注意维护孩子父母的

权威，当自己与儿女意见不一致时，不要当着孙辈的面叱责儿女、袒护孙辈，最好是与子女私下单独沟通、交流，让孩子的父母成为教育的主角和权威。

专家点评

“隔辈亲”是一种普遍的社会现象，是人类的一种爱的体现。但这种爱如果失去理性，局限于感情的圈子里，就会对孩子的发展产生负面影响。祖辈们要学会理智地去爱孩子，让自己的爱成为孩子健康成长的精神食粮。

问题与思考

1. 为什么说隔辈教育往往弊大于利？请您结合自己的家庭情况谈谈看法。

2. 怎样做才能发挥“隔辈亲”在养育孩子中的积极作用，避免其消极影响？

专题四　对孩子的爱，不附加条件的深情

“你不听话，爸爸妈妈就不爱你了，不要你了。”

“你把作业做完，爸爸妈妈才会和你去逛公园。”

“爸爸妈妈辛辛苦苦工作供你上学，你不好好学习对得起我们吗？”

……

类似上面的这些话，父母是不是经常对孩子说？

这些话，都给“爱”附加了条件——听话、做完作业、好好学习……

一　有条件的爱是一种“害”

绝大多数父母对孩子的付出可以说是100%的，但是，父母对孩子的爱是不是都是无条件的呢？

凤凤的妈妈是个要强的女人，并且虚荣心很强。由于种种原因，凤凤妈妈没有考上大学。在凤凤上小学时，爸爸妈妈便离了婚。凤凤妈妈一直生活得很不顺心，唯一让她欣慰的是，自己生了一个聪明可爱的女儿，这给她燃起了希望之火。凤凤这个名字寄托着她未能实现的梦想，她希望女儿将来成为一个杰出的人。

凤凤妈妈为了让凤凤得到良好的教育，将来能考上名牌大学，自己省吃俭用、加班加点挣钱，让还在上幼儿园的凤凤参加钢琴、舞蹈、声乐等各种各样的培训班。凤凤上学以后，奥数、英语、理化等各种培训班一个接一个，没有一点闲暇时间。凤凤稍微有点不愿意学，或考得不理想时，凤凤妈妈总是大发雷霆：“妈妈一个人带你多么不容易，省吃俭用，不都

是为了你？你不好好学习，对得起妈妈吗？”懂事的凤凤看到妈妈对自己的付出，只能压抑住自己心底不断涌起的苦涩泡沫，艰难地承担着母亲的希望，她由最初的为母亲的高兴而高兴，慢慢地变成了害怕、担忧，但无法逃离。

为了报答妈妈的辛劳，凤凤一心一意扑在学习上。她的生活里没有“玩耍”“玩伴”“娱乐”等词汇，只有“学习”两个字。她的学习成绩从小学到高中一直名列前茅，凤凤妈妈也为有这样一个优秀的女儿而自豪，她逢人便夸耀凤凤：“我生了一个非常优秀的女儿，成绩始终是班里的第一名。”

凤凤没有辜负妈妈的期望，以优异的成绩考上了名牌大学。然而，凤凤在拿到大学录取通知书的那一天，服毒自杀了。幸亏抢救及时，凤凤得救了。她醒来后，压抑十几年的情绪瞬间爆发，她浑身颤抖着对妈妈大喊：“你不要这样对待我，我不想这样生活！”

凤凤妈妈听到女儿的哭喊愣住了，到这时她也不明白，自己这些年来给予女儿的爱错得是那样离谱。她自以为这是爱孩子的最好方式：在物质上满足孩子；每天陪着孩子；不让她与同学交往，更不让她结交男同学；也不让她去看望爸爸。这一切只为了让凤凤安心学习，能够考上名牌大学。但是现在，考名牌大学的目标完成了，换来的却是这样的结果。凤凤妈妈给予孩子的爱附带着种种压力和条件，使孩子失去了自由，失去了属于自己的心灵空间，失去了伙伴，失去了父女亲情……最终导致了悲剧的发生。

凤凤妈妈对凤凤的这种爱，是一种附加条件的爱，是一种不科学的爱。

 有条件的爱的严重后果

很多家长认为自己很爱孩子，但他们表现出来的方式却让孩子觉得父母的爱是有附加条件的。例如很多父母常常把“只有”“只要”“如果”等句式挂在嘴

边，对孩子说“只要你听话，爸爸妈妈就爱你”等，这样的表达方式会让孩子觉得，只有自己满足条件父母才会爱他，这会对孩子的成长造成很大的伤害。

“如何深爱你？用不含诱惑的深情；如何拒绝你？用没有敌意的坚决。”心理学家科胡特创造了这两个充满诗意的语句。前者即，我爱就爱了，无条件地爱，也不会用诱惑创造一个让你需要我的境况。后者即，我不答应你时，我态度坚决，但毫无敌意，不会说你无价值。如果孩子长期生活在父母“敌意”或“诱惑”的回应中，将会对孩子产生强烈刺激，从而导致孩子过度焦虑，不利于身心健康。

（一）缺乏安全感

孩子对父母有着天然的依恋。当父母无条件地爱他的时候，他会产生安全感和幸福感。然而，当父母的爱附加了条件，爱就会变成一件只有自己努力达到父母的要求才能得到的“东西”。这样的爱会让孩子产生“如果我做得不好父母就不爱我了”的担心和害怕，没有安全感。

（二）不懂得爱和感恩

当孩子有条件地被爱时，孩子会觉得 “爱”只是一种条件的交换，是自己用付出交换而来的，导致孩子学不会感恩，也不知道什么是真爱。

（三）失去自我、自主、自律

当孩子意识到自己的做法不符合父母的要求就会失去父母的爱时，孩子会变得谨小慎微。父母会成为孩子精神世界的唯一标准，孩子的一切行为都以迎合父母为目的。长此以往，孩子慢慢失去了自我，没有了自由、自主、自律，像一个木偶一样由父母操纵着。

（四）产生心理障碍

父母有条件的爱，往往会给孩子带来很大的心理伤害，让孩子长期处于一种恐慌之中，容易患上由精神压力引起的疾病，还会产生冷漠、自卑、恐惧等心理障碍。

三 如何做到不附加条件地爱孩子？

心理学研究表明，父母无条件地接纳孩子，能满足孩子的情感需要，带给孩子挑战困难的勇气，有利于培养孩子健康积极的心理品质，比如自信、乐观等。

父母给予孩子的爱，如何做到不附加条件呢？

（一）让孩子感受到不加任何条件的爱

当父母无条件地爱孩子的时候，孩子才能感觉到自己在这个世界上是被爱的，这样才能够满足孩子的情感需要，有利于培养孩子的爱心和感恩之心，增强孩子的安全感，让孩子形成乐观、自信、自尊、有责任感等健康积极的品质。例如，暑假前父母就与孩子制订了暑假旅游的计划，孩子也满心欢喜地期待假期的到来。可是，孩子期末考试成绩不理想，在他担心父母是否会因此取消旅游计划时，父母该如何做呢？科学的方法是，爸爸妈妈可以这样对孩子说：“虽然你成绩不理想，但你努力了，我们依然会去旅游。因为你是我们的孩子，我们只是一家人去旅游，而不是必须要带一个成绩好的人去玩。假期我们好好放松一下，为下学期养足精力，新学期再尽自己最大努力去学习。”

做孩子永远的支持者，永远爱孩子，永远赏识你的孩子，而没有任何附加条件，这样才能让他真切地体会到父母的爱。

——约翰·杜威

这样的爱，能使孩子明白读书是求知，是掌握技能的途径，是为了长大后有能力去探索好奇未知的世界，而不是为父母的面子，更不是为了交换一次旅游、一个心爱的物件、一个第一名的头衔。

（二）爱孩子应“人”与“事”分开

父母都对自己的孩子充满了无限美好的希望和憧憬，有多少爱便会对孩子有多少殷切的期望，但是父母不能以此作为跟孩子交换爱的条件，要将对孩子的“爱”与孩子的“事”分开。

即使孩子有某种怪癖、缺陷等，父母也要完全、毫不含糊地接受一个“真实的孩子”。即使孩子做错事、犯错误，父母也依然要爱孩子。只有这样，孩子才能感受到父母的爱的温暖、真情和力量，从父母身上汲取爱的营养。父母的爱传递给孩子的影响是深刻的：“父母始终如一地爱着你，你是一个有价值的人。”“我相信你，所以你也要相信你自己。”这些都将会在孩子身上显现出真实的成效，让孩子成为一个拥有众多良好品质的人。

（三）爱应无条件，但要有原则

父母对孩子的爱是无条件的，但不是无原则的。

“爱是关心，但无原则的爱是伤害；爱是动力，但无原则的爱是阻力；爱是阳光，但无原则的爱就会灼伤孩子。”这句话很好地说明了“爱无条件但有原则”的真谛。

这个原则，从广义上说，就是指做人、做事不能侵犯国家法律、道德底线，不能侵害国家、集体利益，冒犯个人尊严、基本人权等；从狭义上说，指有爱心、懂礼貌、爱学习、守规矩等。父母要让孩子从小建立原则意识，知道原则问题是要被严肃处理的；让孩子懂得做人的基本准则，不能违反社会的基本规范。如果孩子违反了社会的基本准则和规范，父母必须坚持原则，认真耐心地引导和帮助孩子改正错误，不能以爱的名义姑息或纵容。

例如，如果孩子三番五次地迟到旷课，父母绝不可心慈手软，更不可妥协，必须严厉制止，态度可以温和但要立场坚定，要让孩子知道违反原则的问题必须改正。

（四）爱不等于没有惩罚

父母无条件地爱孩子，不等于对孩子所犯错误没有惩罚，更不等于无条件纵容孩子的不良行为。我国青少年教育专家孙云晓说：“没有惩罚的教育是不完整的教育，没有惩罚的教育是一种虚弱的教育、脆弱的教育、不负责任的教育。”

如何正确惩罚孩子呢？法国著名教育家卢梭最先提出，用自然后果来惩罚孩子的过失是比较正确的方法。卢梭主张孩子犯了错误，不要给予人为的惩罚，而是让孩子在错误所造成的直接后果中去自己体验不快或痛苦，从而迫使其改正错误。

例如，刚吃完饭，孩子故意在满是菜汤、油渍的餐桌上玩小汽车，对于这种“明知故犯”的行为，可以让孩子承担因此而引起的后果，如让孩子将汽车清洗干净，以此作为惩罚。

父母一定要明确惩罚的意义和作用，正确地把握惩罚的方式和程度，知道对孩子所犯错误进行科学而有效的惩罚，是让孩子进行自我反思，认识到错误，进而改进自己的行为，今后不再重复犯错。如果没有达到这个目的，惩罚就没有任何意义。

名人名言

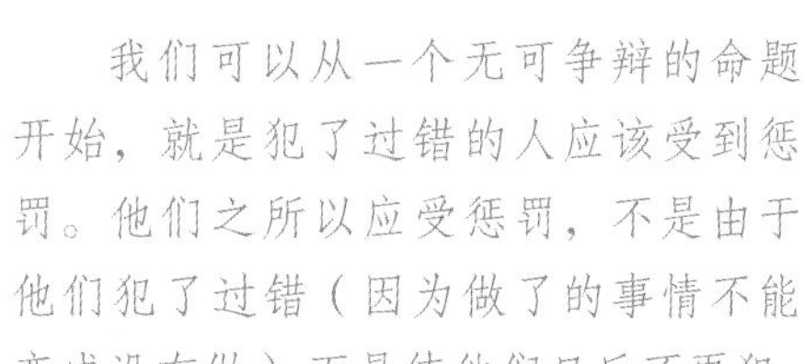

我们可以从一个无可争辩的命题开始，就是犯了过错的人应该受到惩罚。他们之所以应受惩罚，不是由于他们犯了过错（因为做了的事情不能变成没有做），而是使他们日后不再犯。

——夸美纽斯

专家点评

父母如何爱孩子，这是一门造诣很深的艺术。当爱附加了条件，就失去了它的本来意义，会变得像去市场买菜那样，成为一种等价交易，其中没有什么感情因素了。作为父母，爱孩子是毋庸置疑的，但是，一定要学会如何爱孩子，让孩子真切地感受到父母的爱，这才是爱的真谛。

问题与思考

1. 为什么说有条件的爱对孩子是一种害？请结合自己的日常教育经验谈谈您的看法。

2. 怎样做到让孩子理解父母的期望和要求也是一种爱？

你的儿女其实不是你的

纪伯伦

你的孩子，
其实不是你的孩子，
他们是生命对于自身渴望而诞生的孩子。
他们通过你来到这世界，
却非因你而来，
他们在你身边，
却并不属于你。

你可以给予他们的是你的爱，
却不是你的想法，
因为他们自己有自己的思想。

你可以庇护的是他们的身体，
却不是他们的灵魂，

因为他们的灵魂属于明天，
属于你做梦也无法达到的明天。

你可以拼尽全力，
变得像他们一样，
却不要让他们变得和你一样，
因为生命不会后退，
也不在过去停留。

你是弓，
儿女是从你那里射出的箭。
弓箭手望着未来之路上的箭靶，
他用尽力气将你拉开，
使他的箭射得又快又远。
怀着快乐的心情，
在弓箭手的手里弯曲吧，
因为他爱一路飞翔的箭，
也爱无比稳定的弓。

专题五　对孩子说“不”，不含敌意的坚决

3~6岁的孩子年幼无知，对哪些事情该做、哪些事情不该做的认知还不清晰；面对生活中形形色色的诱惑——各种好玩的玩具、好吃的食物、好看的衣服……他们还没有形成自控能力。究其原因，这个时期的孩子生活经验不丰富，认知水平低，是非界线、底线意识还没有建立起来。因此，如果对孩子的不合理要求控制不力，会让孩子变得任性、贪婪、永不满足。

一　温柔地说“不”

说“不”，不仅仅是一种拒绝，更是一种严格的教育。这对于父母来说是应该严格把握的信条与宗旨，但要注意一个“度”。有些家长有时因为过于偏激而衍生出了错误的理念，变成了专断而又不专业的“教育家”。真正的严格教育应该是晓之以理动之以情，以温柔而又坚定的、不含敌意的语言告诉孩子为什么不可以。

小明5岁了，很喜欢看动画片。

周日晚上，小明连续看了几集动画片，妈妈说：“不能再看了，该休息了。”

小明说：“我就要看动画片！”

妈妈说：“不行，看多了会伤害你的眼睛，再看就太晚了，明天早上起不来了。”

小明哇哇地哭起来：“我就要看！我就要看……”小明边哭边在地上打起滚来。

面对这种情景，家长会有多种处理方式：

方式一，妈妈受不了孩子的哭闹，最终投降了，导致孩子会经常使用这个方法，父母感到焦虑，却又无计可施。

方式二，妈妈会选择坚持己见：“我说不行就不行，你就是哭一晚上我也不会让你看。”

方式三，妈妈会给孩子讲道理，但是讲的道理往往脱离孩子的生活经验；或者夸大看电视的恐怖后果，通过让孩子恐惧来达成目的。

方式四，妈妈在发出指令前，就担心孩子不会停止看电视，所以语言和行为常常会隐秘地、不自觉地流露出讨好的信息。

……

小明妈妈面对小明的“耍赖”，采取了独特的方式。

妈妈把小明抱在怀里，亲切地对小明说：“你现在特别想看这个有趣的动画片是吗？”小明点点头。

“妈妈看到好看的电视也一样想继续看，妈妈理解你的心情。”（说出孩子内心的感受，并且表示自己有过同样的经历，能够理解孩子的感受。）

“妈妈不让你继续看，你很生气是吗？”小明又点点头。

“但是如果继续看下去，你的眼睛容易受到伤害，就看不清这个美丽的世界了。你不是长大后很想当黑猫警长吗？如果眼睛坏了，就当不成黑猫警长了。”（结合孩子的理想进行教育，孩子觉得此时的忍耐是有意义的，就能够接受了。）

“妈妈理解你的感受，但是，你现在自制力不高，还不能自己管理看电视的时间，所以妈妈会帮你管理。等你能管理自己的时间了，我就会把管理权交给你。”

小明听了妈妈的话，点点头，明白了道理，不哭也不闹了。（如果小明还继续哭闹，妈妈可以说：“如果哭一会儿能让你感觉舒服一些，你可以哭一会儿。”但语气一定是理解的，而不是放弃和冷漠的。）

“没有敌意的坚决”这一理论，是美国心理学家科胡特提出的，指父母在拒绝孩子的不合理要求时，态度要坚决，但没有敌意——温柔地说“不”，而不是严厉、暴怒式地说“不”。

科胡特指出：“在孩子的经验里，创伤与恰到好处的挫折只是程度上的差别。这个不同点在于一个母亲严厉地喊‘不’，而另一个则是温柔地说‘不’。或者说这个不同点在于一个是令人恐惧的禁止，另一个是具有教育意义的经历。这个不同点也如一个父亲对孩子的大吵大闹还以敌对的暴怒，而另一个父亲抱住孩子并安抚他——坚定却没有攻击性，充满爱意却不诱惑。”

四川广元发生了这样一个悲剧：一位妈妈将16岁正读中学的儿子从网吧拉到附近江边，对孩子说：“你上网我管不好你了，那我就去死。”随即，她跳入嘉陵江。爸爸赶来后，踢打孩子，将妈妈的死怪罪到本已内疚至极的孩子身上，孩子随即也跳嘉陵江而死。

上面两个案例采取了两种不同的方式说“不”，教育效果截然不同。小明妈妈通过不含敌意、充满爱的方式，让孩子自己觉得这件事情是无论如何都不可以做的。而第二个案例中的妈妈和爸爸都是以带有敌意的方式说“不”，导致了悲剧的发生。

二 设置清晰的界限，坚决说“不”

说“不”，并不意味着对孩子的任何要求都说“不”，孩子的一些合理要求——购买必需的文具、图书、衣物等，家长都要及时满足。但针对孩子的一些无理要求，家长要坚决说“不”。

（一）涉及安全时坚决说“不”

在日常生活中，父母要经常对孩子进行安全教育，让孩子了解危险行为的严重后果，提高安全意识，增强安全观念，提高自救能力；当孩子做出危险行为的时候，例如玩插座、拿着刀具玩耍、爬阳台栏杆玩耍、打人咬人、不遵守交通规则等危害自身或他人安全的行为，家长要坚决地对孩子说“不”。

安全教育指孩子解决各种安全问题的能力。良好的安全教育可以让孩子在没有大人帮助的情况下也能保护好自己。

此外，教育孩子防触电、防溺水、防烫伤、防刀伤等都是安全教育的重中之重。例如，夏天是溺水事故高发季，我们要通过各种有效途径对孩子进行防溺水安全教育，当孩子私自下水，或结伴去水库、河边、池塘等有水源的地方玩耍戏水时，家长要及时对孩子说“不”。

父母对孩子的饮食习惯控制不力，容易导致孩子肥胖，严重的会发展为肥胖症。北大公卫学院和联合国儿童基金会联合发布了《中国儿童肥胖报告》。该报告显示，1985—2014 年，我国 7 岁以上学龄儿童超重率由 2.1% 增至 12.2%，肥胖率则由 0.5% 增至 7.3%，相应超重、肥胖人数也由 615 万人增至 3496 万人。

（二）对不良习惯坚决说“不”

教育家叶圣陶曾经说过：“积千累万，不如养个好习惯。”可见习惯非常重要。好习惯会让孩子受益终身，不良习惯则会对孩子一生造成不良影响。

3~6 岁是幼儿习惯养成的关键时期。在这个时期，父母要特别注意培养孩子的良好习惯，例如，见到长辈主动问好，饭前便后要洗手，注意节约等。当孩子出现不文明、不礼貌、不讲卫生等不良习惯时，家长要坚决说“不”，予以纠正。

（三）违反社会规则时坚决说“不”

孩子的成长是一个不断社会化的过程。想要很好地融入社会中，其中很重要的一点，就是遵守社会的各种规则。一般孩子到了 2 岁的时候，就可以明白一些简单的规则了。这个时候家长要让孩子明白，做游戏有游戏规则，出行有交通规则，交往有礼仪规则等。当孩子违反这些社会规则的时候，父母要坚定地说“不”，并给予正确的引导。在孩子成长的道路上，父母要用规则来教育孩子，并让孩子自觉遵守，这样才会保证孩子长大以后不会轻易违反社会规则。

从心理学角度解释，儿童规则意识是指儿童发自内心的、以规则作为自己行动准绳的意识。孩子能够理解、明白、表达出这种意识，且行动上也会去遵守。

（四）无理取闹时坚决说“不”

在日常生活中，孩子常常会无理取闹。例如，孩子每次看到喜欢的东西都吵闹着要买，完全不管这种东西自己已经拥有多少了；吃了冰激凌之后还想再吃；故意将碗里的食物撒到桌子上；将鱼缸里的金鱼捞出来扔到地板上……面对孩子的无理取闹，父母要坚决对孩子说“不”。在说“不”的同时，父母要给予孩子积极的指导，用宽容、平和的心态看待孩子的调皮，纠正他们的行为。

（五）突破底线和原则时坚决说“不”

孩子突破底线和原则时，父母如何面对和处理，这将对孩子今后的发展有很大影响。例如，孩子早晨起床说：“我今天不想去幼儿园，我想去游乐园！”然后哭闹不止，并且拒绝穿衣服。如果父母拗不过答应了，往往会导致孩子在今后的生活中养成没有原则、无理取闹的性格。正确的做法是，在孩子第一次提出违背原则的要求时，父母必须认真且严肃地用坚定的语气告诉他：“不行！你今天必须上幼儿园，但是我们周末可以去游乐园。”再例如，如果孩子抢了别人的玩具，父母要坚决地让孩子把玩具还回去，再指导孩子去“借”而不是“抢”。

凡是孩子做了突破底线和原则的事情，父母都要坚决说“不”，让孩子从小树立起底线和原则意识，保证孩子在未来成长的路上遵纪守法。

 坚守原则，不含敌意

在家庭教育中，家长如何对孩子的无理要求说“不”，做到“没有敌意的坚决”呢?

（一）学会尊重和倾听

“温和而坚定”里包含着对孩子的尊重和倾听。首先，家长对孩子说“不”时，要尊重孩子，与孩子平等对话，用商量的口气与孩子交流；而不是居高临下，对孩子发号施令。只有这样，孩子才容易接纳父母的观点。其次是学会倾听孩子的心声。心理学家布罗姆菲尔德博士说，对孩子来说，听到他们说了什么，看到他们的感受，了解他们的需求，并且对此作出回应，是最有力、最自然的激励。当孩子提出一些要求时，家长要耐心地倾听孩子的诉说，接纳孩子的情绪，让孩子知道你理解他，体谅他，明白他的感受，孩子也会因此理解爸爸妈妈。

（二）给孩子一个合理的理由

家长在日常生活中，要经常给孩子讲一些基本规则。例如，到别人家做客和有客人到家里做客时应该怎样做，在公共场合什么样的行为是不恰当的等。让孩子明晰做事的界限，知道做事的底线。

在孩子做每一件事前，家长要告知孩子需要遵守的规则。例如，孩子看电视、玩电脑游戏前，家长要提出具体的时间、次数要求；逛超市、商场时，提前和孩子约定好他可以购买几样物品。有了提前的约定，孩子便会自觉地遵守约定和规则。

家长对孩子的要求说“不”时，一定要给孩子一个合理的理由，当孩子明白为什么不能这么做时，他会更容易遵守规则。

（三）帮助孩子建立一种健康的思维和行为模式

法国著名教育家卢梭说过：“当一个孩子哭着要东西的时候，不论他是想更快地得到那个东西，还是为了使别人不敢不给，都应当干脆地加以拒绝。如果你

一看见他流泪就给他东西，就等于鼓励他哭泣，是在教他怀疑你的好意，而且让他以为对你的硬讨比温和地索取更有效果。”

因此，当孩子因为想要东西而哭闹时，父母要坚决拒绝。孩子知道哭闹无用后，下一次就会改变自己的行为，不再无理取闹，养成良好的行为模式。

（四）“坚决”，需要始终如一、持之以恒

家长对孩子的日常要求一定要始终如一，不可情绪用事——高兴了，孩子怎么做都可以；不高兴了，孩子怎么做也不行。例如，孩子上幼儿园时，家长过分娇惯孩子，孩子想什么时间看电视就什么时间看，想看多长时间就看多长时间；想什么时间睡觉就什么时间睡觉，不想睡了可以玩到凌晨，没有形成一定的作息规律。上小学后，家长又突然把孩子管得很严，这样会让孩子感到无所适从。

对孩子的“坚决”，不仅要始终如一，还要持之以恒。培养孩子的规则意识不是一朝一夕的事，要日复一日、年复一年地坚持，才能让孩子形成习惯。

专家点评

一味地纵容、溺爱孩子，反映出家长教育孩子时缺乏原则。很多家长往往是“亡羊补牢”式说“不”，错过了孩子3~6岁的最佳教育时期。孩子已经养成不良习惯或造成不良后果后再对孩子说“不”，孩子更难接受。因此，家长要坚守原则，对孩子不合理的要求坚决说“不”。

问题与思考

1. 为什么要对孩子说“不”？请谈谈您对孩子说“不”时的独特做法。

2. 您认为从孩子终身发展的角度，应该在哪些方面对孩子坚决说“不”？

专题六　破窗效应：不可忽视孩子的第一次犯错

随着逐渐长大，孩子开始出现一些无意或故意犯错的行为，如骂人、打人、发脾气、摔东西等。家长如何对待孩子的第一次犯错，对孩子今后的发展有着重要的影响。

对待第一次犯错的不同方式

两个同龄的孩子，犯过同样的第一次错误，但家长对他们第一次犯错的不同态度和方式，导致两个孩子有了不同的发展轨迹。

（一）

马小勇小的时候耍泼哭闹，第一次边骂边打妈妈时，爸爸妈妈给予了他严厉惩罚，事后又进行了耐心的教育，讲明了原则："打骂父母是很坏的行为，绝对不可以。"从这之后，小勇再也没有打骂过父母。

马小勇上小学一年级时，放学后玩手机游戏顾不上做作业，妈妈催促他不要玩手机，抓紧时间做作业，说了几遍他都不听，妈妈便给他关掉了手机。马小勇生气地把手机摔在了地上（这是马小勇"第一次"摔东西）。妈妈没有迁就他，给予了他严厉的惩罚，事后又给他讲明道理和原则。从这以后，马小勇再也没有犯过类似的错误，成为一个懂事的好孩子。

（二）

李金宝是独生子，全家人视他如掌上明珠，时时处处都娇宠着他。

他第一次摔东西、打骂长辈时，家里人认为孩子小不懂事，一味地迁就孩子。慢慢地，随着李金宝一天天长大，他的脾气也越来越大，从开始摔玩具到摔餐具，再到摔手机、砸电视等；从用小手打大人的脸，到用脚踢大人的身体，再到用球拍砸大人的头；在学校里，他稍不如意就打砸公物，与同学一言不合就对同学拳脚相加……现如今，家人意识到了问题的严重性，可怎么管也管不了了。

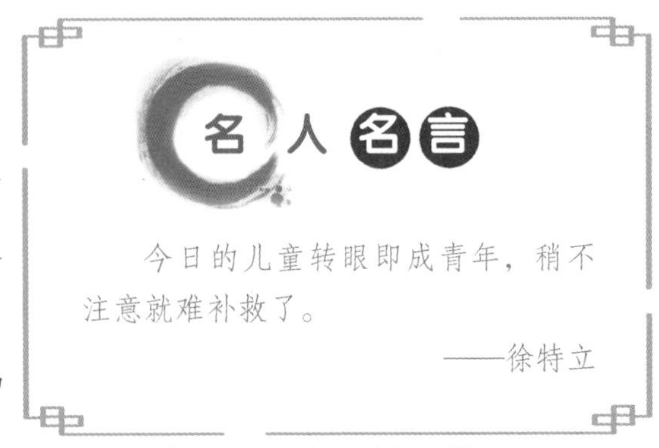

今日的儿童转眼即成青年，稍不注意就难补救了。

——徐特立

二 破窗效应：及时修复被打破的第一扇玻璃窗

所谓破窗效应，亦称破窗理论，由詹姆士·威尔逊和乔治·凯林提出。

如果有人打坏了一幢建筑物的窗户玻璃，而这扇窗户又没有得到及时维修，别人就可能受到某些纵容性的暗示，去打碎更多的玻璃。久而久之，这些破窗户就给人造成一种无序的感觉，在这种麻木不仁的氛围中，违规甚至犯罪行为就会不断滋生和蔓延。

破窗理论带给我们以下几点启示：

一是“第一扇被打破的玻璃窗”常常是事情恶化的起点。

二是环境具有暗示性和诱导性。人们的行为往往受到环境的暗示或诱导，例如，在高级宾馆、国际机场大厅等整洁的公共场所，人们会自觉维护环境卫生；而在脏乱差的小菜市场，人们会毫不愧疚地乱扔垃圾。

三是不良行为具有效仿性和蔓延性。环境中出现的第一次不良行为，哪怕是偶然的、轻微的小过错，如果不及时遏制而放任存在，会诱使、纵容他人效仿，甚至变本加厉地蔓延，导致无法控制。

四是要防止集体中不良行为的发生，最好的方法莫过于不让“破窗”出现。万一出现了“破窗”，得在第一时间，以最快的速度进行修复处理。否则，“破窗”就会发出信号，暗示“无人追究”，诱导他人犯错。

及时纠正孩子的第一次犯错

破窗效应原理告诉我们，孩子的成长犹如一栋大楼，如果他成长过程中的“第一扇被打破的玻璃窗”得不到及时修复，那么更多“玻璃窗户”会被逐一打碎。

要避免破窗效应，家长应以认真的态度和科学的方法纠正孩子的第一次犯错。

（一）高度重视孩子的第一次犯错

对待孩子的第一次犯错，家长万万不可掉以轻心，切不可有“孩子还小，长大了就好了”这种“树大自然直”的错误想法。当孩子出现第一次不良行为时，比如：第一次撒谎、第一次发脾气、第一次拿了别人的东西等，父母应采取正确的教育方法，不放过任何一个小错误，及时纠正他们的不良行为，防微杜渐，以免孩子养成坏的习惯。

如果家长对孩子第一次犯错不在意，或采用心软迁就、简单粗暴的教育方法，不仅不能收到实效，反而会更加有害。例如，孩子第一次发脾气、乱喊乱闹、撒泼打滚时，如果家长一味哄劝、迁就，孩子就会认为胡闹是正确的，以此作为制服大人的手段。长此以往，孩子就会习惯成自然，难以改正。

因此，对于孩子的第一次犯错，家长要高度重视，决不能姑息迁就。

（二）注意及时发现孩子的第一次犯错

在日常生活中，家长要做一个有心人，细心观察孩子，当孩子第一次犯错时，要及时发现，引导孩子找出出现错误的原因，并及时改正。

（三）用科学的教育方法纠正孩子的第一次犯错

对待孩子的第一次犯错，家长应用科学的教育方法纠正。

一是给孩子讲明道理，让孩子知道错误的性质和带来的危害。孩子受认知水平所限，不知道错误的危害性，因此家长一定要给孩子讲道理，提高孩子的认知水平。

二是对于触犯人生底线的第一次犯错，如撒谎、偷盗、抢劫等，家长必须给予严厉的惩罚，并辅之以说理教育，以“不可撼动的坚决”杜绝孩子再次犯类似错误。

三是要特别重视0~6岁孩子的第一次犯错。从心理学的角度讲，一个人的行为能力除了自然属性直接来自先天之外，其他思想、行为、能力都是后天获得的，由后天的环境刺激决定。其中，儿童受早期环境刺激形成的早期经验对其一生起着决定性的作用。孩子小时候第一次试错或犯错时，因为年龄小最容易纠正。如果家长忽视了孩子心理发展的这个特点，等到孩子长大恶习养成，即使使用强制手段纠正也未必见效。

四是利用第一次给人印象最深的首因效应原理，给孩子打下深刻的烙印。例如，孩子第一次和小朋友打架，父母不要偏袒自己的孩子，要教育孩子团结小朋友，让孩子对此留下深刻印象，正确与人交往。孩子的第一次错误并不可怕，可怕的是一而再地犯同样的错误。因此，要利用好孩子第一次犯错的教育价值，严肃对待，给孩子留下深刻的印象，让孩子不再重复犯同类错误。

名人名言

错误同真理的关系，就像睡梦同清醒的关系一样。一个人从错误中醒来，就会以新的力量走向真理。

——歌德

（四）防患于未然，尽量避免打破第一扇窗户

要遏制错误的发生或蔓延，最根本的是从源头上预防错误的发生。一是要防患于未然，家长要做到教育在前，给孩子提前讲明做人做事的原则和底线，让孩子知道什么事情不能做。例如，从孩子懂事起就要经常教育孩子，未经别人允许不能拿别人的东西，不能打骂和伤害他人等。二是家长要经常给孩子讲一些关于做人做事的历史名人故事和现实生活中的故事，让孩子从这些故事中学习做人做事的原则，防止犯原则性错误。三是家长要教育孩子学会从别人的错误中吸取教训，把别人的错误当成自己的错误来规避，这是一个让孩子少走弯路的很好的教育方法。

专家点评

人非圣贤，孰能无过？何况是懵懂无知的小孩子。孩子的成长，实际上是一个犯错或试错的过程，可以说，孩子是在不断犯错、不断纠错的过程中长大的。首先，父母要允许孩子犯错，这是成长的一个过程；第二，父母要及时纠正孩子的错误，特别是孩子第一次犯错时，家长要高度重视，及时纠正，让孩子从错误的边缘回到正确的人生轨道上来，健康成长。

问题与思考

1. 什么是破窗效应？孩子第一次犯错时，父母应如何引导孩子？

2. 破窗效应带给我们的启示是什么？

专题七　交往：促进孩子社会性发展

交往，是人类特有的存在方式和生活方式。对幼儿来讲，这既是孩子的天性，也是孩子社会性发展的需求。

谁都会承认，人是一个社会性生物。不说别的，单说他不喜欢过孤独的生活，而喜欢生活在比他自己的家庭更大的群体之中，就使我们看到了这一点。独自一个人禁闭是施加于一个人最为严厉的刑罚的一种。

——达尔文

一　交往，社会性发展的重要途径

交往，是孩子社会性发展的一种重要途径。家长引导孩子学会交往，会促进孩子身心健康和社会性发展；如果阻碍孩子的正常交往，会阻碍孩子身心健康和社会性发展。

（一）

10岁的强强热情、开朗、懂礼貌、爱运动、爱交往，是一个大家赞赏的阳光男孩。强强的健康成长，是妈妈科学教育引导的结果。

从小到大，妈妈对强强说得最多的一句话就是：“你是个男子汉，必须自强、自立，学会保护妈妈。”

强强从学会走路开始，妈妈就坚持少抱或不抱，让孩子自己走；能自己做的事情，坚持让孩子自己做；创造条件让孩子与同伴交往，并引导孩子建立了各种“朋友圈”——骑山地车的小伙伴、踢足球的小伙伴、一起学习的小伙伴等。

在小区里，强强见到长辈非常主动、有礼貌地打招呼，邻里爷爷奶奶、叔叔阿姨都啧啧称赞；家长经常看到强强与小伙伴玩耍的身影——踢球、骑山地车、跑步、溜冰……

强强从上幼儿园开始，经常自己到小区的商店购物、取快递等，是一个自立自强的男子汉。

（二）

童童小时候见到陌生人时，总是大哭不止，家长只好抱着他尽量远离不熟悉的人。

随着孩子慢慢长大，童童怕见生人，家长便很少带他出门，即便出门也是手把手地领着，从不让童童自己玩耍。邻居小朋友邀请童童玩，爷爷奶奶担心孩子们欺负童童，马上带他远离或回家。童童在家看到一些小朋友在院子里一起玩耍，非常羡慕。父母想带他去和小朋友一起玩一玩，爷爷奶奶总是说："不要去，和他们玩就变成一个街孩子（指成天在街上打闹、没有教养的孩子）了。"

童童上了幼儿园，很少与小朋友一起玩耍，别的小朋友玩游戏，他总是牵着老师的手或衣服，一步不离老师的身边。

因此，童童一直没有玩伴。到了小学高年级，别的同学都自己或结伴上学和放学，而已经身高一米七的童童，从不敢独自去学校上学，还是成天由妈妈接送。

12岁的童童，心理年龄还处在幼儿园阶段，踢球、骑自行车等运动项目他都不敢参与。假期到了，同学们相约踢球，他都因为不会而参与不了。

从上面的两个案例可以看出，孩子能否进行正常的交往，在一定程度上决定了孩子是否能够顺利地融入社会当中，甚至决定了孩子是否能从与人的交往中收获支持、喜悦与幸福。

二 交往对孩子发展的促进作用

《幼儿园教育指导纲要（试行）》明确指出："幼儿与成人、同伴之间的共同生活、交往、探索、游戏等，是其社会学习的重要途径。"只有在与人交往、相互作用的过程中，孩子才能逐步走向心理成熟，获得社会性发展。缺少正常人际交往的孩子，往往会拘谨胆小、害羞怕生、孤僻退缩，或以自我为中心、不能合作、任性攻击等，大大减缓或阻碍了孩子的社会性发展。

与同伴、他人的交往，对孩子心理和社会性发展方面的促进作用主要体现在以下几个方面。

（一）学会社会交往

社会交往能力是一种综合能力，也是一种实际操作能力，必须在社会交往的实践中锻炼和培养。孩子在与他人交往的过程中，不断尝试，获得交往的成功经验和失败教训，观摩学习他人交往的过程。这对孩子学习社会交往技能和策略起着重要作用，有利于孩子发展关心他人、尊重他人、主动沟通、友好相处等积极的社会交往能力。例如，孩子在交往中会体验或观察到，小伙伴们不愿与不和同伴共享玩具、打人骂人的小朋友玩，孩子便能学会分享及尊重他人。

学前儿童人际交往主要分为四种类型，分别是亲子交往、同伴交往、师幼交往、与其他人的交往。

（二）促进安全感、幸福感等情感发展

没有同伴的孩子会产生消极情绪，长期没有同伴，这种消极情绪会发展为一种不良自我感觉，将严重阻碍幼儿心理发展，阻碍个体社会化的进程。与同伴交往能使幼儿产生安全感、归属感和幸福感，从而心情轻松、活泼、愉快。特别是在与同伴交往、游戏的过程中，自己的想法得到同伴的肯定和赞扬，会有一种成就感、幸福感，产生一种快乐的情绪；遇到困难时，他还可以求得伙伴的帮助；

孩子与同伴合作时，能体验到合作的乐趣，感受到友情的力量，培养相互支持、友爱的情感。

（三）发展语言、扩大认知

孩子在与同伴交往中，特别是一起玩游戏时，无拘无束、自由自在，想说、敢说、喜欢说、有机会说，能够很好地发展孩子的语言表达能力。

在交往过程中，孩子们还会经常一起探索问题。面对同一个问题，不同的孩子基于各自不同的生活经验和认知基础，会想出各种不同的办法；面对同样的玩具，小伙伴们也会玩出不一样的花样。这些都为孩子提供了分享知识经验、互相模仿、互相学习的机会。同时，交往也为幼儿提供了大量的交流、协商、讨论的机会，有助于孩子扩大认知，丰富知识，提升自己的思考、操作和解决问题的能力。

（四）有利于自我意识的培养

孩子和同伴交往，同伴会像一面镜子一样映照出自己，为孩子的自我评价提供一定的对照标准。例如，孩子在和同伴的比较中可以知道“我比你高、我吃饭比你快”等。

（五）有利于培养自信、开朗等良好个性

现代心理学研究表明，幼儿 3 岁后特别想与小伙伴玩，喜欢交朋友，他们所萌发的社会性欲望是相当强烈的，愉快的交往和良好的同伴关系是幼儿心理健康发展的重要精神环境，有助于他们形成自尊、自信、活泼、开朗的性格，有利于促进其社会化及心智的发展。

很多孩子以自我为中心，自私、蛮横、不懂礼貌，在与同伴交往中可以改正这些不良习惯和个性。例如，在与同伴交往时，他必须学会尊重他人，讲礼貌，讲规则，才能被小伙伴接纳，否则，会成为不受小伙伴欢迎的孩子；在和同伴一起做游戏时，必须遵守游戏规则，学会从他人的角度考虑问题，拥有共享精神，才能与同伴快乐相处。

三 引导孩子学会交往

孩子在交往过程中，最喜欢与那些在认知技能、社交性格、动作发展上与自己比较相近或互补的同伴玩，这些好朋友会给孩子带来愉快的体验，在快乐的同伴关系中，孩子会更加自信，更加活泼开朗。

（一）树立科学的交往理念

有研究发现：一个人与同事、家人及熟悉的人们如何相处，往往取决于他童年是如何与其他小朋友相处的。同伴关系对幼儿的社会性发展起到了成人不可替代的独特作用，对孩子未来的发展有着很大的影响。因此，家长必须树立一种科学理念——交往是孩子的心理发展需求，也是他未来走向社会所必需的社会生存能力，父母要积极为孩子创造与同伴、他人交往的条件，支持孩子与同伴交往、玩耍、游戏，让孩子在交往中学会处理人际关系，加快孩子的社会性发展，为孩子未来走入社会打下良好基础。

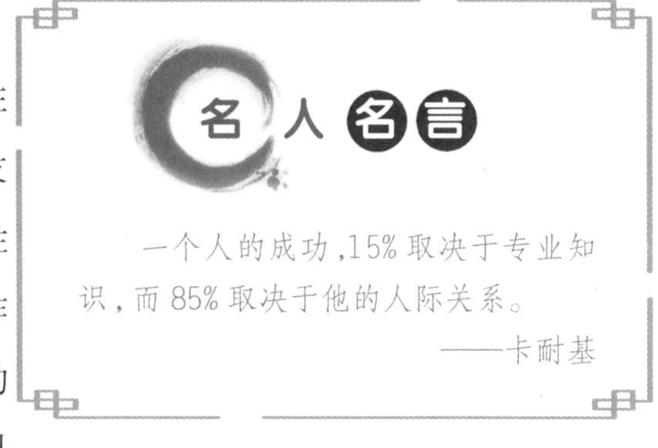

（二）培养孩子良好的品格

坦诚、友爱、善良、包容等优秀品质，是人际交往的第一原则。因此，要让孩子成为大家喜欢的人，成为同伴愿意交往的人，父母就要注意在日常生活中不要太娇惯孩子，不要时时处处以孩子为中心，否则会导致孩子心中无他人、自私、

友谊促使孩子改善他们的沟通、分享、理解，不仅如此，对孩子解决问题和提高创造力也至关重要。

——拉西尔 · 赛斯

霸道，不利于孩子与他人的交往。父母要培养孩子形成真诚、热情、守信、宽容、同情、友爱、团结等良好品格。

（三）为孩子交往创造良好条件

孩子要学会交往，父母必须为孩子创造和同伴、他人交往的条件，让孩子有机会积极参与社会交往。

一要鼓励孩子与邻里小伙伴玩耍，让小朋友到家中做客。父母可以让孩子先学会与身边的人交往，从拉近物理距离慢慢转化为拉近心理距离。例如，父母鼓励孩子约同伴到自己家里玩，在确保安全的前提下，父母可以适当回避，给孩子们自由的空间。

二要经常带孩子走亲访友、外出旅游，让孩子观察、模仿、学习大人交往的礼节、方式等，引导孩子积极参与到交往互动中，培养孩子大胆、热情、开朗、活泼的性格。例如，参加旅游团时，可以引导孩子主动与团队的小伙伴、叔叔阿姨等成员打招呼，让孩子学会主动、热情地与新伙伴交往。

（四）引导孩子学会交往

让孩子学会与同伴、他人交往，离不开家长在方法和策略上的正确引导。家长可从以下几个方面做好教育引导。

一是做好交往的榜样。家长在与邻里、朋友交往过程中，要主动、热情、礼貌、好客，成为孩子的榜样。

二是教育孩子明确角色定位。孩子能与伙伴、他人进行良好的交往，很重要的前提是知道自己在不同场合所扮演的不同社会角色。因此，在日常生活中，家长要教育孩子正确了解自己的社会定位，明确不同社会角色的行为规范。具体来说，就是让孩子明确，在家里，他是爸爸妈妈的孩子，是小辈；在幼儿园，他是学生，是同学的伙伴；在社会上，他是一个公民……让孩子知道，在家里面对长辈该怎样做，在学校面对同学和老师该怎样表现，在社会上该怎样做。

三是指导孩子掌握一定的人际交往技巧。根据幼儿认知、语言与情感等方面的发展水平，家长要教会孩子与小伙伴、老师、长辈等人交往的技巧，帮助孩子提高社会交往的能力，顺利地进行社会交往。例如，悦纳、互利和自愿是幼儿阶段在人际交往中首先要学习并遵循的原则，家长要在日常生活中注意教育孩子学会接纳、肯定、支持、喜爱小伙伴。

四是指导孩子学会感恩与表达。孩子在与同伴、他人交往过程中，除了真诚、热情、分享、宽容等，还要学会感恩和表达自己的真诚谢意。例如，孩子摔倒了，小伙伴把自己扶起来，孩子要说一句“谢谢”；孩子过生日收到礼物，家长要引导孩子向小伙伴、家人、朋友等表达出自己的谢意。能够积极表达自己内心感激之情的孩子，容易得到小伙伴和他人的喜爱。

（五）坚持“三不”原则

在日常生活中经常出现这种情景：两个孩子在玩耍时发生矛盾，甚至大打出手，有的父母为了保护自己的孩子而进行干涉，结果导致双方大人打了起来，而孩子不一会儿又和好了。

孩子们在交往中发生矛盾冲突，家长应该如何对待和处理呢？幼儿教育专家尹建莉建议家长要坚持“三不原则”：

一是不介入。对待孩子们的冲突，家长要坚持不介入的原则，因为没必要的介入，或不得当的介入，一方面会把孩子间的矛盾刺激放大，另一方面也没给孩子留出学习解决人际关系问题的机会，还容易让孩子遇到小冲突就觉得是件大事，变得斤斤计较，心胸狭隘。

二是不生气。孩子们在一起玩的时候，发生小矛盾、小摩擦很正常，家长不必马上出面干涉，更不必因此而生气。

三是不怕吃亏。在冲突不严重的情况下，家长要假装没看见，把

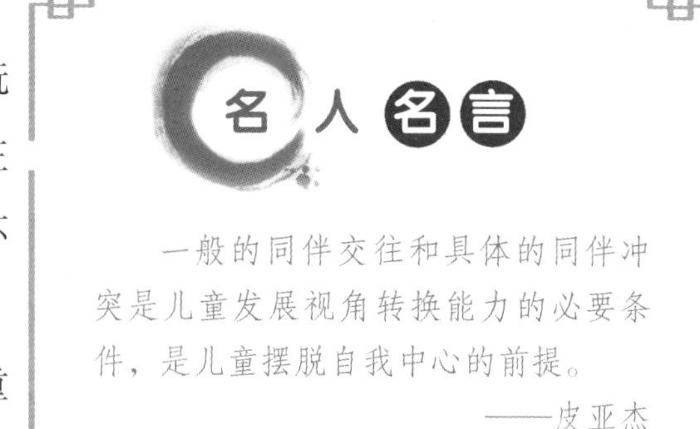

一般的同伴交往和具体的同伴冲突是儿童发展视角转换能力的必要条件，是儿童摆脱自我中心的前提。

——皮亚杰

矛盾留给孩子们自己解决；较严重时，家长简单地拉开双方即可，不必计较自己的孩子吃亏了还是占便宜了。这一过程中，家长可以给孩子简单讲一下道理，不讲也行，关键要保持友好轻松的态度。这看似是家长不作为，却正是培养儿童健康人际关系的最基本、最简单也最有效的方法。

美国亚拉尼大学心理学教授默娜·B. 舒尔博士在《如何培养孩子的社会能力》一书中，提出了“ICPS（I Can Problem Solve）”的技巧，引导幼儿思考如何自主解决人际冲突。一个完整的“ICPS”对话包括以下几个部分：

1. 共情幼儿的感受，明确问题所在。当幼儿与同伴发生冲突时，我们首先要“共情关注”，表示“妈妈理解你的感受”，然后进一步帮幼儿分析冲突原因。

2. 用角色互换的方式，让幼儿学会换位思考。家长安抚好幼儿的情绪后，也要引导幼儿理解他人的感受，帮助幼儿挖掘产生冲突的深层原因，并用角色互换的方式，引导幼儿跳出“困境”，换位思考。幼儿理解他人的感受后，便容易释放负面的情绪了。

3. 提供可参考的方案，让幼儿自我反思。英国诗人托马斯·胡德曾说：“一分钟的思考抵得过一小时的唠叨。”直接告诉幼儿 100 种解决办法，不如让幼儿学会反思。父母不要插手替幼儿解决问题，只给幼儿提供多种参考方案，最后让幼儿在自我反思中成功化解难题。即使幼儿开始的时候失败了，家长也不要过度担心。教育心理学家桑代克曾提出“试误学习”，即错误性尝试——一个人在自己实践后得到了错误结果，他会自我调整，直到正确。

研究发现，具备“ICPS”能力的幼儿，更少出现行为问题，更少有攻击性，同时懂得体谅别人，也更有自己的主见。这样的幼儿，在社交互动中往往更具有个人魅力，也能把主动权握在自己手中。

（六）在游戏中培养幼儿的良好交往能力

教育研究表明，游戏是促进幼儿社会性发展的有效途径。孩子在游戏中会模仿他人的行为、思维模式，其社会认知水平、社会实践能力都会得到提高，社会规则意识会逐渐形成，社会道德情感也会得到发展。因此，家长可以围绕社会交往的有关内容，经常和孩子玩一些角色游戏，让孩子在游戏中学会交往的规则和方法。例如，玩“小导游”“售货员”等角色扮演游戏，家长和孩子轮流担任导游、游客、售货员、顾客等，让孩子通过扮演不同的角色学习从不同的角度思考问题，引导孩子学会与不同的人打交道的技巧和方法。

专家点评

人的社会性发展的最佳阶段就是幼儿时期，这也是幼儿园阶段重要的教育内容。儿童的社会性发展不仅影响他们的心理健康，还会直接影响他们的人格的形成。因此，家长和老师需要更加注重在幼儿交往过程中培养其合作能力。只有有了充分的社交过程，他们的社会性发展水平才能得到提高。

问题与思考

1. 为什么要培养孩子的社会交往能力？请谈谈您对交往对于幼儿社会性发展重要性的一些独特见解。

2. 您认为主要应从哪些方面培养孩子的交往能力？

指导孩子学会交往的10个小技巧

1. 与人交往，从微笑开始

微笑可以换取黄金。这是社会人际交往中著名的“曼狄诺定律”。

曼狄诺定律主张，人们应当在人际交往中面带微笑，微笑具有非常神奇的魔力。可以说，微笑是世上最美的语言，它虽然无声，却能深深地打动另一颗冷漠的心灵；微笑是人际关系中的“润滑剂”，它能拉近人们之间的心理距离，使人们建立起良好的友谊。

有一句话说得好：“做一个真诚微笑的人，微笑会让人觉得你非常友善，对方会明白你的心意：‘我喜欢你，你使我快乐，我很高兴见到你。’”如果你希望别人对你笑脸相迎，那你得率先露出笑容。如果想让别人接纳你，那就请记住：微笑待人。

2. 与人交往，要主动热情

在社会交往中，热情是成功交往的基础和保障。以主动热情的态度与对方交往，能够让交往对象与自己积极互动与交流；孤芳自赏、自诩清高的态度，则会使人产生你高人一等的感觉，不平等的态度永远不会赢得友谊。

3. 与人交往，要礼貌尊重

礼貌、尊重，是人际交往中又一基本原则。

一个讲礼貌、尊重他人的孩子，在社会上往往更容易被其他人接纳。因此，要想让孩子学会交往，就要培养孩子文明礼貌的好习惯，让孩子学会尊重别人，平等待人。例如，在日常生活中，父母应当让孩子学会使用礼貌用语，如“请”“谢谢”“对不起”等；告诉孩子，只有做一个懂礼貌的人，别人才愿意和他一起玩耍；教育孩子不要讽刺、嘲笑同伴和他人的短处或缺陷，要尊重别人的爱好、习惯，让孩子懂得“只有尊重别人，别人才会尊重自己”的道理。

4. 与人交往，要以诚待人

诚信是人际交往的一条重要原则，要求双方以诚相待、信守诺言、讲信用。

诚信是做人之本，诚信原则是维护正常人际关系的行为准则，是人际交往得以延续和发展的保证。

5. 与人交往，要悦纳他人

家长要引导孩子学会“3A 法则”，即接纳 (Accept)、欣赏 (Appreciate) 和赞美 (Admire)，让孩子在交往中接纳他人、宽容他人，善于多看别人的优点，学会欣赏他人、赞美他人。

但家长要注意一点，教育孩子悦纳他人的言行，绝不是要孩子低三下四、阿谀奉承。在与他人的交往过程中，孩子要坚持不卑不亢的原则，绝不能用自己的不快乐做代价。否则，这样的悦纳他人，只会使自己痛苦，不利于形成良好的人际关系。

6. 与人交往，要乐于助人

乐于助人，是快速获得友谊的一种方法。父母要注意培养孩子乐于助人的品质，支持孩子积极帮助他人。例如，见到朋友摔倒了，要主动上前把他扶起来；同伴的玩具不见了，主动帮忙去寻找等。

7. 与人交往，要包容他人

孩子在与同伴交往的过程中，遇到意见不一致的时候，家长应教育孩子学会理解和包容，与同伴友好合作，暂时克制自己的欲望，服从多数人的意见。例如，孩子和小朋友一起商量做什么游戏时，大家都说玩“动物园”，而自己的孩子却想玩“过家家”。此时，家长就要教育孩子学会理解和包容小伙伴的意见，和同伴们一起玩“动物园”的游戏，使交往顺利进行。

8. 与人交往，要学会倾听

学会倾听，是人际交往的一门艺术。

大家都喜欢向一个善于倾听的人倾诉，因此，父母要注意教导孩子在交往中学会倾听，不随便打断别人讲话，这样才会交到更多的朋友。

9. 与人交往，要遵守规则

遵守规则，也是交往的一条重要原则。破坏规则、不遵守规则的人，是不受欢迎的人；遵守规则，才能得到他人的喜欢。

家长在日常生活中要注意教育孩子遵守社会规则。例如，教育孩子与小朋友做游戏时一定要遵守游戏规则，不得随意更改规则或违反规则。否则，就会成为小伙伴不喜欢的人，小伙伴不再愿意和自己做游戏。

10. 与人交往，要学会拒绝

拒绝是一个人必须要掌握的一项重要人际交往技巧。

家长要教育孩子，在交往中不可一味地满足他人的要求，面对对方提出的不合理且不正当的要求，要学会拒绝。虽然拒绝会让对方感到不快，但是学会巧妙、婉转地拒绝，不仅可以使对方的不快降到最低限度，而且还能得到对方的谅解。例如，有小朋友约着孩子去打架，家长一定要教育孩子委婉而坚决地拒绝对方，并对这种朋友敬而远之。

专题八　自我管理：给孩子创设自主发展的空间

让孩子学会自我管理，对孩子的成长和发展来说十分重要，不仅能够培养他的独立性、自觉性，同时也是孩子身心健康发展的一项重要标志。

知识窗

自我管理，是个体对自己本身，以及自己的目标、思想、心理和行为等表现进行的管理，自己把自己组织起来，管理自己，约束自己，激励自己，最终实现自我奋斗目标。

一　自我管理：人生成功的基石

很多家长由于过分呵护孩子，替孩子包办代办，使得孩子自我管理的机会大大减少，孩子往往会出现不适应集体生活的现象。例如，很多孩子入园后，脱下的衣服随意地扔在柜子上；玩过的玩具到处乱放；画完画后彩笔都没有盖上；午睡起床时找不到自己的鞋子；吃点心时身上、地上都是碎屑；不会自己上厕所；不能自己穿脱衣服，不能独立吃饭并且无法判断自己的饱饿情况；遇到问题容易发脾气等。

自我管理是一种自我发展的本能，但是会随着成长环境的变化而发生颠覆性的改变，其中家长的溺爱和事事包办就会使这种本能消失殆尽。因此，要使孩子身心持续健康发展，家长必须学会放手，重视对孩子自我管理能力的培养。

C 罗是世界著名的足球运动员。

30 岁，对于足球运动员来说，已经是职业生涯的分水岭。而 C 罗在

30 岁以后却比之前更加辉煌——率皇马三度蝉联欧冠冠军，带领葡萄牙豪夺欧洲杯冠军，5 次金球奖加身。

C 罗到底是如何越活越年轻的呢？这是他个人自我管理能力强、高度自律的结果。

日常训练的高度自律：他每周训练不少于 5 次，每次 3~4 个小时；每天做 3000 个仰卧起坐。C 罗日常训练的自律性闻名足球界，世界上最成功的足球教练之一弗格森爵士，对 C 罗的完美表现做出了解释："成功可不是靠侥幸，我总是看到罗纳尔多在训练。"

饮食、睡眠的高度自律：C 罗从不吃甜食，每天摄取的食物都是低糖、低脂的；每天保持充足的睡眠。运动员的体脂率通常在 10% 左右，他的体脂率仅有 7%；运动员肌肉含量通常很难超过 46%，而 C 罗肌肉含量为 50%。看看 C 罗的腿，就知道这样的自律为他带来了什么。

饮酒上高度自律：运动员大多喜欢饮酒狂欢，而 C 罗从不饮酒。

生活、工作的高度自律：在皇马，工作人员喜欢用"瑞士手表"来形容 C 罗的规律性，而这只手表过去 20 年一直走得很精准。

C 罗的故事告诉我们：自我管理是一个人成功与否的重要因素，高度自律的人往往会取得惊人的成绩。

有个小男孩脾气很暴躁，有一天，爸爸给了他一袋钉子，告诉他，每次发脾气或者和他人吵架时，就在家里的篱笆上钉一根钉子。第一天，男孩钉了 37 根钉子。之后的几天，他开始学着控制自己的情绪，每天钉的钉子也变少了。他发现，控制自己的脾气并不难。终于有一天，他一根钉子都没有钉，他高兴地把这件事情告诉了爸爸。爸爸对他说："以后只要你一天没有发脾气，就可以拔下一颗钉子。"日子一天天过去，有一天，他把钉子都拔光了。

他高兴地带爸爸来到篱笆边，爸爸语重心长地对他说："孩子，你做得很好，但是你看看篱笆上的钉子洞，这些洞永远也不会恢复了。如果你和一个人吵架，说了些难听的话，就像是在对方心里留下了一个伤口，无论你怎么道歉，伤口总是在那儿。你的朋友是你宝贵的财富，不要去伤害他们。”

从这个故事中我们可以看出，父母要让孩子学会管理自己的情绪，正确对待与他人的摩擦，以宽容的心态来原谅他人的过失。同时，父母还要帮助孩子找到宣泄情绪的适当方式，如：鼓励孩子把不开心的事情告诉父母或是朋友，以缓解内心的不快；告诉孩子不要轻易流露出自己的坏情绪，要学会用合适的方式来开解自己。此外，父母还要注意在日常生活中培养孩子乐观、幽默的性格，让孩子学会管理自己的情绪。

培养孩子的自我管理能力对他们的生活和学习有着莫大的帮助。能不能在生活中管好自己，这是自我管理能力中非常重要的一点。如果孩子无法管理自己的生活起居，我们很难想象他能够管好其他事情。因此，父母应该放手让孩子去实践，在实践中培养自我管理能力。

自我管理能力是幼儿养成良好习惯的重要组成部分，是幼儿素质教育的基础，也是幼儿不断增长的独立意识的内在需要。这关系到幼儿是否能够健康成长，以及顺利地适应小学生活。

综上所述，让孩子学会自我管理是当今社会育儿理念发展的大趋势，但这并不是说家长要放任不管，而是要管得巧、管得妙，相信孩子的潜能，给孩子一个自主发展的空间。“播下行为，收获习惯；播下习惯，收获性格。”培养孩子的自我管理能力，会增强孩子行动的独立性、目的性和计划性，这对其今后的幸福生活和成功有着巨大的帮助。

二 自我管理教育的主要内容

实现自我管理的教育，才是真正的教育。这是家庭教育的至理名言。家长对幼儿的自我管理教育，可以从生活、游戏、运动、情绪四个方面进行。

（一）生活自我管理

《幼儿园教育指导纲要（试行）》指出：“要培养幼儿具有基本的生活自理能力。”生活自理能力是一个人应具备的自我服务能力，其中最基本的就是对生活技能的掌握，包括独立进餐、自己穿脱衣物、自己洗手、如厕等。简单地讲,就是自己的事情自己做。

家长要注重对小班幼儿生活自理能力的培养，使其具备较强的自我服务能力。孩子能够养成良好的生活习惯，可以帮助其更好地融入集体生活，获得成就感。

名人名言

家长给孩子最大的礼物就是“体验”，给予孩子充分的时间和信任去自我体验，这是给孩子成长的机会。这就是自我管理的精髓。

——卢勤

（二）游戏自我管理

玩游戏是孩子最基本的活动方式，是获得发展的最佳途径。游戏也是孩子最喜欢、最能够接受的一种活动，绝大多数幼儿能在游戏中表现出自己真实的性格特征，并且在和环境的相互作用中，不断地积累、修正和表达自己的经验感受，以获得身体、情感、认知及社会性等各方面的发展。

孩子在游戏中的学习不是知识点的叠加，因此，家长和老师应该创设宽松、互动、多元、开放的环境，引导孩子主动探索，重组经验，获得多种学习方法，提高自主学习的能力。

小班幼儿需要获得的游戏自我管理能力包括：能够根据自己的兴趣选择游戏，能够正确取放游戏材料，全身心投入游戏并能及时退出游戏等。

名人名言

游戏是儿童期最纯净、最具心灵性的活动，同时更是人类整体向外的表达方式。

——福禄贝尔

（三）运动自我管理

运动自我管理指的是孩子能够自主选择运动方式，并根据自己实际感受及时对运动活动进行调节。如今倡导的自主运动具有开放性、交互性、创造性的特点，在家庭内建立宽松、愉悦、尊重孩子需要的运动氛围，能充分激发孩子的运动潜能，有助于孩子建立自主意识，让孩子萌发自主选择的愿望，主动和环境中的各种器材发生作用，自主开展各种活动，并在自主活动的基础上积累运动经验，发展综合能力。

快乐运动的本质就是尊重孩子的个性和自主选择的能力，激发和调动孩子的主动性和积极性，以达到增强体质、培养体育能力、发展个性的目的。

（四）情绪自我管理

《幼儿园教育指导纲要（试行）》中指出，幼儿园必须把保护幼儿的生命安全和促进幼儿的身心健康放在工作的首位。家长也要树立正确的健康观念，在重视幼儿身体健康的同时，高度重视幼儿的心理健康。幼儿情绪自我调节的能力已成为衡量幼儿心理是否健康的一项不可缺少的内容。良好的情绪状态能引起和保持幼儿对操作活动的兴趣和积极性，而痛苦的情绪则会使幼儿处于抑制或暴躁状态。情绪好坏影响着幼儿的行为方式，进而影响他们的社会交往能力与人际关系。

小班幼儿具有良好的情绪管理能力体现在：逐渐适应集体生活，对幼儿园生活有安全感、信赖感；会用适当的方式表达情绪；与同伴发生冲突时能听从成人的劝解。

 自我管理要渗透在日常生活的方方面面

如何培养出一个具备自我管理能力的孩子？家长可以从以下几个方面入手。

（一）营造宽松的氛围，静待花开

成长需要时间。孩子们可能拿着筷子却夹不起饭菜，想穿衣服却找不到衣袖的入口，想收拾玩具却越放越乱……作为家长，我们不能要求孩子在第一次的时候就做到完美，他们的成长需要时间和经验的积累。

著名的“金鱼缸效应”法则告诉我们，对孩子的教育也应如“提供鱼缸”一样，给孩子的成长提供自由的空间。父母的保护就像鱼缸，父母的顾虑越多，鱼缸越小，孩子在父母的鱼缸中就难以长成大鱼。要想孩子健康强壮地成长，家长一定要提供充分的自由活动的空间。

当孩子在进行自我尝试的时候，家长要耐心等待，营造一个“孩子你大胆去做”的宽松氛围，提供机会，让孩子在实践中感知，在感知中成长，相信每一个孩子都能在不断的尝试中越来越好。

（二）父母要成为自我管理的榜样

家长是孩子的第一任老师，我们的言行举止时时刻刻影响着孩子的是非判断和习惯养成。试想一下：家长要求孩子及时整理衣物，自己回家后却把外套随手一丢；希望孩子多阅读，自己却躺在沙发上玩手机；告诉孩子要养成好的卫生习惯，自己却将手中的纸巾乱扔……一个不能自我管理的父母，又怎么让孩子学习自我管理呢？因此，家长要明白：我希望孩子是什么样的人，自己就要先成为什么样的人。希望孩子文明，那自己就要注意言语措辞；希望孩子上学不迟到，那自己就不要睡懒觉；希望孩子勤奋，那自己就不要整日躺在沙发上；希望孩子积极向上，那自己就不要整日抱怨工作的无趣……

（三）建立生活和学习常规

没有规矩不成方圆。在孩子成长的道路上，要想让孩子拥有自我管理能力，

就需要家长和孩子一同制订生活和学习常规。有了规则，孩子的行为也就有了约束。

例如，家长要和孩子约定好，早上不要赖床；吃饭的时候不大声说话，不把饭菜掉得到处都是；饭后一小时为阅读时间，爸爸妈妈陪孩子一起阅读；每天回家后，大家一起背孩子在幼儿园学的古诗等。孩子每完成一个约定就可以获得一张积分卡，集齐 10 张积分卡可以到商场挑选一件自己喜欢的礼物。

建立合理的生活和学习常规，可以帮助孩子养成规则意识，而相应的“积分奖励卡”可以帮助孩子巩固正确行为，引导孩子对自己的行为负责，自己管理自己。

（四）忍住不插手，让孩子独立地自我管理

1. 自己的事情自己做

自理能力是评价一个孩子能力高低的重要方面，而“自己的事情自己做”也是孩子自己管理自己的第一步。

但是，“自己的事情自己做”不是一句口号，也不是让孩子掌握几种生活技能就可以了。它是一种日积月累形成的习惯，渗透在孩子的日常表现中。同时，家长还要让孩子知道，自己做的事情是为了自己而做，而不是帮爸爸妈妈做。例如孩子收拾了房间，家长应该表扬：“宝贝真棒！能自己收拾自己的房间了。”不要说：“真棒，今天帮爸爸妈妈做家务了。”这种说法会让孩子觉得收拾房间这件事情本来就应该是爸爸妈妈做的，长此以往，不仅不利于孩子自理能力的形成，而且会让他把父母的付出当成理所应当，从而缺乏感恩之心。

儿童需要管教和指导，这是真的，但是如果他们无时无刻和处处事事都在管教和指导之下，是不大可能学会自制和自我指导的。

——阿·林格伦

能力是在实践过程中得到发展的。孩子只有积极参与到个人事务的处理过程

中，才能提高他们的个人自理能力。随着时间的推移和受到家庭氛围的影响，孩子的自理能力会越来越强。

2. 我的事情我做主

培养孩子的独立决策能力能够很好地培养其整体素质，促进其自我管理能力的提高。作为家长，我们在日常生活中要有意识地培养孩子独立思考、决策的能力。首先要给予孩子独立决策的机会，比如早上问孩子："你今天想穿哪件衣服上学？"然后再结合天气给予指导帮助。要注意，这里的指导帮助不是直接否定孩子的想法替他做决定，而是在听取孩子想法的基础上结合现实情况进行优化，核心思想还是尊重孩子的选择。孩子说出自己的想法后，家长要及时肯定孩子、支持孩子，帮助他们获得自我管理的成就感。

家长适当放权，让孩子有自主选择的权利，自己的事情自己做主，可以激发孩子的自主意识，提高其自我管理能力。

3. 争做家庭的小主人

在家庭教育中，家长要提供机会，让孩子体验作为家庭小主人的成就感。家长要让幼儿参与到家庭重大决策的讨论中，让幼儿意识到自己是这个家庭的一分子，是家里的小主人。同时，父母可以把孩子培养成自己的小助手，让他们洗菜、晒衣服、给花浇水、扫地、帮助老人提东西等，这样不仅能锻炼孩子的生活能力，还能让孩子体会到父母的不易，知道关心老人、热爱家庭，进而促进孩子自我服务意识的觉醒和自我管理能力的提高。

（五）增加表达情绪的词汇

很多时候，家长都更加看重孩子学会了什么，而忽略了他的情绪状态。其实，在0~6岁的阶段，情绪认知是幼儿最重要的认知，它甚至比认知外在世界更为重要。家长需要重视和关注孩子的情绪，以使孩子发现、熟悉、完善自己的情绪世界。

家长可以适时地引导孩子将情景与感受配对，多用表达情绪的词汇与孩子交流，让他知道自己此刻的情绪是什么，以便孩子在以后的生活中能够正确表达自己的感受，进而学会控制情绪，进行自我情绪管理。

另外，尊重孩子的选择、让孩子进行自我评价和阶段性总结等，都是培养孩子自我管理能力的好方法。

专家点评

自我管理是社会情绪学习核心内容的重要组成部分，让人能够在不同的场景中主动运用认知及行为策略调节自己的心理活动和行为。能否专心倾听，保持注意力，学会坚持，有效地调节自身的情绪、行为，恰当地解决人际关系问题等，是儿童未来是否能获得学业成就和适应社会的重要影响因素。

问题与思考

1. 为什么要培养孩子的自我管理意识？请谈谈您对自我管理的独特见解。

2. 家长如何从生活入手，给孩子创设自主发展的空间呢？

专题九 阅读：孩子认识和探索世界的窗口

阅读是人们认识世界和探索世界的一种重要手段，是增长知识、开阔眼界和陶冶情操的有效方法，更是必不可少的语言学习途径，对一个人的终身学习与发展具有重要的作用。

3~6 岁是人的早期阅读时期，是培养阅读兴趣和阅读习惯的启蒙黄金期，也是幼儿语言发展的敏感期和关键期。在这个时期，父母要注意引导孩子喜欢阅读、爱上阅读、学会阅读，这对于培养孩子的阅读兴趣、阅读习惯、语言能力、智能、情感、社会认知等都具有非常大的影响，能够使他们受益终身。

知识窗

早期阅读，顾名思义，就是指学前期儿童的阅读。对于学前期幼儿来说，阅读是一个相当宽泛的概念，触摸书籍、听成人讲故事、自己复述故事、发表自己对故事的意见……都属于阅读的范畴，也是他们文字阅读的基础。可以说，所有有助于幼儿学习阅读的活动行为，都可以称为阅读。

一 早期阅读：为人生发展奠定基础

早期阅读，被人们称为“终身学习的基础，基础教育的灵魂”。“日本绘本之父”松居直针对早期阅读的作用说了这样一段话：“小小的种子进入幼儿的心灵后，在漫长的岁月历经各种经验与思索的过程中发芽、发展以及成长。”可见，早期阅读能够为一个人的一生发展奠定坚实的基础。

从“敏感期”理论来看，4.5~5.5 岁以前是幼儿的阅读敏感期。美国阅读专家乔治·史蒂文斯认为：教育史上危害最大的错误认识，即各种阅读教育都应当放到6岁以后进行。所以，抓住幼儿的阅读期进行引导，会对提升孩子的阅读能力起到事半功倍的效果。

2017年在中央电视台《中国诗词大会》栏目上勇夺冠军的武亦姝，2019年以613分（上海高考满分660分）被清华大学录取。大家惊叹于这个才女不凡的同时，也不约而同地去剖析她能取得如此成绩的原因。

小的时候，武亦姝跟许多孩子一样，不怎么爱学习，甚至有厌学的情况出现。

一个偶然的机会，爸爸带武亦姝去看望一位老朋友，发现人家的孩子特别喜欢读书。爸爸向朋友讨教教子“秘方”，朋友告诉他：根本没有培养。

原来，朋友家到处都是书，沙发上、茶几上、床头，甚至卫生间都散放着家人喜欢的书。没事时，家人随手拿起书读，并相互讨论，这成了大家的习惯。在这种氛围中，孩子耳濡目染，爱上了读书。

武亦姝爸爸很受启发，回家后从此远离了自己喜爱的棋牌和玩手机，开始带着武亦姝读名著、背诗词，一家三口经常玩诗词接龙的游戏；自编自演名著里的角色，玩角色游戏。

在父母的言传身教下，调皮捣蛋的武亦姝终于安静下来，逐渐爱上了阅读，走进了书籍的神圣殿堂，从古典名著到诗词歌赋，再到外文作品和杂志报纸，她孜孜不倦地汲取知识的琼浆。

腹有诗书气自华。大量的阅读积累，让武亦姝对古今中外的名诗名句能脱口而出。

日积月累的阅读，让她拥有了2000首诗词的惊人知识储备量，其文化课的学习成绩也直线上升，最终成了一位气质绝佳的才女。

在人类历史上，因勤奋读书而改变自己的命运，乃至改变国家、民族的命运，影响人类文明进程的事例犹如天上的繁星，数不胜数。他们的故事影响着、激励着一代又一代的人，而要认识他们，从他们身上汲取精神力量的最好办法仍是读书。

二 早期阅读对孩子全面发展的重要影响

对孩子而言，早期阅读是他们终身学习与发展的基础，对培养孩子的品德、语言能力、社会认知、逻辑思维能力、想象力、注意力等方面有积极的促进作用，有利于孩子的全面发展。

凡是优秀的天才，大都在年幼时便具备了良好的阅读能力，因此从小便应该尽量训练其阅读能力，将来才可能成为杰出的人才。

——格林都曼

婴幼儿看似随意的行为其实都是在为成人式的独立阅读做准备。

6个月的婴儿抓着一本书，咿咿呀呀地玩着，甚至在撕书。这是对书功能的认识。

父母一手抱着孩子，一手翻着一本图书，对孩子说："宝宝，你看，这是一条小狗。"孩子却只顾自己用小手拍着图画书，拍得越重越开心。这也是对书功能的认识。

看见大人坐在沙发上看报纸，孩子也拿起报纸，学着大人的样子，装模作样地看，但报纸却拿反了。这是对阅读行为的认识。

3岁的孩子与父母一起上街，看到自己认识的字，兴奋地说："妈妈，这是'一'，这是'儿'。"这是对字形与字音的对应。

孩子翻着电话簿，发现其中有好多个"李"字出现，他问妈妈："这里怎么都是我的姓？"这是字形与字义的对应。

（一）有利于良好道德品质的培养

3~6岁是幼儿萌发各种情感的重要时期。孩子在阅读中很容易对作品的主人公产生同情、怜悯、痛恨等态度，并伴随着感动、悲伤、喜悦等情绪体验，使孩子间接获得情感经历，帮助孩子学会情绪表达与控制，满足其好奇心，培养其同情心，使其树立起正确的是非观和道德观。例如，适合早期阅读的故事中，有教育孩子友爱谦让的《孔融让梨》、勤奋学习的《车胤囊萤》、尊老敬老的《张良拜师》、乐于助人的《老婆婆的枣树》、不要撒谎的《狼来了》、不吹牛的《爱吹牛的小花狗》，还有学会一心一意做事的《小猫钓鱼》、保护隐私的《不许摸我》等。孩子在倾听这些作品时，往往会随着故事情节的发展时爱时恨、时喜时悲，也会对主人公的优秀品质佩服得五体投地，或对主人公曲折的人生经历唏嘘不已。面对不同的角色，孩子们的心情会发生不同的变化，如对大灰狼的痛恨、对王后的憎恶、对狐狸的无奈等，这会在孩子幼小的心灵中激起层层情感的涟漪。

（二）有利于培养语言能力

幼儿阶段是语言能力发展的关键时期，早期阅读则对幼儿的语言能力发展有着直接的影响。看绘本、讲故事、背儿歌、读诗歌等，不管是哪一种形式的早期阅读，只要家长有意识地进行锻炼和培养，都会丰富孩子的词汇，让孩子学会正确使用句式，促进孩子口语表达能力的提高。有关研究表明，经历了早期阅读教育的儿童往往语言表达能力较强，早期阅读会逐渐引领着孩子的语言表达与思维同步。

（三）有利于培养阅读兴趣和习惯

绘本故事中，色彩鲜艳的图画、生动可爱的卡通形象、富有情趣的故事情节等，都对孩子具有非常强大的吸引力，能够激发孩子的阅读兴趣，让孩子喜欢阅读、爱上阅读、学会阅读。

心理学研究表明,幼儿的可塑性较大，容易“先入为主”。因此，幼儿时期是培养良好习惯的最佳时期，而且该时期形成的习惯也比较牢固，不易改变。通过早期阅读让孩子养成阅读的良好习惯，从小爱上阅读，养成积极的阅读态度，对孩子的终身学习具有重要的影响。

（四）有利于增进亲子感情

怎样使儿童喜欢书？是靠文字，还是靠画？ 松居直的回答是“靠耳朵” 。

早期阅读，主要是父母读给孩子听，以亲子共读的方式来完成。在父母读故事的时候，孩子依偎在父母怀抱里，感受着父母的体温和呼吸，一边倾听着父母熟悉、亲切、温柔的声音，一边用眼睛、手捕捉和探索书中的画面，不仅能享受到阅读带来的乐趣，而且能从阅读中感受到父母的爱，产生快乐的情绪。同时，为人父母者也能感受到孩子对自己深深的依恋，亲子之间弥漫着浓浓的亲情。

（五）有利于扩大人生视野

幼儿时期，孩子有着强烈的好奇心和求知欲，对生活中的一事一物都感到好奇，会不断向父母提出各种各样稀奇古怪的问题。此时，阅读是引领孩子认识世界的最好方式。

有人说，不读书的人只生活在现在，而读书人同时生活在三个时代——过去、现在和未来。你不可能走遍世界各地，但书籍可以把你带到地球的每个角落。通过阅读古今中外的故事，孩子能够了解社会发展的昨天、今天和未来，了解社会的方方面面，了解不同国度、不同民族、不同地域的风土人情，从而扩大自己的人生视野。

（六）有利于多种能力的发展

早期阅读，不仅能够促进孩子语言能力的发展，还能够促进孩子多种智能的发展。

意大利著名儿童教育家蒙台梭利说：“教孩子学习语言，实际上是帮他发展思维，提高认识客观世界的能力。”阅读可以促进孩子思维能力的发展：一是孩子能通过阅读图书感知具体、形象的知识，依靠想象和逻辑思维进行加工，进而理解画面的意义，丰

富并拓展自己的认知；二是通过阅读图书，孩子能发现问题、思考问题，对阅读中遇到的问题进行分析比较，发现矛盾，提出疑问，探究答案，提高思辨能力。

> 限制了幼儿的阅读能力，等于是在限制其智力的发展，相反的，培养其阅读的能力，可以有效地提高其智能测验的成绩。
>
> ——格林都曼

幼儿读物中富有韵味、朗朗上口的诗歌、儿歌，能够激发孩子学习音乐的兴趣，培养孩子的音乐感、节奏感，启迪和发展孩子的音乐艺术潜能。绘本里的图画都富含设计感和美感，接触不同的绘画风格，能够陶冶孩子的艺术情操，对孩子形成早期审美能力具有特别重要的意义。

孩子在阅读过程中，能通过故事里的人物行为学会交往，学会分享，学会同情，学会爱。例如，孩子阅读绘本《小羊和蝴蝶》，看到小羊很喜欢蝴蝶，但蝴蝶和小羊在生活习性上存在着方方面面的不同，小羊希望蝴蝶总是可以和他一起玩，能留下来陪自己。但是蝴蝶有自己要去的地方。这本绘本让孩子懂得了这样一个道理：世界上有千千万万种生活方式，认可和尊重他人，才是正确对待友情的方式。

三 让孩子爱上阅读的方法

阅读，是给孩子最好、最温馨的教育，是让孩子受用一生的好习惯。

（一）营造一个良好的家庭阅读氛围和环境

父母要让孩子爱上阅读，首先要为孩子营造一个良好的家庭阅读氛围和环境。

“身教重于言教。”阅读也是这样，父母的榜样作用是至关重要的。关于家庭阅读氛围对孩子阅读的影响，一位作家曾说过这样一段话：“阅读，那是父亲传承给我们的一种高尚良好亦难能可贵的‘家风’，这成为我们家庭的精神财富。”可见，父母营造一种读书的家庭氛围，形成一种阅读的家风，对孩子爱上阅读具有重要的意义。因此，家里要配备书房或书橱，并有一定数量的图书，营造出书香之气；在日常生活中，父母要热爱读书，喜欢阅读，经常在家里分享阅读的收获和乐趣，成为孩子的榜样，激起孩子想要阅读的强烈愿望。而孩子有了这种自发的动力，就会积极主动地投入到阅读中。

此外，家长还要为孩子创设阅读的环境。温馨、舒适的阅读环境是吸引孩子阅读的重要条件。父母可在环境整洁、舒适安静、光照适度、相对不易受干扰的地方为孩子建立阅读区或图书角，并配备适合孩子拿取图书的小书橱、小书架。有了适宜的环境，孩子就会在不知不觉中，从需要成人陪伴阅读向自主阅读转变，并会不断提高阅读兴趣。

（二）陪伴孩子一起阅读

亲子阅读又称亲子共读，是让孩子爱上阅读的最好的方式之一。有关阅读的研究和实践表明，亲子阅读开始的时间越早，父母与孩子在一起读书的时间越多，孩子的理解能力、写作能力、解决问题的能力就越强，知识面就越广。

父母陪伴孩子读完一个故事后，可以让他复述给自己听，这样不仅能增进亲子之间的感情，还能培养孩子的语言表达能力、想象力和思维能力。如果孩子表述得不完整，家长可以进行引导和补充，或者一起扮演故事中的角色进行对话。当父母和孩子共读一本书时，会让阅读变得更有趣，让孩子觉得读书是一件非常快乐的事情，进而更加热爱阅读，也更愿意自发地去阅读。

父母要坚持每天抽出时间和孩子进行亲子阅读。孩子的阅读兴趣和良好的阅读习惯不是一朝一夕能养成的，如果家长尝试一两次后发现孩子没兴趣就放弃了，那么孩子就很难养成阅读兴趣和阅读习惯。所以，父母要持之以恒地陪孩子进行大量阅读，而孩子将会回馈父母一个由量变到质变的惊人飞跃。

（三）选择孩子喜欢的故事和方式

要让孩子爱上阅读，一个重要的方法是选择孩子喜欢的故事和阅读方式。

家长要根据孩子年龄特点选择孩子喜欢的图书。只有符合孩子年龄特点和其理解能力的故事，孩子才会感兴趣。一般来讲，3 岁左右的孩子理解力有限，所以应选择贴近孩子生活的，关于生活常识、行为规范的故事书。随着孩子理解能力和思维能力的提高，故事内容可渐趋多元化，如关于思想品德、革命历史传统、自然科学常识等方面的故事。父母在为孩子挑选图书时，应该根据孩子的喜好和需求，选择孩子能够看得懂的书籍。家长还可以带孩子一起去选购图书，多听听孩子的想法，在此基础上再判断是否购买。

3~6 岁孩子以形象思维为主，好奇、好动、富有幻想，且注意力十分短暂又很容易走神，因此，家长给孩子讲故事时一定要用孩子喜欢的方式吸引孩子，才能发挥阅读的教育效应。例如，父母讲故事时要绘声绘色，把故事中人物的动作、思想感情等通过手势、声调和面部表情表达出来；讲述人物对话时，要根据故事中人物特有的年龄、身份、性格来变换语气；父母还可以和孩子一起扮演故事中的角色，边讲边演。家长可以选择临睡前给孩子讲故事，因为此时，正是大脑神经和小脑神经交替工作的时候，是孩子一天中精神状态最稳定、最平静的时候，在这段时间给孩子讲一些美丽的、欢乐的及培养情感的故事，孩子会很喜欢听。

（四）在阅读中培养兴趣和习惯

幼儿的无意注意的特点决定了幼儿认识事物的内部驱动力是兴趣，所以幼儿对感兴趣的东西学得快、记得牢；对不感兴趣的事物，即使家长、老师重复多遍，也留不下深刻的印象。孔子也曾说过："知之者不如好之者，好之者不如乐之者。"激发孩子阅读兴趣，把阅读活动建立在孩子的兴趣上，并将早期阅读教育融入孩子所喜爱的故事中，孩子自然会对阅读产生兴趣。在培养兴趣的基础上，引导孩子养成想阅读、爱阅读、会阅读的良好习惯，为孩子未来读书学习打下良好的基础，让孩子终身受益。

信息链接

父母应教导孩子养成良好的阅读习惯。

1.爱护图书的习惯

一些孩子在看书时没有养成良好的阅读习惯，总是把书卷成“望远镜”或者撕扯书页，损坏图书。家长要有意识地引导幼儿爱护图书，养成好习惯。

2.正确取放图书的习惯

家长要引导孩子学会如何取放图书，在阅读前可以先让孩子观看书架上摆好的图书，然后给孩子示范如何取书、还书，并让孩子自主练习。每次进行阅读活动时，家长都要让孩子自己规范地取书、还书。

3.良好的看书习惯

家长要教育孩子，看书时要看完一本再拿一本，不与别人争抢图书；看书时不能大声说话，以免影响他人。

4.使用正确方法进行阅读的习惯

在进行亲子阅读时，家长可以先引导孩子认识书的封面、封底，告诉孩子看书时应按顺序，一页一页地向后翻。

5.专心致志读书的好习惯

看书时要全神贯注，不边看边玩，不因外界干扰而分心等。

6.适度用眼的好习惯

如不在强光下、光暗处、车上，及不躺在床上看书看报；看书时眼离读物1尺，看书1小时后注意休息等。

（五）培养孩子的自主阅读能力

自主阅读是孩子独立阅读的标志，能为孩子的一生阅读打下坚实的基础。父母应如何培养孩子的自主阅读能力呢？

一是引导孩子从依赖亲子阅读慢慢转入独立阅读。随着孩子慢慢长大和阅读量的提高，父母要引导孩子从亲子共读渐渐向自主阅读过渡，可以让孩子自己阅读父母读过的绘本，然后讲给爸爸妈妈听；还可以让孩子自己看一些能看懂的绘本，然后让孩子有顺序、完整地复述一遍故事等。

二是鼓励孩子自主阅读，大胆讲述。在引导孩子进行自主阅读时，父母要多鼓励孩子大胆地讲述书中的内容。孩子讲错了也没关系，家长温和地纠正就可以了，切莫因为一点小错误就进行批评。家长要对孩子一点一滴的小进步给予表扬与赞赏，鼓励孩子大胆讲述，让孩子从内心真正地爱上阅读，并转化为自主阅读的动力。例如，孩子阅读完一本书或一个故事后，可以鼓励孩子讲给爸爸妈妈听，讲给幼儿园的小伙伴听，或是积极参加幼儿园的讲故事比赛活动等，这样不仅能提高孩子的阅读兴趣，而且还会增强孩子的自豪感。

三是由浅入深进行分级阅读。为避免孩子在阅读上遇到太大的困难，防止孩子产生畏难情绪和挫败感，父母要针对孩子的能力选择相应的图书。例如，孩子小的时候，可以先让孩子阅读无字图画书，孩子在阅读中不会产生文字障碍；随着孩子年龄的增长，在以图画阅读为主的前提下，为孩子选择图文并茂的图书，文字可以从几个字、一句话，逐渐扩展到一段话。

四是把买书权和选书权交给孩子，让孩子自主选择和购买自己喜欢的图书。这样，一方面孩子能够阅读到自己喜欢的图书，有自己做主的自豪感；另一方面，孩子还会产生阅读的责任感，即自己选择的图书要认真去阅读。

另外，在孩子自主阅读的过程中，父母还要注意培养孩子的专注力、泛读能力和精读能力，让孩子读得快、读得精、读得好，提高孩子的综合阅读能力。

专家点评

阅读是幼儿认知的一种重要形式，是他们认识世界和探索世界的一种重要手段。因此，充分理解幼儿阅读的重要意义，有效实施相关的举措，提升幼儿的早期阅读能力，在幼儿教育改革中显得尤为重要。我们应注意为孩子营造良好的阅读环境，激发孩子的阅读兴趣，积极培养孩子早期阅读的技巧和能力，为他们的终身学习打下良好的基础。

问题与思考

1. 阅读对于孩子学习与发展有哪些重要意义？请您结合自己的成长经历进行探讨。

2. 为什么要把培养孩子的阅读兴趣和良好阅读习惯作为早期阅读的重点？

亲子阅读的10种方法

亲子阅读，就是以阅读为纽带，亲子共享阅读乐趣，增进感情，让孩子爱读、会读、乐读。

要让亲子阅读达到应有的教育效果，父母就必须掌握亲子阅读的正确方法。

1. 声情并茂听读法

由于孩子年龄小，不认识故事书中的文字，也不知怎样观察图片，无法理解书中所讲的内容，所以需要家长用自己的情绪感染孩子，抑扬顿挫、饶有兴致地朗读给孩子听，引导孩子边听边看书中的图片，让孩子在听觉和视觉的感受中理解故事。这种方法可以集中孩子的注意力，诱发孩子的阅读兴趣，丰富词汇、激发想象、萌发情感、拓宽视野，使孩子逐渐领悟语句结构和词意神韵，为孩子今后的广泛阅读打下基础。

2. 边讲边议提问法

阅读过程中，父母可一边给孩子讲述内容一边提问，引导孩子观察书中图片，在边问、边看、边答中逐步理解故事内容。这样可以促进亲子间的情感交融，激发孩子对阅读活动的兴趣，提高孩子的感受能力和理解能力，帮助孩子掌握有序翻阅等基本阅读技能。

但家长要切记，不可强迫孩子说出答案，提的问题要重在提示和引导，否则可能会让孩子在阅读中产生压力，反而会厌倦读书。

3. 模仿角色演讲法

为了增强孩子的阅读兴趣，父母可模仿故事中的角色，绘声绘色地进行表演；也可以引导孩子扮演故事中自己喜欢的角色，父母和孩子边讲边演。这一方法，一是可以大大增强孩子对阅读活动的兴趣，提高幼儿的语言、动作表达能力，加深对阅读材料的理解；二是可以帮助孩子走进故事中，拉近故事与孩子的距离；三是可以让孩子在长时间阅读中不感到疲倦；四是有利于家长与孩子之间建立民主、平等的关系。

4. 转换角色移情法

父母在给孩子讲故事时，可以让孩子作为故事中的某一个角色去思考问题，找出解决问题的办法。例如，家长可以问孩子："如果你是小红帽，碰到大灰狼你会怎么办？"这样可以帮助孩子加深对角色的处境、心情、愿望等的感知和理解，培养孩子的移情能力、思考和解决问题的能力。

5. 大胆创新改编法

每次读完一个故事后，父母可引导孩子大胆创新改编故事。例如，父母讲完《小动物过河》这个故事后，可引导孩子进行改编："除了请大象伯伯把小动物背过河这个办法，你还能想到什么办法？想得越多越好。"这种做法有利于拓宽孩子的思路，培养孩子遇到问题想出多个方法的发散思维，提高孩子的创新能力。家长要注意呵护孩子的创造欲，如果孩子的改编不合情理，家长不可武断否定，可以用讨论的语气和孩子一起探究，保护孩子的想象力。

6. 情节延伸想象法

在亲子共读中，家长可以引导孩子根据故事情节大胆猜想可能发生的事情。例如，父母讲出故事的开头后，可以让孩子猜猜故事的情节发展和结尾等。这样做有利于提高孩子的想象力及思维的连续性，培养创造性思维；使孩子体验到成功的乐趣，激发幼儿继续阅读的兴趣，满足其追求完满的心理需求；提高运用语言的能力，增强孩子的自信心。孩子进行延伸想象时，家长切忌强制要求孩子应怎样，以免打击孩子的积极性。

7. 故意装傻诱导法

在亲子阅读中，父母不要成为高高在上的全能者、全知者，这样会削弱孩子的自主性和自信心。有时候为了引导孩子，父母可故意装傻、装呆。例如，故意漏讲、错讲故事名称或情节，或说自己看不懂，让孩子主动为自己讲解。再如，假装提出一些自己不懂的问题请教孩子。在这样的阅读指导中，亲子间容易建立起民主平等的关系，也会增强孩子的自信心。

8. 角色表演游戏法

父母和孩子共同阅读绘本之后，可以和孩子一起分角色进行表演。例如，读完《小兔乖乖》后，父母和孩子分别扮演“妈妈”“小兔”“大灰狼”，一边讲述一边表演，这样既是对阅读内容的再认识，引发孩子再次阅读的兴趣；又可以在表演中优化亲子关系。

9. 自主学习阅读法

孩子 5 岁后，父母可以完全放手让孩子自主阅读。孩子看完一个故事后，父母可以让孩子给自己讲一讲这个故事，这样，既能强化孩子对故事的理解和记忆，提高讲述表达能力，又可以密切亲子感情。另外，在自主阅读中，孩子的自主性、自律能力及独立阅读能力都会得到提升，逐步养成良好的阅读习惯。

10. 日常随机引导法

在日常生活中，家长要及时抓住指导早期阅读的契机。例如，孩子在生活中出现这样那样的问题时，家长不要着急，可以留心找一找有没有相关的绘本故事，通过阅读引导孩子解决问题。例如，孩子缺乏爱心，经常以自我为中心，父母可以和孩子一起阅读《石头汤》；孩子怕黑不敢一个人睡觉，可以一起读读《床底下》或《胆小的老鼠》等。阅读中潜移默化的教育不仅更具实效性，还可以激发孩子的求知欲，培养其洞察力，使孩子形成良好的道德品质。

专题十　仪式感：培养孩子的幸福感

我们父母对孩子的最大期望是什么？有的父母希望孩子身体健康，有的父母希望孩子考上名牌大学，还有的父母希望孩子事业有成……针对这个问题，父母们会给出无数个答案。

但有一个答案，相信是所有父母对孩子的共同期盼，那就是希望孩子生活得幸福快乐。

如何让孩子生活得幸福快乐呢？

很重要的一点，就是我们父母要用心对待生活，赋予生活一种仪式感，让孩子体验到生活的乐趣。

仪式，举行典礼的程序、形式，如升旗仪式、结婚仪式、奠基仪式等。

仪式感：指人们对某一时间段内发生的特定事件用某种仪式来赋予其特殊的意义，以及在仪式之中所产生的庄重、敬畏、幸福等情感。

一　仪式感：让生活有滋有味

什么是生活的仪式感？通俗地讲，就是我们对待生活的一种认真、尊重、敬畏且热爱的态度，指用心去完成一件事，把本来单调普通的生活经营得有滋有味，给人一种生活的幸福感。

为什么生活需要仪式感？《小王子》里的一句话解释得特别精彩：“它就是使某一天与其他日子不同，使某一时刻与其他时刻不同。”

有了仪式感的生活，会让人们用心对待生活中那些看似平凡的小事，使本来平淡的生活变得富有意义和情趣，从而让孩子敬畏生活、尊重生活。

著名作家柳青说过这样一句名言："人生的道路虽然漫长，但紧要处常常只有几步，特别是当人年轻的时候。"是的，在漫长的人生道路上，一些关键事件会对一个人产生重大的影响。在我人生的道路上，有一件事让我终生难忘，并指引着我一路前行——那就是学校举办的成人仪式。

十八而志、大任始承，云天万里、奋翅高飞。2022 年 5 月 4 日上午，学校在体育场为高三学生举办了盛大的成人仪式。

成人仪式第一项，升国旗、奏国歌。学生、教师、家长全体起立，面向国旗肃立致敬，行注目礼。在嘹亮的国歌中，国旗冉冉升起，拉开了成人仪式的帷幕。

成人仪式第二项，鸣放礼炮、放飞气球。国歌奏唱完毕后，礼炮轰鸣，喷射出绚丽的彩带；同学们手中的气球也伴随着礼炮的声音一起飞向天空，放飞着我们 18 岁的梦想。

成人仪式第三项，校长致辞。校长寄语我们：一要敢担当，用青春守护家国；二要练本领，用青春武装自我；三要知敬畏，用青春践行感恩；四要勤奋斗，用青春铸就幸福；五要有理想，用青春创造未来。

成人仪式第四项，佩戴成人徽章。伴随着轻快的音乐，学校领导、老师逐一为我们佩戴成人徽章，并送上了一份特别的礼物——《宪法》。老师告诉我们，成长不仅是年岁的增长，更是敢于承担责任的勇气。

让我最激动、最动心、最难忘的是走过成人门这一环节。在老师的见证下，我们和父母携手一起走过成人门，然后交换书信。阅读完手中的信后，大家都眼含泪水。在信中，父母写下了平时说不出口的话，让我们理解了他们的用心良苦；我们也把平时羞于言表的情感倾诉了出来。最后，每个人都忍不住了，任凭泪水往下流，我们和父母紧紧相拥在一起……

长大，第一次这么隆重、正式地认识了这个词语。以前，我希望自己快快长大，但总感觉长大离我还很远。经历了这个具有仪式感的成人礼，我瞬间感觉自己已经长大了。

成人礼给我带来了勇气、力量和责任。对父母的爱，对老师的感恩，对社会的责任，这些需要我更加努力，用更多的力量，脚踏实地向下扎根、向上生长，迈进理想的大学。我将扛起肩上的责任，设定目标，树立榜样，向更好的自己踔厉奋发，砥砺前行。

成人礼，虽然只是短暂的一刻，但让我永远铭记。

学校举办的成人礼，让这位同学终生难忘，并从中参悟出成人的意义。这就是仪式感的作用。

二 仪式感对孩子成长的重要价值

在日常生活中，培养孩子的仪式感，对孩子的成长十分重要。

（一）让孩子认真对待和敬畏生活

一位心理专家指出，一个人正常的身心成长需要一定的仪式感。仪式感是一种强烈的自我暗示——暗示自我必须要认真地去对待这件事，让自己的注意力更集中、更认真、更用心；仪式感，把本来单调普通的事情变得不一样，让人对此怀有敬畏之心；仪式感，让人在平淡无聊的生活中，找到一种新的方式，度过无趣的日子。

网上有一段视频非常感人：一位迟到的小学生正冒雨跑向教室，此时国歌响起，他立刻站好，面向国旗敬礼，一直到国歌结束，才继续往前跑。

在音乐之都奥地利，父母带孩子去听音乐会之前，大家都会穿上礼服，了解音乐会仪式等。这种重视、认真、敬畏的仪式感，能够让孩子们意识到这场音乐会的重要性，听的时候才会更加集中注意力，进而调整自己的言谈举止，融入音乐会中去。

2019 年 8 月 21 日，是汕头大学商学院 2019 级新生报到的日子。学校纪委书记冯兴雷在校门口隆重迎接了一位徒步 1300 千米来报到的新生——卢悦。

在卢悦高考前，父亲卢庆丰就与她约定：“如果你考上大学，不管在哪儿，我们都一起徒步去报到。”卢悦满口答应。

卢悦家住湖南省益阳市桃江县卢家村，她以优异的成绩被汕头大学商学院市场营销专业录取后，面对 1300 千米的距离，父亲毫不犹豫，说走就走，陪着卢悦，还带上 11 周岁的女儿卢珺一起，于 7 月 27 日出发，开始了体验“红色之路”“徒步报到”的艰苦旅程。

其实，这场“说走就走的红色旅行”，父亲也是经过深思熟虑才决定的。他深知徒步千里之艰险，但也清楚卢悦的身体素质和毅力，深信她愿意挑战也能做得到。他认为，让卢悦用脚步丈量大好河山，不仅能让她接受革命历史和优良传统的教育，感受红色文化的精神，而且可以锻炼女儿的意志力，并能提升她应急处事的能力。

起初，卢悦妈妈担心，1300 千米的路程，妹妹年龄尚小，能否坚持是一个问题。可调皮的两姐妹异口同声说：“苦不苦，想想长征两万五；累不累，想想革命老前辈！”“长征”还没开始，她们就学到红军精神了。

3 人、26 天、1300 千米，这是卢悦的具有仪式感的报到。冯兴雷见到卢庆丰时，夸他做得好：“这次徒步到汕大是一次让人感动的行动。这对卢悦同学以及她的小妹妹以后的学习和生活将起到积极的影响。您通过这样的方式给卢悦同学上了大学第一课。”

可见，仪式感的意义，就在于用庄重、认真、敬畏的态度，去对待生活中的每一个特殊时刻。

（二）培养孩子爱的情感

生活中处处存在仪式感。仪式感并不需要多么复杂，也并非需要多少物质条件做基础，它更多地体现在我们对生活的尊重和热爱之中。一顿营养美味的早餐，餐桌上的一束鲜花，孩子过生日的时候送上的祝福，每天上学之前的一个大大的拥抱，开学前的新书包，春节时的新衣服……这些都能赋予孩子生活的仪式感，将平常难以言说的情感表达出来，增进家人之间的情感联结和家庭凝聚力，培养孩子爱父母、爱家人、爱生活的情感；也为孩子注入勇气，增强儿童的自信心和自我认同感；给儿童的成长留下一个个里程碑，成为其日后独自生活的坚实基础。

名人名言

一个深广的心灵总是把兴趣的领域推广到无数事物上。

——黑格尔

（三）让孩子更热爱生活

孩子的童年需要“四种营养”：安全感、存在感、成就感和幸福感，生活的仪式感蕴含着这“四种营养”。

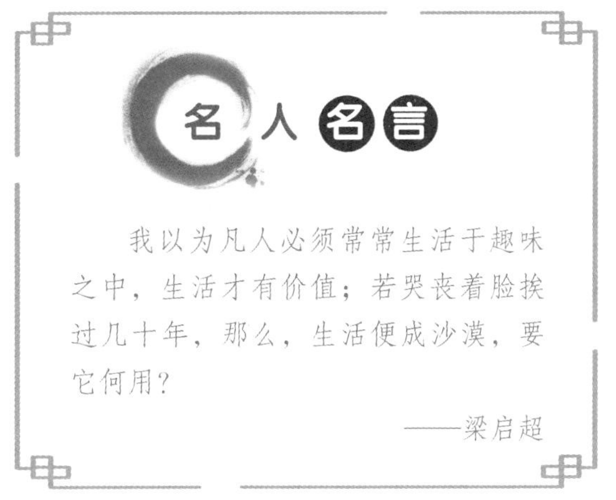

德国作家洛蕾利斯在《我们为什么需要仪式》一书中曾说：“有仪式感的人生，才使我们切切实实有了存在感。”

仪式感让人对过去的日子留恋难忘，对未来的生活充满期待。例如春节放鞭炮、贴春联、看花灯，除了是对民俗文化的传承，更是人们对美好生活的热爱和期盼。

这些具有仪式感的活动不仅贴合儿童的兴趣，还会给孩子创造美好的童年记忆，让孩子体会到安全感、存在感、成就感和幸福感。这些美好记忆会潜移默化地影响孩子的成长，使孩子更加热爱生活，对未来的美好生活更加期待。

（四）培养孩子的感恩之心

我国传统节日的仪式和活动，贯彻着对孩子的敬老爱老、感恩父母等教育，中华民族传统孝道文化正是通过这些富有仪式感的节日来代代相传。例如，重阳节可以让孩子给家里的长辈洗发、洗脚等，这种节日仪式，有助于培养孩子的感恩之心。

（五）有助于孩子建立目标感

生活仪式感，体现了生活从一个阶段向新阶段的过渡。培养孩子的生活仪式感，有利于孩子体验时间的流逝和理解不同阶段应承担的责任，会让孩子对未来发展有一个清晰的目标。父母要注意根据孩子成长的不同阶段举办相应的仪式，因势利导地教育孩子在新的成长阶段建立新的奋斗目标。例如，孩子上幼儿园了，家长可以举行一个“我上幼儿园了”的小仪式，和孩子约定在幼儿园学习和发展的目标。再如，儿童节要到了，家长可以和孩子商定，今年的儿童节参加绘画展，下一个儿童节参加诗朗诵等，通过一个个阶段性成长目标，鼓励孩子一步步向着目标慢慢努力。

综上所述，仪式感可以让日常平淡的生活富有乐趣，让孩子生活得更加快乐。

三 如何发挥仪式感的教育价值？

父母在日常生活中如何发挥仪式感的教育价值呢？应注意做好以下几点。

（一）父母要强化生活的仪式感

有些父母认为仪式感太虚，节日、仪式等都是一种形式，没有什么实际意义；还有一些父母只注重仪式的形式和礼物等，而忽视了仪式的内在教育价值。这些想法、做法都是错误的。

仪式不仅仅是形式，其中还蕴含着丰富的思想文化内涵，特别是对孩子具有重要的教育价值。因此，家长在培养孩子生活仪式感的过程中，既要重视仪式的形式，强化仪式感；又要重视其文化意义，发挥教育价值。

信息链接

仪式感不仅仅存在于盛大的节日、庆典之中，平淡的生活中也可以有仪式感。

1.个人成长仪式

个人成长仪式，指在一个人成长过程中的各个节点和值得纪念的日子里举办的仪式。

出生、入园、上学、毕业、工作、生日、结婚等重要的人生节点，都是一个人从一个阶段向另一个新阶段的转换，应该被赋予特殊的仪式和意义。

每一个人在生活中都有值得庆贺、纪念的日子和事情，如在幼儿园作为护旗手参加了升旗仪式、绘画获奖、做了一件助人为乐的好事等。

2.家庭生活仪式

家庭生活仪式，是指日常生活中，一个家庭为值得庆贺和纪念的日子、事情所举行的仪式。在重要的日子举办庆祝仪式，看似无用，却是家庭幸福的秘籍。这些仪式将大家紧紧地联系在一起，家人可以将平常难以言说的情感表达出来，彼此接纳、认可，并从中获得力量。

除此以外，家长还可以对日常生活中的小事赋予仪式感，例如，用餐的仪式感、上学的仪式感等。

3.传统节日仪式

古人创造了十分完整又严格的节俗，如仪式、庆典、规制、禁忌，乃至特定的游艺、装饰与食品等，人们还把共同的生活理想、人间愿望与审美追求融入节日内涵与仪式中。仪式对于维持和传承一种文化十分重要，某种程度上，文化里的价值观就是靠仪式来传递和巩固的，它是传统文化凝聚和传承的一个核心。

4.政治节日仪式

政治节日仪式，蕴含着丰富的文化内涵和教育意义，具有很强的教育功能，是伸张民族尊严的载体，对于培养公民民族自信心和爱国主义情怀，增强民族凝聚力，促进主流意识形态的正面引领作用等，发挥着重要作用。

一是要借助重大节日培养孩子的仪式感。例如，春节、儿童节时，父母要以认真的态度对待，营造出浓浓的节日氛围，并让孩子积极参与，以此培养孩子的生活仪式感。二是在平淡的日常生活中营造出富有情趣、快乐的仪式感。例如，餐前可以和孩子一起整理餐桌，将餐具摆放整齐，全家一起就座后才能开始就餐；每天晚上睡觉前必须洗脸刷牙，换上干净的睡衣才可以睡觉，父母还可以陪伴孩子听一首助眠的儿歌、故事等。

（二）注重对孩子礼仪的培养

仪式感往往是建立在“仪式”“礼仪”基础之上的。因此，培养孩子的仪式感，家长还要注意对孩子的礼仪教育，通过日常礼仪让孩子慢慢建立仪式感。培养孩子的礼仪习惯，要注意以下几个方面。

1. 家庭礼仪教育：让孩子学会问候家人、亲人，如敬老爱幼、主动问好、关心家人等。

2. 服饰礼仪教育：教育孩子日常穿着要合体、适时、整洁、大方等。

3. 学校礼仪教育：教育孩子在学校见了老师、同学要主动问好，升旗仪式上要严肃认真等。

4. 交友礼仪教育：教育孩子与朋友交往时要礼让他人，与小朋友不争不抢，讲信用，不欺骗他人，借小朋友的东西要主动归还等。

5. 社交礼仪教育：教育孩子要乐于助人，学会赞美他人，注意礼貌，常说“请”“谢谢”“对不起”。

（三）用仪式感给孩子留难忘的回忆

培养孩子的生活仪式感，最好的途径是对孩子成长过程中重要的日子和事件赋予特殊的仪式和意义，给孩子留下难忘的回忆。例如，给孩子庆祝生日时，可以给孩子挑选新玩具，让孩子戴上生日帽吹蜡烛等，强化孩子的生日仪式感，让孩子感受父母的爱，体验生活的快乐和幸福。

（四）让孩子积极参与和创造生活中的仪式

对于孩子学习和生活中的相关仪式活动，例如升旗仪式、毕业典礼、同学生日聚会、庆祝节日活动等，父母要支持孩子积极参加，在活动中培养孩子的仪式感。

家长还要引导孩子为生活中的重要日子和事情设计庆祝或纪念活动，这样既能培养孩子的仪式感，又开发了孩子的想象力和创造力。例如，爸爸妈妈过生日，让孩子设计一个别开生面的庆祝仪式；孩子毕业了，让孩子为自己设计一个独具特色的庆祝活动等。

孩子积极参与和创造仪式活动，会让孩子体验到生活的乐趣，更加热爱生活、享受生活。

专家点评

美好的生活不仅仅是指富裕的物质生活，更重要的是充实的精神生活。如何让我们的生活有滋有味、不枯燥、不乏味？这就离不开生活的仪式感。仪式感给我们的生活注入了特殊的体验和记忆，让我们更加认真地对待生活、敬畏生活，从中感悟到生活的真谛和幸福，充满对生活的热爱和对未来的向往。因此，在日常生活中，父母要注意通过仪式给一些特殊的日子赋予特殊的意义，培养孩子的仪式感，让孩子热爱生活，体验生活的幸福和快乐。

问题与思考

1. 您认为，培养生活仪式感对孩子的成长有哪些积极的影响？

2. 请您说一说，怎样在日常生活中培养孩子的仪式感？

3~6 岁儿童学习与发展指南

中华人民共和国教育部

说 明

一、为深入贯彻《国家中长期教育改革和发展规划纲要（2010—2020 年）》和《国务院关于当前发展学前教育的若干意见》（国发〔2010〕41 号），指导幼儿园和家庭实施科学的保育和教育，促进幼儿身心全面和谐发展，制定《3~6 岁儿童学习与发展指南》（以下简称《指南》）。

二、《指南》以为幼儿后继学习和终身发展奠定良好素质基础为目标，以促进幼儿体、智、德、美各方面的协调发展为核心，通过提出 3~6 岁各年龄段儿童学习与发展目标和相应的教育建议，帮助幼儿园教师和家长了解 3~6 岁幼儿学习与发展的基本规律和特点，建立对幼儿发展的合理期望，实施科学的保育和教育，让幼儿度过快乐而有意义的童年。

三、《指南》从健康、语言、社会、科学、艺术五个领域描述幼儿的学习与发展。每个领域按照幼儿学习与发展最基本、最重要的内容划分为若干方面。每个方面由学习与发展目标和教育建议两部分组成。

目标部分分别对 3~4 岁、4~5 岁、5~6 岁三个年龄段末期幼儿应该知道什么、能做什么、大致可以达到什么发展水平提出了合理期望，指明了幼儿学习与发展的具体方向；教育建议部分列举了一些能够有效帮助和促进幼儿学习与发展的教育途径与方法。

四、实施《指南》应把握以下几个方面：

1. 关注幼儿学习与发展的整体性。儿童的发展是一个整体，要注重领域之间、目标之间的相互渗透和整合，促进幼儿身心全面协调发展，而不应片面追求某一

方面或几方面的发展。

2. 尊重幼儿发展的个体差异。幼儿的发展是一个持续、渐进的过程，同时也表现出一定的阶段性特征。每个幼儿在沿着相似进程发展的过程中，各自的发展速度和到达某一水平的时间不完全相同。要充分理解和尊重幼儿发展进程中的个别差异，支持和引导他们从原有水平向更高水平发展，按照自身的速度和方式到达《指南》所呈现的发展“阶梯”，切忌用一把“尺子”衡量所有幼儿。

3. 理解幼儿的学习方式和特点。幼儿的学习是以直接经验为基础，在游戏和日常生活中进行的。要珍视游戏和生活的独特价值，创设丰富的教育环境，合理安排一日生活，最大限度地支持和满足幼儿通过直接感知、实际操作和亲身体验获取经验的需要，严禁“拔苗助长”式的超前教育和强化训练。

4. 重视幼儿的学习品质。幼儿在活动过程中表现出的积极态度和良好行为倾向是终身学习与发展所必需的宝贵品质。要充分尊重和保护幼儿的好奇心和学习兴趣，帮助幼儿逐步养成积极主动、认真专注、不怕困难、敢于探究和尝试、乐于想象和创造等良好学习品质。忽视幼儿学习品质培养，单纯追求知识技能学习的做法是短视而有害的。

一、健康

健康是指人在身体、心理和社会适应方面的良好状态。幼儿阶段是儿童身体发育和机能发展极为迅速的时期，也是形成安全感和乐观态度的重要阶段。发育良好的身体、愉快的情绪、强健的体质、协调的动作、良好的生活习惯和基本生活能力是幼儿身心健康的重要标志，也是其他领域学习与发展的基础。

为有效促进幼儿身心健康发展，成人应为幼儿提供合理均衡的营养，保证充足的睡眠和适宜的锻炼，满足幼儿生长发育的需要；创设温馨的人际环境，让幼儿充分感受到亲情和关爱，形成积极稳定的情绪情感；帮助幼儿养成良好的生活与卫生习惯，提高自我保护能力，形成使其终身受益的生活能力和文明生活方式。

幼儿身心发育尚未成熟，需要成人的精心呵护和照顾，但不宜过度保护和包

办代替，以免剥夺幼儿自主学习的机会，养成过于依赖的不良习惯，影响其主动性、独立性的发展。

（一）身心状况

目标 1 具有健康的体态

3~4 岁	4~5 岁	5~6 岁
1. 身高和体重适宜。 参考标准 男孩： 身高 94.9~111.7 cm 体重 12.7~21.2 kg 女孩： 身高 94.1~111.3 cm 体重 12.3~21.5 kg 2. 在提醒下能自然坐直、站直。	1. 身高和体重适宜。 参考标准 男孩： 身高 100.7~119.2 cm 体重 14.1~24.2 kg 女孩： 身高 99.9~118.9 cm 体重 13.7~24.9 kg 2. 在提醒下能保持正确的站、坐和行走姿势。	1. 身高和体重适宜。 参考标准 男孩： 身高 106.1~125.8 cm 体重 15.9~27.1 kg 女孩： 身高 104.9~125.4 cm 体重 15.3~27.8 kg 2. 经常保持正确的站、坐和行走姿势。

注：身高和体重数据源自《2006 年世界卫生组织儿童生长标准》4、5、6 周岁儿童身高和体重的参考数据。

教育建议：

1. 为幼儿提供营养丰富、健康的饮食。如：

参照《中国孕期、哺乳期妇女和 0~6 岁儿童膳食指南》，为幼儿提供谷物、蔬菜、水果、肉、奶、蛋、豆制品等多样化的食物，均衡搭配。

烹调方式要科学，尽量少煎炸、烧烤、腌制。

2. 保证幼儿每天睡 11~12 小时，其中午睡一般应达到 2 小时左右。午睡时间可根据幼儿的年龄、季节的变化和个体差异适当减少。

3. 注意幼儿的体态，帮助他们形成正确的姿势。如：

提醒幼儿要保持正确的站、坐、走姿势；发现有八字脚、罗圈腿、驼背等骨骼发育异常的情况，应及时就医矫治。

桌、椅和床要合适。椅子的高度以幼儿写画时双脚能自然着地、大腿基本保持水平状为宜；桌子的高度以写画时身体能坐直，不驼背、不耸肩为宜；床不宜过软。

4. 每年为幼儿进行健康检查。

目标 2　情绪安定愉快

3~4 岁	4~5 岁	5~6 岁
1. 情绪比较稳定，很少因一点小事哭闹不止。 2. 有比较强烈的情绪反应时，能在成人的安抚下逐渐平静下来。	1. 经常保持愉快的情绪，不高兴时能较快缓解。 2. 有比较强烈的情绪反应时，能在成人的提醒下逐渐平静下来。 3. 愿意把自己的情绪告诉亲近的人，一起分享快乐或求得安慰。	1. 经常保持愉快的情绪。知道引起自己某种情绪的原因，并努力缓解。 2. 表达情绪的方式比较适度，不乱发脾气。 3. 能随着活动的需要转换情绪和注意力。

教育建议：

1. 营造温暖、轻松的心理环境，让幼儿形成安全感和信赖感。如：

保持良好的情绪状态，以积极、愉快的情绪影响幼儿。

以欣赏的态度对待幼儿。注意发现幼儿的优点，接纳他们的个体差异，不简单与同伴做横向比较。

幼儿做错事时要冷静处理，不厉声斥责，更不能打骂。

2. 帮助幼儿学会恰当表达和调控情绪。

成人用恰当的方式表达情绪，为幼儿做出榜样。如：生气时不乱发脾气，不迁怒于人。

成人和幼儿一起谈论自己高兴或生气的事，鼓励幼儿与人分享自己的情绪。

允许幼儿表达自己的情绪，并给予适当的引导。如：幼儿发脾气时不硬性压制，等其平静后告诉他什么行为是可以接受的。

发现幼儿不高兴时，主动询问情况，帮助他们化解消极情绪。

目标 3　具有一定的适应能力

3~4 岁	4~5 岁	5~6 岁
1. 能在较热或较冷的户外环境中活动。 2. 换新环境时情绪能较快稳定，睡眠、饮食基本正常。 3. 在帮助下能较快适应集体生活。	1. 能在较热或较冷的户外环境中连续活动半小时左右。 2. 换新环境时较少出现身体不适。 3. 能较快适应人际环境中发生的变化。如：换了新老师能较快适应。	1. 能在较热或较冷的户外环境中连续活动半小时以上。 2. 天气变化时较少感冒，能适应车、船等交通工具造成的轻微颠簸。 3. 能较快融入新的人际关系环境。如：换了新的幼儿园或班级能较快适应。

教育建议：

1. 保证幼儿的户外活动时间，提高幼儿适应季节变化的能力。

幼儿每天的户外活动时间一般不少于 2 小时，其中体育活动时间不少于 1 小时，季节交替时要坚持。

气温过热或过冷的季节或地区应因地制宜，选择温度适当的时间段开展户外活动，也可根据气温的变化和幼儿的个体差异，适当减少活动的时间。

2. 经常与幼儿玩拉手转圈、秋千、转椅等游戏活动，让幼儿适应轻微的摆动、颠簸、旋转，促进其平衡机能的发展。

3. 锻炼幼儿适应生活环境变化的能力。如：

注意观察幼儿在新环境中的饮食、睡眠、游戏等方面的情况，采取相应的措施帮助他们尽快适应新环境。

经常带幼儿接触不同的人际环境，如参加亲戚朋友聚会，多和不熟悉的小朋友玩，使幼儿较快适应新的人际关系。

（二）动作发展

目标 1　具有一定的平衡能力，动作协调、灵敏

3~4 岁	4~5 岁	5~6 岁
1. 能沿地面直线或在较窄的低矮物体上走一段距离。 2. 能双脚灵活交替上下楼梯。 3. 能身体平稳地双脚连续向前跳。 4. 分散跑时能躲避他人的碰撞。 5. 能双手向上抛球。	1. 能在较窄的低矮物体上平稳地走一段距离。 2. 能以匍匐、膝盖悬空等多种方式钻爬。 3. 能助跑跨跳过一定距离，或助跑跨跳过一定高度的物体。 4. 能与他人玩追逐、躲闪跑的游戏。 5. 能连续自抛自接球。	1. 能在斜坡、荡桥和有一定间隔的物体上较平稳地行走。 2. 能以手脚并用的方式安全地爬攀登架、网等。 3. 能连续跳绳。 4. 能躲避他人滚过来的球或扔过来的沙包。 5. 能连续拍球。

教育建议：

1. 利用多种活动发展身体平衡和协调能力。如：走平衡木，或沿着地面直线、田埂行走。玩跳房子、踢毽子、蒙眼走路、踩小高跷等游戏活动。

2. 发展幼儿动作的协调性和灵活性。鼓励幼儿进行跑跳、钻爬、攀登、投掷、拍球等活动。玩跳竹竿、滚铁环等传统体育游戏。

3. 对于拍球、跳绳等技能性活动，不要过于要求数量，更不能机械训练。

4. 结合活动内容对幼儿进行安全教育，注重在活动中培养幼儿的自我保护能力。

目标2　具有一定的力量和耐力

3~4岁	4~5岁	5~6岁
1. 能双手抓杠悬空吊起10秒左右。 2. 能单手将沙包向前投掷2m左右。 3. 能单脚连续向前跳2m左右。 4. 能快跑15m左右。 5. 能行走1km左右（途中可适当停歇）。	1. 能双手抓杠悬空吊起15秒左右。 2. 能单手将沙包向前投掷4m左右。 3. 能单脚连续向前跳5m左右。 4. 能快跑20m左右。 5. 能连续行走1.5km左右（途中可适当停歇）。	1. 能双手抓杠悬空吊起20秒左右。 2. 能单手将沙包向前投掷5m左右。 3. 能单脚连续向前跳8m左右。 4. 能快跑25m左右。 5. 能连续行走1.5km以上（途中可适当停歇）。

教育建议：

开展丰富多样、适合幼儿年龄特点的各种身体活动，如走、跑、跳、攀、爬等，鼓励幼儿坚持下来，不怕累。

日常生活中鼓励幼儿多走路，少坐车；自己上下楼梯，自己背包。

目标3　手的动作灵活协调

3~4岁	4~5岁	5~6岁
1. 能用笔涂涂画画。 2. 能熟练地用勺子吃饭。 3. 能用剪刀沿直线剪，边线基本吻合。	1. 能沿边线较直地画出简单图形，或能边线基本对齐地折纸。 2. 会用筷子吃饭。 3. 能沿轮廓线剪出由直线构成的简单图形，边线吻合。	1. 能根据需要画出图形，线条基本平滑。 2. 能熟练使用筷子。 3. 能沿轮廓线剪出由曲线构成的简单图形，边线吻合且平滑。 4. 能使用简单的劳动工具或用具。

教育建议：

1. 创造条件和机会，促进幼儿手的动作灵活协调。如：

提供画笔、剪刀、纸张、泥团等工具和材料，或充分利用各种自然、废旧材料和常见物品，让幼儿进行画、剪、折、粘等美工活动。

引导幼儿生活自理或参与家务劳动，发展其手的动作。如：练习自己用筷子吃饭、扣扣子，帮助家人择菜叶、做面食等。

幼儿园在布置娃娃家、商店等活动区时，多提供原材料和半成品，让幼儿有更多机会参与制作活动。

2. 引导幼儿注意活动安全。如：

为幼儿提供的塑料粒、珠子等活动材料要足够大，材质要安全，以免造成异物进入气管、铅中毒等伤害。提供幼儿用安全剪刀。

为幼儿示范拿筷子、握笔的正确姿势以及使用剪刀、锤子等工具的方法。

提醒幼儿不要拿剪刀等锋利工具玩耍，用完后要放回原处。

（三）生活习惯与生活能力

目标 1　具有良好的生活与卫生习惯

3~4 岁	4~5 岁	5~6 岁
1. 在提醒下，按时睡觉和起床，并能坚持午睡。 2. 喜欢参加体育活动。 3. 在引导下，不偏食、挑食。喜欢吃瓜果、蔬菜等新鲜食品。 4. 愿意饮用白开水，不贪喝饮料。 5. 不用脏手揉眼睛，连续看电视等不超过 15 分钟。 6. 在提醒下，每天早晚刷牙，饭前便后洗手。	1. 每天按时睡觉和起床，并能坚持午睡。 2. 喜欢参加体育活动。 3. 不偏食、挑食，不暴饮暴食。喜欢吃瓜果、蔬菜等新鲜食品。 4. 常喝白开水，不贪喝饮料。 5. 知道保护眼睛，不在光线过强或过暗的地方看书，连续看电视等不超过 20 分钟。 6. 每天早晚刷牙，饭前便后洗手，方法基本正确。	1. 养成每天按时睡觉和起床的习惯。 2. 能主动参加体育活动。 3. 吃东西时细嚼慢咽。 4. 主动饮用白开水，不贪喝饮料。 5. 主动保护眼睛。不在光线过强或过暗的地方看书，连续看电视等不超过 30 分钟。 6. 每天早晚主动刷牙，饭前便后主动洗手，方法正确。

教育建议：

1. 让幼儿保持有规律的生活，养成良好的作息习惯，如早睡早起、每天午睡、按时进餐、吃好早餐等。

2. 帮助幼儿养成良好的饮食习惯。如：

合理安排餐点，帮助幼儿养成定点、定时、定量进餐的习惯。

帮助幼儿了解食物的营养价值，引导他们不偏食不挑食，少吃或不吃不利于健康的食品；多喝白开水，少喝饮料。

吃饭时不过分催促，提醒幼儿细嚼慢咽，不要边吃边玩。

3. 帮助幼儿养成良好的个人卫生习惯。如：

早晚刷牙，饭后漱口。

勤为幼儿洗澡、换衣服、剪指甲。

提醒幼儿保护五官，如不乱挖耳朵、鼻孔，看电视时保持 3 m 左右的距离等。

4. 激发幼儿参加体育活动的兴趣，养成锻炼的习惯。如：

为幼儿准备多种体育活动材料，鼓励幼儿选择自己喜欢的材料开展活动。

经常和幼儿一起在户外运动和游戏，鼓励幼儿和同伴一起开展体育活动。

和幼儿一起观看体育比赛或有关体育赛事的电视节目，培养其对体育活动的兴趣。

目标 2　具有基本的生活自理能力

3~4 岁	4~5 岁	5~6 岁
1. 在帮助下能穿脱衣服或鞋袜。 2. 能将玩具和图书放回原处。	1. 能自己穿脱衣服和鞋袜、扣纽扣。 2. 能整理自己的物品。	1. 能知道根据冷热增减衣服。 2. 会自己系鞋带。 3. 能按类别整理好自己的物品。

教育建议：

1. 鼓励幼儿做力所能及的事情，对幼儿的尝试与努力给予肯定，不因做不好或做得慢而包办代替。

2. 指导幼儿学习和掌握生活自理的基本方法，如穿脱衣服和鞋袜、洗手洗脸、擦鼻涕、擦屁股的正确方法。

3. 提供有利于幼儿生活自理的条件。如：

提供一些纸箱、盒子，供幼儿收拾和存放自己的玩具、图书或生活用品等。

幼儿的衣服、鞋子等要简单实用，便于自己穿脱。

目标 3　具备基本的安全知识和自我保护能力

3~4 岁	4~5 岁	5~6 岁
1. 不吃陌生人给的东西，不跟陌生人走。 2. 在提醒下能注意安全，不做危险的事。 3. 在公共场所走失时，能向警察或有关人员说出自己和家长的名字、电话号码等简单信息。	1. 知道在公共场合不远离成人的视线单独活动。 2. 认识常见的安全标志，能遵守安全规则。 3. 运动时能主动躲避危险。 4. 知道简单的求助方式。	1. 未经大人允许不给陌生人开门。 2. 能自觉遵守基本的安全规则和交通规则。 3. 运动时能注意安全，不给他人造成危险。 4. 知道一些基本的防灾知识。

教育建议：

1. 创设安全的生活环境，提供必要的保护措施。如：

要把热水瓶、药品、火柴、刀具等物品放到幼儿够不到的地方；阳台或窗台要有安全保护措施；要使用安全的电源插座等。

在公共场所要注意照看好幼儿；幼儿乘车、乘电梯时要有成人陪伴；不把幼儿单独留在家里或汽车里等。

2. 结合生活实际对幼儿进行安全教育。如：

外出时，提醒幼儿要紧跟成人，不远离成人的视线，不跟陌生人走，不吃陌生人给的东西；不在河边和马路边玩耍；要遵守交通规则等。

帮助幼儿了解周围环境中不安全的事物，不做危险的事。如：不动热水壶，不玩火柴或打火机，不摸电源插座，不攀爬窗户或阳台等。

帮助幼儿认识常见的安全标志，如：小心触电、小心有毒、禁止下河游泳、紧急出口等。

告诉幼儿不允许别人触摸自己的隐私部位。

3. 教给幼儿简单的自救和求救的方法。如：

记住自己家庭的住址、电话号码、父母的姓名和单位，一旦走失时知道向成人求助，并能提供必要信息。

遇到火灾或其他紧急情况时，知道要拨打 110、120、119 等求救电话。

可利用图书、音像等材料对幼儿进行逃生和求救方面的教育，并运用游戏方式模拟练习。

幼儿园应定期进行火灾、地震等自然灾害的逃生演习。

二、语言

语言是交流和思维的工具。幼儿期是语言发展，特别是口语发展的重要时期。幼儿语言的发展贯穿于各个领域，也对其他领域的学习与发展有着重要的影响：幼儿在运用语言进行交流的同时，也在发展着人际交往能力、理解他人和判断交往情境的能力、组织自己思想的能力。通过语言获取信息，幼儿的学习逐步超越个体的直接感知。

幼儿的语言能力是在交流和运用的过程中发展起来的。应为幼儿创设自由、宽松的语言交往环境，鼓励和支持幼儿与成人、同伴交流，让幼儿想说、敢说、喜欢说并能得到积极回应。为幼儿提供丰富、适宜的低幼读物，经常和幼儿一起看图书、讲故事，丰富其语言表达能力，培养其阅读兴趣和良好的阅读习惯，进一步为其拓展学习经验。

幼儿的语言学习需要相应的社会经验支持，应通过多种活动扩展幼儿的生活经验，丰富语言的内容，增强理解和表达能力。应在生活情境和阅读活动中引导幼儿自然而然地产生对文字的兴趣，用机械记忆和强化训练的方式让幼儿过早识字不符合其学习特点和接受能力。

（一）倾听与表达

目标 1　认真听并能听懂常用语言

3~4 岁	4~5 岁	5~6 岁
1. 别人对自己说话时能注意听并做出回应。 2. 能听懂日常会话。	1. 在群体中能有意识地听与自己有关的信息。 2. 能结合情境感受到不同语气、语调所表达的不同意思。 3. 方言地区和少数民族幼儿能基本听懂普通话。	1. 在集体中能注意听老师或其他人讲话。 2. 听不懂或有疑问时能主动提问。 3. 能结合情境理解一些表示因果、假设等相对复杂的句子。

教育建议：

1. 多给幼儿提供倾听和交谈的机会。如：经常和幼儿一起谈论他感兴趣的话题，或一起看图书、讲故事。

2. 引导幼儿学会认真倾听。如：

成人要耐心倾听别人（包括幼儿）的讲话，等别人讲完再表达自己的观点。

与幼儿交谈时，要用幼儿能听得懂的语言。

对幼儿提要求和布置任务时要求他注意听，鼓励他主动提问。

对幼儿讲话时，注意结合情境使用丰富的语言，以便于幼儿理解。如：

说话时注意语气、语调，让幼儿感受语气、语调的作用。如：对幼儿的不合理要求应以比较坚定的语气表示不同意；讲故事时，尽量把故事人物高兴、悲伤的心情用不同的语气、语调表现出来。

根据幼儿的理解水平有意识地使用一些反映因果、假设、条件等关系的句子。

目标 2　愿意讲话并能清楚地表达

3~4 岁	4~5 岁	5~6 岁
1. 愿意在熟悉的人面前说话，能大方地与人打招呼。 2. 基本会说本民族或本地区的语言。 3. 愿意表达自己的需要和想法，必要时能配以手势动作。 4. 能口齿清楚地说儿歌、童谣或复述简短的故事。	1. 愿意与他人交谈，喜欢谈论自己感兴趣的话题。 2. 会说本民族或本地区的语言，基本会说普通话。少数民族聚居地区幼儿会用普通话进行日常会话。 3. 能基本完整地讲述自己的所见所闻和经历的事情。 4. 讲述比较连贯。	1. 愿意与他人讨论问题，敢在众人面前说话。 2. 会说本民族或本地区的语言和普通话，发音正确清晰。少数民族聚居地区幼儿基本会说普通话。 3. 能有序、连贯、清楚地讲述一件事情。 4. 讲述时能使用常见的形容词、同义词等，语言比较生动。

教育建议：

1. 为幼儿创造说话的机会并体验语言交往的乐趣。

每天有足够的时间与幼儿交谈。如：谈论他感兴趣的话题，询问和听取他对自己事情的意见等。

尊重和接纳幼儿的说话方式，无论幼儿的表达水平如何，都应认真地倾听并

给予积极的回应。

鼓励和支持幼儿与同伴一起玩耍、交谈，相互讲述见闻、趣事或看过的图书、动画片等。

方言和少数民族地区应积极为幼儿创设用普通话交流的语言环境。

2. 引导幼儿清楚地表达。如：

和幼儿讲话时，成人自身的语言要清楚、简洁。

当幼儿因为急于表达而说不清楚的时候，提醒他不要着急，慢慢说；同时要耐心倾听，给予必要的补充，帮助他理清思路并清晰地说出来。

目标 3　具有文明的语言习惯

3~4 岁	4~5 岁	5~6 岁
1. 与别人讲话时知道眼睛要看着对方。 2. 说话自然，声音大小适中。 3. 能在成人的提醒下使用恰当的礼貌用语。	1. 别人对自己讲话时能回应。 2. 能根据场合调节自己说话声音的大小。 3. 能主动使用礼貌用语，不说脏话、粗话。	1. 别人讲话时能积极主动地回应。 2. 能根据谈话对象和需要，调整说话的语气。 3. 懂得按次序轮流讲话，不随意打断别人。 4. 能依据所处情境使用恰当的语言。如在别人难过时会用恰当的语言表示安慰。

教育建议：

1. 成人注意语言文明，为幼儿做出表率。

与他人交谈时，认真倾听，使用礼貌用语。

在公共场合不大声说话，不说脏话、粗话。

幼儿表达意见时，成人可蹲下来，眼睛平视幼儿，耐心听他把话说完。

2. 帮助幼儿养成良好的语言行为习惯。

结合情境提醒幼儿一些必要的交流礼节。如：对长辈说话要有礼貌，客人来访时要打招呼，得到帮助时要说谢谢等。

提醒幼儿遵守集体生活的语言规则。如：轮流发言，不随意打断别人讲话等。

提醒幼儿注意公共场所的语言文明。如：不大声喧哗等。

（二）阅读与书写准备

目标1 喜欢听故事、看图书

3~4岁	4~5岁	5~6岁
1. 主动要求成人讲故事、读图书。 2. 喜欢跟读韵律感强的儿歌、童谣。 3. 爱护图书，不乱撕、乱扔。	1. 反复看自己喜欢的图书。 2. 喜欢把听过的故事或看过的图书讲给别人听。 3. 对生活中常见的标志、符号感兴趣，知道它们表示一定的意义。	1. 专注地阅读图书。 2. 喜欢与他人一起谈论图书和故事的有关内容。 3. 对图书和生活情境中的文字符号感兴趣，知道文字表示一定的意义。

教育建议：

1. 为幼儿提供良好的阅读环境和条件。如：

提供一定数量、符合幼儿年龄特点、富有童趣的图画书。

提供相对安静的地方，尽量减少干扰，保证幼儿自主阅读。

2. 激发幼儿的阅读兴趣，培养阅读习惯。如：

经常抽时间与幼儿一起看图书，给幼儿讲故事。

提供童谣、故事等不同体裁的儿童文学作品，让幼儿自主选择和阅读。

当幼儿遇到感兴趣的事物或问题时，和他一起查阅图书资料，让他感受图书的作用，体会通过阅读获取信息的乐趣。

3. 引导幼儿体会标志、文字符号的用途。如：

向幼儿介绍医院、公用电话等生活中的常见标志，让其知道标志可以代表具体事物。

结合生活实际，帮助幼儿体会文字的用途。如：买来新玩具时，把说明书上的文字念给幼儿听，让幼儿了解玩具的玩法。

目标 2　具有初步的阅读理解能力

3~4 岁	4~5 岁	5~6 岁
1. 能听懂短小的儿歌或故事。 2. 会看画面，能根据画面说出图中有什么、发生了什么事等。 3. 能理解图书上的文字是和画面对应的，是用来表达画面意义的。	1. 能大体讲出所听故事的主要内容。 2. 能根据连续画面提供的信息，大致说出故事的情节。 3. 能随着作品的展开产生喜悦、担忧等相应的情绪反应，体会作品所表达的情绪情感。	1. 能说出所阅读的幼儿文学作品的主要内容。 2. 能根据故事的部分情节或图书画面的线索猜想故事情节的发展，或续编、创编故事。 3. 对看过的图书、听过的故事能说出自己的看法。 4. 能初步感受文学语言的美。

教育建议：

1. 经常和幼儿一起阅读，引导他以自己的经验为基础理解图书的内容。如：

引导幼儿仔细观察画面，结合画面讨论故事内容，学习建立画面与故事内容的联系。

和幼儿一起讨论或回忆书中的故事情节，引导他有条理地说出故事的大致内容。

在给幼儿读书或讲故事时，可先不告诉名字，让幼儿听完后自己命名，并说出这样命名的理由。

鼓励幼儿自主阅读，并与他人讨论自己在阅读中的发现、体会和想法。

2. 在阅读中发展幼儿的想象和创造能力。如：

鼓励幼儿依据画面线索讲述故事，大胆推测、想象故事情节的发展，改编故事部分情节或续编故事结尾。

鼓励幼儿用故事表演、绘画等不同的方式表达自己对图书和故事的理解。

鼓励和支持幼儿自编故事，并为自编的故事配上图画，制成图画书。

3. 引导幼儿感受文学作品的美。如：

有意识地引导幼儿欣赏或模仿文学作品的语言节奏和韵律。

给幼儿读书时，通过表情、动作和抑扬顿挫的声音传达书中的情绪情感，让幼儿体会作品的感染力和表现力。

目标3　具有书面表达的愿望和初步技能

3~4岁	4~5岁	5~6岁
1. 喜欢用涂涂画画表达一定的意思。	1. 愿意用图画和符号表达自己的愿望和想法。 2. 在成人提醒下，写写画画时姿势正确。	1. 愿意用图画和符号表现事物或故事。 2. 会正确书写自己的名字。 3. 写画时姿势正确。

教育建议：

1. 让幼儿在写写画画的过程中体验文字符号的功能，培养书写兴趣。如：

准备供幼儿随时取放的纸、笔等材料，也可利用沙地、树枝等自然材料，满足幼儿自由涂画的需要。

鼓励幼儿将自己感兴趣的事情或故事画下来并讲给别人听，让幼儿体会写写画画的方式可以表达自己的想法和情感。

把幼儿讲过的事情用文字记录下来，并念给他听，使幼儿知道说的话可以用文字记录下来，从中体会文字的用途。

2. 在绘画和游戏中做必要的书写准备，如：

通过把虚线画出的图形轮廓连成实线等游戏，促进幼儿手眼协调，同时帮助其学习由上至下、由左至右的运笔技能。

鼓励幼儿学习书写自己的名字。

提醒幼儿写画时保持正确姿势。

三、社会

幼儿社会领域的学习与发展过程是其社会性不断完善并奠定健全人格基础的过程。人际交往和社会适应是幼儿社会学习的主要内容，也是其社会性发展的基本途径。幼儿在与成人和同伴交往的过程中，不仅学习如何与人友好相处，也在学习如何看待自己、对待他人，不断发展适应社会生活的能力。良好的社会性发展对幼儿身心健康和其他各方面的发展都具有重要影响。

家庭、幼儿园和社会应共同努力，为幼儿创设温暖、关爱、平等的家庭和集体生活氛围，建立良好的亲子关系、师生关系和同伴关系，让幼儿在积极健康的人际关系中获得安全感和信任感，发展自信和自尊，在良好的社会环境及文化的

熏陶中学会遵守规则，形成基本的认同感和归属感。

幼儿的社会性主要是在日常生活和游戏中通过观察和模仿潜移默化地发展起来的。成人应注重自己言行的榜样作用，避免简单生硬的说教。

（一）人际交往

目标 1　愿意与人交往

3~4 岁	4~5 岁	5~6 岁
1. 愿意和小朋友一起游戏。 2. 愿意与熟悉的长辈一起活动。	1. 喜欢和小朋友一起游戏，有经常一起玩的小伙伴。 2. 喜欢和长辈交谈，有事愿意告诉长辈。	1. 有自己的好朋友，也喜欢结交新朋友。 2. 有问题愿意向别人请教。 3. 有高兴的或有趣的事愿意与大家分享。

教育建议：

1. 主动亲近和关心幼儿，经常和他一起游戏或活动，让幼儿感受到与成人交往的快乐，建立亲密的亲子关系和师生关系。

2. 创造交往的机会，让幼儿体会交往的乐趣。如：

利用走亲戚、到朋友家做客或有客人来访的时机，鼓励幼儿与他人接触和交谈。

鼓励幼儿参加小朋友的游戏，邀请小朋友到家里玩，感受有朋友一起玩的快乐。

幼儿园应多为幼儿提供自由交往和游戏的机会，鼓励他们自主选择、自由结伴开展活动。

目标 2　能与同伴友好相处

3~4 岁	4~5 岁	5~6 岁
1. 想加入同伴的游戏时，能友好地提出请求。 2. 在成人指导下，不争抢、不独霸玩具。 3. 与同伴发生冲突时，能听从成人的劝解。	1. 会运用介绍自己、交换玩具等简单技巧加入同伴游戏。 2. 对大家都喜欢的东西能轮流、分享。 3. 与同伴发生冲突时，能在他人帮助下和平解决。 4. 活动时愿意接受同伴的意见和建议。 5. 不欺负弱小。	1. 能想办法吸引同伴和自己一起游戏。 2. 活动时能与同伴分工合作，遇到困难能一起克服。 3. 与同伴发生冲突时能自己协商解决。 4. 知道别人的想法有时和自己不一样，能倾听和接受别人的意见，不能接受时会说明理由。 5. 不欺负别人，也不允许别人欺负自己。

教育建议：

1. 结合具体情境，指导幼儿学习交往的基本规则和技能。如：

当幼儿不知怎样加入同伴游戏，或提出请求不被接受时，建议他拿出玩具邀请大家一起玩；或者扮成某个角色加入同伴的游戏。

对幼儿与别人分享玩具、图书等行为给予肯定，让他对自己的表现感到高兴和满足。

当幼儿与同伴发生矛盾或冲突时，指导他尝试用协商、交换、轮流玩、合作等方式解决冲突。

利用相关的图书、故事，结合幼儿的交往经验，和他讨论什么样的行为受大家欢迎，想要得到别人的接纳应该怎样做。

幼儿园应多为幼儿提供需要大家齐心协力才能完成的活动，让幼儿在具体活动中体会合作的重要性，学习分工合作。

2. 结合具体情境，引导幼儿换位思考，学习理解别人。如：

幼儿有争抢玩具等不友好行为时，引导其想一想："假如你是那个小朋友，你有什么感受？"让幼儿学习理解别人的想法和感受。

3. 和幼儿一起谈谈他的好朋友，说说喜欢这个朋友的原因，引导他多发现同伴的优点、长处。

目标 3　具有自尊、自信、自主的表现

3~4 岁	4~5 岁	5~6 岁
1. 能根据自己的兴趣选择游戏或其他活动。 2. 为自己的好行为或活动成果感到高兴。 3. 自己能做的事情愿意自己做。 4. 喜欢承担一些小任务。	1. 能按自己的想法进行游戏或其他活动。 2. 知道自己的一些优点和长处，并对此感到满意。 3. 自己的事情尽量自己做，不愿意依赖别人。 4. 敢于尝试有一定难度的活动和任务。	1. 能主动发起活动或在活动中出主意、想办法。 2. 做了好事或取得成功后还想做得更好。 3. 自己的事情自己做，不会的愿意学。 4. 主动承担任务，遇到困难能够坚持而不轻易求助。 5. 与别人的看法不同时，敢于坚持自己的意见并说出理由。

教育建议：

1. 关注幼儿的感受，保护其自尊心和自信心。如：

能以平等的态度对待幼儿，使幼儿切实感受到自己被尊重。

对幼儿好的行为表现多给予具体、有针对性的肯定和表扬，让其对自己的优点和长处有所认识并感到满足和自豪。

不要拿幼儿的不足与其他幼儿的优点做比较。

2. 鼓励幼儿自主决定，独立做事，增强其自尊心和自信心。如：

与幼儿有关的事情要征求他的意见，即使他的意见与成人不同，也要认真倾听，接受他的合理要求。

在保证安全的情况下，支持幼儿按自己的想法做事；或提供必要的条件，帮助他实现自己的想法。

幼儿自己的事情尽量放手让他自己做，即使做得不够好，也应鼓励并给予一定的指导，让他在做事中树立自尊和自信。

鼓励幼儿尝试有一定难度的任务，并注意调整难度，让他感受经过努力获得的成就感。

目标 4　关心尊重他人

3~4 岁	4~5 岁	5~6 岁
1. 长辈讲话时能认真听，并能听从长辈的要求。 2. 身边的人生病或不开心时表示同情。 3. 在提醒下能做到不打扰别人。	1. 会用礼貌的方式向长辈表达自己的要求和想法。 2. 能注意到别人的情绪，并有关心、体贴的表现。 3. 知道父母的职业，能体会到父母为养育自己所付出的辛劳。	1. 能有礼貌地与人交往。 2. 能关注别人的情绪和需要，并能给予力所能及的帮助。 3. 尊重为大家提供服务的人，珍惜他们的劳动成果。 4. 接纳、尊重与自己的生活方式或习惯不同的人。

教育建议：

1. 成人以身作则，以尊重、关心的态度对待自己的父母、长辈和其他人。如：

经常问候父母，主动做家务。

礼貌地对待老年人，如坐车时主动为老人让座。

看到别人有困难能主动关心并给予一定的帮助。

2. 引导幼儿尊重、关心长辈和身边的人，尊重他人劳动及成果。如：

提醒幼儿关心身边的人。如：妈妈累了，知道让她安静地休息一会儿。

借助故事、图书等给幼儿讲讲父母抚育孩子成长的经历，让幼儿理解和体会父爱与母爱。

结合实际情境，提醒幼儿注意别人的情绪，了解他们的需要，给予适当的关心和帮助。

利用生活机会和角色游戏，帮助幼儿了解与自己关系密切的社会服务机构及其工作，如商场、邮局、医院等，体会这些机构给大家提供的便利和服务，懂得尊重工作人员的劳动，珍惜劳动成果。

3. 引导幼儿学习用平等、接纳和尊重的态度对待差异。如：

了解每个人都有自己的兴趣、爱好和特长，可以相互学习。

利用民间游戏、传统节日等，适当向幼儿介绍我国主要民族和世界其他国家和民族的文化，帮助幼儿感知文化的多样性和差异性，理解人们之间是平等的，应该互相尊重，友好相处。

（二）社会适应

目标 1　喜欢并适应群体生活

3~4 岁	4~5 岁	5~6 岁
1. 对群体活动有兴趣。 2. 对幼儿园的生活好奇，喜欢上幼儿园。	1. 愿意并主动参加群体活动。 2. 愿意与家长一起参加社区的一些群体活动。	1. 在群体活动中积极、快乐。 2. 对小学生活有好奇和向往。

教育建议：

1. 经常和幼儿一起参加一些群体性的活动，让幼儿体会群体活动的乐趣。如：参加亲戚、朋友和同事间的聚会以及适合幼儿参加的社区活动等，支持幼儿和不同群体的同伴一起游戏，丰富其群体活动的经验。

2. 幼儿园组织活动时，可以经常打破班级的界限，让幼儿有更多机会参加不同群体的活动。

3. 带领大班幼儿参观小学，讲讲小学有趣的活动，唤起他们对小学生活的好奇和向往，为入学做好心理准备。

目标2　遵守基本的行为规范

3~4岁	4~5岁	5~6岁
1. 在提醒下，能遵守游戏和公共场所的规则。 2. 知道不经允许不能拿别人的东西，借别人的东西要归还。 3. 在成人提醒下，爱护玩具和其他物品。	1. 感受规则的意义，并能基本遵守规则。 2. 不私自拿不属于自己的东西。 3. 知道说谎是不对的。 4. 知道接受了的任务要努力完成。 5. 在提醒下，能节约粮食、水电等。	1. 理解规则的意义，能与同伴协商制定游戏和活动规则。 2. 爱惜物品，用别人的东西时也知道爱护。 3. 做了错事敢于承认，不说谎。 4. 能认真负责地完成自己所接受的任务。 5. 爱护身边的环境，注意节约资源。

教育建议：

1. 成人要遵守社会行为规则，为幼儿树立良好的榜样。如：答应幼儿的事一定要做到，尊老爱幼，爱护公共环境，节约水电等。

2. 结合社会生活实际，帮助幼儿了解基本行为规则和游戏规则，体会规则的重要性，学习自觉遵守规则。如：

经常和幼儿玩带有规则的游戏，遵守共同约定的游戏规则。

利用实际生活情境和图书故事，向幼儿介绍一些必要的社会行为规则，以及为什么要遵守这些规则。

在幼儿园的区域活动中，创设情境，让幼儿体会没有规则的不方便，鼓励他们讨论制定规则并自觉遵守。

对幼儿表现出的遵守规则的行为要及时肯定，对违规行为给予纠正。如：幼儿主动为老人让座时要表扬；幼儿损害别人的物品或公共物品时要及时制止并主动赔偿。

3. 教育幼儿要诚实守信。如：

对幼儿诚实守信的行为要及时肯定。

允许幼儿犯错误，告诉他改了就好。不要打骂幼儿，以免他因害怕惩罚而说谎。

小年龄幼儿经常分不清想象和现实，成人不要误认为他是在说谎。

发现幼儿说谎时，要反思是否是因自己对幼儿的要求过高过严造成的。如果是，要及时调整自己的行为，同时要严肃地告诉幼儿说谎是不对的。

经常给幼儿分配一些力所能及的任务，要求他完成并及时给予表扬，培养他的责任感和认真负责的态度。

目标 3　具有初步的归属感

3~4 岁	4~5 岁	5~6 岁
1. 知道和自己一起生活的家庭成员及与自己的关系，体会到自己是家庭的一员。 2. 能感受到家庭生活的温暖，爱父母，亲近与信赖长辈。 3. 能说出自己家所在街道、小区（乡镇、村）的名称。 4. 认识国旗，知道国歌。	1. 喜欢自己所在的幼儿园和班级，积极参加集体活动。 2. 能说出自己家所在地的省、市、县（区）名称，知道当地有代表性的物产或景观。 3. 知道自己是中国人。 4. 奏国歌、升国旗时能自动站好。	1. 愿意为集体做事，为集体的成绩感到高兴。 2. 能感受到家乡的发展变化并为此感到高兴。 3. 知道自己的民族，知道中国是一个多民族的大家庭，各民族之间要互相尊重，团结友爱。 4. 知道国家一些重大成就，爱祖国，为自己是中国人感到自豪。

教育建议：

1. 亲切地对待幼儿，关心幼儿，让他感到长辈是可亲、可近、可信赖的，家庭和幼儿园是温暖的。如：

多和幼儿一起游戏、谈笑，尽量在家庭和班级中营造温馨的氛围。

通过和幼儿一起翻阅照片、讲幼儿成长的故事等，让幼儿感受到家庭和幼儿园的温暖、老师的和蔼可亲，对养育自己的人产生感激之情。

2. 吸引和鼓励幼儿参加集体活动，萌发集体意识。如：

幼儿园和班级里的重大事情和计划，请幼儿集体讨论决定。

幼儿园应经常组织多种形式的集体活动，萌发幼儿的集体荣誉感。

3. 运用幼儿喜闻乐见和能够理解的方式激发幼儿爱家乡、爱祖国的情感。如：

和幼儿说一说或在地图上找一找自己家所在的省、市、县（区）名称。

和幼儿一起外出游玩，一起看有关的电视节目或画报等；和他们一起收集有关家乡、祖国各地的风景名胜、著名的建筑、独特物产的图片等，在观看和欣赏的过程中激发幼儿的自豪感和热爱之情。

利用电视节目或参加升旗等活动，向幼儿介绍国旗、国歌以及观看升旗、奏国歌的礼仪。

向幼儿介绍反映中国人聪明才智的发明和创造，激发幼儿的民族自豪感。

四、科学

幼儿的科学学习是在探究具体事物和解决实际问题中，尝试发现事物间的异同和联系的过程。幼儿在对自然事物的探究和运用数学解决实际生活问题的过程中，不仅获得丰富的感性经验，充分发展形象思维，而且初步尝试归类、排序、判断、推理，逐步发展逻辑思维能力，为其他领域的深入学习奠定基础。

幼儿科学学习的核心是激发探究兴趣，体验探究过程，发展初步的探究能力。成人要善于发现和保护幼儿的好奇心，充分利用自然和实际生活机会，引导幼儿通过观察、比较、操作、实验等方法，学习发现问题、分析问题和解决问题；帮助幼儿不断积累经验，并运用于新的学习活动，形成受益终身的学习态度和能力。

幼儿的思维特点是以具体形象思维为主，应注重引导幼儿通过直接感知、亲身体验和实际操作进行科学学习，不应为追求知识和技能的掌握，对幼儿进行灌输和强化训练。

（一）科学探究

目标 1　亲近自然，喜欢探究

3~4 岁	4~5 岁	5~6 岁
1. 喜欢接触大自然，对周围的很多事物和现象感兴趣。 2. 经常问各种问题，或好奇地摆弄物品。	1. 喜欢接触新事物，经常问一些与新事物有关的问题。 2. 常常动手动脑探索物体和材料，并乐在其中。	1. 对自己感兴趣的问题总是刨根问底。 2. 能经常动手动脑寻找问题的答案。 3. 探索中有所发现时感到兴奋和满足。

教育建议：

1. 经常带幼儿接触大自然，激发其好奇心与探究欲望。如：

为幼儿提供一些有趣的探究工具，用自己的好奇心和探究积极性感染和带动幼儿。

和幼儿一起发现并分享周围新奇、有趣的事物或现象，一起寻找问题的答案。

通过拍照和画图等方式保留和积累有趣的探索与发现。

2. 真诚地接纳、多方面支持和鼓励幼儿的探索行为。如：

认真对待幼儿的问题，引导他们猜一猜、想一想，有条件时和幼儿一起做一些简易的调查或有趣的小实验。

容忍幼儿因探究而弄脏、弄乱，甚至破坏物品的行为，引导他们活动后做好收拾整理。

多为幼儿选择一些能操作、多变化、多功能的玩具材料或废旧材料，在保证安全的前提下，鼓励幼儿拆装或动手自制玩具。

目标 2　具有初步的探究能力

3~4 岁	4~5 岁	5~6 岁
1. 对感兴趣的事物能仔细观察，发现其明显特征。 2. 能用多种感官或动作去探索物体，关注动作所产生的结果。	1. 能对事物或现象进行观察比较，发现其相同与不同。 2. 能根据观察结果提出问题，并大胆猜测答案。 3. 能通过简单的调查收集信息。 4. 能用图画或其他符号进行记录。	1. 能通过观察、比较与分析，发现并描述不同种类物体的特征或某个事物前后的变化。 2. 能用一定的方法验证自己的猜测。 3. 在成人的帮助下能制订简单的调查计划并执行。 4. 能用数字、图画、图表或其他符号记录。 5. 探究中能与他人合作与交流。

教育建议：

1. 有意识地引导幼儿观察周围事物，学习观察的基本方法，培养观察与分类能力。如：

支持幼儿自发的观察活动，对其发现表示赞赏。

通过提问等方式引导幼儿思考并对事物进行比较观察和连续观察。

引导幼儿在观察和探索的基础上，尝试进行简单的分类、概括。如：根据运动方式给动物分类，根据生长环境给植物分类，根据外部特征给物体分类等。

2. 支持和鼓励幼儿在探究的过程中积极动手动脑寻找答案或解决问题。如：

鼓励幼儿根据观察或发现提出值得继续探究的问题，或成人提出有探究意义且能激发幼儿兴趣的问题。如：皮球、轮胎、竹筒等物体滚动时都走直线吗？怎样让橡皮泥球浮在水面上？

支持和鼓励幼儿大胆联想、猜测问题的答案，并设法验证。如：玩风车时，鼓励幼儿猜测风车转动方向及速度快慢的原因和条件，并实际去验证。

支持、引导幼儿学习用适宜的方法探究和解决问题，或为自己的想法搜集证据。如：想知道院子里有多少种植物，可以进行实地调查；想知道球在平地上还是在斜坡上滚得快，可以动手试一试；想证明影子的方向与太阳的位置有关，可以做个小实验进行验证等。

3. 鼓励和引导幼儿学习做简单的计划和记录，并与他人交流分享。如：

和幼儿共同制订调查计划，讨论调查对象、步骤和方法等，也可以和幼儿一起设法用图画、箭头等呈现计划。

鼓励幼儿用绘画、照相、做标本等办法记录观察和探究的过程与结果，注意要让记录有意义，通过记录帮助幼儿丰富观察经验、建立事物之间的联系和分享发现。

支持幼儿与同伴合作探究与分享交流，引导他们在交流中尝试整理、概括自己探究的成果，体验合作探究和发现的乐趣。如：一起讨论和分享自己的问题与发现，一起想办法收集资料和验证猜测。

4. 帮助幼儿回顾自己的探究过程，讨论自己做了什么、怎么做的、结果与计划目标是否一致，分析一下原因以及下一步要怎样做等。

目标 3　在探究中认识周围事物和现象

3~4 岁	4~5 岁	5~6 岁
1. 认识常见的动植物，能注意并发现周围的动植物是多种多样的。 2. 能感知和发现物体和材料的软硬、光滑和粗糙等特性。 3. 能感知和体验天气对自己生活和活动的影响。 4. 初步了解和体会动植物和人们生活的关系。	1. 能感知和发现动植物的生长变化及其基本条件。 2. 能感知和发现常见材料的溶解、传热等性质或用途。 3. 能感知和发现简单物理现象，如物体形态或位置变化等。 4. 能感知和发现不同季节的特点，体验季节对动植物和人的影响。 5. 初步感知常用科技产品与自己生活的关系，知道科技产品有利也有弊。	1. 能察觉到动植物的外形特征、习性与生存环境的适应关系。 2. 能发现常见物体的结构与功能之间的关系。 3. 能探索并发现常见的物理现象产生的条件或影响因素，如影子、沉浮等。 4. 感知并了解季节变化的周期性，知道变化的顺序。 5. 初步了解人们的生活与自然环境的密切关系，知道尊重和珍惜生命，保护环境。

教育建议：

1. 支持幼儿在接触自然、生活事物和现象中积累有益的直接经验和感性认识。如：

和幼儿一起通过户外活动、参观考察、种植和饲养活动，感知生物的多样性和独特性，以及生长发育、繁殖和死亡的过程。

给幼儿提供丰富的材料和适宜的工具，支持幼儿在游戏过程中探索并感知常见物质、材料的特性和物体的结构特点。

2. 引导幼儿在探究中思考，尝试进行简单的推理和分析，发现事物之间明显的关联。如：

引导 5 岁以上幼儿关注和思考动植物的外部特征、习性与生活环境对动植物生存的意义。如：兔子的长耳朵具有自我保护的作用；植物种子的形状有助于其传播等。

引导幼儿根据常见物质、材料的特性和物体的结构特点，推测和证实它们的用途。如：带轮子的物体方便移动，不同用途的车辆有不同的结构等。

3. 引导幼儿关注和了解自然、科技产品与人们生活的密切关系，逐渐懂得热爱、尊重、保护自然。如：

结合幼儿的生活需要，引导其体会人与自然、动植物的依赖关系。如：动植物、季节变化与人们生活的关系、常见灾害性天气给人们生产和生活带来的影响等。

和幼儿一起讨论常见科技产品的用途和弊端，如汽车等交通工具给生活带来的方便和对环境的污染等。

（二）数学认知

目标 1　初步感知生活中数学的有用和有趣

3~4 岁	4~5 岁	5~6 岁
1. 感知和发现周围物体的形状是多种多样的，对不同的形状感兴趣。 2. 体验和发现生活中很多地方都用到数。	1. 在指导下，感知和体会有些事物可以用形状来描述。 2. 在指导下，感知和体会有些事物可以用数来描述，对环境中各种数字的含义有进一步探究的兴趣。	1. 能发现事物简单的排列规律，并尝试创造新的排列规律。 2. 能发现生活中许多问题都可以用数学的方法来解决，体验解决问题的乐趣。

教育建议：

1. 引导幼儿注意事物的形状特征，尝试用表示形状的词来描述事物，体会描述的生动形象性和趣味性。如：

参观游览后，和幼儿一起谈论所看到的事物的形状，鼓励幼儿产生联想，并用自己的语言进行描述。如：熊猫的身体圆圆的，全身好像是由一个个的圆形组成的。

和幼儿交谈或读书、讲故事时，适当地运用一些有关形状的词汇来描述事物。如：看图片时，和幼儿讨论奥运会场馆的形状，体会为什么有的场馆叫“水立方”，有的叫“鸟巢”。

2. 引导幼儿感知和体会生活中很多地方都用到数，关注周围与自己生活密切相关的数的信息，体会数可以代表不同的意义。如：

和幼儿一起寻找发现生活中用数字来表现的事物，如电话号码、时钟、日历和商品的价签等。

引导幼儿了解和感受数用在不同的地方，表示的意义是不一样的。如：天气预报中表示气温的数代表冷热状况；钟表上的数表明时间的早晚等。

鼓励幼儿尝试使用数的信息进行一些简单的推理。如：知道今天是星期五，能推断明天是星期六，爸爸、妈妈休息。

3. 引导幼儿观察发现按照一定规律排列的事物，体会其中的排列特点与规律，并尝试自己创造出新的排列规律。如：

和幼儿一起发现和体会按一定顺序排列的队形整齐有序。

提供具有重复性旋律和词语的音乐、儿歌和故事，或利用环境中有序排列的图案（如按颜色间隔排列的瓷砖、按形状间隔排列的珠帘等），鼓励幼儿发现和感受其中的规律。

鼓励幼儿尝试自己设计有规律的花边图案、创编有一定规律的动作，或者按某种规律进行搭建活动。

引导幼儿体会生活中很多事情都是有一定顺序和规律的。如：一周七天的顺序是从周一到周日，一年四季按照春夏秋冬轮回等。

4. 鼓励和支持幼儿发现、尝试解决日常生活中需要用到数学的问题，体会数学的用处。如：

拍球、跳绳、跳远或投沙包时，可通过数数、测量的方法确定名次。

讨论春游去哪里玩时，让幼儿商量想去哪里玩、每个想去的地方有多少人。根据统计结果做出决定。

滑滑梯时，按照“先来先玩”的规则有序地排队玩。

目标 2　感知和理解数、量及数量关系

3~4 岁	4~5 岁	5~6 岁
1. 能感知和区分物体的大小、多少、高矮长短等量方面的特点，并能用相应的词表示。 2. 能通过一一对应的方法比较两组物体的多少。 3. 能手口一致地点数 5 个以内的物体，并能说出总数。能按数取物。 4. 能用数词描述事物或动作。如：我有 4 本图书。	1. 能感知和区分物体的粗细、厚薄、轻重等量方面的特点，并能用相应的词语描述。 2. 能通过数数比较两组物体的多少。 3. 能通过实际操作理解数与数之间的关系。如：5 比 4 多 1；2 和 3 合在一起是 5。 4. 会用数词描述事物的排列顺序和位置。	1. 初步理解量的相对性。 2. 借助实际情境和操作（如合并或拿取）理解“加”和“减”的实际意义。 3. 能通过实物操作或其他方法进行 10 以内的加减运算。 4. 能用简单的记录表、统计图等表示简单的数量关系。

教育建议：

1. 引导幼儿感知和理解事物“量”的特征。如：

感知常见事物的大小、多少、高矮、粗细等量的特征，学习使用相应的词汇描述这些特征。

结合具体事物让幼儿通过多次比较逐渐理解“量”是相对的。如：小亮比小明高，但比小强矮。

收拾物品时，根据情况，鼓励幼儿按照物体量的特征分类整理。如：整理图书时按照大小摆放。

2. 结合日常生活指导幼儿学习通过对应或数数的方式比较物体的多少。如：

鼓励幼儿在一对一配对的过程中发现两组物体的多少。如：在给桌子上的每个碗配上勺子时，发现碗和勺多少的不同。

鼓励幼儿通过数数比较两样东西的多少。如：数一数有多少个苹果、多少个梨，判断苹果和梨哪个多、哪个少。

3. 利用生活和游戏中的实际情境引导幼儿理解数的概念。如：

结合生活需要，和幼儿一起手口一致点数物体，得出物体的总数。

通过点数的方式让幼儿体会物体的数量不会因排列形式、空间位置的不同而发生变化。如：鼓励幼儿将一定数量的扣子以不同的形式摆放，体会扣子的数量是不变的。

结合日常生活，为幼儿提供“按数取物”的机会。如：游戏时，请幼儿按要求拿出几个球。

4. 通过实物操作引导幼儿理解数与数之间的关系，并用“加”或“减”的办法来解决问题。如：

游戏中遇到让 4 个小动物住进两间房子的问题，或生活中遇到将 5 块饼干分给两个小朋友问题时，让幼儿尝试不同的分法。

鼓励幼儿尝试自己解决生活中的数学问题。如：家里来了 5 位客人，桌子上

只有3个杯子，还需要几个杯子？

购少量物品时，有意识地鼓励幼儿参与计算和付款的过程等。

目标3　感知形状与空间关系

3~4岁	4~5岁	5~6岁
1. 能注意物体较明显的形状特征，并能用自己的语言描述。 2. 能感知物体基本的空间位置与方位，理解上下、前后、里外等方位词。	1. 能感知物体的形体结构特征，画出或拼搭出该物体的造型。 2. 能感知和发现常见几何图形的基本特征，并能进行分类。 3. 能使用上下、前后、里外、中间、旁边等方位词描述物体的位置和运动方向。	1. 能用常见的几何形体有创意地拼搭和画出物体的造型。 2. 能按语言指示或根据简单示意图正确取放物品。 3. 能辨别自己的左右。

教育建议：

1. 用多种方法帮助幼儿在物体与几何形体之间建立联系。如：

引导幼儿感受生活中各种物品的形状特征，并尝试识别和描述。如：感受和识别盘子、桌子、车轮、地砖等物品的形状特征。

鼓励和支持幼儿用积木、纸盒、拼板等各种形状的材料进行建构游戏或制作活动。如：用长方形的纸盒加两个圆形瓶盖制作“汽车”。

收拾整理积木时，引导幼儿体验图形之间的转换。如：两个三角形可组合成一个正方形，两个正方形可组合成一个长方形。

引导幼儿注意观察生活物品的图形特征，鼓励其按形状分类整理物品。

2. 丰富幼儿空间方位识别的经验，引导幼儿运用空间方位经验解决问题。如：

请幼儿取放物体时，使用其能够理解的方位词，如把桌子下面的东西放到窗台上，把花盆放在大树旁边等。

和幼儿一起识别熟悉场所的位置。如：超市在家的旁边，邮局在幼儿园的前面。

在体育、音乐和舞蹈活动中，引导幼儿感受空间方位和运动方向。

和幼儿玩按指令找宝的游戏。对年龄小的幼儿要求其按语言指令寻找，对年

龄大些的幼儿可要求其按照简单的示意图寻找。

五、艺术

艺术是人类感受美、表现美和创造美的重要形式，也是表达自己对周围世界的认识和情绪态度的独特方式。

每个幼儿心里都有一颗美的种子。幼儿艺术领域学习的关键在于充分创造条件和机会，在大自然和社会文化生活中萌发幼儿对美的感受和体验，丰富其想象力和创造力，引导幼儿学会用心灵去感受和发现美，用自己的方式去表现和创造美。

幼儿对事物的感受和理解不同于成人，其表达自己认识和情感的方式也有别于成人。幼儿独特的笔触、动作和语言往往蕴含着丰富的想象和情感，成人应对幼儿的艺术表现给予充分的理解和尊重，不能用自己的审美标准去评判幼儿，更不能为追求结果的“完美”而对幼儿进行千篇一律的训练，以免扼杀其想象与创造的萌芽。

（一）感受与欣赏

目标 1　喜欢自然界与生活中美的事物

3~4 岁	4~5 岁	5~6 岁
1. 喜欢观看花草树木、日月星空等大自然中美的事物。 2. 容易被自然界中的鸟鸣、风声、雨声等好听的声音所吸引。	1. 在欣赏自然界和生活环境中美的事物时，关注其色彩、形态等特征。 2. 喜欢倾听各种好听的声音，感知声音的高低、长短、强弱等变化。	1. 乐于收集美的物品或向别人介绍所发现的美的事物。 2. 乐于模仿自然界和生活环境中有特点的声音，并产生相应的联想。

教育建议：

1. 和幼儿一起感受、发现和欣赏自然环境和人文景观中美的事物。如：

让幼儿多接触大自然，感受和欣赏美丽的景色和好听的声音。

经常带幼儿参观园林、名胜古迹等人文景观，讲讲有关的历史故事、传说，与幼儿一起讨论和交流对美的感受。

2. 和幼儿一起发现美的事物的特征，感受和欣赏美。如：

让幼儿观察常见动植物以及其他物体，引导幼儿用自己的语言、动作等描述它们美的方面，如颜色、形状、形态等。

让幼儿倾听和分辨各种声响，引导幼儿用自己的方式来表达他对音色、强弱、快慢的感受。

支持幼儿收集喜欢的物品并和他一起欣赏。

目标 2　喜欢欣赏多种多样的艺术形式和作品

3~4 岁	4~5 岁	5~6 岁
1. 喜欢听音乐或观看舞蹈、戏剧等表演。 2. 乐于观看绘画、泥塑或其他艺术形式的作品。	1. 能够专心地观看自己喜欢的文艺演出或艺术品，有模仿和参与的愿望。 2. 欣赏艺术作品时会产生相应的联想和情绪反应。	1. 艺术欣赏时常常用表情、动作、语言等方式表达自己的理解。 2. 愿意和别人分享、交流自己喜爱的艺术作品和美感体验。

教育建议：

1. 创造条件让幼儿接触多种艺术形式和作品。如：

经常让幼儿接触适宜的、各种形式的音乐作品，丰富幼儿对音乐的感受和体验。

和幼儿一起用图画、手工制品等装饰和美化环境。

带幼儿观看或共同参与传统民间艺术和地方民俗文化活动，如皮影戏、剪纸和捏面人等。

有条件的情况下，带幼儿去剧院、美术馆、博物馆等欣赏文艺表演和艺术作品。

2. 尊重幼儿的兴趣和独特感受，理解他们欣赏时的行为。如：

理解和尊重幼儿在欣赏艺术作品时的手舞足蹈、即兴模仿等行为。

当幼儿主动介绍自己喜爱的舞蹈、戏曲、绘画或工艺品时，要耐心倾听并给予积极回应和鼓励。

（二）表现与创造

目标 1　喜欢进行艺术活动并大胆表现

3~4 岁	4~5 岁	5~6 岁
1. 经常自哼自唱或模仿有趣的动作、表情和声调。 2. 经常涂涂画画、粘粘贴贴并乐在其中。	1. 经常唱唱跳跳，愿意参加歌唱、律动、舞蹈、表演等活动。 2. 经常用绘画、捏泥、手工制作等多种方式表现自己的所见所想。	1. 积极参与艺术活动，有自己比较喜欢的活动形式。 2. 能用多种工具、材料或不同的表现手法表达自己的感受和想象。 3. 艺术活动中能与他人相互配合，也能独立表现。

教育建议：

1. 创造机会和条件，支持幼儿自发的艺术表现和创造。如：

提供丰富的便于幼儿取放的材料、工具或物品，支持幼儿进行自主绘画、手工、歌唱、表演等艺术活动。

经常和幼儿一起唱歌、表演、绘画、制作，共同分享艺术活动的乐趣。

2. 营造安全的心理氛围，让幼儿敢于并乐于表达表现。如：

欣赏和回应幼儿的哼哼唱唱、模仿表演等自发的艺术活动，赞赏他独特的表现方式。

在幼儿自主表达创作过程中，不做过多干预或把自己的意愿强加给幼儿，在幼儿需要时再给予具体的帮助。

了解并倾听幼儿艺术表现的想法或感受，领会并尊重幼儿的创作意图，不简单用“像不像”“好不好”等成人标准来评价。

展示幼儿的作品，鼓励幼儿用自己的作品或艺术品布置环境。

目标 2　具有初步的艺术表现与创造能力

3~4 岁	4~5 岁	5~6 岁
1. 能模仿学唱短小歌曲。 2. 能跟随熟悉的音乐做身体动作。 3. 能用声音、动作、姿态模拟自然界的事物和生活情景。 4. 能用简单的线条和色彩大体画出自己想画的人或事物。	1. 能用自然的、音量适中的声音基本准确地唱歌。 2. 能通过即兴哼唱、即兴表演或给熟悉的歌曲编词来表达自己的心情。 3. 能用拍手、踏脚等身体动作或可敲击的物品敲打节拍和基本节奏。 4. 能运用绘画、手工制作等表现自己观察到或想象的事物。	1. 能用基本准确的节奏和音调唱歌。 2. 能用律动或简单的舞蹈动作表现自己的情绪或自然界的情景。 3. 能自编自演故事，并为表演选择和搭配简单的服饰、道具或布景。 4. 能用自己制作的美术作品布置环境、美化生活。

教育建议：

尊重幼儿自发的表现和创造，并给予适当的指导。如：

鼓励幼儿在生活中细心观察、体验，为艺术活动积累经验与素材，如观察不同树种的形态、色彩等。

提供丰富的材料，如图书、照片、绘画或音乐作品等，让幼儿自主选择，用自己喜欢的方式去模仿或创作，成人不做过多要求。

根据幼儿的生活经验，与幼儿共同确定艺术表达表现的主题，引导幼儿围绕主题展开想象，进行艺术表现。

幼儿绘画时，不宜提供范画，特别不应要求幼儿完全按照范画来画。

肯定幼儿作品的优点，用表达自己感受的方式引导其提高。如：“你的画用了这么多红颜色，感觉就像过年一样喜庆。”“你扮演的大灰狼声音真像，要是表情再凶一点就更好了。”

中华人民共和国家庭教育促进法

（2021 年 10 月 23 日第十三届全国人民代表大会常务委员会第三十一次会议通过）

第一章　总则

第一条　为了发扬中华民族重视家庭教育的优良传统，引导全社会注重家庭、家教、家风，增进家庭幸福与社会和谐，培养德智体美劳全面发展的社会主义建设者和接班人，制定本法。

第二条　本法所称家庭教育，是指父母或者其他监护人为促进未成年人全面健康成长，对其实施的道德品质、身体素质、生活技能、文化修养、行为习惯等方面的培育、引导和影响。

第三条　家庭教育以立德树人为根本任务，培育和践行社会主义核心价值观，弘扬中华民族优秀传统文化、革命文化、社会主义先进文化，促进未成年人健康成长。

第四条　未成年人的父母或者其他监护人负责实施家庭教育。

国家和社会为家庭教育提供指导、支持和服务。

国家工作人员应当带头树立良好家风，履行家庭教育责任。

第五条　家庭教育应当符合以下要求：

（一）尊重未成年人身心发展规律和个体差异；

（二）尊重未成年人人格尊严，保护未成年人隐私权和个人信息，保障未成年人合法权益；

（三）遵循家庭教育特点，贯彻科学的家庭教育理念和方法；

（四）家庭教育、学校教育、社会教育紧密结合、协调一致；

（五）结合实际情况采取灵活多样的措施。

第六条　各级人民政府指导家庭教育工作，建立健全家庭学校社会协同育人机制。县级以上人民政府负责妇女儿童工作的机构，组织、协调、指导、督促有关部门做好家庭教育工作。

教育行政部门、妇女联合会统筹协调社会资源，协同推进覆盖城乡的家庭教育指导服务体系建设，并按照职责分工承担家庭教育工作的日常事务。

县级以上精神文明建设部门和县级以上人民政府公安、民政、司法行政、人力资源和社会保障、文化和旅游、卫生健康、市场监督管理、广播电视、体育、新闻出版、网信等有关部门在各自的职责范围内做好家庭教育工作。

第七条 县级以上人民政府应当制定家庭教育工作专项规划，将家庭教育指导服务纳入城乡公共服务体系和政府购买服务目录，将相关经费列入财政预算，鼓励和支持以政府购买服务的方式提供家庭教育指导。

第八条 人民法院、人民检察院发挥职能作用，配合同级人民政府及其有关部门建立家庭教育工作联动机制，共同做好家庭教育工作。

第九条 工会、共产主义青年团、残疾人联合会、科学技术协会、关心下一代工作委员会以及居民委员会、村民委员会等应当结合自身工作，积极开展家庭教育工作，为家庭教育提供社会支持。

第十条 国家鼓励和支持企业事业单位、社会组织及个人依法开展公益性家庭教育服务活动。

第十一条 国家鼓励开展家庭教育研究，鼓励高等学校开设家庭教育专业课程，支持师范院校和有条件的高等学校加强家庭教育学科建设，培养家庭教育服务专业人才，开展家庭教育服务人员培训。

第十二条 国家鼓励和支持自然人、法人和非法人组织为家庭教育事业进行捐赠或者提供志愿服务，对符合条件的，依法给予税收优惠。

国家对在家庭教育工作中做出突出贡献的组织和个人，按照有关规定给予表彰、奖励。

第十三条 每年5月15日国际家庭日所在周为全国家庭教育宣传周。

第二章 家庭责任

第十四条 父母或者其他监护人应当树立家庭是第一个课堂、家长是第一任

老师的责任意识，承担对未成年人实施家庭教育的主体责任，用正确思想、方法和行为教育未成年人养成良好思想、品行和习惯。

共同生活的具有完全民事行为能力的其他家庭成员应当协助和配合未成年人的父母或者其他监护人实施家庭教育。

第十五条 未成年人的父母或者其他监护人及其他家庭成员应当注重家庭建设，培育积极健康的家庭文化，树立和传承优良家风，弘扬中华民族家庭美德，共同构建文明、和睦的家庭关系，为未成年人健康成长营造良好的家庭环境。

第十六条 未成年人的父母或者其他监护人应当针对不同年龄段未成年人的身心发展特点，以下列内容为指引，开展家庭教育：

（一）教育未成年人爱党、爱国、爱人民、爱集体、爱社会主义，树立维护国家统一的观念，铸牢中华民族共同体意识，培养家国情怀；

（二）教育未成年人崇德向善、尊老爱幼、热爱家庭、勤俭节约、团结互助、诚信友爱、遵纪守法，培养其良好社会公德、家庭美德、个人品德意识和法治意识；

（三）帮助未成年人树立正确的成才观，引导其培养广泛兴趣爱好、健康审美追求和良好学习习惯，增强科学探索精神、创新意识和能力；

（四）保证未成年人营养均衡、科学运动、睡眠充足、身心愉悦，引导其养成良好生活习惯和行为习惯，促进其身心健康发展；

（五）关注未成年人心理健康，教导其珍爱生命，对其进行交通出行、健康上网和防欺凌、防溺水、防诈骗、防拐卖、防性侵等方面的安全知识教育，帮助其掌握安全知识和技能，增强其自我保护的意识和能力；

（六）帮助未成年人树立正确的劳动观念，参加力所能及的劳动，提高生活自理能力和独立生活能力，养成吃苦耐劳的优秀品格和热爱劳动的良好习惯。

第十七条 未成年人的父母或者其他监护人实施家庭教育，应当关注未成年人的生理、心理、智力发展状况，尊重其参与相关家庭事务和发表意见的权利，

合理运用以下方式方法：

（一）亲自养育，加强亲子陪伴；

（二）共同参与，发挥父母双方的作用；

（三）相机而教，寓教于日常生活之中；

（四）潜移默化，言传与身教相结合；

（五）严慈相济，关心爱护与严格要求并重；

（六）尊重差异，根据年龄和个性特点进行科学引导；

（七）平等交流，予以尊重、理解和鼓励；

（八）相互促进，父母与子女共同成长；

（九）其他有益于未成年人全面发展、健康成长的方式方法。

第十八条 未成年人的父母或者其他监护人应当树立正确的家庭教育理念，自觉学习家庭教育知识，在孕期和未成年人进入婴幼儿照护服务机构、幼儿园、中小学校等重要时段进行有针对性的学习，掌握科学的家庭教育方法，提高家庭教育的能力。

第十九条 未成年人的父母或者其他监护人应当与中小学校、幼儿园、婴幼儿照护服务机构、社区密切配合，积极参加其提供的公益性家庭教育指导和实践活动，共同促进未成年人健康成长。

第二十条 未成年人的父母分居或者离异的，应当相互配合履行家庭教育责任，任何一方不得拒绝或者怠于履行；除法律另有规定外，不得阻碍另一方实施家庭教育。

第二十一条 未成年人的父母或者其他监护人依法委托他人代为照护未成年人的，应当与被委托人、未成年人保持联系，定期了解未成年人学习、生活情况和心理状况，与被委托人共同履行家庭教育责任。

第二十二条 未成年人的父母或者其他监护人应当合理安排未成年人学习、休息、娱乐和体育锻炼的时间，避免加重未成年人学习负担，预防未成年人沉迷

网络。

第二十三条 未成年人的父母或者其他监护人不得因性别、身体状况、智力等歧视未成年人，不得实施家庭暴力，不得胁迫、引诱、教唆、纵容、利用未成年人从事违反法律法规和社会公德的活动。

第三章 国家支持

第二十四条 国务院应当组织有关部门制定、修订并及时颁布全国家庭教育指导大纲。

省级人民政府或者有条件的设区的市级人民政府应当组织有关部门编写或者采用适合当地实际的家庭教育指导读本，制定相应的家庭教育指导服务工作规范和评估规范。

第二十五条 省级以上人民政府应当组织有关部门统筹建设家庭教育信息化共享服务平台，开设公益性网上家长学校和网络课程，开通服务热线，提供线上家庭教育指导服务。

第二十六条 县级以上地方人民政府应当加强监督管理，减轻义务教育阶段学生作业负担和校外培训负担，畅通学校家庭沟通渠道，推进学校教育和家庭教育相互配合。

第二十七条 县级以上地方人民政府及有关部门组织建立家庭教育指导服务专业队伍，加强对专业人员的培养，鼓励社会工作者、志愿者参与家庭教育指导服务工作。

第二十八条 县级以上地方人民政府可以结合当地实际情况和需要，通过多种途径和方式确定家庭教育指导机构。

家庭教育指导机构对辖区内社区家长学校、学校家长学校及其他家庭教育指导服务站点进行指导，同时开展家庭教育研究、服务人员队伍建设和培训、公共服务产品研发。

第二十九条 家庭教育指导机构应当及时向有需求的家庭提供服务。

对于父母或者其他监护人履行家庭教育责任存在一定困难的家庭，家庭教育指导机构应当根据具体情况，与相关部门协作配合，提供有针对性的服务。

第三十条 设区的市、县、乡级人民政府应当结合当地实际采取措施，对留守未成年人和困境未成年人家庭建档立卡，提供生活帮扶、创业就业支持等关爱服务，为留守未成年人和困境未成年人的父母或者其他监护人实施家庭教育创造条件。

教育行政部门、妇女联合会应当采取有针对性的措施，为留守未成年人和困境未成年人的父母或者其他监护人实施家庭教育提供服务，引导其积极关注未成年人身心健康状况、加强亲情关爱。

第三十一条 家庭教育指导机构开展家庭教育指导服务活动，不得组织或者变相组织营利性教育培训。

第三十二条 婚姻登记机构和收养登记机构应当通过现场咨询辅导、播放宣传教育片等形式，向办理婚姻登记、收养登记的当事人宣传家庭教育知识，提供家庭教育指导。

第三十三条 儿童福利机构、未成年人救助保护机构应当对本机构安排的寄养家庭、接受救助保护的未成年人的父母或者其他监护人提供家庭教育指导。

第三十四条 人民法院在审理离婚案件时，应当对有未成年子女的夫妻双方提供家庭教育指导。

第三十五条 妇女联合会发挥妇女在弘扬中华民族家庭美德、树立良好家风等方面的独特作用，宣传普及家庭教育知识，通过家庭教育指导机构、社区家长学校、文明家庭建设等多种渠道组织开展家庭教育实践活动，提供家庭教育指导服务。

第三十六条 自然人、法人和非法人组织可以依法设立非营利性家庭教育服务机构。

县级以上地方人民政府及有关部门可以采取政府补贴、奖励激励、购买服务

等扶持措施，培育家庭教育服务机构。

教育、民政、卫生健康、市场监督管理等有关部门应当在各自职责范围内，依法对家庭教育服务机构及从业人员进行指导和监督。

第三十七条 国家机关、企业事业单位、群团组织、社会组织应当将家风建设纳入单位文化建设，支持职工参加相关的家庭教育服务活动。

文明城市、文明村镇、文明单位、文明社区、文明校园和文明家庭等创建活动，应当将家庭教育情况作为重要内容。

第四章 社会协同

第三十八条 居民委员会、村民委员会可以依托城乡社区公共服务设施，设立社区家长学校等家庭教育指导服务站点，配合家庭教育指导机构组织面向居民、村民的家庭教育知识宣传，为未成年人的父母或者其他监护人提供家庭教育指导服务。

第三十九条 中小学校、幼儿园应当将家庭教育指导服务纳入工作计划，作为教师业务培训的内容。

第四十条 中小学校、幼儿园可以采取建立家长学校等方式，针对不同年龄段未成年人的特点，定期组织公益性家庭教育指导服务和实践活动，并及时联系、督促未成年人的父母或者其他监护人参加。

第四十一条 中小学校、幼儿园应当根据家长的需求，邀请有关人员传授家庭教育理念、知识和方法，组织开展家庭教育指导服务和实践活动，促进家庭与学校共同教育。

第四十二条 具备条件的中小学校、幼儿园应当在教育行政部门的指导下，为家庭教育指导服务站点开展公益性家庭教育指导服务活动提供支持。

第四十三条 中小学校发现未成年学生严重违反校规校纪的，应当及时制止、管教，告知其父母或者其他监护人，并为其父母或者其他监护人提供有针对性的家庭教育指导服务；发现未成年学生有不良行为或者严重不良行为的，按照有关

法律规定处理。

第四十四条 婴幼儿照护服务机构、早期教育服务机构应当为未成年人的父母或者其他监护人提供科学养育指导等家庭教育指导服务。

第四十五条 医疗保健机构在开展婚前保健、孕产期保健、儿童保健、预防接种等服务时，应当对有关成年人、未成年人的父母或者其他监护人开展科学养育知识和婴幼儿早期发展的宣传和指导。

第四十六条 图书馆、博物馆、文化馆、纪念馆、美术馆、科技馆、体育场馆、青少年宫、儿童活动中心等公共文化服务机构和爱国主义教育基地每年应当定期开展公益性家庭教育宣传、家庭教育指导服务和实践活动，开发家庭教育类公共文化服务产品。

广播、电视、报刊、互联网等新闻媒体应当宣传正确的家庭教育知识，传播科学的家庭教育理念和方法，营造重视家庭教育的良好社会氛围。

第四十七条 家庭教育服务机构应当加强自律管理，制定家庭教育服务规范，组织从业人员培训，提高从业人员的业务素质和能力。

第五章　法律责任

第四十八条 未成年人住所地的居民委员会、村民委员会、妇女联合会，未成年人的父母或者其他监护人所在单位，以及中小学校、幼儿园等有关密切接触未成年人的单位，发现父母或者其他监护人拒绝、怠于履行家庭教育责任，或者非法阻碍其他监护人实施家庭教育的，应当予以批评教育、劝诫制止，必要时督促其接受家庭教育指导。

未成年人的父母或者其他监护人依法委托他人代为照护未成年人，有关单位发现被委托人不依法履行家庭教育责任的，适用前款规定。

第四十九条 公安机关、人民检察院、人民法院在办理案件过程中，发现未成年人存在严重不良行为或者实施犯罪行为，或者未成年人的父母或者其他监护人不正确实施家庭教育侵害未成年人合法权益的，根据情况对父母或者其他监护

人予以训诫，并可以责令其接受家庭教育指导。

第五十条 负有家庭教育工作职责的政府部门、机构有下列情形之一的，由其上级机关或者主管单位责令限期改正；情节严重的，对直接负责的主管人员和其他直接责任人员依法予以处分：

（一）不履行家庭教育工作职责；

（二）截留、挤占、挪用或者虚报、冒领家庭教育工作经费；

（三）其他滥用职权、玩忽职守或者徇私舞弊的情形。

第五十一条 家庭教育指导机构、中小学校、幼儿园、婴幼儿照护服务机构、早期教育服务机构违反本法规定，不履行或者不正确履行家庭教育指导服务职责的，由主管部门责令限期改正；情节严重的，对直接负责的主管人员和其他直接责任人员依法予以处分。

第五十二条 家庭教育服务机构有下列情形之一的，由主管部门责令限期改正；拒不改正或者情节严重的，由主管部门责令停业整顿、吊销营业执照或者撤销登记：

（一）未依法办理设立手续；

（二）从事超出许可业务范围的行为或作虚假、引人误解宣传，产生不良后果；

（三）侵犯未成年人及其父母或者其他监护人合法权益。

第五十三条 未成年人的父母或者其他监护人在家庭教育过程中对未成年人实施家庭暴力的，依照《中华人民共和国未成年人保护法》《中华人民共和国反家庭暴力法》等法律的规定追究法律责任。

第五十四条 违反本法规定，构成违反治安管理行为的，由公安机关依法予以治安管理处罚；构成犯罪的，依法追究刑事责任。

第六章　附则

第五十五条 本法自 2022 年 1 月 1 日起施行。

——幼儿园“家园共育”家庭教育指导课程

丛书主编　王桂亮　刘洁

让孩子走向优秀

Ranghaizi zouxiang youxiu

（中班·上册）

本册主编　李振梅　肖红英

山东城市出版传媒集团·济南出版社

图书在版编目（CIP）数据

让孩子走向优秀 / 王桂亮，刘洁主编. -- 济南 :
济南出版社，2023.6
ISBN 978-7-5488-5669-6

Ⅰ. ①让… Ⅱ. ①王… ②刘… Ⅲ. ①家庭教育
Ⅳ. ①G78

中国国家版本馆CIP数据核字(2023)第098073号

出 版 人　田俊林
责任编辑　郑红丽　李冰颖　姜海静
封面设计　侯文英　谭　正

出版发行　济南出版社
地　　址　济南市二环南路 1 号
印　　刷　山东彩峰印刷股份有限公司
版　　次　2023 年 8 月第 1 版
印　　次　2023 年 8 月第 1 次印刷
成品尺寸　170 mm × 240 mm　16 开
字　　数　700 千
印　　张　55.75
定　　价　288.00（全 6 册）
（济南版图书，如有印装质量问题，请与出版社出版部联系调换。联系电话：0531-86131736）

《让孩子走向优秀》
编 委 会

丛 书 主 编　王桂亮　刘　洁

丛书副主编　孙文燕　闫少会　李莎莎

本 册 主 编　李振梅　肖红英

本册副主编　赵清华　李国宏　刘春玲

编 写 人 员（按姓氏音序排列）

曹伟丽　陈晓丽　丛兰娟　李　君　李国宏

李雯雅　李振梅　刘　菊　刘春玲　马丽萍

孙文燕　谭佃艳　王桂亮　王晓芳　肖红英

许莎莎　燕林惠　臧秀芹　张　丽　张国平

张秀华　张迎春　张玉凤　赵清华

前 言

“让孩子走向优秀”，是我们这套丛书的名称。为什么要为这套丛书起这样一个名字呢？因为它体现着作者的理念和目标。

好的家庭教育，首先要确立一个科学、明晰的培养目标，也就是父母应该培养一个什么样的孩子？应该为孩子设计一个怎样的人生发展目标？

当孩子还在妈妈腹中孕育的时候，父母心中往往已经对孩子有了一个个美好的期望；当孩子呱呱坠地，父母更是对孩子的未来发展设计出了一个个目标——上清华，考北大，出国留学，将来成为一名科学家、钢琴家、教师、医生，等等。

这些远大的目标，体现着父母的美好期待，但对3~6岁孩子来讲是非常遥远的，特别是有些父母缺乏发现孩子天赋和兴趣的能力，或者是完全不顾孩子的天赋和兴趣，只是一味地按自己的意愿来为孩子设定未来发展的目标，犹如寓言故事《动物学校》中的老师一样，让具有游泳天赋的鸭子放弃游泳去练习跑步，让兔子这位跑步冠军放弃跑步去学习游泳……这样做的结果，往往会产生一些严重的负面影响——将不适合的目标强加给孩子，并早早把孩子拖进教育内卷的过度竞争旋涡，对孩子进行“拔苗助长”式教育，忽视孩子的全面、健康发展，使孩子感到“压力山大”，身心疲惫不堪，甚至产生厌学情绪，形成片面、畸形的发展，最终往往与父母的期望南辕北辙。

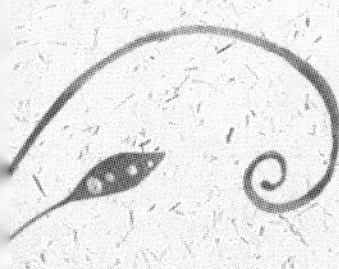

本书所提出的“让孩子走向优秀”，是孩子身心健康发展的一种素质培养目标——让孩子学会做人、学会交往、学会生活、学会学习、学会审美、学会健体、学会劳动、学会创新等，让孩子全面、和谐、健康、快乐地成长，为孩子未来发展打下坚实的基础。这样，孩子具备了良好的素质，将来必定会“飞”得高、“飞”得远。正所谓“养其根而俟其实”“根之茂者其实遂”，养好根、育好苗。若是红杉树，日后自然会长成参天大树；若是苹果树，长大后定会硕果累累。

如何让孩子走向优秀呢？本丛书立足于孩子终身发展的核心素质培养这个“基点”，从孩子终身发展和社会发展需要必备的品格和关键能力等方面着手，精选了家庭教育的60个专题，从“为什么教”“教什么”“怎么教”三个方面对每一个专题的意义、内容和方法等做出详细的阐述。

本丛书采用了“案例法”的撰写方式，通过古今中外一个个典型且富有指导意义的家庭教育案例，深入浅出地诠释了亲子教育的科学理念、内容和方法等，书中所选案例通俗易懂，富有生活情趣。

希望这套丛书能够为已经成为父母或即将为人父母的读者们拓宽教育孩子的视野，提供科学的教育理念和教育方法；为学前教育工作者提供家庭教育指导的前沿理念和方法。如果本书能对您的家庭幸福和家庭教育哪怕有一点益处，也将让我们深感欣慰。因资源与水平所限，书中难免出现这样那样的纰漏和错误，若您发现，恳请批评指正。在此，我们先向您致以深深的敬意。

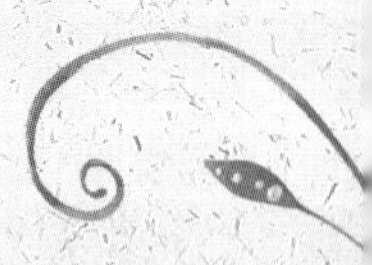

目 录

专题一 品德教育：做人德为先

国无德不兴，人无德不立。习近平总书记在《成才必须先学做人》一文中写道："人而无德，行之不远。没有良好的道德品质和思想修养，即使有丰富的知识、高深的学问，也难成大器。"因此，家长必须重视孩子的品德培养，树立"做人德为先"的育人意识，运用科学的方法培养孩子良好的道德品质，为孩子一生健康发展打下坚实的基础。

知识窗

品德就是道德品质，是指个体依据一定的社会道德准则和规范行动，对社会、对他人、对周围事物所表现出来的稳定的心理特征或倾向。

一 品德，孩子终身发展的基石

品德是人生发展的基石，它决定了一个人一生发展的高度。如果说知识、能力的教育是砌筑人生攀登高峰的台阶，那么，品德教育就是帮助孩子扣好人生的第一粒"扣子"。

金矿老板傅浩年近四十时喜从天降，妻子生下了双胞胎，并且两个都是男孩。有了儿子的傅浩夫妇欣喜不已，给两个儿子起名为"大宝""小宝"，并大摆宴席庆贺。

傅浩夫妻中年得子，将大宝、小宝当作心肝宝贝，事事依着他们。父亲爱喝酒，几乎天天喝，两个儿子在同桌吃菜，有时也试着尝两口酒，父亲也不加干涉，反而夸儿子们"真行"。慢慢地，两个孩子七八岁时就学会了喝酒。此外，父亲有时还让他们从自己的口袋里拿钱。于是，两个孩子小小年纪，经常进饭馆、逛商店，父母不但不阻止，反而说："我们挣这么多钱，不让他们花让谁花呢？"由于两个孩子出手阔绰，一些行为不良的社会人士就围着他们转。上了中学后，大宝、小宝又学会了吸烟，还经常赌博甚至打架斗殴……

渐渐地，大宝、小宝越发任性不羁、胡作非为，文化课成绩一塌糊涂，经常因违反学校纪律被学校通报批评。因学校多次督促，父母批评了大宝、小宝几句，两个孩子不但不听，还对父母大打出手。傅浩夫妻二人见管不住孩子，便索性不管了。后来，大宝、小宝从经常逃学上网吧发展到偷盗、抢劫，最终被关进了监狱。

上面的案例促使我们反思：在培养子女的过程中，养儿防老不能算低层次目标，和孩子品德培养没有必然的对立关系。"传宗接代、养儿防老"？当家长着眼于培养孩子良好的道德品质有多重要？

李某迪，享誉世界的著名钢琴家，被誉为"钢琴王子"，竟因涉黄嫖娼被北京朝阳警方拘留。一个钢琴天才，是如何走到今天这一步的呢？

李某迪在钢琴上颇有天赋，7 岁开始学习钢琴，11 岁时就获得重庆市首届少儿钢琴比赛第一名；12 岁获得首届"华普杯"全国少儿钢琴比赛第一名，并考入四川音乐学院附中；15 岁获得第一届中国钢琴作品（香港）比赛最高组——《黄河协奏曲》组第一名；17 岁时在国际上崭露头角，连续获得第五届荷兰李斯特国际钢琴比赛第三名、美国吉娜·巴考尔国际青少年艺术家钢琴比赛第一名。18 岁，获得在华沙举行的第十四届肖邦国际钢琴比赛金奖，一举成名。

李某迪的妈妈曾经透露她对李某迪管教非常严格，每晚 7 点到 10 点是雷打不动的练琴时间，无论家里有什么事，都必须保证先练完琴。每次练琴，妈妈都会坐在旁边，边打毛衣边陪练。一旦他弹错了，就会被妈妈用织毛衣的签子打。

为了练琴，李某迪基本上被剥夺了其他兴趣爱好。妈妈一门心思让孩子走钢琴专业，不仅忽视了李某迪文化课程的学习，甚至还忽略了个人道德素质的培养。

李某迪在刚刚成名接受《人物》杂志专访时，就被吐槽素质太低，谈吐过于粗俗，与“钢琴王子”的形象不匹配。

当然，李某迪虽年少成名，但在名利之下走向失控，童年道德教育的缺失，无疑是根源之一。

这个案例警示我们，一个人即便才艺超群，如果没有良好的品德，或许一时飞得高，但飞不远，甚至飞得越高，摔得越惨。昔日“钢琴王子”的坠落，在令人惋惜的同时，更加突显出品德对于一个人成长和发展的重要性。

二 品德教育：让孩子学会做人

品德教育，从根本上讲，是教孩子如何做人的教育。培养孩子良好的品德，是家庭教育自始至终的重点。

对 3~6 岁幼儿进行品德教育，家长应重点抓好以下内容。

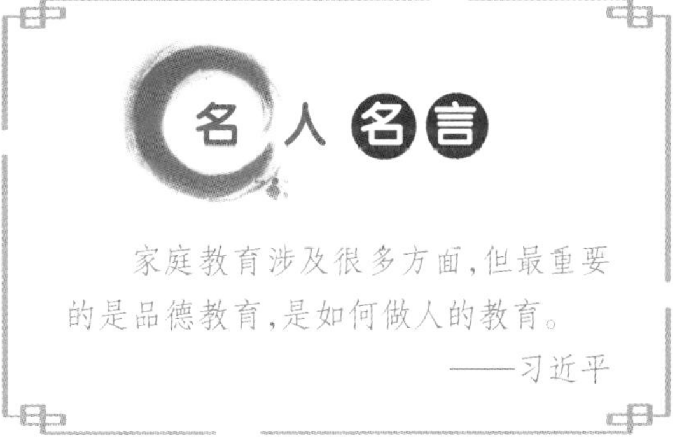

（一）爱的美德教育

爱是人类最美好、最高尚的品质，是各种美德之根。但丁说：“爱是美德的种子。”孩子的心田播种上爱的种子，就会长出各种美好的品德。因此，培养孩子爱的能力，是品德教育的首要内容。

对孩子爱的教育主要包括以下几方面的内容：

爱父母、爱家人、爱自己；

爱老师、爱同伴、爱他人；

爱生命、爱大自然、爱小动物；

爱集体、爱家乡、爱祖国。

（二）讲文明、讲礼貌的礼仪教育

讲文明、讲礼貌是精神文明的标志。文明礼貌的行为习惯是从小开始长期实践而形成的。因此，家长在日常生活中要注意加强对孩子讲文明、讲礼貌的教育。其内容主要包括：教育孩子不骂人、不打人、不讲脏话；待人和气、热情，对人有礼貌，不打断别人讲话；尊老爱幼，主动帮助老人和小朋友；在别人家做客时，不乱翻东西；吃饭要守规矩，等等。

（三）诚实守信、负责担当的品格教育

俞敏洪曾指出："我们教孩子教的是人品和道德，把孩子的人品和道德教育好，是孩子能够成功的关键。"我们家长一定要认识到，比学习成绩和个人能力更重要的是对孩子的品格培养。幼儿阶段的品格教育主要包括诚实、友爱、礼貌、负责、节俭、感恩等方面的内容。

（四）独立自主、勤劳俭朴的生活教育

幼儿独立自主、勤劳俭朴的生活教育主要包括以下内容：

教育孩子自己的事情自己做，做到自己穿衣、洗脸、刷牙、吃饭、收拾床铺、收纳玩具等。

引导孩子积极参加家务劳动，帮助家人做一些力所能及的家务活，如洗衣、扫地、整理碗筷等。

在日常生活中，培养孩子热爱劳动和节约俭朴的好品质，引导孩子爱惜劳动成果，做到不浪费水电和食物，不与人攀比等。

（五）团结合作、友好相处的人际交往教育

团结合作、友好相处是与人交往的良好品质，对于孩子成长成才是非常重要的。因此，家长在日常生活中要培养孩子主动地与小朋友交往、玩耍，喜欢结交新朋友；教育孩子要大方不自私，乐于与小朋友分享食物和玩具；遵守游戏规则，善于与小朋友一起合作做游戏；不打人，不骂人，与小朋友友好相处。

（六）勇敢坚强、活泼开朗的性格教育

勇敢坚强、活泼开朗的性格，能够让孩子积极、乐观地面对生活中的困难和问题，不畏艰难，经得起磨难，成为一个有担当的人。

对幼儿进行勇敢坚强、活泼开朗的性格教育，主要包括以下内容：

鼓励孩子敢于在众人面前说话，大胆表达自己的意愿。

告诉孩子在黑暗处行走或遇到雷雨天气时不惊慌、不害怕。

引导孩子敢于尝试有一定难度的活动和任务，能认真负责地完成自己所接受的任务；遇到困难能够坚持而不轻易求助；自己的事情尽量自己做，不依赖别人，学会担当。

教育孩子犯了错误，要敢于承认自己的过失。

创造自由宽松的成长环境，让孩子经常保持愉快的情绪，养成活泼开朗的性格，不乱发脾气。

三　品德教育，从小抓起

苏联教育家苏霍姆林斯基说：“我们向母亲和父亲讲，从儿童懂事的初期起，就应该让公民的品质在儿童心灵中形成、树立和巩固起来。公民意识和公民情感发源于儿童时代，播在儿童心灵中的一粒小小的种子，会长出茁壮的幼芽，长出深根。”可见，对孩子的品德教育必须从小抓起。那么，在家庭教育中，我们家长应该怎样做好对孩子的品德教育呢？

（一）树立把品德教育放在首位的意识

我国有一句经典名言：“做事先做人，做人德为先。”父母养育孩子，首要的责任是教育孩子做一个身心健康、品德优秀的人。也就是说，必须把品德教育放在第一位，孩子其他素质、能力的培养都要建立在良好人格品质培养这一人生基础之上。

（二）从小抓起，在生活的点点滴滴中培养

从孩子出生起，品德培养就开始了，它贯穿于生活的点点滴滴，贯穿于日常生活的全过程。我国著名教育家陈鹤琴先生曾指出教育孩子要“从小抓起，从小抓好”，因为“一个人的身心发育在他最早的几年当中是最迅速，也是最基础的”。因此，父母一定要从孩子出生开始，对每一件事，哪怕看似是一件小事，也要认真对待，从培养孩子品行的高度去认真处理。例如，孩子无理哭闹（睡觉要抱着）、有不良言行（骂人、口头禅）等，这些都必须认真对待，抓住培养孩子品德的教育时机。

（三）抓好孩子品德发展的关键期

一个人品德和素质的发展一般都有一个由量变到质变的飞跃，这个时间段教育学上称为关键期。研究发现，3~6岁、小学三年级、初中二年级是孩子品德发展的关键期，在这些时期最容易出现一些品质问题，也最能通过教育取得事半功倍的效果。当然也不能绝对化这些时期，但一般来说，父母应重视处于迷茫期的孩子品德教育，加强引导，有的放矢。

在这里还要特别强调一点，关键期只是强调了要特别重视这个阶段，而不是说其他阶段不重要，孩子的品德教育是贯穿在日常生活全过程的教育。

（四）父母要为孩子做道德榜样

研究表明，孩子1~3岁是品德的萌芽阶段，在周围人的影响下，幼儿逐渐形成了最初的道德观念、价值判断；在家庭生活中，孩子的言行极易模仿父母，价值判断易受父母影响，所以父母一定要注意树立良好的形象，为孩子做榜样。

“孩子是一面镜子，照出的是父母的影子。”这句话说出了父母对孩子的示范作用。作为孩子的第一任老师，父母对孩子的影响是深远的，孩子的很多行为习惯都是学习父母的，他们身上或多或少能看到父母的影子。

由于儿童的认知水平和生活经验所限，父母单纯地讲道理，孩子很难明白并接受。孔子曰：“其身正，不令而行。其身不正，虽令不从。”这句话放在家庭教育中，可以看作，身为管理者的父母本身行为端正，即使不下命令，孩子也会遵守奉行；而如果父母本身行为不端正，即使发出命令孩子也不会遵守奉行。所以，父母要给孩子做出榜样，注意培养孩子的道德情感，让孩子将情感与行为联系起来，孩子就很容易理解哪些行为是对的、哪些行为是善的，知道应该怎么做。例如，看到有人践踏草坪，可以对孩子说：“你看，他踩在小草的身上，小草有多疼啊，这样做对不对呢？”这样，在具体的事件和游戏中让孩子感受道德情感，逐渐建立道德观念。

此外，父母还要在具体的事件和游戏中让孩子去感受道德情感，逐渐建立道德观念。孩子的正确行为及时进行认可。比如，孩子把一个摔倒的小朋友扶起来时，你可以说：“因为有你的帮助，那位小朋友肯定觉得没那么疼了。”

表扬孩子可采用“孩子的行为 + 你的感受”的模式，让孩子感受到父母对他的尊重，感觉把他当成了大人平等对待，以此来调动孩子的积极性，让高尚的行为内化为他的一种品质。

（五）对孩子的错误要及时给予适度的惩戒

孩子犯错时，家长不可包庇和纵容，要给孩子适度、及时的惩戒，让孩子引以为戒。特别要重视对孩子第一次犯错的纠正，这样可以防止孩子再犯同类错误。如果孩子第一次犯错时父母没有加以制止，孩子则会重复犯错，久而久之，孩子会习以为常，到那时再去纠正难度会大大增加。

（六）注意把握好日常生活中的教育时机

教育时机在我们日常生活中随处可见，又稍纵即逝。这就要求我们家长随时随地做个有心人，因时制宜，因地制宜，对孩子进行及时教育和正面引导。比如孩子获得成功时，家长及时给予表扬和鼓励，随后可提出新的要求，如“玩具宝宝们喜欢整齐的环境，玩完后如果把它们摆得整齐些就更好了”；当孩子对某事产生兴趣时，家长可因势利导，引导幼儿形成良好的行为习惯；当孩子情绪激动时，家长要等孩子平复心情后再进行教育；当孩子身体不舒服时，家长要给予更多的关爱……

善良的情感是良好行为的肥沃土壤，良好的情感是在童年时期形成的。

——苏霍姆林斯基

利用游戏可促使孩子养成良好的行为习惯。如果孩子总是把玩具随地摆放，家长可以陪他们玩“把玩具宝宝送回家”的游戏，通过反复游戏，孩子就能知道把不同种类的玩具送到相应的“家”中，会逐渐养成分类摆放、物归原处的好习惯。孩子在游戏中也会更容易萌发出主动帮助他人的良好品质。比如在一次角色扮演游戏中，硕硕看到小艺一个人既要照顾宝宝，又要做饭，太忙了，她走过来对小艺说：“我来帮帮你吧。”她主动帮小艺抱着宝宝，给宝宝喂水。因此，家长应把握好品德教育的契机，利用游戏等孩子感兴趣的形式实施品德教育。

专家点评

人生有两条起跑线，一条是知识的起跑线，一条是品德的起跑线，跑得更长久的人一定是在品德线不输的人。

品德就是品格、就是人品。无论做什么工作，都要先学做人，健康的人格是人生的底座和根基；德和智、人和才是相辅相成的，只有两者都健康发展，人才能走得远，才有发展的后劲。另外，美好的品德也是快乐的源泉，建议家长改变重智轻德的思想。

问题与思考

1. 为什么把对孩子的品德教育放在家庭教育的第一位？请谈谈您对品德教育重要性的一些独特见解。

2. 您认为从对孩子终身发展有利的角度，应该对孩子进行哪些方面的品德教育？

专题二　情商教育：成功 20% 靠智商，80% 靠情商

情商是决定孩子能否获得成功的指引性因素。在人的发展上，智商更多地表现为专业学习的差异，情商更多地表现为做人、做事的差异。如果说智商决定了一个人的方向，那么情商就决定了这个人能在这个方向走多远。当孩子获得足够的情商能力后，能够不只是想着自己，而且能惠及他人、惠及社会。

情商，通常是指情绪商数（EQ），主要是指人在情绪、情感、意志、抗挫等方面的品质。

因此，从小对孩子进行情商教育，培养孩子良好的情商能力，增强其心理免疫力，让孩子从容地应对学习和生活中的低潮与挑战，从而有能力和信心抵达成功的彼岸。

一　情商，人生成功的关键因素

清华大学原校长顾秉林曾经说道："未来的世界，方向比努力重要，能力比知识重要，健康比成绩重要，水平比文凭重要，情商比智商重要。"心理学家研究发现，一个人的成功 20% 依赖智力因素，80% 则依赖非智力因素，其中起关键性作用的就是情商。

2004 年，在云南大学宿舍里，大四学生马加爵残忍地杀害了 4 名同学，让他狠下杀心的原因让人意想不到。

这年寒假，马加爵因为打工没有回家，留在学校住宿。他的室友邵瑞

杰和唐学李也早早就返校了，他们经常在宿舍打牌。有一次在打牌的时候，邵瑞杰怀疑马加爵作弊，马加爵辩解，两人发生争执，邵瑞杰说：“没想到连打牌你都玩假，你为人太差了，难怪龚博过生日都不请你。”就是这一句话让马加爵愤怒异常。在马加爵看来，邵瑞杰是他最好的朋友。他没有想到，自己的好朋友居然这样看自己，所以他就对邵瑞杰动了杀心，因为他觉得龚博也看不起他，计划要杀害邵瑞杰和龚博二人。但是当时唐学李刚好睡在他们宿舍，妨碍了他的杀人计划，所以也将其一起杀害了；杨开红到他们宿舍找人，马加爵害怕事情败露，于是将其也杀害了。

马加爵不能接受人际交往中的挫折，并且难以控制情绪，与同学打牌时别人的一句话，就让他丧失理智，最后在毁灭了别人的同时，也毁灭了自己。一个天之骄子沦为杀人犯，让人们感到痛心和惋惜。

生活中还有许多类似的案例：由于对父母给自己报的钢琴班有抵触，15 岁女孩跳楼，父亲为了接住女儿被砸成重伤，父女两人最终抢救无效死亡；一位初中生整天沉迷于手机游戏，父亲一气之下，夺过手机顺窗扔出，儿子为了抢回手机，也跳出窗户，结果坠楼而亡，父亲悔恨不已；男孩因受不了母亲的唠叨，趁母亲把车停在桥上时，打开车门跳桥身亡，母亲当场崩溃。

一个孩子在成长的道路上，最终能不能成为一个出色的人，并不完全取决于孩子的智力因素，非智力因素占很大比重。试想一个人如果智商很高、学习成绩也很优秀，但思想觉悟不高，自私自利、唯我独尊，不懂得关心和帮助他人，不懂得孝敬父母，意志薄弱，感情脆弱，经不起打击……这样高智商的孩子又能做成什么大事呢？上面案例中一桩桩惨剧告诉我们，孩子的情商是多么的重要。当孩子自身的情商不高、能力不足时，外界环境的一点点压力在孩子眼里都会被无限放大。

一天夜里，一对老年夫妻走进一家旅馆，他们想要一个房间。前台侍者回答说：“对不起，我们旅馆已经客满了，一间空房也没有剩下。”看着这对老人疲惫的神情，侍者不忍心深夜让这对老人出门另找住宿的地方，于是好心的侍者将这对老人引领到一个房间，说：“也许它不是最好的，但现在我只能做到这样了。”老人见眼前是一间整洁又干净的屋子，就愉快地住了下来。第二天，当他们来到前台结账时，侍者却对他们说：“不用了，因为我只不过是把自己的屋子借给你们住了一晚，祝你们旅途愉快！”原来侍者自己一晚没睡，在前台值了一个通宵的夜班，两位老人十分感动。两位老人走后，侍者很快就把这件事情忘了。有一天，侍者收到了一封信，里面有一张去纽约的单程机票并附有简短留言，内容竟是聘请他去做一个高级酒店的管理者。原来，几个月前的那个深夜，他接待的是一位有着亿万资产的富翁和他的妻子。富翁为这个侍者买下了一座大酒店，深信他有能力经营管理好这个大酒店。这就是全球闻名的希尔顿饭店首任经理的传奇故事。

一个人的成功，只有15%是建立在技术上，另外85%则要靠人际关系。

——戴尔·卡耐基

大家都认为，在高新技术企业中，领导的智商很重要，但实际上，情商的重要性超过了智商。

——李开复

故事中的侍者能够设身处地地考虑别人的困境，细节举止中都透露出对他人的关爱，也因高情商为自己赢得了新机遇。一个情商高的人，对人友善、宽宏大度、谦虚坦诚、热情助人，能很好地协调人际关系。

在成功的道路上，最大的障碍其实并不是缺少机会或资历浅薄，而是缺乏对自己情绪的控制。情商高的人在为人处世方面总是表现出积极、健康的心态和乐观、豁达的态度，以这样的心态和态度工作、生活，离成功自然也就更进一步了。

每个家长都希望自己的孩子拥有快乐的童年和幸福的人生，但并不是通过放任孩子随心所欲、逃避压力就能获得，而是应培养孩子的情商，让孩子能够应对来自各个方面的压力、遇到困难能够迎难而上。

情商是自我情绪调控和处理人际关系的一种能力，关系着幼儿未来的意志、人格及智力等各方面的发展，并且随着幼儿身心发展和交往活动的增多而发生变化。

如果说智商是“1”，那么情商就是它后面的“0”。对孩子而言，任凭他的智力如何超群，学业多么优秀，但若缺乏良好的情绪管理能力，情商很低，他就很容易出现性格上的偏差。情商需要从小学习和培养，切莫等到孩子长大了承受不住压力的时候才感慨“这孩子小时候特别聪明，是读名牌大学的料，只可惜脾气不好耽误了一生”。智商再高也需要足够的情商来推动运行，如果把智商比作硬件，情商就是需要不断升级的软件，需要不断培养和提升。因此，在幼儿阶段进行情商教育十分必要。

在我们的一生当中，情商对于个人的人生成功、职场顺利和家庭幸福起着至关重要的作用。而童年及青少年时期的家庭环境和教育，对一个人的情商影响最大。

——丹尼尔·戈尔曼

知识窗

研究表明，情商形成于婴幼儿时期，成型于儿童和青少年阶段。在孩子的成长过程中，0~18 岁这段时期，是孩子情商形成的关键期，根据孩子身心发展的特点，这段时期又分 0~3 岁、4~7 岁、8~11 岁、12~18 岁四个不同阶段。家长应根据孩子各阶段的身心发展规律和特殊性，把握各个阶段的重点，进行有针对性的教育。

二 情商：自我管理和人际交往的能力

情商包括自我管理和人际交往两大方面的能力，其中自我管理包括认识自我情绪、管理自我情绪、激励自我情绪；人际交往包括认知他人情绪和管理人际关系。

知识窗

丹尼尔·戈尔曼博士把情商分为五方面的能力：认识自身情绪的能力、妥善管理情绪的能力、自我激励的能力、认识他人情绪的能力、管理人际关系的能力。他还通过实验证明，在情商的这五个方面中，妥善管理情绪的能力是关键。

（一）认识自我情绪

认识自我情绪是情商的核心。情绪的种类分很多，心理学上把情绪分为正面情绪和负面情绪。

正面情绪，是指健康的、积极的、温和的可以引发良好行为的情绪，包括自信、快乐、幸福、欣赏、关心、热情、喜悦、感激等。

负面情绪，是指悲伤的、消极的、倦怠的或者突然爆发的情绪，包括恐惧、愤怒、悲哀、焦虑、失望、孤独、后悔、罪恶感等。

很多人习惯把自己不想要的情绪归为消极情绪。其实每一种情绪都有其正向价值，比如孩子虽然对考试有害怕的情绪，害怕考不好丢人，但正是因为这样他才会更努力地复习、备考；因为不想被别人看低，就会愈加发奋努力，让自己变得更优秀。

知识窗

情绪分为与生俱来的基本情绪和后天学习到的复杂情绪。基本情绪和原始人类的生存息息相关，复杂情绪必须经过人与人之间的交流才能后天习得。

因此，我们作为孩子身边最亲近的人，要接纳孩子的情绪，并要让孩子知道，每种情绪都有价值，有的为我们指明方向，有的则给我们力量。

情绪可以累积，也可以经过疏导而消散，每个人都要为自己的情绪承担后果。

要让孩子知道，告诉别人你的感受是可以的，但是因为负面情绪而去伤害他人或损坏事物是不可以的。

（二）管理自我情绪

每个人都有自己的喜怒哀乐，拥有这些情绪是正常的。如何管理情绪，做自己情绪的主人，这是孩子需要思考和解决的问题。我们在肯定正面情绪的同时，也要允许孩子出现一些负面情绪。

妈妈和4岁的儿子玩插积木游戏。儿子拿起一块积木想放入孔中，但他却很难对准位置。妈妈说："我帮你吧。"儿子生气地推开妈妈的手，说："不用，我自己来。"他再次尝试后还是没有成功，于是尖叫着把积木扔掉了。

孩子也会生气、悲伤、沮丧、紧张、尴尬，但他们往往不会用语言准确表达自己的感受。相反，他们有时会以非常不恰当的方式表现这些情绪。上面案例中的孩子遇到挫折时情绪激动地扔掉了积木。

每个人都会有负面情绪，这是正常的，家长应该引导孩子正确疏导和发泄。情绪不分好坏，只是表达情绪的方式有对错之别。因此，大人要让孩子认识到我们不是情绪的奴隶，要做情绪的主人，管理好自己的情绪。

妞妞因为没有吃到冰激凌，头上飘来一朵"坏情绪"。在这朵"坏情绪"的影响下，妞妞捡起树枝，戳了弟弟。于是，这朵"坏情绪"飘到了妈妈头顶。"坏情绪"像是病毒一样，传到很多人的头顶，这些人的情绪都糟糕透了。直到树枝被冰激凌店老板捡起来，把它变成了一个装饰品……"坏情绪"变得没那么坏了，甚至还给人们带来了美的享受。

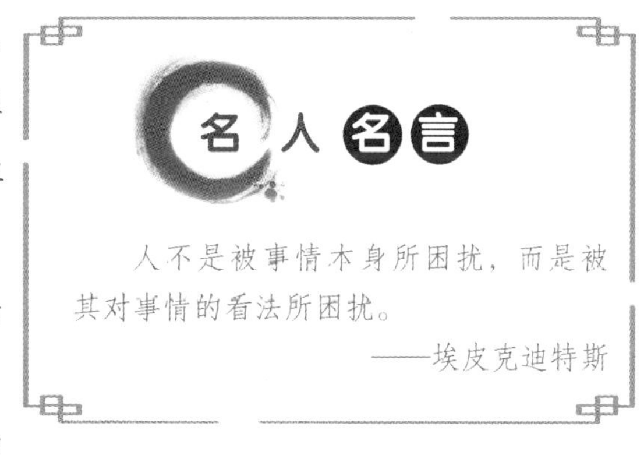

简单有趣的故事，可以折射出负面情绪对人们的影响，以及正确处理情绪是

多么重要。让孩子知道自己此时此刻的情绪是生气还是开心，尤其是对负面情绪，比如生气、嫉妒这样的情绪，要教孩子用合适的方法表达出来。

3~6 岁是培养情绪控制能力的最佳时期。美国生理学家康诺对情绪对躯体功能的影响做了大量研究，证明情绪对幼儿健康的影响十分显著。喜悦、愉快的情绪能明显地促进人的身体健康；反之，焦虑、恐惧、愤怒、哀伤的情绪则易致病。

在现实中，有许多例子可以证明：轻松、愉快的情绪状态有助于集中注意力，积极地进行探索和求知，从而使学习获得较好的效果，智力得到较好的发展。反之，在烦躁、抑郁、恐惧等情绪状态下学习，人的注意力集中不起来，智力活动就容易受到抑制。由此可见，培养幼儿的情感表达和控制能力，使幼儿保持良好的情绪，对幼儿的身心健康发展是非常重要的。

（三）激励自我情绪

情绪具有两面性，同一件事，在一些人看来是悲哀的，在另一些人眼中也许是快乐的，就看从哪个方面想。

从前，有一个哭婆婆，整天哭个不停。有人问：“你为什么总是哭？”原来她有两个女儿，一个嫁给了卖伞的，一个嫁给了卖布鞋的。每当下雨天，哭婆婆就哭，因为卖布鞋的女婿卖不出布鞋；每当天气晴朗，哭婆婆也哭，因为卖伞的女婿卖不出雨伞。了解了事情的原委，有人就给哭婆婆出了个主意，说：“下雨时，你去卖伞的女婿家帮着卖雨伞；天晴时，你到卖布鞋的女婿家帮着卖布鞋。你一定会笑的。”从那以后，哭婆婆雨天去卖雨伞的女婿家，天晴时去卖布鞋的女婿家，每天笑得合不拢嘴，变成了笑婆婆。

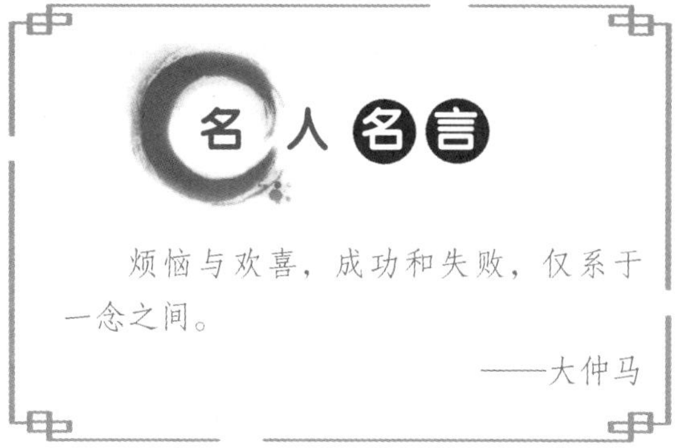

每一种情绪都和心态有关，是个人心态的反映。好的心情产生积极的力量，

因此，要让孩子学会调节自己的不良情绪，时常感受到快乐和温情，经常处于一种积极的情绪状态中，塑造阳光心态，从而促进智力的进一步发展。

（四）认知他人情绪

识别他人情绪对于理解他人的心理状态、预测他人的行为、处理与他人的关系有着重要的作用。理解他人情绪的关键，就是能够通过细微的信号，敏感地感受他人的需求与欲望，比如声音、语调、表情、动作、体态等，学会从别人的角度观察事情、体会别人的情绪，设身处地地替对方考虑。

我们成人在人际交往中，都是希望自己能被他人理解的。对于孩子，道理也是一样。当两个人都设身处地为对方着想时，自然就能做到互相体谅，化解误会和矛盾。

高情商的人善于洞察别人的情绪，会找到更容易使他人接受的沟通方法；同时，在一些冲突状态下也能随时控制好情绪，更加理智地解决问题。

（五）管理人际关系

社会是一个群体，许多事情需要依靠团队内部相互尊重、相互信赖、相互协作才能完成，这就需要孩子学会与不同的人打交道。善于与别人交往的孩子，可以得到更多感情交流的机会，也会收获更多的快乐。

要培养孩子良好的人际交往能力，首先要让孩子学会尊重，学会信任，学会讲礼貌；其次是要培养孩子的社会交往意识和沟通方法，比如与人相处，要注意发现别人的优点，真诚地欣赏和赞美他人，得到别人的帮助，要真诚地表示感谢等。

孩子还处在未成年期，心理、生理方面的发育都尚未成熟，辨别是非的能力比较弱，父母应正确引导孩子与同伴交往，增强孩子与同伴交往的自信心，进一步提高他们的交往能力，帮助其将来更好地适应群体生活。

三 情商培养是一门艺术

父母应如何对孩子进行情商教育呢?

（一）为孩子树立良好的榜样

父母对孩子的情商有很大的影响，除遗传因素外，更重要的是榜样示范作用。父母的一言一行、一举一动，无不对孩子的情商起着潜移默化的作用，会对孩子产生深远的影响。要培养孩子的情商，家长首先自身要树立良好的社会形象，建立良好的人际关系，以良好的心态、积极的情绪去感染孩子。孩子是父母的一面镜子，父母要时刻注意自己的言行，才能为孩子树立良好的榜样，使孩子情商得到发展。

智商高的人也许事业无成，情商高的人却一定能表现非凡，家庭是培养情商的第一所学校，有高情商的父母，才有高情商的孩子。

——丹尼尔 · 戈尔曼

（二）接纳孩子的情绪

孩子的情绪是看得见的“晴雨表”，是“写”在脸上的，高兴时眉飞色舞、开怀大笑，伤心时号啕大哭、郁郁寡欢。孩子在表达自己内心的恐惧、孤独、恼火、不安、不满、思念等感受时，采取的方式往往简单直接，年龄越小，表现越明显，因为他还不懂得如何控制和隐藏自己的情绪。

一个孩子在伤心、生气或者害怕时，是最需要父母的时候。此时，父母首先应该允许孩子有各种各样的情绪，理解和接纳孩子的情绪，给孩子时间和空间，教给孩子正确

未被表达的情绪永远都不会消失。它们只是被活埋了，有朝一日会以更丑恶的方式爆发出来。

——弗洛伊德

的方法，引导孩子把情绪自然地释放出来。

一个孩子正在超市哭闹，他的爸爸一脸严肃地说：“我数到三，马上停止哭。”爸爸刚数完，孩子那声嘶力竭的哭声立马被收住，只见孩子抽噎着，努力地控制着自己的情绪，爸爸满意地带着孩子离开了。

有学者认为，以下三类做法不利于培养孩子的情商：
一是忽视孩子的负面情绪，觉得无关紧要；
二是对孩子的负面情绪不满，甚至指责或处罚；
三是接纳孩子的负面情绪，却没有引导孩子正确处理情绪。

不管孩子哭闹的原因是什么，情绪被如此压制，无法排泄的情绪积累在心里会转变为不可逆转的伤害。这种做法还会让孩子认为，哭是错误的，不值得被善待，慢慢地，他习惯将所有情绪压抑在心中，并且会以同样粗暴的方式对待别人。

一个从小情绪被关注、懂得如何控制情绪的孩子，和另一个从小只会歇斯底里、大哭大闹却得不到理解和疏导的孩子，长大之后对待世界的态度，以及外界反馈给他们的态度，都是截然不同的。前者更容易积极地直面困境，充满自信，并能尊重自己和他人；而后者更容易出现存在感低、脆弱和压抑等心理现象。

所以，当孩子出现负面情绪时，家长要真诚地接纳孩子的情绪，并引导孩子正确处理，如：

当孩子大哭时，要理解他伤心的情绪：“我知道你很难过，我能为你做些什么吗？”

当孩子生气时，要理解他的愤怒，告诉他，我们理解他的感受。

当孩子有情绪时，要先看见、

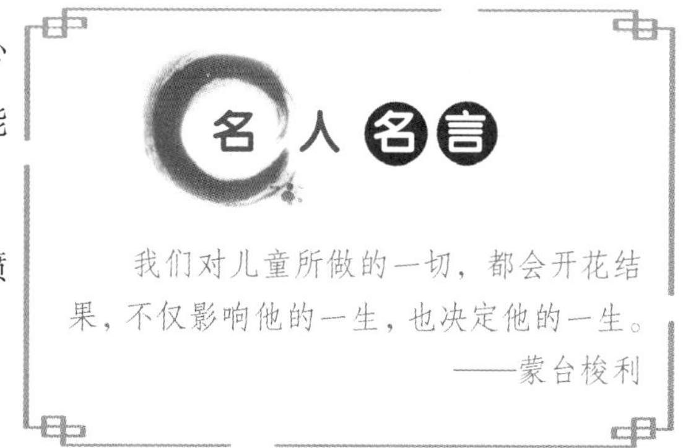

我们对儿童所做的一切，都会开花结果，不仅影响他的一生，也决定他的一生。
——蒙台梭利

接纳孩子的情绪，然后再引导孩子解决问题，也就是“先处理心情，后处理事情”。当孩子感受到被接纳、被理解、被认同时，有时自己就释怀了，或自行摸索出解决问题的方法。

（三）引导孩子认识和管理自己的情绪

> 生活中的10%是由发生在你身上的事情组成，而另外的90%则是由你对所发生的事情如何反应所决定。
>
> ——费斯汀格

幼儿时期，孩子生理机制不断发展成熟，与周围环境互动经验不断丰富，这些因素能促进其情绪调节能力的发展。因此，家长和教师要抓住这一关键时期，为孩子提供机会，让他能公开地、无约束地表达自己的情绪、情感和思想。特别是在孩子受到挫折或感觉到不愉快时，能够不受压抑地表达和发泄，可以减轻心理上的压力，同时引导他用正确的方式表达自己的情感，不产生过激行为，让孩子学会以一种容易被人接受的方式来表达情绪，从而达到令人满意的结果。

1. 接纳自己的负面情绪

允许自己有愤怒、害怕或其他负面情绪。如心爱的东西坏了，孩子会有难过的情绪产生。对此，家长应该做的是倾听和安慰，告诉孩子，有这样的情绪和感受是正常的，自己也曾为摔坏一个玩具而伤心不已。

2. 合理释放情绪

当孩子因意外情况导致有些情绪不能自持时，允许孩子用解压的方式释放出负面情绪。比如大哭一场，不仅可以释放压力，还可以增强免疫力；在适宜的地方大喊、大叫、运动等方式，可将内心的苦闷随着肢体动作发泄出来。

3. 转化负面情绪

当孩子遇到困难或遭受失败时，家长要引导孩子及时分析原因，用乐观的心态来面对，将负面情绪转化为对未来的希望和努力进取。

幼年时期，孩子的情绪与理智发展还不平衡，容易冲动、情绪化，这就特别需要我们家长关注他们的心理需要，培养孩子的积极情绪，疏导消极情绪，使孩子最终能够合理表达、灵活调节、科学管理情绪，让孩子成为情绪的主人。

（四）帮助孩子树立自信

自信是情商教育的基石。人生并不都是一帆风顺的，有成功也有失败。自信的孩子，在面对困难和挫折时能沉稳以对，有良好的抗挫、抗压能力，在处理人际关系上也能得心应手。

日本的一项研究表明，经常受到父母夸奖的孩子和很少受到父母夸奖的孩子相比，成才率比后者高 5 倍。因此，多夸赞孩子，帮助孩子树立自信，对孩子一生的成长至关重要。

1. 发现孩子身上的优点

家长要及时发现孩子所具有的人格特质，善于发现孩子身上值得欣赏的优点，比如有爱心，懂礼貌……多鼓励、肯定孩子，让孩子树立自信。

2. 及时给予鼓励

在孩子表现出自信的时候，家长应及时给予表扬；在孩子需要鼓励时，家长应及时肯定孩子，帮助孩子树立“我能行”的信心。

3. 允许孩子犯错

家长要学会接受孩子的不足。没有人从来不犯错误，如果家长严格禁止孩子犯错，那么就会束缚孩子的想象力和创造力。要允许他们犯错，并且接纳他们的错误，赞扬孩子勇于尝试的胆量和勇气，教会他们正确处理自己的错误。

家长的肯定和鼓励能让孩子更自信，让孩子找到自身的价值，相信自己有能力面对各种挑战，从而走向成功。

（五）培养孩子的社会交往能力

3~6 岁的幼儿虽然还不具备成熟的交往能力，但是他们已经开始产生了一定的交往需求和交往欲望。只有通过与周围人交往，孩子才能逐渐形成和适应各种人际关系。

社会交往能力是在实践中发展起来的。家长要多为孩子创造与他人交往的条件与机会，培养孩子处理人际关系的能力。比如，带孩子上街，鼓励孩子主动问路；带孩子坐车，让孩子去买车票；孩子的同伴来家里玩，要让孩子当小主人，家长不要事事包办、处处代替。

在孩子与同伴发生矛盾时，家长可以引导孩子想办法自己解决；将一些好吃的食物分享给伙伴，让孩子感受分享的乐趣；当孩子的伙伴遇到困难时，引导孩子给予关心和帮助，让孩子学会关心他人，培养团队意识及协作能力；当孩子有好的表现时，家长要积极给予支持和鼓励。

从小培养孩子处理人际关系的能力，让他们在一次次的交往中接受锻炼，适应社会、适应集体生活，让他们学会尊重他人并且受人喜欢，这就让孩子向成功迈进了一大步。

（六）在游戏中培养孩子的情商

3~6 岁是情商发展的关键期，也是孩子非常喜欢玩游戏的时期，因此家长可以利用游戏的方式培养孩子的情商。以下几类游戏可提供参考：

1. 角色互换

在认知他人情绪时，角色代入是最好的方法。家长可以和孩子互换一下角色，让孩子体验一下父母的操心和劳累。这样孩子就能更好地理解父母的辛苦，有时我们还能从这种角色互换游戏中，觉察到自己言行的不妥，以便及时纠正。

2. 情境重现

在某些特定的场合下，孩子会产生一些非常强烈的情绪，往往来不及深入了解，这件事就过去了。打预防针就是最典型的一件事，经常有家长在这件事上骗孩子，说是去玩，其实是去打针，这样其实会丧失孩子对父母的信任。正确的方法是用“情景重现”的方式让他了解自己的恐惧，逐渐克服恐惧。我们可以让孩子扮演医生，用旁观者的视角去审视对打针的恐惧；也可以玩一玩打针的游戏，让他在游戏中，弱化对打针的恐惧，引导孩子理性地面对打针。

3. 合作游戏

孩子 4 岁以后玩的游戏，规则不断增加，需配合程度也不断增加，对于他们的社交能力是一种很好的锻炼。在假想的社会关系中，孩子不断演练如何感知他人情绪，并正确做出回馈。家长可以多带孩子参加聚会，也可以全家上阵陪孩子玩需合作才能完成的游戏。

4. 故事共情

借助绘本的力量帮助孩子学习表达情绪，如绘本《生气的亚瑟》中，亚瑟生气了，生气的威力，如同地震让楼塌了，如同海水将一切都淹没了。我们可以陪孩子看类似的绘本，教他们认识糟糕的情绪如同洪水猛兽，会带来一系列的坏影响，让他们认知坏情绪，用合适的方式去表达——可以让孩子待在某个地方自我发泄，如拍打小枕头，或者对着空旷处大喊几声。

通过这样的训练，孩子既得到了情绪宣泄，又不会影响他人，在这种训练中孩子会慢慢提高情商。

每个孩子都是独特的个体，因此，情商教育也应因人而异。在情商教育中，没有标准的教育方法，只有合适的、有效的教育方法。

专家点评

在应试教育的压力下，家长花费大量时间、精力、金钱对孩子进行知识教育投资，却很少在情商教育上面下功夫，最后不但没达到预期效果，还导致父母和孩子压力过大。孩子的心灵就像一片肥沃的土地，播种什么种子，就会收获什么花朵和果实。教他歧视和偏见，他就学会冷漠和刻薄；教他尊重和宽容，他的世界就充满理解和友善。要培养孩子的高情商，必须要从实践中学习，从小事中做起，情商的提高就是在孩子一次次具体行动中、一次次的自我超越中得到锻炼和提升的。

问题与思考

1.为什么要对孩子进行情商教育？请谈谈您对情商教育重要性的一些独特见解。

2.从对孩子终身发展有利的角度，您认为应该对孩子进行哪些方面的情商教育？

儿童情绪健康测评

0~6 岁的儿童正处于性格形成和情绪发展的关键期，孩子的情绪是否健康，父母可以通过下面的小测试来判断。

回答下列问题，答案为“是”则得 1 分，答案为“否”则不得分。

测试内容：

1. 孩子是否经常因为一点小事而生气动怒，甚至大发雷霆？
2. 孩子是否经常闷闷不乐，即便大人逗他，也很难展露笑容？
3. 孩子是否经常胃口不好，吃不下东西？
4. 孩子睡觉时是否经常做噩梦，并时常被惊醒？
5. 孩子是否经常莫名其妙地哭泣，却又说不出原因？
6. 孩子是否不太喜欢与别人打交道，几乎没有好朋友？
7. 孩子做一件事的时候是否经常走神？
8. 孩子是否有吮手指的坏习惯？
9. 孩子是否有一点不顺心的事就长时间地沉默？

10. 孩子是否很少和父母谈心？

11. 孩子是否经常控制不住自己的情绪，但事后又会后悔、内疚？

12. 孩子是否没有自信，遭到嘲笑就妄自菲薄、一蹶不振？

13. 孩子每天上学时是否会哭闹？

14. 孩子是否经常找借口逃避上学？

15. 孩子是否害怕黑暗，不敢一个人待在房间，不敢独自入睡？

16. 孩子是否害怕一些寻常的事物，如兔子、猫等小动物？

17. 孩子是否会嫉妒别人，甚至用语言攻击对方？

18. 孩子是否总喜欢黏着某一个大人，如妈妈、奶奶等经常照顾自己的人？

19. 孩子是否经常因感到不如别人而自卑？

20. 孩子是否讨厌参加集体活动？

答案解析：

如果以上问题所得分数相加在 06 分，说明你的孩子情绪很正常，是个心理健康的孩子。

得分在 7~13 分，说明你的孩子在情绪上存在一些消极倾向，应及时引导和给予帮助。

得分在 14~20 分，说明你的孩子情绪极不稳定，甚至心理健康也存在一定问题，最好寻求心理专家和儿童教育专家的专业指导。

专题三 独立性教育：让孩子学会独立生活

独立性，是每一个人所必须具备的最基本的生存能力。随着孩子年龄的增长，让孩子逐步学会自己的事情自己做，独立完成一些力所能及的任务，对孩子健康成长、走向社会十分必要。

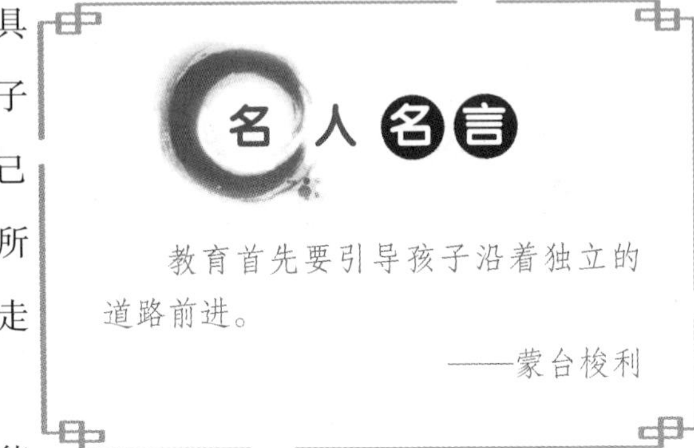

教育首先要引导孩子沿着独立的道路前进。

——蒙台梭利

培养孩子的独立性，让孩子能够独立生活、独立学习、独立交往，有利于其责任感、自信心的形成，对孩子一生的健康发展都会产生深远的影响。

一 独立性是孩子自我发展的内驱力

美国教育家罗伯特博士指出，现代教育有十大目标，其中最重要的目标便是培养孩子的独立性。独立性是一个人健康成长的根基，是自我发展的内在动力。

知识窗

独立性是指人的意志不易受他人的影响，有较强地独立提出和实施行为目的的能力，它反映了意志的行为价值的内在稳定性。遇事有主见，有成就动机，不依赖他人就能独立完成各项实际工作的心理品质，它伴随着勇敢、自信、认真、专注、负责和不怕困难等精神。

真正的独立是行为和心理的双重独立。孩子即使离开父母，也能掌控自己的生活——靠自己就能做出正确决策，并为自己的行为负责。

陈康（化名）不满2岁时就被人称为“神童”，13岁时以高分考入湘潭大学物理系，17岁时考入中科院高能物理研究所硕博连读，然而，传奇在他20岁那年戛然而止。2003年7月，已经修了3年硕士课程的陈康被学校劝退了。

有媒体回访陈康的妈妈曾学梅，她对自己当年的教育方法非常后悔：“只怪我自己的教育方法不当，是我害了他。”

陈康4岁时，就基本学完了初中阶段的课程，小学只读了二年级和六年级，到1991年10月，年仅8岁的陈康连跳几级，进入县属重点中学读书。1996年，13岁的陈康以总分602分考进湘潭大学物理系，成为当地年纪最小的大学生。

陈康8岁上中学开始，他的妈妈就一直陪读。除了学习，家里任何事情妈妈都不让陈康插手，每天早晨连牙膏都要挤好，给儿子洗衣服、端饭、洗澡、洗脸，甚至为了让儿子在吃饭的时候节省时间看书，妈妈亲自给他喂饭，一直到高中都是如此。曾学梅经常对儿子说：“只有专心读书，将来才会有出息。”

陈康自己曾说，小时候妈妈总是把他关在家里看书，从不允许他出去玩。只要有女生打电话给他，他妈妈都说他不在家，担心分散他的精力。因此，他养成了不爱说话的内向性格，周围的同学也渐渐疏远了他。

2000年5月，17岁的陈康以总分第二名的成绩考进中国科学院高能物理研究所，成为硕博连读研究生。曾学梅没有条件继续陪读了，她觉得“儿子那么聪明，很快就能学会的”，但事与愿违，没有了母亲的照顾后，陈康“失控”了。他完全无法安排好自己的学习和生活：热了不知道脱衣服，冷了不知道加衣服；经常穿着单衣、趿着拖鞋就往外跑；不打扫房间，脏衣服到处乱扔……此外，他还经常一个人窝在寝室看书，却忘了还要参加考试和撰写毕业论文，为此他有一门功课记零分，而没写毕业论文也让他没拿到硕士学位，同时也失去了继续攻读博士的机会。最终，他被学校劝退了。

从小学到大学，陈康的生活都是妈妈一手包办。曾学梅反思自己的教育说：“我原想，他人这么聪明，将来长大离开我，生活方面的事很快就能学会的，不晓得他已经形成习惯，改不过来了。”

这个案例警示我们，家长过度庇护孩子，耽误孩子的独立性发展，最终会把孩子养成不能独立生活的巨婴。

张亚勤，12 岁时考上中国科技大学，成为当时中国年纪最小的大学生；18 岁时被乔治·华盛顿大学录取；23 岁时以乔治·华盛顿大学校史上唯一一篇满分毕业论文获得博士学位，后被百度公司聘为总裁。

12 岁便独自离家去合肥上学的张亚勤，在中科大自由地成长，他的母亲虽关心其学习和生活，但并不过多地在生活细节上加以照料。小时候的他经常一个人乘火车去外地，因为母亲曾告诉他：“男孩子，就要到外面多跑跑，才能独立，才能真正了解外面的世界。”

在写给母亲的信《放飞的爱》中，他这样说道：“世上有一种爱，叫放飞。母亲对我的爱就属于这种。她不会把我捧在手心，许多事情总让我亲自去做，还说‘学会独立，才能放飞’……谢谢您！在四十多年的人生道路上，是您教会我自立、自信、自强，是您教会我怎样做人、怎样学习，是您教会我如何在航行中搏击风浪，是您的放手，让我一次又一次地高飞。”

同样是年少聪慧的少年大学生，张亚勤与陈康的人生却是大相径庭。

对孩子独立能力的培养，是对孩子的一种真爱，那种对孩子的娇宠和过分的呵护只会让孩子在将来的生活中吃尽苦头，他应该明白，他不能永远依靠父母，要靠自己。

——卡尔·威特

以上两个案例从正反两方面说明了培养孩子独立性的重要性。陈康的妈妈过分庇护儿子，生活上包办代替，最终导致孩子无法独立生存；而张亚勤的妈妈则懂得放手，培养孩子的独立性，激励着孩子飞得越来越高、越来越远。

二　3~6岁孩子独立性培养的内容

要让孩子成为一个全面发展的大写的“人”，让孩子学会独立必不可少。

那么，孩子从什么时候开始独立？不是在学会走路以后，也不是在上学以后，更不是在30岁以后，而是在出生的那一刻起，孩子就是一个独立的个体。

知识窗

人之所以是个完整的人，就在于人是独立的个体，有独立的能力。

从小具有独立生活能力的孩子，长大会更加从容、乐观、自信，具有较高的自我效能感，在群体中有较高威信，利他的亲社会行为也更多。

3~6岁幼儿独立性培养包括哪些方面呢？

（一）培养独立自主的意识

意识是一个人行动的指南，它决定一个人怎么做事。因此，培养孩子的独立性，首要的是要培养孩子的独立意识。

知识窗

独立意识，也叫独立感，是指个体希望摆脱监督和管教的一种自我意识倾向，即学习、工作、社会交往等各方面独立处理问题或事件的行为能力以及生活上的独立自理能力。

所谓独立意识，通俗地讲，就是孩子想独立做事的愿望和想法。对于3~6岁的幼儿来讲，父母要在日常生活中逐渐培养他们树立起这样一种意识：我是一个独立的人，自己能做的事情要自己做，不依赖别人。例如，孩子自己能够独立进餐、穿衣、整理玩具等，家长就要放手让孩子自己去做，如果孩子撒娇让父母喂饭、穿衣、整理玩具等，这时，父母应以适当的态度拒绝孩子的要求，在给孩子讲明道理的基础上让孩子自己做，这样可以培养孩子逐渐树立起自己的事情自己做的意识。

（二）培养生活自理的能力

生活自理能力是指孩子在日常生活中照料自己的生活、自我服务性劳动的能力，简单地说就是自我服务，自己照顾自己。它是一个人应该具备的最基本的生活技能。

培养3~6岁幼儿的生活自理能力，主要包括：

自己用勺子、筷子等餐具吃饭；

自己洗脸、刷牙，饭前便后能主动洗手，方法正确；

每晚睡前自己洗脚、洗屁股；

自己穿脱衣服、鞋袜、会系鞋带和纽扣；

自己上下楼梯，自己背包；

自己铺床叠被、洗小手绢和袜子，整理归类自己的物品；

积极承担力所能及的家务劳动，如扫地、擦桌子，饭前摆碗筷、端菜盛饭，饭后刷碗，收拾饭桌，倒垃圾，下楼拿牛奶，到超市买简单的物品等。

知识窗

教育部制定的《3~6岁儿童学习与发展指南》明确指出：

3~4岁的孩子，在帮助下能穿脱衣服或鞋袜，能将玩具和图书放回原处。

4~5岁的孩子，能自己穿脱衣服和鞋袜、扣纽扣，能整理自己的物品。

5~6岁的孩子，能知道根据冷热添减衣服，会自己系鞋带，能按类别整理好自己的物品。

（三）培养独立学习的能力

所谓独立学习，是指让孩子自主观察、自主操作、自主发现、自主探究、自主创新，从而自主地去认识和解决问题。

自主独立学习，是一种优秀的学习品质，对一个人的终身学习和发展有着重要的影响，必须从小培养。当孩子具备了这种自主独立学习的品质，就会不依赖家长和老师的督促，主动地、自发地、心甘情愿地把学习当成非常重要的事去对待，真正做到想学、爱学、乐学。例如，我们家长经常会发现孩子在玩积木时，堆起来推倒，再堆起来又推倒……其实，孩子重复地做一件事情，就是孩子自主学习、自主发现、自主探索、自主创新的过程。因此，我们家长要认识到孩子的这种重复性行为是孩子独立学习的一个过程，不要过多干涉，要给予保护、支持和帮助，创造条件让孩子独立、学习、发现、探索、创新。

（四）培养独立处事的能力

独立处事的能力，是培养孩子独立性的一项重要内容。独立处事的能力培养，主要包括以下几方面的内容：

让孩子自己能做的事情自己做。孩子的事情，只要孩子自己能做的，都要放手让孩子去做，培养孩子的责任感和独立做事的能力。

培养孩子的动手能力。日常生活中的许多小事，都是培养孩子动手能力的好机会。如洗碗、擦桌子、系鞋带、组装玩具等，让孩子从不会做到学会做、从做得不像样到做得井井有条，在这个过程中，孩子的动手能力慢慢得到发展。

培养孩子独立解决问题和克服困难的能力。当孩子遇到问题和困难时，家长不要立即帮助解决，要采取延时、滞后的方式，把决定权先交给孩子，引导孩子自己想办法，当孩子自己付出努力后仍不能解决，父母可再指导帮助解决，这样培养孩子遇到问题先独立思考解决方案的习惯，才能让孩子学到一些解决问题的方法，发展孩子独立解决问题的能力。

（五）培养自我管理的能力

自我管理能力，主要是对自己情绪的调控能力和自我行为的控制能力。

幼儿情绪调控能力培养，主要包括：能够经常保持愉快的情绪；不乱发脾气，不高兴时能听从成人的劝说，能较快缓和平静下来；愿意把自己的情绪告诉亲近的人，一起分享快乐或寻求安慰；能随着活动的需要迅速转换情绪和注意力。

幼儿自我行为控制能力的培养，主要指与他人交往行为调控能力的培养。例如，孩子在幼儿园中，必然要与老师和其他小朋友进行交往，在交往过程中与小朋友发生一些争执时，要培养孩子学会包容、学会谦让、学会交流，逐步学会管理和控制自己的行为；孩子要大小便时，能主动及时地向老师报告；如果身体不舒服，能够主动向老师倾诉，让孩子在主动交往中培养自我行为的控制能力。

三 让孩子学会独立生活

孩子在3~6岁幼儿时期，我们家长应怎样培养孩子独立生活的能力呢？

（一）从小抓起

孩子独立性的培养，必须从小抓起，从小事抓起，并根据其身心发展水平逐步强化。

一是家长要注意及早发现和培养孩子的独立意识。孩子独立意识最突出的表现就是强调“我”，这时家长要创造条件促进孩子独立意识和独立能力的发展。孩子最终会脱离父母的庇护，长大成人。所以，越早培养孩子的独立意识，对孩子的终身发展越有益。

二是通过叫孩子的名字强化其独立性。孩子出生后，父母经常叫孩子的乳名，这样可以让孩子慢慢意识到自己与他人的区别，强化孩子的自我意识，促进孩子独立性的发展。

三是根据孩子身心发展水平放手让孩子自己做。凡是孩子想做的家务或其他尝试，家长不要怕孩子做不好、弄乱了，而是要积极鼓励、引导孩子去做；凡是孩子能做的事情，家长都要及时放手让孩子自己去做。例如，2~3岁的孩子想自己用勺子吃饭，其能力基本可以了，家长就要放手让孩子自己吃饭，适时指导孩子用勺子的方法，这样可以培养孩子独立吃饭的能力。

（二）自己的事情自己做

3~6岁孩子已具备了基本的生活能力，其自主意识也逐渐被强化，家长应根据孩子身心发展的水平，孩子自己能完成的就要让他自己来，让孩子树立起“自己的事情自己做”的意识，培养孩子的独立性。

小鸡在破壳之前会一次又一次地啄蛋壳，有时候需要啄十几小时，才能将蛋壳啄破。这个时候，如果有好心人看它这么辛苦，等不及了，想快点让它出来，帮它将壳敲开，结果发现，这样出来的小鸡发育不全，会很快夭折。为什么会这样呢？原来，小鸡及其他卵生动物必须要靠自己的努力破壳而出，通过这种努力，使得血液输送到肢体各个部位，然后改变为肺呼吸方式。如果通过人为帮助破壳，它没有经历这个自己努力使劲的过程，无法获得适应外界的生存能力，很快就会死去。

这个故事给我们一些启示：家长要让孩子在小的时候多一些锻炼，长大后他才能拥有一双坚实的“翅膀”，独立地振翅高飞。

（三）不要包办，逐渐放手

很多家长认为孩子还小，父母多做一些是对孩子的爱。其实，家长包办孩子自己能做的事情，是对孩子独立性发展的一种扼杀。因此，家长一定要坚持“不要包办”和“适当放手”的原则，让孩子自己去尝试、探索、创新，逐步培养孩子的独立性。

（四）给孩子创设自由的生长环境

要培养孩子的独立性，很重要的一点就是给孩子创设一个宽松、自由的成长环境。

一是让孩了自由玩耍。自由玩耍，是培养孩子独立性的极佳方式。孩子自己玩耍时，家长不要过多干涉，只要能保障孩子的安全即可。例如，当孩子自己玩水玩得不亦乐乎时，家长在安全的距离内，就可以随时关注孩了的安全，给他一个微笑就可以。

二是给孩子创设自己做主的机会。家长在日常生活中，要给孩子创设自己做主的机会，注意倾听孩子的想法，不要什么都一手操办，只要在安全、可控的范围内，让孩子根据自己的想法做事。

三是多给孩子动脑的机会。当孩子遇到问题时，家长先让孩子自己想办法，给孩子思考的空间，培养孩子独立解决问题的能力。

四是允许孩子犯错、试错。从某种意义上讲，孩子就是在犯错、试错过程中积累经验和教训而成长起来的，因此，当孩子犯错的时候，家长应该对孩子保持一个宽容的态度，允许孩子犯错并给孩子改正的机会。最重要的是当孩子犯错的时候，家长可以给孩子提供一些建议和帮助，引导孩子自改正错误，并从中汲取经验，得到成长。

（五）按照孩子的节奏慢慢来

在日常生活中，孩子做事情时很多父母总是不停地催促“快点、快点”，殊不知孩子做事的能力和节奏不同于父母。因此，要培养孩子的独立性，父母不能按照自己的节奏要求孩子，要顺应孩子的节奏慢慢来。例如，孩子早上起床，妈妈嫌孩子穿衣服慢，拖过来就给孩子穿好衣服；嫌孩子吃饭慢吞吞，妈妈就喂孩子……这样无形中剥夺了孩子锻炼独立能力的机会，久而久之，就会影响孩子独立能力的正常发展。

每个孩子，都是独立的个体，他们的成长，需要不断积累具体实践经验。在生活中，把犯错、试错的机会交还给孩子，让孩子在反复地跌倒－站起来的过程中，熟练掌握一些生活技能，独立意识也就渐渐形成了。

专家点评

孩子的成长是一个漫长的过程，独立性的培养同样也是一个漫长的过程，而且儿童期只是一个相对的概念。伴随着年龄的增长，孩子的自主意识和独立能力也会越来越强，做家长的应该多一些耐心，等待孩子尝试错误后从错误中吸取教训长大。

问题与思考

1.为什么说培养孩子的独立性是孩子健康成长、走向社会所必需的？请谈谈您对这句话的理解。

2.父母在日常生活中应该怎样培养孩子的独立性？请介绍一下您的经验。

儿童独立性评估

每项符合得1分，不符合不得分。适用年龄范围为3-6岁。

1. 自己吃饭。

2. 自己洗脸、刷牙、洗脚。

3. 自己穿衣服。

4. 自己独立入睡。

5. 睡觉前把自己脱下来的衣服叠好放在一边。

6. 用餐后，收拾自己的餐具。

7. 遇到难题时，能安静地独立思考一会儿。

8. 喜欢一连串地追问。

9. 能看懂玩具说明书里的简单图示，并完成简单的拼装。

10. 主动邀请小朋友到家里做客。

11. 能独立处理游戏中和小伙伴的纠纷。

12. 能独立到距离家比较近或比较安全的地方。

13. 主动接近家中的陌生客人。

14. 主动向老师表达自己的某种愿望和想法。

15. 遇到认识的人，能主动打招呼。

评价标准：

0~5 分：独立性较差

6~11 分：独立性中等

孩子表现出中等的独立性。家长可以参照培养孩子独立性的策略锻炼、培养孩子的独立性。

12~15 分：独立性较高

孩子生活能够自理，能够独立思考问题，与人交流沟通顺畅。

专题四 专注力：孩子重要的学习品格

专注力是保障孩子学习得以顺利进行的一种重要品质。孩子缺乏专注力的表现有很多：学习不认真，做事拖拉磨蹭、丢三落四等，这些不良习惯对以后的工作、生活都会产生深远的影响。

专注力指一个人专注于某一事情或活动时的心理状态。专注力是完成事情或学习新事物的重要前提。

专注力不仅是与生俱来的能力，还可以后天培养。学龄前阶段是儿童培养专注力的黄金时期，此时家长重视孩子早期注意力训练，从小培养孩子的耐心与专注的习惯，可以预防孩子将来出现学习困难的情况，也是保证孩子以后学习能够顺利进行的关键。

一 专注力是学习时的“聚光灯”

美国心理学家威廉·詹姆斯曾对专注力做了一个比喻：如果周围世界是个巨大的舞台，那么我们只会注意到被照亮小圈子里的东西，所有聚光灯之外的东西都是不可见的。换句话说，专注力就像“聚光灯”，照亮了知识，我们才能感知

专注力是大脑进行感知、记忆、思维等认知活动的基本条件，是儿童智力结构中相当重要的部分。专注力一旦缺失，大脑接受信息的渠道将会变得狭窄甚至堵塞，有用的信息无法进入大脑，孩子就不能专心地做事，记忆力差，不能很好地完成老师和家长布置的作业和任务。相当一部分学习成绩不理想的孩子，跟专注力缺失有着直接的关系。

它、记忆它、思考它。所以，专注力被人们称为“心理聚光灯”，将孩子的内心活动集中在一件事情上。当专注于一件事情的时候，孩子会达到身心的平衡与和谐，优化神经系统的组织结构，增强大脑的专注技能，就像是大脑信息加工的过滤器，留下最核心的信息，过滤掉无关的内容。

孩子的专注力是在不断发展的，专注力培养也是一个长期的过程，家长一定要遵循孩子成长发育阶段的特点，耐心引导，给孩子自由探索和自主选择的空间，允许他们“不专注”地去做一些事情，也要允许他们专注在一些看上去有些无聊的行为上。

周末，妈妈带着4岁多的强强在游乐场里玩。看到游乐场里有很多玩具，强强很好奇，每一个都想去玩。强强的妈妈于是就在场外“指导”他：“儿子，你去玩滑梯！”“别爬那个了，太危险了！”“这个好玩，快过来。”“你看这是什么？”一系列的指令使得强强一直在跑来跑去，玩每一种玩具的时间都没有超过三分钟。在更换了很多玩具后，强强来到滑梯前，妈妈说：“强强，这个滑梯特别好玩，你自己玩一会儿吧，妈妈有点累了。”妈妈刚想坐下来休息一会儿，就见强强只在滑梯上坐了一下，就跑去和小朋友抢跷跷板了。妈妈见状，赶紧追过去，一边拉过强强，一边数落他：“你这个孩子怎么回事？一点儿都坐不住，玩什么都没常性。”强强看了看妈妈，翻了个白眼，又跑向下一个玩具，留下妈妈无奈地看着。

如果受多种因素的影响，孩子的专注力就很容易受到新鲜刺激的影响，频繁地转移。案例中强强妈妈频繁的命令让孩子来不及思考自己喜欢玩什么，而是不停地应付着妈妈的各项指令。强强的妈妈在自己精力允许的情况下，给孩子安排各种任务，但在自己累了的时候，又要求孩子自己玩一会儿，由于强强已经习惯了妈妈的指令，不能有效地集中自己的专注力，很快被别的东西吸引，这时候妈妈的埋怨和批评对孩子已经没有任何作用。

信息链接

幼儿的大脑尚未发育完善，神经系统兴奋和抑制过程的发展水平不均衡。幼儿的专注力受大脑额叶的控制，但由于额叶比其他部位发展缓慢，幼儿常出现专注力不集中或专注持续时间短的现象。

另外，气质类型与专注力也有明显的关系：胆汁质幼儿容易被新鲜刺激吸引而出现专注力分散的情况；黏液质幼儿则能对自己感兴趣的活动保持长时间的专注。

吉姆是一个非常聪明也很有才华的年轻人，但是参加工作后总是被“炒鱿鱼”。晚上11点，吉姆在书房里来回踱步，书桌前的“待办事宜”单子上列着17件事，其中有一条：企划书周二交。可现在已经是周一深夜了，他还没开始写！

他的想法总是很棒，但却无法有始有终地落实下来，这就是吉姆的性格特点。他坐下来，盯着电脑屏幕，打算开始写，但是吉姆不能专注下来，屋外的猫叫声、三天前别人说的话、手上的铅笔等，都能让他分心。

凌晨4点，极度疲倦使他的大脑呈半休克状态。早上6点，他终于写完了企划书，开始上床睡觉。等到中午，他才醒来，等他一脸慌张地赶到办公室时，看到老板阴沉着脸，他知道无论企划书写得多好，他都没法再待下去了。

后来，痛苦的吉姆找到心理医生。在医生的引导下，吉姆讲述了自己童年的故事。小学时他非常调皮，学习虽不用功，可是成绩却很好。到了中学，学业开始变得繁重，光靠聪明是不够的，他成绩开始落后。这时，父母开始不断唠叨他的各种缺点，并指责他让大人很失望，他的自尊心受到严重的伤害。渐渐地，他开始做事拖延、上学迟到、无故乱发脾气、做事有头无尾……

在家里，大人不断地指责他懒惰，说他笨……老师也常常找他的父母到学校谈话，父母回家后对他说："你知道老师说了什么吗？你知道我们有多丢脸吗？"日复一日，年复一年，这些负面评价一再被拿出来强调，直到吉姆完全相信自己就是"坏孩子"。这些声音不断地打击着孩子的自尊心，直到他长成了青少年，让自己躲进了自暴自弃的世界。

上面的案例中，吉姆就有典型的专注力缺失等问题，长大后的吉姆一直生活在痛苦中，这也反映了家庭教育的缺失，特别是家长不了解孩子，用最简单的方式解决问题，造成孩子很难集中精力做事情。其实现在像吉姆这样的孩子有很多，如果一个孩子本来功课很好，但后来越来越糟糕，可能就是专注力出现问题了。

专注力缺失症主要表现在：情绪不稳定，易冲动，喜欢追求刺激；爱惹是生非，个性太强，不遵守纪律；学习动机时有时无，做事情忘东忘西，缺乏组织性、成就感低等。

有专家指出，专注力是现代人最稀缺的智力资源。很多孩子智力正常但学习成绩落后，专注力缺失是主要原因。

只要专注于某一项事业，就一定会做出使自己感到吃惊的成绩来。

——马克·吐温

除非你被孩子邀请，否则永远不要去打扰孩子。为孩子打造一个以他们为中心，让他们可以独自"做自己"的"儿童世界"。

——蒙台梭利

天才，首先是专注力。

——乔治·居维叶

二 专注力的内涵

专注力是一项重要的心理品质，是观察力、记忆力、思维力、想象力的基础，它主要包括四个方面：专注力的持久性、专注力的分配、专注力的转移和专注力的广度。

专注力是大脑信息的过滤器，那些让我们关注到的信息才能进入大脑，之后我们才能有意识地将这些信息参与到记忆、思维等创造性的高级认知活动当中。专注力是一扇大门，决定了哪些信息能进入大脑进行维护、加工，最后整合到学习体系当中。

（一）专注力的持久性

专注力的持久性，即人能够把精力完全集中到正在注意的对象上，并保持注意的时间。

知识窗

不同年龄阶段孩子的专注力不一样，越小的孩子能够专注的时间越短。一般情况下，3岁孩子能保持专注5分钟，4岁孩子能保持专注10分钟，5~7岁的孩子能保持专注15分钟，7~10岁的孩子能保持专注20分钟，10~12岁的孩子能保持专注25分钟左右，12岁以上的孩子能保持专注半个小时左右。

持久性就是指孩子在一定时间内，能否稳定地把自己的专注力集中到某一件事情上。如果持久性不够，孩子上课就容易走神，那么孩子知识断点就会比较多。如果孩子做事情（写作业、考试时）比较磨蹭，排除智力及学习动机的原因，那么就是因为专注力的持久性不够。

孩子专注力的持久性好不好，还要看孩子对所做事情的兴趣高低和这件事的难易程度。对难度低、孩子做起来得心应手的事情，那专注力自然就会坚持较长一段时间。所以家长要选择适合孩子年龄段难易程度的学习活动，给孩子创设一个适宜的交替性活动环境，如画画、拍皮球、摆积木等，这样可以始终保持孩子的兴趣。

兴趣是孩子天然的专注力，儿童沉浸在自己感兴趣的事情中时，必然是专注的，如果长时间专注在兴趣中，那么他的专注时间就会延长，长时间的专注有助于意志力的培养。

（二）专注力的分配

专注力的分配，是指一个人在进行多项活动时能够把专注力合理地分配于每个活动之中。比如，孩子一边听课，一边记录笔记。如果孩子不能合理分配专注力，他上课听讲时可能就没法同时做笔记。

孩子在同时进行多种活动时，能够把专注力合理地分配于这些活动中，对一些比较容易或者孩子熟悉的事情，专注力的分配一般不会有什么问题；但对于需要复杂的系统同时运作的情况，专注力的分配往往很难达到一个高效的水平。如果孩子的专注力不能很好地分配，那他很有可能无法高效地学习，学习效果一定会受到影响。

如果孩子同时干几件事就容易专注力分散，我们首先要考虑单个任务本身的难度。比如，有的孩子不太会拍球，家长却要求他边拍球边数数，他完成起来肯定很吃力。所以，要先让孩子完成单个任务，然后再提出多个任务一起完成的要求。

（三）专注力的转移

专注力的转移是指一个人能够主动地、有目的地及时将专注力从一件事情调整到另一件事情上去。专注力转移的速度反映了孩子思维灵活性的程度，也是快速加工所需要的信息，得出结论和做出判断的一个基本保证。

比如学校里的数学课、语文课穿插着安排，在不同科目转换时孩子是否能很快转移自己的注意力，把适合数学课的思维方法和学习方式快速跳转到语文课所需要的方式、方法上去。

再如上课铃声响了后，孩子能迅速进入学习状态，很快地把自己的专注力集中在老师所讲的内容上面。

专注力的转移能力与孩子平时的习惯有一些关系。如果孩子常常独自玩耍，较少与别人互动，他的专注力就习惯只关注自己感兴趣的事物。在家庭生活中，我们可以多陪伴孩子，让孩子有能力跟着大人的指令游戏。同时也要培养孩子的各种兴趣，要多鼓励孩子尝试不熟悉的任务。有些孩子面对不喜欢、不擅长的任务就坚决不做，这是需要引导和改正的。

很多孩子在看电视的时候特别专注，而在写作业、上课、读书时就不能保持长时间的专注。这是因为专注力分为主动注意和被动注意。主动注意是需要做一定意志努力的注意，当孩子把专注力集中在某些信息上，同时能屏蔽外界的干扰和抑制自己行为的冲动，这就是主动注意；被动注意是一种不需要意志努力的注意。看电视时的专注就属于被动注意。所以，家长不能将看电子产品的专注，定位为专注力集中。孩子两岁之前最好不要接触电子产品和电子游戏。电子产品的设计本身就带有很多感官上的刺激，孩子不需要费力去关注，只需要坐在那里就可以享受刺激带来的愉悦感，如果孩子对电子产品形成依赖，孩子的主动注意能力就不能得到很好的发展。

（四）专注力的广度

专注力的广度，也称作专注力范围，是指一个人在同一时间内能清晰地觉察或认知的对象数量。例如，有人只能逐字逐句地阅读，有人则能一目十行，这种差异和人的实践、知识经验有关。专注力广度差的孩子，视觉上看不到视野内更多的信息，听觉上听不全老师说的所有信息，常常会出现“粗心大意”“稀里糊涂”“慢一拍”“跟不上”等现象。

专注力广度是孩子在成长过程中逐渐出现的差异，它与幼儿发展阶段的规律性和教育方式有关。研究表明，在 1 秒内，普通人能注意到 4~6 个相互有联系的字母，5~7 个相互没有联系的数字，3~4 个相互没有联系的几何图形。专注力广度不够的孩子，容易在阅读速度等方面有困难；能够一目十行的人，专注力的广度一定很好。和其他几个专注力的维度一样，专注力的广度也是因人而异的，一般来说，孩子的专注力广度比成人小，但随着孩子年龄的增长，大脑不断地发育，以及后天有意识地训练，孩子专注力的广度会得到一定程度的提升。

当家长觉得自己孩子的专注力不好时，首先应分析孩子的专注力到底是哪方面出现了问题，而不是笼统地说孩子坐不住、专注力不好。确定好是哪方面的专注力出了问题，才能有针对性地给予指导。

三 有效提高孩子专注力的方法

3~11 岁是培养孩子专注力的黄金时期，在家庭教育中，我们家长应如何在专注力培养的黄金期，有效提高孩子的专注力呢?

（一）家长要创设良好的家庭环境

家庭环境是影响孩子能否专注做事的重要因素之一。要提高孩子的专注力，首先需要和谐的家庭关系和有爱的成长环境，让孩子获得足够的滋养，使他们的内心安定、情感富足，从而可以专注地学习和做事情。

3~11 岁时培养孩子专注力的黄金期，孩子在玩玩具或看书的时候，有的家长会在旁边看电视、看手机甚至高声谈笑，这些行为会扰乱孩子的思维和专注，让孩子无法集中注意力，不利于孩子专注力的发展。

在生活中，如果孩子喜欢听音乐、听故事、读绘本、搭积木等，家长要及时引导并注重培养。当孩子有自己专注的事情时，注意力就会相对更加集中。

有的家长会打着疼爱孩子的旗号，给孩子购买大量的玩具，导致孩子在面对众多玩具的时候，很难做出选择，这样也会导致注意力频繁地发生偏移，专注力自然也会不断下降。在幼儿从事一项活动时，尽量避免其他新鲜刺激的出现，如幼儿在做拼图时，桌子上的糖果和其他玩具更加容易分散幼儿的注意力。

有研究表明，家长在陪伴孩子时若注意力高度集中，孩子长大后能够进行专注学习的时间是同龄人的 4 倍。因此，儿童心理学家得出结论：孩子的注意力在最初的时候不是培养出来的，而是保护出来的。所以，家长要转变陪伴方式，注重孩子专注力的培养。心理学家研究表明，专注状态极其有利于幼儿对客观事物做出清晰、完整的判断，具有良好专注力的幼儿做事效率更高，有更强的成就感和自信心。

（二）家长要管理好自己的情绪

台湾亲子作家蔡颖卿说过，稳定的情绪应该在一种深切的自我期待和诚恳的自我反省中慢慢学习养成。如果家长有这样的期待和反省，我们慢慢就能以平和的情绪去和孩子沟通。

家长发脾气，孩子就会压抑自己的负面情绪，甚至会导致焦虑，专注力继而变差。因此，家长和孩子沟通时要调整好自己的情绪，不要把负面情绪带到与孩子的互动中，和孩子沟通时就事论事。

家长在管理自己情绪的同时，也是在教孩子情绪管理，让孩子拥有情绪自我觉醒的能力，不管是好情绪还是坏情绪，都能接纳自己，进而能够接纳别人。例如，当孩子在专注地观察鱼缸里的小鱼时，不小心打翻了鱼缸，小鱼死了，孩子内心感到十分内疚。妈妈此时要控制好自己的情绪，不要对孩子发脾气，而是应该认可孩子此时的内疚情绪，可以这样说："我知道你现在感到很内疚，如果妈妈遇到这样的事情，也一样会内疚。不过，内疚并不能改变已经发生的事情，不如我们一起把打碎的鱼缸清理好，把死去的小金鱼埋在花园的树下，然后，我们再去买一个新的鱼缸和一些小鱼，以后你负责照顾它们好不好？"

（三）家长要避免打扰孩子的自由活动

中国家长在教育孩子时往往容易陷入一种两难处境。例如，到了吃饭的时间，不管孩子正专注于什么事情，家长都会要求孩子必须停下手中的"工作"来吃饭。孩子在专心地玩积木，奶奶一会儿让孩子喝口水、一会儿让孩子吃口苹果……家长这些错误的育儿方式，导致孩子在做事情的时候无法集中注意力，无法静下来好好地完成一件事。

家长在育儿的道路上，最应该做的，是多给孩子一些空间和时间，尽量不要插手孩子的事情，因为大人的干扰，不仅会影响孩子的专注力，还会降低孩子的探索欲望。

（四）家长要帮助孩子养成时间观念

对于孩子而言，他们尚未形成正确的时间观念，会较快地转移自己的注意力。因此，家长应当有意识地培养幼儿的时间观念，比如在做某一项活动时，给予孩子一定的时间限制，而不是任由孩子去做。

时间在孩子的眼里很抽象，如果家长能够将抽象的时间代入具体的事件中，孩子就可以初步认识时间概念。

“时间饼”是一位国外的妈妈为自己上小学四年级的儿子设计的。当然家长也可以根据孩子的兴趣，选用其他图案来记录时间。例如，一个5岁的男孩选用自己喜欢的小火车形状来记录一天的活动与作息，一个3岁的孩子用喜欢的鱼的形状来展现心中的想法。3岁孩子的时间观念还是比较模糊的，但他们能用太阳和月亮来区分白天与黑夜，通过画画，把每天的任务按照时间顺序排列出来。

建立好“时间饼”等时间清单，家长可以引导孩子遵循时间清单，形成日常生活规律，如7点起床、8点上学、17点放学、21点上床睡觉等。渐渐地，孩子形成了自己生活安排的时间观念，而不是事事等着家长安排，也避免了因孩子拖拉、磨蹭而引发的亲子关系的冲突。

此外，家长还可以带着孩子一起去买不同颜色的沙漏。比如，10分钟的沙漏是绿色的，20分钟的是蓝色的，30分钟的是白色的，45分钟的是橘色的，等等，用不同颜色的沙漏来提示孩子时间的长短。和孩子一起为某个活动选择一个相对应的时间沙漏。比如，玩游戏30分钟就用白色的沙漏，讲故事45分钟就用橘色的沙漏，看电视20分钟就用蓝色的沙漏……由于这些活动都是孩子愿意做的，所以他们会对沙漏所代表的

“时间饼”的形状就像孩子们爱吃的比萨，只要把每一块“比萨饼”里的任务、活动与相对应的时间一一联系起来，就可以把日常生活变成一张时间清单。

时间长度特别敏感。这时候家长需要做的就是陪着孩子坚持下来。在坚持的过程中，孩子就会慢慢明白，做一件事需要多长时间，慢慢学会对自己的时间做出合理的安排，最终形成对时间负责的观念。

（五）在日常生活中注意培养孩子的专注力

家长要注重在日常生活中对孩子专注力的培养，在点点滴滴中保护孩子的专注力不被干扰和破坏。

家长要经常带孩子到户外运动，去跑、去跳、去玩耍，当孩子的大动作得到发展后，他的感统协调能力就会得到提升，专注力自然也会有所提升。

家长要尊重孩子的做事节奏，减少催促，让孩子充分地观察、感受每一件感兴趣的事物。就像台湾作家张文亮的《牵一只蜗牛去散步》中诠释的一样，当家长和孩子慢下来的时候，会发现很多惊喜和不一样。

家长和孩子一起大声朗读文章。亲子阅读的时候，可以让孩子选择一些自己喜欢的文章，大声地朗读 10 分钟左右，因为孩子朗读的过程是一个口、眼、脑相互协调的过程，只有专注力高度集中才能做到不读错、不漏读，在坚持一段时间之后，孩子的专注力将会有一个明显的提升。

引导孩子一次只做一件事。专注不仅来自忍耐，更来自热爱，所以要让孩子做他感兴趣且指令明确的事情，一次只做一件事，因为我们大脑的注意力是有限的，同时分配到不同性质的事情上面会严重消耗注意力的有效性。

提供相对安静的环境。如果长期处在噪声环境当中，容易造成感官疲劳，甚至会影响孩子的听力，也会让孩子无法集中注意力，甚至会影响孩子的情绪。

经常和孩子做一些有利于培养专注力的小游戏，例如下棋、绘画、“我说你指”等游戏，培养孩子的专注力。

每个孩子都是一块“璞玉”，家长要耐心“雕琢”。抓住孩子专注力培养的黄金期，掌握正确的方法，循序渐进、持之以恒，逐步化为孩子的习惯，必将让孩子终身受益！

专家点评

在孩子的成长过程中，很多家长往往更多关注孩子的知识学习，用反复学习、死记硬背等方法提高孩子的学习成绩，而孩子的学习效率往往不高，效果不理想。其实，根本的原因在于家长忽视了孩子学习品质的培养，特别是忽视了孩子专注力的培养。学习，不仅仅是学习知识，更重要的学习品质的培养。孩子具有了较强的专注力，学习、做事的效率会大大提高。因此，家长一定要认识到专注力是孩子的一项重要品质，是保证孩子提高学习效率的关键素质。

问题与思考

1.为什么要从小培养孩子的专注力？请谈谈您对专注力养成教育重要性的一些独特见解。

2.您认为从孩子终身健康发展的角度，家长在家庭生活中应该从哪些方面加强对孩子的专注力培养？

专题五　成就激励：不待扬鞭自奋蹄

“失败是成功之母”，这是大家非常熟悉的一句名言。这句话的意思是，失败中孕育着成功，只有善于从失败中发现问题，总结经验和教训，才能学会如何解决问题，从而取得成功。

用孩子自己的成就鼓励他，让他们相信，在其他方面也可以取得同样的成功，那么教养者的任务会更容易完成。

——阿德勒

但是，由于幼儿年龄小、心理脆弱、抗挫力差，经历过多的失败会对孩子的成长产生一些负面影响，打击孩子的自信心，扼杀孩子的学习兴趣，浇灭孩子的学习热情，挫伤孩子的学习积极性。因此，对孩子而言，“‘成功’是成功之母”这句话对激励孩子发展更有意义。

成就感激励孩子走向成功

成就感，是激励孩子成长的动力。当孩子在一件事情上获得成功，就会体验到成功的快乐，产生成就感和自豪感，增强自信心和进一步探索的兴趣，迸发出学习的积极性，从而获得更多成功。

所谓成就感，是指一个人在做一件有价值的事情或者成功地做完一件事情时，为自己所做的事情感到愉快或成功的感觉，即取得一定成功后自豪的感觉。

婷婷（化名）上三年级的时候开始写作文，一开始总是写不好，有畏难情绪，发展到后来，听到老师布置作文就害怕。

一个冬日的上午，寒风刺骨，婷婷与爸爸、妈妈一起去姥姥家，路上她看到有一个卖沙包的老奶奶，想买一个沙包，爸爸给了她2元钱。婷婷高兴地跑到卖沙包的老奶奶面前，问沙包多少钱一个。老奶奶说："一个5角。"她看到老奶奶在寒风中冻得瑟瑟发抖，很是可怜，就给了老奶奶1元钱，买了一个沙包。老奶奶找回5角钱，婷婷说："不用找了，这1元钱也给你。"说完扔下手里的1元钱拿着沙包就跑了。老奶奶在背后喊她："这怎么行？快拿着你的钱。""老奶奶，那些钱是我送给你的，不用给我了，再见！"

买回沙包，婷婷把买沙包的经过说了一遍。爸爸、妈妈问她为什么要这样做，她说看到老奶奶在寒风中卖沙包真不容易，比起在暖烘烘的家里的姥姥和奶奶，这个老奶奶太可怜了，所以就多给了她钱。爸爸、妈妈听后连忙夸她是个有爱心的好孩子。

有一天，又到了作文课时间，老师要同学们写一篇记事的小作文。婷婷就把买沙包的事作为这次作文的内容，以"买沙包"为题，写了当时老奶奶在寒风中卖沙包的情景以及自己的做法和感受。

在作文讲评课上，老师把婷婷写的作文选为范文在全班同学面前朗读、讲评，并且推荐给《小学生》刊物发表了。

这次作文获得好评，并且在刊物上发表，让婷婷很有成就感，给了她一个很大的鼓励。从此，她认真钻研写作，期望取得更好的成绩，写出了一篇又一篇好作文，还代表学校多次参加市区小学生作文大赛。

婷婷对作文从有畏难情绪到自觉钻研、从惧怕到喜欢，这个转变主要得益于她的成就感激励。这就是"成就激励效应"。

二 “成就激励效应”理论内涵

“成就激励效应”理论是美国哈佛大学心理学家戴维·麦克利兰在20世纪50年代对成就需要这一因素进行了大量的调查研究后提出的一个重要理论。

“成就激励效应”理论主要研究在人的基本生理需要得到满足的前提下，人还有哪些需要。麦克利兰认为，还有权力需要、友谊需要和成就需要这三种，不同的人三种需要的排列次序和所占比重是不同的。

高成就需求者，具有以下几个鲜明特点：

信息链接

成就需要占比较高的人，被称为高成就需求者。回答下面的问题测一测你是否是一个高成就需求者。

有两件事件让你选：

A. 掷骰子（获胜概率是1/3）

B. 研究一个问题（解决概率也是1/3）

你会选择哪一项？

选择B项的大多为高成就需求者，高成就需求者喜欢研究并解决问题，而不愿意依靠运气或他人取得成果。因为研究问题，尽管与掷骰子获胜的概率相同，但更富有挑战性，可以体现一个人的能力；而掷骰子没有挑战性，过于简单、容易，体现不出自我价值。

1. 在选择目标时，希望任务具有一定的难度，具有挑战性，敢于冒一定的风险。不喜欢凭运气获得的成功，不喜欢接受那些在他们看来特别容易的工作任务。

2. 喜欢通过自己的努力去获得成功，对自己做出的决定高度负责。

3. 喜欢自己设置目标，不愿墨守成规、随波逐流，常常以新颖的方法创造性地完成任务，渴望有所作为。

4. 非常在乎结果，根据目标实现与否及时调节自我预期——达到预期目标会进一步提高抱负水平，未完成任务或遇到失败会加倍努力去实现。

5. 往往把个人成就看得比金钱更重要，从成就中得到的鼓励超过物质鼓励的作用，把报酬看作是衡量成就大小的工具。

“不待扬鞭自奋蹄。”这一诗句对“成就激励效应”理论做了最好的诠释，那些为了事业、为了成就而自觉奋斗的人们，不用他人驱使，自觉自愿，甘于寂寞，勤勤恳恳地去奉献、去奋斗。

三 巧妙运用“成就激励效应”激励孩子

对成就的渴望是一种宝贵的心理品质。父母要注意培养孩子的成就动机，让孩子主动地学习，自发地追求成功。那么，如何运用“成就激励效应”理论培养孩子的成就动机进而自觉地学习呢?

（一）引导孩子对未来形成积极期待

研究表明，一个人对自己人生未来的美好期待，会激励他对成就的追求。因此，家长在日常生活中要注意引导孩子对未来形成积极、美好的期待，激发孩子对成就的追求，逐步形成和强化成就动机。例如，引导孩子做一个有理想、有志向、有抱负的人——将来做一名科学家、教师、工程师、艺术家等，并对此形成积极的期待，它能激励孩子以积极的态度、坚强的意志、奋发的精神自觉地为理想而奋斗。

（二）引导孩子设立合适的目标

除引导孩子早早确立未来的职业目标并对其形成积极期待外，在日常生活和学习中，还要注意引导孩子设立一个个适当的小目标。家长在引导孩子设立日常短期目标时，不要以设立“考班级前几名”这样的目标为主，因为这样的目标属于“成绩目标”，即用取得的成绩来衡量一个人成功与否；要多引导孩子设立“掌握目标”，即把孩子是否掌握了新的技能作为衡量进步与否的标准。大量的研究发现，与“成绩目标”相比，“掌握目标”更能激励孩子选择有挑战性的任务，激励孩子愿意利用业余时间选择一些课程去学习，在面对困难的时候孩子更愿意尝试一下。因此，在日常生活中，家长应当多问孩子“今天学会了什么”，少问“考试考了第几”。

“成绩”目标评价孩子带来的消极影响：

1. 成绩名次夸大了差距；
2. 成绩名次排出了“失败者”；
3. 成绩名次扭曲了价值观；
4. 成绩名次让孩子产生极度的焦虑；
5. 成绩名次比不出综合素质。

（三）让孩子选择一位人生榜样

榜样的力量是无穷的。孩子们模仿性强、可塑性大，据此，心理学上提出了榜样激励法。榜样的示范作用，能够激励孩子更好地学习与成长，更好地激发成就动机。如孩子喜欢艺术，可以让孩子从古今中外著名艺术家中选一位作为自己的榜样；孩子若喜欢文学，可以引导孩子选一位喜欢的文学家作为榜样。这样，孩子在未来人生的道路上有一个具体可参照的榜样，有利于孩子明确未来目标的实现路径和发展方向。

（四）让孩子在成功中获得愉悦，激发成就感

研究表明，如果一个人每次努力都能取得满意的成绩，那么他就更有信心，能够更好地肯定自我价值，很容易激发出个人的成就动机；如果一个人总在一项工作上失败，他就可能在这项工作上放弃努力，甚至因此自我怀疑，认为自己一无是处。因此，家长要创造条件让孩子获得成功，体验到成功的快乐，感受到成就感，引发孩子对成功的关注，逐渐激发出并不断强化孩子的成就动机。例如，引导孩子设立目标时要注意难度适中，“跳一跳够得着”的目标最好，让孩子经

过努力能够获得成功，而不是经过努力而不断失败。这样，孩子就能够更有自信，能够更好地肯定自我价值，容易形成个人的成就动机。

（五）营造一个激发成就动机的家庭氛围

一个富有成就动机的家庭氛围，有利于孩子成就动机的形成与提高。一是家长自身应该是一个爱学习并具有较高成就动机的人，给孩子潜移默化的影响。二是及时表扬孩子的进步，让孩子在家庭中时时感受到鼓励。例如，孩子取得了成绩，家长要及时表扬鼓励；家长要将“人前教子”变为“人前夸子”，在朋友、邻居面前多表扬孩子，让孩子有一种成就感和自豪感；把孩子的奖状贴在墙上，对孩子多表扬、多鼓励等。美国心理学家威廉·詹姆斯说：“人性最深层的需要，就是渴望别人的欣赏与赞美。”三是建立民主、宽松、自由的家庭氛围，让孩子独立自主地处理自己的事情。比如，家中的事情，让孩子多参与、出主意、想办法，这样孩子会产生一种责任感，自然会更有助于形成内在动机。

专家点评

“失败是成功之母”，这是一条真理，但不是绝对的。心智发展成熟的成年人，经历过艰难的生活历练，具备丰富的人生经验，有一定的抗挫力，他们不会轻易被失败所打倒，并能够通过失败总结经验教训，发现问题和解决问题，从而走向成功。

但是，对于身心发育不成熟的幼儿来讲，这句名言就不是很合适了。从积极心理学的角度来讲，“‘成功’是成功之母”，对培养孩子的自信、激发孩子的兴趣、激励孩子成功等方面，具有更加积极的促进作用。

问题与思考

1. 为什么说“‘成功’是成功之母”？请您谈谈这句话在激励孩子成长方面的意义。

2. 父母如何在日常生活和学习中培养孩子的成就感以激励孩子走向成功？

对孩子来说，“成功”才是成功之母

佚名

清华大学彭凯平教授曾说：“对于普通人来说，失败根本不是成功之母，‘成功’才是成功之母。”

所谓“从失败中吸取教训”，只是极少数内心强大的人的成功路径，对于绝大多数普通人来说，每一次的失败体验，都会让他们丧失一份力量，逐渐变得畏惧、退缩。

“成功”才是成功之母，每一次的成功体验，会为下一次的挑战积蓄自信和力量，这才是每个普通人迈向成功的正确道路。

这个道理也非常适用于每个孩子的成长。

如果一个孩子从小到大，积累了足够多的成功体验，长大后，在面临困难时，他自然能更容易调动过去的成功情绪体验，克服恐惧，勇往直前。

其实孩子从一出生开始，就已经在努力战胜自己的无力感，为自己积累成功体验了。

从襁褓中婴儿的每一次啼哭和可爱的微笑，都能让大人为他忙前忙后，满足他的一切需要；八九个月的孩子，倔强地从大人手里抢勺子，要自己吃饭；再到一岁多的孩子，跌跌撞撞地学走路；两岁的孩子，什么都要自己做，我们就能很清楚地看到这一点。

但随着孩子慢慢长大，不知道从什么时候开始，他们变得退缩、不自信，明明努力一下就能完成的事情，他们却轻言放弃。

随着孩子长大，父母对他们的要求变得越来越多，于是像这样的话，经常响彻耳畔：“不要，不行，你太调皮了，你不会我来，你看谁谁都学会了，你要加油，这么简单的题也出错，你怎么这么笨……”于是他们开始积累“我不够好”的感觉，开始积累对困难的恐惧感，不再像小时候那个学走路的小孩一样，无所畏惧地一次次爬起来，继续往前了。

养育孩子的过程，我经常反思，我的孩子内心正在积累怎样的“自我独白”？

是“我很好，我很棒，我能行，我可以”，还是“我不够好，我不行，我很糟糕”？

《有毒的父母》一书中说：小孩是不会区分事实和玩笑的，他们会相信父母说的有关自己的话，并将其变成自己的观念。

心理学上有个词，叫“自证预言”，我们总是将事情的结果推向我们的自证预言。如果一个孩子从小到大的经历，让他形成“我总是做不好”的自证预言，他长大了做任何事情都会阻碍重重。

一位专家说得非常好：“一个孩子，你想让他自信是非常难的，让他自卑却易如反掌。”确实是这样，由于大多数父母从小接受的大部分是“打击式教育”，会不自觉延续上一辈的教养观，夸奖孩子让他们浑身不自在。

但即便如此，我们依然要做觉醒的父母，多看看孩子身上的闪光点，多鼓励，少比较，帮助他积累“我能行，我可以，我值得被爱”的自证预言，让孩子把优秀变成一种习惯。

心理学家阿德勒说过：用“孩子自己的成就”鼓励他，让他们相信，在其他方面也可以取得同样的成功，那么教养者的任务会更容易完成。

作为父母，我们只需要陪孩子一起庆祝每一次的小成就，让这个感觉深深进入孩子的内心，这才是孩子长大后可以自我激励的根本。

专题六 挫折教育：孩子人生中的“预防针”

当今，由于优越的物质条件、父母的过度溺爱等原因，意志力薄弱、抗挫力差成为儿童和青少年的普遍心理问题，也是困扰孩子成长的一个突出问题。中小学生和大学生因承受不了困难、委屈、批评、责备等打击而轻生的现象常有发生，更是给人们敲响了警钟。挫折教育，也就是如何让孩子正确面对生活和学习中的困难和挫折，已成为家庭教育中一项很重要的内容。

知识窗

挫折，通俗地讲是指我们在学习和生活中遇到的困难、障碍、打击、伤害等。例如，家庭变故——父母去世、家人得病等；学业、事业受挫——高考失利、投资失败、晋升无望等。

3~6 岁孩子遇到的挫折表现为：家长、老师提的问题答不上来，做错事受到家长、老师的批评，和同伴玩耍时被同伴打了，想要的玩具得不到，参加比赛没有获得名次，自己心爱的玩具被同伴摔坏，想和小朋友玩被拒绝等。

一 挫折：能让人坚强，也能把人打倒

在漫长的人生道路上，每一个人都会遇到或大或小的挫折，这是谁也逃避不了的。挫折，如果从积极的角度来看，它是一种对人生的磨砺，使人变得更加坚强；如果从消极的角度来看，它就是一种人生灾难，会把人打趴在地。

托马斯·阿尔法·爱迪生，1847 年 2 月 11 日出生在美国俄亥俄州的米兰市。他是世界上有名的大发明家，最著名的发明有：电报机、留声机、

电影机、白炽灯等。爱迪生一生大约有2000多种发明，其中在专利局登记过的就有1328种，被人们誉为“发明大王”。他的每一项发明，都经历了无数次的失败。他那项伟大的发明——白炽灯，就是建立在7895次实验失败的基础上。

19世纪70年代，随着电气工业革命的兴起和发展，各式各样的灯泡相继问世，但亮度小，不安全，加上寿命又太短，一般只能亮几分钟，因无实用价值而无法大范围推广。

爱迪生为了制造出实用、可靠的白炽灯，倾注了大量的心血。他每天去图书馆查资料、记笔记，光笔记就有200册，总数达4万页。有时他接连几夜不回家，不是在图书馆里查资料，就是在实验室里做实验，困了就在桌上打盹。终于他从浩瀚的书海和大量枯燥重复的实验中找到了正确的方向：“要想制造出白炽灯，关键在于找到耐高温的灯丝材料。”

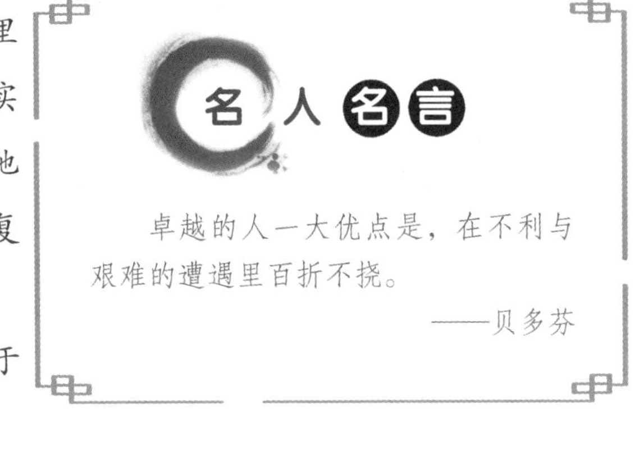

卓越的人一大优点是，在不利与艰难的遭遇里百折不挠。

——贝多芬

爱迪生先用碳丝做实验，但碳丝只亮了一会儿就因被烧尽而熄灭。怎样才能防止燃烧呢？爱迪生抽去玻璃泡中的空气，继续试验。他小心翼翼地将电池和碳丝接通，灯果然亮了，可惜只亮了8分钟，碳丝又断了。怎么办呢？爱迪生又用白金丝、铀丝、棉丝、铁丝以及各种材料做灯丝，一次又一次地遭遇失败。现在保存的当时实验记录本上有着这样的记录：“1879年10月21日，进行第7895次实验，灯丝材料为碳化棉丝……”7895次，这是何等顽强的毅力啊！那盏以碳化棉丝做灯丝的白炽灯足足亮了45小时。

“45小时太短！必须把灯的寿命延长到几百小时，甚至几千小时才行！”爱迪生不满足这45小时的光亮，又投入到没日没夜的实验中去了。

爱迪生把灯泡敲碎，取出烧断的灯丝仔细观察，棉花纤维是植物纤维，别的纤维又会怎样呢？他反反复复换用各种纤维，甚至拔下自己的胡须、头发做实验。有一次，来了一位长着红胡子的朋友，于是，朋友的红胡须也成了他的实验材料。

直到有一天，他用一把友人赠送的中国折扇的骨子做实验才获得成功。他将竹骨子削成竹丝，然后烧成碳丝安入灯泡，抽去空气，通上电流。电灯竟连续亮了1200多小时。这样，白炽灯终于走上了实用的道路。

爱迪生从开始实验到最后成功，前后整整13年，这13年中的千万次实验都是失败的。被他实验过的材料竟多达6000多种！

爱迪生凭着他顽强的毅力，做出了精神和物质上的巨大牺牲，攻克无数难关，终于换来了人间的光明！然而，生活中有很多人面对挫折却表现出消极的态度，有的一蹶不振，有的甚至逃避轻生。特别值得重视的是，有很多中小学生经受不住一丁点挫折，稍有不如意就产生轻生的念头。

爸爸妈妈对王倩（化名）从小娇生惯养、呵护有加，一切都顺着她，没让她受过半点委屈。但是，多年来她一直有一个解不开的心结——她不是爸爸妈妈亲生的，而是从亲戚那里抱养的。她的身世，让她总觉得自己是个没人要的孩子。因此，她坚持认为，一定要考上本科，才能出人头地。

上高一时，爸爸对她说：“你要好好学习，考上名牌大学，为爸爸妈妈争口气。”高一时，王倩学习很努力，学习成绩一直很好。然而，由于过度紧张、焦虑，高三阶段学习成绩下滑。第一次高考失利后，为了出人头地、回报父母，她选择了复读。

第二年，复读了一年的她，离理科三本线仍有6分差距。王倩在得知这个成绩后，选择了割腕并喝下农药结束了自己的生命。

自杀前，王倩在作业本上用娟秀的字体给父母留下这样一份遗嘱：“爸、妈，我对不起你们……这一生你们的恩情我无法回报，只有我死了，你们才能轻松点。”

父母看着王倩的遗像，痛不欲生地哭诉：“孩子，你怎么这么不懂事，其实人生还有很多其他的路可以走，好好活着才是对父母最好的回报。”

王倩由于从小受到父母的溺爱，没有经历过挫折，其意志力和抗挫力过于薄弱，因承受不住高考失利这一挫折而选择轻生。父母含辛茹苦养育了她二十年，她竟这样轻率地结束了自己美好的人生，让人为之惋惜和痛心。

以上两个案例，充分说明了对待挫折的两种不同态度，带来的不同结果。

世间万物普遍具有两重性。挫折同样也是如此，它既有消极效应，也有积极效应。美国作家罗威尔曾说：“人世中不幸的事如同一把刀，它可以让我们使用，也可以把我们割伤，那要看你抓住的是刀刃还是刀柄。”

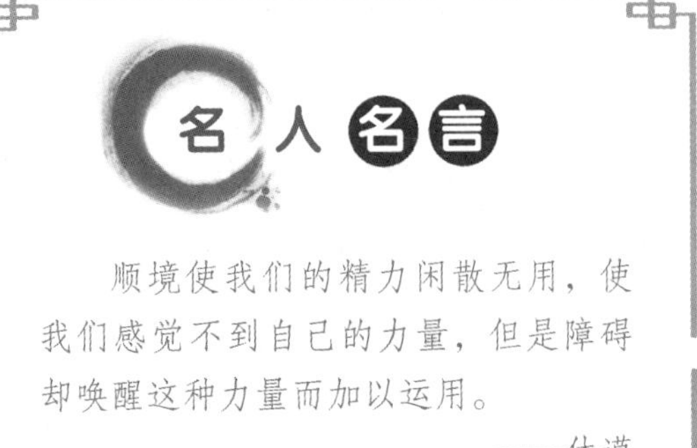

顺境使我们的精力闲散无用，使我们感觉不到自己的力量，但是障碍却唤醒这种力量而加以运用。

——休谟

人们遭遇挫折时，存在着两种可能性：如果抓着它的“刀刃”，则会手破血流，这就是挫折的消极效应——挫折使人身体和心理受到打击，承受压力，造成精神上的烦恼和痛苦，意志薄弱的人会焦虑不安、悲观失望，甚至自暴自弃，或因承受不住打击而选择轻生，难成一番事业。如果握住它的“刀柄”，则可为我所用，这就是挫折所产生的积极效应——“当上帝为你关闭一扇门的时候，同时也在为你打开一扇窗”，遭遇不幸的时候，只要你积极面对，不被它打倒，并从中吸取教训，就能够磨炼你的意志，增加你的经验，就会成为你前进的动力。意志坚强的人会愈挫愈勇、不屈不挠，成为生活的强者，最终走向成功的人生。

人生之事不如意者十之八九。的确，古今中外，一生一帆风顺的人实属罕见，绝大多数人在人生道路上都会遇到这样或那样的困难和挫折。因此，每个人都必须树立随时面对挫折的心理准备和战胜挫折的意志。

二 挫折教育缺失的后果

挫折教育是人生的第一支“预防针”，父母只有给孩子打好这支“预防针”，孩子才会健康、快乐、幸福地成长；否则，孩子在人生的旅途中就会被挫折击伤。

挫折教育，是指父母利用社会生活中的真实案例或家庭和孩子自身遇到的挫折，对孩子进行关于挫折的意识、态度、意志、方法和策略等方面的教育，让孩子以积极的态度、坚强的意志面对生活中的挫折，用科学的方法和策略解决生活中的挫折，保证孩子身心健康、快乐、幸福成长。

（一）挫折教育严重缺失

调查发现，大多数家长缺乏对孩子进行挫折教育的观念和意识。研究表明，意志力薄弱、抗挫折能力差是当代儿童青少年的通病，是困扰儿童青少年教育的突出问题。因承受不了困难或受了委屈、批评、责备等打击选择轻生，就是挫折教育不力的表现。如果这些孩子现在不能正确对待学习、生活中的困难和挫折，以后又如何能适应社会的需要呢？因此，增强孩子的耐挫力，进行有效的挫折教育势在必行。

如果孩子连活下去的勇气都没有，那父母辛辛苦苦对孩子培养教育的所有付出又有什么价值呢？从这个意义上讲，对孩子进行挫折教育是家庭教育中一项很重要的内容，它关乎孩子的生存、生命和一生的幸福。

（二）挫折教育缺失导致青少年意志力薄弱

独生子女的特殊生活环境造就了其强烈的自我意识和脆弱的心理，稍不顺心就忍受不了，甚至出现轻生等极端行为。

中小学生自杀已经成为一个越来越严重的社会现象。青少年因承受不了困难、委屈、批评、责备等打击而选择轻生的现象，给人们敲响警钟。一项调查报告指

信息链接

2016年6月24日，湖南娄底新化实验小学12岁的小吴（化名）在学校跳楼身亡。

在家长和同学眼里，小吴是一个活泼开朗的孩子。当天出门上学时，因为下午要主持毕业典礼，小吴还问父母穿哪身衣服好看，心情非常好。就是这样一个孩子，为什么会突然跳楼自杀呢？教室里的监控还原了当时的情况。

早上8点20分，学校开始上课，此时教室里的座位是“回”字形。因为当天下午要举行毕业典礼，所以前一天，小吴和几名同学主动将座位摆成了这样。但是还有一天的课要上，老师讲课不方便，于是要求同学们复原。

也许是想起昨天摆放座椅的辛苦，小吴对复原座位不满，一直没有动，座位依然保持原样。于是两位女同学帮他搬了桌子，但是小吴拒绝搬动椅子。

后来小吴开始抽泣起来，旁边两位女同学便对他进行了安抚。整个事发过程中，老师没有任何体罚、辱骂小吴的言行，可谁都没有想到，8点55分，小吴突然拍桌子，站起来冲出了教室。

就这样，全班同学和老师眼睁睁看着小吴翻过4楼的栏杆跳了下去。学校迅速拨打了110、120，民警和医生也第一时间赶往事发现场。不幸的是，小吴最终因为伤势过重抢救无效死亡。

出，中小学阶段自杀率最高。而北京大学儿童青少年卫生研究所一份历时3年多，涉及全国13个省约1.5万名学生参与的《中学生自杀现象调查分析报告》中的数字更令人触目惊心：每5个中学生中就有1个人曾经考虑过自杀，占样本总数的20.4%，而为自杀做过计划的占6.5%。

当今，优越的物质条件、父母的过度溺爱，意志力薄弱、抗挫折能力差成为儿童和青少年的通病。

优越的家庭条件和一切都由父母包办代替，这种过度的保护造成孩子的过分懦弱——孩子吃不得半点苦，一切只会“伸手”，失去了动手能力，害怕困难，一遇到挫折，就会痛苦得死去活来。

美国儿童心理卫生专家认为，“有十分幸福童年的人，常有不幸的成年”，这是因为很少遭受挫折的孩子长大后会因为不适应激烈竞争和复杂多变的社会而深感痛苦。由此看出，挫折教育对孩子的成长起着至关重要的作用，它能够激发孩子的潜能，打击孩子的骄傲情绪，使孩子真正享受成功的喜悦，更好地适应现代社会。

三 进行挫折教育的正确方式

在日常家庭生活中，父母应该怎样对孩子进行挫折教育呢？

（一）父母正确的育儿观是对孩子进行挫折教育的前提

育儿观是家长对“让孩子成为什么样的人”这个问题的基本看法，它指导着家长在家庭教育过程中的基本行为，家长育儿观的错误会导致教育方法的偏差。教育的根本目标是培养幸福的人，第一重要的是身心健康、人格完善，第二重要的是开发智力，第三位才是传授知识。因为身心健康、人格完善是现代社会人必备的素质，它的基本特征是：相对稳定的情绪状态，坚韧的毅力，灵活的应变能力，强烈的责任感和良好的自制力。对孩子的教育是面向未来的教育，因为未来社会竞争越来越激烈，所以今天的孩子除必须掌握现代科学技术知识外，还必须具备坚强的意志力、抗挫力。只有具有了较强的抗挫力，孩子才能够健康、快乐、幸福地活着，这是最根本的教育，这才是家庭教育的最大成功；如果父母只关注孩子的学习成绩，不注意培养孩子健康的人格，孩子即便是考上名牌大学，但孩子生活中感觉不到幸福，甚至面对一点挫折就轻生，何谈家庭教育的成功？

因此，家长在教育孩子的过程中，必须注意对孩子身心健康、人格完善的培养，如培养孩子乐观稳定的情绪、坚韧不拔的意志力、开朗坦诚的性格，以及如何进行人际交往，如何调整情绪，如何承受挫折等，使其具有健康的心理素质和健全的人格，在遇到困难和失败时，有足够的心理承受力、排除困难的勇气和战胜困难的毅力。

（二）培养孩子的抗挫折意识

在日常生活中，父母要经常对孩子进行挫折意识教育，讲一些日常生活中人们常常遇到的困难和挫折，看一些有关挫折教育的视频等，让孩子树立起“每个人在成长道路上，随时都有可能遇到这样或那样的挫折”的意识，从小就充分做好随时应对挫折的心理准备，不至于遇到挫折而束手无策。

在对孩子进行挫折教育时，既不可过分夸大挫折的正面作用，也不可否定挫折带来的消极影响，科学全面地认识挫折——在人的成长过程中，顺境可以出人才，逆境也可以出人才，而往往逆境中成长起来的人其生命力、竞争力大大超过顺境中成长起来的人。挫折一方面可使人产生心理的痛苦，另一方面又可给人以教育和磨炼，从而使孩子认识到挫折的两重性，了解挫折的特点，对挫折有充分的心理准备。

要注意引导孩子从积极的角度看待挫折。只要从积极的角度面对挫折，挫折就成为磨炼人意志、激励人发奋图强的强心剂。父母要注意结合古今中外著名人物身处逆境仍然自强不息、奋力拼搏的人生经历，教育孩子正确地面对挫折，把挫折当成丰富人生经历、锻炼自身意志的一种财富，树立战胜挫折的必胜信心。教育孩子遇到任何挫折都要有敢于面对现实的勇气，在逆境中要有坚强的意志、顽强的毅力战胜挫折，满怀激情地热爱生命、拥抱生活。

（三）引导孩子树立正确的成败观

成败观是对成功与失败的基本看法。正确的成败观是把失败或成功转化为再奋斗的动力的良好思想准备。人的一生需要经历许多次磨难、失败、挫折，成功的路不是一帆风顺的。马克思说：“如果斗争只是在极顺利的成功机会的条件下才着手进行，那么创造世界历史未免就太容易了。”失败是成功的基础，如果没有失败，也就无所谓成功。人们正是从一次次的失败中总结经验，不屈不挠，继续奋斗，才达到自己预定的目标。爱迪生在发明电灯前，先后实验了几千种材料，几千次的失败并没有让他气馁，直到成功。诺贝尔冒着爆炸的危险，忍受弟弟和四个助手被炸死的悲痛，进行了四百多次试验，终于使炸药试验成功。正如俄国评论家别林斯基所说：“不幸是一所最好的大学。”许多伟人都是从这所“学校”中锻炼出来的。因此，我们要教育孩子树立起正确的成败观，在失败和挫折面前，不气馁，不灰心，要有坚持精神和克服困难的信心与勇气。家长应允许孩子失败，并在失败中帮助孩子总结教训，建立适度的期望水平，鼓励孩子在挫折中奋起。当孩子依靠自己的意志努力而取得成功时，父母应及时给予肯定、表扬，使孩子品尝到“跳一跳，摘得到”的成功喜悦，从而增强孩子的自信心，激发孩子克服困难的勇气和动力。“宝剑锋从磨砺出，梅花香自苦寒来”，让我们的孩子多经受一些困难和挫折的磨炼，他们会在成长过程中变得更加坚强，成为未来社会中的强者。

（四）寓挫折教育于生活之中

对孩子的挫折教育，必须从小抓起，并且还要常抓不懈，贯穿于孩子成长的全过程。例如，孩子蹒跚学步时，摔倒了要让他自己爬起来，从小培养孩子“自己摔倒自己爬起来”的意识和意志，这种对待挫折的意识要像种子一样种在孩子幼小的心田中。这样，孩子在长大的过程中不断地战胜挫折，抗挫力就会不断增强。此外，在孩子 0~6 岁期间注意从培养孩子的信任感着手，逐步培养孩子的生活自理能力、独立性和自主解决问题的能力，循序渐进地培养孩子的抗挫力。

对孩子的挫折教育，必须贯穿在日常生活中进行。在日常生活中，父母对孩子过度关心和保护，会把成长中的孩子推向生活低能的边缘。

苏联著名教育家苏霍姆林斯基提出，必须让孩子知道生活里有一个“困难”字眼，这个字眼是跟劳动、流汗、手上磨出老茧分不开的。这样，他们长大后就会大大缩短社会适应期，提高抗挫折耐力。生活的历练是最好的挫折教育。在日常生活中，父母不要过度溺爱、保护、限制孩子，要大胆放手给孩子创造锻炼的机会，让孩子在生活中磨炼意志，提高抗挫力。比如，让孩子自己的事情自己做、承担一些力所能及的家务、自主解决生活中遇到的各种困难等。

信息链接

据北京市家庭教育研究会在某小学一年级一个班的调查表明：该班44名学生中，家长每天给整理书包的17人，家长给洗手绢的29人，家长给洗脚的23人，家长给穿衣服的26人，家长不陪读就不做作业的21人，不会做的作业由家长代替做的17人。现实生活中，我们每天都可看到，放学时蜂拥而至地为孩子背书包、拎水壶接送回家的家长队伍。正是这种保姆式的教育，弱化了这些“小皇帝”“小太阳”们的生存意识，剥夺了孩子大胆尝试的机会以及锻炼孩子克服困难、磨炼意志的机会。

在日常生活中，家长要有意识地对孩子进行一些抗挫折训练，培养孩子的情商，减少消极、抵抗等负面情绪的干扰。比如，在家中开展轮流当家活动、每月学会做一件事等，适当组织孩子登山野炊、军训、社会劳动实践等，让孩子从温室中走出来，敢于承担责任，自我锤炼。这样有利于克服孩子对父母的依赖性，锻炼孩子吃苦耐劳、勇敢顽强的精神，提高孩子的抗挫折能力。

（五）教育孩子树立“生命第一”的人生理念

生命对每个人来讲仅有一次，无法重来，没有什么比生命更宝贵的东西，没有了生命，一切都毫无意义。

父母要注意加强对孩子进行“生命第一”的教育，教育孩子无论何时何地都要把生命安全、身体健康放在第一位，树立起“生命第一”的意识，珍惜自己的生命，爱护自己的身体。在学习和生活中，无论遇到什么挫折，即便是难以承受的天灾人祸，都不能轻易放弃自己的生命。

（六）借助榜样的力量进行挫折教育

榜样的力量是无穷的。孩子喜欢把榜样作为自己的模仿形象。在榜样的引领下，孩子能激起内在的上进热情，进而转化为自驱力加深对挫折的认识。

以同龄人和身边的同伴为榜样。心理学研究表明，对孩子来说，同龄榜样与他所处的时代、年龄、认知水平等大致相同，因此同龄群体对孩子的影响往往超过了父母。因此，帮孩子找个面对挫折不低头、意志力坚强的同龄好榜样是非常有必要的。

以中外名人为榜样。家长要使孩子明白这样一个道理：古今中外凡是有成就的科学家、企业家等成功人物大都具有百折不挠的意志力，这是他们走向成功的重要品质。在对孩子进行挫折教育时，可以多找一些古今中外的名人百折不挠最终走向成功的案例，让孩子学习这些名人身上那种遇到困难坚韧不拔、愈挫愈勇的精神和意志。

父母给孩子做个榜样。家长乐观向上、坚韧不拔的精神风貌是孩子开朗、坚强性格形成的坚强后盾。性格虽是后天形成的，但在孩子身上，总能看到父母的影子。这不仅是遗传的作用，还是父母的性格、感情、行为、语言等多种因素相互影响、共同作用的结果。家长对待生活中困难的态度和方式，对孩子有极大的暗示性。乐观、愉快的情绪对孩子的健康成长起着积极的示范作用，反之则对孩子起消极的影响。因此，父母要经常给孩子讲一讲自己或身边人战胜挫折的经历，这样做对孩子具有特殊的情感价值，有一种亲近感，特别能让孩子感动，并激励孩子向父母学习这种坚韧不拔的精神。

（七）教会孩子如何积极应对挫折

父母在日常生活中，要注意给孩子传授一些应对挫折的方法，让孩子掌握应对挫折的策略，从容、机智地应对生活中的各种挫折。

1. 未雨绸缪。提前做好充分的准备，努力实现目标，不打无把握之仗，避免失败。例如，要想取得一个好的学习成绩，应在平时努力学习。

2. 做好两手准备。无论做什么事情，都有做好成功和失败的两手准备——做最坏的打算，做最好的努力。有了最坏的打算，就增强了心理承受力和抗挫折能力；有了最好的努力，也就增加了胜算。

3. 升华。如遇到挫折，将其升华到更加崇高的层面，使其具有导向性。如孩子竞争班干部落选，将其作为激励孩子奋发努力的机会。

4. 补偿。在追求目标、理想的过程中受到挫折，生理上或心理上存在某种缺陷时，通过选择其他能成功的各种方法来弥补这种缺陷，以减轻心理上的不适感。比如，孩子在运动项目上是弱项，可多提一提孩子其他方面的优势，如写作、艺术等方面的特长，提高孩子的自信心。

5. 选择性忽视。即有意不去注意自己的失败和痛苦。对伤心事暂时回避，不去接触，不去回忆，不去思考。但应注意尽量采用积极的方法，避免用消极的方法。

6. 改变愿望满足方式。在遭受精神创伤之后，选择其他方式获得满足。如积极参加文娱、体育活动，培养业余爱好。

7. 合理调整自己的期望值。当自己原定的目标太高或不适合自己时，要学会重新设定目标，即以符合实际的目标要求自己。比如，以前总要求自己成绩排进前 10 名，现在要求排进前 20 名就可以了，其余时间培养一种兴趣。

8. 交流、倾诉。教育孩子在遭受挫折时，不要闷在心里，要与家长、老师、同学坦率地交谈、倾诉，这样可以得到家长、老师、同学的开导与帮助，释放压力，树立信心。

9. 学会自我激励。多和性格积极的人交往，多给自己良好的心理暗示，经常自己给自己“打气”，主动寻找外界的激励源，多看振奋人心的好书，多听积极向上的报告或讲座，多唱积极向上的好歌，并经常与同学交流让大家共同提高的效果。

（八）父母应注意的问题

父母在对孩子进行挫折教育时，应注意以下几个方面的问题。

1. 不要给孩子设置无端的挫折，更不要以为挫折越多越好。遭遇挫折会引发消极的情绪状态，绝不是越多越好，这是一种基本的常识。因此，不能随意否定孩子，打击孩子。例如，孩子在学琴过程中，在没有准备或没有准备好的前提下，强逼孩子参加比赛而遭受失败，使孩子无辜地遭受一些挫折等。

过多的挫折，会使孩子失去自信心，变得自卑和懦弱。因此，就挫折教育而言，无论其数量和质量，都不应该超过孩子所能承受的限度。

2. 不要只让孩子经历挫折，而不给孩子进行挫折教育。在生活中通过挫折历练孩子，但不是只让孩子经受挫折而没有教育。有一句话说得好：“无论孩子经历什么，都能成为一次最好的教育机会。”当孩子在生活中遇到挫折时，父母一定要对孩子进行及时的教育疏导，让孩子学会正确面对挫折——有勇气改变可以改变的事情，有胸怀接受不可改变的事情，教育孩子振作精神，学会从挫折中自我解脱出来，这对于孩子今后独立面对挫折很有教育意义。

3. 当孩子遇到挫折时，不要嘲笑孩子。孩子缺乏生活经验，遭遇挫折是难免的，父母不应因此嘲笑孩子，让孩子失去信心，而应适时给予孩子帮助、支持、引导、教育，提高孩子战胜挫折的能力。

4. 不要采用将孩子的失败归咎于外界环境的方法安抚孩子。很多家长看到孩子摔倒了，总喜欢说：“都是路不平害的！”为了安抚孩子情绪归咎外界环境的做法，会使孩子在今后的人生道路上遇到挫折时，逃避责任，失去从错误中反省学习的机会，容易养成遇到挫折“只会怪别人”的恶习。

5. 不要越俎代庖。孩子在学习、做事情时会遇到大大小小的挫折，家长不要怕孩子失败，更不要嫌孩子慢而包办下来，要给孩子足够的时间去思考去探索，让孩子自主去解决问题。然后，引导孩子去总结自己的成功之处在哪里，下一次再面对挑战或挫折时，孩子就会积极主动地去面对。

6. 人为的“挫折”不算挫折。父母交钱让孩子去参加户外夏令营，就想让孩子吃吃苦头。孩子们在户外安营扎寨，生火做饭，吃野菜、吃窝窝头，可是，跟家长想得大不一样，他们玩得很开心！外在的挫折，如果孩子对此没有感知到痛苦，其实并不是真正的挫折。

专家点评

挫折教育，必须从小抓起，它是孩子今后面对挫折的一支非常有效的“预防针”。

如何疼爱孩子，这是一门学问，又是一门艺术。从孩子出生那一刻起，家长就要树立正确的挫折教育理念，做好挫折教育的准备，当孩子遇到挫折时进行科学的教育引导，这样，孩子在自己独立走向社会后才会从容地面对挫折、战胜挫折，走向自己的成功人生。

问题与思考

1. 为什么要对孩子进行挫折教育？请谈谈您对挫折教育重要性的一些独特见解。

2. 您认为从对孩子终身发展有利的角度，应该对孩子进行哪些方面的挫折教育？

专题七 闪光点效应：孩子走向成功的曙光

父母普遍“望子成龙”，然而现实中又经常“恨铁不成钢”。父母在看待自己的孩子时，如果眼睛总是盯着孩子的缺点和不足，忽视孩子的优点和长处，就会越看越不顺眼，孩子就会越往坏处发展。父母如果期望自己的孩子朝着积极的方面发展，就必须转变看待孩子的角度，要多看孩子的闪光点，这样，孩子才会持续得到正向激励，发展得越来越好。

闪光点，指人或事物在某一方面比较突出的优点。从教育学的角度，是指教师（或家长）要多角度看待学生（或孩子），眼光要多聚焦在其优点上。

一 每个孩子身上都有闪光点

每个人的发展都是不均衡的，都有自己的优点和弱势，处在成长发育过程中的孩子更是如此。每个孩子身上都存在着一些不足，也都有他自己的闪光点。

下面这位妈妈关于孩子教育的感悟，很有教育意义。

教育的实质就在于使一个人努力在某件事件上表现自己，表现出自己的优点来。

——苏霍姆林斯基

我儿子骐骐自从上了一年级后，坏习惯越来越多：学会了骂人、顶嘴、总想着玩、不把学习当回事、懒惰、没礼貌等。以前的优良品质、良好习惯消失得无影无踪。

看到孩子变“坏”了，我开始成天批评、唠叨他。没想到，孩子听到我唠叨，不仅跟我顶嘴，还有些变本加厉。看到别人家的孩子听话乖巧，我有时觉得自己很失败，非常郁闷。

一天，我找到孩子的班主任，把孩子最近的情况和我的困惑倾诉了一番。班主任听完后，说了一句话使我豁然开朗：“你这样做太偏激了，其实，骐骐有很多优点，比如上课遵守纪律，喜欢读书，想象力丰富，团结同学，认真完成作业，爱劳动……你要善于发现孩子的闪光点，看到他积极向上的一面，不要只看到孩子身上的不足。”

听了老师的话，我静下心来仔细想了想，入学两个月来，儿子在很多方面确实有很大进步：遵守课堂纪律，上学从不迟到，书面整洁规范，主动完成作业，成绩优异等。将看待孩子的视角这么一转变，我竟然在骐骐身上发现了很多闪光点。看来出问题的不是儿子，而是我看问题的角度。

从那以后，我尝试着不再只盯着孩子的问题和不足，而是更多地去发现孩子的闪光点，并有意识地把它放大，多表扬、多鼓励。一段时间以后，孩子身上发生了神奇的变化：不再与我作对了，对我的一些建议也能够接受了，一些不良习惯也自觉改掉了……

看来，善于发现孩子的闪光点，多从正面肯定孩子、鼓励孩子，孩子才能对自己有信心，才会一点点进步。

上面的案例中，骐骐妈妈从“总是看到孩子的缺点”转向“发现孩子身上的闪光点”，视角的转变带来了神奇的教育效果，这正是“闪光点效应”。

二 闪光点效应的重要教育价值

闪光点效应，是指家长从孩子的心理需要出发，发现孩子身上的闪光点，多激励孩子，让孩子看到自身优势，体会到成功的喜悦，建立起自信，心理上得到极大满足，从而焕发出强大力量，激发起成就动机，高昂起头迎着曙光、满怀信心地走向成功。

闪光点效应对于激励孩子的成长，尤其是对后进孩子的转化，具有非常重要的意义。

（一）孩子自尊的需要

著名的心理学家马斯洛将人的需求分为五个层次，从低级到高级分别为生理需要、安全需要、归属需要、尊重的需要和自我实现的需要。这五种需要是人与生俱来的最基本的需要，构成不同的等级或水平，并成为激励和指引个体行为的力量。

社会中的每一个人，都有被尊重的需要，希望他人尊重自己的人格，希望自己的能力和才华得到他人公正的承认和赞赏，希望自己能够在一个群体中确立自己的地位。美国心理学家威廉·詹姆斯有句名言："人性最深刻的原则就是希望别人对自己加以赏识。"成人是这样，孩子更是如此，他们更加渴望得到父母和老师的认可，即便是暂时有问题的孩子，也会迫切、强烈地需要被尊重。

如果创造条件让这些一时落后的孩子展现出自己的才能和特长，让他们成功一次，体会到成功的快乐和幸福，让他们被尊重的需要得到满足，他们就会产生强大的动力，自信心大大增强，激发出强大且持久的干劲。闪光点效应正是从孩子的这一心理需要出发，使每个孩子都能发现自己的闪光点，发挥自身的优势。

（二）从小培养孩子"我能行"的自信

一个没有自信、瞧不起自己的人，是很难成功的。孩子的自信往往来自幼时父母对自己的肯定。如果父母善于发现孩子的闪光点，给予孩子积极的肯定，是对孩子最大的鼓励和支持，孩子的心中就会萌

发出一种“我能行”的成功感，从而充满自信，以一种积极的心态去面对学习和生活。

（三）给孩子一种强大的动力

心理学中认为，当一个人潜在的能力得以实现时，他就会体会到一种成功后特殊喜悦的感受——“顶峰体验”。“顶峰体验”是难以用语言形容的无比欢欣、幸福、完美的感受，它令人出神入迷、思潮翻滚。有人把“顶峰体验”比作一台突然间所有汽缸都工作起来的发动机，它运转极好，产生了从未有过的动力。如何能让孩子体会到“顶峰体验”这种特殊感受呢？闪光点效应，就是使孩子自身这台“发动机”由原来一个“汽缸”转动带动起全部的“汽缸”转动，产生从未有过的强大动力。

（四）让孩子正确地认识自我

孩子年龄小的时候，对自我的认识和评价大多来自父母的评价。父母如果对孩子总是进行负面评价，势必会让孩子模糊对自身的认知和评价，产生自我否定和自卑感，形成一种片面的自我认知，严重影响孩子对自己的全面评价。

父母在全面、客观评价孩子的基础上，多看孩子的闪光点，让孩子清楚地认识到自身的优势和不足，能够形成一个对自我的正确认知，学会全面客观地看待自己。这样，孩子不仅能够进行正确的自我评价，还能学会以平常心看待他人对自己的评价和全面、客观地去评价他人。

三 让孩子迎着曙光成长

父母在教育孩子的过程中，可以从以下五个方面出发，利用好“闪光点效应”，发挥它卓越的作用，帮助孩子变得更加自信、更加出色。

（一）把尊重孩子放在首位

父母期望孩子走向优秀，首先要做到尊重孩子。在任何情况下，都要注意保护孩子的自尊心，尤其是当孩子一时落后时，更要注意尊重孩子。因为自尊心是孩子要求受到他人尊重的正当、积极的需求，这种需求是促进孩子积极向上、努力克服缺点的内部动力之一。心理研究表明，孩子的进步跟他的自尊心呈正相关。所以，家长保护孩子的自尊心，就是保护孩子上进的力量源泉。

（二）坚持鼓励为主

“数子十过，不如奖子一长。”这是我国清朝的思想家、教育家颜元的一句名言。当孩子出现问题时，不要一味地进行批评、指责，要善于分析问题产生的根本原因，根据孩子自身的优势和特点来引导孩子解决问题，并将解决问题的经验、方法迁移到学习、生活等各项活动中去，帮助孩子树立自信心，激发上进心和成就动机，用“星星之火”点燃起他心中的“熊熊烈火”。

美国心理学家威廉·詹姆斯研究发现，一个没有受过激励的人，仅能发挥其能力的20%~30%，而当他受到激励时，其能力可以发挥到80%~90%。孩子因自己的“闪光点”受到激励，看到自己成功的曙光，发现自己的优势，建立起成功的自信和希望，能产生出强大的精神动力，带动自己其他方面的发展。

当然，多鼓励孩子，并不是完全不批评，而是要注意批评的方式、方法。对孩子表现出的不足，要做到及时纠正、引导，不得不批评时要多采用“提醒式”“建议式”批评。

（三）善于发现孩子身上的闪光点

家长要像沙里淘金一样，及时、敏锐地发现孩子身上的闪光点，找出进步的苗头，创造条件促使消极因素转化为积极因素。例如，有一个淘气的孩子，老师给他的评语是“不爱学习，不爱劳动，不遵守纪律，不爱卫生，不爱惜公共财物……”。他偷偷地在所有“不”字下面加了一个走之旁，把“不”字改成了“还”字，评语成了“还爱学习，还爱劳动，还遵守纪律，还爱卫生，还爱公共财物”。他将评语拿回家后，家长很快发现了端倪，但并没有直接指责、批评他，而是进行了冷静、客观的分析：孩子改评语是不对的，但从这件事情可以看到孩子身上也有闪光点——孩子有基本的是非感、较强的荣誉感和自尊心。家长语重心长地与孩子谈话，肯定了他有上进心和自尊心，引导孩子明确应该怎样去争取荣誉、怎样才能受人尊重。这次谈话点燃了他心灵深处要求进步的微弱火花，调动了他内在的积极因素，从而取得了良好的教育效果。

信息链接

玫瑰园里生长着许多玫瑰：红玫瑰、黄玫瑰、绿玫瑰、紫玫瑰、白玫瑰，还有一株黑玫瑰。玫瑰们都瞧不起这株黑玫瑰，鄙夷地说："黑不溜秋的，像个丑八怪！怎么配生长在我们中间！""哼，丑八怪！"同伴们都对它嗤之以鼻，连瞧都不愿再瞧它一眼。黑玫瑰感到非常委屈，但它没有理会这些，坚强地活下来，而且还枝繁叶茂的。

一天，园丁陪着一位植物学家到玫瑰园里参观。植物学家在众多的玫瑰中间看了又看，忽然发现了这株黑玫瑰，惊喜地叫起来："黑玫瑰！这是旷世稀有的品种！"植物学家为了研究黑玫瑰，保存和繁衍这个珍贵品种，便以重金购买了这株黑玫瑰。

黑玫瑰离开了玫瑰园，玫瑰们感到十分羞愧和懊悔！

（四）因材施教

世界上没有完全相同的两片树叶，也没有完全相同的两个人。每个人不仅外貌、性格、兴趣、意志、技能等各不相同，而且在遗传基因、家庭教育、社会环境等方面也呈现出多样性。每个孩子都是独一无二的，每个孩子都有自己的优点和不足，孩子在这方面比别人差，可能在另一方面要强过别人，这就是孩子身上的闪光点。

著名教育家陶行知说："培养教育人和种花木一样，首先要认识花木的特点，区别不同情况给以施肥、浇水和培养教育。"因此，父母在教育孩子时，一定要善于发现孩子的长处，发挥孩子的优势，因材施教，顺势而为，让孩子在全面发展的基础上，培养自己的特长，成为一个具有自我价值和社会价值的优秀人才。例如，孩子虽然文化课不突出，但对音乐却有敏锐的感觉，音乐节奏感、表现力等方面特别强。父母应及时发现孩子这个闪光点，认同孩子在音乐上的天分，给予赞美和鼓励，创造条件培养孩子的音乐特长。这样，孩子就会逐渐找到自信，并且还会促进文化课等其他方面的学习和发展。

（五）创造条件让孩子体验成功的快乐

如果孩子一时落后，父母要想办法为孩子创造进步的条件，给他成功的机会，让他品尝到成功的喜悦。一个人的成功动机，源于维护自尊的心理需要。通常后进的孩子维护自尊的办法有两种：获得成功和避免失败。家长要做好后进孩子的转化，就要努力创造条件让他获得成功，维护孩子的自尊心。当他获得了成功的体验，尝到了成功的乐趣，就会产生出强烈的动机，提高抱负水平，激发出对生活和学习的热爱以及克服困难的积极性。

专家点评

法国著名艺术家罗丹曾说过：“生活中从不缺少美，而是缺少一双发现美的眼睛。”这句话运用到家庭教育中，可以这样说：“孩子从不缺少优点，而是父母缺少一双发现孩子优点的眼睛。”事实确实如此，我们家长在教育孩子的过程中，最缺少的就是“发现”——发现孩子的兴趣、发现孩子的优势、发现孩子的进步。当家长从只盯着孩子缺点的角度转换为尽力发现孩子的优点，孩子会变得越来越好。

问题与思考

1. 结合您的经验，谈谈闪光点效应对于激励孩子进步的意义和价值。

2. 您认为运用闪光点效应对孩子进行教育应注意哪些方面？

瓦拉赫效应

奥托·瓦拉赫在读中学时，一开始，父母一厢情愿地为他选择了文学之路。虽然瓦拉赫学习很努力、很刻苦，但学习成绩却很不理想。一个学期下来，老师给他写下了这样的评语：瓦拉赫很用功，但过分拘泥，这样的人，即使付出再多的努力，也绝不可能成为文学家。

此时，父母意识到了自己的错误，在征询了儿子的意见后，让他改学油画。可瓦拉赫既不善于构图，又不善于调色，对艺术的理解力也不强，成绩在班上倒数第一。这次，学校对他的评价更让人沮丧："你是绘画艺术方面的不可造就之才。"

面对如此笨拙的学生，绝大多数老师都认为他已经成才无望。然而，化学老师却认为他做事一丝不苟，具备做好化学实验应有的品格，建议他改学化学，瓦拉赫接受了化学老师的建议。这次，智慧的火花终于被点燃了，瓦拉赫在化学道路上最终取得成功，并于1910年获得诺贝尔化学奖。

瓦拉赫的成长过程具有典型性，反映了一种普遍的社会现象，人们将这一现象称为"瓦拉赫效应"。"瓦拉赫效应"给人们这样的启示：每个人的智能发展都是不平衡的，都有自己的强项和弱点。大家不要因为自己在某些方面不擅长就开始自我否认，也不要因为其他人的贬低而失去信心，要在不断寻找中发现自己最好的发展方向。因为一个人只有找到自己的强项，才能得到最好的发展。当一个人一旦找到自己智能的最佳点，使智能潜力得到充分发挥，便可取得惊人的成就。

专题八　溺爱：有一种“爱”是对孩子的害

世界上最伟大的爱是父母对孩子的爱，父母对孩子的爱是最无私、最温馨的。但是，任何事情都有一个“度”，父母的“爱”也是如此。父母无节制、过度的爱，往往会变成一种溺爱。溺爱，不再是“爱”，而是一种摧残孩子身心健康发展的害。

爱的本质是要给孩子自由、对孩子宽容和欣赏，而溺爱的本质则是管制、包办和批评。所以溺爱是披着“爱”的外衣的占有和控制，是成年人按照自己的意志去管理孩子，剥夺孩子的独立性，其背后的心理基础是恐惧和不信任。在教育上它恰恰是“反爱”，会阻碍儿童正常潜能的发展，剥夺孩子亲身体验生活的权利，导致孩子失去很多亲身实践的机会。

一　溺爱是拌着蜜汁的“毒药”

爱的本质是让孩子身心健康发展，成为一个优秀的人；而溺爱恰恰相反，看似是“爱”，实际上是对孩子的一种害，是拌着蜜汁的“毒药”。

纪录片《罪爱》是根据2009年的一则新闻改编而成。故事讲述的是河南省罗山县的一个23岁的小伙杨琐被发现饿死在家中。听到这消息人们都觉得不可思议：这么大个小伙子，为什么会饿死在自己家里呢？他是残疾？智力低下？还是患有精神疾病？其实都不是，杨琐是个四肢健全、智力正常的小伙子，而导致他死亡的，就是父母的溺爱。

杨琐是家里的独生子，父母从小娇惯他。8岁了，父母出门时还用担子挑着他，舍不得让他走路；从小到大未让他做过任何家务；吃不了读书的苦，初中未读完就退学在家，退学后整天无所事事，在家吃了睡、睡了吃，拖着病体的母亲不但承担家里全部农活和家务，回来还要照顾儿子；杨琐从不体恤母亲的不易，不仅不帮母亲干活，有时还会打骂母亲……他好吃懒做，被村里人称为天下第一懒人，村里的人都说他不是饿死的，而是懒死的。

他正值青春年华，却不肯出去务工挣钱，嫌上班太苦太累，宁肯整日乞讨为生；他吃了一顿饱饭后就睡觉，有时能睡一两天；村民送来的肉，他宁愿让肉腐烂变臭，也不肯动手做饭，除非饿到极点，他再出门讨饭；他从不洗衣服，衣服穿得太脏了就扔掉。后来没有衣服换洗，就整天穿着那一身脏衣服；天冷的时候，杨琐连大便都懒得出门，在堂屋地下刨个坑方便后用土一盖就完事了……

父母娇惯孩子，一味由着孩子的性子，放纵孩子，不让孩子受任何约束和委屈，认为这是爱，实际上是害了孩子。最终，杨琐被饿死在家里。

上面案例中的杨琐成为一个“废人”，不只是他自己的错，还是父母的错——父母对孩子过度宠爱，让爱成为泛滥的洪水，致使孩子在“爱”的海洋中“溺死”，这就是人们所说的“溺爱效应”。

我们中国有一句古语：“惯子如杀子。”父母应该明白这个道理，意识到溺爱不等于爱，而是一种害。有些父母错把溺爱当成了爱，这对孩子的健康成长不但没有好处，相反，还会产生非常大的消极影响，包括对孩子的成长、学习、价值观的确立等等方面，都造成了诸多的害处。从古至今，因溺爱而毁掉孩子一生的悲剧数不胜数。

二 溺爱的表现和危害

溺爱，是一种失去理智、间接摧残儿童身心健康的爱。溺爱是以爱的名义伤害孩子。

父母大都知道溺爱对孩子有害，但却分不清什么是爱、什么是溺爱，不了解溺爱会给孩子的成长带来哪些危害。

溺爱的具体表现与危害主要体现在以下几个方面：

1. 事事以孩子为中心。把孩子当成家中的“小太阳”，全家人都围着孩子转，其危害是孩子一切以自我为中心，不知道为他人着想，心中无他人，不会将心比心地站在他人角度考虑问题，自私、自利，容易形成人际交往的障碍。

2. 物质上过度满足。对孩子百依百顺，孩子要什么就给什么，满足孩子的一切需求，毫无节制……其危害是孩子养成贪图享受、铺张浪费、骄横奢侈、自以为是的不良品质，毫无忍耐力、控制力和吃苦精神。

3. 对孩子过度放纵。对孩子不讲礼貌，甚至是打人骂人、偷盗抢劫等突破做人底线的行为，父母不批评、不纠正；孩子无理取闹，父母无原则依从、迁就，任由孩子胡作非为……其危害是导致孩子叛逆，在性格中播下了自私、无情、任性的种子，没有底线意识、道德意识、法律意识，做事不懂礼貌、不讲规则、目无法制，容易走向犯罪。

4. 当面袒护孩子。家庭成员在教育孩子的理念方面不一致，爸爸管教孩子时妈妈出面袒护，父母管教孩子时爷爷奶奶出面袒护……其危害是孩子辨不清对错，建立不起正确的是非观念，孩子有恃无恐，对自己的错误毫不在乎；孩子的性格会变得十分扭曲，养成耍“两面派”、钻空子、爱吵架的坏习惯。

5. 生活上放纵、懒散。孩子睡觉、饮食、看电视、玩游戏等没有节制，想怎样就怎样，无时间观念，玩到深夜不睡觉，早晨睡懒觉，吃饭不按时、挑食、暴饮暴食……其危害是导致孩子没有自控力，生活没有规律，缺乏上进心、好奇心，好吃懒做、性格散漫，得过且过，做事心猿意马、有始无终。

6. 包办、代替。孩子自己能做的事，如穿衣服、洗衣服、自己房间的内务整理等，全由父母包办。其危害是孩子自理能力差，无法养成吃苦耐劳的精神，遇到困难不知所措，性格懦弱，经受不了任何一点小小的困难，将来很难成为一个能干、上进的孩子。这种孩子一旦在学习上遇到困难，就会产生严重的受挫感，导致厌学、逃学，甚至辍学。

7. 过度保护孩子。孩子年幼时，怕孩子热着、冻着，让孩子长年在室内不外出；出门穿得太厚，饮食上过于精细……其危害是孩子身体没有抵抗力，经常感冒生病。

8. 剥夺孩子的独立性。为了绝对安全，父母不让孩子走出家门，也不许他和别的小朋友玩。更有甚者，有的孩子成了“小尾巴”，时刻不能离开父母或老人……其危害是孩子会养成依赖心理，还往往在家里横行霸道，到外面胆小如鼠，造成严重性格缺陷。

三 怎样做到“爱而不溺”

爱是教育的前提，父母如何才能做到科学、理智地爱孩子而不是溺爱孩子呢？

（一）有利于孩子健康成长是“爱”的基本原则

父母爱孩子要有分寸、有原则，这个原则就是有利于孩子的身心健康。不利于孩子身心健康的所谓的“爱”，都是对孩子的害。例如，有的家长看到孩子喜欢吃肉，不顾营养、健康的合理膳食原则，一味地满足孩子的口味，让孩子无节制地吃一些肉类食品。这样做，看似是爱孩子，实际上却损害了孩子的身心健康——很多孩子因营养过剩引起身体肥胖，严重的发展为肥胖症，导致身体素质低下、大脑反应迟钝、身体笨重行动迟缓、抵抗力低下、内分泌失调和性早熟等；心理上造成孩子自卑、缺乏自信心、心理压抑、人际关系差、焦虑、孤独等。因此，父母在养育孩子的过程中，一定要坚持有利于孩子身心健康发展这个基本原则，决不能不顾孩子身心健康而溺爱孩子。

（二）爱而有度，爱而不溺

苏联著名教育学家马卡连柯曾说：“父母对自己的子女爱得不够，子女就会感到痛苦，但是过分的溺爱虽然是一种伟大的感情，却会使子女遭到毁灭。”父母的爱，对孩子的成长有巨大影响，有了父母的爱，孩子才会健康、快乐、幸福地成长。从教育的角度讲，没有爱就没有教育。因为父母对子女的爱不仅是个人之间的一种态度，一种积极的肯定情感，它还是一种评价。孩子往往把父母对自己的关怀、爱护、信任等与父母对自己的评价联系在一起，同自己在集体中的地位和人格价值联系在一起。父母的一句话有时能改变孩子的一生。充满爱的家庭教育，是促进孩子身心健康发展最理想的教育。但是，父母对孩子的爱又必须把握好“爱而有度、爱而不溺”这一原则，既不可无爱，又不可溺爱，给孩子适度的爱，让孩子在父母爱的呵护下健康成长。

（三）爱中有严，严中有爱

父母对孩子的爱不是无原则的，而是要始终与对孩子的严格要求相结合，做到爱中有严，严中有爱，爱而不宠，严而有格，严慈相济。其实，严格要求也是爱孩子的一种体现。当然，严格要求并不意味着对孩子动辄训斥、打骂，而是以爱为前提对孩子严格要求，任务要合理，态度要友善。在日常生活中，父母在给予孩子爱的同时，还要严格要求孩子做一个有道德、有礼貌、爱学习、爱劳动的好孩子，让孩子明确做人的基本原则和底线，让孩子知道违反规定、原则所带来的后果，从而约束自己的行为。孩子犯了错误，父母绝不能姑息迁就，要做到“没有敌意的坚决”——没有敌意，没有伤害，但是态度鲜明而且坚决，让孩子明确哪些事情是可以做的，哪些事情是坚决不能做的。例如，孩子小的时候不懂事，会出现打骂爷爷奶奶、爸爸妈妈的现象，这时候，父母必须做到坚决纠正，决不姑息，不允许出现第二次，彻底遏制住孩子不良行为的继续发展。

（四）有意识地避免溺爱

家长要充分认识到溺爱养育方式对孩子成长的危害，有意识地避免溺爱的养育方式。家长对孩子要坚持“六个做”：

孩子能做的就让他去做——做家务、整理内务等；

孩子该做的就让他去做——吃饭、穿衣、整理书包等；

孩子会做的就让他去做——洗内衣、洗袜子等；

孩子想做的就让他去做——学画画、弹琴、武术、舞蹈等；

孩子爱做的就让他去做——和小朋友玩、做游戏等；

孩子敢做的就让他去做——轮滑、滑冰等。

（五）用爱来培养爱

爱是需要培育的，爱的情感需要用爱来培育。父母不仅要给予孩子爱，还要注意培养孩子学会感受爱、理解爱、付出爱、表达爱，培养孩子学会爱父母、爱老师、爱他人。

培育孩子的爱，可以从以下几个方面去施教：

1. 父母自己要做到爱父母、爱孩子、爱他人，为孩子做出榜样，这样才能培养孩子爱父母、爱他人的情感。富有爱心的父母，才会培养出富有爱心的孩子。

2. 父母要给孩子付出爱的机会，学会接受孩子的爱。在日常生活中的方方面面、点点滴滴，都要注意给孩子创造付出爱的机会，父母还要学会欣然接受孩子的爱，并及时给予孩子感谢和鼓励，以此来培育孩子爱的情感。比如，让孩子给爸爸妈妈盛饭、倒水，给爷爷奶奶（姥姥姥爷）、爸爸妈妈准备生日礼物或节日礼物，经常让孩子去看望爷爷奶奶（姥姥姥爷）等。此外，还可以让孩子适当地做一些力所能及的家务，使孩子体会到父母日常劳动的辛苦，从而萌发感激父母、心疼父母、关心父母的情感。

3. 经常带着孩子参加植树、义务劳动、到敬老院献爱心等社会公益活动，培养孩子保护、热爱大自然以及体贴、关心他人的关爱之心。

（六）学会延迟满足，防止过度满足

父母科学、理智地爱孩子，很重要的一条就是不能无原则、无休止地满足孩子的欲望。法国思想家卢梭在《爱弥尔》一书中说过这样一句名言：“你想让你的孩子成为世界上最不幸的人吗？有一个方法，那就是无休止地去满足孩子的欲望。”这句话告诉我们：父母无休止地满足孩子的欲望会毁了孩子。人的欲望是无休止的，孩子也是如此。当我们无休止地去满足孩子的欲望时，就会使孩子丧失自控力而变得永不满足。因此，父母要学会延迟满足孩子的需求，培养孩子的自控力和做事的原则性。例如，当孩子看到新玩具缠着父母购买时，父母可以采取延迟满足的方法，和孩子商定一个购买玩具的约定——如果买新玩具，要用平时积累起来的五角星来进行交换，达到约定的数量后才能买。五角星是平时孩子表现好获得的奖励，久而久之，孩子不仅行为更加规范，获得的奖励越来越多，还学会了等待，自控力也得到了提高。

专家点评

爱孩子，是父母的天性，更是父母的伟大之处。孩子的健康成长，离不开父母的爱；父母的爱，是孩子健康成长的温暖“阳光”，是滋润孩子心灵的“甘露”。但是，父母一定要把握好爱孩子的度，过之则走向“爱”的反面，即成为一种“害”，这就是所谓的“溺爱”。

溺爱不是“爱”，而是一种害。家长一定要铭记这句话，并时刻提醒自己去科学地爱孩子，让父母的爱成为孩子发展的正能量；万万不可因为过度的爱——溺爱，而害了孩子，其结果会与我们爱孩子的初衷背道而驰。

问题与思考

1.为什么说溺爱不是“爱”，而是一种害？请谈谈您对这句话的理解。

2.您认为父母在日常生活中对孩子的爱，应注意把握哪些原则？请介绍一下您的经验。

专题九 ABC 原则：与孩子做个约定

生活中经常发生这样的事情：妈妈带孩子逛超市，孩子见什么要什么，如果妈妈不答应，孩子就大哭大闹；孩子在游乐场正玩得不亦乐乎，爸爸妈妈说到时间该回家吃饭了，孩子总是很不情愿，甚至坚决不走；夏日里，孩子吃了一支雪糕还要再吃，妈妈不准许，孩子就会哭闹……解决这样的问题，是家长很头疼的事。家长往往采取威逼、利诱、打骂、吼叫等方式，然而收效不佳。

父母要处理好这样的问题，需要采取科学而有艺术的教育方法，变父母的要求为孩子的自主约束。

一 约定：一种有效的教育方式

小强特别喜欢买各种各样的玩具小汽车，虽然家里已经有几十辆玩具小汽车了，但看到不同款式的玩具小汽车还是吵着要买。如果不给他买，小强就会撒泼耍赖，甚至在地上打滚。小强妈妈为此感到非常无奈。

有一次，小强妈妈在幼儿园听了一场家庭教育专题讲座——家庭教育的 ABC 原则。现在，小强妈妈带儿子逛商场前，总是运用 ABC 原则先和儿子做一个事前约定：今天我们要买什么，除此之外的东西就不能买。到了商场，小强遇到不在购买计划之内的小汽车，却又非常想要。这时，小强妈妈

知识窗

什么是约定？一般指和某人许下诺言在一定的时间去实现。

与孩子做个约定，就是提前和孩子就某一件事情进行沟通和协商，达成统一的意见和行为准则，并且做好相互监督，认真执行约定。

就及时提醒小强："我们说好的，不能买其他东西。做人一定要讲信用。"小强虽然很渴望地盯着可爱的玩具小汽车，但还是控制住了自己购买小汽车的欲望，便自我安慰地说："好吧，那就下次买吧！"回到家后，小强妈妈对小强的表现做了总结和表扬："今天你做得很好，很讲信用，是个男子汉。今后我们就要按约定做事。"

家庭教育的 ABC 原则，让小强发生了奇妙的转变，小强再也不像以前那样见什么买什么，成了一个遵守约定、具有很强自控能力的孩子。

从上面这个案例我们看到，父母和孩子提前约定，是一种十分有效的教育方式，它既可以起到约束孩子的作用，又能培养孩子良好的品质和习惯。

家庭教育的 ABC 原则有利于培养孩子讲诚信的意识。父母和孩子做出约定，双方就要讲诚信，认真执行约定的内容。执行约定的过程，也是培养孩子讲诚信良好品格的过程。

家庭教育的 ABC 原则有利于培养孩子讲规则的意识。约定是制订一种规则，执行与否，体现了一个人是否有规则意识。因此，让孩子认真执行约定，有利于培养孩子的规则意识，让孩子学会做人、做事讲规则，养成良好的行为习惯。

家庭教育的 ABC 原则有利于培养孩子的自控力。遵守约定的过程，需要孩子对自己的一些欲望进行有效的控制。孩子在履行约定的过程中，自控力慢慢得到提高。

家庭教育的 ABC 原则有利于培养孩子的自主性。父母和孩子制订有关约定，都是在双方自主、自愿的基础上形成的。因此，制订约定和执行约定的过程，能够很好地培养孩子的自律性和自主性。

二 与孩子约定的ABC原则

前面案例中妈妈所运用的家庭教育 ABC 原则，其中 A 是指“事前有约定”，B 是指“事中有提醒”，C 是指“事后有总结”。

ABC 原则就是在家庭生活中，父母与孩子要做到事前大家协商约定，在做事的过程中及时提醒、监督，事后要进行总结、表扬、奖惩等，这样，有利于培养孩子遵守规则、遵守约定的契约精神，有利于培养孩子的自我控制能力和良好的行为习惯。

家庭教育 ABC 原则具体使用方法（以上面的故事为例）：

A. 事前有约定：小强妈妈带儿子逛商场前，与孩子协商一致后做出约定，今天到超市需要买什么，不能买什么。

B. 事中有提醒：已经约定好了，在购物的过程中就要坚决执行。当小强想购买不在计划之内的玩具小汽车时，妈妈提醒他：“我们说好的，不能买其他东西。做人一定要讲信用。”而这时也是家长在孩子心中树立威信的时候，家长在逛超市时也不能随意买约定范围之外的东西。

C. 事后有总结：从超市回到家里，小强妈妈对今天购物过程中小强的表现进行总结，并给予表扬：“今天你做得很好，很讲信用，是个男子汉。今后我们就要按约定做事。”

三 如何运用ABC原则

在日常生活中，家长如何运用 ABC 原则对孩子进行教育呢？

（一）平等、尊重

运用 ABC 原则，要做到平等、尊重。与孩子进行事前约定时，一定要建立在平等、尊重的基础上，因为没有平等和尊重就没有真正的约定。例如，看电视多长时间，到商店买什么玩具，一个月吃几次肯德基等，家长不要单方规定，要和孩子商量约定，双方达成一致；如果家长单方规定，是霸王条款，孩子不愿执行。因此，约定要合情合理、双方同意，切忌霸王条款或忽悠签约。

（二）守信、执行

在执行约定过程中，如果孩子在家长提醒之后还要违背约定，这时父母千万不要答应，这是培养孩子守信用、讲规则、树立家长“说话算数”威信的最好时机，如果此时妥协，就失去了约定的价值。

例如，与孩子看电视的约定。电视到底要不要看，看多长时间，把问题交给孩子！

A. 事前有约定：根据孩子的年龄，征求孩子的同意，制定合理的看电视时间。有的家长约定的时间是 20 分钟，没有用。这不是约定，这是“霸王条款”，20 分钟连一集动画片都看不完！约定一定是双方同意的。

B. 事中有提醒：及时提醒孩子“时间快到了”，但提醒不能过多，以免孩子厌烦。

C. 事后有总结：提前约定好，如果超过了时间（不论超过多少时间），第二天不能再看电视，第三天让他看（小小的惩罚即可，惩罚不能太重，让孩子意识到自己错了自己负责就行了）。如果第二次发现超过时间，那从第二天开始连续两天不能看；如果第三次发现超过时间，从第二天起连续三天不能看。要注意，不能一直累计，惩罚三天是一个循环，从头再来。不要和孩子辩论，坚决执行就好了。这是一种教育的技巧。

需要指出，假如约定为 60 分钟，但孩子说：“妈妈，再看 5 分钟行吗？这个节目马上就完了。”此时家长让不让看？一定要让孩子看，给孩子一点宽容，让孩子得到满足，但不能过度宽容。

只要这样坚持，孩子就会知道约定是要遵守的，慢慢就会守规矩，逐渐养成良好的习惯。

（三）不伤害，不妨碍

事前的约定，要永远铭记“不伤害，不妨碍”。品德是孩子成长、成人和成功的基础。有德行者，“不伤害，不妨碍”。因此，做任何事之前和之后，教育孩子都要思考是否会伤害、妨碍社会、集体、他人、自己，不要做伤害和妨碍别人的事情；如果发现这样的情况也不要自责，意识到并改掉就好了。同一问题第一次理解，第二次谅解，第三次惩罚，惩罚方式在第二次谅解的时候要制定好。例如，违反约定超时看电视影响学习，家长制止时孩子把遥控器藏起来，也不让别人看了；不让孩子玩手机，孩子发脾气把手机摔了……孩子出现这些妨碍自己学习、影响他人看电视、损坏财物的事情，没有突破底线的可以先给予谅解和教育，出现第三次就要给予必要的惩罚；突破底线的问题，必须在第一次就给予必要的惩罚和及时的教育，遏制住此类事件的发生。

全家人在做任何事情时，都要相互提醒，我们是否伤害和妨碍了社会、集体、他人和自己的利益。

（四）不包办，负责任

约定好的事情，要教育孩子永远铭记：“自己的事情自己做，自己出了错要勇于承担。”

例如，孩子自己对乒乓球、钢琴等感兴趣时，家长不要主动提出，一定让孩子自己开口——自己的事情自己做；当孩子说要学打乒乓球、弹钢琴时，家长不要马上答应，要逆着孩子说：“学打乒乓球、弹钢琴太辛苦了，每天都练习，很苦、很累……”激发孩子的欲望，恰到好处地把可能的困难给他讲清楚，但也要注意别把孩子吓回去。如果孩子非常坚决地说：“一切困难都能克服，保证不退缩、不半途而废。”这时家长和孩子进行约定：“认真学习，持之以恒，遇到再大的困难永不退缩。”最后把协议贴在墙上，当孩子退缩时，就让他看协议——自己说的话要勇于承担。

（五）约定具体，责任明确，奖罚分明

运用ABC原则，要做到约定具体、责任明确、奖惩分明。与孩子进行事前约定，一定要对做事的内容、责任、奖惩约定具体、明确，具有可操作性，不能含糊不清。如，约定看电视的时间，把看电视的具体时间、看多长时间、谁来负责管理、做得好有什么奖励、超出了时间怎么惩罚等约定好，让孩子心中清清楚楚。这样，把选择权还给孩子，尊重孩子，孩子有了自主权，控制力、意志力就会慢慢地被培养起来。

在执行的过程中，父母一定要尽到管理的责任，一是要及时提醒，因为孩子毕竟年龄小，自控能力差，及时提醒也容易让孩子接受；二是奖励要以精神鼓励为主，尽量少用物质奖励；三是惩罚要讲究艺术性，根据孩子年龄、性格等特点做到惩罚有度。

（六）自始至终、持之以恒

运用 ABC 原则，要做到全程自始至终、持之以恒，要做到“事前有约定，事中有提醒，事后有总结”，不可只有约定而没有提醒、总结，必须做到三个环节完整，这样才能真正发挥其教育效果。否则，会起到相反的教育效果。要把 ABC 原则作为“家规”，持之以恒地坚持运用，才能得到孩子的认可，并且能发挥 ABC 原则在家庭教育中的作用。

（七）制约，更重要的是教育

家长运用 ABC 原则，对孩子不仅仅是制约，更重要的是教育。ABC 原则，只是管理教育孩子的一种手段，不是目的。我们与孩子约定，不仅仅是用来管理、制约孩子，更重要的是教育孩子。在运用 ABC 原则的过程中，对孩子的教育一定要跟上，让孩子知道为什么要这样做，为什么不能那样做，在动之以情、晓之以理中让孩子懂得做人的道理。

（八）广泛应用，形成规矩

很多家长经常抱怨孩子不听话、乱花钱、乱买东西、干什么事都没有自控能

力等，其根本原因不是孩子的问题，而是家长自身的问题。要改变孩子不听话、乱花钱、乱买东西、没有自控能力等问题，父母可先运用ABC原则来改变自己，让孩子随之发生改变。ABC原则可以应用到孩子学习、生活的各项事情上，如孩子看电视、上网、作息、做作业、玩耍等方面。最后，让ABC原则成为家中成员人人遵守的规矩。

专家点评

ABC原则符合幼儿的心理特点，是一种行之有效的家庭教育方法。好的方法，需要家长在对孩子具体问题的教育中认真、细致地去运用，并且要持之以恒。这里所说的认真，就是要认真按ABC原则的每个步骤去做；所谓细致，指无论大事小事都要遵循ABC原则去科学地处理；所谓持之以恒，就是要坚持长期运用ABC原则开展家庭教育。只有这样，ABC原则才能取得预想的成效。

问题与思考

1. 什么是ABC原则？请结合您的家庭教育经验谈谈您对家庭教育ABC原则的一些独特见解。

2. 您认为在家庭教育中怎样做到ABC原则？

如何和孩子进行有效约定

约定，分有效约定和无效约定。只有在双方自愿的前提下，经过双方协商同意后所约定的行为规则，并规定履行责任和违约处罚措施，保证责任人认真履行约定，才是有效约定，否则是无效约定。

那么，父母如何和孩子进行有效约定呢？

一、尊重孩子，约定应是孩子自愿的

父母在与孩子对某一事做约定时，首先要尊重孩子的意见，让孩子自愿提出约定的内容。这样，既是对孩子的尊重，又是孩子自己遵守约定的基本保证。因为只有被孩子真心认同的约定，孩子才真心遵守、执行。例如，周日父母带孩子去逛公园，可与孩子提前约定好：玩什么？买什么？买多少？几点回家？先让孩子发表意见，然后一起商量决定，尽量尊重孩子的愿望。这样约定好后，孩子一般都能遵守约定。

二、约定双方要平等

约定，是双方平等协商的结果。因此，父母和孩子制订约定时，不要仅仅是去约定孩子应该怎么做，更不要表现出居高临下、控制和管理孩子的姿态，而是要与孩子平等相待，最好是进行双方对等约定。例如，父母和孩子约定做家务劳动，站在平等的角度，对双方都做出约定——爸爸妈妈负责哪些家务劳动、孩子负责哪些家务劳动等，体现民主、平等。此外，看电视、玩手机、玩游戏等，都要进行双方对等约定，这样孩子才会感到公平，才能认真执行约定。

三、双方都要认真履行约定

凡是约定，一般对双方的责任和义务都有约束。因此，父母和孩子的约定一般包括两个方面：父母答应孩子的约定和孩子答应父母的约定。制订好约定，父母首先要给孩子做出认真履行约定的榜样，凡是约定好的事情，父母一定要认真履行，不可言而无信。父母是孩子最信任的人，如果父母答应了孩子一些事情，尤其是孩子特别期待的事情，父母一定要尽力去达成。如果父母没有做到的话，孩子肯定会觉得很失望，觉得你不可信了。例如，父母和孩子约定好，孩子每天看电视只看 40 分钟，周末父母就带孩子去游乐园玩。如果孩子认真履行约定，而父母认为只是哄哄小孩子而失约，慢慢就会失去孩子的信任，孩子以后对父母的承诺就不会再抱有希望了，这样的约定不仅是无效约定，甚至是有害约定，会对孩子的诚信教育起到反面作用。因此，父母凡和孩子约定好的事情要尽量去做，如果真的因为客观原因完不成，一定要跟孩子好好解释，并且尽量弥补。

四、引导孩子想出多种解决办法

父母在和孩子就某一件事做约定时，对于这件事的处理方法要引导孩子从多个方面去想办法，这样既可以锻炼孩子自主决策，也能够大大提高孩子执行约定的自觉性，还可以培养孩子的发散性思维和解决问题的能力。例如，制订按时作息的约定，早晨7点半准时起床，晚上9点准时睡觉，如何执行好这个约定，可以让孩子自己想办法。父母可以这样引导孩子：“你比爸爸妈妈聪明，请你想出多个好办法，我们试试看。”孩子会想出很多办法——爸爸妈妈及时提醒我、用小闹钟提醒、购买定时震动枕头……孩子提出的这些好方法，他自己会特别认同，也更乐于接受。

五、设定约定试行期限

为了保证约定的合理性和可行性，可采取设定约定试行期限的方法。约定试行期限可以是三天，也可以是一周。如果在约定试行期间孩子执行得很好，父母要积极鼓励，可在今后作为正式约定执行下去；如果孩子因为种种原因没有做到或无法做到，就要对约定进行修改，保证约定的合理性和可行性，这样才能使其成为有效约定。

六、及时提醒，相互监督

在执行约定过程中，父母和孩子双方要及时提醒、相互监督，从而执行好约定。例如，孩子每天在约定内的时间才看电视，周末就带他去游乐园，父母和孩子都要及时提醒、相互监督去落实。提醒、监督的方式很多，可以将约定贴在家里醒目的位置，也可以采用多种方式提醒对方。如果孩子没有履行约定，父母要避免直接批评，最好通过使用非语言信号——指手表、注视、会意的微笑等，重视沉默的力量；或者问“我们的约定是什么”来督促，这样效果会更好。

七、违约必须按约定进行处罚

父母和孩子制订的约定中要规定违约的相应处罚措施，加大违约、犯错的成本，督促双方更好地执行约定。如果有一方违约后没有受到应有的处罚，不利于约定的履行，这样的约定往往是无效约定。例如，父母和孩子约定好要按时吃饭，如果孩子贪玩，妈妈提醒多次仍迟迟不来吃饭，那么，父母可以让孩子吃完饭后接受刷碗、擦桌子等劳动处罚。如果父母答应了孩子的事情没有做到，也要做出相应的处罚。这样的约定才是有效约定，约定双方才能认真履行。

专题十　亲子游戏：家庭教育的首选教育方式

爱玩是孩子的天性，游戏也是他们认识世界的重要方式。亲子游戏既能得到孩子的喜爱，又富有教育价值。因此，我们做父母的在日常生活中要经常和孩子做亲子游戏，善于学习并设计一些亲子游戏，了解不同亲子游戏的教育目标、教育价值、游戏过程、游戏方法和评价方式等，促进孩子快乐、健康地成长。

一　亲子游戏是孩子最喜欢的游戏

3~6 岁幼儿的主要学习方式就是游戏。在所有游戏中，亲子游戏是孩子最喜欢的游戏。

孩子出生以后，我和宝宝经常玩一些亲子游戏，例如，和孩子玩“拉大锯”“荡秋千”“抬花轿”等，其中孩子最喜欢玩的是“捉迷藏”游戏了。

知识窗

亲子，“子”是指孩子，“亲”就是指孩子以外的所有家庭成员，主要指孩子的双亲。

亲子游戏是指家庭中孩子的长辈，主要是爸爸、妈妈与孩子之间，以亲子感情为基础而进行的一种互动游戏活动，是亲子之间交往的重要形式。

通俗地说，亲子游戏就是大人和孩子的游戏。

孩子小的时候，我常常用毛巾挡住宝宝眼睛，然后“闷儿哞”一声后突然出现，逗得孩子哈哈大笑。

随着孩子长大，我给“捉迷藏”游戏不断增加了难度。“捉迷藏”的关键在于“藏”和“找”之间，孩子在“藏”上面可谓是脑洞大开，经常让我笑得肚子疼——孩子把头钻进沙发靠垫后，暴露着屁股；用窗帘遮着上身露着下身……各种各样顾头不顾尾的姿势，那种天真，让人忍俊不禁。

很多时候，我明明看到了她，还要假装找不到，孩子会有那种获胜的快乐和幸福，开心极了。有句话这么说：“有爱的妈妈，都找不到。”是的，那是妈妈送给孩子的一份快乐。

“捉迷藏”不仅仅让孩子获得快乐，还在游戏中增进了父母和孩子的亲子感情，锻炼了孩子的专注力、观察力、推理力等。

孩子上幼儿园后，最喜欢玩“我当小老师”游戏了。孩子当“老师”，我和孩子的爸爸当“小学生”。孩子玩起这个游戏来，俨然就是一位老师，模仿老师讲课，我们认认真真地听，有时假装没听懂，让“老师”再讲一遍；有时故意出个小错误，让“老师”来纠正；有时出个小难题刁难一下“老师”……孩子总是玩得不亦乐乎。

“我当小老师”这个游戏让孩子在与父母亲情互动、快乐玩耍中促进了语言、计算、逻辑思维、社会交往、想象力、创新力等多个方面的发展。

陪着孩子一路走来，我感觉亲子游戏是对孩子最好的一种教育活动。

这个案例告诉我们，爱玩游戏是孩子的天性，任何一个孩子都非常渴望和父母一起玩游戏。

对孩子来讲，亲子游戏是一种学习，更是一种快乐。因此，我们做父母的无论多忙，都要留一份“闲情逸致”陪孩子玩玩游戏。

1. 情感互动。爸爸妈妈与孩子以亲子情感为基础，在温馨的家庭氛围中进行的互动游戏，在游戏过程中加强了爸爸妈妈和孩子的交流互动，增进了亲子感情。

2. 平等配合。亲子游戏不是上课，家长不能高高在上地指手画脚，而应当是游戏的参与者，与孩子处于平等的地位，以合作者的角色配合孩子开展游戏。

3.教育渗透。爸爸妈妈作为游戏的引领者，在配合孩子共同游戏的过程中，潜移默化地把自己的生活经验、知识、情感、道德观等传递给孩子，不仅沟通了彼此的感情，还促进了孩子身体动作、知识技能、情绪情感、社会交往等方面的发展。

4.自主愉悦。自主愉悦是亲子游戏的重要特点，因为亲子游戏，是孩子自己喜欢玩、自己主导玩并且是让自己感到快乐的游戏。

5.随机开展。亲子游戏不受时间和空间的限制，不需要特定的场地和时间，只要愿意随时可以开展，具有很大的随机性。

6.学习发展。亲子游戏能够启发孩子的智慧，孩子在游戏中学习，在游戏中发展和提高，在游戏中构建起新的、更高层次的知识结构和素质结构。

二 亲子游戏促进孩子的全面发展

亲子游戏是家长对孩子进行教育的极佳教育方式，对孩子的全面发展具有重要的教育价值。

（一）亲子游戏有利于释放孩子的天性

好动、好奇、喜欢玩、喜欢模仿等，这些都是幼儿的天性。父母要善于发现、保护和引导孩子这些固有的天性。

怎样才能使我们的家庭教育顺应孩子的天性发展，有利于释放孩子的天性呢？那就是游戏。游戏是孩子最喜欢的活动，特别是亲子游戏，孩子无拘无束、自由自在，是释放天性的最好出口。有一句话说得好：“没有游戏就没有童年，没有游戏就没有完整健全的儿童。”

（二）游戏是幼儿的主要学习方式

教育学家蒙台梭利说：“我听到了，但随后就忘记了；我看到了，也就记住了；我做了，也就理解了。”这句话揭示了幼儿教育的真谛——在玩中学，在游戏中学。

游戏是幼儿的主要学习方式。幼儿的大部分学习都是在游戏中进行的，幼儿园的学习活动方式也是以游戏为主。游戏能够让孩子丰富感性印象，学习和积累生活经验；体验与人交往的过程、方法等，有助于社会性和良好个性的发展。

（三）亲子游戏有利于孩子的身心健康发展

研究资料表明，儿童活动量不够，会引起肌肉发育不良甚至衰减。因此对于孩子来说，游戏是非常重要的。

从锻炼孩子身体的角度，体育类亲子游戏可以通过让孩子在游戏中爬、钻、跑、跳、蹦等运动，锻炼孩子身体各部分肌肉，增强孩子的体质和体能。

从促进孩子心理发展的角度，孩子在生活中会受到不同程度客观条件的限制、束缚，难免使孩子的心理产生紧张或压抑，而游戏是放松紧张情绪的良好方式。它不仅能使孩子过剩的精力得到合理的宣泄，而且可以帮助孩子以社会所能接受的方式来表达内在的情绪，使他学会用社会所期待和赞成的方式来表现自己，从而避免精神紧张或压抑，使孩子的身心得以健康发展。

亲子游戏有助于孩子保持快乐、愉悦的情绪和培养乐观、开朗的性格。

（四）亲子游戏有利于培养亲子感情

亲子游戏是父母与孩子之间的一种交流活动，亲子双方处于一种相互作用的动态过程中，通过语言、表情和动作等相互表达与接收信息，从而实现亲子之间在心理和行动上的沟通和互动。

古希腊的一位哲人曾说："感情是由交流堆积而成的。"任何一种感情的升华都有赖于交流，亲子游戏是加强父母与孩子交流、增进亲子感情的最好方式和方法。在亲子游戏中，孩子和爸爸妈妈一起参与、重复动作，如来回推拉玩具、扮鬼脸等，这其实是一种社会互动，不论是语言表达还是非语言表达，大人和孩子都处于一种愉快、欢笑的气氛中，因此有一种不带期望、夸张的或异于寻常的正向情感交流，有助于孩子良好情绪的发展。德国心理学家斯特恩强调，早期的亲子游戏蕴含一种情感调整的过程——即如何跟他人一起玩并分享快乐，这种情感调整过程对于幼儿来讲是充满乐趣的。大量研究证明，愉快的互动是良好亲子关系的特征，有助于孩子形成积极的安全依恋。

家长想培养与孩子之间的感情，可尝试以下方法：常对孩子说"我爱你"、关心爱护孩子、多和孩子玩耍、多和孩子交流、多赏识表扬孩子、多培养与孩子的共同兴趣、多为孩子付出、和孩子平等地交朋友、满足孩子的合理要求、给孩子安全感和幸福感等。

（五）亲子游戏有利于孩子多元智能的开发

亲子游戏的教育功能是全方位的，孩子在游戏中动脑、动手、动口，有利于孩子多元智能的开发。

爸爸妈妈和孩子一起玩语言、计数、排列、找规律等亲子游戏时，爸爸妈妈讲的故事、提出的问题、动作以及表情等，都会激发孩子极大的学习兴趣，进而刺激语言智能、数理逻辑智能的发展。

在玩“宝贝在哪里”的亲子游戏过程中，通过藏藏、看看、找找、说说有趣的游戏活动，激发孩子主动参与游戏的兴趣，让孩子练习准确表述玩具的位置，正确感知上、下、前、后等方位，使孩子的空间方位能力得到发展。

爸爸妈妈和孩子一起玩“好玩的气球”游戏，能够通过让孩子抛接轻飘飘的气球，训练孩子对物体运动速度的判断，锻炼孩子的手臂力量和手腕弹性，发展孩子的协调能力和动作灵敏性。

总之，爸爸妈妈和孩子开展语言、智力、体育、角色、结构等亲子游戏，能够促进孩子语言智能、数理逻辑智能、空间智能、身体—运动智能、音乐智能、人际交往智能、自我认知智能、自然观察智能等的发展。

三 通过亲子游戏陪伴孩子快乐成长

游戏是幼儿身心发展的需要，游戏的过程是幼儿主动学习、主动建构经验、培养良好个性、发展社会性的过程。联合国教科文组织指出，游戏和学习不是互相排斥、互不相干的，而是相互促进、相辅相成的。游戏可以开启儿童的心智，可以培养儿童热爱生活的人生态度，可以增进亲子感情。因此，家长要充分认识亲子游戏对于幼儿发展的价值，高度重视亲子游戏的开展，以高度的热情积极地参与到亲子游戏中。

（一）创设良好的亲子游戏开展环境

创设良好的游戏场地。家长创设的游戏环境要让孩子可看、可听、可触摸，让孩子能充分地感知和体验。在家中，家长可为孩子专门腾出一个角落，用布隔开，或利用废旧材料为孩子布置一个特定的游戏环境；也可以用已有的材料组合成游戏的道具。

创设宽松的精神环境。幼儿在玩亲子游戏时需要良好的物质环境，更需要一个温馨、和谐、自由、平等的心理环境。父母应以玩伴角色参与到游戏中，多放手、多配合、多鼓励，少干涉、少批评、少责备。调查发现，不少家长把自己的意愿强加给孩子，在游戏中对幼儿提过高的要求，强迫孩子玩不喜欢的游戏，甚至对孩子大声恐吓、责罚，或把孩子当玩具逗乐等，这种所谓的亲子游戏，会让幼儿对“游戏”失去兴趣，更不会主动地提出与父母玩游戏了。

（二）树立正确的游戏理念

玩游戏是幼儿的基本活动。我国著名教育家陈鹤琴先生说：“小孩生来就是活泼好动的，是以游戏为生命的，游戏是幼儿的基本活动，对于孩子来说，游戏就是生命，生命就是游戏。”

玩游戏符合幼儿的天性。幼儿好动、好奇、好玩、喜欢模仿，这些都是幼儿的天性。游戏符合孩子的这些心理，顺应了孩子的天性。

玩游戏是儿童的权利。没有游戏就没有完整的童年，没有游戏就没有健全的儿童人格。

游戏是幼儿的主要学习方式，也是家长对孩子进行教育的首选方式。幼儿的大部分学习都是在游戏中进行的。游戏能够增进亲子感情，让孩子积累生活经验；在游戏中，孩子能体验与人交往的态度、过程、方法等，有助于其社会性的发展，有助于开发孩子的潜能，培养孩子的个性，丰富孩子的心灵，陶冶孩子的情操，真正实现德、智、体、美、劳全面和谐发展。

（三）游戏要以孩子为主体，要适合孩子的发展水平

孩子是游戏的主角，家长的角色是合作者、陪伴者、引导者、保护者。家长不可越俎代庖，要充分尊重孩子在游戏过程中的主体性、主导性和主动性。

亲子游戏是为孩子而开展的。因此，在游戏的过程中，要以孩子为中心，孩子是游戏的主体，是游戏的主导者。

父母选择亲子游戏时，要注意内容选择上适合幼儿的年龄特点和身心发展水平、兴趣爱好等。如小班幼儿大肌肉的控制和应用能力发展迅速，逐渐能控制小肌肉的精细动作；幼儿正处在语言发展的敏感期，对周围好奇，喜欢自己动手，家长要根据幼儿的这些特点，来选择合适的亲子游戏。如“我是舀豆小能手”“小兔跳”等。中班、大班幼儿可适度地进行一些促进幼儿小肌肉发展的游戏，如“夹玻璃球”“摘果子”等。

（四）深入挖掘游戏的教育价值

开展亲子游戏，家长不可无意识、无目的地随意进行，要深入研究、挖掘每一个亲子游戏的教育价值和教育目标，对“为什么要开展这个游戏”“这个游戏对孩子的教育价值是什么”“游戏想要达成的目标是什么”等问题，都要有一个清晰的认识，这样才能让孩子从游戏中受益。

每一个游戏都是一个整体性的教育活动，突出一个核心目标，兼顾全面发展的多维目标。如讲故事，核心目标是发展孩子的语言表达能力，此外它还涉及对孩子的创造力、交往能力、情感、情商、观察力、个性和社会性等方面的培养。

（五）游戏内容多样化，游戏形式简单化

亲子游戏内容要做到多样化，让孩子选择的空间更大，让孩子得到多元的发展。要特别注意从幼儿的生活中挖掘游戏素材，这样孩子会格外感兴趣。

家长和孩子在做亲子游戏前，要准备合适的玩具，因为合适的玩具是幼儿游戏的媒介，可刺激幼儿游戏的兴趣，增加游戏的价值。家长为幼儿选择玩具要考虑到其教育意义与艺术性，并要注意安全卫生。优质的玩具应具备以下几个特点：

多变化，可激发想象力及创造力；质料优、构造坚固、无毒性、不会损伤身体；可以引起美感或感情，诸如洋娃娃、七巧板、积木、皮球、风筝等。实际上，可以作为玩具的东西很多，也并不是越新颖、越奇特越好。一些简单的家用物品，如塑料瓶、空盒子、小勺子等都能成为孩子的玩具。有时也可自己改装一些玩具，家长还可以引导孩子自制玩具，这样不仅丰富了游戏的内容，而且有助于发展幼儿的智力和想象力，并让孩子养成勤俭节约的好习惯。

游戏形式要简单，富有动感。孩子喜欢音乐、喜欢跑跳，给孩子宽敞的空间，让孩子尽情享受音乐和跑跳的乐趣。

家长对游戏活动的限制不要太多，限制太多会束缚孩子的想象，降低孩子参与的兴趣。因此，要让孩子自由自在地玩游戏，创造性地玩游戏。

（六）长期坚持、循序渐进、逐步拓展

亲子游戏一定要坚持长期开展。亲子感情的培养不是一两次游戏就能培养起来的，需要父母与孩子长期地交流、互动；孩子的发展也不是一两次游戏就能获得的，需要长期开展丰富多彩的游戏才能促进孩子的全面发展。

重复性是孩子游戏的一大特点，应尊重孩子乐此不疲地玩同一种游戏的需求。熟能生巧，一个游戏可以达到不同的教育效果。

开展亲子游戏，从简单、有趣的游戏开始，循序渐进，逐步拓展深入，让孩子在有趣的游戏中得到发展和提高。

（七）尊重孩子自己创造的游戏

家长和孩子可以随时随地开展亲子游戏，特别要尊重幼儿自发创造、设计的游戏，保护幼儿具有创造力的表现。如带孩子到公园玩，孩子发现了地上的树叶，并很感兴趣，这时家长可以顺着孩子的兴趣，引导他玩“拣树叶”等游戏。

（八）把握好角色定位，不干涉、不否定、不打击

在亲子游戏中，家长不要对孩子横加干涉，以自己的价值取向来衡量孩子的游戏行为，强迫孩子玩他们不喜欢的游戏或玩具，完全忽略了孩子才是游戏的主

角。不要轻易否定孩子的想法和玩法，更不要打击孩子的想象力。让孩子充分发挥想象力和创造力，让他真正成为游戏的主人。

当然，在游戏中如果孩子有不恰当的举动或有危险时，父母应及时制止。

信息链接

家长在亲子游戏中的角色任务：

1.提问：为什么？

2.装傻：怎么做？有什么办法？

3.示弱：让孩子获得成功感。

4.引导：在人生理念、方法技能、生活常识等方面引导。

5.鼓励：激励孩子，增强自信。

6.帮助：准备材料，协助孩子完成游戏。

7.保护：安全保护，保护孩子不受伤害，培养大胆个性。

8.调控：调控时间、难度、强度等，但注意不是控制。

（九）家长要以身作则，培养孩子的良好习惯

在亲子游戏中，家长要以身作则，游戏中遵守游戏规则，游戏后自觉整理玩具等，培养孩子遵守规则、整理玩具、保持整洁的好习惯。

专家点评

亲子游戏是家庭中父母与孩子，以亲子情感为基础进行的一种活动，是亲子交往的重要形式。

亲子游戏不仅有益于亲子之间的感情交流，密切亲子关系，促进儿童的健康发展，而且对于儿童的实物游戏和伙伴游戏也具有重要的促进作用。儿童在亲子游戏中获得的对待物体的态度、方式、方法以及人际交往的态度、方法会迁移到其他实物游戏和伙伴游戏中去。反过来，儿童在实物游戏和伙伴游戏中获得的经验又会进一步丰富亲子游戏的内容。

问题与思考

1. 为什么说亲子游戏是促进孩子快乐成长的极佳教育方式？

2. 父母陪孩子玩亲子游戏应该注意哪些问题？

亲子游戏二则

彩色图形对对碰

游戏价值：

“彩色图形对对碰”游戏，一是可以提高孩子的动手操作能力和初步的分类能力；二是让孩子能够专注、认真地进行活动，培养耐心专注的品质，提高快速反应的能力；三是能够加强爸爸妈妈与孩子之间的互动交流，增进彼此的感情。

游戏目标：

1. 引导孩子学会按物体的形状进行分类，了解图形的特征。

2. 锻炼孩子的动手操作能力，提高快速反应的能力。

3. 让孩子能够耐心专注地玩游戏，体验游戏的乐趣，增进与爸爸妈妈的感情。

游戏准备：

1. 准备一次性纸杯 24 个，大游戏盘 2 张，凳子 2 个，记分卡 1 张，纸盒盖 2 个，小红旗粘纸若干。

2. 在24个纸杯底部画上或贴上彩色图形。

3. 在2个大游戏盘上面各放12个纸杯。

4. 将2个纸盒盖分别放在2个游戏盘的右边。

游戏玩法：

爸爸、妈妈、孩子三人分别担任裁判员和参赛者。如妈妈担任裁判员，则由孩子和爸爸担任参赛者。

游戏开始时，裁判员宣布游戏规则，参赛者听到口令后，双方同时开始。

参赛者从游戏盘中找到相同的2个彩色图形，并把它们摞在一起，快速放在右侧的盒盖上面，全部摞完且又对又快的一方为胜者，裁判员给胜者在记分卡上贴一面小红旗。

一局结束后，继续进行下一局比赛。先胜两局者为本轮比赛获胜者。

游戏可采取淘汰制，一轮比赛结束后，输掉比赛的参赛者与裁判员互换角色，继续进行下一轮比赛。

游戏可反复进行。

游戏规则：

1. 每轮比赛都采取三局两胜制，胜一局得一分，最先得到两分者为该轮比赛的胜者。

2. 一次只能摞一种图形，并把摞好的纸杯放在右侧指定的盒盖上面。

3. 每一轮全部摞完且又对又快的一方为胜者。

游戏拓展：

可以制作形状相同、颜色不同或者颜色相同、形状不同的图形进行比赛，以锻炼孩子的反应速度。

也可以让参赛者共用一个游戏盘，根据某种图形的典型特征，听口令找图形，看谁找得又对又快。

注意问题：

1. 游戏中，注意引导孩子想办法尽快找到相同的图形，使其在观察、操作等实践活动中进一步认识图形。

2. 游戏时，参赛者把摆好的纸杯放在指定的地方，进一步培养孩子的规则意识。

我当小老师

游戏价值：

“我当小老师”游戏，一是可以培养孩子的观察力和记忆力，让孩子了解卡片上动物的主要特征，丰富孩子有关动物的知识；二是能够培养孩子大胆表述的能力，提高孩子的语言表达能力和表现力；三是能够增强爸爸妈妈与孩子的互动交流，加深亲子感情。

游戏目标：

1. 孩子能够认真观察，发现卡片中动物的主要特征。

2. 孩子能大胆讲述，增强表现力和语言表达能力。

3. 孩子喜欢和爸爸妈妈玩游戏，增进对爸爸妈妈的感情。

游戏准备：

1. 准备不同动物卡片 5 张。

2. 游戏前孩子对卡片上的动物特性有所了解。

游戏玩法：

孩子当老师，爸爸妈妈当学生。

游戏开始，老师先出示 5 种不同的小动物卡片，并讲述小动物的特性，爸爸妈妈提问题，让孩子回答。讲解后，孩子藏起 1~2 张卡片并进行提问：“请你说说少了谁？”爸爸妈妈举手回答，并表演和描述此动物的主要特征，此时可故意出错并让孩子做出正确示范纠错，让孩子表演和描述此动物的主要特征。

游戏规则：

1. 参赛人数至少3人。

2. 爸爸妈妈负责提问题，孩子要认真回答。

3. 爸爸妈妈可故意出错，或假装不懂，给孩子出难题。

游戏拓展：

日常生活中，随着观察力和记忆力不断提高，孩子对有关动物知识的了解越来越丰富，可在此游戏的基础上逐步增加游戏内容的难度，也可以丰富“我当小老师”游戏的多种玩法，如增加卡片内容的种类，可以加入各类植物、生活用具、社会常识、语言故事、数学计算、科学知识等，让游戏成为拓展孩子视野和知识面的有效方式，提高孩子参与游戏的兴趣。

注意问题：

1. 要根据孩子的兴趣拟定游戏内容。

2. 爸爸妈妈要注意根据游戏内容，巧妙地设计问题，鼓励孩子动脑思考。

3. 游戏中的提问、活动内容等要注意符合孩子的年龄特点和认知水平，遵循由易到难、循序渐进的原则。

4. 在游戏中，对孩子的行为要多给予鼓励和表扬，激发孩子的参与兴趣。

3~6 岁儿童学习与发展指南

中华人民共和国教育部

说　明

一、为深入贯彻《国家中长期教育改革和发展规划纲要（2010—2020 年）》和《国务院关于当前发展学前教育的若干意见》（国发〔2010〕41 号），指导幼儿园和家庭实施科学的保育和教育，促进幼儿身心全面和谐发展，制定《3~6 岁儿童学习与发展指南》（以下简称《指南》）。

二、《指南》以为幼儿后继学习和终身发展奠定良好素质基础为目标，以促进幼儿体、智、德、美各方面的协调发展为核心，通过提出 3~6 岁各年龄段儿童学习与发展目标和相应的教育建议，帮助幼儿园教师和家长了解 3~6 岁幼儿学习与发展的基本规律和特点，建立对幼儿发展的合理期望，实施科学的保育和教育，让幼儿度过快乐而有意义的童年。

三、《指南》从健康、语言、社会、科学、艺术五个领域描述幼儿的学习与发展。每个领域按照幼儿学习与发展最基本、最重要的内容划分为若干方面。每个方面由学习与发展目标和教育建议两部分组成。

目标部分分别对 3~4 岁、4~5 岁、5~6 岁三个年龄段末期幼儿应该知道什么、能做什么、大致可以达到什么发展水平提出了合理期望，指明了幼儿学习与发展的具体方向；教育建议部分列举了一些能够有效帮助和促进幼儿学习与发展的教育途径与方法。

四、实施《指南》应把握以下几个方面：

1. 关注幼儿学习与发展的整体性。儿童的发展是一个整体，要注重领域之间、目标之间的相互渗透和整合，促进幼儿身心全面协调发展，而不应片面追求某一

方面或几方面的发展。

2. 尊重幼儿发展的个体差异。幼儿的发展是一个持续、渐进的过程，同时也表现出一定的阶段性特征。每个幼儿在沿着相似进程发展的过程中，各自的发展速度和到达某一水平的时间不完全相同。要充分理解和尊重幼儿发展进程中的个别差异，支持和引导他们从原有水平向更高水平发展，按照自身的速度和方式到达《指南》所呈现的发展“阶梯”，切忌用一把“尺子”衡量所有幼儿。

3. 理解幼儿的学习方式和特点。幼儿的学习是以直接经验为基础，在游戏和日常生活中进行的。要珍视游戏和生活的独特价值，创设丰富的教育环境，合理安排一日生活，最大限度地支持和满足幼儿通过直接感知、实际操作和亲身体验获取经验的需要，严禁“拔苗助长”式的超前教育和强化训练。

4. 重视幼儿的学习品质。幼儿在活动过程中表现出的积极态度和良好行为倾向是终身学习与发展所必需的宝贵品质。要充分尊重和保护幼儿的好奇心和学习兴趣，帮助幼儿逐步养成积极主动、认真专注、不怕困难、敢于探究和尝试、乐于想象和创造等良好学习品质。忽视幼儿学习品质培养，单纯追求知识技能学习的做法是短视而有害的。

一、健康

健康是指人在身体、心理和社会适应方面的良好状态。幼儿阶段是儿童身体发育和机能发展极为迅速的时期，也是形成安全感和乐观态度的重要阶段。发育良好的身体、愉快的情绪、强健的体质、协调的动作、良好的生活习惯和基本生活能力是幼儿身心健康的重要标志，也是其他领域学习与发展的基础。

为有效促进幼儿身心健康发展，成人应为幼儿提供合理均衡的营养，保证充足的睡眠和适宜的锻炼，满足幼儿生长发育的需要；创设温馨的人际环境，让幼儿充分感受到亲情和关爱，形成积极稳定的情绪情感；帮助幼儿养成良好的生活与卫生习惯，提高自我保护能力，形成使其终身受益的生活能力和文明生活方式。

幼儿身心发育尚未成熟，需要成人的精心呵护和照顾，但不宜过度保护和包

办代替，以免剥夺幼儿自主学习的机会，养成过于依赖的不良习惯，影响其主动性、独立性的发展。

（一）身心状况

目标 1　具有健康的体态

3~4 岁	4~5 岁	5~6 岁
1. 身高和体重适宜。 参考标准 男孩： 身高 94.9~111.7 cm 体重 12.7~21.2 kg 女孩： 身高 94.1~111.3 cm 体重 12.3~21.5 kg 2. 在提醒下能自然坐直、站直。	1. 身高和体重适宜。 参考标准 男孩： 身高 100.7~119.2 cm 体重 14.1~24.2 kg 女孩： 身高 99.9~118.9 cm 体重 13.7~24.9 kg 2. 在提醒下能保持正确的站、坐和行走姿势。	1. 身高和体重适宜。 参考标准 男孩： 身高 106.1~125.8 cm 体重 15.9~27.1 kg 女孩： 身高 104.9~125.4 cm 体重 15.3~27.8 kg 2. 经常保持正确的站、坐和行走姿势。

注：身高和体重数据源自《2006 年世界卫生组织儿童生长标准》4、5、6 周岁儿童身高和体重的参考数据。

教育建议：

1. 为幼儿提供营养丰富、健康的饮食。如：

参照《中国孕期、哺乳期妇女和 0~6 岁儿童膳食指南》，为幼儿提供谷物、蔬菜、水果、肉、奶、蛋、豆制品等多样化的食物，均衡搭配。

烹调方式要科学，尽量少煎炸、烧烤、腌制。

2. 保证幼儿每天睡 11~12 小时，其中午睡一般应达到 2 小时左右。午睡时间可根据幼儿的年龄、季节的变化和个体差异适当减少。

3. 注意幼儿的体态，帮助他们形成正确的姿势。如：

提醒幼儿要保持正确的站、坐、走姿势；发现有八字脚、罗圈腿、驼背等骨骼发育异常的情况，应及时就医矫治。

桌、椅和床要合适。椅子的高度以幼儿写画时双脚能自然着地、大腿基本保持水平状为宜；桌子的高度以写画时身体能坐直，不驼背、不耸肩为宜；床不宜过软。

4. 每年为幼儿进行健康检查。

目标 2　情绪安定愉快

3~4 岁	4~5 岁	5~6 岁
1. 情绪比较稳定，很少因一点小事哭闹不止。 2. 有比较强烈的情绪反应时，能在成人的安抚下逐渐平静下来。	1. 经常保持愉快的情绪，不高兴时能较快缓解。 2. 有比较强烈的情绪反应时，能在成人的提醒下逐渐平静下来。 3. 愿意把自己的情绪告诉亲近的人，一起分享快乐或求得安慰。	1. 经常保持愉快的情绪。知道引起自己某种情绪的原因，并努力缓解。 2. 表达情绪的方式比较适度，不乱发脾气。 3. 能随着活动的需要转换情绪和注意力。

教育建议：

1. 营造温暖、轻松的心理环境，让幼儿形成安全感和信赖感。如：

保持良好的情绪状态，以积极、愉快的情绪影响幼儿。

以欣赏的态度对待幼儿。注意发现幼儿的优点，接纳他们的个体差异，不简单与同伴做横向比较。

幼儿做错事时要冷静处理，不厉声斥责，更不能打骂。

2. 帮助幼儿学会恰当表达和调控情绪。

成人用恰当的方式表达情绪，为幼儿做出榜样。如：生气时不乱发脾气，不迁怒于人。

成人和幼儿一起谈论自己高兴或生气的事，鼓励幼儿与人分享自己的情绪。

允许幼儿表达自己的情绪，并给予适当的引导。如：幼儿发脾气时不硬性压制，等其平静后告诉他什么行为是可以接受的。

发现幼儿不高兴时，主动询问情况，帮助他们化解消极情绪。

目标 3　具有一定的适应能力

3~4 岁	4~5 岁	5~6 岁
1. 能在较热或较冷的户外环境中活动。 2. 换新环境时情绪能较快稳定，睡眠、饮食基本正常。 3. 在帮助下能较快适应集体生活。	1. 能在较热或较冷的户外环境中连续活动半小时左右。 2. 换新环境时较少出现身体不适。 3. 能较快适应人际环境中发生的变化。如：换了新老师能较快适应。	1. 能在较热或较冷的户外环境中连续活动半小时以上。 2. 天气变化时较少感冒，能适应车、船等交通工具造成的轻微颠簸。 3. 能较快融入新的人际关系环境。如：换了新的幼儿园或班级能较快适应。

教育建议：

1. 保证幼儿的户外活动时间，提高幼儿适应季节变化的能力。

幼儿每天的户外活动时间一般不少于 2 小时，其中体育活动时间不少于 1 小时，季节交替时要坚持。

气温过热或过冷的季节或地区应因地制宜，选择温度适当的时间段开展户外活动，也可根据气温的变化和幼儿的个体差异，适当减少活动的时间。

2. 经常与幼儿玩拉手转圈、秋千、转椅等游戏活动，让幼儿适应轻微的摆动、颠簸、旋转，促进其平衡机能的发展。

3. 锻炼幼儿适应生活环境变化的能力。如：

注意观察幼儿在新环境中的饮食、睡眠、游戏等方面的情况，采取相应的措施帮助他们尽快适应新环境。

经常带幼儿接触不同的人际环境，如参加亲戚朋友聚会，多和不熟悉的小朋友玩，使幼儿较快适应新的人际关系。

（二）动作发展

目标 1　具有一定的平衡能力，动作协调、灵敏

3~4 岁	4~5 岁	5~6 岁
1. 能沿地面直线或在较窄的低矮物体上走一段距离。 2. 能双脚灵活交替上下楼梯。 3. 能身体平稳地双脚连续向前跳。 4. 分散跑时能躲避他人的碰撞。 5. 能双手向上抛球。	1. 能在较窄的低矮物体上平稳地走一段距离。 2. 能以匍匐、膝盖悬空等多种方式钻爬。 3. 能助跑跨跳过一定距离，或助跑跨跳过一定高度的物体。 4. 能与他人玩追逐、躲闪跑的游戏。 5. 能连续自抛自接球。	1. 能在斜坡、荡桥和有一定间隔的物体上较平稳地行走。 2. 能以手脚并用的方式安全地爬攀登架、网等。 3. 能连续跳绳。 4. 能躲避他人滚过来的球或扔过来的沙包。 5. 能连续拍球。

教育建议：

1. 利用多种活动发展身体平衡和协调能力。如：走平衡木，或沿着地面直线、田埂行走。玩跳房子、踢毽子、蒙眼走路、踩小高跷等游戏活动。

2. 发展幼儿动作的协调性和灵活性。鼓励幼儿进行跑跳、钻爬、攀登、投掷、拍球等活动。玩跳竹竿、滚铁环等传统体育游戏。

3. 对于拍球、跳绳等技能性活动，不要过于要求数量，更不能机械训练。

4. 结合活动内容对幼儿进行安全教育，注重在活动中培养幼儿的自我保护能力。

目标 2　具有一定的力量和耐力

3~4 岁	4~5 岁	5~6 岁
1. 能双手抓杠悬空吊起 10 秒左右。 2. 能单手将沙包向前投掷 2 m 左右。 3. 能单脚连续向前跳 2 m 左右。 4. 能快跑 15 m 左右。 5. 能行走 1k m 左右（途中可适当停歇）。	1. 能双手抓杠悬空吊起 15 秒左右。 2. 能单手将沙包向前投掷 4 m 左右。 3. 能单脚连续向前跳 5 m 左右。 4. 能快跑 20 m 左右。 5. 能连续行走 1.5km 左右（途中可适当停歇）。	1. 能双手抓杠悬空吊起 20 秒左右。 2. 能单手将沙包向前投掷 5m 左右。 3. 能单脚连续向前跳 8m 左右。 4. 能快跑 25m 左右。 5. 能连续行走 1.5km 以上（途中可适当停歇）。

教育建议：

开展丰富多样、适合幼儿年龄特点的各种身体活动，如走、跑、跳、攀、爬等，鼓励幼儿坚持下来，不怕累。

日常生活中鼓励幼儿多走路，少坐车；自己上下楼梯，自己背包。

目标 3　手的动作灵活协调

3~4 岁	4~5 岁	5~6 岁
1. 能用笔涂涂画画。 2. 能熟练地用勺子吃饭。 3. 能用剪刀沿直线剪，边线基本吻合。	1. 能沿边线较直地画出简单图形，或能边线基本对齐地折纸。 2. 会用筷子吃饭。 3. 能沿轮廓线剪出由直线构成的简单图形，边线吻合。	1. 能根据需要画出图形，线条基本平滑。 2. 能熟练使用筷子。 3. 能沿轮廓线剪出由曲线构成的简单图形，边线吻合且平滑。 4. 能使用简单的劳动工具或用具。

教育建议：

1. 创造条件和机会，促进幼儿手的动作灵活协调。如：

提供画笔、剪刀、纸张、泥团等工具和材料，或充分利用各种自然、废旧材料和常见物品，让幼儿进行画、剪、折、粘等美工活动。

引导幼儿生活自理或参与家务劳动，发展其手的动作。如：练习自己用筷子吃饭、扣扣子，帮助家人择菜叶、做面食等。

幼儿园在布置娃娃家、商店等活动区时，多提供原材料和半成品，让幼儿有更多机会参与制作活动。

2. 引导幼儿注意活动安全。如：

为幼儿提供的塑料粒、珠子等活动材料要足够大，材质要安全，以免造成异物进入气管、铅中毒等伤害。提供幼儿用安全剪刀。

为幼儿示范拿筷子、握笔的正确姿势以及使用剪刀、锤子等工具的方法。

提醒幼儿不要拿剪刀等锋利工具玩耍，用完后要放回原处。

（三）生活习惯与生活能力

目标1　具有良好的生活与卫生习惯

3~4岁	4~5岁	5~6岁
1. 在提醒下，按时睡觉和起床，并能坚持午睡。 2. 喜欢参加体育活动。 3. 在引导下，不偏食、挑食。喜欢吃瓜果、蔬菜等新鲜食品。 4. 愿意饮用白开水，不贪喝饮料。 5. 不用脏手揉眼睛，连续看电视等不超过15分钟。 6. 在提醒下，每天早晚刷牙，饭前便后洗手。	1. 每天按时睡觉和起床，并能坚持午睡。 2. 喜欢参加体育活动。 3. 不偏食、挑食，不暴饮暴食。喜欢吃瓜果、蔬菜等新鲜食品。 4. 常喝白开水，不贪喝饮料。 5. 知道保护眼睛，不在光线过强或过暗的地方看书，连续看电视等不超过20分钟。 6. 每天早晚刷牙，饭前便后洗手，方法基本正确。	1. 养成每天按时睡觉和起床的习惯。 2. 能主动参加体育活动。 3. 吃东西时细嚼慢咽。 4. 主动饮用白开水，不贪喝饮料。 5. 主动保护眼睛。不在光线过强或过暗的地方看书，连续看电视等不超过30分钟。 6. 每天早晚主动刷牙，饭前便后主动洗手，方法正确。

教育建议：

1. 让幼儿保持有规律的生活，养成良好的作息习惯，如早睡早起、每天午睡、按时进餐、吃好早餐等。

2. 帮助幼儿养成良好的饮食习惯。如：

合理安排餐点，帮助幼儿养成定点、定时、定量进餐的习惯。

帮助幼儿了解食物的营养价值，引导他们不偏食不挑食，少吃或不吃不利于健康的食品；多喝白开水，少喝饮料。

吃饭时不过分催促，提醒幼儿细嚼慢咽，不要边吃边玩。

3. 帮助幼儿养成良好的个人卫生习惯。如：

早晚刷牙，饭后漱口。

勤为幼儿洗澡、换衣服、剪指甲。

提醒幼儿保护五官，如不乱挖耳朵、鼻孔，看电视时保持 3 m 左右的距离等。

4. 激发幼儿参加体育活动的兴趣，养成锻炼的习惯。如：

为幼儿准备多种体育活动材料，鼓励幼儿选择自己喜欢的材料开展活动。

经常和幼儿一起在户外运动和游戏，鼓励幼儿和同伴一起开展体育活动。

和幼儿一起观看体育比赛或有关体育赛事的电视节目，培养其对体育活动的兴趣。

目标 2　具有基本的生活自理能力

3~4 岁	4~5 岁	5~6 岁
1. 在帮助下能穿脱衣服或鞋袜。 2. 能将玩具和图书放回原处。	1. 能自己穿脱衣服和鞋袜、扣纽扣。 2. 能整理自己的物品。	1. 能知道根据冷热增减衣服。 2. 会自己系鞋带。 3. 能按类别整理好自己的物品。

教育建议：

1. 鼓励幼儿做力所能及的事情，对幼儿的尝试与努力给予肯定，不因做不好或做得慢而包办代替。

2. 指导幼儿学习和掌握生活自理的基本方法，如穿脱衣服和鞋袜、洗手洗脸、擦鼻涕、擦屁股的正确方法。

3. 提供有利于幼儿生活自理的条件。如：

提供一些纸箱、盒子，供幼儿收拾和存放自己的玩具、图书或生活用品等。

幼儿的衣服、鞋子等要简单实用，便于自己穿脱。

目标 3　具备基本的安全知识和自我保护能力

3~4 岁	4~5 岁	5~6 岁
1. 不吃陌生人给的东西，不跟陌生人走。 2. 在提醒下能注意安全，不做危险的事。 3. 在公共场所走失时，能向警察或有关人员说出自己和家长的名字、电话号码等简单信息。	1. 知道在公共场合不远离成人的视线单独活动。 2. 认识常见的安全标志，能遵守安全规则。 3. 运动时能主动躲避危险。 4. 知道简单的求助方式。	1. 未经大人允许不给陌生人开门。 2. 能自觉遵守基本的安全规则和交通规则。 3. 运动时能注意安全，不给他人造成危险。 4. 知道一些基本的防灾知识。

教育建议：

1. 创设安全的生活环境，提供必要的保护措施。如：

要把热水瓶、药品、火柴、刀具等物品放到幼儿够不到的地方；阳台或窗台要有安全保护措施；要使用安全的电源插座等。

在公共场所要注意照看好幼儿；幼儿乘车、乘电梯时要有成人陪伴；不把幼儿单独留在家里或汽车里等。

2. 结合生活实际对幼儿进行安全教育。如：

外出时，提醒幼儿要紧跟成人，不远离成人的视线，不跟陌生人走，不吃陌生人给的东西；不在河边和马路边玩耍；要遵守交通规则等。

帮助幼儿了解周围环境中不安全的事物，不做危险的事。如：不动热水壶，不玩火柴或打火机，不摸电源插座，不攀爬窗户或阳台等。

帮助幼儿认识常见的安全标志，如：小心触电、小心有毒、禁止下河游泳、紧急出口等。

告诉幼儿不允许别人触摸自己的隐私部位。

3. 教给幼儿简单的自救和求救的方法。如：

记住自己家庭的住址、电话号码、父母的姓名和单位，一旦走失时知道向成人求助，并能提供必要信息。

遇到火灾或其他紧急情况时，知道要拨打 110、120、119 等求救电话。

可利用图书、音像等材料对幼儿进行逃生和求救方面的教育，并运用游戏方式模拟练习。

幼儿园应定期进行火灾、地震等自然灾害的逃生演习。

二、语言

语言是交流和思维的工具。幼儿期是语言发展，特别是口语发展的重要时期。幼儿语言的发展贯穿于各个领域，也对其他领域的学习与发展有着重要的影响：幼儿在运用语言进行交流的同时，也在发展着人际交往能力、理解他人和判断交往情境的能力、组织自己思想的能力。通过语言获取信息，幼儿的学习逐步超越个体的直接感知。

幼儿的语言能力是在交流和运用的过程中发展起来的。应为幼儿创设自由、宽松的语言交往环境，鼓励和支持幼儿与成人、同伴交流，让幼儿想说、敢说、喜欢说并能得到积极回应。为幼儿提供丰富、适宜的低幼读物，经常和幼儿一起看图书、讲故事，丰富其语言表达能力，培养其阅读兴趣和良好的阅读习惯，进一步为其拓展学习经验。

幼儿的语言学习需要相应的社会经验支持，应通过多种活动扩展幼儿的生活经验，丰富语言的内容，增强理解和表达能力。应在生活情境和阅读活动中引导幼儿自然而然地产生对文字的兴趣，用机械记忆和强化训练的方式让幼儿过早识字不符合其学习特点和接受能力。

（一）倾听与表达

目标 1　认真听并能听懂常用语言

3~4 岁	4~5 岁	5~6 岁
1. 别人对自己说话时能注意听并做出回应。 2. 能听懂日常会话。	1. 在群体中能有意识地听与自己有关的信息。 2. 能结合情境感受到不同语气、语调所表达的不同意思。 3. 方言地区和少数民族幼儿能基本听懂普通话。	1. 在集体中能注意听老师或其他人讲话。 2. 听不懂或有疑问时能主动提问。 3. 能结合情境理解一些表示因果、假设等相对复杂的句子。

教育建议：

1. 多给幼儿提供倾听和交谈的机会。如：经常和幼儿一起谈论他感兴趣的话题，或一起看图书、讲故事。

2. 引导幼儿学会认真倾听。如：

成人要耐心倾听别人（包括幼儿）的讲话，等别人讲完再表达自己的观点。

与幼儿交谈时，要用幼儿能听得懂的语言。

对幼儿提要求和布置任务时要求他注意听，鼓励他主动提问。

对幼儿讲话时，注意结合情境使用丰富的语言，以便于幼儿理解。如：

说话时注意语气、语调，让幼儿感受语气、语调的作用。如：对幼儿的不合理要求应以比较坚定的语气表示不同意；讲故事时，尽量把故事人物高兴、悲伤的心情用不同的语气、语调表现出来。

根据幼儿的理解水平有意识地使用一些反映因果、假设、条件等关系的句子。

目标 2　愿意讲话并能清楚地表达

3~4 岁	4~5 岁	5~6 岁
1. 愿意在熟悉的人面前说话，能大方地与人打招呼。 2. 基本会说本民族或本地区的语言。 3. 愿意表达自己的需要和想法，必要时能配以手势动作。 4. 能口齿清楚地说儿歌、童谣或复述简短的故事。	1. 愿意与他人交谈，喜欢谈论自己感兴趣的话题。 2. 会说本民族或本地区的语言，基本会说普通话。少数民族聚居地区幼儿会用普通话进行日常会话。 3. 能基本完整地讲述自己的所见所闻和经历的事情。 4. 讲述比较连贯。	1. 愿意与他人讨论问题，敢在众人面前说话。 2. 会说本民族或本地区的语言和普通话，发音正确清晰。少数民族聚居地区幼儿基本会说普通话。 3. 能有序、连贯、清楚地讲述一件事情。 4. 讲述时能使用常见的形容词、同义词等，语言比较生动。

教育建议：

1. 为幼儿创造说话的机会并体验语言交往的乐趣。

每天有足够的时间与幼儿交谈。如：谈论他感兴趣的话题，询问和听取他对自己事情的意见等。

尊重和接纳幼儿的说话方式，无论幼儿的表达水平如何，都应认真地倾听并

给予积极的回应。

鼓励和支持幼儿与同伴一起玩耍、交谈，相互讲述见闻、趣事或看过的图书、动画片等。

方言和少数民族地区应积极为幼儿创设用普通话交流的语言环境。

2. 引导幼儿清楚地表达。如：

和幼儿讲话时，成人自身的语言要清楚、简洁。

当幼儿因为急于表达而说不清楚的时候，提醒他不要着急，慢慢说；同时要耐心倾听，给予必要的补充，帮助他理清思路并清晰地说出来。

目标 3　具有文明的语言习惯

3~4 岁	4~5 岁	5~6 岁
1. 与别人讲话时知道眼睛要看着对方。 2. 说话自然，声音大小适中。 3. 能在成人的提醒下使用恰当的礼貌用语。	1. 别人对自己讲话时能回应。 2. 能根据场合调节自己说话声音的大小。 3. 能主动使用礼貌用语，不说脏话、粗话。	1. 别人讲话时能积极主动地回应。 2. 能根据谈话对象和需要，调整说话的语气。 3. 懂得按次序轮流讲话，不随意打断别人。 4. 能依据所处情境使用恰当的语言。如在别人难过时会用恰当的语言表示安慰。

教育建议：

1. 成人注意语言文明，为幼儿做出表率。

与他人交谈时，认真倾听，使用礼貌用语。

在公共场合不大声说话，不说脏话、粗话。

幼儿表达意见时，成人可蹲下来，眼睛平视幼儿，耐心听他把话说完。

2. 帮助幼儿养成良好的语言行为习惯。

结合情境提醒幼儿一些必要的交流礼节。如：对长辈说话要有礼貌，客人来访时要打招呼，得到帮助时要说谢谢等。

提醒幼儿遵守集体生活的语言规则。如：轮流发言，不随意打断别人讲话等。

提醒幼儿注意公共场所的语言文明。如：不大声喧哗等。

（二）阅读与书写准备

目标 1　喜欢听故事、看图书

3~4 岁	4~5 岁	5~6 岁
1. 主动要求成人讲故事、读图书。 2. 喜欢跟读韵律感强的儿歌、童谣。 3. 爱护图书，不乱撕、乱扔。	1. 反复看自己喜欢的图书。 2. 喜欢把听过的故事或看过的图书讲给别人听。 3. 对生活中常见的标志、符号感兴趣，知道它们表示一定的意义。	1. 专注地阅读图书。 2. 喜欢与他人一起谈论图书和故事的有关内容。 3. 对图书和生活情境中的文字符号感兴趣，知道文字表示一定的意义。

教育建议：

1. 为幼儿提供良好的阅读环境和条件。如：

提供一定数量、符合幼儿年龄特点、富有童趣的图画书。

提供相对安静的地方，尽量减少干扰，保证幼儿自主阅读。

2. 激发幼儿的阅读兴趣，培养阅读习惯。如：

经常抽时间与幼儿一起看图书，给幼儿讲故事。

提供童谣、故事等不同体裁的儿童文学作品，让幼儿自主选择和阅读。

当幼儿遇到感兴趣的事物或问题时，和他一起查阅图书资料，让他感受图书的作用，体会通过阅读获取信息的乐趣。

3. 引导幼儿体会标志、文字符号的用途。如：

向幼儿介绍医院、公用电话等生活中的常见标志，让其知道标志可以代表具体事物。

结合生活实际，帮助幼儿体会文字的用途。如：买来新玩具时，把说明书上的文字念给幼儿听，让幼儿了解玩具的玩法。

目标 2　具有初步的阅读理解能力

3~4 岁	4~5 岁	5~6 岁
1. 能听懂短小的儿歌或故事。 2. 会看画面，能根据画面说出图中有什么、发生了什么事等。 3. 能理解图书上的文字是和画面对应的，是用来表达画面意义的。	1. 能大体讲出所听故事的主要内容。 2. 能根据连续画面提供的信息，大致说出故事的情节。 3. 能随着作品的展开产生喜悦、担忧等相应的情绪反应，体会作品所表达的情绪情感。	1. 能说出所阅读的幼儿文学作品的主要内容。 2. 能根据故事的部分情节或图书画面的线索猜想故事情节的发展，或续编、创编故事。 3. 对看过的图书、听过的故事能说出自己的看法。 4. 能初步感受文学语言的美。

教育建议：

1. 经常和幼儿一起阅读，引导他以自己的经验为基础理解图书的内容。如：

引导幼儿仔细观察画面，结合画面讨论故事内容，学习建立画面与故事内容的联系。

和幼儿一起讨论或回忆书中的故事情节，引导他有条理地说出故事的大致内容。

在给幼儿读书或讲故事时，可先不告诉名字，让幼儿听完后自己命名，并说出这样命名的理由。

鼓励幼儿自主阅读，并与他人讨论自己在阅读中的发现、体会和想法。

2. 在阅读中发展幼儿的想象和创造能力。如：

鼓励幼儿依据画面线索讲述故事，大胆推测、想象故事情节的发展，改编故事部分情节或续编故事结尾。

鼓励幼儿用故事表演、绘画等不同的方式表达自己对图书和故事的理解。

鼓励和支持幼儿自编故事，并为自编的故事配上图画，制成图画书。

3. 引导幼儿感受文学作品的美。如：

有意识地引导幼儿欣赏或模仿文学作品的语言节奏和韵律。

给幼儿读书时，通过表情、动作和抑扬顿挫的声音传达书中的情绪情感，让幼儿体会作品的感染力和表现力。

目标 3　具有书面表达的愿望和初步技能

3~4 岁	4~5 岁	5~6 岁
1. 喜欢用涂涂画画表达一定的意思。	1. 愿意用图画和符号表达自己的愿望和想法。 2. 在成人提醒下，写写画画时姿势正确。	1. 愿意用图画和符号表现事物或故事。 2. 会正确书写自己的名字。 3. 写画时姿势正确。

教育建议：

1. 让幼儿在写写画画的过程中体验文字符号的功能，培养书写兴趣。如：

准备供幼儿随时取放的纸、笔等材料，也可利用沙地、树枝等自然材料，满足幼儿自由涂画的需要。

鼓励幼儿将自己感兴趣的事情或故事画下来并讲给别人听，让幼儿体会写写画画的方式可以表达自己的想法和情感。

把幼儿讲过的事情用文字记录下来，并念给他听，使幼儿知道说的话可以用文字记录下来，从中体会文字的用途。

2. 在绘画和游戏中做必要的书写准备，如：

通过把虚线画出的图形轮廓连成实线等游戏，促进幼儿手眼协调，同时帮助其学习由上至下、由左至右的运笔技能。

鼓励幼儿学习书写自己的名字。

提醒幼儿写画时保持正确姿势。

三、社会

幼儿社会领域的学习与发展过程是其社会性不断完善并奠定健全人格基础的过程。人际交往和社会适应是幼儿社会学习的主要内容，也是其社会性发展的基本途径。幼儿在与成人和同伴交往的过程中，不仅学习如何与人友好相处，也在学习如何看待自己、对待他人，不断发展适应社会生活的能力。良好的社会性发展对幼儿身心健康和其他各方面的发展都具有重要影响。

家庭、幼儿园和社会应共同努力，为幼儿创设温暖、关爱、平等的家庭和集体生活氛围，建立良好的亲子关系、师生关系和同伴关系，让幼儿在积极健康的人际关系中获得安全感和信任感，发展自信和自尊，在良好的社会环境及文化的

熏陶中学会遵守规则，形成基本的认同感和归属感。

幼儿的社会性主要是在日常生活和游戏中通过观察和模仿潜移默化地发展起来的。成人应注重自己言行的榜样作用，避免简单生硬的说教。

（一）人际交往

目标 1　愿意与人交往

3~4 岁	4~5 岁	5~6 岁
1. 愿意和小朋友一起游戏。 2. 愿意与熟悉的长辈一起活动。	1. 喜欢和小朋友一起游戏，有经常一起玩的小伙伴。 2. 喜欢和长辈交谈，有事愿意告诉长辈。	1. 有自己的好朋友，也喜欢结交新朋友。 2. 有问题愿意向别人请教。 3. 有高兴的或有趣的事愿意与大家分享。

教育建议：

1. 主动亲近和关心幼儿，经常和他一起游戏或活动，让幼儿感受到与成人交往的快乐，建立亲密的亲子关系和师生关系。

2. 创造交往的机会，让幼儿体会交往的乐趣。如：

利用走亲戚、到朋友家做客或有客人来访的时机，鼓励幼儿与他人接触和交谈。

鼓励幼儿参加小朋友的游戏，邀请小朋友到家里玩，感受有朋友一起玩的快乐。

幼儿园应多为幼儿提供自由交往和游戏的机会，鼓励他们自主选择、自由结伴开展活动。

目标 2　能与同伴友好相处

3~4 岁	4~5 岁	5~6 岁
1. 想加入同伴的游戏时，能友好地提出请求。 2. 在成人指导下，不争抢、不独霸玩具。 3. 与同伴发生冲突时，能听从成人的劝解。	1. 会运用介绍自己、交换玩具等简单技巧加入同伴游戏。 2. 对大家都喜欢的东西能轮流、分享。 3. 与同伴发生冲突时，能在他人帮助下和平解决。 4. 活动时愿意接受同伴的意见和建议。 5. 不欺负弱小。	1. 能想办法吸引同伴和自己一起游戏。 2. 活动时能与同伴分工合作，遇到困难能一起克服。 3. 与同伴发生冲突时能自己协商解决。 4. 知道别人的想法有时和自己不一样，能倾听和接受别人的意见，不能接受时会说明理由。 5. 不欺负别人，也不允许别人欺负自己。

教育建议：

1. 结合具体情境，指导幼儿学习交往的基本规则和技能。如：

当幼儿不知怎样加入同伴游戏，或提出请求不被接受时，建议他拿出玩具邀请大家一起玩；或者扮成某个角色加入同伴的游戏。

对幼儿与别人分享玩具、图书等行为给予肯定，让他对自己的表现感到高兴和满足。

当幼儿与同伴发生矛盾或冲突时，指导他尝试用协商、交换、轮流玩、合作等方式解决冲突。

利用相关的图书、故事，结合幼儿的交往经验，和他讨论什么样的行为受大家欢迎，想要得到别人的接纳应该怎样做。

幼儿园应多为幼儿提供需要大家齐心协力才能完成的活动，让幼儿在具体活动中体会合作的重要性，学习分工合作。

2. 结合具体情境，引导幼儿换位思考，学习理解别人。如：

幼儿有争抢玩具等不友好行为时，引导其想一想：“假如你是那个小朋友，你有什么感受？”让幼儿学习理解别人的想法和感受。

3. 和幼儿一起谈谈他的好朋友，说说喜欢这个朋友的原因，引导他多发现同伴的优点、长处。

目标3　具有自尊、自信、自主的表现

3~4岁	4~5岁	5~6岁
1. 能根据自己的兴趣选择游戏或其他活动。 2. 为自己的好行为或活动成果感到高兴。 3. 自己能做的事情愿意自己做。 4. 喜欢承担一些小任务。	1. 能按自己的想法进行游戏或其他活动。 2. 知道自己的一些优点和长处，并对此感到满意。 3. 自己的事情尽量自己做，不愿意依赖别人。 4. 敢于尝试有一定难度的活动和任务。	1. 能主动发起活动或在活动中出主意、想办法。 2. 做了好事或取得成功后还想做得更好。 3. 自己的事情自己做，不会的愿意学。 4. 主动承担任务，遇到困难能够坚持而不轻易求助。 5. 与别人的看法不同时，敢于坚持自己的意见并说出理由。

教育建议：

1. 关注幼儿的感受，保护其自尊心和自信心。如：

能以平等的态度对待幼儿，使幼儿切实感受到自己被尊重。

对幼儿好的行为表现多给予具体、有针对性的肯定和表扬，让其对自己的优点和长处有所认识并感到满足和自豪。

不要拿幼儿的不足与其他幼儿的优点做比较。

2. 鼓励幼儿自主决定，独立做事，增强其自尊心和自信心。如：

与幼儿有关的事情要征求他的意见，即使他的意见与成人不同，也要认真倾听，接受他的合理要求。

在保证安全的情况下，支持幼儿按自己的想法做事；或提供必要的条件，帮助他实现自己的想法。

幼儿自己的事情尽量放手让他自己做，即使做得不够好，也应鼓励并给予一定的指导，让他在做事中树立自尊和自信。

鼓励幼儿尝试有一定难度的任务，并注意调整难度，让他感受经过努力获得的成就感。

目标 4　关心尊重他人

3~4 岁	4~5 岁	5~6 岁
1. 长辈讲话时能认真听，并能听从长辈的要求。 2. 身边的人生病或不开心时表示同情。 3. 在提醒下能做到不打扰别人。	1. 会用礼貌的方式向长辈表达自己的要求和想法。 2. 能注意到别人的情绪，并有关心、体贴的表现。 3. 知道父母的职业，能体会到父母为养育自己所付出的辛劳。	1. 能有礼貌地与人交往。 2. 能关注别人的情绪和需要，并能给予力所能及的帮助。 3. 尊重为大家提供服务的人，珍惜他们的劳动成果。 4. 接纳、尊重与自己的生活方式或习惯不同的人。

教育建议：

1. 成人以身作则，以尊重、关心的态度对待自己的父母、长辈和其他人。如：

经常问候父母，主动做家务。

礼貌地对待老年人，如坐车时主动为老人让座。

看到别人有困难能主动关心并给予一定的帮助。

2. 引导幼儿尊重、关心长辈和身边的人，尊重他人劳动及成果。如：

提醒幼儿关心身边的人。如：妈妈累了，知道让她安静地休息一会儿。

借助故事、图书等给幼儿讲讲父母抚育孩子成长的经历，让幼儿理解和体会父爱与母爱。

结合实际情境，提醒幼儿注意别人的情绪，了解他们的需要，给予适当的关心和帮助。

利用生活机会和角色游戏，帮助幼儿了解与自己关系密切的社会服务机构及其工作，如商场、邮局、医院等，体会这些机构给大家提供的便利和服务，懂得尊重工作人员的劳动，珍惜劳动成果。

3. 引导幼儿学习用平等、接纳和尊重的态度对待差异。如：

了解每个人都有自己的兴趣、爱好和特长，可以相互学习。

利用民间游戏、传统节日等，适当向幼儿介绍我国主要民族和世界其他国家和民族的文化，帮助幼儿感知文化的多样性和差异性，理解人们之间是平等的，应该互相尊重，友好相处。

（二）社会适应

目标 1　喜欢并适应群体生活

3~4 岁	4~5 岁	5~6 岁
1. 对群体活动有兴趣。 2. 对幼儿园的生活好奇，喜欢上幼儿园。	1. 愿意并主动参加群体活动。 2. 愿意与家长一起参加社区的一些群体活动。	1. 在群体活动中积极、快乐。 2. 对小学生活有好奇和向往。

教育建议：

1. 经常和幼儿一起参加一些群体性的活动，让幼儿体会群体活动的乐趣。如：参加亲戚、朋友和同事间的聚会以及适合幼儿参加的社区活动等，支持幼儿和不同群体的同伴一起游戏，丰富其群体活动的经验。

2. 幼儿园组织活动时，可以经常打破班级的界限，让幼儿有更多机会参加不同群体的活动。

3. 带领大班幼儿参观小学，讲讲小学有趣的活动，唤起他们对小学生活的好奇和向往，为入学做好心理准备。

目标 2　遵守基本的行为规范

3~4 岁	4~5 岁	5~6 岁
1. 在提醒下，能遵守游戏和公共场所的规则。 2. 知道不经允许不能拿别人的东西，借别人的东西要归还。 3. 在成人提醒下，爱护玩具和其他物品。	1. 感受规则的意义，并能基本遵守规则。 2. 不私自拿不属于自己的东西。 3. 知道说谎是不对的。 4. 知道接受了的任务要努力完成。 5. 在提醒下，能节约粮食、水电等。	1. 理解规则的意义，能与同伴协商制定游戏和活动规则。 2. 爱惜物品，用别人的东西时也知道爱护。 3. 做了错事敢于承认，不说谎。 4. 能认真负责地完成自己所接受的任务。 5. 爱护身边的环境，注意节约资源。

教育建议：

1. 成人要遵守社会行为规则，为幼儿树立良好的榜样。如：答应幼儿的事一定要做到，尊老爱幼，爱护公共环境，节约水电等。

2. 结合社会生活实际，帮助幼儿了解基本行为规则和游戏规则，体会规则的重要性，学习自觉遵守规则。如：

经常和幼儿玩带有规则的游戏，遵守共同约定的游戏规则。

利用实际生活情境和图书故事，向幼儿介绍一些必要的社会行为规则，以及为什么要遵守这些规则。

在幼儿园的区域活动中，创设情境，让幼儿体会没有规则的不方便，鼓励他们讨论制定规则并自觉遵守。

对幼儿表现出的遵守规则的行为要及时肯定，对违规行为给予纠正。如：幼儿主动为老人让座时要表扬；幼儿损害别人的物品或公共物品时要及时制止并主动赔偿。

3. 教育幼儿要诚实守信。如：

对幼儿诚实守信的行为要及时肯定。

允许幼儿犯错误，告诉他改了就好。不要打骂幼儿，以免他因害怕惩罚而说谎。

小年龄幼儿经常分不清想象和现实，成人不要误认为他是在说谎。

发现幼儿说谎时，要反思是否是因自己对幼儿的要求过高过严造成的。如果是，要及时调整自己的行为，同时要严肃地告诉幼儿说谎是不对的。

经常给幼儿分配一些力所能及的任务，要求他完成并及时给予表扬，培养他的责任感和认真负责的态度。

目标 3　具有初步的归属感

3~4 岁	4~5 岁	5~6 岁
1. 知道和自己一起生活的家庭成员及与自己的关系，体会到自己是家庭的一员。 2. 能感受到家庭生活的温暖，爱父母，亲近与信赖长辈。 3. 能说出自己家所在街道、小区（乡镇、村）的名称。 4. 认识国旗，知道国歌。	1. 喜欢自己所在的幼儿园和班级，积极参加集体活动。 2. 能说出自己家所在地的省、市、县（区）名称，知道当地有代表性的物产或景观。 3. 知道自己是中国人。 4. 奏国歌、升国旗时能自动站好。	1. 愿意为集体做事，为集体的成绩感到高兴。 2. 能感受到家乡的发展变化并为此感到高兴。 3. 知道自己的民族，知道中国是一个多民族的大家庭，各民族之间要互相尊重，团结友爱。 4. 知道国家一些重大成就，爱祖国，为自己是中国人感到自豪。

教育建议：

1. 亲切地对待幼儿，关心幼儿，让他感到长辈是可亲、可近、可信赖的，家庭和幼儿园是温暖的。如：

多和幼儿一起游戏、谈笑，尽量在家庭和班级中营造温馨的氛围。

通过和幼儿一起翻阅照片、讲幼儿成长的故事等，让幼儿感受到家庭和幼儿园的温暖、老师的和蔼可亲，对养育自己的人产生感激之情。

2. 吸引和鼓励幼儿参加集体活动，萌发集体意识。如：

幼儿园和班级里的重大事情和计划，请幼儿集体讨论决定。

幼儿园应经常组织多种形式的集体活动，萌发幼儿的集体荣誉感。

3. 运用幼儿喜闻乐见和能够理解的方式激发幼儿爱家乡、爱祖国的情感。如：

和幼儿说一说或在地图上找一找自己家所在的省、市、县（区）名称。

和幼儿一起外出游玩，一起看有关的电视节目或画报等；和他们一起收集有关家乡、祖国各地的风景名胜、著名的建筑、独特物产的图片等，在观看和欣赏的过程中激发幼儿的自豪感和热爱之情。

利用电视节目或参加升旗等活动，向幼儿介绍国旗、国歌以及观看升旗、奏国歌的礼仪。

向幼儿介绍反映中国人聪明才智的发明和创造，激发幼儿的民族自豪感。

四、科学

幼儿的科学学习是在探究具体事物和解决实际问题中，尝试发现事物间的异同和联系的过程。幼儿在对自然事物的探究和运用数学解决实际生活问题的过程中，不仅获得丰富的感性经验，充分发展形象思维，而且初步尝试归类、排序、判断、推理，逐步发展逻辑思维能力，为其他领域的深入学习奠定基础。

幼儿科学学习的核心是激发探究兴趣，体验探究过程，发展初步的探究能力。成人要善于发现和保护幼儿的好奇心，充分利用自然和实际生活机会，引导幼儿通过观察、比较、操作、实验等方法，学习发现问题、分析问题和解决问题；帮助幼儿不断积累经验，并运用于新的学习活动，形成受益终身的学习态度和能力。

幼儿的思维特点是以具体形象思维为主，应注重引导幼儿通过直接感知、亲身体验和实际操作进行科学学习，不应为追求知识和技能的掌握，对幼儿进行灌输和强化训练。

（一）科学探究

目标 1　亲近自然，喜欢探究

3~4 岁	4~5 岁	5~6 岁
1. 喜欢接触大自然，对周围的很多事物和现象感兴趣。 2. 经常问各种问题，或好奇地摆弄物品。	1. 喜欢接触新事物，经常问一些与新事物有关的问题。 2. 常常动手动脑探索物体和材料，并乐在其中。	1. 对自己感兴趣的问题总是刨根问底。 2. 能经常动手动脑寻找问题的答案。 3. 探索中有所发现时感到兴奋和满足。

教育建议：

1. 经常带幼儿接触大自然，激发其好奇心与探究欲望。如：

为幼儿提供一些有趣的探究工具，用自己的好奇心和探究积极性感染和带动幼儿。

和幼儿一起发现并分享周围新奇、有趣的事物或现象，一起寻找问题的答案。

通过拍照和画图等方式保留和积累有趣的探索与发现。

2. 真诚地接纳、多方面支持和鼓励幼儿的探索行为。如：

认真对待幼儿的问题，引导他们猜一猜、想一想，有条件时和幼儿一起做一些简易的调查或有趣的小实验。

容忍幼儿因探究而弄脏、弄乱，甚至破坏物品的行为，引导他们活动后做好收拾整理。

多为幼儿选择一些能操作、多变化、多功能的玩具材料或废旧材料，在保证安全的前提下，鼓励幼儿拆装或动手自制玩具。

目标 2　具有初步的探究能力

3~4 岁	4~5 岁	5~6 岁
1. 对感兴趣的事物能仔细观察，发现其明显特征。 2. 能用多种感官或动作去探索物体，关注动作所产生的结果。	1. 能对事物或现象进行观察比较，发现其相同与不同。 2. 能根据观察结果提出问题，并大胆猜测答案。 3. 能通过简单的调查收集信息。 4. 能用图画或其他符号进行记录。	1. 能通过观察、比较与分析，发现并描述不同种类物体的特征或某个事物前后的变化。 2. 能用一定的方法验证自己的猜测。 3. 在成人的帮助下能制订简单的调查计划并执行。 4. 能用数字、图画、图表或其他符号记录。 5. 探究中能与他人合作与交流。

教育建议：

1. 有意识地引导幼儿观察周围事物，学习观察的基本方法，培养观察与分类能力。如：

支持幼儿自发的观察活动，对其发现表示赞赏。

通过提问等方式引导幼儿思考并对事物进行比较观察和连续观察。

引导幼儿在观察和探索的基础上，尝试进行简单的分类、概括。如：根据运动方式给动物分类，根据生长环境给植物分类，根据外部特征给物体分类等。

2. 支持和鼓励幼儿在探究的过程中积极动手动脑寻找答案或解决问题。如：

鼓励幼儿根据观察或发现提出值得继续探究的问题，或成人提出有探究意义且能激发幼儿兴趣的问题。如：皮球、轮胎、竹筒等物体滚动时都走直线吗？怎样让橡皮泥球浮在水面上？

支持和鼓励幼儿大胆联想、猜测问题的答案，并设法验证。如：玩风车时，鼓励幼儿猜测风车转动方向及速度快慢的原因和条件，并实际去验证。

支持、引导幼儿学习用适宜的方法探究和解决问题，或为自己的想法搜集证据。如：想知道院子里有多少种植物，可以进行实地调查；想知道球在平地上还是在斜坡上滚得快，可以动手试一试；想证明影子的方向与太阳的位置有关，可以做个小实验进行验证等。

3. 鼓励和引导幼儿学习做简单的计划和记录，并与他人交流分享。如：

和幼儿共同制订调查计划，讨论调查对象、步骤和方法等，也可以和幼儿一起设法用图画、箭头等呈现计划。

鼓励幼儿用绘画、照相、做标本等办法记录观察和探究的过程与结果，注意要让记录有意义，通过记录帮助幼儿丰富观察经验、建立事物之间的联系和分享发现。

支持幼儿与同伴合作探究与分享交流，引导他们在交流中尝试整理、概括自己探究的成果，体验合作探究和发现的乐趣。如：一起讨论和分享自己的问题与发现，一起想办法收集资料和验证猜测。

4. 帮助幼儿回顾自己的探究过程，讨论自己做了什么、怎么做的、结果与计划目标是否一致，分析一下原因以及下一步要怎样做等。

目标 3　在探究中认识周围事物和现象

3~4 岁	4~5 岁	5~6 岁
1. 认识常见的动植物，能注意并发现周围的动植物是多种多样的。 2. 能感知和发现物体和材料的软硬、光滑和粗糙等特性。 3. 能感知和体验天气对自己生活和活动的影响。 4. 初步了解和体会动植物和人们生活的关系。	1. 能感知和发现动植物的生长变化及其基本条件。 2. 能感知和发现常见材料的溶解、传热等性质或用途。 3. 能感知和发现简单物理现象，如物体形态或位置变化等。 4. 能感知和发现不同季节的特点，体验季节对动植物和人的影响。 5. 初步感知常用科技产品与自己生活的关系，知道科技产品有利也有弊。	1. 能察觉到动植物的外形特征、习性与生存环境的适应关系。 2. 能发现常见物体的结构与功能之间的关系。 3. 能探索并发现常见的物理现象产生的条件或影响因素，如影子、沉浮等。 4. 感知并了解季节变化的周期性，知道变化的顺序。 5. 初步了解人们的生活与自然环境的密切关系，知道尊重和珍惜生命，保护环境。

教育建议：

1. 支持幼儿在接触自然、生活事物和现象中积累有益的直接经验和感性认识。如：

和幼儿一起通过户外活动、参观考察、种植和饲养活动，感知生物的多样性和独特性，以及生长发育、繁殖和死亡的过程。

给幼儿提供丰富的材料和适宜的工具，支持幼儿在游戏过程中探索并感知常见物质、材料的特性和物体的结构特点。

2. 引导幼儿在探究中思考，尝试进行简单的推理和分析，发现事物之间明显的关联。如：

引导 5 岁以上幼儿关注和思考动植物的外部特征、习性与生活环境对动植物生存的意义。如：兔子的长耳朵具有自我保护的作用；植物种子的形状有助于其传播等。

引导幼儿根据常见物质、材料的特性和物体的结构特点，推测和证实它们的用途。如：带轮子的物体方便移动，不同用途的车辆有不同的结构等。

3. 引导幼儿关注和了解自然、科技产品与人们生活的密切关系，逐渐懂得热爱、尊重、保护自然。如：

结合幼儿的生活需要，引导其体会人与自然、动植物的依赖关系。如：动植物、季节变化与人们生活的关系、常见灾害性天气给人们生产和生活带来的影响等。

和幼儿一起讨论常见科技产品的用途和弊端，如汽车等交通工具给生活带来的方便和对环境的污染等。

（二）数学认知

目标 1　初步感知生活中数学的有用和有趣

3~4 岁	4~5 岁	5~6 岁
1. 感知和发现周围物体的形状是多种多样的，对不同的形状感兴趣。 2. 体验和发现生活中很多地方都用到数。	1. 在指导下，感知和体会有些事物可以用形状来描述。 2. 在指导下，感知和体会有些事物可以用数来描述，对环境中各种数字的含义有进一步探究的兴趣。	1. 能发现事物简单的排列规律，并尝试创造新的排列规律。 2. 能发现生活中许多问题都可以用数学的方法来解决，体验解决问题的乐趣。

教育建议：

1. 引导幼儿注意事物的形状特征，尝试用表示形状的词来描述事物，体会描述的生动形象性和趣味性。如：

参观游览后，和幼儿一起谈论所看到的事物的形状，鼓励幼儿产生联想，并用自己的语言进行描述。如：熊猫的身体圆圆的，全身好像是由一个个的圆形组成的。

和幼儿交谈或读书、讲故事时，适当地运用一些有关形状的词汇来描述事物。如：看图片时，和幼儿讨论奥运会场馆的形状，体会为什么有的场馆叫“水立方”，有的叫“鸟巢”。

2. 引导幼儿感知和体会生活中很多地方都用到数，关注周围与自己生活密切相关的数的信息，体会数可以代表不同的意义。如：

和幼儿一起寻找发现生活中用数字来表现的事物，如电话号码、时钟、日历和商品的价签等。

引导幼儿了解和感受数用在不同的地方，表示的意义是不一样的。如：天气预报中表示气温的数代表冷热状况；钟表上的数表明时间的早晚等。

鼓励幼儿尝试使用数的信息进行一些简单的推理。如：知道今天是星期五，能推断明天是星期六，爸爸、妈妈休息。

3. 引导幼儿观察发现按照一定规律排列的事物，体会其中的排列特点与规律，并尝试自己创造出新的排列规律。如：

和幼儿一起发现和体会按一定顺序排列的队形整齐有序。

提供具有重复性旋律和词语的音乐、儿歌和故事，或利用环境中有序排列的图案（如按颜色间隔排列的瓷砖、按形状间隔排列的珠帘等），鼓励幼儿发现和感受其中的规律。

鼓励幼儿尝试自己设计有规律的花边图案、创编有一定规律的动作，或者按某种规律进行搭建活动。

引导幼儿体会生活中很多事情都是有一定顺序和规律的。如：一周七天的顺序是从周一到周日，一年四季按照春夏秋冬轮回等。

4. 鼓励和支持幼儿发现、尝试解决日常生活中需要用到数学的问题，体会数学的用处。如：

拍球、跳绳、跳远或投沙包时，可通过数数、测量的方法确定名次。

讨论春游去哪里玩时，让幼儿商量想去哪里玩、每个想去的地方有多少人。根据统计结果做出决定。

滑滑梯时，按照“先来先玩”的规则有序地排队玩。

目标 2　感知和理解数、量及数量关系

3~4 岁	4~5 岁	5~6 岁
1. 能感知和区分物体的大小、多少、高矮长短等量方面的特点，并能用相应的词表示。 2. 能通过一一对应的方法比较两组物体的多少。 3. 能手口一致地点数 5 个以内的物体，并能说出总数。能按数取物。 4. 能用数词描述事物或动作。如：我有 4 本图书。	1. 能感知和区分物体的粗细、厚薄、轻重等量方面的特点，并能用相应的词语描述。 2. 能通过数数比较两组物体的多少。 3. 能通过实际操作理解数与数之间的关系。如：5 比 4 多 1；2 和 3 合在一起是 5。 4. 会用数词描述事物的排列顺序和位置。	1. 初步理解量的相对性。 2. 借助实际情境和操作（如合并或拿取）理解“加”和“减”的实际意义。 3. 能通过实物操作或其他方法进行 10 以内的加减运算。 4. 能用简单的记录表、统计图等表示简单的数量关系。

教育建议：

1. 引导幼儿感知和理解事物“量”的特征。如：

感知常见事物的大小、多少、高矮、粗细等量的特征，学习使用相应的词汇描述这些特征。

结合具体事物让幼儿通过多次比较逐渐理解“量”是相对的。如：小亮比小明高，但比小强矮。

收拾物品时，根据情况，鼓励幼儿按照物体量的特征分类整理。如：整理图书时按照大小摆放。

2. 结合日常生活指导幼儿学习通过对应或数数的方式比较物体的多少。如：

鼓励幼儿在一对一配对的过程中发现两组物体的多少。如：在给桌子上的每个碗配上勺子时，发现碗和勺多少的不同。

鼓励幼儿通过数数比较两样东西的多少。如：数一数有多少个苹果、多少个梨，判断苹果和梨哪个多、哪个少。

3. 利用生活和游戏中的实际情境引导幼儿理解数的概念。如：

结合生活需要，和幼儿一起手口一致点数物体，得出物体的总数。

通过点数的方式让幼儿体会物体的数量不会因排列形式、空间位置的不同而发生变化。如：鼓励幼儿将一定数量的扣子以不同的形式摆放，体会扣子的数量是不变的。

结合日常生活，为幼儿提供“按数取物”的机会。如：游戏时，请幼儿按要求拿出几个球。

4. 通过实物操作引导幼儿理解数与数之间的关系，并用“加”或“减”的办法来解决问题。如：

游戏中遇到让 4 个小动物住进两间房子的问题，或生活中遇到将 5 块饼干分给两个小朋友问题时，让幼儿尝试不同的分法。

鼓励幼儿尝试自己解决生活中的数学问题。如：家里来了 5 位客人，桌子上

只有 3 个杯子，还需要几个杯子？

购少量物品时，有意识地鼓励幼儿参与计算和付款的过程等。

目标 3　感知形状与空间关系

3~4 岁	4~5 岁	5~6 岁
1. 能注意物体较明显的形状特征，并能用自己的语言描述。 2. 能感知物体基本的空间位置与方位，理解上下、前后、里外等方位词。	1. 能感知物体的形体结构特征，画出或拼搭出该物体的造型。 2. 能感知和发现常见几何图形的基本特征，并能进行分类。 3. 能使用上下、前后、里外、中间、旁边等方位词描述物体的位置和运动方向。	1. 能用常见的几何形体有创意地拼搭和画出物体的造型。 2. 能按语言指示或根据简单示意图正确取放物品。 3. 能辨别自己的左右。

教育建议：

1. 用多种方法帮助幼儿在物体与几何形体之间建立联系。如：

引导幼儿感受生活中各种物品的形状特征，并尝试识别和描述。如：感受和识别盘子、桌子、车轮、地砖等物品的形状特征。

鼓励和支持幼儿用积木、纸盒、拼板等各种形状的材料进行建构游戏或制作活动。如：用长方形的纸盒加两个圆形瓶盖制作“汽车”。

收拾整理积木时，引导幼儿体验图形之间的转换。如：两个三角形可组合成一个正方形，两个正方形可组合成一个长方形。

引导幼儿注意观察生活物品的图形特征，鼓励其按形状分类整理物品。

2. 丰富幼儿空间方位识别的经验，引导幼儿运用空间方位经验解决问题。如：

请幼儿取放物体时，使用其能够理解的方位词，如把桌子下面的东西放到窗台上，把花盆放在大树旁边等。

和幼儿一起识别熟悉场所的位置。如：超市在家的旁边，邮局在幼儿园的前面。

在体育、音乐和舞蹈活动中，引导幼儿感受空间方位和运动方向。

和幼儿玩按指令找宝的游戏。对年龄小的幼儿要求其按语言指令寻找，对年

龄大些的幼儿可要求其按照简单的示意图寻找。

五、艺术

艺术是人类感受美、表现美和创造美的重要形式，也是表达自己对周围世界的认识和情绪态度的独特方式。

每个幼儿心里都有一颗美的种子。幼儿艺术领域学习的关键在于充分创造条件和机会，在大自然和社会文化生活中萌发幼儿对美的感受和体验，丰富其想象力和创造力，引导幼儿学会用心灵去感受和发现美，用自己的方式去表现和创造美。

幼儿对事物的感受和理解不同于成人，其表达自己认识和情感的方式也有别于成人。幼儿独特的笔触、动作和语言往往蕴含着丰富的想象和情感，成人应对幼儿的艺术表现给予充分的理解和尊重，不能用自己的审美标准去评判幼儿，更不能为追求结果的“完美”而对幼儿进行千篇一律的训练，以免扼杀其想象与创造的萌芽。

（一）感受与欣赏

目标 1　喜欢自然界与生活中美的事物

3~4 岁	4~5 岁	5~6 岁
1. 喜欢观看花草树木、日月星空等大自然中美的事物。 2. 容易被自然界中的鸟鸣、风声、雨声等好听的声音所吸引。	1. 在欣赏自然界和生活环境中美的事物时，关注其色彩、形态等特征。 2. 喜欢倾听各种好听的声音，感知声音的高低、长短、强弱等变化。	1. 乐于收集美的物品或向别人介绍所发现的美的事物。 2. 乐于模仿自然界和生活环境中有特点的声音，并产生相应的联想。

教育建议：

1. 和幼儿一起感受、发现和欣赏自然环境和人文景观中美的事物。如：

让幼儿多接触大自然，感受和欣赏美丽的景色和好听的声音。

经常带幼儿参观园林、名胜古迹等人文景观，讲讲有关的历史故事、传说，与幼儿一起讨论和交流对美的感受。

2. 和幼儿一起发现美的事物的特征，感受和欣赏美。如：

让幼儿观察常见动植物以及其他物体，引导幼儿用自己的语言、动作等描述它们美的方面，如颜色、形状、形态等。

让幼儿倾听和分辨各种声响，引导幼儿用自己的方式来表达他对音色、强弱、快慢的感受。

支持幼儿收集喜欢的物品并和他一起欣赏。

目标 2　喜欢欣赏多种多样的艺术形式和作品

3~4 岁	4~5 岁	5~6 岁
1. 喜欢听音乐或观看舞蹈、戏剧等表演。 2. 乐于观看绘画、泥塑或其他艺术形式的作品。	1. 能够专心地观看自己喜欢的文艺演出或艺术品，有模仿和参与的愿望。 2. 欣赏艺术作品时会产生相应的联想和情绪反应。	1. 艺术欣赏时常常用表情、动作、语言等方式表达自己的理解。 2. 愿意和别人分享、交流自己喜爱的艺术作品和美感体验。

教育建议：

1. 创造条件让幼儿接触多种艺术形式和作品。如：

经常让幼儿接触适宜的、各种形式的音乐作品，丰富幼儿对音乐的感受和体验。

和幼儿一起用图画、手工制品等装饰和美化环境。

带幼儿观看或共同参与传统民间艺术和地方民俗文化活动，如皮影戏、剪纸和捏面人等。

有条件的情况下，带幼儿去剧院、美术馆、博物馆等欣赏文艺表演和艺术作品。

2. 尊重幼儿的兴趣和独特感受，理解他们欣赏时的行为。如：

理解和尊重幼儿在欣赏艺术作品时的手舞足蹈、即兴模仿等行为。

当幼儿主动介绍自己喜爱的舞蹈、戏曲、绘画或工艺品时，要耐心倾听并给予积极回应和鼓励。

（二）表现与创造

目标 1　喜欢进行艺术活动并大胆表现

3~4 岁	4~5 岁	5~6 岁
1. 经常自哼自唱或模仿有趣的动作、表情和声调。 2. 经常涂涂画画、粘粘贴贴并乐在其中。	1. 经常唱唱跳跳，愿意参加歌唱、律动、舞蹈、表演等活动。 2. 经常用绘画、捏泥、手工制作等多种方式表现自己的所见所想。	1. 积极参与艺术活动，有自己比较喜欢的活动形式。 2. 能用多种工具、材料或不同的表现手法表达自己的感受和想象。 3. 艺术活动中能与他人相互配合，也能独立表现。

教育建议：

1. 创造机会和条件，支持幼儿自发的艺术表现和创造。如：

提供丰富的便于幼儿取放的材料、工具或物品，支持幼儿进行自主绘画、手工、歌唱、表演等艺术活动。

经常和幼儿一起唱歌、表演、绘画、制作，共同分享艺术活动的乐趣。

2. 营造安全的心理氛围，让幼儿敢于并乐于表达表现。如：

欣赏和回应幼儿的哼哼唱唱、模仿表演等自发的艺术活动，赞赏他独特的表现方式。

在幼儿自主表达创作过程中，不做过多干预或把自己的意愿强加给幼儿，在幼儿需要时再给予具体的帮助。

了解并倾听幼儿艺术表现的想法或感受，领会并尊重幼儿的创作意图，不简单用“像不像”“好不好”等成人标准来评价。

展示幼儿的作品，鼓励幼儿用自己的作品或艺术品布置环境。

目标 2　具有初步的艺术表现与创造能力

3~4 岁	4~5 岁	5~6 岁
1. 能模仿学唱短小歌曲。 2. 能跟随熟悉的音乐做身体动作。 3. 能用声音、动作、姿态模拟自然界的事物和生活情景。 4. 能用简单的线条和色彩大体画出自己想画的人或事物。	1. 能用自然的、音量适中的声音基本准确地唱歌。 2. 能通过即兴哼唱、即兴表演或给熟悉的歌曲编词来表达自己的心情。 3. 能用拍手、踏脚等身体动作或可敲击的物品敲打节拍和基本节奏。 4. 能运用绘画、手工制作等表现自己观察到或想象的事物。	1. 能用基本准确的节奏和音调唱歌。 2. 能用律动或简单的舞蹈动作表现自己的情绪或自然界的情景。 3. 能自编自演故事，并为表演选择和搭配简单的服饰、道具或布景。 4. 能用自己制作的美术作品布置环境、美化生活。

教育建议：

尊重幼儿自发的表现和创造，并给予适当的指导。如：

鼓励幼儿在生活中细心观察、体验，为艺术活动积累经验与素材，如观察不同树种的形态、色彩等。

提供丰富的材料，如图书、照片、绘画或音乐作品等，让幼儿自主选择，用自己喜欢的方式去模仿或创作，成人不做过多要求。

根据幼儿的生活经验，与幼儿共同确定艺术表达表现的主题，引导幼儿围绕主题展开想象，进行艺术表现。

幼儿绘画时，不宜提供范画，特别不应要求幼儿完全按照范画来画。

肯定幼儿作品的优点，用表达自己感受的方式引导其提高。如：“你的画用了这么多红颜色，感觉就像过年一样喜庆。”“你扮演的大灰狼声音真像，要是表情再凶一点就更好了。”

中华人民共和国家庭教育促进法

（2021年10月23日第十三届全国人民代表大会常务委员会第三十一次会议通过）

第一章　总则

第一条　为了发扬中华民族重视家庭教育的优良传统，引导全社会注重家庭、家教、家风，增进家庭幸福与社会和谐，培养德智体美劳全面发展的社会主义建设者和接班人，制定本法。

第二条　本法所称家庭教育，是指父母或者其他监护人为促进未成年人全面健康成长，对其实施的道德品质、身体素质、生活技能、文化修养、行为习惯等方面的培育、引导和影响。

第三条　家庭教育以立德树人为根本任务，培育和践行社会主义核心价值观，弘扬中华民族优秀传统文化、革命文化、社会主义先进文化，促进未成年人健康成长。

第四条　未成年人的父母或者其他监护人负责实施家庭教育。

国家和社会为家庭教育提供指导、支持和服务。

国家工作人员应当带头树立良好家风，履行家庭教育责任。

第五条　家庭教育应当符合以下要求：

（一）尊重未成年人身心发展规律和个体差异；

（二）尊重未成年人人格尊严，保护未成年人隐私权和个人信息，保障未成年人合法权益；

（三）遵循家庭教育特点，贯彻科学的家庭教育理念和方法；

（四）家庭教育、学校教育、社会教育紧密结合、协调一致；

（五）结合实际情况采取灵活多样的措施。

第六条　各级人民政府指导家庭教育工作，建立健全家庭学校社会协同育人机制。县级以上人民政府负责妇女儿童工作的机构，组织、协调、指导、督促有关部门做好家庭教育工作。

教育行政部门、妇女联合会统筹协调社会资源，协同推进覆盖城乡的家庭教育指导服务体系建设，并按照职责分工承担家庭教育工作的日常事务。

县级以上精神文明建设部门和县级以上人民政府公安、民政、司法行政、人力资源和社会保障、文化和旅游、卫生健康、市场监督管理、广播电视、体育、新闻出版、网信等有关部门在各自的职责范围内做好家庭教育工作。

第七条 县级以上人民政府应当制定家庭教育工作专项规划，将家庭教育指导服务纳入城乡公共服务体系和政府购买服务目录，将相关经费列入财政预算，鼓励和支持以政府购买服务的方式提供家庭教育指导。

第八条 人民法院、人民检察院发挥职能作用，配合同级人民政府及其有关部门建立家庭教育工作联动机制，共同做好家庭教育工作。

第九条 工会、共产主义青年团、残疾人联合会、科学技术协会、关心下一代工作委员会以及居民委员会、村民委员会等应当结合自身工作，积极开展家庭教育工作，为家庭教育提供社会支持。

第十条 国家鼓励和支持企业事业单位、社会组织及个人依法开展公益性家庭教育服务活动。

第十一条 国家鼓励开展家庭教育研究，鼓励高等学校开设家庭教育专业课程，支持师范院校和有条件的高等学校加强家庭教育学科建设，培养家庭教育服务专业人才，开展家庭教育服务人员培训。

第十二条 国家鼓励和支持自然人、法人和非法人组织为家庭教育事业进行捐赠或者提供志愿服务，对符合条件的，依法给予税收优惠。

国家对在家庭教育工作中做出突出贡献的组织和个人，按照有关规定给予表彰、奖励。

第十三条 每年5月15日国际家庭日所在周为全国家庭教育宣传周。

第二章　家庭责任

第十四条 父母或者其他监护人应当树立家庭是第一个课堂、家长是第一任

老师的责任意识，承担对未成年人实施家庭教育的主体责任，用正确思想、方法和行为教育未成年人养成良好思想、品行和习惯。

共同生活的具有完全民事行为能力的其他家庭成员应当协助和配合未成年人的父母或者其他监护人实施家庭教育。

第十五条 未成年人的父母或者其他监护人及其他家庭成员应当注重家庭建设，培育积极健康的家庭文化，树立和传承优良家风，弘扬中华民族家庭美德，共同构建文明、和睦的家庭关系，为未成年人健康成长营造良好的家庭环境。

第十六条 未成年人的父母或者其他监护人应当针对不同年龄段未成年人的身心发展特点，以下列内容为指引，开展家庭教育：

（一）教育未成年人爱党、爱国、爱人民、爱集体、爱社会主义，树立维护国家统一的观念，铸牢中华民族共同体意识，培养家国情怀；

（二）教育未成年人崇德向善、尊老爱幼、热爱家庭、勤俭节约、团结互助、诚信友爱、遵纪守法，培养其良好社会公德、家庭美德、个人品德意识和法治意识；

（三）帮助未成年人树立正确的成才观，引导其培养广泛兴趣爱好、健康审美追求和良好学习习惯，增强科学探索精神、创新意识和能力；

（四）保证未成年人营养均衡、科学运动、睡眠充足、身心愉悦，引导其养成良好生活习惯和行为习惯，促进其身心健康发展；

（五）关注未成年人心理健康，教导其珍爱生命，对其进行交通出行、健康上网和防欺凌、防溺水、防诈骗、防拐卖、防性侵等方面的安全知识教育，帮助其掌握安全知识和技能，增强其自我保护的意识和能力；

（六）帮助未成年人树立正确的劳动观念，参加力所能及的劳动，提高生活自理能力和独立生活能力，养成吃苦耐劳的优秀品格和热爱劳动的良好习惯。

第十七条 未成年人的父母或者其他监护人实施家庭教育，应当关注未成年人的生理、心理、智力发展状况，尊重其参与相关家庭事务和发表意见的权利，

合理运用以下方式方法：

（一）亲自养育，加强亲子陪伴；

（二）共同参与，发挥父母双方的作用；

（三）相机而教，寓教于日常生活之中；

（四）潜移默化，言传与身教相结合；

（五）严慈相济，关心爱护与严格要求并重；

（六）尊重差异，根据年龄和个性特点进行科学引导；

（七）平等交流，予以尊重、理解和鼓励；

（八）相互促进，父母与子女共同成长；

（九）其他有益于未成年人全面发展、健康成长的方式方法。

第十八条　未成年人的父母或者其他监护人应当树立正确的家庭教育理念，自觉学习家庭教育知识，在孕期和未成年人进入婴幼儿照护服务机构、幼儿园、中小学校等重要时段进行有针对性的学习，掌握科学的家庭教育方法，提高家庭教育的能力。

第十九条　未成年人的父母或者其他监护人应当与中小学校、幼儿园、婴幼儿照护服务机构、社区密切配合，积极参加其提供的公益性家庭教育指导和实践活动，共同促进未成年人健康成长。

第二十条　未成年人的父母分居或者离异的，应当相互配合履行家庭教育责任，任何一方不得拒绝或者怠于履行；除法律另有规定外，不得阻碍另一方实施家庭教育。

第二十一条　未成年人的父母或者其他监护人依法委托他人代为照护未成年人的，应当与被委托人、未成年人保持联系，定期了解未成年人学习、生活情况和心理状况，与被委托人共同履行家庭教育责任。

第二十二条　未成年人的父母或者其他监护人应当合理安排未成年人学习、休息、娱乐和体育锻炼的时间，避免加重未成年人学习负担，预防未成年人沉迷

网络。

第二十三条　未成年人的父母或者其他监护人不得因性别、身体状况、智力等歧视未成年人，不得实施家庭暴力，不得胁迫、引诱、教唆、纵容、利用未成年人从事违反法律法规和社会公德的活动。

第三章　国家支持

第二十四条　国务院应当组织有关部门制定、修订并及时颁布全国家庭教育指导大纲。

省级人民政府或者有条件的设区的市级人民政府应当组织有关部门编写或者采用适合当地实际的家庭教育指导读本，制定相应的家庭教育指导服务工作规范和评估规范。

第二十五条　省级以上人民政府应当组织有关部门统筹建设家庭教育信息化共享服务平台，开设公益性网上家长学校和网络课程，开通服务热线，提供线上家庭教育指导服务。

第二十六条　县级以上地方人民政府应当加强监督管理，减轻义务教育阶段学生作业负担和校外培训负担，畅通学校家庭沟通渠道，推进学校教育和家庭教育相互配合。

第二十七条　县级以上地方人民政府及有关部门组织建立家庭教育指导服务专业队伍，加强对专业人员的培养，鼓励社会工作者、志愿者参与家庭教育指导服务工作。

第二十八条　县级以上地方人民政府可以结合当地实际情况和需要，通过多种途径和方式确定家庭教育指导机构。

家庭教育指导机构对辖区内社区家长学校、学校家长学校及其他家庭教育指导服务站点进行指导，同时开展家庭教育研究、服务人员队伍建设和培训、公共服务产品研发。

第二十九条　家庭教育指导机构应当及时向有需求的家庭提供服务。

对于父母或者其他监护人履行家庭教育责任存在一定困难的家庭，家庭教育指导机构应当根据具体情况，与相关部门协作配合，提供有针对性的服务。

第三十条 设区的市、县、乡级人民政府应当结合当地实际采取措施，对留守未成年人和困境未成年人家庭建档立卡，提供生活帮扶、创业就业支持等关爱服务，为留守未成年人和困境未成年人的父母或者其他监护人实施家庭教育创造条件。

教育行政部门、妇女联合会应当采取有针对性的措施，为留守未成年人和困境未成年人的父母或者其他监护人实施家庭教育提供服务，引导其积极关注未成年人身心健康状况、加强亲情关爱。

第三十一条 家庭教育指导机构开展家庭教育指导服务活动，不得组织或者变相组织营利性教育培训。

第三十二条 婚姻登记机构和收养登记机构应当通过现场咨询辅导、播放宣传教育片等形式，向办理婚姻登记、收养登记的当事人宣传家庭教育知识，提供家庭教育指导。

第三十三条 儿童福利机构、未成年人救助保护机构应当对本机构安排的寄养家庭、接受救助保护的未成年人的父母或者其他监护人提供家庭教育指导。

第三十四条 人民法院在审理离婚案件时，应当对有未成年子女的夫妻双方提供家庭教育指导。

第三十五条 妇女联合会发挥妇女在弘扬中华民族家庭美德、树立良好家风等方面的独特作用，宣传普及家庭教育知识，通过家庭教育指导机构、社区家长学校、文明家庭建设等多种渠道组织开展家庭教育实践活动，提供家庭教育指导服务。

第三十六条 自然人、法人和非法人组织可以依法设立非营利性家庭教育服务机构。

县级以上地方人民政府及有关部门可以采取政府补贴、奖励激励、购买服务

等扶持措施，培育家庭教育服务机构。

教育、民政、卫生健康、市场监督管理等有关部门应当在各自职责范围内，依法对家庭教育服务机构及从业人员进行指导和监督。

第三十七条 国家机关、企业事业单位、群团组织、社会组织应当将家风建设纳入单位文化建设，支持职工参加相关的家庭教育服务活动。

文明城市、文明村镇、文明单位、文明社区、文明校园和文明家庭等创建活动，应当将家庭教育情况作为重要内容。

第四章 社会协同

第三十八条 居民委员会、村民委员会可以依托城乡社区公共服务设施，设立社区家长学校等家庭教育指导服务站点，配合家庭教育指导机构组织面向居民、村民的家庭教育知识宣传，为未成年人的父母或者其他监护人提供家庭教育指导服务。

第三十九条 中小学校、幼儿园应当将家庭教育指导服务纳入工作计划，作为教师业务培训的内容。

第四十条 中小学校、幼儿园可以采取建立家长学校等方式，针对不同年龄段未成年人的特点，定期组织公益性家庭教育指导服务和实践活动，并及时联系、督促未成年人的父母或者其他监护人参加。

第四十一条 中小学校、幼儿园应当根据家长的需求，邀请有关人员传授家庭教育理念、知识和方法，组织开展家庭教育指导服务和实践活动，促进家庭与学校共同教育。

第四十二条 具备条件的中小学校、幼儿园应当在教育行政部门的指导下，为家庭教育指导服务站点开展公益性家庭教育指导服务活动提供支持。

第四十三条 中小学校发现未成年学生严重违反校规校纪的，应当及时制止、管教，告知其父母或者其他监护人，并为其父母或者其他监护人提供有针对性的家庭教育指导服务；发现未成年学生有不良行为或者严重不良行为的，按照有关

法律规定处理。

第四十四条 婴幼儿照护服务机构、早期教育服务机构应当为未成年人的父母或者其他监护人提供科学养育指导等家庭教育指导服务。

第四十五条 医疗保健机构在开展婚前保健、孕产期保健、儿童保健、预防接种等服务时，应当对有关成年人、未成年人的父母或者其他监护人开展科学养育知识和婴幼儿早期发展的宣传和指导。

第四十六条 图书馆、博物馆、文化馆、纪念馆、美术馆、科技馆、体育场馆、青少年宫、儿童活动中心等公共文化服务机构和爱国主义教育基地每年应当定期开展公益性家庭教育宣传、家庭教育指导服务和实践活动，开发家庭教育类公共文化服务产品。

广播、电视、报刊、互联网等新闻媒体应当宣传正确的家庭教育知识，传播科学的家庭教育理念和方法，营造重视家庭教育的良好社会氛围。

第四十七条 家庭教育服务机构应当加强自律管理，制定家庭教育服务规范，组织从业人员培训，提高从业人员的业务素质和能力。

第五章　法律责任

第四十八条 未成年人住所地的居民委员会、村民委员会、妇女联合会，未成年人的父母或者其他监护人所在单位，以及中小学校、幼儿园等有关密切接触未成年人的单位，发现父母或者其他监护人拒绝、怠于履行家庭教育责任，或者非法阻碍其他监护人实施家庭教育的，应当予以批评教育、劝诫制止，必要时督促其接受家庭教育指导。

未成年人的父母或者其他监护人依法委托他人代为照护未成年人，有关单位发现被委托人不依法履行家庭教育责任的，适用前款规定。

第四十九条 公安机关、人民检察院、人民法院在办理案件过程中，发现未成年人存在严重不良行为或者实施犯罪行为，或者未成年人的父母或者其他监护人不正确实施家庭教育侵害未成年人合法权益的，根据情况对父母或者其他监护

人予以训诫，并可以责令其接受家庭教育指导。

第五十条 负有家庭教育工作职责的政府部门、机构有下列情形之一的，由其上级机关或者主管单位责令限期改正；情节严重的，对直接负责的主管人员和其他直接责任人员依法予以处分：

（一）不履行家庭教育工作职责；

（二）截留、挤占、挪用或者虚报、冒领家庭教育工作经费；

（三）其他滥用职权、玩忽职守或者徇私舞弊的情形。

第五十一条 家庭教育指导机构、中小学校、幼儿园、婴幼儿照护服务机构、早期教育服务机构违反本法规定，不履行或者不正确履行家庭教育指导服务职责的，由主管部门责令限期改正；情节严重的，对直接负责的主管人员和其他直接责任人员依法予以处分。

第五十二条 家庭教育服务机构有下列情形之一的，由主管部门责令限期改正；拒不改正或者情节严重的，由主管部门责令停业整顿、吊销营业执照或者撤销登记：

（一）未依法办理设立手续；

（二）从事超出许可业务范围的行为或作虚假、引人误解宣传，产生不良后果；

（三）侵犯未成年人及其父母或者其他监护人合法权益。

第五十三条 未成年人的父母或者其他监护人在家庭教育过程中对未成年人实施家庭暴力的，依照《中华人民共和国未成年人保护法》《中华人民共和国反家庭暴力法》等法律的规定追究法律责任。

第五十四条 违反本法规定，构成违反治安管理行为的，由公安机关依法予以治安管理处罚；构成犯罪的，依法追究刑事责任。

第六章　附则

第五十五条 本法自 2022 年 1 月 1 日起施行。

——幼儿园“家园共育”家庭教育指导课程

丛书主编　王桂亮　刘洁

让孩子走向优秀

Ranghaizi zouxiang youxiu

（中班·下册）

本册主编　马春萌　徐莲美

山东城市出版传媒集团·济南出版社

图书在版编目（CIP）数据

让孩子走向优秀 / 王桂亮，刘洁主编. -- 济南 : 济南出版社，2023.6

ISBN 978-7-5488-5669-6

Ⅰ. ①让… Ⅱ. ①王… ②刘… Ⅲ. ①家庭教育 Ⅳ. ①G78

中国国家版本馆CIP数据核字(2023)第098073号

出 版 人　田俊林
责任编辑　郑红丽　李冰颖　姜海静
封面设计　侯文英　谭　正

出版发行　济南出版社
地　　址　济南市二环南路 1 号
印　　刷　山东彩峰印刷股份有限公司
版　　次　2023 年 8 月第 1 版
印　　次　2023 年 8 月第 1 次印刷
成品尺寸　170 mm × 240 mm　16 开
字　　数　700 千
印　　张　55.75
定　　价　288.00（全 6 册）

《让孩子走向优秀》
编委会

丛 书 主 编　王桂亮　刘　洁

丛书副主编　孙文燕　闫少会　李莎莎

本 册 主 编　马春萌　徐莲美

本册副主编　毛倩倩　张　媛

编 写 人 员（按姓氏音序排列）

郭清娟　贺润竹　贾　静　凌　云　刘蒙蒙

刘晓婷　马春萌　毛倩倩　孙乃红　王桂亮

王丽艳　武红丽　徐莲美　徐玉静　张　芳

张　媛　张桂云　张　涵　张洪珍　张艳超

赵兴梅

前 言

“让孩子走向优秀”，是我们这套丛书的名称。为什么要为这套丛书起这样一个名字呢？因为它体现着作者的理念和目标。

好的家庭教育，首先要确立一个科学、明晰的培养目标，也就是父母应该培养一个什么样的孩子？应该为孩子设计一个怎样的人生发展目标？

当孩子还在妈妈腹中孕育的时候，父母心中往往已经对孩子有了一个个美好的期望；当孩子呱呱坠地，父母更是对孩子的未来发展设计出了一个个目标——上清华，考北大，出国留学，将来成为一名科学家、钢琴家、教师、医生，等等。

这些远大的目标，体现着父母的美好期待，但对3~6岁孩子来讲是非常遥远的，特别是有些父母缺乏发现孩子天赋和兴趣的能力，或者是完全不顾孩子的天赋和兴趣，只是一味地按自己的意愿来为孩子设定未来发展的目标，犹如寓言故事《动物学校》中的老师一样，让具有游泳天赋的鸭子放弃游泳去练习跑步，让兔子这位跑步冠军放弃跑步去学习游泳……这样做的结果，往往会产生一些严重的负面影响——将不适合的目标强加给孩子，并早早把孩子拖进教育内卷的过度竞争旋涡，对孩子进行“拔苗助长”式教育，忽视孩子的全面、健康发展，使孩子感到“压力山大”，身心疲惫不堪，甚至产生厌学情绪，形成片面、畸形的发展，最终往往与父母的期望南辕北辙。

本书所提出的“让孩子走向优秀”，是孩子身心健康发展的一种素质培养目标——让孩子学会做人、学会交往、学会生活、学会学习、学会审美、学会健体、学会劳动、学会创新等，让孩子全面、和谐、健康、快乐地成长，为孩子未来发展打下坚实的基础。这样，孩子具备了良好的素质，将来必定会“飞”得高、“飞”得远。正所谓“养其根而俟其实”“根之茂者其实遂”，养好根、育好苗。若是红杉树，日后自然会长成参天大树；若是苹果树，长大后定会硕果累累。

如何让孩子走向优秀呢？本丛书立足于孩子终身发展的核心素质培养这个“基点”，从孩子终身发展和社会发展需要必备的品格和关键能力等方面着手，精选了家庭教育的60个专题，从“为什么教”“教什么”“怎么教”三个方面对每一个专题的意义、内容和方法等做出详细的阐述。

本丛书采用了“案例法”的撰写方式，通过古今中外一个个典型且富有指导意义的家庭教育案例，深入浅出地诠释了亲子教育的科学理念、内容和方法等，书中所选案例通俗易懂，富有生活情趣。

希望这套丛书能够为已经成为父母或即将为人父母的读者们拓宽教育孩子的视野，提供科学的教育理念和教育方法；为学前教育工作者提供家庭教育指导的前沿理念和方法。如果本书能对您的家庭幸福和家庭教育哪怕有一点益处，也将让我们深感欣慰。因资源与水平所限，书中难免出现这样那样的纰漏和错误，若您发现，恳请批评指正。在此，我们先向您致以深深的敬意。

目 录

专题一　预防针效应：防患于未然

在家庭教育中，很多家长教育重心错位，不注重预防式事前教育，总是搞“马后炮”式事后惩罚，等孩子犯了错才对孩子进行批评或惩罚，不仅使孩子感到十分委屈，还会给孩子造成心理上的伤害。

孩子的成长是一个从不知到知的过程，很多事情孩子不知道怎么做对、怎么做不对，这就需要父母进行预防式教育，让孩子了解做事的规则和方法，学会做事和自我保护，避免犯错，保护孩子的自信心和自尊心。

打预防针是一种预防特定疾病的好方法，可以防‘病’于未然，这一效应被称为“预防针效应”。

从家庭教育的角度讲，“预防针效应”是指在生活中事先对孩子进行思想教育，让孩子做好“防患于未然”的思想准备，从而使孩子产生能够预防犯错、抵抗诱惑、避免受到侵害或攻击的“精神抗体”的一种心理现象。

一　预防式教育：让孩子学会做事，避免犯错

在孩子做一件事之前，父母说明做这件事应该怎么做、不应该怎么做，并说明原因，能够使孩子了解做事规则，学会做事，避免犯不必要的错误；如果父母事先没有告知孩子如何做，孩子可能会出现一些不良行为。

方敏和晓丽带着各自的宝宝——4岁的童童、楠楠到同学家聚会。出门前，方敏对儿子童童叮嘱了很多注意事项：到阿姨家做客要讲礼貌，进门前要先轻轻敲门，见了爷爷、奶奶、叔叔、阿姨、小朋友要主动问好，

未经主人允许不要乱动、乱拿人家的东西；不要和小主人抢玩具，玩具使用后要放回原处；与阿姨家的小姐姐要好好玩，不要打架；要注意卫生，不要随地乱扔东西；主人端出水果、点心等招待，要表示感谢后和大家一起享用，不要争抢；吃饭时安静地进食，不要抢自己喜欢吃的饭菜……而晓丽带孩子出门前就没有叮嘱做客的一些注意事项。

到了同学家，两个孩子的表现形成了很大的反差。童童很有礼貌，言行得体。而楠楠则不懂礼貌，见了主人也不知道主动打招呼问好；在客人家如同在自己家一样，见什么拿什么，把东西扔得到处都是；和小主人争抢玩具、打架；在屋子里乱跑乱跳，把主人家闹翻了天……晓丽看到同学方敏的孩子那么懂事，而自己的孩子这么顽皮，自己觉得很没有面子，于是一个劲儿地批评孩子，甚至在楠楠和小主人打架时当众把楠楠狠狠地打了一顿，孩子哇哇大哭，闹着要走，在场的人都很尴尬，本来一个高兴的同学聚会就这么不欢而散。

上面案例中童童和楠楠的不同表现，反映出了家长对子女教育方式、教育方法的不同。童童妈妈带孩子到同学家做客前，对孩子进行了预防式教育，让孩子懂得做客的一些基本礼仪，因而孩子在客人家表现得很得体；而楠楠妈妈没有对孩子进行这种预防式教育，当孩子在客人家表现出问题、犯了错时才进行干预，这样不仅教育效果差，还伤害了孩子的自尊，自己也感到很没有面子。

预防重于干预

3~6 岁幼儿社会认知水平低，辨别是非的能力差，规则意识淡薄，因此，对幼儿进行事前教育特别重要。在家庭教育中，防患于未然的预防式教育所产生的预防针效应，相比“马后炮”式的干预式教育有很多优点。

预防式教育的价值在于没有造成损失、危害，起到预防性的教育作用。而干预式教育是错误、危害出现后才采取的亡羊补牢式的止损教育。

信息链接

家长对孩子教育的方式，从干预时机角度，可分为“预防型”和“反应型”。“预防型”教育方式发挥的是“预防针效应”。“反应型”教育方式是家长平时很少关注孩子的言行，当孩子犯了错误时，家长就会立刻采用强势、暴力的方式实施管教，这样会让孩子产生排斥和反抗的情绪。

家长对孩子的管教方式要多用“预防型”，少用“反应型”。只有更多地采用和风细雨的、持续的“预防型”管教方式，孩子才能适应家长的教育，家长才能树立起自己的威望。

要成为一个“预防型”家长，我们先要树立“预防重于干预”的意识。在日常生活中，我们常常看到很多家长是“反应型”家长——孩子犯了错，家长往往火冒三丈，不停地唠叨、批评。这样不仅不能给孩子安全感，而且不能避免孩子既有的过错。一个“预防型”家长对孩子进行预防式教育，往往家长和孩子都是心平气和的，孩子对将来可能发生的情况有所了解、有所评估，这样可以培养孩子的理性思维，增强孩子的自信心，会让孩子将来长大了做事能心中有数，冷静干练。因此，家长在日常生活中，要有教育的预见性，把预防教育放在第一位。

预防式教育为干预式教育打下良好基础。事前打好“预防针”，孩子如果在做事的过程中犯了错，家长稍一提醒，孩子就会知道自己做错了什么，能够提高孩子对家长建议或批评的接受程度。

预防式教育不易产生逆反心理。比起干预式教育，它能够避免孩子重复犯同一个错，很好地保护孩子的自尊心，使孩子不易产生逆反心理。

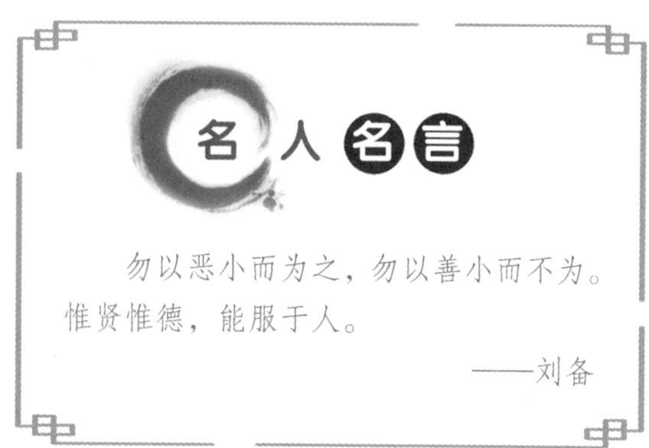

勿以恶小而为之，勿以善小而不为。惟贤惟德，能服于人。

——刘备

三 预防式教育的几个关键点

在日常生活中，家长对孩子进行预防式教育，应注意做好以下几个方面。

（一）抓好人生关键阶段的预防性教育

孩子的成长是一个了解和探索新环境的过程。当孩子面临新情况、新环境等人生各种“第一次”时，当孩子人生的每一个关键阶段来临时，家长要提前进行教育，让孩子有充分的心理准备和充足的知识储备去应对。如孩子第一次去别人家做客、第一次旅游、第一次坐火车等各种人生“第一次”和入园、入学、青春期等人生的关键阶段，家长要教给孩子做事的基本规则和常识，讲明“为什么这样做”的道理，让孩子少走弯路，少犯错误。另外，家长还要注意根据孩子成长的不同阶段进行有针对性的预防教育。如，幼儿园阶段要注意加强良好习惯的养成教育，小学阶段要注意强化安全、讲礼貌、不偷盗、不打人、不骂人等方面的教育，中学阶段要注意抓好不早恋、不吸烟、不沉溺于网络等方面的预防性教育，给孩子有针对性地“打预防针”，提高孩子对社会不良影响的“免疫力”。

（二）全方位地进行预防式教育

预防式教育包括孩子生活和学习的方方面面——思想品德教育、行为习惯教育、挫折教育、社交礼仪和人际交往规则等，这些都是具有传承性、预见性和普及性的，对孩子的人生发展具有很重要的指导意义。例如，尊老爱幼、诚实信用、助人为乐等优良品质，讲卫生爱整洁、预习复习、按时完成作业等好习惯，人际交往、学习考试、合作竞争、法律法规等社会规则，都是家长对孩子进行预防式教育的重要内容。另外，家长要根据孩子的发展情况，提高自己教育的预见性，有针对地对孩子进行预防式教育。

（三）0~6 岁把安全教育放在首位

人身安全永远是第一位的，没有人身安全一切都无从谈起。

婴幼儿阶段，孩子对周围事物好奇心强，喜欢动手动脚，对热物、电、挤压等方面的危险缺乏认知，自我保护意识和能力尚未形成，因此，易发生跌落、烧烫伤、触电、挤伤、碰损伤、切割伤等。据资料统计，全国每年幼儿烫伤事故超过 10 万宗，即平均每天发生近 300 宗。

研究资料表明：0~6 岁为跌落、烧烫伤、碰撞伤、碰损伤、切割伤等意外伤害发生的高峰期，随年龄增大，运动伤、交通事故伤发生数量逐渐增加。1~3 岁易发生烧烫伤，4~7 岁易发生意外中毒，4~8 岁易发生交通事故，5~7 岁易发生跌落伤，其他意外伤害包括溺水、气管进入异物、被爆竹炸伤等，多发生于学龄前期及学龄期。

孩子日常安全教育要注意把握好以下重点。

日常生活安全常识教育。教育孩子注意防火、防触电、防烫伤、防烧伤、防雷电、防溺水、防煤气中毒、防刀具等尖锐物品伤害等，避免日常生活中人身伤害事故的发生。

交通安全常识教育。教育孩子在马路上行走、骑自行车时要严格遵守交通规则，随时注意车辆、道路状况等，保障人身安全。

外出旅行安全教育。教育孩子外出旅行要结伴而行，尽量不要独自出游，特别是夜间不要一个人外出；注意旅途中人身安全和财产安全等。

饮食卫生安全教育。教育孩子吃东西要注意卫生，不吃过期的食品，不喝生水，外出要注意水杯随身带、防止被投毒，不吃陌生人送的食品、饮料等，确保饮食卫生安全。

预防“性侵害”教育。教育孩子学会保护自己的隐私部位，防止被偷窥，禁止他人触摸，预防被侵害。

意外事故安全教育。教育孩子了解一些日常意外事故案例，提高预防意外伤害的意识，随时做好应对意外事故发生的准备。如到公共场所、乘车等，要注意预防意外火灾、交通事故、歹徒袭击等，提高警惕，提前查看好安全通道，注意周边人的行为有无异常等，做好戒备和预防。

（四）7~18 岁重点做好预防违法犯罪的教育

据有关资料统计，当前我国青少年犯罪数量占全国刑事犯罪数量的 70% 以上，其中 15~16 岁的少年犯罪数量又占青少年犯罪数量的 70% 以上。青少年犯罪率急剧上升，已成为一个严重的社会问题 。社会问题研究学者把青少年犯罪与环境污染、吸毒贩毒并列为“世界三大公害”。少年儿童是一个国家、民族、家庭的未来，他们的成长不仅关系到自身的命运和前途，更关系到千家万户的幸福以及一个民族的希望。

青少年犯罪的主要原因是家庭教育的缺失。家庭教育在导致青少年犯罪的因素中占到 50%。

俗话说：“小时偷针，大时偷金。”未成年人违法犯罪都是从小事开始的，当家长发现子女第一次犯错误时，一定要及时教育，决不能忽视，更不能迁就。所以，家长对子女违法犯罪的预防教育，要从小抓起。

（五）注意运用体验式预防教育

体验式预防教育，特别适合对孩子进行安全方面的教育。体验式预防教育通过真实的生活情境,让孩子亲身经历一些“危险”“危害”,来获取直接的生活经验。因为经验来自亲身体验，孩子就会印象特别深刻，甚至终生不忘。当然，这里所说的让孩子体验“危险”“危害”，是带引号的，不能让孩子的身心真正受到损害。

例如，炉子上烧着热水壶，为了预防孩子被热水壶烫伤，在稍微有点烫手时，让孩子快速地摸一摸壶身，孩子因此知道热水壶烫手，以后就会小心了。

其他一些有关安全的体验，如提醒孩子注意玩耍、关门时不要把手放在门与门框的缝隙中；要防火、防触电、防割伤、防植物刺伤等。一些不能亲身体验的，可通过看视频、模拟情境等方式进行教育。

（六）“预防针”要经常“打”

家长要注意根据孩子的年龄特点和心理特点，采取不同的教育方式对其进行预防式教育，如幼儿时期通过讲故事、玩游戏等孩子喜闻乐见的方式进行，小学阶段可通过分析同伴事例、讲述社会见闻等生活真实案例等形式进行，中学阶段可通过一些正面或反面的生活实例进行旁敲侧击式教育，使孩子乐于接受家长的提示、提醒、告诫、警示等，以达到预期的教育效果。

预防式教育不是一种短期的、阶段性的教育，而是一种长期的、日常性的教育。家长要经常不断地给孩子“打预防针”，运用餐桌提示法、日常提示法等沟通方法，注意搞好“随机教育”，随时、随地及时提醒和告诫孩子。当然，要注意把握一个度——家长的教育既起到及时提醒预防的作用，又不要因过于唠叨让孩子反感而产生逆反心理。

总之，只要让孩子预先掌握做事的规则和方法等常识，家长花在纠正孩子不当行为上的时间就会大大减少，而且将有助于孩子在人生道路上少走弯路、少犯错误。

专家点评

很多家长对孩子进行教育，往往采取亡羊补牢的方式，而有些孩子由于无知所犯的错误往往又是无法弥补、不可挽回的，一失足成千古恨。因此，家长要切实重视对孩子进行预防式教育，防患于未然，未雨绸缪，这是保证孩子能够健康成长的良好教育方法。

问题与思考

1. 为什么要对孩子进行预防式教育？请谈谈您对预防式教育重要性的一些独特见解。

2. 您认为从有利于孩子终身发展的角度，应该对孩子进行哪些方面的预防式教育？

专题二　规则意识：做人的基本素质

本专题所讲的规则是指我们在日常生活中要遵守的行为规范，是我们工作、生活、学习得以正常进行的基本保证，是我们社会生活的重要组成部分。遵守规则是我们每一个人的必备素质，也是现代社会文明的一个重要标志。

一个人违反规则，不仅会给他人造成不良影响，也会扰乱正常的社会生活秩序，还会给自己带来一些危害。因此，培养孩子的规则意识，让孩子懂规矩、守规则，对孩子的发展具有非常重要的意义。

一　违反规则，必会受到惩罚

俗话说："没有规矩，不成方圆。"社会规则对维护人们公共生活的基本秩序和保障社会的正常运行起着重要的作用。有的人为了达到自己的目的，置社会规则于不顾，投机取巧，为一己私利，

规则是指人们规定出来供大家共同遵守的规定、制度或章程等，是得到每个社会公民承认和遵守而存在的，如交通规则、中小学生守则等。

规则教育，就是指在家庭教育中对孩子进行基本的社会规则教育，让孩子懂得遵守规则的重要性和意义，不守规则会给自己、他人、社会带来危害。

随意破坏规则。违反规则或许一次没事、两次没事，但早晚会出事，最终会受到应有的惩罚。

2016 年 7 月 23 日下午，有一家人在北京八达岭野生动物园自驾游览，车上一名女子无视动物园“禁止下车”的规定，在猛兽区下车，结果被老虎袭击，其母亲下来救助时当场被老虎咬死，该女子也被咬成重伤。

在母亲被咬死、女子在重症监护室抢救治疗的情况下，这家人还继续无视社会规则，扰乱医院就医秩序，在非探视时间要求进入 ICU 病房。

这一“老虎吃人”事件发生后，人们在对死者的不幸给予同情的同时，更对因其不守规则而酿成的悲剧感到痛心。

据《辽沈晚报》报道，一对中国夫妻带着自己 6 岁的儿子前往美国洛杉矶度假……这本是件高兴的事，没想到最后假没度成，一家三口却携手登上了各大媒体。

在飞机上，父亲带着孩子和一位日本籍华裔小哥坐在一侧，孩子紧挨着小哥，母亲则单独坐在另一侧……而自从飞机起飞，孩子坐立不安，叽叽喳喳，上蹿下跳，甚至对小哥拳打脚踢……小哥深受其扰，经过几轮深呼吸的冷静包容后，礼貌地请求孩子的父亲管教一下孩子，这一要求却被孩子父亲无视。于是这位小哥在沉默地做了 3 个小时的“人肉沙包”后，终于忍无可忍，大骂了熊孩子的这对熊家长……

然而，熊家长的反应却比“沙包小哥”还激烈，熊爸爸隔着中间的儿子，掐住小哥的脖子，两人扭打在一起……直到乘务员赶到将两人分开，并把这对父子的座位换到了前排，事情才算暂时平息。

没想到的是，飞机落地后，迎接熊孩子一家的是等在飞机出口处的执法人员，包括 FBI 以及机场安保、边防安全等 20 多名执法人员……以这次执法人员的阵容，抓一个国家级的罪犯也绰绰有余了。

原来早在飞机上发生肢体冲突后，机组人员就将该情况以“威胁全机乘客生命安全”为由通报给了洛杉矶国际机场的工作人员，随后机场工作人员立即通知了FBI。飞机抵达洛杉矶后，所有乘客被要求不得离开座位，直到发生冲突的双方被警察带走。在家里，家长对调皮捣蛋的孩子不加管教，出门在外总是不缺陌生人替不作为的家长出手；在国内早就屡见不鲜的熊孩子琐事，出了国门转眼就成了机场要案。

经过调查，因为熊孩子的父亲先动手打人，美国海关以故意伤害罪拒绝熊孩子一家入境，并于次日凌晨遣返一家三口。

这两个案例有一个共同的特点是，事件当事人都不守规矩。当然也有一个共同的结果，自己为自己的不守规矩付出了代价。

规则教育是家庭教育中一项重要的教育内容，父母要让孩子从小了解一些基本的社会规则，培养孩子的规则意识，懂得遵守规则的重要性和意义，知道不守规则会给自己、他人、社会带来危害，学会懂规则、守规则。

二　规则教育的价值和意义

规则教育的价值和意义具体体现在以下几个方面。

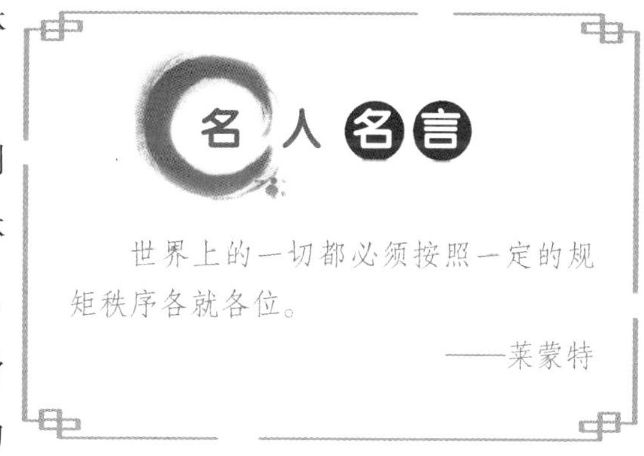

提高个人的文明素养。讲规则是一个人、一个民族文明素质的体现，因为讲规则是一种责任和义务，是一种境界和修养，是每个人立身处世的底线，是社会和谐、有序的保障。对规则的理解与遵守，是一个人融入现代社会的重要标志。有时我们判断一个人的文明道德水准，就看他对规则的敬畏与遵守程度。现代有序的文明社会所要求的公民素质中，有一项就是明确的规则意识与严格遵守规则的精神与行为。

反之，一个人动辄践踏规则，不遵守规则，也可以视之为缺乏现代契约精神与现代法治意识。

信息链接

很多游客不讲规矩令导游头疼不已。说好的集合时间，有人就是不守时，让一车人等得望眼欲穿；不遵守公共秩序、乱插队、在飞机上争夺行李架空位，令旁人侧目；明明强调不要带水果入境，有人就是要试试运气，被拦下之后耽误了整个团队的时间……

生活中日常不守规则已成为见怪不怪的现象：乘车、上下电梯不按先下后上的顺序而是拥挤不堪；购物、看病不排队找关系加塞；应聘本是公平竞争，非要到处找熟人；过十字路口不按信号灯行驶而是大摇大摆闯红灯……

保证社会公平公正、文明有序。社会的公平公正、文明有序运转要靠规则来维持，没有了规则，社会就会混乱不堪。因为个别不遵守规则的人会引起其他人的恐慌与效仿，很多人为了保护自己的利益，也会纷纷加入“不遵守规则”的队伍中，甚至愈演愈烈。例如，排队购买车票有人插队，不仅会损害他人的利益，还会破坏公平公正的原则和社会秩序。如果这种人得不到制止或对其进行一定的处罚，会造成社会不良风气蔓延，会让更多的人加入不遵守规则的队伍中，最后的结局一定是“劣币驱逐良币”，真正受伤的是遵守规则的人以及整个社会的文明与秩序。当然，不遵守规则的人最终也会自食恶果。

可见，一个人讲规则，既是自身素质的表现，也是对他人的尊重，是社会和谐有序的一个重要保障。只有人人恪守规则，人与人的相处才能简单，社会才会向着文明、有序、和谐的方向发展。

三　规则教育要从小抓起

在家庭教育中，如何对孩子进行规则教育呢？

（一）抓住规则教育的关键时期

幼儿阶段是社会性和各种能力迅速发展的关键时期，这一时期对孩子进行规则意识培养，将会为孩子的终身发展打下良好的基础。当今，一些家长过于偏重孩子早期知识的教育，而忽略了道德品质、社会性能力等非智力因素的启蒙与教育，久而久之，孩子就表现得缺乏自制力，行为自由散漫，不愿受拘束，团队合作能力差，易与人发生争执，有攻击性行为等任性、自私、不守规则的表现。为了让孩子能更好地适应集体生活、适应社会生活，更长远地学习和发展，必须在幼儿时期就开始对他们进行规则意识的培养，让孩子理解并遵守日常生活中基本的社会行为规则，逐步建立起社会规则意识，懂得“遵守规则既方便别人又方便自己”的道理，学会自律和尊重他人。

1978 年，75 位诺贝尔奖获得者在巴黎聚会。有人问其中一位：“您在哪所大学或哪所实验室里学到了你认为最重要的东西呢？”出人意料的是，这位白发苍苍的学者回答说：“是在幼儿园。”那人又问：“您在幼儿园里学到了什么呢？”学者说：“东西要放整齐，饭前要洗手，午饭后要休息；把自己的东西分一半给小伙伴们；不是自己的东西不要拿；做了错事要表示歉意；要多思考，要仔细观察大自然。从根本上说，我学到的全部东西就是这些。”这位学者的回答，得到了与会科学家的普遍认同。他们普遍认为终身所学到的最重要的东西，正是小时候老师和家长给他们培养的良好习惯和规则意识。

（二）让孩子了解基本的规则及其意义

古人云：知是行之始，行是知之成。要让孩子守规则，首先要让孩子了解生活中的一些基本规则，包括生活规则、社会规则和法律法规。家长要注意根据孩子从小到大不同的年龄阶段，让孩子了解一些与其发展需要密切相关的规则，让孩子在成长过程中不断持续了解和掌握各种规则，培养孩子的文明素养。

第二，要让孩子理解规则的意义，知道为什么要制定某一规则。例如，家长带孩子乘地铁或公交，要给孩子讲明“先下后上”原则的意义：只有先让乘客下车，把车厢空出位置来，后面的人才能陆续上车，否则满满的车厢会把乘客堵在外面，因此，这个顺序是不能够颠倒的，从而让孩子明白每条规则的出台是有其实际意义的。

第三，家长在对孩子进行规则教育时，要注意通过现实生活中的典型事例让孩子认识到不遵守规则的危害性，知道“遵守规则是为了更好地保护自己”“不遵守规则迟早要出事”的道理。例如，如果人们遵守交通规则，大量的道路交通事故是完全可以避免的。

3~6岁幼儿阶段，注意对孩子进行以下几方面的规则教育：

1. 生活中的安全规则

不玩火、不触摸电源、不玩尖锐的物品等，防止意外事故的发生。

2. 有规律的生活规则

早睡早起、按时吃饭、饭前便后洗手等，养成良好的生活规律。

3. 公共场所规则

注意礼貌、自觉排队、按序进行、坐车先下后上等，培养孩子良好的行为习惯。

4. 交通规则

红灯停绿灯行、过马路走斑马线等，让孩子了解并自觉遵守交通规则，保障出行安全。

（三）规则教育要从小事抓起

孩子爱抢小朋友的玩具，不懂礼貌，知错不改……家长总觉得这都是小事，孩子长大就好了。如果在孩子犯小错时不及时纠正这些问题，等孩子慢慢养成不良习惯，长大后往往不懂得判断自己言行的好坏，将会变成一个不遵守规则的人，对孩子的人际关系和成长也将有非常大的影响。

规则教育必须从小事做起，通过日常生活中的一些小事培养孩子的规则意识。例如，不乱扔垃圾、公共场所不大声喧哗、不打扰别人、要尊敬长辈等，逐渐让孩子懂得生活规则、礼仪规则、社会规则等。

（四）家长要以身作则，为孩子做好榜样

身教重于言教。家长是孩子的榜样，孩子是家长的一面镜子。从一定意义上讲，受守规则的家长潜移默化，孩子一般也比较遵守规则。因此，我们在对孩子进行规则教育时，自己要注意在日常生活中遵守规则，为孩子做出表率。例如，在公共场所，家长要自觉排队、不随意加塞；行车时要自觉遵守交通规则，做到“礼让三先”礼貌行车等，事事以身作则，为孩子做榜样。

（五）规则教育要做到“三时”

所谓“三时”，是指及时、随时、时时。

及时，就是对孩子不守规则的行为要及时纠正。孩子偶尔顽皮或故意不守规则，若不及时纠正，那么他下次还会这样，不会在心里尊重规则。

随时，就是把规则教育渗透在日常生活中，随时随地对孩子进行规则教育。

时时，指规则教育不要今天管明天不管，一定要做到持之以恒。

总之，给孩子立规矩，教孩子懂规矩，是一个漫长而艰辛的过程，需要父母拥有坚强的意志并付出极大的耐心。

（六）规则教育要注意科学性

对孩子进行规则教育要注意科学性，这主要体现在以下几个方面：

孩子年龄不同，规则教育的内容不同。孩子两三岁时，主要是在一些日常生活细节中进行简单的规则教育，这些规则明确、互不矛盾，孩子能够迅速理解和接受；随着孩子年龄增长，应逐步增加规则教育的内容。性别不同，规则教育的内容不同。例如在自我保护规则、仪表姿态规则等方面，对女孩与男孩的教育应

不同。性格特点不同，规则教育的内容不同。比如有的孩子好动，要进行限制孩子乱动东西以免危害健康的规则教育等。

对孩子的规则教育可通过游戏来进行。例如，玩老鹰捉小鸡、跳皮筋、打扑克、下棋等注重规则的游戏，让孩子在游戏中树立起规则意识，培养遵守规则的习惯。

对孩子进行规则教育，不要只是说“不”，还要注意引导孩子掌握正确的做法，注意通过协商、民主的方式制定规则，并留有一定的弹性等。例如，制定早睡早起的规则，和孩子一起商量确定睡觉时间（晚上 9:00~9:30）、起床时间（早上 6:00~6:30），有一个弹性区间。当孩子进入青春期，要采用与孩子民主协商的方式共同制定一些家长、孩子双方都能接受的规则，既给孩子更大限度的自由，又可以培养孩子的独立性，为孩子将来独立生活做好铺垫。如果孩子有时没有遵守规则，不要采取粗暴的教育方式，而是采取对身心无伤害性的惩罚措施，比如让其面壁反思 10 分钟。

（七）教育孩子无论在什么情况下都要遵守规则

我们常常发现有一些人在自己的学校或工作单位会遵守纪律和规则，而在公共场合匿名状态下，却有着截然相反的另一种表现：乱扔垃圾、闯红灯、大声喧哗等。可见，在匿名情况下，才能够真实地反映一个人素质的高低。因此，我们父母要时刻提醒孩子：无论是在老师、家长面前还是在无人认识的情况下，都应该自觉遵守规则。比如在路口有警察或是无警察时，路口无论有没有车时，只要红灯亮了，就要自觉地遵守交通规则，这样才算得上是一名高素质的人。只有这样要求孩子，他在人生的旅途中才不会抱着侥幸心理去违反规则。

规则大于宠爱。教育孩子懂规则、讲规则、守规则，才是父母对孩子最大的爱。

规则对孩子的成长，不但起着约束作用，更会使孩子得到安全感。我们要让孩子知道，这社会上并没有绝对的公平，但是却有规则和秩序。

为人父母的终极使命，就是培养出有规则意识的孩子。因为我们无法时时护孩子周全，却可以通过规则教育为孩子穿上规则的“盔甲”，这才是他行走世间最好的保护。

只有懂规则的人，在未来的人生道路上才能够走得远。

问题与思考

1. 为什么要对孩子进行规则教育？请谈谈您对规则教育重要性的一些独特见解。

2. 您认为应该对孩子进行哪些方面的规则教育？

家长对孩子进行规则教育的误区

当今很多家长在对孩子进行规则教育时存在着很多错误的认识和做法，如果得不到及时纠正，将不利于孩子的健康成长。以下我们从五个误区着手分析。

1. 孩子小不懂事

很多家长都这样认为：孩子小，不懂事，偶尔不守规矩，社会应给予宽容。

孩子小，在生活方方面面应该受到特殊的保护，例如，过马路要保护儿童，购物、参观等要儿童优先，危难之时儿童优先避险等，这的确是全社会应该包容的。但是，这并不应该成为孩子不守规矩的保护伞，更不能倚“小”卖“小”，对其他人进行道德绑架。孩子偶尔的顽皮不及时纠正，那么他下次还会这样。一个孩子的行为，绝对跟父母的教育有很大关系。社会可以包容一个不懂事的孩子，但不会包容一个明知孩子有错、还放任不管的父母。

网上有一个“小熊孩子”遇到“大熊孩子”的案例：一个小男孩在公交车上用脚踢坐在对面的一位戴眼镜、穿牛仔上衣的男子，踢了一遍又一遍，孩子的妈妈视而不见。孩子变本加厉地踢个不停，男子突然站起，将小男孩过肩摔在地，紧接着还用脚在小孩的头部狂踩三下。

这位男子打孩子固然不对，但是家长如果平时注意管教，发现问题及时制止，就不会发生这种事情了。

2. 树大自然直

“树大自然直”，这是我国一个流传久远的观念，这一观点认为，孩子小时候的毛病随着年龄的增长，自然而然就会改掉。所以，在孩子年幼时不用严格管教，顺其自然即可。这一观念的错误之处，就是对孩子放任自流、不负责任。如果孩子小时候出现一些不守规矩的问题没有及时得到纠正，久而久之，孩子就会养成坏习惯，等他长大后就难以纠正了。

从前，有一对夫妻老年得子，视儿子如掌上明珠。孩子一天天长大。七岁的时候，儿子有一次从外面回来，掏出一只鸡蛋，对妈妈说：“看，我偷的鸡蛋！”妈妈不仅没有责备他，还高兴地给他煮着吃了。儿子很任性，父母也舍不得教训他。儿子先是偷盗，后来抢劫杀人，最终被判处死刑。

刑场上，儿子最后的愿望是和母亲说句话。母亲走上前来，凑近儿子身边，儿子一口咬掉了母亲的耳朵，说："当初要不是你的溺爱和纵容，我也不会有今天！"

3. 只知言教而不身教

很多家长对孩子只是口头教育，而忽视以自身为榜样教育孩子，形成了一种单向的、言行不一、双重标准的教育。例如，家长自己玩游戏，却禁止孩子玩游戏；自己不锻炼身体，却告诉孩子一定要多运动；自己闯红灯、乱停车，却告诉孩子一定要遵守交通规则……孩子一句反问："你们大人都这样，为什么非要我们小孩那样？"家长总是回一句："我是大人！"这其实是以双重标准来要求孩子和自己。这样会让孩子对父母之言产生怀疑，形成认知和行为上的混乱，其规则教育就失去了它的教育价值。因此，对孩子进行规则教育，家长既要注重言教，更要注重身教，为孩子做榜样，规则教育才会收到成效。

4. 不能持之以恒进行规则教育

在日常生活中，很多家长在对孩子进行规则教育时不能持之以恒地进行。孩子终归是孩子，规则的意识不是一天两天就能形成的。家长可以巧妙地利用生活中的每个场景，随时随地对孩子进行规则教育，培养孩子形成规则意识，坚持不懈，这样才能让孩子养成自觉遵守规则的习惯。

5. 朝令夕改

很多家长对自己制定的规则朝令夕改，或自己带头破坏约定好的规则。例如，大家约定好每人每天只能吃一根雪糕，但是家长自己没有忍住，多吃了一根，但只给孩子一根，这就属于破坏规则的行为了，这很容易让孩子产生"规则不过是说说而已"的想法。因此，对已经制定好的规则，不随意修改和破坏，才能让孩子树立起严格遵守规则的意识。

专题三　犯错教育：让孩子在试错中成长

古人云：“人非圣贤，孰能无过。”可见，人人都会犯错误，更何况是幼小无知的孩子。

孩子的成长是一个不断探索、提升认知的过程，也是一个不断犯错、不断纠错的过程。在这个过程中，孩子会不断地完善自我、提升自我。从某种意义上讲，孩子是在犯错中成长起来的。

但是，如何正确看待孩子犯错，如何纠正孩子，如何让犯错成为孩子得到更好发展的一种教育资源，这是我们每一位家长要认真研究、认真对待的一个重要课题。

一　犯错：教育的关键时机

孩子日常所犯的各种各样的错误具有重要的教育价值，它是孩子成长过程中的关键事件和重要的教育时机。作为父母，要及时发现孩子的错误，抓住孩子犯错这一重要的教育时机，引导孩子及时纠错，让孩子从错误中吸取教训，这样，孩子因犯错而付出的代价才有意义。

列宁八岁那年，有一次母亲带着他到阿尼亚姑妈家中做客。活泼好动的列宁一不留神，把姑妈家的一只花瓶打碎了。但是，没有人看见。后来，姑妈问孩子们：“是谁打碎了花瓶？”其他孩子都说：“不是我。”列宁因为怕说出实话会遭到姑妈的责备，所以他也跟着大家大声回答：“不——

是——我！”然而，母亲看到他的表情，已经猜到花瓶是列宁打碎的。因为列宁特别淘气，在家里经常发生类似的事情。但是，列宁向来是主动承认错误，从未撒过谎。

于是，列宁的妈妈就想：应该怎样解决孩子撒谎这件事呢？当然，最省事的办法就是直接揭穿他，并且处罚他。但是列宁的妈妈没有这么做。她认为，重要的是教育儿子犯错误后要勇于承认错误，做一个诚实的好孩子，而不是简单地责备他。于是她一直没有提起这件事，而是给儿子讲各种各样诚实守信的美德故事,等待着儿子内心萌发出对自己行为的羞愧感。从那以后，列宁的妈妈明显感觉到，儿子不如以前活泼了，似乎是良心正在折磨着他。

三个月后的一天，在列宁临睡前，妈妈又像往常一样，一边抚摩着他的头,一边给他讲故事。不料列宁突然失声大哭起来,痛苦地告诉妈妈:“我欺骗了阿尼亚姑妈，我说不是我打碎了花瓶，其实是我干的。”妈妈耐心地安慰他，说：“给阿尼亚姑妈写封信，向她承认错误，姑妈一定会原谅你的。”于是，列宁马上起床，在妈妈的帮助下，给姑妈写信承认了错误。

几天后，列宁收到了阿尼亚姑妈寄来的回信，在信中，她不但表示已经原谅列宁，还称赞列宁是个诚实的好孩子。列宁得到原谅后，十分高兴，又像以前一样过着快乐的日子。他还悄悄地对妈妈说：“做诚实的人真好，不用受良心的谴责。”妈妈看着儿子，会心地笑了。

教育心理学理论认为，教育机会往往出现在一次过失事件之后。这个案例启发我们，父母要善于发现孩子的错误，及时教育、引导孩子，激发孩子的内省力，使孩子真正认识到自己的错误并通过实际行动加以纠正，让孩子健康成长。

史蒂芬·葛雷是一位取得重要医学成就的科学家。一位记者曾采访他，问他为什么会比一般人更有创造力？是什么因素让他超乎凡人？他回答道，这都与他小时候一次犯错后母亲对他的教育密切相关。

一次，他尝试着从冰箱里取一瓶牛奶，但瓶子很滑，他一不小心把瓶子掉在了地上，牛奶溅得满地都是。

妈妈来到厨房，看到那个情景后，并没有大呼小叫地教训他，也没有惩罚他，而是温柔地说："哇，亲爱的，你制造的混乱还真棒，我从来没看过这么大的牛奶坑！"然后又安慰他说："反正混乱已经造成了，在我们清理之前，你要不要在牛奶中玩几分钟？"

他真的那么做了。几分钟后，妈妈又对他说："孩子，每次当你制造这样的混乱时，最好还是你自己把它清理干净，让它物归原处，你想这么做吗？我们可以用一块海绵、一条毛巾或者一个拖把，你比较喜欢哪一种清洁工具？"

小葛雷选了海绵。于是他和妈妈一起开始清理打翻了的牛奶。清理完成后，妈妈又说："孩子，你刚刚用两只小手去拿大牛奶瓶，失败了，现在让我们到后院去，把瓶子装满水，看看你是否可以拿动它。"

后来小葛雷从妈妈那里学到了：如果用双手抓住瓶子上端接近瓶口的地方，就可以稳稳拿住它而不会掉。

讲述完之后，葛雷说，从那一刻起，他就知道他不需要再害怕犯错。除此以外，他还学到，错误只是学习新事物的机会，科学实验也是如此。即使实验失败了，人们也会从中学到有价值的东西。

这个案例告诉我们：孩子的成长是认知和经验不断积累的过程，而思维认知的发展和生活经验的积累，很多是在犯错过程中形成的。因此，父母不要只专注孩子犯的错，而要透过现象看本质——把孩子所犯错误中内在的教育价值挖掘出来，让孩子从错误中学到有价值的东西，促进孩子社会认知和思维水平的发展。

关键事件是指对一个人成长产生重大影响的事件。关键事件效应是指人生中的一些关键事件，能够对一个人的成长起到正面的积极作用或负面的消极作用。

从家庭教育角度讲，关键事件效应是指父母要善于抓住孩子成长过程中的关键事件作为教育契机，及时对孩子进行正面引导和教育，让关键事件对孩子成长产生积极的重大影响，尽量避免其产生负面消极作用。

二　犯错：孩子最好的成长机会

有人说，犯错是孩子最好的成长机会。犯错，能让父母发现孩子成长中的问题，让孩子发现自己的未知和不足，丰富生活经验，学会分辨正确与错误，不断完善自我、促进成长。

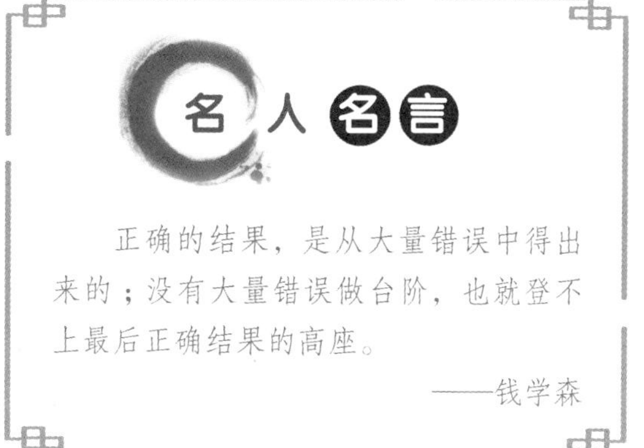

正确的结果，是从大量错误中得出来的；没有大量错误做台阶，也就登不上最后正确结果的高座。

——钱学森

（一）获得正确的认知

法国作家罗曼·罗兰曾说：“人生应当做点错事。做错事，就是长见识。”这句话对孩子来讲特别有意义。孩子年幼无知，其成长过程中生活知识和经验的习得和积累，很多都是通过犯错来获得的。孩子通过错误的尝试、体验，知道了什么是错误的、什么是正确的，从而获得正确的认知——正确地认识自己，正确地认识社会，正确地认识世界，树立起是非观念，不断积累生活知识和经验，一步一步地成长起来。例如，孩子小时候经常会发生这样的情况：孩子看到其他小朋友说脏话，觉得很好玩，不知道是啥意思就跟着说，孩子并不知道这样做是错误的。这时，父母应该及时纠正，讲明说脏话是很不文明的行为，孩子就能获得正确的认知——说脏话很不文明，好孩子不能说脏话。

从人们认识问题的过程来看，真理和错误是不可分割地联系着的。人们追求真理的过程中会不断地犯错误。可以说，没有错误就没有真理。真理只能在不断发现错误并不断清除错误的过程中获得，通向真理和成功的道路往往是以错误为基石的。所以说，孩子对“错之所以错”了解得越深刻，那么他就对“对之所以对”认识得越透彻。可见，孩子犯错是获得正确认知的一条重要途径。

（二）吸取教训，避免再犯或犯大错

孩子犯错的一个重要教育价值，就是孩子犯错后，家长及时对孩子的错误进行纠正或施加必要的惩戒，让孩子知道自己做错了什么，为什么做错了，从错误中吸取教训，避免今后重复犯类似的错误以及犯更大的错误。正如捷克教育家夸美纽斯所说：“犯了过错的人应该受到惩罚，但是他们之所以受到惩罚，不是因为他们犯了错，而是要让他们日后不去犯错。”

孩子年龄小，生活经验和能力不足，常常会犯各种各样的错误，这是在所难免的，也是成长过程中的一种正常现象。但是，父母不能因为这个理由而小看孩子的犯错行为或放弃对孩子错误的纠正，否则，对孩子后续发展会造成不利的影响。正如李玫瑾教授说的那样：“3~6 岁是孩子性格形成的关键期，如果此时孩子出现一些问题，家长不进行管教，那么孩子 12 岁之后，父母的话他根本听不进去。3 岁的时候你管他，他可能会哭闹一场，等到 15 岁再想管他，他甚至能做出跳楼、服药自杀等过激行为，因此 3~6 岁是管教孩子的最佳时期。”可见，在孩子 3~6 岁这个阶段，父母对孩子的错误要及时纠正，及时制止孩子的犯错行为，让孩子认识到自己所犯错误的严重性并学会改正错误的方法，这样才能避免孩子今后再犯类似的错误，特别是避免孩子长大踏入社会后犯一些致命性、原则性的大错。

（三）勇敢面对错误，学会担当

孩子在犯错过程中，父母应及时纠正和引导，让孩子正确认识错误、敢于面对错误、及时纠正错误。我们说，孩子犯错不可怕，可怕的是不敢面对错误，没有担当。如果孩子从小就不敢面对错误，不敢承认错误，不会改正错误，那对他一生的发展会造成很大的负面影响。例如，2011 年 6 月 7 日，让整个社会都为之震惊的大学生杀人犯药家鑫被执行死刑。药家鑫的父亲药庆卫在微博中说的一段话对我们做家长的是一个警示：“我平时管教孩子过于严厉，儿子从小不惹事，几乎没犯过错误，然而这却令孩子在犯错之后害怕面对，不懂如何处理，最终酿成大罪。”

我国一位知名的儿童教育专家对此评论说：“孩子在小时候犯错误是很正常的，甚至是非常需要的。如果药家鑫小时候多犯些错误，并且知道犯了错误是有办法解决的，他可能不会有今天这种悲剧。他是太害怕犯错误了，犯了错误就想彻底掩饰，结果导致杀人。也许可以说，小的时候不犯错误的孩子，长大了可能要犯大错误；小的时候温顺乖巧的孩子，长大了可能叛逆得惊人。”

可见，孩子犯错后，父母注意培养孩子勇于担当的责任和勇气，鼓励孩子勇敢地去面对，去承担犯错的结果，这样，孩子在面对错误时才能学会担当，而不是掩饰；在面对失败时才能有信心去解决，而不是逃避。

（四）敢于大胆尝试，学会反思

在犯错、纠错的过程中，还能逐渐培养出孩子大胆尝试的勇气，让他们学会探究、学会反思。

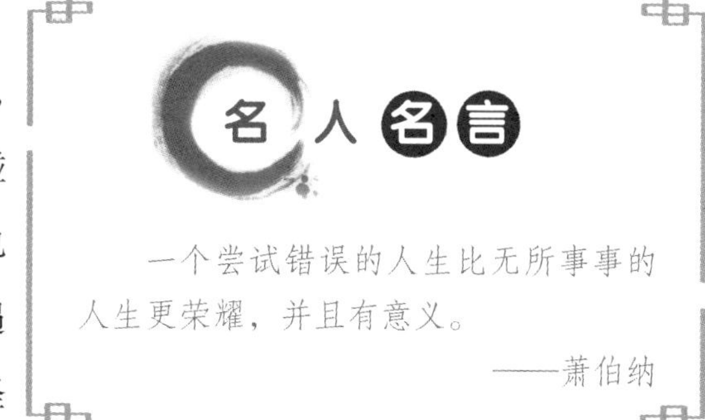

孩子的天性就是好奇、好动，尤其是男孩子，喜欢摸摸这个、碰碰那个，这里想探究一下，那里也想弄个明白，自然免不了闯祸。遇到这种情况，家长不应轻率地责怪

孩子，而要引导、鼓励孩子，这样才能够保护孩子的好奇心以及大胆尝试、勇于探索的创新精神，让孩子从错误或失败中吸取教训、学到知识，进而提高自己的创造力。

正是错误向孩子提出了问题，提供了进一步思考的空间，激发了孩子的好奇心，促使孩子进行反思、观察、思考、探究，从而找到解决问题的方法。

孩子在反思错误的过程中学会反思，今后就会通过自我反思不断地认识自身的错误，改变自己的行为，从而改掉坏习惯，让自己不断进步。

（五）培养坚韧不拔的意志

实践证明，错误带给一个人的心理影响，比取得一次成功更为深刻，对于培养一个人的意志、品质具有特殊的价值。

每一个孩子在成长的过程中一定会犯各种错误，正如他们学走路会摔很多跟头。正是一次次跌倒、一次次爬起来这个成长过程，培养了孩子正视错误的人生态度、承认错误的勇气、改正错误的意志和毅力，从而形成了孩子坚韧不拔的意志品质。可以说，孩子犯错、纠错的过程，其实是他们不断进步的过程、勇敢地克服困难的过程，在犯错中越挫越勇、使自己更加坚毅的过程。

三 犯错：父母要发挥好纠错“方向盘”的作用

面对孩子犯错，父母如何看待、如何纠错、如何进行教育和引导，关系到孩子的人生之路是朝着正确的方向发展，还是滑向错误的方向。作为父母，一项重要的责任就是要对孩子的犯错进行及时纠正，让孩子不要偏离正确的道路。

（一）正确看待孩子犯错

孩子犯错，父母采取什么样的态度和方式来对待，对孩子的健康发展有着很大的影响。父母只有采取先进的教育理念来看待孩子的犯错，才能使孩子在犯错过程中得到成长。

对于孩子犯错，父母应注意从以下几个方面来正确看待：

要树立“犯错是孩子成长的一个必然过程，是孩子成长过程中的一种常态；孩子是在不断犯错、不断纠错过程中成长起来”这样一种科学的教育理念，保持一颗平常心去对待孩子的犯错，而不是看到孩子犯错便暴跳如雷、呵斥指责、厌恶烦躁、不可容忍，更不能把孩子犯错这一现象妖魔化。因此，父母对待孩子犯错，一方面要学会坦然地接受，另一方面要尽量帮助孩子克服缺点和错误，让孩子在犯错和纠错过程中成长起来。

要把孩子犯错看作是个“美丽的错误”。由于孩子年龄小、生活经验不足，往往是好心做错事。例如，孩子想帮父母做一些家务，却不小心把盘子打碎了、把环境弄脏了等。此时，父母不要只看到孩子这些错误的结果，而应看到错误背后孩子的那颗爱心和潜在的教育价值。

把孩子犯错看作是孩子成长的关键节点，促进孩子快速成长。美国教育心理学家奥苏贝尔说过这样一句话：“假如让我把全部教育心理学仅仅归结为一条原理的话，我将一言以蔽之：影响学习最重要的因素就是要探明学习者已经知道了什么，并应据此进行教学。”从家庭教育的角度，我们可以对这句话进行这样的推演——影响孩子发展的重要因素是孩子不知道什么是错。孩子之所以犯错，大多数情况是因为孩子不知道造成的。因此，通过孩子犯错这个关键节点，父母可以发现孩子知识经验的不足之处，及时给予孩子引导，从而促进孩子快速、健康发展。

包容孩子犯错，采取科学的方法纠正孩子的错误。孩子犯错后，不要采取简单、粗暴的打骂方式对待孩子，而是要了解清楚孩子犯错的原因，根据犯错的性质选择思想教育、方法指导、适度惩戒等不同纠错方式，让孩子在纠错过程中得到成长，而不能让犯错成为孩子成长的羁绊。

（二）区别对待不同性质的错误

孩子的错误具有不同的性质，一般分为原则性错误和非原则性错误。父母要注意根据孩子犯错的性质，采取不同的方式和方法来对待。

知识窗

原则性错误，就是指做人、做事侵犯了基本道德底线或公众原则的错误。对幼儿来说，打人骂人、不讲礼貌、故意伤害他人、故意损毁财物等行为就是原则性错误。

非原则性错误，是指做人、做事没有侵犯基本道德底线或公共原则的错误，如不小心撞倒了小朋友、不小心打碎了杯子等。

当孩子犯了一些原则性错误时，父母决不能姑息迁就、包庇纵容，要坚决、果断地采用一些适度的惩戒措施，彻底纠正孩子所犯错误，杜绝孩子今后再犯此类错误。父母一定记住，孩子在0~12岁这个阶段所犯的原则性错误，必须得到及时、彻底地纠正，并且纠正得越早越好；如果孩子在0~12岁这个阶段所犯的原则性错误，父母姑息迁就，孩子大了就会犯大错，甚至犯罪，到那时再去纠正就为时已晚。

当孩子犯了一些非原则性错误时，如适龄性错误、好心办错事的错误、学习中的错误、探究中的错误、劳动中的错误等，父母不要过分责备孩子，更不要惩戒孩子，而是要对孩子多加包容，有针对性地进行知识讲解和方法指导，让孩子从中学到知识、积累经验、掌握方法，从而学会求知、学会做事、学会劳动、学会创新。例如，一位妈妈给孩子买来了鱼缸和金鱼，孩子高兴地盯着鱼缸看小金鱼游来游去,不亦乐乎。午休后,妈妈发现鱼缸外有一条小鱼躺在小手帕上,死了。妈妈问孩子:“你怎么把小金鱼放到小手帕上呢?”“妈妈,我看到小金鱼一直游泳,担心它会累的，我让它跟我一起睡觉休息。”妈妈听后哭笑不得。妈妈首先表扬了孩子的爱心，又给孩子讲了“鱼儿离不开水”的科学道理。孩子听后，认识到自己做错了，他同时也了解到鱼儿呼吸原理的知识，相信他今后再也不会犯此类错误了。此外，下雨后，孩子因为贪玩故意踩雨水把鞋弄湿了、出于好奇拆卸玩具等，这些行为都是孩子在对世界进行不断探索，对孩子来说都是非常宝贵的经历。这些美丽的错误，对孩子来讲都是成长过程中的一个个关键事件，会对孩子今后的发展产生很大的影响。

（三）及时校正，引导孩子在犯错中成长

孩子犯错不可怕，可怕的是孩子犯错后没有得到父母及时的教育、引导、指正，从而失去了一次成长机会。因此，孩子犯错，父母不要用“树大自然直”的传统观念来对待，而应对孩子的错误及时进行教育和引导，让孩子从错误中吸取教训，在思想道德、经验方法等方面受到教育或启发，使孩子在品格、意志、知识、能力等方面得到提高。

（四）鼓励孩子大胆尝试

对于孩子学习、探究过程中的一些非原则性错误，父母应鼓励孩子大胆尝试，让孩子通过试错获得真知，进而学会发现、学会探究、学会创新。

有些父母担心孩子手脚不利索摔坏东西而伤到自身等，不让孩子参与家务劳动，不让孩子做自己喜欢的事情，不让孩子动这动那，这样看起来似乎保护了孩子和物品，但是，无形中却扼杀了孩子的动手能力，孩子的动手能力、思维能力、想象力、创造力和大胆尝试的精神等潜力错失被激活的机会。

一位鼓励孩子大胆尝试的爸爸曾这样介绍他的经验：“在儿子的成长过程中，各种因好奇而闯祸的事总是不断，最离谱的莫过于儿子在我电脑上做的‘试验’了。有一次，我用电脑时，发现软驱出现问题，软盘插不进去，好像里面有什么东西卡住了。找人拆开一看，里面卡了半截照片，是儿子 百天的纪念照。肯定又是宝贝儿子干的！问题是儿子为什么要把照片塞进软驱呢？一问，原来儿子曾观察到我经常在电脑上看照片，并且每次电脑一打开，电脑桌面上显示的就是我们的全家福照片，儿子来了兴致，就想把自己的照片也放进去看看。我笑了，觉得儿子的好奇水平又提高了。我给儿子演示了照片扫描、发送、显示等过程。电脑的神奇一下子就吸引住了儿子，儿子开始对电脑有了浓厚的兴趣，经常这摸摸、那问问。不到半年时间，儿子不仅学会了在电脑上打字、画画、听音乐、玩游戏，还学会浏览一些为儿童创办的网站。我想，孩子的每一次大胆尝试，都能够为孩

子提供一个认知发展的新的增长点。”

（五）善于发现孩子的优点

“发现”是家庭教育中父母的一项最重要的工作。父母要善于发现孩子有什么天赋和兴趣爱好，然后因材施教，为孩子的学习与发展找到一个正确的方向。

除了发现孩子的天赋和兴趣，还需要发现孩子成长过程中的问题和错误，及时做好校正、引导，让孩子始终走在一条正确的道路上。因此，父母要在日常生活中善于敏锐、及时地发现孩子的错误，不要忽视孩子的错误，即便是小错误也要认真对待。

总之，父母在孩子成长过程中一定要发挥好“方向盘”的作用，为孩子发展定好向、掌好舵，让孩子一生沿着正确的方向健康前行。

专家点评

犯错，是每一个人成长过程中都要经历的普遍现象，对于年幼无知的孩子更是如此。父母要做的就是善于发现孩子的错误，把孩子的每一次犯错都当作一次绝佳的教育时机，以包容的心态做好教育与引导，及时纠错，让孩子在犯错中成长起来，使其今后不再犯类似的错误，防止孩子犯更大的错误。

问题与思考

1. 为什么说“孩子在犯错中成长”？请您结合自己的成长经历谈谈对这句话的理解。

2. 孩子犯错后，父母如何处理有利于孩子的成长和发展？

让孩子适度试错，也是一种智慧

著名家庭教育家蔡笑晚有6个孩子，其中5位获得博士学位，1位获得硕士学位，因此他也被誉为“人才魔术师”。他曾经讲过一个让孩子试错的故事。

他的第四个孩子受到武侠片的影响想去少林寺学武术，蔡笑晚怎么劝孩子都不听，最后他决定尊重孩子的意见，让他去试试。他跟孩子说：“如果你真的要学武术，那就给我写一封决心书吧。”

孩子写完决心书后，蔡笑晚就跟少林武术学校的校长联系了，很快把孩子送到了武术学校，孩子当时并没有意识到学武术不是一件轻松的事情。当学了两个月后，孩子觉得太苦了，想回家。

蔡笑晚说：“你不能回来，你必须要坚持下去，否则你就是对自己的人生选择不负责任，这样会对你以后的成长非常不利。”在父亲的要求下，孩子坚持了一整个学期。

一学期后，蔡笑晚再问他：“你是想继续学武术呢还是想读书？”孩子说：“我想读书。”于是蔡笑晚语重心长地说：“学武术要有基础，学武术的孩子一般都出生在武术世家，从小就开始这方面的培养，不是说谁想学武术就都能成为武林高手。”

听父亲说完后，孩子点了点头，他认识到自己当初的选择是错的。有了这次教训后，他很快成为一个优秀的学生，顺利地考上了重点高中，大学毕业以后被美国著名大学录取为博士生。

白岩松曾说：“如果成长永远是一个模式，顺理成章、洁白无瑕、阳光灿烂，那不是成长。成长应该是立体的、真实的，虽然不断犯错误，但只要不出格，守住底线就行。”

专题四　适度惩戒：教育的重要组成部分

惩戒和赏识都是教育的重要手段，就像鸟儿的一对翅膀，缺一不可。中国青少年研究中心家庭教育首席专家孙云晓教授曾说：“没有惩罚的教育是不完整的教育，没有惩罚的教育是一种虚弱的教育、脆弱的教育、不负责任的教育。”

父母在日常家庭教育中，要以赏识教育为主，以惩戒教育为辅。当孩子有进步时，父母要及时地赞赏、表扬；当孩子有了缺点或犯了错误后，父母也要及时合理地惩戒督促其改正。

惩戒是指通过处罚来警戒。

惩戒教育，从家庭教育的角度，是指家长对孩子的犯错行为进行管理、训导或者以规定方式予以矫治，促使孩子认识和改正错误并引以为戒的教育行为。

一　惩戒：不可缺失的教育

对孩了的教育，我们倡导以表扬和鼓励为主，但绝不是不惩戒。当孩子犯错后，惩戒教育与提醒、规劝等教育手段一样，是不可或缺的。

美国弗吉尼亚州一名 10 岁的小学生，因为欺凌同学被学校惩罚 3 天不能乘坐校车。这名小学生的爸爸，没有直接打骂儿子，而是要求儿子一周内每天早上从家跑步 1.6 公里去上学。

当儿子跑步上学时，爸爸便会开车跟在儿子身后，观察他跑步的过程。整整一周的时间，爸爸都会在 FaceBook 上进行直播打卡，记录对儿子犯错后的惩罚。

爸爸在直播时向网友解释自己的做法：自己完全不能容忍儿子欺凌别人，所以要给他一点教训，并笑着说："他跑步速度不错，大约是每小时3公里。"他又提到由于儿子曾经十分粗鲁地对待别人，所以即使现在正在下雨，仍然要求儿子在雨中跑步。

这位爸爸说自己教育儿子的方法虽然很古老很直接，但惩罚儿子的方式十分健康，因为儿子被罚的是跑步，又说"如果你不知道怎么教育孩子，你看这个就知道了"。这位爸爸希望儿子可以从这次的事件中接受教训，不再欺负同学。

整整一周，这位爸爸坚持用这种方式惩罚他的孩子。这位爸爸在直播最后说道："自从儿子开始跑步上学后，行为已经大大改善，这周孩子不再惹事了，老师都夸他表现好了。""父母教育孩子的时候，不要变成朋友的姿态，要以父母的姿态（教育），如今的孩子们需要这种教育方式。"网友纷纷点赞支持："如今太多小孩都不懂得尊重人了，这种教育方式不错！""这才是正确的教育方式！"

从这个案例我们可以看出，当孩子犯了错误后，对其进行适当的惩戒是十分必要的。

体罚，是指对人身体的责罚，特别是通过造成疼痛来进行惩罚或教育的行为，可以表现为打屁股、打手心、罚站、罚跪、鞭打等。

惩罚，包括体罚和其他方面的处罚。

惩戒，惩罚、劝告，是指惩罚过错的同时进行批评教育，警戒将来，旨在制止和预防错误的再次发生。

惩戒的重要教育价值

惩戒，是一种纠错机制，它可以纠正一个人在成长道路上的偏航问题，对于保障孩子的健康成长具有重要的教育价值。

（一）惩戒是不可或缺的激励方式

激励是教育的重要手段之一。激励包括正激励和负激励，这两种激励相辅相成，从不同的角度对人的行为起强化作用。正激励特指对激励对象的肯定、承认、赞扬、奖赏、信任等具有正向意义的激励；负激励特指对激励对象的约束、冷落、批评、惩罚等，通过对人的错误动机和行为进行压抑和制止，促使其幡然悔悟，改邪归正。惩戒这种负激励教育是教育中不可或缺的一种激励方式。

（二）正确的惩戒可以促进孩子健康发展

一个人在成长过程中没有不犯错的，小孩子更是如此。惩戒能够及时纠正孩子的错误，使其走上人生的正确轨道。

孩子犯错后为什么要惩戒？我国著名青少年犯罪心理研究专家李玫瑾教授认为：早轻罚比晚重罚好。她说：“人在成长过程中，要形成一些东西，除了爱之外，还要有敬畏。如果孩子违法了，惩罚实际上是一种保护，让他知道怕，知道后悔，以后再也不敢了，真的让他不敢了才是保护他。”

（三）正确的惩戒可以促进孩子的社会化

孩子的成长过程是一个由自然人向社会人转化的社会化的过程，即不断认识、了解社会规则，适应社会生活的过程。在这个过程中，孩子由于无知、顽皮等原因会出现一些损害他人利益和违反社会规则等问题，对孩子及时进行惩戒，使孩子“吃一堑，长一智”，接受教训，并使之由自然人转化为社会人，能帮助他成为一个融入社会、对社会有益的人。

（四）正确的惩戒有利于培养孩子良好的品格和习惯

孩子在成长过程中，经常会出现一些不良行为和不良习惯，例如粗心大意、做事马虎、打人骂人、不讲礼貌等，通过对孩子这些不良行为和不良习惯进行惩戒，充分发挥惩戒所具有的矫正和威慑两大功能，在不损害孩子身心健康的前提下，对孩子施加一定的外力约束，使其认识到自己的过失，促使其改变错误，能达到养成良好品德和良好习惯的目的。

三 科学惩戒，才能起到教育作用

纠正孩子的错误行为，惩戒是一种很重要的教育手段。但是，对孩子犯错进行惩戒，必须注意惩戒的科学性，否则会适得其反。

合理的惩罚制度不仅是合法的，而且也是必要的。这种合理的惩罚制度有助于形成学生坚强的性格，能培养学生的责任感，能锻炼学生的意志和人格，能培养学生抵制引诱和战胜引诱的能力……适当的惩罚，不仅是一个教育者的权利，也是一个教育者的义务。

——马卡连科

（一）教育为主，惩罚为辅

没有惩罚的教育是不完整的教育，没有赏识、鼓励的教育是不正确的教育。教育孩子应当以赏识、表扬、鼓励为主，惩戒为辅，二者应有机结合。

家长对孩子的教育，主要是以思想教育为主，惩罚只是一种特殊的辅助手段，不可把惩罚作为主要的教育手段。在惩罚孩子时，也是要辅助以思想教育，不可仅仅惩罚了事，为惩罚而惩罚。著名儿童心理学家布鲁诺·贝特尔海姆先生认为："大人们利用孩子们对于惩罚的恐惧心理可以一时限制他们做不该做的事情，但是却不能阻止他们去这样做。"如果孩子经常受到家长的惩罚，则会出现这样一种现象：孩子受惩罚的次数越多，他们对父母的尊重越少。惩罚的效果反而会越来越差，到最后甚至毫无作用。

（二）惩戒，要让孩子感受到父母的爱

“没有敌意的坚决”这一理论，是美国心理学家科胡特提出的，指父母在拒绝孩子的不合理要求时，要坚决地拒绝，但没有敌意。

惩戒孩子，要让孩子感受到这是对孩子的爱，这是一种特殊方式的爱，是为了防止孩子走上歧路，确保孩子成长为一个优秀的孩子。

（三）惩戒前要做到“三问”

孩子犯错后，很多家长往往不问青红皂白就打骂孩子一顿，很多时候会冤枉了孩子，达不到教育的效果。正确的做法是，在孩子犯错后、实施惩戒前，做到以下“三问”：

一问犯错的原因，让孩子解释清楚为什么犯错。

二问犯错的感受，例如，打小朋友时，孩子是什么感受？换位思考一下，被打的小朋友是什么感受？

三问对犯错的认识，知不知道自己犯了错误？该不该受到惩罚？

三问之后，再对孩子进行适度的惩罚，一是体现了民主、尊重；二是事实清楚，不会发生“冤假错案”；三是让孩子对惩戒心服口服。

（四）惩戒前要做到“三讲”“二示”

家长对孩子的教育，必须渗透在日常生活中的一点一滴、一言一行中，这就需要家长在孩子犯错前和惩戒孩子前做到“三讲”和“二示”。

“三讲”包括以下内容：

一是讲明惩戒的原则。在日常生活中，家长要经常给孩子讲一些做人、做事的基本原则，如“不偷、不抢、不打人、不骂人”的“底线原则”，突破底线的错误必须严厉惩罚；“事不过三”的原则，让孩子知道犯错一次、两次可以原谅，三次必须惩罚等。当孩子第一次犯错时，告诉他“这是第一次”，当第二次犯错时，告诉他“这是第二次”，最后告诉他，事不过三，如果再犯就要实施处罚，让他

自己掂量。和孩子讲明这些原则，当孩子违反这些原则时会甘愿受罚。

二是讲明犯错的后果。孩子犯错后，家长要向孩子讲明后果的严重性，让孩子知道错误的严重程度，这样，在惩罚孩子时，孩子会甘愿受罚。例如，孩子发脾气故意摔东西，父母首先要讲明这样做的后果：一是摔坏东西会造成一定的经济损失；二是会养成性格暴躁、爱发脾气、情绪化的暴躁型人格，今后会一生气就摔东西，不利于良好人格的培养。

三是讲明为什么要惩罚。不少孩子挨了父母一顿打后感到莫名其妙、不明所以，这就难免下次又犯同样的错误。因此，孩子犯错后对其进行惩罚，父母一定要向孩子讲明为什么要惩罚他，让孩子知道惩罚的原因和今后应该怎么做，懂得父母的惩罚是合理的、公正的，并从中吸取教训。这样，有利于孩子接受惩罚和改正错误，并有利于防止孩子再犯此类错误。

“二示”包括以下内容：

一是暗示。当孩子犯了错误时，家长要及时从表情和语言上给予孩子暗示，他会从父母的语气、音调、表情、态度中觉察出父母对他行为的不满、伤心和失望。一个爱父母的孩子，会为了重新得到父母的喜欢和爱，而改正自己的错误行为。

二是警示。当孩子犯了错误时，家长要及时给予孩子警示。例如，孩子如果拿起东西要摔时，告诉他如果不立即停止，会受到严厉的惩罚，让孩子知道犯错的后果。

信息链接

如何惩罚孩子是一门艺术。很多家长在惩罚孩子时，存在很多误区。

1. 惩罚就是体罚。孩子犯了错，有一些家长不问青红皂白就是一顿打骂，用打骂代替对孩子的教育，认为对孩子惩罚就是打骂。

2. 为惩罚而惩罚。很多家长把惩罚当成目的，为惩罚孩子而惩罚孩子。其表现为一事多罚、无原则惩罚、把惩罚当成唯一的方法等。

3. 未告知后果的惩罚。孩子心智尚未成熟，对一些行为往往不知道其严重后果，如玩火、玩电插座等，很多家长往往未告知孩子这种未知后果的犯错给予惩罚，让孩子感到莫名其妙，有一种被冤枉的感觉。

4. 惩罚量度不当。存在惩罚过重或惩罚过轻的问题：过重，对孩子造成身心伤害；过轻，对孩子的错误只口头批评，没让孩子承担应有的后果，教育没有效果。

5. 惩罚与犯错不相关。孩子考试没有考好，爸妈狠狠地进行了批评，还不准看电视，不准出去玩，取消原定的旅游活动……这样的惩罚，与孩子的错误不相关，孩子不容易接受，惩罚没有实现应有的教育效果。

6. 惩罚不及时。很多家长对孩子的错误没有及时地进行纠正或惩罚，错过了教育的最佳时机，不利于孩子改正错误。

7. 惩罚对人不对事。看到孩子犯错，有的父母性子很急，容易情绪失控，往往就会恶语伤人，对孩子进行人身攻击，从品质上否定孩子的全部。这样的惩罚方式没有着眼于具体的事，而是全盘否定孩子，对人不对事，非但解决不了问题，还容易激化矛盾。

8. 惩罚不分场合。有些家长在惩罚孩子时，往往不分场合，不顾及孩子的自尊心。另外，还有惩罚标准不一、前后不一致、讽刺挖苦等不正确的惩戒行为。

（五）惩戒时要做到“四适”

一要适时。就是孩子犯错后必须即时惩罚。在孩子犯错误时“即时惩罚”效果最好，能够让孩子把过错和愧疚联系起来，加深对过错的记忆和认识。如果过一段时间在孩子忘记过错后再惩罚孩子，教育效果不好。

二要适当。家长在惩罚孩子时一定要控制好情绪，切忌在惩罚时失了分寸，过度打骂、挖苦、发泄情绪等，不适当的惩罚会适得其反。惩罚是为了让孩子改正错误，在惩罚时失了分寸，伤及孩子的自尊心就很难收获孩子的信任。

三要适量。孩子犯错后，首先要根据错误的性质进行适量的惩罚，不可过度惩罚。例如，你批评孩子时，孩子翻了一个白眼，你就狠狠地给了孩子一个耳光，这样就有点过度了，让孩子感受不到你的爱。其次不要造成身体伤害。

四要适宜。一是对孩子惩罚的场合要适宜。一般情况下，尽量不在公共场合惩罚孩子，要保护孩子的自尊心。二是要因材施教，根据孩子的个性实施惩罚。一般来说，对待性格内向、胆怯、敏感的孩子，应谨慎使用惩罚，必须惩罚时力度也要轻一些，以防给孩子造成精神创伤。

（六）惩戒时要对事不对人

孩子犯错后，父母要就事论事，针对错误去惩戒孩子，与错误无关的方面不要涉及，不要上挂下联，更不要对孩子进行揭短、谩骂、恶语伤人等人身攻击，特别是不要与孩子的个性、品质联系起来进行全盘否定，这样容易伤害孩子的尊严和自信，不利于纠正和改正错误。如孩子不小心打碎了餐具，父母只需提醒今后要小心一点，不要说侮辱孩子人格的话，更不能在孩子身上撒气，因为不对事而对人的做法，很不利于孩子接受和改正错误。

（七）惩戒后要做到“六不”

不可即时安慰、道歉。惩罚孩子后，父母即时安慰、道歉，会让孩子感到委屈，造成孩子认为自己没有错误，是父母的错误，导致惩罚无效，不利于孩子改正错误。惩罚较长一段时间，可以在教育的同时适当给予安抚，告诉孩子父母是真心爱他，惩罚他是希望他学好。

不可即时奖赏。孩子犯错受到惩罚后，父母看到孩子哭得很可怜，马上用奖赏的方法去哄孩子，这样不利于孩子纠正错误。父母这样做，其实成为对孩子错误的一种奖励行为，也就是在无形中肯定了孩子的错误行为，会导致孩子的认知产生偏差，这会使之前的惩罚变为无效。如果孩子能改过，应该立即赞美，让他感受到父母之爱的惩罚才有意义和效果。

不可挖苦讽刺。挖苦讽刺,容易伤害孩子的自尊心。惩罚应以尊重孩子人格、不伤害孩子自尊心为前提。所以要避免态度粗暴、生硬地讽刺、挖苦孩子。

不可标准不一。惩罚要前后一致，这样能够使孩子知道无论何时犯错误都要受到惩罚，不会产生侥幸心理；惩罚的标准要统一，父母不能随着自己的情绪而改变。标准不一致，会让孩子产生错觉，会让孩子不知所措，甚至表里不一，看父母眼色行事。

不可不一致。一致性原则，是家庭教育的一项基本原则。惩罚孩子时，父母应掌握好惩罚的力度并保持一致，这样能够使惩罚有一定的教育效果；如果不一致，惩罚不仅没有达到预想的效果，还会起到反向作用。

不可说再不惩罚孩子。孩子犯错受到惩罚后，父母看到孩子一副可怜巴巴的样子，会心疼，还会后悔，往往会向孩子发誓今后不再惩罚孩子，这不利于孩子认识自己的错误。

（八）惩戒的方式要科学

孩子犯错后，有些家长会采取关禁闭、恐吓、打骂等不科学的方式惩罚孩子。孩子犯了错误，对孩子进行惩戒是可以的，但必须注意其科学性。只有采取科学的惩戒方式和方法，才会达到纠正错误、预防再犯的教育目的。否则，会适得其反。

（九）美丽的“错误”不予惩戒

孩子的成长过程，是一个不断学习、探索、发现和积累的过程。在这个过程中，往往会出现许多美丽的“错误”，家长对这些美丽的“错误”不要进行惩戒。

一是适龄性“错误”。即孩子在他的年龄正常的行为，但对于一个更大的孩子或成年人来说就是不当行为。比如尿床是婴儿的正常行为，刚学走路的孩子摔跤，年龄小拿不住东西而把东西摔碎了，大声哭叫也是婴儿表达自己不同需求的唯一方式。这时候父母能做的只有全心全意地呵护孩子，及时回应和满足孩子的需求。这样才能充分建立孩子的安全感，让孩子在温暖有爱的氛围中成长。

二是探究性“错误”。即孩子为了自己的成长发展而产生的不当行为。如孩子下雨后故意踩雨水把鞋弄湿了、拆卸玩具等行为，都是孩子在对世界进行不断的探索。这些可能在父母看起来不当的行为，对孩子来说却都是非常宝贵的经历。父母应该尽可能地支持孩子的探索行为，只是要保证孩子的安全，在孩子能够理解的情况下，帮助孩子学会避免造成对自己和别人的伤害。

三是失误性“错误”。孩子常常在无意中造成失误性“错误”，如写作业粗心、踢球时不小心把玻璃窗砸了，这些行为不是孩子故意犯错。针对这种失误性“错误”，父母要告诉孩子，一个人会发生一些失误，但我们需要从失误中吸取教训，避免以后再犯同样的错误。比如踢球不小心打碎了别人家的玻璃，可以反思的问题有：怎么保证自己和别人的安全？如何承担责任，包括向邻居道歉、赔偿以及需要承担的经济损失？怎么在以后不再犯同样的错误？

四是学习中的“错误”。孩子在学习中出现的问题，如孩子学习拼音、弹奏钢琴出现错误等，不要惩罚孩子，而是要分析孩子出现错误的原因，教育孩子注意改正即可。研究表明，在培养孩子智力方面，无论是出于什么原因，父母都不能使用体罚的方式，因为这种处理方式已经被证明对孩子是无益的。

五是劳动中的“错误”。比如擦桌子不小心把杯子碰到地上摔碎了、孩子想自己拿牛奶喝却不小心打翻了等，这时就要先教会孩子怎么避免被玻璃划伤，和孩子一起清洁弄脏的桌子和地板，再教会孩子怎么做事、怎样正确地端杯子喝牛奶。

六是好心办坏事的“错误”。在日常生活中，有些孩子为了帮父母减轻负担，却常常帮了倒忙，这时，做父母的不能因此就冲孩子发火、指责孩子，应先看看孩子的动机是什么，对孩子好的出发点先表扬，再细心教导他错在哪里，将孩子引导到正确的方向。每个孩子都愿意听表扬的话，这样孩子也不失自尊，孩子以后还想继续帮家里做事，也不再惧怕了。

专家点评

惩戒和赏识是一对矛盾，它们既统一又对立，在矛盾中推动着教育的变化和发展。

惩戒行为是一种教育手段，它和鼓励、赞扬等教育手段共同依存，就像鸟儿的一对翅膀，缺一不可。如果家庭教育中缺少了惩戒，那么家庭教育的效果就会大打折扣。

孩子从0岁到18岁，是一个从不知走向成熟的阶段。正确且适当的惩戒教育有利于孩子认识错误、改正错误，从而养成良好的品德和行为习惯。

实施惩戒时，父母要谨言慎行，掌握好惩戒的度，这是惩戒发挥教育作用的一个重要前提。

问题与思考

1. 为什么要对孩子进行惩戒教育？请谈谈您对惩戒教育重要性的一些独特见解。

2. 从对孩子终身发展有利的角度，您认为应该对孩子进行哪些方面的惩戒教育？

专题五 过度比较：难以产生正向激励作用

“别人家的孩子”是许多孩子在成长过程中一个挥之不去的比较对象。当孩子顽皮时，父母会说“别人家的孩子”如何乖巧；当孩子学习成绩不理想时，父母会说“别人家的孩子”每次考试都名列前茅……许多父母总是拿“别人家的孩子”的优点比自家孩子的不足，如比学习、比习惯、比性格、比才艺……比来比去，“别人家的孩子”总是十全十美的，而自家孩子总是有种种缺点、不足——学习不好、习惯不好、好吃懒做、任性不听话、才艺不突出……

没有一个孩子愿意承认自己比别人差，他们希望得到大人的肯定，孩子对自己的认识也往往来源于成人的评价。

——苏珊·福沃德

信息链接

《中国青年报》社会调查中心联合问卷网对 2009 名受访者进行的一项调查显示，90.6% 的受访者称自己身边的家长对孩子的要求和期望较高，83.4% 的受访家长称会拿自己的孩子跟“别人家的孩子”进行比较。

比较是评判人与人、事与事之间异同的一种逻辑方法，其前提条件是必须运用科学的方法进行比较，如果比较的方法不科学，就会起到反作用。父母在拿“别人家的孩子”和自家孩子比较的过程中，常常会用优比差、过度比较和偏重结果比较，这样的比较不仅不能产生正向激励作用，反而会适得其反，产生负面消极的影响。因此，父母不要两眼只盯着“别人家的孩子”的优点和自家孩子的不足，要认识到这种不科学比较的危害性，学会如何进行科学比较，学会如何激励孩子，让比较成为激励孩子发展的一种动力，这样才有利于孩子的健康发展。

 “别人家的孩子”：无法实现的目标

家长在拿“别人家的孩子”与自己的孩子进行比较时，往往将不同“别人家的孩子”的优点全数投射到自家孩子一个人身上进行对比，而这成为孩子童年的噩梦，因为孩子永远无法实现这个永不满足、难以企及的目标，而是生活在“别人家的孩子”的阴影之下，承受着父母无法理解的压力和痛苦。

“爸爸，我走了，你不用找我了，以后我不认识你，你也不认识我，你不该有我这样的儿子，再见了，爸爸！”

这是2020年4月4日南京六合区一名小男孩天天（化名）给家人留下的纸条。他离家出走了，家人四处寻找无果后，无奈报警求助。

南京市六合公安分局冶山派出所接到男孩的父亲汪先生报警，他下午5点发现儿子不见了，寻找后在房间内发现了一张“离家出走”的纸条。汪先生表示白天自己因为学习问题批评了天天，没想到孩子就趁家人不注意跑了。

随后，在掌握了天天的体貌特征后，派出所立即组织值班民警和辅警分两个工作小组开展寻人工作，一组对孩子关系较好的人员和活动场所进行走访，另一组通过辖区监控对孩子离家出走后的活动轨迹进行追踪。

经过分头努力寻找，终于在辖区的一处街道上发现一名小男孩。得到这个消息后，民警立即会同辅警一同前往，民警经现场比对身份信息，确定这名小男孩正是负气离家出走的天天。

经了解得知，天天今年13岁，因为自己的学习成绩不是很理想，父亲责备了几句，加上不满父亲一直以来较为粗暴的管教方式，其心理压力比较大，内心经过一番较量，这才一气之下离家出走。“他（爸爸）觉得我这不行那不行，还经常拿我和别人家的孩子做对比，他不喜欢我，我就

走。”天天向民警诉说着自己的伤心事，最后在民警的劝说开导下，天天最终打消了离家出走的念头，并答应回家。随后，民警把天天送回家中。汪某见儿子平安无事，悬着的心也终于放下了。

经过民警的现场教育和劝慰，父子间的矛盾终于化解。汪某也意识到自己的教育方式不对，对孩子不能一味指责、盲目对比，称以后一定主动与孩子交谈，倾听他的心声，不会再让类似的情况发生。

从这个案例我们可以看出，经常用“别人家的孩子”进行比较对孩子的伤害很大。

2019 年 2 月 21 日下午，深圳市宝安区一名 13 岁男生坠楼身亡，并且留下四封遗书。给爸爸、妈妈的遗书中写道：“爸爸、妈妈，我知道你们不喜欢我，我走了，请不要伤心难过。”给爷爷、奶奶的遗书中写道：“最放心不下的就是你们两个。”并说自己是因为无法达到爷爷、奶奶的期望，所以对生活丧失了信心。

从这个案例中我们可以发现，父母、长辈对孩子寄予过高的期望，孩子无论怎么努力都没有办法达到，并且因为长时间得不到父母的认可，认为父母不喜欢自己，导致自己都否定了自己，对自己产生了质疑，对生活失去了希望，而选择了自杀。

知识窗

社会比较，是一个社会心理学名词，指的是个体就自己的信念、态度、意见等与其他人的信念、态度、意见等做比较。

在社会比较的过程中，适当的背景因素是不可缺少的，只有当有关的背景因素相当时，比较出来的结果才有意义。然而，人们出于自尊需要往往会选择与背景不同的人做比较，以得出合乎己意而有偏差的结论。

“别人家的孩子”：给孩子心灵造成伤害

父母总拿“别人家的孩子”身上的某些优点、特长来对比自家孩子身上的某些劣势、短处，这种不科学的比较，不仅不能实现父母想要的那种“给孩子树立榜样、激励孩子进步”的教育效果，反而给孩子的心理造成极大的伤害，对孩子身心健康发展产生一系列的消极影响。

（一）产生自卑感，否定自己

父母经常拿“别人家的孩子”的优点和自己孩子的缺点做对比，让孩子总感到处处不如其他孩子，自己在父母眼里都是缺点。这样的比较，会使孩子的自尊和自信大为受损，感到自己无论哪方面都不如父母所说的那个“别人家的孩子”，从而产生一种强烈的自卑、绝望和无助的心态，甚至失去了对生活和学习的信心。例如，媒体人李小萌在节目中曾提到，自己小时候是一个偏低自尊的人。这源于小时候爸爸带她参加一项活动，回来的时候，爸爸对妈妈说：“别人家的女孩都像花蝴蝶一样漂亮，可爱活泼，咱们女儿又黑又瘦的，缩在一个角落里。”这句话深深地刺痛了她幼小的心灵，原来自己给人的印象是又黑又瘦。从此，这个“又黑又瘦”“缩在一个角落里”的形象，让李小萌背负了好多年。

（二）产生被嫌弃、不被爱的心理

父母经常说的“你看别人家的孩子”这句话，压倒性地入选“未成年人最不喜欢家长说的 5 句话”。可见，孩子们对父母喜欢拿“别人家的孩子”和自己做比较非常反感，有很多孩子会直接反驳父母：“你喜欢人家孩子，那让他做你的孩子好了！”孩子对父母口口声声夸赞“别人家的孩子”，直接的理解是父母不喜欢、不接纳自己，从而产生一种被父母嫌弃、父母不爱自己的心理，造成孩子与父母的感情隔阂，从而导致父母与孩子之间很难建立起温暖而亲密的关系。例如，前面所述的两个案例，都是由于父母不恰当地拿“别人家的孩子”和自家孩子做比较，让孩子产生了父母不喜欢自己的错觉而离家出走甚至自杀。

信息链接

2019 年 5 月 31 日，中国社科院新闻与传播研究所等机构联合发布的《青少年蓝皮书:中国未成年人互联网运用报告（2019）》显示，孩子最不喜欢家长说这 5 类话：

催促学习：“快去学习 / 快写作业”；

同龄比较：“你看别人家的孩子 / 你看看别人”；

娱乐限制：“不许看手机 / 不许看电视 / 不许玩游戏”；

直接否定：“真没用 / 笨”；

其他：“一天到晚就知道玩”……

这些话都是在否定、不尊重孩子，家长在说这些话的时候，没能考虑孩子的感受，不利于亲子关系的良性互动。

（三）产生不良竞争心理

父母经常以自己孩子的好朋友、同班同学等“别人家的孩子”与自己的孩子进行比较，这样会让孩子有一种强烈的不安全感，产生不健康心理。一是孩子觉得不管自己怎么努力，永远都有比不完的“别人家的孩子”，永远都达不到父母心中的要求时，就会对自己失去信心，甚至会因为过度的自卑而导致不敢与他人接触，不愿意和同学、朋友交流，更不愿意和父母交流，变得自闭不爱说话。二是会导致孩子视同学为竞争对手，而非潜在的合作伙伴，还会产生一些嫉妒、仇视心理，造成与同学、同伴之间关系的裂痕。心理学研究发现，儿童时期父母拿“别人家的孩子”的优点来与自家孩子的不足进行比较，会促使孩子用是否打败别人来衡量自己的价值，并且会刻意疏远与他相比较优秀的对象，无法接受周围的同伴比自己优秀，处理不好与同学、同伴的关系。经常被别人比下去的孩子，可能会对对方怀恨在心，产生嫉妒甚至报复的心理，这是非常危险的。

（四）产生逆反心理

当父母总是强调孩子不如同伴、同学等“别人家的孩子”时，经常得不到父母认可的孩子会有一种被打击的感觉，觉得自己努力学习毫无意义，慢慢地对学习失去兴趣，甚至会对父母失去好感，长此以往产生厌烦父母的心理，甚至会形成逆反心理。比如孩子会想“他那么好，你让他做你的儿子好了”，“我就是烂泥扶不上墙，我就这样了”，或者产生“破罐子破摔”的表现，以发泄自己的不满。一项有关亲子关系的心理学实证研究发现，当父母期望过高时，子女会因自身力所不能及，更容易产生压力大、痛苦、羞愧以及愤怒等负面情绪，与父母交往过程中会表现出更多的对立、反抗等行为，加剧冲突化和亲子之间产生疏离。

（五）产生错误的自我认知

父母拿“别人家的孩子”来和自己孩子进行比较时，孩子会意识到自己不如别人，内心很可能会产生一种落差感，于是，为了得到父母的认可，他们自己也许会想办法努力提升或改变。孩子越是不断学习、认同“别人家的孩子”，满足父母对他的期待，就越会失去对自身真实角色的感知与发现，产生对自己个人的内部状态和外界环境以及两者之间不一致的认识，失去发现和探索真实的自我的眼睛，导致儿童自我异化，阻碍儿童自我认同的发展进程。例如，《少年说》中有一期节目，看后让人感触颇深。一位学霸男孩登上天台喊出自己的委屈：“每次我数学考满分，我妈妈却总是说‘很正常，比你厉害的孩子多了去了’。随着自己成绩的不断提高，妈妈的要求也越来越严苛，要求逐渐增高。”面对儿子的哭诉，台下的妈妈回应道：“我就是怕你骄傲，想让你更加努力。”男孩哭着说：“但你也不能只看我的短处，不看我的长处啊！”可见，这样的比较让孩子感到自己永远不如“别人家的孩子”，影响孩子对自己全面、正确的认知。

三 少看“别人家的孩子”，多看自己家的孩子

教育研究和实践证明，父母经常拿“别人家的孩子”的长处与自家孩子的短处比，不仅不能让孩子变得优秀，甚至会导致孩子朝越来越糟糕的方向发展。可见，父母这种教育方式是不科学、不可取的。那么，父母应该怎样正确地对待孩子呢？采取什么样的比较方式才是正确的呢？

（一）少比

父母在教育孩子的过程中，要尽量少拿“别人家的孩子”的长处与自家孩子

的短处比，因为自己的孩子与“别人家的孩子”在遗传基因、家庭环境、教育环境、生活经历等各个方面并不相同，孩子的起点都不在同一条起跑线上，可以说没有可比性，对二者进行比较必然是不科学的。

作家丹·格林伯格在《让自己过上悲惨生活》一书中诙谐地揭示了比较对我们的影响。他“建议”读者如果真的想过上悲惨生活，就去与他人做比较。以他人（周围的人更容易发生对比）为标准，利用他人作为比较的尺度，来进行自我评价，本质上看并没有错，但要看怎么比、比什么、和什么人比。在比较的过程中，适当的背景因素不可缺少。因为，只有当有关的背景因素相当时，比较出来的结果才有意义。然而，人们出于自尊原因往往会选择背景不同的他人做比较，以得出合乎己意而有偏差的结论。

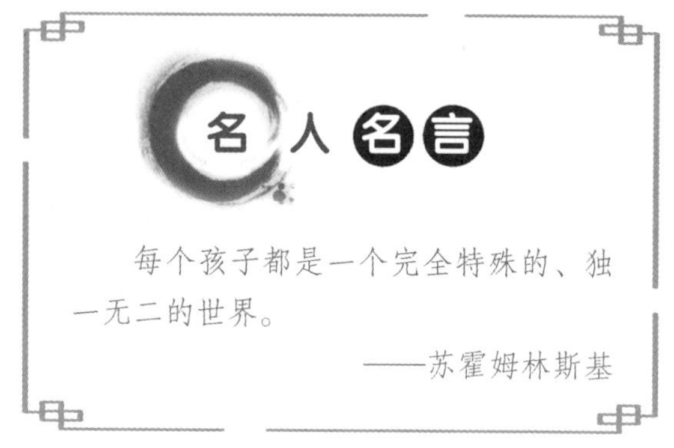

（二）会比

我们反对父母拿“别人家的孩子”的长处与自家孩子的短处比，不是绝对地不做任何比较，而是提倡尽量少比，并且要“会比”，即进行科学的比较。

那么，怎么拿“别人家的孩子”和自家的孩子比是科学且具有激励作用的呢?

要比形成差距的原因、过程。父母在拿“别人家的孩子”和自家孩子进行比较时，不要只是去比结果，更重要的是去研究“是什么原因造成的差异”“人家是用什么方法去学习的”“人家怎么努力的”，这样，让孩子学有方向，有利于孩子找出与人出现差异的原因，努力改正自己的不足，不断提高自己的学习与发展水平。例如，邻居家孩子钢琴练得好，自家孩子钢琴练得不怎么样，父母不能这样说：“你看看邻居哥哥钢琴弹得多好，你看看你，弹成这样?”而应该这样说：“邻居哥哥最开始学钢琴的时候，也着过急、流过泪，现在弹得这么好，是因为他每天都坚持练习 1~2 小时，几乎没有间断过。如果你也每天坚持练琴，一样也会弹得很好。”这种比较方式就是把别人努力和进步的过程呈现出来，实际上是展现了一个人如何超越自我的过程，能给孩子传递一个正面的信息。

不仅仅是比不足，更要比优点。父母在拿“别人家的孩子”和自家孩子进行比较时，不要只是比不足，更要比孩子的优点，全面、客观地去评价孩子，让孩子能够正确地认识自己，增强自信心，扬长补短，努力进步。积极心理学之父马丁·塞利格曼曾说：“一个人的成就和幸福的核心在于发挥他的优势，而不是纠正他的弱点。”在与“别人家的孩子”做比较时，父母看孩子的角度可以转向“优势视角”，从看自己孩子的“弱势和缺陷”转变为看“优势和长处”，从孩子擅长的方面入手，从而带动其他方面朝着好的方向发展。当孩子真正感受到自己被父母欣赏和接受时，他才会从此起步，开始思考自己要做出怎样的改变，希望如何成长，如何发挥更大的潜能。

从来不对孩子说，他比别的孩子差。
——戴维·刘易斯

用鼓励代替比较。父母在拿“别人家的孩子”和自家孩子进行比较时，将那种消极的“你看人家比你强”“你真差劲,怎么不如人家”等攻击性语言改为积极、鼓励的语言：“我相信，只要你努力，你也可以”“我觉得你也能行”，鼓励更能够保护孩子的自尊心、激发孩子的自信心。

避免在公开场合做无谓比较。集体评价在每个孩子心中都占有很重要的地位。孩子有着强烈的羞耻感和自尊心，内心希望得到父母和大家的认可。如果父母当着其他家长和孩子的面，宣扬自己孩子的缺点，孩子会体验到强烈的羞耻感。正如费斯汀格所说，社会比较是人与人相互作用过程中不可避免的一种社会心理现象。父母也是平常人，完全不跟别人家的孩子进行比较也是不可能的，但是应注意不要当众进行比较，可以在家里跟孩子开诚布公地讨论与其他孩子的差距，并深入讨论分析造成差距的可能原因，对孩子的发展提出具体的指导意见。

（三）与孩子自身比：比努力、比进步

对孩子进行比较，正确的比较方法是从孩子纵向发展上，拿孩子的现在与过去相比较，比较孩子今天是否比昨天更加努力了、更加进步了，让孩子体验到通过自身努力带来不断进步的喜悦和自豪感，同时也发现自己的不足，激发自己不断努力进步。父母应该告诉孩子他是独一无二的，不需要跟任何人做比较，只要今天比昨天进步，那就足够了，我们永远需要做的只是超越自己，而不是别人。正如海明威在《真实的高贵》中所说的一句名言："优于别人并不高贵，真正的高贵应该是优于过去的自己。"

父母在对孩子进行纵向发展过程的比较时，要注意放在发展目标和发展过程上，让孩子体验在实现目标过程中的愉悦感，让孩子感受自己离目标越来越近的成就感，孩子能从中得到更多快乐和自信，如果实现了目标，孩子就做到了"自我实现预言"，这将促使孩子取得更好的成绩。哪怕孩子暂时达不成目标，也应关注和肯定孩子在此过程中所付出的努力。

（四）多比"别人家的父母"

爱比较的父母极容易犯这样的错误：只爱拿自己的孩子和"别人家的孩子"比较，却不会将自己和"别人家的父母"进行比较。

父母希望自家的孩子能成为"别人家的孩子"，父母自己也要努力做"别人家的父母"才对。"别人家的孩子"之所以比自家的孩子优秀，其中很重要的原因是"别人家的父母"比自己优秀。因此，做父母的平时要少去比"别人家的孩子"，而是要多比一比自己与"别人家的父母"在养育孩子上的付出有多少差距——给予孩子多少爱，陪伴孩子做得好不好，在辅导孩子学习上付出的精力多不多……因此，要想让孩子成为优秀的"别人家的孩子"，父母首先要比"别人家的父母"更优秀。例如，《中国诗词大会》第二季总冠军武亦姝学习好，爱读书，从小喜爱诗词，气质温婉，2019 年高考考上了清华大学。武亦姝绝对是"别

人家的孩子”的典范，殊不知，其身后是倾心培养她的父母。武亦姝的母亲是一位美术老师，父亲是一位知名的律师。从武亦姝上幼儿园起，父母就注意培养她爱读书的习惯，并且注意做好言传身教，在孩子面前树立良好的榜样。武亦姝的父母回到家中，从不在她面前玩手机。武亦姝的爸爸每天下午 5 点把手机关机，放弃了自己下象棋的爱好，陪着武亦姝一块读书，带着武亦姝去诗词沙龙。母亲也是和武亦姝一起画画，一起学习。正是这样努力付出的父母才培养出如此优秀的孩子。

（五）多表扬、多鼓励、多包容

激励孩子最科学、最有效的方法，是多表扬、多鼓励、多包容。

父母善于发现孩子的“闪光点”，多看到孩子的努力和进步，及时进行表扬，多讲正面鼓励的话，让孩子感受到爱，这样才能激发孩子不断进步的积极性。例如，孩子取得好成绩时，父母要及时给予肯定与赞赏，孩子此时会有一种喜悦感和成功感，并且为了持续取得父母的关注和表扬，会更加努力，从而取得更大的进步。

父母要包容孩子的不足和缺点。每个孩子都是独一无二的，都有自己的优点和缺点。父母在看到孩子优点的前提下，还要包容孩子的不足和缺点，并且经常告诉孩子不管有什么不足，父母都是爱他的，让孩子感受到父母满满的爱意。同时，也要让孩子勇于正视自身存在的优缺点，告诉孩子每个人都有自己的长处和短处，每个人都会犯错误、都会有失败，只要能够正确对待自己的不足、错误和失败，做到扬长避短、努力纠错，就会进步。这样，孩子会正确对待自己的不足或失败，并将不足、失败作为前进的动力。

父母要有一颗平常心。我们做父母的无不希望自己的孩子是世界上最优秀的孩子，但是，由于遗传、

环境、教育等种种因素的影响，孩子之间是有很大差异的。天才是极少数，大多数孩子是普普通通的孩子。因此，我们父母要有一颗平常心去对待孩子的成长，要用“孩子是一个普通人”的心态去接纳孩子，接受孩子的发展现实，确定合理预期，根据孩子自身的特点和优势去培养孩子，切勿盲目地去与“别人家的孩子”比，更不要好高骛远、操之过急。例如，孩子没有音乐天赋和兴趣，但有运动天赋和打篮球的兴趣，那父母就要以一颗平常心去接纳孩子的特点，接受这个现实，不要按自己的意愿强迫孩子学音乐，而是顺应孩子的特点和兴趣鼓励孩子打篮球，引导孩子学会经营自己的特长和优势。

专家点评

社会比较学理论认为，社会比较是一种普遍存在的社会心理现象，可是，当比较建立了不实际的标准，其激励功能都会失效。

父母总拿自己的孩子和别人家的孩子进行比较，为什么会成为孩子最反感且难以接受的一种方式呢？其原因是父母拿“别人家的孩子”的优点去比自家孩子的缺点，这是最大的错误。这种忽视了背景、原因等因素的不当比较，会让孩子陷入自我怀疑的状况，以致对自己的智力和能力等感到不满和自卑。因此，父母不要拿别人家孩子的优点去比自家孩子的缺点，要从孩子自己成长的纵向发展进行自我比较，比过去的自己进步，比过去的自己努力，就应该肯定孩子，这才是激励孩子成长的最好方法。

问题与思考

1. 请结合自己的成长经历和体验，谈谈父母拿“别人家的孩子”的长处比自家孩子的短处，会对孩子造成哪些伤害。

2. 您认为怎样比较才能科学而有效地激励孩子？

专题六　木桶理论：既要增高长板，又要重视补短板

现实生活中大量案例证明，无论是一个人的发展，还是一个团队的发展，发展的高度在很多情况下不完全取决于其自身的长处，往往取决于自身的短处。

为什么会产生这样一种社会现象呢？

人们在思考、探究这个问题的过程中，受木桶的启发，发现了木桶盛水多少与木板长短的关系，并对这一社会现象做出了生动形象的解释，这就是著名的“木桶理论”。

木桶理论对于指导我们家长如何引导孩子扬长避短、全面发展有着重要的教育价值。

一　木桶理论：短板决定木桶的容量

林浩（化名）和黄波（化名）为复旦大学上海医学院2010级硕士研究生，分属不同的医学专业。

林浩母亲患有心脏病，家庭经济困难，学习一直勤奋刻苦。他考入名牌大学后，除了努力学习还经常打工挣钱，省吃俭用，寄给父母。

黄波是家里的独生子，早早自立，考上名牌大学后自己打工挣钱，不仅供自己上学，还经常补贴家用。黄波平时在学校活泼开朗，善于交际。

然而，2013年3月31日，林浩将剧毒化合物从实验室带回寝室，注入饮水机中。次日早上，黄波起床后接水喝，饮用后便出现干呕现象，最后因身体不适入院，并于同年4月16日下午经抢救无效去世。

经警方查明，林浩因生活琐事与黄波关系不和、心存不满而做出疯狂

举动。

最终，林浩以故意杀人罪，被判处死刑。

分析这个案例，我们可以从木桶理论中找到答案：考入名牌大学、前途似锦的林浩，造成其人生悲剧的主要原因是他人生的“短板”——心胸狭窄。

木桶理论通过一个生动形象的比喻阐明了一个原理——盛水的木桶是由多块木板箍成的，盛水量也是由这些木板共同决定的。若其中一块木板很短，则此木桶的盛水量就被限制，该短板就成了这个木桶盛水量的限制因素。若要使此木桶盛水量增加，只有换掉短板或将其加长才行。换句话说，决定木桶容量的，不是最长的那块板，而是最短的那一块。人们把这一规律总结为木桶理论，或称木桶效应、木桶定律，又称短板理论。

木桶理论是由美国管理学家彼得提出的。他说任何一个组织就像一个木桶一样，是由多块木板构成的，其价值在于盛水量的多少，但决定木桶盛水量多少的关键因素不是最高的板，而是最矮的板。也就是说，任何一个组织可能面临的一个共同问题，即构成组织的各个部分往往是优劣不一的，而劣势部分——“短板”往往决定了整个组织的水平。

景泰蓝技术泄密事件——日本人在参观北京景泰蓝厂时，中方慷慨地允许其拍下全部制作工艺流程，不出两年，中国传统的出口创汇产品景泰蓝直线贬值，原因是日本货“杀”来了！

保密工作是北京景泰蓝厂管理的一个薄弱环节，是这个企业组织管理系统中的一块“短板”。

作为一个形象化的比喻，木桶理论可谓是极为巧妙和别致的。但随着它被应用得越来越频繁，应用场合及应用范围也越来越广泛，已基本由一个单纯的比喻上升到了理论的高度。这由许多块木板组成的“木桶”不仅可象征一个企业、一个部门、一个班组，也可象征某一个人，而“木桶”的最大容量则象征着整体的实力和竞争力，其短板对自身的整体实力和竞争力有重要影响。

R 钢是 1995 年安徽省合肥市高考文科状元，大学毕业后进入中央电视台工作，创办了在国内外影响很大的《财经中国》栏目，采访国际政商领袖，人生、事业可谓都取得了辉煌的成绩。然而，此人利欲熏心，与家人成立公关公司，利用采访资源牟利，最终锒铛入狱。

R 钢的学识、业务能力是一流的，但他“精致的利己主义”这块意识短板毁了他的大好前程。

从以上案例可以看出，无论是组织还是个人，整体素质结构中的那块短板，在一定条件下决定着自身发展能飞得多高、走得多远。

二　科学辩证地理解木桶理论

木桶理论在社会上曾遭受很多质疑和争议，特别是人们在运用时有一些偏差，误认为只要一味地强调“补短板”，而忽视了其扬长补短的深刻内涵。我们在理解和运用木桶理论时，不应极端化、绝对化，而应该科学辩证地看待它。

（一）木桶理论的真谛

组织或个人的整体构成要素，不是整齐划一的，而是参差不齐的，当“短板”成为组织或个人发展的致命弱点时，它就会对组织或个人造成巨大甚至毁灭性的危害。从这一点上讲，这是木桶理论的真谛——决定木桶容量的，不是最长的那块板，而是最短的那一块——部分在一定条件下对整体的性能状态起决定作用。这正是木桶理论的价值和贡献。

（二）要善于扬长补短

长与短对一个组织或个人来说是相对的，“补短板”是有一定限度的，只要“短板”不是致命的弱点，不可一味地“补短板”而忽视了自己“长板”的发展。无论是组织还是个人，特别是一个人的成长，主要是要扬长避短。例如，丁俊晖虽然初中没有念完，但凭着出色的台球技术，成为斯诺克世界杯冠军。丁俊晖的成长，就是一个扬长避短的典型案例：将“短板”补到对人生发展不会形成障碍，在此基础上，最大限度地增加“长板”的高度，发挥自己的特长，经营自己的长处，学业、事业的顶峰会更高，人生会更精彩。

信息链接

有一天，一群动物聚在一起，彼此夸赞对方的优点，抱怨自己的缺点。于是，它们决定成立一所学校，希望通过训练，使自己成为一个通才。它们设计了一系列课程，包括奔跑、游泳、飞翔和攀登。动物们都报了名，选修了所有的课程。最后的结果是：小白兔在奔跑方面，名列前茅，但是一到游泳课就浑身发抖；小鸭子在游泳方面成绩优异，飞翔差强人意，但奔跑与攀登的成绩却糟糕透顶；小麻雀在飞翔方面轻松愉快，但就是不能正经地奔跑，尤其是碰到水就几乎精神崩溃；至于小松鼠，爬树的本领高人一筹，奔跑的成绩也不错，但在飞翔与游泳课中，成绩一塌糊涂。大家越学越迷茫，越学越痛苦。最后，它们决定停止盲目学习别人，好好发挥自己的长处，它们不再抱怨自己、羡慕别人，因此，森林里又恢复了往日的活泼和快乐。

（三）要增高所有“板子”的高度

一个组织或个人要想成为一只盛水多的“木桶”，首先要想方设法增高所有“板子”的高度。只有不断增高所有“板子”的高度，才能使自身不断向新的高度迈进，才能实现自身的最大价值。

童童（化名）从小喜欢音乐，从幼儿园大班开始学习钢琴，一直到高中，从未间断。

由于每天要抽出 1~2 个小时练习钢琴，童童的文化课成绩不是很理想。在考高中时，虽然文化课总分排在普通文科实验班靠后的位置，但童童和爸爸妈妈还是决定上学校的尖子班——文科实验班，其目的是在学好钢琴、突出自身优势的前提下，选择最好的文化课学习环境来进一步提高自己的学习成绩。

每次考试，童童的优势学科——语文、英语成绩比较突出，最薄弱的数学刚刚及格，其他学科成绩平平，总成绩总是排在班级最后几名。为此，童童很是苦恼。

爸爸、妈妈与她谈心，对她今后如何学习文化课和未来如何发展进行了细致的分析，让她明确了自己的目标："虽然你的文化课成绩总是在班级的最后几名，但是你的文化课成绩在不断提高。你在班级的名次没有提高的原因是，你们班都是文科尖子生，他们的成绩也在不断提高。你的语文、英语成绩很突出，排在班级前列，其他学科成绩虽然不理想，但都在及格线以上。你的特长是钢琴，演奏水平比较突出，未来报考重点本科的音乐教育专业很有把握。你可以这样去想，在文科实验班中你是弹钢琴最好的，在文科艺术班中你是文化课最好的。因此，你没有必要自卑，而要为自己感到自豪。今后，在尽量提高文化课成绩的基础上，突出自己的优势去发展。"

经过这次谈心，童童摆正了自己的位置，明确了未来的努力方向，科学安排自己的学习时间，取长补短，在高考中文化课总分 480 分，艺术专业成绩优异，考取了自己理想的重点本科师范大学（童童所在的文科实验班仅有四分之一的学生考入重点大学）。童童在所考取的大学钢琴专业的学生中，文化课、专业课均排名第一，特别是文化课成绩遥遥领先。大学毕业后，童童以优异的钢琴演奏成绩和英语成绩赴美留学硕博连读，最后以优异的成绩获得钢琴教学法专业的博士学位。

三　正确运用木桶理论，让孩子"全面＋特长"式发展

木桶理论对于指导我们如何让孩子取长补短、扬长避短从而实现"全面＋特长"式发展很有教育价值。

（一）避免孩子有致命的"短板"

木桶理论警示我们，在家庭教育中要注意发现孩子在学习与发展中的"短板"，特别是要高度关注是否有致命的"短板"。

当然，要科学地分析和对待孩子的“短板”，因为每一个人各方面的发展都是不均衡的，都有某一方面的“短板”。如果孩子的“短板”对自身发展形成障碍或为致命的弱点，那就必须认真地对待这块“短板”，想方设法把“短板”拉长。例如，孩子过分内向，交往能力差，影响了正常的学习和生活，这样就形成了障碍，就需要在这块“短板”上改进了。

孩子如果过于“马大哈”，就必须对其进行认真矫正，否则，会对他未来的学习、工作等有较大的影响，影响他终生的发展。比如，参加高考，有的学生过于粗心落下一题未做，影响高考成绩；医生动手术把剪刀缝进病人的肚子里，造成医疗事故……

如果孩子的某一方面只是相对短一些，属于正常范围——是特点而不是致命的弱点，不太影响生活和学习，那么就没有太大的关系，不必太勉强孩子做出改变，可以宽容对待。比如，孩子虽然内向，不爱表现自己，但是没有对日常生活构成障碍，交往正常，家长就没有必要逼迫孩子改变，可以有意识地慢慢锻炼培养，让孩子尽可能地开朗一些。

（二）要善于发现孩子的“长板”

在家庭教育中，父母不可机械地运用木桶理论看待孩子，万万不可成天去寻找或盯着孩子的“短板”不放，却看不到孩子的“长板”，这样会大大挫伤孩子的积极性和自信心。从多元智能理论的角度来看，大部分孩子都不是各项智能均衡发展的，他们都有自己的优势智能，也就是孩子的“长板”，如果能将其发掘出来，迁移到其他方面，就能带动“短板”的发展。因此，父母应多发现孩子的“长板”，即优势、优点。

（三）不仅要“补短”，更要注意“扬长”

从动态的角度看，木桶理论也有其局限性。因为木桶是死的，人是活的；一个人的“短板”“长板”在不断发展变化。所以，其实还有一个“反木桶原理”：木桶最长的一根木板决定了其特色与优势。一个人只要没有致命的“短板”，其发展的总体水平和人生高度，并不是由其“短板”决定的，而是由其“长板”决定的。

从前，有这样一个孩子，每次考试，他的中文和英文都能考满分，但是数学只能考十几分。

父亲问孩子：“为什么数学这么差？”

孩子说：“我真的不感兴趣，我学不会。”

父亲奇怪地问：“为什么中文和英文考得这么好？”

名人名言

夫尺有所短，寸有所长。物有所不足，智有所不明。

——屈原

取人之直恕其戆，取人之朴恕其愚，取人之介恕其隘，取人之敬恕其疏，取人之辩恕其肆，取人之信恕其拘。

——金兰生

孩子立刻兴奋地说：“我喜欢它们，我可以玩得很开心。”

父亲说：“好！既然如此，索性你就把精力都放在语文和英语上吧。你假期也不要休息了，我们买些中国古典名著和原版英文名著，找个好先生给你辅导辅导！”

孩子非常开心，从此潜心学习语文和英语。

考大学的时候，他报考了清华大学，成绩出来，依然还是语文满分，英语满分，数学 15 分。

招生老师面对这样的成绩单，争议不休。后来，校长一锤定音：录取！这个孩子就是后来著名的作家钱钟书。

钱钟书的事例很好地说明了对孩子不仅要“补短”，更要注意“扬长”。

（四）孩子的发展要做到“夯实基础＋特长发展”

人生发展犹如一座金字塔，底座面积决定了它能建造的最高高度：底座面积越大，基础就越牢固，其高度就能建得越高。

人生发展的六大基础素质分别是：品德、健康、情商、学识、能力、思维方式。这六大素质就组成了人生金字塔的底座，其面积决定了一个人发展的高度。对于这些基础素质，我们要遵循木桶理论的原理，努力弥补基础素质的短板，因为任何一块短板都会影响整体的发展，影响人生发展的高度。在夯实基础的前提下，要发展孩子的特长和优势。

总之，在家庭教育中要正确处理好孩子全面发展与特长发展的关系：基础务必夯实，不留“短板”；专长力求冒尖，把“长板”做得更长。

专家点评

俗话说“人无完人”，确实，人性中存在许多弱点，如恶习、自卑、犯错、忧虑、嫉妒等。这些短处往往是限制孩子健康成长的关键。“木桶理论”从一个角度诠释了“短板”的制约性，我们要让孩子走向成功，就要注意纠正孩子成长中出现的“短板”，不要让“短板”成为孩子人生发展的障碍。因此，父母在培养孩子的过程中，一定要做到扬长补短，让孩子身心得到全面和谐发展。

问题与思考

1. 为什么说既要增高长板，又要重视补短板？请谈谈您对这句话的理解。

2. 您认为在培养孩子的过程中如何做到让孩子扬长补短？请介绍一下您的经验。

专题七　延迟满足：培养孩子的自控能力

幼儿时期，孩子由于年龄小很容易被外界事物诱惑，对自己喜欢的食物、玩具等，总是想立即得到，及时满足自己。父母对孩子提出的要求是否及时满足，这对孩子未来的发展具有很大的影响。著名心理学家沃尔特·米歇尔教授就父母如何正确对待孩子提出的各种要求提出了延迟满足理论。

延迟满足理论，对于孩子抵制诱惑、养成高度的自控力和意志力，很有教育价值。

延迟满足，是指一种甘愿为更有价值的长远结果而放弃即时满足的抉择取向，以及在等待期中展示的自我控制能力。它的发展是个体完成各种任务、协调人际关系、成功适应自然的必要条件。

一　延迟满足，对欲望的适当控制

3-6 岁阶段，是孩子习惯、自制力、意志力等品格养成的关键时期。这个时期，孩子容易被外界事物诱惑，对自己喜欢的食物、玩具等，往往不具备抵制能力，缺乏自我控制能力。如果父母总是及时满足孩子提出的各种不合理要求，往往不利于孩子自控力和意志力的养成。

北京市 17 岁少年小新（化名）为了偷钱上网，竟然将奶奶当场砍死，将爷爷砍成重伤。小新是怎样走上犯罪道路的呢？

小新出生后，爷爷、奶奶因为有了一个大胖孙子成天高兴得合不拢嘴，全家人对他宠爱有加。

小新的父母平时做小买卖，家庭还算比较富裕。小新小的时候想要什么，爸爸、妈妈就给买什么；如果爸爸、妈妈不给买，爷爷、奶奶就去买，可谓有求必应。

小新渐渐长大后，开始喜欢上网玩游戏。一开始，小新上网的钱，不是向父母要，就是向爷爷、奶奶要。后来小新辍学成天沉浸在网络里，此时，全家人才意识到问题的严重性。

因担心儿子整天沉迷于网络，小新的妈妈让他照看家里的台球生意，可小新把看台球桌挣的钱拿去上网。

后来家里不再提供上网的钱，小新为了满足自己上网的需求，就想到了偷。有一次，小新偷了爸爸2000多元，在网吧待了一个星期。父亲的打骂对小新来说已经起不到任何作用。仅仅几天后，网瘾又像虫子一样噬咬着他的心。

爸爸给奶奶生活费时，他听到爷爷那儿有4000多块钱，小新于是萌生了偷爷爷的钱的想法。晚上，小新偷偷地来到爷爷、奶奶的房间，看爷爷、奶奶都已经睡了，就去翻抽屉。翻弄抽屉的动静把奶奶吵醒了，小新怕奶奶发现，竟用菜刀把奶奶砍死了。奶奶倒在了血泊中，响声惊动了爷爷。不顾一切的小新又将菜刀砍向爷爷，爷爷受伤后逃出家门。

小新翻箱倒柜也没有找到那4000元钱，只在奶奶兜里找到了两元钱。事后，小新的爷爷说，那是奶奶为孙子准备的早点钱。小新捏着两元钱在村口的一个洞里躲了起来，思来想去，最终还是投案自首了。

事后，小新对记者说，从小奶奶最疼爱他，有什么好吃的都惦记着他。他在看守所里最想念的就是九泉之下的奶奶。“我当时只想着拿到钱后就去网吧，根本没想后果。如果让我在上网和奶奶之间重新选择，我肯定选择奶奶。”小新说到这里，痛哭流涕。

小新的爷爷、奶奶、爸爸、妈妈平时对他娇惯溺爱，物质上尽力满足，导致小新对自己的欲望没有控制能力，当自己的欲望得不到满足时，便走上了犯罪的道路。

这一件事给人们的沉痛教训之一，就是家长过度满足孩子的需求，没有对孩子的欲求进行适当控制，即没有运用正确的方法培养孩子延迟满足的能力。

延迟满足不是单纯地让孩子学会等待，也不是一味地压制孩子的欲望，更不是让孩子“只经历风雨而不见彩虹”，说到底，它是指一种甘愿为更有价值的长远结果而放弃即时满足的抉择取向，以及在等待期中展示的自我控制能力。例如，一些想要考研的大四学生，牺牲休息时间、放弃休闲旅游活动专心学习，难道他们没有娱乐、外出游玩的需求吗？不是，他们是为了考研这个更高的发展目标，克制并延迟满足自己娱乐、外出游玩的欲望。

不管大人或小孩，自我控制都是可以培养的……能行使自我控制，才能拥有真正的选择。现代科学传达的重要教训是，我们的命运并非由基因决定，人类大脑的构造，比原先想象得更具可塑性，因此我们可以决定自己怎么生活，积极地塑造自己的命运。

——沃尔特·米歇尔

延迟满足能力的发展，是一个人完成各种任务、协调人际关系、适应社会的必要条件。培养延迟满足的能力，就是在培养孩子对欲望能够克制、能够学会等待、学会自我控制的一种能力。

延迟满足理论，源自一个著名的关于延迟满足的“棉花糖实验”。

20世纪60年代，美国斯坦福大学心理学教授沃尔特·米歇尔设计了一个著名的关于延迟满足的实验。研究人员找来数十名幼儿，让他们每个人单独待在一个只有一张桌子和一把椅子的小房间里，桌子上的托盘里有孩子爱吃的棉花糖。研究人员告诉他们可以选择马上吃掉棉花糖，但如果选择等研究人员回来时再吃，就可以额外得到一颗棉花糖作为奖励。此外，他们还可以选择按响桌子上的铃，研究人员听到铃声会马上返回。

结果，大多数孩子坚持不到三分钟就放弃了。一些孩子甚至没有按铃就直接把糖吃掉了，另一些则盯着桌上的棉花糖，半分钟后按了铃。只有大约三分之一的孩子成功延迟了自己对棉花糖的欲望，他们一直等到研究人员回来兑现了奖励，差不多有十五分钟的时间。

之后，研究人员对这些孩子进行了跟踪研究，一直到他们高中毕业，发现在四岁时就能够为多得到一块糖果选择等待的那些孩子，在以后的人生中具有较强的竞争能力、较高的效率，能够更好地应对挫折和压力，并且具有较强的责任心和自信心，普遍容易赢得别人的信任。而那些没有抵御住诱惑的孩子，抗挫能力、自控能力较差，在压力面前往往不知所措，做事效率较低，自信心和责任心都不强。

这个实验说明：那些能够延迟满足欲望的孩子自我控制能力更强，他们能够在没有外界监督的情况下适当地控制、调节自己的行为，抑制冲动，抵制诱惑，坚持不懈地实现自己的目标。

实践证明，家长的溺爱——即时满足或过度满足孩子的需求，不利于培养孩子的延迟满足能力，家长往往以“爱”的名义对孩子的成长造成种种危害——使孩子的延迟满足能力发展不足，容易出现一些不良的行为习惯，如边做作业边看电视、上课时东张西望做小动作、放学后贪玩不回家、睡懒觉不起床等；性格急躁、缺乏耐心，出现心理问题的人也相对较多；进入青春期后，在社交中容易羞怯、退缩、固执、优柔寡断；遇到挫折容易心烦意乱，遇到压力就退缩不前或不知所措；欲望不断膨胀，如果欲望得不到满足，会不择手段等。

二 延迟满足，使孩子养成良好的自控能力

延迟满足教育从内容上包括四个方面的内容：一是自制力的培养，二是坚持性的培养，三是自觉性的培养，四是延迟满足的培养。

（一）自制力培养

幼儿自制力，即自我控制能力，是指幼儿能够自己掌握自身的思想与行为，在无人督促的情况下，能够抑制冲动、抵抗诱惑、延迟满足，自觉地选择目标，调整自己的行为，从而保证目标实现的一种综合能力。

幼儿时期的孩子，由于中枢神经系统发育尚未成熟，因此自我控制能力比较差。在日常生活中，我们常常见到孩子和伙伴为了争一个位置、一个玩具，情绪激动地互相推搡、大吵大闹，互不相让；在课堂中，摆弄东西，身体小动作多；排队时前拥后挤、跑出队伍等现象。

因此，我们应从培养幼儿控制自己行为的能力入手，使孩子能够目的明确地去做正确的、应该做的事情，并且能够抑制住那些不正确、不恰当的想法、动机、行为和消极情绪等，逐渐养成良好的行为习惯。

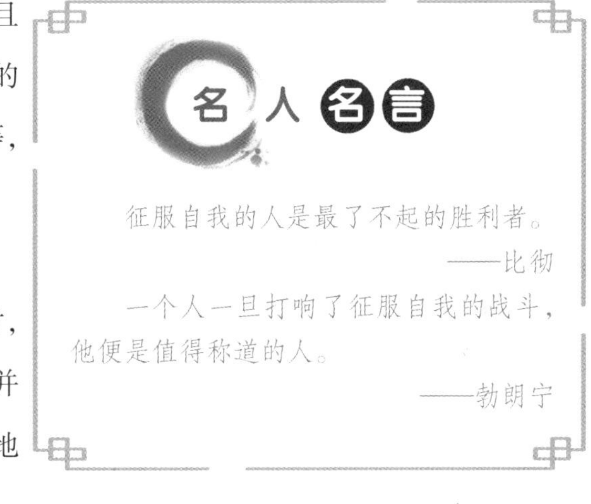

（二）坚持性培养

坚持性，表现为在遇到困难时，为达到目的而主动地去解决困难并为之坚持不懈，并能持续、持久地努力，是一种行为倾向。

对幼儿而言，坚持性就是做事不被周围环境所干扰，意志坚定，遇到困难不放弃。做事不会半途而废，有始有终。

（三）自觉性培养

自觉性，是指幼儿能够自觉地服从并主动完成任务的意志品质。它在自我控制中起到监督和调节的作用，是自制力构成的重要因素。

在一个人的学习、工作、生活中，自觉性起着非常重要的作用。尤其在学习竞争激烈的学习环境中，自觉性可以使孩子不依赖家长和教师，主动学习，积极主动完成任务，它对于儿童的成长和智力发展影响较大。

（四）延迟满足培养

延迟满足是自我控制能力的核心部分，良好的延迟满足能力对人一生的发展具有重要意义。学习、生活、人际交往领域处处存在需要延迟满足的行为。多项实验研究表明，那些更善于控制自己情绪和行为的孩子，将拥有更高的心理健康水平，更有希望获得未来成功，延迟满足能力也是时代对人才的要求。

游戏能持续地向儿童提出要克服即时冲动的要求，提高自身延迟满足能力。

——维果斯基

自我延迟满足不仅是幼儿自我控制的核心成分和重要技能，也是社会化和情绪调节的重要成分，更是伴随人一生的积极的人格力量。

——沃尔特·米歇尔

适当的延迟满足，能够帮助孩子增强自制力，抵制诱惑，不受外界环境干扰，这对于孩子以后的学业、人生都会产生积极向上的影响。

很多家长为了培养孩子的自控能力，培养孩子能够抵制当前的诱惑而获得长远利益践行了延迟满足理论，但是运用过程中出现了一些偏差，一些家长把延迟满足误以为是延迟满足孩子的一切需求，甚至演变成了挫折教育。家长们不分情况地延迟满足孩子的一切要求，可能好久之后才满足孩子的需求，也可能根本不满足孩子的需求。这些都是对延迟满足理念的错误理解，不仅不能提高孩子的自控能力，还会产生一些危害。

如何正确培养孩子的延迟满足能力

延迟满足训练归根结底其实是为了培养孩子的自控能力，那么父母就不要纠结于要不要满足孩子的需求，而是看自己的做法能不能帮助孩子变得更加有自控力。

1. 尊重自然规律

孩子在 1 岁左右开始出现自我控制的一些迹象，随着年龄的增长，这种迹象越来越明显，自控力也会越来越强。孩子的成长都是有一定规律的，在这个过程中，家长需要在旁边及时引导，不抱过高的期望，不提过高的要求，不用过分的方法。

比如说，孩子哭了需要抱抱的时候及时满足孩子，给予安全感和满足亲密的要求，尊重孩子的成长规律，让孩子健康、快乐地成长。

2. 延迟满足的方法要科学

第一，及时回应孩子的需求。孩子在提出要求的时候，父母需要第一时间给出回应。这样父母和孩子之间的交流是正常的，孩子也觉得自己是被父母爱着、尊重的。

第二，明确告诉孩子满足他们要求的时间。要明确告诉孩子，可以满足他的合理需求，但是有等待期和条件。这样孩子会为了达成目标而努力地克制自己，从而培养了自控力。

第三，必须言而有信。孩子完成了父母的要求之后，家长就要履行自己的诺言，不能出尔反尔或者增加其他附加条件。这样的行为会破坏孩子对父母的信任，以后也难以继续实施延迟满足训练。

延迟满足并不是延迟满足孩子的所有需求，要科学地、合理地区分哪些需求需要即时满足，哪些需要应延时满足，这样孩子在将来才会有自我控制能力，才能抵御短期诱惑，才能达成长远目标。

延迟满足，是教育孩子的艺术

在家庭教育中，我们家长如何对孩子进行延迟满足、自控力教育呢？

（一）把握好“0~6 岁关键期”

我国一直流传着这样一句俗语：“3 岁看大，7 岁看老。”这句话是有一定道理的，它简单明了地概括了幼儿心理发展的一般规律——从 3 岁孩子的心理特点、个性倾向，就能看到这个孩子青少年时期的心理与个性的雏形；而从 7 岁的孩子身上，能看到他中年时期可能的成就和功业。

0~1 岁是婴儿期，是儿童脑发育的关键时期，这时的儿童生理发育、心理发展最迅速，具有天才般的吸收能力。在这个阶段，父母的期望、行为和一些生活标准会被婴儿内化为自身的规则系统。

有研究表明，如果父母在孩子 3 岁之前，溺爱或过度满足孩子的不合理需要，孩子就容易对整个世界产生负面或错误的看法。等到孩子 6 岁之后，他会觉得世界上任何东西都能轻松得到，而丧失了追求与努力的动力，这一观念将会影响孩子一生。

因此，家长要特别注意把握好培养孩子延迟满足能力的“0~3 岁黄金期”和“3~6 岁发展期”这两个关键时期，因为 0~3 岁前是培养孩子延迟满足能力的基础阶段，3~6 岁是孩子延迟满足能力的巩固发展阶段。

在这两个时期，孩子因为年龄较小，其行为培养往往需要通过他律——孩子延迟满足能力需要家长的教育、引导。

（二）引导孩子学会等待

在日常生活中，除孩子的生理需求要及时满足外，孩子的其他需求由于条件暂时不允许或者不合情合理的情况下，要引导孩子延迟满足，学会等待，培养孩子的耐心和自控能力。如孩子在吃饭时要玩玩具，家长可以引导孩子等吃完饭后再玩玩具，从小培养孩子的规则意识和等待意识。

孩子年龄小不太懂事，家长要注意慢慢引导孩子善解人意，学会自我控制。如妈妈正在做饭，孩子要求妈妈带他出去玩，此时妈妈可以向孩子解释：“做饭是现在最重要的事情，不能耽误全家人吃饭。等我做完饭（或者是我们吃完饭）后，再和你出去玩。”这样，孩子慢慢懂得，还有比自己的需求更重要、更紧急的事情。

（三）从短到长，由易到难，逐步递进

培养孩子的延迟满足能力，首先要遵循时间从短到长的原则。家长不要期望孩子一开始就能等待 20 分钟，要让孩子从等待 1 分钟开始，逐步递进，逐渐延长等待时间。例如，妈妈正在忙，孩子要求妈妈带他出去玩，妈妈一开始先让孩子等待的时间短一些，抓紧忙完手头上的事情，带孩子出去玩一会儿；以后遇到这种情况，可以适度延长孩子等待的时间，慢慢培养起孩子耐心等待的自控能力。

其次是要控制好孩子玩的时间，给孩子提出一个明确的时间要求，到了时间就一定要结束，千万不要让孩子任性而为，玩起来没完。这样，既能让孩子慢慢养成克制自己的能力，还能让孩子有时间概念，做事有计划、有条理，当他认识

到时间有限时，还有利于集中精力干好每一件事。

第三是从易到难。培养延迟满足能力要考虑孩子的年龄和承受能力，难度上从易到难，一点点增加。如夏天孩子喜欢吃雪糕，但又不宜多吃，父母可以告诉孩子："雪糕吃多了会肚子疼，对身体不好，要控制数量。"可以从一天吃两支，改为一天吃一支，再逐渐改为隔几天吃一支。这样从易到难，延迟满足孩子的要求，既不会伤害孩子，也锻炼了他的耐心。

（四）坚持一贯性、一致性的原则

培养孩子的延迟满足能力，不是一朝一夕的事情，是一个长期的过程。因此，家长必须坚持一贯性的原则，规则不可朝令夕改，更不要意气用事，要一以贯之，持之以恒，坚持不懈，才会取得预期效果。例如，有的家长对孩子感情用事，有时自己心情好就对孩子百依百顺，心情不好的时候连孩子的合理需要都不给予满足甚至当作惩罚的手段去惩罚孩子，家长的规则总是在改变，这样做不利于培养孩子的延迟满足能力，反而让孩子形成不良认知，或为达到目的不择手段，对孩子将来的发展非但无益反而有害。

在培养孩子延迟满足能力这一点上，全家人包括父母、爷爷、奶奶、姥爷、姥姥等，一定要保持一致。例如，孩子放学后想先出去和小朋友玩一会儿，妈妈说"先做完作业再玩"，爸爸说"做完作业、练完琴后再玩"，爷爷、奶奶、姥爷、姥姥又是另外几种不同的要求，这会让孩子产生认知和规则上的混乱，不利于培养孩子的延迟满足能力。因此，家庭成员之间在培养孩子延迟满足能力方面，要做好沟通，步调一致。

（五）适当控制孩子的欲望

"贪得无厌""欲壑难填""人心不足蛇吞象"等成语，说明了贪欲是人性的一个最大弱点，如不加以控制，欲望会越来越膨胀，当人的欲望膨胀到一定程度时，人的思想和行为就要受到私欲的控制，灵魂就有可能扭曲变形，走向错误甚至犯罪的道路。所以，对于孩子的一些欲望，如过度的物质需求、不合情理的要求、违反道义和法律的要求等，一定要加以控制，让孩子知道“有些欲望是不可以满足的”。

（六）运用恰当的奖励方法激励孩子

培养孩子的延迟满足能力，家长要善于运用恰当的奖励方法，去激励孩子提高自己的延迟满足能力。其中，“代币法”是培养延迟满足能力的一种很好的奖励方法。爸爸、妈妈可以和孩子约定，孩子有什么需求——买新玩具、假期旅游等，要用平时积累的五角星换取，如积累到 10 颗星可以买玩具，积累到 20 颗星可以假期去旅游等。五角星可分为文明礼貌星、家务劳动星、学习进步星、良好习惯星等，是对孩子平时表现的一种奖励。孩子每次获得奖励的过程就是一种等待。一般在积累到 5 次或 10 次后就可以满足孩子一个需求。爸爸、妈妈每次给予奖励的标准一定要统一，不能失去原则性。

专家点评

延迟满足，不仅仅是培养孩子的自我控制能力，更是一种长远发展的综合素质和能力的培养，能够让孩子学会控制自己的欲望和情绪、学会耐心等待、学会知足和珍惜等，对于孩子良好个性的培养，提高孩子自我调控能力、社会适应能力和交往能力等都具有重要意义，能够为孩子未来走向成功奠定良好基础。

问题与思考

1. 为什么要对孩子进行自我控制能力教育？请谈谈您对延迟满足理论的一些看法。

2. 您认为延迟满足对孩子终身发展有哪些益处？

专题八 艺术：让孩子幸福一生

为什么要让孩子学习艺术？这是很多家长没有深入思考过的一个问题。然而，这个问题又是家长对孩子进行艺术教育的一个根本问题。

知识窗

艺术是指用形象来反映现实但比现实更有典型性的社会意识形态，包括文学、绘画、舞蹈、音乐、戏剧、电影、雕刻、建筑造型等形式。

一 幸福：学习艺术的目的

为什么要让孩子学习艺术？如何回答这个问题，我们可以从爱因斯坦拉小提琴的故事中寻找答案。

爱因斯坦4岁时才会说话，上学后学习成绩一塌糊涂，被人们认为是个笨头笨脑的孩子。学校的老师和校长都断言：这个孩子将来不会有什么出息。到最后，爱因斯坦自己都认为自己是个“少见的笨孩子”。

爱因斯坦的母亲是一位多才多艺的钢琴家，爸爸是一位业余小提琴演奏家。他们希望儿子也喜欢音乐，所以当爱因斯坦6岁的时候，爸爸妈妈开始教他学习小提琴。可是，爱因斯坦讨厌拉小提琴，他宁愿建造他非常擅长的纸牌屋（他曾经建造了一座14层楼高的纸牌屋）或做其他任何事情。

爱因斯坦13岁的时候，当听到莫扎特的音乐时，他突然改变了对小提琴的看法。随着对小提琴演奏产生极高的兴趣，爱因斯坦开始爱上了小提琴。

爱因斯坦的爸爸对他说，能够治疗人生伤痛和绝望的最佳良药就是音乐。爱因斯坦在父亲的培养下很快显现了自身的音乐才能，他将小提琴拉得十分出色，并开始经常登台表演。

爱因斯坦做梦都想成为像帕格尼尼那样伟大的小提琴演奏家，但自己的水平又相差很远，很是苦闷，有些沮丧。这时候，父亲总是语重心长地对他说："孩子啊，其实你非常优秀。不管何时何地，你都不能对自己失去信心。"

有一天，爸爸带他去拜访一位著名的小提琴演奏家，请他做爱因斯坦的老师。老师说："孩子，你先给我拉一首曲子听听吧。"爱因斯坦演奏帕格尼尼 24 首练习曲中的第 3 首，简直破绽百出。一曲终了，老师沉吟片刻，问道："你为什么特别想拉小提琴呢？"爱因斯坦回答说："我想成功，想成为帕格尼尼那样出众的小提琴演奏家。"老师又问道："那你拉琴快乐吗？"爱因斯坦回答说："我非常快乐。"于是，老师把爱因斯坦带到自家的花园里，对他说："孩子，你现在非常快乐，说明你已经成功了，对不对？你拉小提琴是为了成功，获得快乐，而你现在已经是这样，那又何必非要成为帕格尼尼那样伟大的人？你看，世界上有两种花，一种花能结果，一种花不能结果，可它们同样美丽，比如玫瑰，比如郁金香，它们在阳光下开放，虽没有任何明确的目的，但这也就足够了。这才是成功的境界，一种大智慧！"

老师的一番话，让爱因斯坦恍然大悟。在后来的日子里，爱因斯坦不再狂热地把成为小提琴演奏家作为成功的唯一目标，而是把拉小提琴当作调节生活、获得快乐和幸福的一种兴趣爱好。从此，他做什么事都变得从容冷静起来，不再去刻意地追求成功了。

琴弦和心弦一起共鸣了，爱因斯坦一生中的科学和艺术生涯也开始了。爱因斯坦在物理研究过程中，始终挚爱着小提琴，经常与朋友举办演奏会，演奏时而明快流畅，时而委婉悠扬，时而雄浑庄严，极其富于变化。此时，他就像个孩子，完全神游于音乐的王国，沉迷在丰富的幻想和惬意的想象之中，忘却了现实世界，心中充满幸福和快乐。

爱因斯坦之所以能成为一位伟大的物理学家，音乐发挥了不可磨灭的作用。正如爱因斯坦所说："想象力比知识更重要，正是音乐赋予我无边的想象力……逻辑可以带你从 A 走到 B，而想象力可以带你去任何地方。"可见，爱因斯坦的音乐爱好，成了他科学生涯中的得力伴侣和欢乐女神，音乐为爱因斯坦这位伟大的科学家驱散了忧郁和喧嚣，驱走了混乱和邪恶，赋予了他无穷无尽的想象力，给他带来了一生的快乐和幸福。

爱因斯坦说："如果我不是物理学家，可能会是音乐家。我整天沉浸在音乐之中，把我的生命当成乐章。我生命中大部分欢乐都来自音乐。"

从爱因斯坦与小提琴的故事中，我们可以悟出这样一个道理：学习艺术的根本目的不是一定要成为一名艺术家，而是要让生活快乐、幸福。因此，人们在追求幸福这个终极目标的过程中，无论是成为一位艺术家，还是成为一位艺术业余爱好者，都达到了学习艺术的目的。正如中央音乐学院周海宏教授所说："为什么要学艺术？很简单，为了幸福。"

二　艺术教育：让孩子全面和谐发展

艺术教育，从家庭教育的角度来讲，主要是对孩子进行文学、音乐、绘画、舞蹈以及生活艺术等方面的审美教育，培养孩子发现美、欣赏美、表现美、创造美的能力，让孩子得到全面、和谐的发展。

艺术教育，是以文学、音乐、美术等艺术形式为教育内容的审美教育活动。艺术教育的任务是培养审美观念、鉴赏能力和创作能力。

（一）美的享受，给人带来愉悦感

艺术教育的目的指向之一是培养审美。审美是艺术教育价值的核心意蕴。

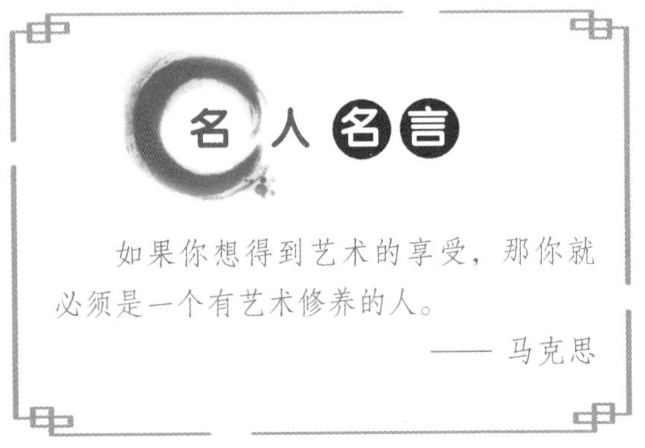

通过艺术教育，能够提高孩子的审美水平，让孩子学会发现美、感受美、欣赏美和表现美，从而得到美的享受，产生感受美的愉悦感，为自己的生活增添情趣，让生活有滋有味，让人生更加美好。例如，孩子学会欣赏音乐，听到一首好听的歌曲时，会情不自禁沉浸其中，心情会随之放松或者兴奋。再比如，当孩子拿着自己心爱的乐器演奏一首喜爱的乐曲时，当孩子拿起画板描绘心中美丽的图画时，当孩子在欢快的乐曲中翩翩起舞时，他会全身心地沉浸在美妙的艺术之中，把一切烦恼、劳累都抛掷九霄云外，尽情地享受着艺术带来的快乐和幸福。

（二）陶冶情操，给人奋进的力量

艺术教育的一个重要功能就是陶冶情操。艺术教育可以培养孩子的文学、音乐、绘画、舞蹈等方面的兴趣爱好和艺术特长，调节心情，升华心境，缓解学习和生活压力，摆脱对低级趣味的网络垃圾的沉迷，养成活泼开朗、快乐幸福、乐观向上的性格，保持热爱生活、自强不息、勇于进取等积极高尚的精神状态。例如，中央音乐学院教授周海宏曾用自己的成长变化说明了艺术陶冶情操的功能：小时候他是一个非常内向不爱说话的孩子，因为从小学习钢琴，钢琴老师并没有对他施加严厉的教学，而是释放他的天性，慢慢他的性格开始发生转变，变得开朗、外向。再比如，每每听到国歌那雄壮、高亢、激昂、悦耳的旋律和鼓舞斗志、催人奋进的歌词，我们就会心潮澎湃、热血沸腾，从心底迸发出保卫国家、建设祖国的一种斗志高昂、勇往直前的力量。再比如，当一个人遇到了困难、挫折时，心中会产生一种无奈、无助的消极感觉，如果此时碰巧看到一本鼓舞斗志的书或听到一首奋进激昂的歌，心里会产生一种不屈不挠、坚定前行的动力。

研究表明，音乐、舞蹈、绘画、戏剧等艺术形式，能够有效地调节人的心理，促进人的情绪系统的发展。用艺术治疗心理疾病，已经成为当代一种新型的治疗方法。例如，通过绘画疗法，让病人释放并表达自己；通过音乐疗法，让病人发泄情绪；通过戏剧疗法，让病人借助表演回归自我等等。艺术疗法具有十分显著的效果，受到人们的广泛关注。正如美国茱莉亚学院的第六任校长约瑟夫·W·波利希所说的那样："艺术里面有人类最普遍的价值观，比如家庭、爱、幸福与怀旧。艺术也是一种疗愈，可以安抚人心。"

美国国家教育科学院在对1999—2000学年度与2009—2010学年度的艺术教育进行对比研究时，做过一个有5万多名本科毕业生参与的问卷调查，其中有一个问题是"什么知识最有用"。学生们回答的结果颇为耐人寻味。毕业1~5年的答案大多是"基本技能"，毕业6~10年的回答是"基本原理"，毕业11~15年的结论大多是"人际关系"，而毕业16年以上的则认为"艺术最有用"。

（三）启迪智慧，促进智能发展

艺术有一种神奇的功能，那就是能够促进人的智能发展。

从脑科学角度来说，左脑通常负责逻辑、语言、数学、文字、推理、分析等，被称为"语言脑""抽象脑"；右脑主要负责图画、音乐、音律、想象、创意等，被称为"艺术脑""创造脑"。艺术，协调着人的左右脑，使两者既保持相互平衡，又在相互促进中得到提升和发展。可见，艺术能够促进人的智力发展，能够增强感受力、培养观察力、提高记忆力、丰富想象力、发展思维力、促进创造力。例如，孩子阅读绘本故事或世界名著等文学作品时，从中能够悟出许多人生的智慧和哲理。再例如，孩子在科学幻想画的绘画过程中，能够调动想象力和创造力，描绘出一个神奇的未来世界。

在日常生活中，富有审美观念的孩子会创造性地装点生活，让生活富有审美情趣。例如，具有平衡、空间、架构、对称、不规则等审美意识的孩子，会使自己的穿衣戴帽富有艺术性，从美学的角度设计家庭的布局、摆设等，让家庭充满艺术气息，让日常生活充盈着美。

（四）健全人格，促进非智力因素发展

绘画、唱歌、器乐、舞蹈等不同艺术形式的学习，能够促进孩子人格的健全发展。因为学习艺术，不仅能培养孩子的艺术技能、记忆力、观察力等认知能力，还能培养了孩子的兴趣爱好，有利于养成认真的态度、良好的习惯、坚持不懈的意志。例如，学习弹奏钢琴，除了孩子演奏技能的提高，还培养了孩子自信、乐观、专注、认真、反复练习、持之以恒等非智力因素。

有研究表明，艺术教育有助于学生学业成绩提高，主要原因是艺术教育能够培养学生的专注力、自控力、自信心、乐观向上的品格，以及良好的学习品质、习惯和方法。

（五）增进交往，促进社会性发展

艺术活动还具有一个重要功能，就是增进人们的相互交流，使人与人之间得到更多心与心的沟通。因此，开展艺术教育，能够让孩子有更多的机会与同伴、与他人交往，在艺术活动中学会合作、学会交往，从而促进其社会性发展。例如，集体合唱、舞蹈表演、器乐合奏等，需要大家相互交流、相互配合、协调一致，孩子正是在参与这些艺术活动中，体验到集体合作的快乐，学会与他人默契合作，学会理解、接纳和欣赏别人，从而能够有力地促进孩子社会交往能力的发展。

三 艺术教育：在快乐中学习，在学习中快乐

艺术教育对于唤醒与塑造孩子的审美、培养孩子全面和谐发展、让孩子走向快乐幸福的人生境界具有重要的意义。可见，父母要想让孩子得到美的享受，那就必须从孩子小时候开始对其进行艺术教育。

艺术教育，有的家长认为是学校的音乐、美术等课程，还有的家长认为就是给孩子找专门的艺术老师或艺术培训机构去学习，这些认识都是不全面的。因为除了上述两条途径，还有两条重要的途径，就是家庭和社会的艺术教育。

那么，父母如何做到将家庭与社会、家庭与学校有机结合，对孩子开展好艺术教育呢？

（一）树立正确的艺术教育理念

理念是行动的指南。有正确的教育理念，才能有正确的教育行动。对孩子的艺术教育也是如此。要做好孩子的艺术教育，父母首先要有正确的艺术教育理念，明确“为什么学”这一核心问题。

孩子到底为什么学琴？为什么学跳舞？为什么学唱歌？为什么学画画？很多家长都有“标准”答案：为了考级，为了考试加分，为了成为特长生，作为一技之长……最后我们会发现，很多家长由于没有想清楚让孩子学习艺术的根本目的，以至于跑偏了都浑然不觉。

为什么要让孩子学习艺术？这个问题的正确答案是：培养孩子的审美能力，让孩子获得美的享受，丰富孩子的人生体验，让孩子快乐、幸福地成长。这是让孩子学习艺术的一个根本目的。

父母明确了孩子学习艺术的根本目的，明确了学习艺术根本目的与艺术技能目标的关系，保证孩子的艺术教育不会走偏，能够正确引导孩子“学什么”“怎样学”，让孩子在快乐中学习艺术、在学习艺术中得到快乐。

（二）善于发现和培养兴趣，因“趣”利导

现在，父母都意识到了艺术教育对孩子发展的重要性，都非常重视对孩子的艺术培养。但是，有一些家长不考虑孩子喜爱与否，完全按照自己的意愿或随大溜为孩子选择学习的艺术门类。例如，看到人家的孩子学钢琴，父母就想让自己的孩子也学钢琴；父母自己喜欢舞蹈，也想让孩子学习舞蹈。有这样一个故事：一位爷爷看到一位小学生背着小提琴，羡慕地说：“你看你们这一代多幸福啊！”

可是孩子说："幸福什么呀！要是不学琴，那才叫幸福呢！"学琴居然成了破坏孩子童年幸福的罪魁祸首……孩子不感兴趣，学得很苦、很累，本应幸福、快乐、放松的乐器学习却成了孩子的苦难，实则是家长的悲哀。因此，对孩子进行艺术教育，父母必须根据孩子的兴趣去选择学什么，让孩子喜欢学、学得快乐。

每个孩子内心深处都有一种审美的本能，只是要看它能否被唤醒。从这个角度讲，父母一项重要的任务就是发现、挖掘和培养孩子的艺术天赋和兴趣。心理学研究表明，学习兴趣是构成学习动机中最现实、最活跃的成分，一个人对其所学的东西产生了浓厚的兴趣，便会迸发出惊人的热情。因此，父母在日常生活中要细心观察孩子对唱歌、绘画、器乐、舞蹈等方面的兴趣所在，找到让孩子沉浸其中、真正热爱的艺术种类；如果孩子的兴趣点不明确，父母可以引导孩子对各种艺术门类进行欣赏和学习，培养孩子的兴趣。例如，有机会可以带孩子去听一听音乐会、看画展等，和孩子一起收看艺术类电视节目等，培养起孩子对艺术的兴趣，然后，因"趣"利导，让孩子自己选择感兴趣的艺术种类，而不是父母把自己的意愿强加到孩子身上，这样，孩子才会感受到学习艺术的快乐。

（三）营造浓厚的艺术氛围

父母对孩子进行艺术教育，很重要的一点就是从孩子出生，就要给孩子营造一种浓厚的艺术氛围，激发孩子的艺术潜能和兴趣，让孩子自然而然地爱上艺术。

在胎教或和孩子做亲子游戏时，可以播放一些轻音乐，激发孩子的音乐感。

在家庭中，就餐、闲暇、做家务等时间段，经常播放一些家人喜欢的音乐，给家庭营造一个充满快乐、轻松的艺术氛围。

给孩子买一些优秀作家的绘本图书，在家里悬挂一些中外名画等，让孩子随时浸润在艺术的环境中。

经常和孩子一起观看电视艺术节目、参加音乐会、参观美术展等，让孩子学会欣赏艺术美，培养孩子的审美能力。

经常带孩子外出旅游，和孩子一起发现和欣赏自然环境和人文景观中的美。例如，让孩子多接触大自然，感受和欣赏美丽的景色，聆听好听的声音；经常带孩子游览公园、植物园、名胜古迹等人文景观，引导孩子谈谈事物颜色、形状、动态等美的特征，讲讲有关的历史故事、传说，与孩子一起讨论和交流对美的感受。

积极支持孩子参加校内外艺术兴趣班，培养孩子的艺术爱好和特长。

（四）在生活中培养孩子的审美

培养孩子的艺术素养，不仅仅是让孩子参与唱歌、弹琴、跳舞、绘画等艺术活动，还包括在日常生活中培养孩子的美感。日常生活中，处处都蕴含着美，需要父母引领孩子学会发现生活中的美、欣赏生活中的美、创造生活中的美。

让孩子感受到家庭装饰的造型、色彩、布局所体现的艺术美，知道整洁有序、统一完整、和谐平衡、比例对称以及规则与不规则等美的基本原则，学会欣赏日常生活中的美。例如，让孩子知道鞋子、衣物摆放整齐、有序才有美感；房间色彩搭配和谐、布局错落有致才富有艺术性。

让孩子学会用艺术装饰生活，在生活中创造美。例如，学会用色彩、图画、艺术挂件等装饰房间，用美的规则布置家居用品，学会用艺术眼光搭配自己的穿着等。

在带孩子逛街、逛商场时，注意引导孩子观察和欣赏建筑、雕塑、工艺品的布局、造型等，让孩子学会发现和欣赏日常生活中的艺术美。

在引导孩子欣赏外在形式美的同时，还要注意引导孩子学会欣赏和塑造内在心灵美，知道美并不局限于外在所呈现的形象，心灵美更为动人和美好，从而帮助孩子形成高尚的品格。例如，和孩子讨论“一个长得很漂亮，但是没有礼貌的小朋友，她美吗？”等问题，让孩子从身边的事例中，客观地感知“真善美”。

（五）让孩子在艺术中体会幸福

让孩子在艺术中体会幸福，这是学习艺术的核心目标。为实现这个目标，父母要注意做到“三要、三不要”。

要以幸福为目标，不要以技能为目标。父母让孩子学习一门艺术，不要单纯地以追求技能学习为目标，更重要的是要让孩子在艺术学习的过程中体验到快乐和幸福，让艺术成为孩子在今后学习和生活中感知幸福和快乐的一种手段。有这样一个故事：有一位小姑娘参加小提琴考级考试，因为没考过非常沮丧，她父亲见状就开导孩子说：“爸爸当年给你报小提琴班，不是为了让你考级，是希望有一天你长大了，爸爸不在你身边，你觉得不开心了，把琴箱打开，为自己拉一曲，那些熟悉的音乐旋律从琴弦上‘走出来’，环绕着你，就好像爸爸还在你身边一样。”这个故事启发我们，要让孩子以幸福为目的去学习艺术，而不是为了学习技能、考级才去学习艺术。其实，幸福感知和技能提升二者又是相辅相成的，在快乐幸福的学习过程中，技能也会不断得到提高。

要设定适宜目标，不要给孩子定过高的目标。例如，孩子学习钢琴，要根据孩子的身心特点设定适宜的目标，让孩子“跳一跳够得着”，而不要定过高的目标，让孩子过苦、过累。学习过程要循序渐进，让孩子轻轻松松、快快乐乐地弹琴。

要多鼓励，不要过多地指责、批评，打击孩子的积极性。孩子学习过程中往往会遇到这样那样的问题，这是正常现象。例如，孩子在学画画过程中，父母不要轻易评价孩子的绘画作品，特别是不要批评孩子这画得不对、那画得不好：“这是画了些什么？怎么画了两个太阳？”“荷叶是绿色的，怎么画成了红色？”父母用这些批评或讽刺的语言来评价孩子的作品，很容易打击孩子对绘画的兴趣和热情。对于孩子大胆想象的构图，父母正确的做法是多给予孩子表扬和鼓励，在表扬孩子“画得好”的同时，要引导孩子讲述图画中的故事，对于孩子的大胆想象给予鼓励，呵护孩子的想象力和创造力。

只有这样，孩子才能在快乐中学习艺术，在学习艺术的过程中享受到快乐，才会拥有长久的幸福感，真正成为一个快乐、幸福的人。

专家点评

艺术的本质是让人快乐幸福，然而，现实生活中很多父母的功利心却让学习艺术变了味儿，让孩子学习艺术成为高考的捷径，孩子不喜欢学，家长就逼迫孩子学，造成让孩子“学了一门技术，恨了一门艺术”的悲剧。因此，家长一定要树立正确的艺术教育观，从为了孩子人生幸福的高度去培养孩子学习艺术的兴趣，让孩子喜欢学、愿意学，学有乐趣，学得快乐，学得幸福，这才是艺术教育的真谛。

问题与思考

1. 中央音乐学院教授周海宏曾说：“为什么要学习艺术，很简单，为了幸福。”请谈谈您对这句话的理解。

2. 您认为应该怎样对孩子进行艺术教育？请介绍一下您的经验。

专题九　聊天：孩子学习的重要途径

一年 365 天，一天 24 小时，父母都可以和孩子聊天，聊天内容可涉及吃喝拉撒、衣食住行、生老病死、为人处世，以及天文地理、自然历史等等。从某种意义上讲，聊天对孩子犹如一部《百科全书》和《十万个为什么》，它是教会孩子做人、做事、生活、学习的一条重要途径。因此，家长一定要重视与孩子聊天，学会与孩子聊天，让聊天发挥出促进孩子学习与发展的重要教育价值。

与人交谈一次，往往比多年闭门劳作更能启发心智。思想必定是在与人交往中产生，而在孤独中进行加工和表达。

——列夫·托尔斯泰

一　聊天：开发孩子智慧的有效方式

聊天，是父母与孩子交流沟通的重要途径，更是开发孩子智慧的有效方式。孩子从出生到长大成人，尤其是 0~3 岁阶段，其语言发展、社会认知等方面，多是在父母与之聊天过程中发展起来的。随着孩子一天天长大，聊天对于启迪孩子的智慧、培养孩子社会性等方面的发展，都具有无可替代的意义和价值。

知识窗

所谓“聊天式教育”，就是父母通过交流等方式来进行教育。聊天可不是简单地聊，而是有意识地引导孩子进行思考，让孩子不断进行发散思维，这种引导式的对话能够帮助孩子进行思考，刺激孩子的大脑活跃度。

聊天在开发孩子智慧方面的教育价值如何？一项研究揭开了谜底。

麻省理工学院、哈佛大学和宾夕法尼亚大学共同组织研究小组，他们以波士顿的30多名4~6岁的儿童为研究对象，在孩子们听故事的同时扫描他们的大脑活动，并且回顾孩子与父母在家中互动的录音。

研究发现，孩子与父母交谈的频率越高，他们大脑中语言相关区域的活动就越强。无论家庭收入多少，无论家庭富裕还是贫困，无论父母教育程度如何，都证明了这一点。并且，大脑活跃程度与儿童听到多少词汇无关，但与会话次数高度相关。和父母交谈更多的儿童，在随后的标准化测试中也取得了更高的分数。

《麻省理工科技评论》的一篇文章中指出，父母和孩子谈话可以影响孩子大脑的生物成长。这非常神奇！文章指出，孩子是社交型学习者，他们从与他们有关系并使他们感到安全的人身上学习。婴儿的学习方式可以印证这一点。婴儿除了从环境中学习，还从父母那儿学习。

父母多和孩子交谈大有裨益。尽管用词简单，但会话中除了语言内容，还有非语言方面的信息，如肢体动作、表情反应以及社交方面的信息。这些都有助于发展孩子的动作技能、社交技能和口语表达能力。

研究人员指出，交谈不仅能促进亲子关系，还能促进孩子的社交能力。交谈具有一种强大的驱动力，让人类多方面能力同时发展。

这项研究阐明了聊天对于孩子学习与发展的重要性。它还特别强调了父母不要只重视孩子的阅读而忽视了聊天，因为聊天相对于阅读具有特殊的意义：读书很重要，但是对于小孩子来讲，对话、聊天也很重要，因为聊天是父母与孩子的互动与碰撞，在这个过程中孩子能更好地理解知识，不断地进行内化和提升，从而引导孩子进行深度思考，让孩子变得更聪明。

二 聊天：促进孩子全面发展

研究和实践证明，父母和孩子聊天的频率和聊天内容的质量，对孩子的学习与发展有着很大的影响。正向、积极的聊天能够促进孩子健康发展，负面、消极的聊天则妨碍孩子的健康发展。因此，父母一定要从正面、积极的角度和孩子聊天，以正确的世界观、人生观、价值观来引领孩子，这样的聊天才能发挥出积极的教育价值。

（一）聊天能密切亲子感情，让孩子获得幸福感

父母对孩子最大的期望，无非是希望孩子一生平安、健康、快乐、幸福。孩子时期最大的幸福就是感受到父母的爱。要使孩子感受到父母的爱，父母和孩子经常聊天是最好的方式之一。

对于父母和孩子而言，什么最宝贵？是父母与孩子之间建立起来的情感联结，而这种联结很大部分来自父母与孩子日常有来有往的对话聊天。可以说，孩子一生中最珍贵、最幸福的礼物就是父母用心陪伴、交流、沟通。

当孩子取得成绩时父母要进行奖励，遇到困难时父母要给予鼓励，受委屈时父母要倾情安慰，遇到困惑时父母要指点迷津……这样，孩子会时时感受到父母的陪伴、关爱和支持，从而能够培养亲密的亲子感情，提升孩子的幸福感。

父母和孩子愉快地聊天，父母的爱可以及时地传递给孩子，并深深地在孩子心里扎根，实现父母和孩子之间感情的连接，彼此之间更坦诚，从而建立更多的信任。实践证明，凡是父母能够经常和孩子聊天，孩子会更开朗、更聪明，幸福感也更强；反之，孩子不仅容易性格内向，有时还会出现心理障碍。

（二）聊天能构建孩子正确的世界观、人生观、价值观

家庭教育渗透在生活的点点滴滴中，孩子从出生到成人，其世界观、人生观、价值观就是在这日常生活的点点滴滴中一点点构建起来的。日常生活中，父母与孩子聊天涉及善良勇敢、诚实守信、尊老爱幼、勤俭节约、奋发向上、礼貌待人、

为人正直等话题，对于孩子三观的构建发挥着重要的作用。

孩子在一天天长大的过程中，会接触很多人，会遇到、听到很多事。父母在与孩子聊天过程中，会发表自己的看法，做出分析评价以及价值判断等，日复一日、年复一年，父母与孩子对各种各样的人和事的认识、交流、评价，潜移默化着孩子的三观构建。例如，孩子说某某小朋友打骂、欺负小朋友，妈妈可以借这个话题和孩子聊聊，引导孩子谈谈自己的看法，让孩子说一说打骂、欺负小朋友为什么不好，小朋友们喜不喜欢这样的伙伴……通过这样的聊天，孩子就会慢慢树立起“不能欺负别人”的意识。再比如，父母和孩子聊起与同伴交往讲诚信的话题，如果说“做人不能太诚实，诚实了会吃亏”这一类的话，就会对孩子起到反面作用，孩子很难构建起正确的人生观和价值观；如果父母引导孩子要讲诚信，并且引导孩子从日常生活中一些具体的人和事中了解到诚信对于做人的重要性，就能使孩子从小养成讲诚信的良好品德，树立起正确的三观。

（三）聊天能发展孩子的多元智能

多元智能理论告诉我们，每个人身上都具有语言智能、数理逻辑智能、音乐智能、空间智能、身体运动智能、人际交往智能、自我认识智能、认识自然智能等多种智能。亲子交谈具有一种强大的驱动力量，除促进孩子语言智能、数理逻辑智能发展外，还能够促进亲子关系、人际交往、自我认识、认知能力等多方面智能的发展。

开放性聊天，对培养孩子的发散思维、想象力和创新力有着重要意义。例如，一位爸爸陪6岁的儿子打羽毛球，由于打得太高了，羽毛球挂在路边的树上了。儿子用羽毛球拍够不着，然后喊爸爸帮忙，爸爸提醒他：“你要动脑筋尝试多种方法。”在爸爸的提醒之下，儿子又用投掷石子的方法打羽毛球，仍没有作用。爸爸鼓励他：“想想还有什么办法？”儿子又开始用晃动树干的办法，也不行。最后，儿子找来了一根竹竿，终于够了下来，儿子高兴得跳了起来。孩子在生活中遇到问题或困难时，父母和孩子的这种开放性聊天对培养孩子的发散思维、处理问题能力、想象力和创新力很有帮助。

（四）聊天能扩大孩子的社会认知

父母和孩子的日常聊天内容包罗万象，丰富的聊天主题能够扩展孩子的知识面和眼界，拓展孩子的社会生活常识，对于孩子的社会性发展很有帮助。例如，父母和孩子聊生活安全的话题，能让孩子了解用电安全、交通安全以及防烫伤、防割伤、防溺水、防火灾等常识；父母和孩子聊日常生活的礼仪，孩子会学会礼貌待人和做事的基本礼仪；父母和孩子聊旅游话题时，父母将自己旅游时的所见所闻绘声绘色地讲给孩子听，会让孩子了解各地的风土人情，开阔孩子的眼界，丰富孩子的生活经验。

（五）引导孩子学会聊天、学会交往

聊天是社会交往中一项重要的技能。学会聊天，学会与人沟通，站在他人的角度去理解他人的感受，能够与他人建立、维持一种和谐的人际关系，对于一个人的社会交往很有帮助。因此，让孩子在与父母聊天中学会聊天，对于培养孩子的人际交往能力有着重要的意义。父母在聊天中引导孩子多聊一些对方感兴趣的话题，学会倾听、学会尊重、学会赞美，让孩子从小就善于与人交流、沟通，学会与不同年龄的人交流，丰富自己的社会阅历，从而学会与他人交流、合作，提高自己的社会交往能力和适应能力。例如，著名主持人倪萍，从小是由姥姥带大的。姥姥虽然不识字，但非常擅长聊天，她用最朴实却蕴含着大智慧的语言表达了对生活积极乐观的态度以及如何与周围人相处的智慧，对倪萍的人生和事业产生了深远的影响。

三 学会聊天，发挥其重要教育价值

做一个会聊天的父母，应该做好以下几个方面：

（一）父母要引导孩子树立正确的三观

家庭是孩子的第一所学校，父母是孩子的第一任教师。父母的一言一行对培

养孩子的世界观、人生观、价值观具有特殊的意义。正如一句俗语所说："孩子是父母的影子。"

父母的言行举止和待人态度都是积极、健康的，那么孩子的三观也会很积极；如果父母的三观不正，其言行举止和待人态度消极、不健康，孩子的三观也容易受影响。因此，父母在和孩子聊天过程中，一定要树立正确的三观，培养孩子健康向上、积极乐观的三观。除此之外，父母在和孩子聊天中，要不断引导孩子确立远大而有意义的人生目标。只有有了明确的目标，才会有明确的人生方向，才会有前进的动力，才能确保孩子始终走在正确的人生道路上。

（二）做一个学习型父母

父母和孩子聊天时，孩子会经常提出一些问题，涉及范围非常广泛，有时还会问一些奇奇怪怪的问题，特别是随着社会的发展而出现的新生事物，孩子更是好奇。很多家长由于自己的知识面太窄，面对孩子提出的一些问题往往因回答不上来而搪塞、敷衍孩子，慢慢地孩子与父母就无话可聊了。因此，父母和孩子要保持良好的交流互动，维持亲密的亲子关系，就要做一个学习型家长，丰富自己的知识储备，努力满足与孩子聊天的话题需求，与孩子有话可聊。

人的知识是有限的。面对孩子提出的问题，父母回答不上来是正常的。这种情况下，父母不可对孩子提出的问题搪塞、敷衍，更不可做出一些错误的回应，而应该采用以下三种方式：一是引导孩子自己尝试去解答，比如你可以反问孩子"你知道为什么会这样吗？我想知道你的答案"；二是如果遇到自己和孩子都回答不上来的问题，父母可引导孩子找老师或其他人帮助解答；三是指导孩子学会用查阅资料的方法去寻找问题的答案。这样做，既有利于找到问题的正确答案，还能够让孩子学会主动思考、寻求帮助和查阅资料等解决问题的方法。

（三）注意聊天的方法

很多家长都有这样的困惑和苦恼：孩子越大越不愿意与自己交流了，孩子越大越疏远自己了。这个问题不是孩子的责任，而是父母的问题，是父母与孩子沟通的内容、方式和方法出了问题。例如，很多父母和孩子聊天时，总是第一步就踏进聊天的“雷区”——一味地说教、讲大道理，将聊天变成一言堂，总是反驳、责问，居高临下地指责、批评，或者聊天时心不在焉、答非所问、敷衍了事……这样，孩子怎么会与父母聊得下去？

父母想和孩子聊起来，并且聊得愉快、有意义，就必须要注意和孩子聊天的方法，聊孩子喜欢的话题，才能够调动起孩子聊天的兴趣。下面是20个孩子感兴趣的话题，可以多与孩子聊一聊。

经常和孩子聊这20个话题，可以拉近亲子关系，锻炼孩子的思维能力和语言表达能力。

1. 过节/过生日你想要什么礼物？
2. 要是我们一起出去玩，你想去哪里啊？
3. 今天幼儿园（学校）发生了哪些有趣的事？
4. 如果你有一项超能力，你最想做什么？
5. 你最喜欢的玩具是什么？
6. 你最喜欢做什么事情呢？
7. 今天有什么不高兴的事情吗？
8. 如果你做一天爸爸妈妈，你会让我们做什么事呢？
9. 如果你当老师，你感觉应该/不应该做哪些事？
10. 如果你能给自己起名字，你想起什么名字？
11. 我们交换一个秘密，你的秘密是什么？
12. 你最喜欢哪部动画片？里面哪个角色最好笑？
13. 你最喜欢唱的歌是什么？
14. 要是想画一幅画，你会画什么呀？
15. 你最喜欢和谁一起玩？
16. 你喜欢玩什么游戏？
17. 要是给你的好朋友送个礼物，你想送什么？
18. 如果爸爸妈妈不开心了，你会怎么安慰呢？
19. 如果能像小鸟一样飞到任何地方，你想飞到哪里？
20. 长大以后你想做什么？

除了聊孩子感兴趣的话题，还需注意以下方面：

顺着孩子的话题往下说。孩子引出的话题往往是孩子关注、喜欢聊的内容，父母要善于顺着孩子的话题往下说，这样孩子才有兴致和父母交流。

尊重孩子，学会倾听。认真倾听孩子的每一句话，认真回答孩子的每一个问题，不要轻易打断孩子的话。

无论如何，你要用心聆听你的孩子想要跟你讲的任何事。孩子小的时候，要是你不用心聆听他的小事，当他们长大了以后，他们也不会跟你讲他们的大事，因为对于孩子来说，他要跟你讲的所有事全都是大事。

——凯瑟琳·华莱士

说一说自己童年的趣事。父母和孩子分享一下自己童年的趣事，一方面可以拉近和孩子的距离，另一方面也可以增进对彼此的理解。

寓教育于聊天之中。对于教育孩子的一些话题，或某些隐私敏感的话题不要直接对孩子讲大道理，可以用生活中的人和事来旁敲侧击地进行教育。例如，青春期中的一些问题，可以用身边的实例来聊天，让孩子从中受到教育。

多提开放性问题。开放性问题有利于聊天的延续、扩展，并且对于培养孩子的发散思维、想象力和创新力很有益处。可以多问孩子“你认为呢？你还有什么好的想法吗？”“你可以试着说说你的想法”等。

多鼓励、多赞美。在交流中，父母要学会正确地夸奖孩子，欣赏他的某些想法和行为。父母对孩子的评价是正面、积极的，孩子就会朝着父母心中正面、积极的形象和标准要求自己。

聊天的方法有很多，父母要根据孩子的年龄和性格特点有针对性地使用，这就需要父母注意学习和选择聊天的方法，真正达到孩子有话与父母聊、喜欢与父母聊的最佳亲子聊天境界。

信息链接

“海沃塔”聊天法是一种轻松、愉快的聊天方式，但是它并不等于闲话家常，而是让家长把简单的聊天变成亲子之间的讨论，让聊天内容和聊天形式变得更加丰富。具体来说，“海沃塔”聊天法一共有四个关键步骤，分别为:倾听、共鸣、思考和鼓励。有了这四个关键步骤，父母想要实现和孩子之间的沟通就简单多了。

首先，父母要懂得倾听。多听孩子说，才会对孩子产生更多了解，才能走进孩子的心灵深处。此外，家长认真倾听也会给孩子带来满足感，让孩子意识到自身的独特性。

其次，和孩子产生共鸣。认同孩子表达的观点，这样的话会引起孩子更加强烈的表达欲望，能够说出更多想说的话，这一步是非常重要的。

再次，引导孩子思考，同样也是关键一步。在听完孩子的表述后，父母可以提出一些问题，引导孩子进入更加深刻的思考阶段。

最后就是鼓励了。家长可以经常对孩子说，特别开心和你沟通，希望我们有更多这样的交流。有了家长的鼓励，孩子才会展现出乐于与家长沟通的姿态。

（四）积极主动地和孩子聊天

在日常生活中，父母一定要积极主动地和孩子交流，让孩子感觉到父母对自己的重视，密切彼此的关系。在放学路上、吃饭的时候、睡觉前等亲子共处的时间里，父母要主动找话题和孩子聊天，经常找一些新鲜的话题来聊，这样，孩子既可以享受到和父母相处的乐趣，还能够对父母敞开心扉去交流，无论是得意的甜蜜，还是失意的痛苦，他都会把父母当作最亲密的朋友去分享、倾诉，这非常有利于孩子身心健康。

名人名言

每一个人都需要有人和他开诚布公地谈心。一个人尽管可以十分英勇，但他也可能十分孤独。

——海明威

（五）每天都要和孩子聊天，让聊天成为生活的重要内容

父母每天都很忙碌，有做不完的工作、家务等，这是大多数人的现实状况。

但是，父母忙碌最终还是为了家庭幸福，为了让孩子健康、快乐成长。父母务必要记住，孩子需要更多的陪伴和交流，要想成为合格的父母，那么就一定要懂得和孩子交流的重要性，每天都要和孩子聊天沟通，让聊天成为家庭生活的重要内容，成为构建和谐、幸福家庭的重要方式。

要达到上述目的，我们家长在日常生活中要让聊天成为家庭生活中的一种习惯，从孩子来到这个家庭后，就要天天安排时间和孩子聊天，坚持不懈，久而久之养成孩子和家长聊天的习惯，这样孩子会非常珍惜和家长在一起的时光，孩子每天都会得到情感的润泽，每天都会感受到父母的爱和帮助，在幸福快乐的氛围中健康成长。

专家点评

孩子内心是渴望与父母交流的，当孩子在幼儿园或学校里遇到不愉快的事情，不知道怎么解决，这时他们会希望得到父母的帮助。如果父母与孩子一直缺乏沟通，他们就会感到无助，以后有什么事情也不愿意与家长说了。所以，当发现孩子想对我们说什么的时候，一定要认真倾听，并给孩子鼓励。倾听孩子的诉说，让孩子的感情获得充分的宣泄，同时帮助孩子寻找解决问题的办法，这对于他们的成长是非常有帮助的。

问题与思考

1. 亲子聊天的重要意义有许多，您还能想到哪些呢？
2. 您认为还有哪些方式可以促进亲子聊天呢？

专题十　莴苣效应：为孩子创设一个宽松的学习环境

影响孩子成长的因素中，遗传因素基本上是无法改变的，可变的是环境和教育。成长环境和教育环境对孩子的学习和发展有着非常大的影响。

一　过度竞争，不利于孩子发展

自由、宽松的教育成长环境与专制、高压的教育成长环境，对孩子的影响是截然不同的。

心理学上，家庭环境由软环境、硬环境、内环境和外环境四部分构成，它们对一个人的一生有着至关重要的影响。

1. 软环境，包括家庭成员之间的良好关系、父母的道德水平、教育方式以及人的自我概念的发展等。

2. 硬环境，包括家庭成员结构、经济状况、生活方式等。

3. 内环境，包括家庭成员和睦相处、家长对子女的教育方式等。

4. 外环境，指家庭外的环境，如家庭的周围环境、周围人群情况、外部活动场所、外部人际关系等。

（一）

在志远很小的时候，未来的梦想是成为科学家、医生、画家、诗人、宇航员……爸爸妈妈给他起的名字就是希望他将来有远大的志向。他从咿呀学语开始就志存高远，每天都在努力学习文化知识，为梦想而奋斗。

从幼儿园、小学到中学，爸爸妈妈一直带领着他在“教育内卷”的赛道上冲刺：给他报了各种各样的兴趣班、补习班。特别是上了高中以后，志远夜以继日、不分寒暑地苦读，每天泡在题海里，经常学到凌晨，睡眠不足是常事。有时为了多做点题，甚至午饭都省了，提前备好干粮，饿了就啃几口面包。

为了全身心备战高考，志远从不参加班级和学校组织的各种活动，每天过着“教室—食堂—宿舍”三点一线的生活，心中只有学习一件事。

志远后来如愿以偿考上了自己心仪的大学。然而，到了大学以后，面对相对宽松、自由的环境，他彻底放飞自我，压抑很久的欲望一下子释放出来——没日没夜玩游戏，经常通宵追剧、睡懒觉、逃课……频频挂科，频频补考，频频重修……

（二）

张宜是某省高考文科状元！对这个喜讯，17 岁的张宜似乎并没有特别激动。

面对采访时，戴着一副 500 多度眼镜、身材微胖的张宜文质彬彬、有条不紊地回答着记者提出的一个个问题。

在张宜班主任的眼里，他是个“宠辱不惊”的学生，写得一手大气的文章，而他的从容淡定更是让人印象深刻。

“高考那些事儿，不过两天加两晚。”这是张宜的高考体会。紧张的高考对于他来说，只是与平时一样的两天而已。

记者问张宜为什么对高考这么淡定，他回答说，他的淡定来自家庭宽松环境的熏陶。从小父母就为他创造了一个宽松的环境，做决定前都是先征求他的意见，从来不强迫他。对于学习，父母从不在乎成绩排名，只要努力了，不断进步就可以。

父母从未逼他上过补习班，也没给他买过辅导资料。张宜的学习方法很简单，就是拒绝题海战术，专攻错题和课本，多研究、多总结，对于文综更是如此。文综出题角度多，但是万变不离其宗，都离不开书本知识。弄通了书本知识，就掌握了打开高分的金钥匙。

张宜最大的兴趣就是上网查阅资料和打乒乓球，爸爸妈妈也全力支持。张宜的成功，得益于宽松的家庭环境。妈妈对记者说："在家中，我们非常尊重孩子的决定，我们非常信任他。"在家中，父母从不对张宜进行严格管束,反而是鼓励儿子多出去玩玩。妈妈告诉记者:"平时儿子喜欢看书，但他不是为了考试，就是喜欢。"

进入大学后，很多大学生旷课、打游戏、挂科，变得颓废不堪，而张宜始终以学习为乐趣，并积极参加学校的各项活动，多次荣获奖学金。

以上两个案例中，不同的成长环境下长大的两个人性格截然不同，我们可以从莴苣效应原理中寻求答案。

二 莴苣效应及启示

所谓莴苣效应，是指莴苣早期生长的环境影响其后期的生长。早期在宽松的环境中生长的莴苣，后期长得又粗又壮，发育良好；早期在密集、竞争的环境中生长的莴苣，后期长得又细又弱，发育不良。

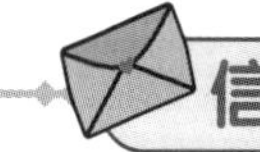

信息链接

2020 年 10 月至 2021 年 6 月，中国学前教育研究会研究人员王桂亮同志在以莴苣为研究对象进行了一项观察研究实验。他观察莴苣生长过程时发现，莴苣早期的生长环境对莴苣后续成长会产生很大的影响。

莴苣秧苗一般在长到 6 片叶子时进行移栽，间距 30 厘米、行距 40 厘米为宜。

移栽后，莴苣长得又粗又大。若不及时移栽，莴苣秧苗在原来的密集环境中生长，为获得阳光而相互竞争，一个劲地蹿高，长得又细又高，出现徒长的现象。后期，即使再将这些长得又细又高的莴苣移栽到宽敞的环境中，它们也长不粗了，最终这些莴苣长得细细的、长长的。

这一原理可以很好地解释前面的两个案例：

志远从幼儿园到中学，是在父母的严格管教、激烈竞争的环境下学习成长的，始终处于父母“要我学”的状态，父母没有很好地培养志远“我要学”的学习态度、学习兴趣以及良好的习惯和自控力等，当志远上了大学，面对“没人管”的自由、宽松的环境，便失控了。

张宜之所以成为全省状元，并在大学中努力学习，这得益于自由、宽松的家庭教育环境，不去单纯地追求分数、名次，而是注意培养孩子的学习兴趣和良好的学习品格，不是被动地“要我学”，而是积极主动地“我要学”，因此，成长为一个有目标、有自控力、积极进取的人才。

莴苣效应对孩子的早期教育有以下几点启示：

（一）早期的成长环境影响后期的发展

莴苣长到 6 片叶子时及时移栽到间距 30 厘米、行距 40 厘米的环境中，它们就可以长得又粗又大；若错过这个关键期，待出现徒长后再移栽，就再也长不粗壮了。这一现象对我们的早期教育很有启发：若孩子早期在宽松的环境中自由成长，基础素质会得到更全面发展；若生长在竞争激烈的环境中，往往顾不上全面的素质发展，只是一味片面地注重竞争，导致畸形发展，即便是以后转移到宽松的环境中，也错过了早期成长敏感期的黄金发展期。

（二）成长过程是不可逆的

莴苣早期的生长环境影响了根茎的粗壮生长，后期根茎的发育不可逆转，这一现象具有普遍性。孩子早期的成长环境影响终身发展，成长也是不可逆的，早期紧张的生活、学习环境导致成长发展不健全，后期将难以逆转。前面案例中的志远就是因为长期处于高竞争的环境中，出现了分数“徒长”，好的学习习惯和品格培养却缺失，上了大学后，出现了学习和生活方面的堕落行为。

（三）错过成长敏感期难以弥补

莴苣移栽的时间很重要，错过关键期将难以弥补成长的缺陷。人的生理和心理、品格的发展也是如此，都有发展敏感期，错过发展敏感期往往难以弥补。例如，幼儿园、中小学阶段是思想品德、学习习惯、学习兴趣培养的关键时期，如果家长在这个时期只是盯着孩子的文化知识的学习，过度关注考试分数和名次，而忽视了孩子品格培养、学习兴趣培养，当考入大学后再去补“品格课”为时已晚，因为已经错过了关键期，即便是孩子在这个阶段取得很好的学习成绩，但由于没有培养其终身学习与发展的良好品格，孩子往往走不远、飞不高。

三 创设宽松的环境，让孩子快乐、健康、全面发展

莴苣效应的原理告诉我们，在孩子早期的成长过程中，家长要注意给孩子创设一个自由、宽松、低竞争性的学习和发展环境，让孩子自由、快乐地全面发展，为其终身学习和发展打下坚实的基础。

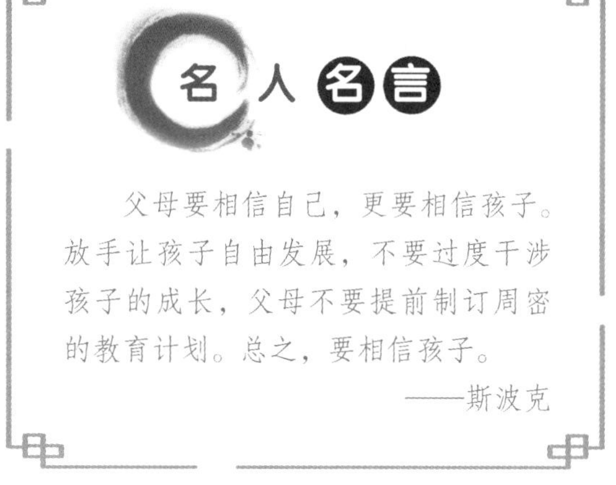

（一）创设自由、宽松的家庭氛围

自由、宽松的家庭生活环境是温馨的、和谐的，是充满爱的。在这样的环境中，孩子的积极性、主动性、创造性能得到充分发挥，孩子能够充分认识自我价值，其独立能力、解决问题的能力和适应社会的能力能得到较好的发展。

给孩子创设一个独立、自由的空间，做什么、怎么做，一切让孩子自己做主，让孩子从小就可以独立、自由地去干自己喜欢的事情，父母只需要做孩子的助手和保护者。这样会使孩子感到自己和大人一样，产生一种平等感，他们在自己的小空间中会积极地学习、活动。例如，给孩子建立一个玩具区，玩什么、怎样玩，一切都由孩子自主决定。

尊重孩子的人格，给孩子自主权。在家庭教育中，父母要学会尊重孩子，把孩子当作一个独立的个体来看待。比如在与孩子交谈时，语言要平和、亲切，不要粗暴地训斥孩子，即使孩子做错了事，也要晓之以理，动之以情，循循善诱，保护孩子的自尊心，尊重孩子的意愿；让孩子平等地参与家庭事务，鼓励孩子提出自己的意见，对孩子的正确想法和行为给予充分的肯定。

为孩子创设一个和睦的家庭环境。和睦的家庭体现在大家互敬互爱、关系和谐，家是一个充满爱的港湾。这种宽松、和睦的家庭环境能培养孩子活泼开朗的性格、乐观主动的精神。

（二）关注孩子的核心素养培养

有很多父母往往只关注孩子文化知识学习的优劣，误以为，只要孩子学习好，就会考上好大学，将来发展一定就好。殊不知，孩子成长与发展的关键因素和持久动力不单单是文化知识，更重要的是核心素养。3~6 岁孩子核心素养的培养主要是让孩子学会做人、学会交往、学会生活、学会学习、学会审美、学会健体、学会劳动、学会创新。只要孩子具备了这些核心素养，各方面的发展就必然优秀。父母培养孩子爱学习、认真负责等良好的学习态度和习惯，孩子必然会努力学习，自然而然就会取得好的学习成绩。相反，有一些在中小学学习成绩优秀的学生，考上大学后却出现厌学、退学、自杀等问

题，这些与父母过度重视孩子的知识学习而忽视核心素养培养有很大的关系。因此，父母不要只注重孩子文化知识的学习，而是要把孩子从片面的知识学习竞争中解放出来，加强孩子的核心素养培养，这样才能让孩子在宽松的环境中全面发展，为未来发展打下坚实的基础。

核心素养，是指一个人应具备的，能够适应终身发展和社会发展需要的必备品格和关键能力。核心素养具体包含人文积淀、人文情怀、审美情趣、理性思维、批判质疑、勇于探究、乐学善学、勤于反思、信息意识、珍爱生命、健全人格、自我管理、社会责任、国家认同、国际理解、劳动意识、问题解决、技术运用等品格和能力。

（三）目标要适宜

目标是孩子学习与发展的方向和动力。但是，目标定得过高会适得其反，不仅不会促进孩子的学习与发展，反而会成为学习与发展的压力和阻力。因此，父母在给孩子制订学习与发展目标时，不要给孩子定过高的目标，这样容易使孩子有挫败感，加大孩子的心理压力。正如原“樊登读书”创始人樊登老师所讲：“不要对孩子有过高的期望，不要设定过高的目标。你对他的期望没那么高，他反倒可能会成长，成为一个给你带来惊喜的人。而如果你整天给他特别高的期望，他最后可能真的变为一个平庸的人。因为过高的期望带来的是压力，压力带来不安全感，不安全感带来的结果是寻找安全感，寻找安全感的结果就是带来平庸。请你对孩子说：‘你自由发展吧！自由发展就 OK。’”

（四）不要过于关注孩子的排名

很多家长从孩子上幼儿园开始就特别关注孩子的成绩和排名，经常问孩子：“你在班上排第几？”这样过早把孩子拖入分数、名次的竞争中，让孩子始终处于高竞争的心理状态，会对孩子造成学习压力，产生负面影响，有些孩子为了追求分数和名次而不惜采用作弊等不正当手段，或为了满足父母的要求而弄虚作假欺骗家长等。

因此，家长不要过于注重孩子的分数、名次，要更多地关注孩子的学习过程，让孩子学会学习、热爱学习、自主学习比名次更重要，让孩子轻轻松松、快快乐乐地学习比背负着沉重的压力、痛苦地学习对于孩子的未来发展更有利。

（五）采取积极的方式激励孩子

为孩子创设一个宽松的家庭环境，家长要关注孩子的进步，引导孩子树立“100% 的努力，不断超越自我”这样一个自我发展的目标，只要有一点点进步，就要及时进行表扬、鼓励。这样，孩子就会获得成功感、自豪感和自信心，而不是那种压迫感和紧张感，孩子在这样自由、轻松的环境中才能够得到快乐、健康发展。

专家点评

不要把孩子过早地拖入高竞争的环境中，让孩子按照自己的节奏自由发展，不压制孩子的天性和爱好，夯实影响孩子终身发展的基础素养，让孩子得到全面发展，这种自由、宽松的教育符合孩子身心发展的规律，是一种先进的、科学的教育理念。

当然，自由、宽松的教育，不是放任不管，更不是放纵。自由和约束从来都是相伴而生的，放手和管教也是同生共存的，只取其一是片面的。

自由、宽松的教育包含给孩子自由、注重规则和纪律的双重含义。因此，家长创设自由、宽松的家庭环境，必须建立在一定的原则之上，放养教育不是放手不管，要把握好“放”与“管”的度，偏向任何一方都会失衡。正如我国著名儿童教育家陈鹤琴先生所说：“我们教小孩当折其衷，一方面予以充分机会以发展自动的能力和健全的意志，一方面限以自由范围使他们不得随意乱动，以免侵犯他人的权利。教育若能如此折衷施去，小孩子未有不受其惠的。”

问题与思考

1. 为什么要给孩子创设自由、宽松的家庭环境？请谈谈您的独特见解。

2. 从对孩子终身发展有利的角度，您认为应该对孩子进行哪些方面的基础素质培养？

3~6 岁儿童学习与发展指南

中华人民共和国教育部

说　明

一、为深入贯彻《国家中长期教育改革和发展规划纲要（2010—2020 年）》和《国务院关于当前发展学前教育的若干意见》（国发〔2010〕41 号），指导幼儿园和家庭实施科学的保育和教育，促进幼儿身心全面和谐发展，制定《3~6 岁儿童学习与发展指南》（以下简称《指南》）。

二、《指南》以为幼儿后继学习和终身发展奠定良好素质基础为目标，以促进幼儿体、智、德、美各方面的协调发展为核心，通过提出 3~6 岁各年龄段儿童学习与发展目标和相应的教育建议，帮助幼儿园教师和家长了解 3~6 岁幼儿学习与发展的基本规律和特点，建立对幼儿发展的合理期望，实施科学的保育和教育，让幼儿度过快乐而有意义的童年。

三、《指南》从健康、语言、社会、科学、艺术五个领域描述幼儿的学习与发展。每个领域按照幼儿学习与发展最基本、最重要的内容划分为若干方面。每个方面由学习与发展目标和教育建议两部分组成。

目标部分分别对 3~4 岁、4~5 岁、5~6 岁三个年龄段末期幼儿应该知道什么、能做什么、大致可以达到什么发展水平提出了合理期望，指明了幼儿学习与发展的具体方向；教育建议部分列举了一些能够有效帮助和促进幼儿学习与发展的教育途径与方法。

四、实施《指南》应把握以下几个方面：

1. 关注幼儿学习与发展的整体性。儿童的发展是一个整体，要注重领域之间、目标之间的相互渗透和整合，促进幼儿身心全面协调发展，而不应片面追求某一

方面或几方面的发展。

2. 尊重幼儿发展的个体差异。幼儿的发展是一个持续、渐进的过程，同时也表现出一定的阶段性特征。每个幼儿在沿着相似进程发展的过程中，各自的发展速度和到达某一水平的时间不完全相同。要充分理解和尊重幼儿发展进程中的个别差异，支持和引导他们从原有水平向更高水平发展，按照自身的速度和方式到达《指南》所呈现的发展“阶梯”，切忌用一把“尺子”衡量所有幼儿。

3. 理解幼儿的学习方式和特点。幼儿的学习是以直接经验为基础，在游戏和日常生活中进行的。要珍视游戏和生活的独特价值，创设丰富的教育环境，合理安排一日生活，最大限度地支持和满足幼儿通过直接感知、实际操作和亲身体验获取经验的需要，严禁“拔苗助长”式的超前教育和强化训练。

4. 重视幼儿的学习品质。幼儿在活动过程中表现出的积极态度和良好行为倾向是终身学习与发展所必需的宝贵品质。要充分尊重和保护幼儿的好奇心和学习兴趣，帮助幼儿逐步养成积极主动、认真专注、不怕困难、敢于探究和尝试、乐于想象和创造等良好学习品质。忽视幼儿学习品质培养，单纯追求知识技能学习的做法是短视而有害的。

一、健康

健康是指人在身体、心理和社会适应方面的良好状态。幼儿阶段是儿童身体发育和机能发展极为迅速的时期，也是形成安全感和乐观态度的重要阶段。发育良好的身体、愉快的情绪、强健的体质、协调的动作、良好的生活习惯和基本生活能力是幼儿身心健康的重要标志，也是其他领域学习与发展的基础。

为有效促进幼儿身心健康发展，成人应为幼儿提供合理均衡的营养，保证充足的睡眠和适宜的锻炼，满足幼儿生长发育的需要；创设温馨的人际环境，让幼儿充分感受到亲情和关爱，形成积极稳定的情绪情感；帮助幼儿养成良好的生活与卫生习惯，提高自我保护能力，形成使其终身受益的生活能力和文明生活方式。

幼儿身心发育尚未成熟，需要成人的精心呵护和照顾，但不宜过度保护和包

办代替，以免剥夺幼儿自主学习的机会，养成过于依赖的不良习惯，影响其主动性、独立性的发展。

（一）身心状况

目标 1　具有健康的体态

3~4 岁	4~5 岁	5~6 岁
1. 身高和体重适宜。 参考标准 男孩： 身高 94.9~111.7 cm 体重 12.7~21.2 kg 女孩： 身高 94.1~111.3 cm 体重 12.3~21.5 kg 2. 在提醒下能自然坐直、站直。	1. 身高和体重适宜。 参考标准 男孩： 身高 100.7~119.2 cm 体重 14.1~24.2 kg 女孩： 身高 99.9~118.9 cm 体重 13.7~24.9 kg 2. 在提醒下能保持正确的站、坐和行走姿势。	1. 身高和体重适宜。 参考标准 男孩： 身高 106.1~125.8 cm 体重 15.9~27.1 kg 女孩： 身高 104.9~125.4 cm 体重 15.3~27.8 kg 2. 经常保持正确的站、坐和行走姿势。

注：身高和体重数据源自《2006 年世界卫生组织儿童生长标准》4、5、6 周岁儿童身高和体重的参考数据。

教育建议：

1. 为幼儿提供营养丰富、健康的饮食。如：

参照《中国孕期、哺乳期妇女和 0~6 岁儿童膳食指南》，为幼儿提供谷物、蔬菜、水果、肉、奶、蛋、豆制品等多样化的食物，均衡搭配。

烹调方式要科学，尽量少煎炸、烧烤、腌制。

2. 保证幼儿每天睡 11~12 小时，其中午睡一般应达到 2 小时左右。午睡时间可根据幼儿的年龄、季节的变化和个体差异适当减少。

3. 注意幼儿的体态，帮助他们形成正确的姿势。如：

提醒幼儿要保持正确的站、坐、走姿势；发现有八字脚、罗圈腿、驼背等骨骼发育异常的情况，应及时就医矫治。

桌、椅和床要合适。椅子的高度以幼儿写画时双脚能自然着地、大腿基本保持水平状为宜；桌子的高度以写画时身体能坐直，不驼背、不耸肩为宜；床不宜过软。

4. 每年为幼儿进行健康检查。

目标 2　情绪安定愉快

3~4 岁	4~5 岁	5~6 岁
1. 情绪比较稳定，很少因一点小事哭闹不止。 2. 有比较强烈的情绪反应时，能在成人的安抚下逐渐平静下来。	1. 经常保持愉快的情绪，不高兴时能较快缓解。 2. 有比较强烈的情绪反应时，能在成人的提醒下逐渐平静下来。 3. 愿意把自己的情绪告诉亲近的人，一起分享快乐或求得安慰。	1. 经常保持愉快的情绪。知道引起自己某种情绪的原因，并努力缓解。 2. 表达情绪的方式比较适度，不乱发脾气。 3. 能随着活动的需要转换情绪和注意力。

教育建议：

1. 营造温暖、轻松的心理环境，让幼儿形成安全感和信赖感。如：

保持良好的情绪状态，以积极、愉快的情绪影响幼儿。

以欣赏的态度对待幼儿。注意发现幼儿的优点，接纳他们的个体差异，不简单与同伴做横向比较。

幼儿做错事时要冷静处理，不厉声斥责，更不能打骂。

2. 帮助幼儿学会恰当表达和调控情绪。

成人用恰当的方式表达情绪，为幼儿做出榜样。如：生气时不乱发脾气，不迁怒于人。

成人和幼儿一起谈论自己高兴或生气的事，鼓励幼儿与人分享自己的情绪。

允许幼儿表达自己的情绪，并给予适当的引导。如：幼儿发脾气时不硬性压制，等其平静后告诉他什么行为是可以接受的。

发现幼儿不高兴时，主动询问情况，帮助他们化解消极情绪。

目标 3　具有一定的适应能力

3~4 岁	4~5 岁	5~6 岁
1. 能在较热或较冷的户外环境中活动。 2. 换新环境时情绪能较快稳定，睡眠、饮食基本正常。 3. 在帮助下能较快适应集体生活。	1. 能在较热或较冷的户外环境中连续活动半小时左右。 2. 换新环境时较少出现身体不适。 3. 能较快适应人际环境中发生的变化。如：换了新老师能较快适应。	1. 能在较热或较冷的户外环境中连续活动半小时以上。 2. 天气变化时较少感冒，能适应车、船等交通工具造成的轻微颠簸。 3. 能较快融入新的人际关系环境。如：换了新的幼儿园或班级能较快适应。

教育建议：

1. 保证幼儿的户外活动时间，提高幼儿适应季节变化的能力。

幼儿每天的户外活动时间一般不少于2小时，其中体育活动时间不少于1小时，季节交替时要坚持。

气温过热或过冷的季节或地区应因地制宜，选择温度适当的时间段开展户外活动，也可根据气温的变化和幼儿的个体差异，适当减少活动的时间。

2. 经常与幼儿玩拉手转圈、秋千、转椅等游戏活动，让幼儿适应轻微的摆动、颠簸、旋转，促进其平衡机能的发展。

3. 锻炼幼儿适应生活环境变化的能力。如：

注意观察幼儿在新环境中的饮食、睡眠、游戏等方面的情况，采取相应的措施帮助他们尽快适应新环境。

经常带幼儿接触不同的人际环境，如参加亲戚朋友聚会，多和不熟悉的小朋友玩，使幼儿较快适应新的人际关系。

（二）动作发展

目标1　具有一定的平衡能力，动作协调、灵敏

3~4岁	4~5岁	5~6岁
1. 能沿地面直线或在较窄的低矮物体上走一段距离。 2. 能双脚灵活交替上下楼梯。 3. 能身体平稳地双脚连续向前跳。 4. 分散跑时能躲避他人的碰撞。 5. 能双手向上抛球。	1. 能在较窄的低矮物体上平稳地走一段距离。 2. 能以匍匐、膝盖悬空等多种方式钻爬。 3. 能助跑跨跳过一定距离，或助跑跨跳过一定高度的物体。 4. 能与他人玩追逐、躲闪跑的游戏。 5. 能连续自抛自接球。	1. 能在斜坡、荡桥和有一定间隔的物体上较平稳地行走。 2. 能以手脚并用的方式安全地爬攀登架、网等。 3. 能连续跳绳。 4. 能躲避他人滚过来的球或扔过来的沙包。 5. 能连续拍球。

教育建议：

1. 利用多种活动发展身体平衡和协调能力。如：走平衡木，或沿着地面直线、田埂行走。玩跳房子、踢毽子、蒙眼走路、踩小高跷等游戏活动。

2. 发展幼儿动作的协调性和灵活性。鼓励幼儿进行跑跳、钻爬、攀登、投掷、拍球等活动。玩跳竹竿、滚铁环等传统体育游戏。

3. 对于拍球、跳绳等技能性活动，不要过于要求数量，更不能机械训练。

4. 结合活动内容对幼儿进行安全教育，注重在活动中培养幼儿的自我保护能力。

目标 2　具有一定的力量和耐力

3~4 岁	4~5 岁	5~6 岁
1. 能双手抓杠悬空吊起 10 秒左右。 2. 能单手将沙包向前投掷 2 m 左右。 3. 能单脚连续向前跳 2 m 左右。 4. 能快跑 15 m 左右。 5. 能行走 1k m 左右（途中可适当停歇）。	1. 能双手抓杠悬空吊起 15 秒左右。 2. 能单手将沙包向前投掷 4 m 左右。 3. 能单脚连续向前跳 5 m 左右。 4. 能快跑 20 m 左右。 5. 能连续行走 1.5km 左右（途中可适当停歇）。	1. 能双手抓杠悬空吊起 20 秒左右。 2. 能单手将沙包向前投掷 5m 左右。 3. 能单脚连续向前跳 8m 左右。 4. 能快跑 25m 左右。 5. 能连续行走 1.5km 以上（途中可适当停歇）。

教育建议：

开展丰富多样、适合幼儿年龄特点的各种身体活动，如走、跑、跳、攀、爬等，鼓励幼儿坚持下来，不怕累。

日常生活中鼓励幼儿多走路，少坐车；自己上下楼梯，自己背包。

目标 3　手的动作灵活协调

3~4 岁	4~5 岁	5~6 岁
1. 能用笔涂涂画画。 2. 能熟练地用勺子吃饭。 3. 能用剪刀沿直线剪，边线基本吻合。	1. 能沿边线较直地画出简单图形，或能边线基本对齐地折纸。 2. 会用筷子吃饭。 3. 能沿轮廓线剪出由直线构成的简单图形，边线吻合。	1. 能根据需要画出图形，线条基本平滑。 2. 能熟练使用筷子。 3. 能沿轮廓线剪出由曲线构成的简单图形，边线吻合且平滑。 4. 能使用简单的劳动工具或用具。

教育建议：

1. 创造条件和机会，促进幼儿手的动作灵活协调。如：

提供画笔、剪刀、纸张、泥团等工具和材料，或充分利用各种自然、废旧材料和常见物品，让幼儿进行画、剪、折、粘等美工活动。

引导幼儿生活自理或参与家务劳动，发展其手的动作。如：练习自己用筷子吃饭、扣扣子，帮助家人择菜叶、做面食等。

幼儿园在布置娃娃家、商店等活动区时，多提供原材料和半成品，让幼儿有更多机会参与制作活动。

2. 引导幼儿注意活动安全。如：

为幼儿提供的塑料粒、珠子等活动材料要足够大，材质要安全，以免造成异物进入气管、铅中毒等伤害。提供幼儿用安全剪刀。

为幼儿示范拿筷子、握笔的正确姿势以及使用剪刀、锤子等工具的方法。

提醒幼儿不要拿剪刀等锋利工具玩耍，用完后要放回原处。

（三）生活习惯与生活能力

目标1　具有良好的生活与卫生习惯

3~4岁	4~5岁	5~6岁
1. 在提醒下，按时睡觉和起床，并能坚持午睡。 2. 喜欢参加体育活动。 3. 在引导下，不偏食、挑食。喜欢吃瓜果、蔬菜等新鲜食品。 4. 愿意饮用白开水，不贪喝饮料。 5. 不用脏手揉眼睛，连续看电视等不超过15分钟。 6. 在提醒下，每天早晚刷牙，饭前便后洗手。	1. 每天按时睡觉和起床，并能坚持午睡。 2. 喜欢参加体育活动。 3. 不偏食、挑食，不暴饮暴食。喜欢吃瓜果、蔬菜等新鲜食品。 4. 常喝白开水，不贪喝饮料。 5. 知道保护眼睛，不在光线过强或过暗的地方看书，连续看电视等不超过20分钟。 6. 每天早晚刷牙，饭前便后洗手，方法基本正确。	1. 养成每天按时睡觉和起床的习惯。 2. 能主动参加体育活动。 3. 吃东西时细嚼慢咽。 4. 主动饮用白开水，不贪喝饮料。 5. 主动保护眼睛。不在光线过强或过暗的地方看书，连续看电视等不超过30分钟。 6. 每天早晚主动刷牙，饭前便后主动洗手，方法正确。

教育建议：

1. 让幼儿保持有规律的生活，养成良好的作息习惯，如早睡早起、每天午睡、按时进餐、吃好早餐等。

2. 帮助幼儿养成良好的饮食习惯。如：

合理安排餐点，帮助幼儿养成定点、定时、定量进餐的习惯。

帮助幼儿了解食物的营养价值，引导他们不偏食不挑食，少吃或不吃不利于健康的食品；多喝白开水，少喝饮料。

吃饭时不过分催促，提醒幼儿细嚼慢咽，不要边吃边玩。

3. 帮助幼儿养成良好的个人卫生习惯。如：

早晚刷牙，饭后漱口。

勤为幼儿洗澡、换衣服、剪指甲。

提醒幼儿保护五官，如不乱挖耳朵、鼻孔，看电视时保持 3 m 左右的距离等。

4. 激发幼儿参加体育活动的兴趣，养成锻炼的习惯。如：

为幼儿准备多种体育活动材料，鼓励幼儿选择自己喜欢的材料开展活动。

经常和幼儿一起在户外运动和游戏，鼓励幼儿和同伴一起开展体育活动。

和幼儿一起观看体育比赛或有关体育赛事的电视节目，培养其对体育活动的兴趣。

目标 2　具有基本的生活自理能力

3~4 岁	4~5 岁	5~6 岁
1. 在帮助下能穿脱衣服或鞋袜。 2. 能将玩具和图书放回原处。	1. 能自己穿脱衣服和鞋袜、扣纽扣。 2. 能整理自己的物品。	1. 能知道根据冷热增减衣服。 2. 会自己系鞋带。 3. 能按类别整理好自己的物品。

教育建议：

1. 鼓励幼儿做力所能及的事情，对幼儿的尝试与努力给予肯定，不因做不好或做得慢而包办代替。

2. 指导幼儿学习和掌握生活自理的基本方法，如穿脱衣服和鞋袜、洗手洗脸、擦鼻涕、擦屁股的正确方法。

3. 提供有利于幼儿生活自理的条件。如：

提供一些纸箱、盒子，供幼儿收拾和存放自己的玩具、图书或生活用品等。

幼儿的衣服、鞋子等要简单实用，便于自己穿脱。

目标 3　具备基本的安全知识和自我保护能力

3~4 岁	4~5 岁	5~6 岁
1. 不吃陌生人给的东西，不跟陌生人走。 2. 在提醒下能注意安全，不做危险的事。 3. 在公共场所走失时，能向警察或有关人员说出自己和家长的名字、电话号码等简单信息。	1. 知道在公共场合不远离成人的视线单独活动。 2. 认识常见的安全标志，能遵守安全规则。 3. 运动时能主动躲避危险。 4. 知道简单的求助方式。	1. 未经大人允许不给陌生人开门。 2. 能自觉遵守基本的安全规则和交通规则。 3. 运动时能注意安全，不给他人造成危险。 4. 知道一些基本的防灾知识。

教育建议：

1. 创设安全的生活环境，提供必要的保护措施。如：

要把热水瓶、药品、火柴、刀具等物品放到幼儿够不到的地方；阳台或窗台要有安全保护措施；要使用安全的电源插座等。

在公共场所要注意照看好幼儿；幼儿乘车、乘电梯时要有成人陪伴；不把幼儿单独留在家里或汽车里等。

2. 结合生活实际对幼儿进行安全教育。如：

外出时，提醒幼儿要紧跟成人，不远离成人的视线，不跟陌生人走，不吃陌生人给的东西；不在河边和马路边玩耍；要遵守交通规则等。

帮助幼儿了解周围环境中不安全的事物，不做危险的事。如：不动热水壶，不玩火柴或打火机，不摸电源插座，不攀爬窗户或阳台等。

帮助幼儿认识常见的安全标志，如：小心触电、小心有毒、禁止下河游泳、紧急出口等。

告诉幼儿不允许别人触摸自己的隐私部位。

3. 教给幼儿简单的自救和求救的方法。如：

记住自己家庭的住址、电话号码、父母的姓名和单位，一旦走失时知道向成人求助，并能提供必要信息。

遇到火灾或其他紧急情况时，知道要拨打 110、120、119 等求救电话。

可利用图书、音像等材料对幼儿进行逃生和求救方面的教育，并运用游戏方式模拟练习。

幼儿园应定期进行火灾、地震等自然灾害的逃生演习。

二、语言

语言是交流和思维的工具。幼儿期是语言发展，特别是口语发展的重要时期。幼儿语言的发展贯穿于各个领域，也对其他领域的学习与发展有着重要的影响：幼儿在运用语言进行交流的同时，也在发展着人际交往能力、理解他人和判断交往情境的能力、组织自己思想的能力。通过语言获取信息，幼儿的学习逐步超越个体的直接感知。

幼儿的语言能力是在交流和运用的过程中发展起来的。应为幼儿创设自由、宽松的语言交往环境，鼓励和支持幼儿与成人、同伴交流，让幼儿想说、敢说、喜欢说并能得到积极回应。为幼儿提供丰富、适宜的低幼读物，经常和幼儿一起看图书、讲故事，丰富其语言表达能力，培养其阅读兴趣和良好的阅读习惯，进一步为其拓展学习经验。

幼儿的语言学习需要相应的社会经验支持，应通过多种活动扩展幼儿的生活经验，丰富语言的内容，增强理解和表达能力。应在生活情境和阅读活动中引导幼儿自然而然地产生对文字的兴趣，用机械记忆和强化训练的方式让幼儿过早识字不符合其学习特点和接受能力。

（一）倾听与表达

目标 1　认真听并能听懂常用语言

3~4 岁	4~5 岁	5~6 岁
1. 别人对自己说话时能注意听并做出回应。 2. 能听懂日常会话。	1. 在群体中能有意识地听与自己有关的信息。 2. 能结合情境感受到不同语气、语调所表达的不同意思。 3. 方言地区和少数民族幼儿能基本听懂普通话。	1. 在集体中能注意听老师或其他人讲话。 2. 听不懂或有疑问时能主动提问。 3. 能结合情境理解一些表示因果、假设等相对复杂的句子。

教育建议：

1. 多给幼儿提供倾听和交谈的机会。如：经常和幼儿一起谈论他感兴趣的话题，或一起看图书、讲故事。

2. 引导幼儿学会认真倾听。如：

成人要耐心倾听别人（包括幼儿）的讲话，等别人讲完再表达自己的观点。

与幼儿交谈时，要用幼儿能听得懂的语言。

对幼儿提要求和布置任务时要求他注意听，鼓励他主动提问。

对幼儿讲话时，注意结合情境使用丰富的语言，以便于幼儿理解。如：

说话时注意语气、语调，让幼儿感受语气、语调的作用。如：对幼儿的不合理要求应以比较坚定的语气表示不同意；讲故事时，尽量把故事人物高兴、悲伤的心情用不同的语气、语调表现出来。

根据幼儿的理解水平有意识地使用一些反映因果、假设、条件等关系的句子。

目标 2　愿意讲话并能清楚地表达

3~4 岁	4~5 岁	5~6 岁
1. 愿意在熟悉的人面前说话，能大方地与人打招呼。 2. 基本会说本民族或本地区的语言。 3. 愿意表达自己的需要和想法，必要时能配以手势动作。 4. 能口齿清楚地说儿歌、童谣或复述简短的故事。	1. 愿意与他人交谈，喜欢谈论自己感兴趣的话题。 2. 会说本民族或本地区的语言，基本会说普通话。少数民族聚居地区幼儿会用普通话进行日常会话。 3. 能基本完整地讲述自己的所见所闻和经历的事情。 4. 讲述比较连贯。	1. 愿意与他人讨论问题，敢在众人面前说话。 2. 会说本民族或本地区的语言和普通话，发音正确清晰。少数民族聚居地区幼儿基本会说普通话。 3. 能有序、连贯、清楚地讲述一件事情。 4. 讲述时能使用常见的形容词、同义词等，语言比较生动。

教育建议：

1. 为幼儿创造说话的机会并体验语言交往的乐趣。

每天有足够的时间与幼儿交谈。如：谈论他感兴趣的话题，询问和听取他对自己事情的意见等。

尊重和接纳幼儿的说话方式，无论幼儿的表达水平如何，都应认真地倾听并

给予积极的回应。

鼓励和支持幼儿与同伴一起玩耍、交谈，相互讲述见闻、趣事或看过的图书、动画片等。

方言和少数民族地区应积极为幼儿创设用普通话交流的语言环境。

2. 引导幼儿清楚地表达。如：

和幼儿讲话时，成人自身的语言要清楚、简洁。

当幼儿因为急于表达而说不清楚的时候，提醒他不要着急，慢慢说；同时要耐心倾听，给予必要的补充，帮助他理清思路并清晰地说出来。

目标 3　具有文明的语言习惯

3~4 岁	4~5 岁	5~6 岁
1. 与别人讲话时知道眼睛要看着对方。 2. 说话自然，声音大小适中。 3. 能在成人的提醒下使用恰当的礼貌用语。	1. 别人对自己讲话时能回应。 2. 能根据场合调节自己说话声音的大小。 3. 能主动使用礼貌用语，不说脏话、粗话。	1. 别人讲话时能积极主动地回应。 2. 能根据谈话对象和需要，调整说话的语气。 3. 懂得按次序轮流讲话，不随意打断别人。 4. 能依据所处情境使用恰当的语言。如在别人难过时会用恰当的语言表示安慰。

教育建议：

1. 成人注意语言文明，为幼儿做出表率。

与他人交谈时，认真倾听，使用礼貌用语。

在公共场合不大声说话，不说脏话、粗话。

幼儿表达意见时，成人可蹲下来，眼睛平视幼儿，耐心听他把话说完。

2. 帮助幼儿养成良好的语言行为习惯。

结合情境提醒幼儿一些必要的交流礼节。如：对长辈说话要有礼貌，客人来访时要打招呼，得到帮助时要说谢谢等。

提醒幼儿遵守集体生活的语言规则。如：轮流发言，不随意打断别人讲话等。

提醒幼儿注意公共场所的语言文明。如：不大声喧哗等。

（二）阅读与书写准备

目标 1　喜欢听故事、看图书

3~4 岁	4~5 岁	5~6 岁
1. 主动要求成人讲故事、读图书。 2. 喜欢跟读韵律感强的儿歌、童谣。 3. 爱护图书，不乱撕、乱扔。	1. 反复看自己喜欢的图书。 2. 喜欢把听过的故事或看过的图书讲给别人听。 3. 对生活中常见的标志、符号感兴趣，知道它们表示一定的意义。	1. 专注地阅读图书。 2. 喜欢与他人一起谈论图书和故事的有关内容。 3. 对图书和生活情境中的文字符号感兴趣，知道文字表示一定的意义。

教育建议：

1. 为幼儿提供良好的阅读环境和条件。如：

提供一定数量、符合幼儿年龄特点、富有童趣的图画书。

提供相对安静的地方，尽量减少干扰，保证幼儿自主阅读。

2. 激发幼儿的阅读兴趣，培养阅读习惯。如：

经常抽时间与幼儿一起看图书，给幼儿讲故事。

提供童谣、故事等不同体裁的儿童文学作品，让幼儿自主选择和阅读。

当幼儿遇到感兴趣的事物或问题时，和他一起查阅图书资料，让他感受图书的作用，体会通过阅读获取信息的乐趣。

3. 引导幼儿体会标志、文字符号的用途。如：

向幼儿介绍医院、公用电话等生活中的常见标志，让其知道标志可以代表具体事物。

结合生活实际，帮助幼儿体会文字的用途。如：买来新玩具时，把说明书上的文字念给幼儿听，让幼儿了解玩具的玩法。

目标 2　具有初步的阅读理解能力

3~4 岁	4~5 岁	5~6 岁
1. 能听懂短小的儿歌或故事。 2. 会看画面，能根据画面说出图中有什么、发生了什么事等。 3. 能理解图书上的文字是和画面对应的，是用来表达画面意义的。	1. 能大体讲出所听故事的主要内容。 2. 能根据连续画面提供的信息，大致说出故事的情节。 3. 能随着作品的展开产生喜悦、担忧等相应的情绪反应，体会作品所表达的情绪情感。	1. 能说出所阅读的幼儿文学作品的主要内容。 2. 能根据故事的部分情节或图书画面的线索猜想故事情节的发展，或续编、创编故事。 3. 对看过的图书、听过的故事能说出自己的看法。 4. 能初步感受文学语言的美。

教育建议：

1. 经常和幼儿一起阅读，引导他以自己的经验为基础理解图书的内容。如：

引导幼儿仔细观察画面，结合画面讨论故事内容，学习建立画面与故事内容的联系。

和幼儿一起讨论或回忆书中的故事情节，引导他有条理地说出故事的大致内容。

在给幼儿读书或讲故事时，可先不告诉名字，让幼儿听完后自己命名，并说出这样命名的理由。

鼓励幼儿自主阅读，并与他人讨论自己在阅读中的发现、体会和想法。

2. 在阅读中发展幼儿的想象和创造能力。如：

鼓励幼儿依据画面线索讲述故事，大胆推测、想象故事情节的发展，改编故事部分情节或续编故事结尾。

鼓励幼儿用故事表演、绘画等不同的方式表达自己对图书和故事的理解。

鼓励和支持幼儿自编故事，并为自编的故事配上图画，制成图画书。

3. 引导幼儿感受文学作品的美。如：

有意识地引导幼儿欣赏或模仿文学作品的语言节奏和韵律。

给幼儿读书时，通过表情、动作和抑扬顿挫的声音传达书中的情绪情感，让幼儿体会作品的感染力和表现力。

目标 3　具有书面表达的愿望和初步技能

3~4 岁	4~5 岁	5~6 岁
1. 喜欢用涂涂画画表达一定的意思。	1. 愿意用图画和符号表达自己的愿望和想法。 2. 在成人提醒下，写写画画时姿势正确。	1. 愿意用图画和符号表现事物或故事。 2. 会正确书写自己的名字。 3. 写画时姿势正确。

教育建议：

1. 让幼儿在写写画画的过程中体验文字符号的功能，培养书写兴趣。如：

准备供幼儿随时取放的纸、笔等材料，也可利用沙地、树枝等自然材料，满足幼儿自由涂画的需要。

鼓励幼儿将自己感兴趣的事情或故事画下来并讲给别人听，让幼儿体会写写画画的方式可以表达自己的想法和情感。

把幼儿讲过的事情用文字记录下来，并念给他听，使幼儿知道说的话可以用文字记录下来，从中体会文字的用途。

2. 在绘画和游戏中做必要的书写准备，如：

通过把虚线画出的图形轮廓连成实线等游戏，促进幼儿手眼协调，同时帮助其学习由上至下、由左至右的运笔技能。

鼓励幼儿学习书写自己的名字。

提醒幼儿写画时保持正确姿势。

三、社会

幼儿社会领域的学习与发展过程是其社会性不断完善并奠定健全人格基础的过程。人际交往和社会适应是幼儿社会学习的主要内容，也是其社会性发展的基本途径。幼儿在与成人和同伴交往的过程中，不仅学习如何与人友好相处，也在学习如何看待自己、对待他人，不断发展适应社会生活的能力。良好的社会性发展对幼儿身心健康和其他各方面的发展都具有重要影响。

家庭、幼儿园和社会应共同努力，为幼儿创设温暖、关爱、平等的家庭和集体生活氛围，建立良好的亲子关系、师生关系和同伴关系，让幼儿在积极健康的人际关系中获得安全感和信任感，发展自信和自尊，在良好的社会环境及文化的

熏陶中学会遵守规则，形成基本的认同感和归属感。

幼儿的社会性主要是在日常生活和游戏中通过观察和模仿潜移默化地发展起来的。成人应注重自己言行的榜样作用，避免简单生硬的说教。

（一）人际交往

目标1　愿意与人交往

3~4 岁	4~5 岁	5~6 岁
1. 愿意和小朋友一起游戏。 2. 愿意与熟悉的长辈一起活动。	1. 喜欢和小朋友一起游戏，有经常一起玩的小伙伴。 2. 喜欢和长辈交谈，有事愿意告诉长辈。	1. 有自己的好朋友，也喜欢结交新朋友。 2. 有问题愿意向别人请教。 3. 有高兴的或有趣的事愿意与大家分享。

教育建议：

1. 主动亲近和关心幼儿，经常和他一起游戏或活动，让幼儿感受到与成人交往的快乐，建立亲密的亲子关系和师生关系。

2. 创造交往的机会，让幼儿体会交往的乐趣。如：

利用走亲戚、到朋友家做客或有客人来访的时机，鼓励幼儿与他人接触和交谈。

鼓励幼儿参加小朋友的游戏，邀请小朋友到家里玩，感受有朋友一起玩的快乐。

幼儿园应多为幼儿提供自由交往和游戏的机会，鼓励他们自主选择、自由结伴开展活动。

目标2　能与同伴友好相处

3~4 岁	4~5 岁	5~6 岁
1. 想加入同伴的游戏时，能友好地提出请求。 2. 在成人指导下，不争抢、不独霸玩具。 3. 与同伴发生冲突时，能听从成人的劝解。	1. 会运用介绍自己、交换玩具等简单技巧加入同伴游戏。 2. 对大家都喜欢的东西能轮流、分享。 3. 与同伴发生冲突时，能在他人帮助下和平解决。 4. 活动时愿意接受同伴的意见和建议。 5. 不欺负弱小。	1. 能想办法吸引同伴和自己一起游戏。 2. 活动时能与同伴分工合作，遇到困难能一起克服。 3. 与同伴发生冲突时能自己协商解决。 4. 知道别人的想法有时和自己不一样，能倾听和接受别人的意见，不能接受时会说明理由。 5. 不欺负别人，也不允许别人欺负自己。

教育建议：

1. 结合具体情境，指导幼儿学习交往的基本规则和技能。如：

当幼儿不知怎样加入同伴游戏，或提出请求不被接受时，建议他拿出玩具邀请大家一起玩；或者扮成某个角色加入同伴的游戏。

对幼儿与别人分享玩具、图书等行为给予肯定，让他对自己的表现感到高兴和满足。

当幼儿与同伴发生矛盾或冲突时，指导他尝试用协商、交换、轮流玩、合作等方式解决冲突。

利用相关的图书、故事，结合幼儿的交往经验，和他讨论什么样的行为受大家欢迎，想要得到别人的接纳应该怎样做。

幼儿园应多为幼儿提供需要大家齐心协力才能完成的活动，让幼儿在具体活动中体会合作的重要性，学习分工合作。

2. 结合具体情境，引导幼儿换位思考，学习理解别人。如：

幼儿有争抢玩具等不友好行为时，引导其想一想："假如你是那个小朋友，你有什么感受？"让幼儿学习理解别人的想法和感受。

3. 和幼儿一起谈谈他的好朋友，说说喜欢这个朋友的原因，引导他多发现同伴的优点、长处。

目标 3　具有自尊、自信、自主的表现

3~4 岁	4~5 岁	5~6 岁
1. 能根据自己的兴趣选择游戏或其他活动。 2. 为自己的好行为或活动成果感到高兴。 3. 自己能做的事情愿意自己做。 4. 喜欢承担一些小任务。	1. 能按自己的想法进行游戏或其他活动。 2. 知道自己的一些优点和长处，并对此感到满意。 3. 自己的事情尽量自己做，不愿意依赖别人。 4. 敢于尝试有一定难度的活动和任务。	1. 能主动发起活动或在活动中出主意、想办法。 2. 做了好事或取得成功后还想做得更好。 3. 自己的事情自己做，不会的愿意学。 4. 主动承担任务，遇到困难能够坚持而不轻易求助。 5. 与别人的看法不同时，敢于坚持自己的意见并说出理由。

教育建议：

1. 关注幼儿的感受，保护其自尊心和自信心。如：

能以平等的态度对待幼儿，使幼儿切实感受到自己被尊重。

对幼儿好的行为表现多给予具体、有针对性的肯定和表扬，让其对自己的优点和长处有所认识并感到满足和自豪。

不要拿幼儿的不足与其他幼儿的优点做比较。

2. 鼓励幼儿自主决定，独立做事，增强其自尊心和自信心。如：

与幼儿有关的事情要征求他的意见，即使他的意见与成人不同，也要认真倾听，接受他的合理要求。

在保证安全的情况下，支持幼儿按自己的想法做事；或提供必要的条件，帮助他实现自己的想法。

幼儿自己的事情尽量放手让他自己做，即使做得不够好，也应鼓励并给予一定的指导，让他在做事中树立自尊和自信。

鼓励幼儿尝试有一定难度的任务，并注意调整难度，让他感受经过努力获得的成就感。

目标 4　关心尊重他人

3~4 岁	4~5 岁	5~6 岁
1. 长辈讲话时能认真听，并能听从长辈的要求。 2. 身边的人生病或不开心时表示同情。 3. 在提醒下能做到不打扰别人。	1. 会用礼貌的方式向长辈表达自己的要求和想法。 2. 能注意到别人的情绪，并有关心、体贴的表现。 3. 知道父母的职业，能体会到父母为养育自己所付出的辛劳。	1. 能有礼貌地与人交往。 2. 能关注别人的情绪和需要，并能给予力所能及的帮助。 3. 尊重为大家提供服务的人，珍惜他们的劳动成果。 4. 接纳、尊重与自己的生活方式或习惯不同的人。

教育建议：

1. 成人以身作则，以尊重、关心的态度对待自己的父母、长辈和其他人。如：

经常问候父母，主动做家务。

礼貌地对待老年人，如坐车时主动为老人让座。

看到别人有困难能主动关心并给予一定的帮助。

2. 引导幼儿尊重、关心长辈和身边的人，尊重他人劳动及成果。如：

提醒幼儿关心身边的人。如：妈妈累了，知道让她安静地休息一会儿。

借助故事、图书等给幼儿讲讲父母抚育孩子成长的经历，让幼儿理解和体会父爱与母爱。

结合实际情境，提醒幼儿注意别人的情绪，了解他们的需要，给予适当的关心和帮助。

利用生活机会和角色游戏，帮助幼儿了解与自己关系密切的社会服务机构及其工作，如商场、邮局、医院等，体会这些机构给大家提供的便利和服务，懂得尊重工作人员的劳动，珍惜劳动成果。

3. 引导幼儿学习用平等、接纳和尊重的态度对待差异。如：

了解每个人都有自己的兴趣、爱好和特长，可以相互学习。

利用民间游戏、传统节日等，适当向幼儿介绍我国主要民族和世界其他国家和民族的文化，帮助幼儿感知文化的多样性和差异性，理解人们之间是平等的，应该互相尊重，友好相处。

（二）社会适应

目标 1　喜欢并适应群体生活

3~4 岁	4~5 岁	5~6 岁
1. 对群体活动有兴趣。 2. 对幼儿园的生活好奇，喜欢上幼儿园。	1. 愿意并主动参加群体活动。 2. 愿意与家长一起参加社区的一些群体活动。	1. 在群体活动中积极、快乐。 2. 对小学生活有好奇和向往。

教育建议：

1. 经常和幼儿一起参加一些群体性的活动，让幼儿体会群体活动的乐趣。如：参加亲戚、朋友和同事间的聚会以及适合幼儿参加的社区活动等，支持幼儿和不同群体的同伴一起游戏，丰富其群体活动的经验。

2. 幼儿园组织活动时，可以经常打破班级的界限，让幼儿有更多机会参加不同群体的活动。

3. 带领大班幼儿参观小学，讲讲小学有趣的活动，唤起他们对小学生活的好奇和向往，为入学做好心理准备。

目标 2　遵守基本的行为规范

3~4 岁	4~5 岁	5~6 岁
1. 在提醒下，能遵守游戏和公共场所的规则。 2. 知道不经允许不能拿别人的东西，借别人的东西要归还。 3. 在成人提醒下，爱护玩具和其他物品。	1. 感受规则的意义，并能基本遵守规则。 2. 不私自拿不属于自己的东西。 3. 知道说谎是不对的。 4. 知道接受了的任务要努力完成。 5. 在提醒下，能节约粮食、水电等。	1. 理解规则的意义，能与同伴协商制定游戏和活动规则。 2. 爱惜物品，用别人的东西时也知道爱护。 3. 做了错事敢于承认，不说谎。 4. 能认真负责地完成自己所接受的任务。 5. 爱护身边的环境，注意节约资源。

教育建议：

1. 成人要遵守社会行为规则，为幼儿树立良好的榜样。如：答应幼儿的事一定要做到，尊老爱幼，爱护公共环境，节约水电等。

2. 结合社会生活实际，帮助幼儿了解基本行为规则和游戏规则，体会规则的重要性，学习自觉遵守规则。如：

经常和幼儿玩带有规则的游戏，遵守共同约定的游戏规则。

利用实际生活情境和图书故事，向幼儿介绍一些必要的社会行为规则，以及为什么要遵守这些规则。

在幼儿园的区域活动中，创设情境，让幼儿体会没有规则的不方便，鼓励他们讨论制定规则并自觉遵守。

对幼儿表现出的遵守规则的行为要及时肯定，对违规行为给予纠正。如：幼儿主动为老人让座时要表扬；幼儿损害别人的物品或公共物品时要及时制止并主动赔偿。

3. 教育幼儿要诚实守信。如：

对幼儿诚实守信的行为要及时肯定。

允许幼儿犯错误，告诉他改了就好。不要打骂幼儿，以免他因害怕惩罚而说谎。

小年龄幼儿经常分不清想象和现实，成人不要误认为他是在说谎。

发现幼儿说谎时，要反思是否是因自己对幼儿的要求过高过严造成的。如果是，要及时调整自己的行为，同时要严肃地告诉幼儿说谎是不对的。

经常给幼儿分配一些力所能及的任务，要求他完成并及时给予表扬，培养他的责任感和认真负责的态度。

目标 3　具有初步的归属感

3~4 岁	4~5 岁	5~6 岁
1. 知道和自己一起生活的家庭成员及与自己的关系，体会到自己是家庭的一员。 2. 能感受到家庭生活的温暖，爱父母，亲近与信赖长辈。 3. 能说出自己家所在街道、小区（乡镇、村）的名称。 4. 认识国旗，知道国歌。	1. 喜欢自己所在的幼儿园和班级，积极参加集体活动。 2. 能说出自己家所在地的省、市、县（区）名称，知道当地有代表性的物产或景观。 3. 知道自己是中国人。 4. 奏国歌、升国旗时能自动站好。	1. 愿意为集体做事，为集体的成绩感到高兴。 2. 能感受到家乡的发展变化并为此感到高兴。 3. 知道自己的民族，知道中国是一个多民族的大家庭，各民族之间要互相尊重，团结友爱。 4. 知道国家一些重大成就，爱祖国，为自己是中国人感到自豪。

教育建议：

1. 亲切地对待幼儿，关心幼儿，让他感到长辈是可亲、可近、可信赖的，家庭和幼儿园是温暖的。如：

多和幼儿一起游戏、谈笑，尽量在家庭和班级中营造温馨的氛围。

通过和幼儿一起翻阅照片、讲幼儿成长的故事等，让幼儿感受到家庭和幼儿园的温暖、老师的和蔼可亲，对养育自己的人产生感激之情。

2. 吸引和鼓励幼儿参加集体活动，萌发集体意识。如：

幼儿园和班级里的重大事情和计划，请幼儿集体讨论决定。

幼儿园应经常组织多种形式的集体活动，萌发幼儿的集体荣誉感。

3. 运用幼儿喜闻乐见和能够理解的方式激发幼儿爱家乡、爱祖国的情感。如：

和幼儿说一说或在地图上找一找自己家所在的省、市、县（区）名称。

和幼儿一起外出游玩，一起看有关的电视节目或画报等；和他们一起收集有关家乡、祖国各地的风景名胜、著名的建筑、独特物产的图片等，在观看和欣赏的过程中激发幼儿的自豪感和热爱之情。

利用电视节目或参加升旗等活动，向幼儿介绍国旗、国歌以及观看升旗、奏国歌的礼仪。

向幼儿介绍反映中国人聪明才智的发明和创造，激发幼儿的民族自豪感。

四、科学

幼儿的科学学习是在探究具体事物和解决实际问题中，尝试发现事物间的异同和联系的过程。幼儿在对自然事物的探究和运用数学解决实际生活问题的过程中，不仅获得丰富的感性经验，充分发展形象思维，而且初步尝试归类、排序、判断、推理，逐步发展逻辑思维能力，为其他领域的深入学习奠定基础。

幼儿科学学习的核心是激发探究兴趣，体验探究过程，发展初步的探究能力。成人要善于发现和保护幼儿的好奇心，充分利用自然和实际生活机会，引导幼儿通过观察、比较、操作、实验等方法，学习发现问题、分析问题和解决问题；帮助幼儿不断积累经验，并运用于新的学习活动，形成受益终身的学习态度和能力。

幼儿的思维特点是以具体形象思维为主，应注重引导幼儿通过直接感知、亲身体验和实际操作进行科学学习，不应为追求知识和技能的掌握，对幼儿进行灌输和强化训练。

（一）科学探究

目标 1　亲近自然，喜欢探究

3~4 岁	4~5 岁	5~6 岁
1. 喜欢接触大自然，对周围的很多事物和现象感兴趣。 2. 经常问各种问题，或好奇地摆弄物品。	1. 喜欢接触新事物，经常问一些与新事物有关的问题。 2. 常常动手动脑探索物体和材料，并乐在其中。	1. 对自己感兴趣的问题总是刨根问底。 2. 能经常动手动脑寻找问题的答案。 3. 探索中有所发现时感到兴奋和满足。

教育建议：

1. 经常带幼儿接触大自然，激发其好奇心与探究欲望。如：

为幼儿提供一些有趣的探究工具，用自己的好奇心和探究积极性感染和带动幼儿。

和幼儿一起发现并分享周围新奇、有趣的事物或现象，一起寻找问题的答案。

通过拍照和画图等方式保留和积累有趣的探索与发现。

2. 真诚地接纳、多方面支持和鼓励幼儿的探索行为。如：

认真对待幼儿的问题，引导他们猜一猜、想一想，有条件时和幼儿一起做一些简易的调查或有趣的小实验。

容忍幼儿因探究而弄脏、弄乱，甚至破坏物品的行为，引导他们活动后做好收拾整理。

多为幼儿选择一些能操作、多变化、多功能的玩具材料或废旧材料，在保证安全的前提下，鼓励幼儿拆装或动手自制玩具。

目标 2　具有初步的探究能力

3~4 岁	4~5 岁	5~6 岁
1. 对感兴趣的事物能仔细观察，发现其明显特征。 2. 能用多种感官或动作去探索物体，关注动作所产生的结果。	1. 能对事物或现象进行观察比较，发现其相同与不同。 2. 能根据观察结果提出问题，并大胆猜测答案。 3. 能通过简单的调查收集信息。 4. 能用图画或其他符号进行记录。	1. 能通过观察、比较与分析，发现并描述不同种类物体的特征或某个事物前后的变化。 2. 能用一定的方法验证自己的猜测。 3. 在成人的帮助下能制订简单的调查计划并执行。 4. 能用数字、图画、图表或其他符号记录。 5. 探究中能与他人合作与交流。

教育建议：

1. 有意识地引导幼儿观察周围事物，学习观察的基本方法，培养观察与分类能力。如：

支持幼儿自发的观察活动，对其发现表示赞赏。

通过提问等方式引导幼儿思考并对事物进行比较观察和连续观察。

引导幼儿在观察和探索的基础上，尝试进行简单的分类、概括。如：根据运动方式给动物分类，根据生长环境给植物分类，根据外部特征给物体分类等。

2. 支持和鼓励幼儿在探究的过程中积极动手动脑寻找答案或解决问题。如：

鼓励幼儿根据观察或发现提出值得继续探究的问题，或成人提出有探究意义且能激发幼儿兴趣的问题。如：皮球、轮胎、竹筒等物体滚动时都走直线吗？怎样让橡皮泥球浮在水面上？

支持和鼓励幼儿大胆联想、猜测问题的答案，并设法验证。如：玩风车时，鼓励幼儿猜测风车转动方向及速度快慢的原因和条件，并实际去验证。

支持、引导幼儿学习用适宜的方法探究和解决问题，或为自己的想法搜集证据。如：想知道院子里有多少种植物，可以进行实地调查；想知道球在平地上还是在斜坡上滚得快，可以动手试一试；想证明影子的方向与太阳的位置有关，可以做个小实验进行验证等。

3. 鼓励和引导幼儿学习做简单的计划和记录，并与他人交流分享。如：

和幼儿共同制订调查计划，讨论调查对象、步骤和方法等，也可以和幼儿一起设法用图画、箭头等呈现计划。

鼓励幼儿用绘画、照相、做标本等办法记录观察和探究的过程与结果，注意要让记录有意义，通过记录帮助幼儿丰富观察经验、建立事物之间的联系和分享发现。

支持幼儿与同伴合作探究与分享交流，引导他们在交流中尝试整理、概括自己探究的成果，体验合作探究和发现的乐趣。如：一起讨论和分享自己的问题与发现，一起想办法收集资料和验证猜测。

4. 帮助幼儿回顾自己的探究过程，讨论自己做了什么、怎么做的、结果与计划目标是否一致，分析一下原因以及下一步要怎样做等。

目标 3　在探究中认识周围事物和现象

3~4 岁	4~5 岁	5~6 岁
1. 认识常见的动植物，能注意并发现周围的动植物是多种多样的。 2. 能感知和发现物体和材料的软硬、光滑和粗糙等特性。 3. 能感知和体验天气对自己生活和活动的影响。 4. 初步了解和体会动植物和人们生活的关系。	1. 能感知和发现动植物的生长变化及其基本条件。 2. 能感知和发现常见材料的溶解、传热等性质或用途。 3. 能感知和发现简单物理现象，如物体形态或位置变化等。 4. 能感知和发现不同季节的特点，体验季节对动植物和人的影响。 5. 初步感知常用科技产品与自己生活的关系，知道科技产品有利也有弊。	1. 能察觉到动植物的外形特征、习性与生存环境的适应关系。 2. 能发现常见物体的结构与功能之间的关系。 3. 能探索并发现常见的物理现象产生的条件或影响因素，如影子、沉浮等。 4. 感知并了解季节变化的周期性，知道变化的顺序。 5. 初步了解人们的生活与自然环境的密切关系，知道尊重和珍惜生命，保护环境。

教育建议：

1. 支持幼儿在接触自然、生活事物和现象中积累有益的直接经验和感性认识。如：

和幼儿一起通过户外活动、参观考察、种植和饲养活动，感知生物的多样性和独特性，以及生长发育、繁殖和死亡的过程。

给幼儿提供丰富的材料和适宜的工具，支持幼儿在游戏过程中探索并感知常见物质、材料的特性和物体的结构特点。

2. 引导幼儿在探究中思考，尝试进行简单的推理和分析，发现事物之间明显的关联。如：

引导 5 岁以上幼儿关注和思考动植物的外部特征、习性与生活环境对动植物生存的意义。如：兔子的长耳朵具有自我保护的作用；植物种子的形状有助于其传播等。

引导幼儿根据常见物质、材料的特性和物体的结构特点，推测和证实它们的用途。如：带轮子的物体方便移动，不同用途的车辆有不同的结构等。

3. 引导幼儿关注和了解自然、科技产品与人们生活的密切关系，逐渐懂得热爱、尊重、保护自然。如：

结合幼儿的生活需要，引导其体会人与自然、动植物的依赖关系。如：动植物、季节变化与人们生活的关系、常见灾害性天气给人们生产和生活带来的影响等。

和幼儿一起讨论常见科技产品的用途和弊端，如汽车等交通工具给生活带来的方便和对环境的污染等。

（二）数学认知

目标 1 初步感知生活中数学的有用和有趣

3~4 岁	4~5 岁	5~6 岁
1. 感知和发现周围物体的形状是多种多样的，对不同的形状感兴趣。 2. 体验和发现生活中很多地方都用到数。	1. 在指导下，感知和体会有些事物可以用形状来描述。 2. 在指导下，感知和体会有些事物可以用数来描述，对环境中各种数字的含义有进一步探究的兴趣。	1. 能发现事物简单的排列规律，并尝试创造新的排列规律。 2. 能发现生活中许多问题都可以用数学的方法来解决，体验解决问题的乐趣。

教育建议：

1. 引导幼儿注意事物的形状特征，尝试用表示形状的词来描述事物，体会描述的生动形象性和趣味性。如：

参观游览后，和幼儿一起谈论所看到的事物的形状，鼓励幼儿产生联想，并用自己的语言进行描述。如：熊猫的身体圆圆的，全身好像是由一个个的圆形组成的。

和幼儿交谈或读书、讲故事时，适当地运用一些有关形状的词汇来描述事物。如：看图片时，和幼儿讨论奥运会场馆的形状，体会为什么有的场馆叫“水立方”，有的叫“鸟巢”。

2. 引导幼儿感知和体会生活中很多地方都用到数，关注周围与自己生活密切相关的数的信息，体会数可以代表不同的意义。如：

和幼儿一起寻找发现生活中用数字来表现的事物，如电话号码、时钟、日历和商品的价签等。

引导幼儿了解和感受数用在不同的地方，表示的意义是不一样的。如：天气预报中表示气温的数代表冷热状况；钟表上的数表明时间的早晚等。

鼓励幼儿尝试使用数的信息进行一些简单的推理。如：知道今天是星期五，能推断明天是星期六，爸爸、妈妈休息。

3. 引导幼儿观察发现按照一定规律排列的事物，体会其中的排列特点与规律，并尝试自己创造出新的排列规律。如：

和幼儿一起发现和体会按一定顺序排列的队形整齐有序。

提供具有重复性旋律和词语的音乐、儿歌和故事，或利用环境中有序排列的图案（如按颜色间隔排列的瓷砖、按形状间隔排列的珠帘等），鼓励幼儿发现和感受其中的规律。

鼓励幼儿尝试自己设计有规律的花边图案、创编有一定规律的动作，或者按某种规律进行搭建活动。

引导幼儿体会生活中很多事情都是有一定顺序和规律的。如：一周七天的顺序是从周一到周日，一年四季按照春夏秋冬轮回等。

4. 鼓励和支持幼儿发现、尝试解决日常生活中需要用到数学的问题，体会数学的用处。如：

拍球、跳绳、跳远或投沙包时，可通过数数、测量的方法确定名次。

讨论春游去哪里玩时，让幼儿商量想去哪里玩、每个想去的地方有多少人。根据统计结果做出决定。

滑滑梯时，按照“先来先玩”的规则有序地排队玩。

目标 2　感知和理解数、量及数量关系

3~4 岁	4~5 岁	5~6 岁
1. 能感知和区分物体的大小、多少、高矮长短等量方面的特点，并能用相应的词表示。 2. 能通过一一对应的方法比较两组物体的多少。 3. 能手口一致地点数 5 个以内的物体，并能说出总数。能按数取物。 4. 能用数词描述事物或动作。如：我有 4 本图书。	1. 能感知和区分物体的粗细、厚薄、轻重等量方面的特点，并能用相应的词语描述。 2. 能通过数数比较两组物体的多少。 3. 能通过实际操作理解数与数之间的关系。如：5 比 4 多 1；2 和 3 合在一起是 5。 4. 会用数词描述事物的排列顺序和位置。	1. 初步理解量的相对性。 2. 借助实际情境和操作（如合并或拿取）理解“加”和“减”的实际意义。 3. 能通过实物操作或其他方法进行 10 以内的加减运算。 4. 能用简单的记录表、统计图等表示简单的数量关系。

教育建议：

1. 引导幼儿感知和理解事物“量”的特征。如：

感知常见事物的大小、多少、高矮、粗细等量的特征，学习使用相应的词汇描述这些特征。

结合具体事物让幼儿通过多次比较逐渐理解“量”是相对的。如：小亮比小明高，但比小强矮。

收拾物品时，根据情况，鼓励幼儿按照物体量的特征分类整理。如：整理图书时按照大小摆放。

2. 结合日常生活指导幼儿学习通过对应或数数的方式比较物体的多少。如：

鼓励幼儿在一对一配对的过程中发现两组物体的多少。如：在给桌子上的每个碗配上勺子时，发现碗和勺多少的不同。

鼓励幼儿通过数数比较两样东西的多少。如：数一数有多少个苹果、多少个梨，判断苹果和梨哪个多、哪个少。

3. 利用生活和游戏中的实际情境引导幼儿理解数的概念。如：

结合生活需要，和幼儿一起手口一致点数物体，得出物体的总数。

通过点数的方式让幼儿体会物体的数量不会因排列形式、空间位置的不同而发生变化。如：鼓励幼儿将一定数量的扣子以不同的形式摆放，体会扣子的数量是不变的。

结合日常生活，为幼儿提供“按数取物”的机会。如：游戏时，请幼儿按要求拿出几个球。

4. 通过实物操作引导幼儿理解数与数之间的关系，并用“加”或“减”的办法来解决问题。如：

游戏中遇到让 4 个小动物住进两间房子的问题，或生活中遇到将 5 块饼干分给两个小朋友问题时，让幼儿尝试不同的分法。

鼓励幼儿尝试自己解决生活中的数学问题。如：家里来了 5 位客人，桌子上

只有 3 个杯子，还需要几个杯子？

购少量物品时，有意识地鼓励幼儿参与计算和付款的过程等。

目标 3　感知形状与空间关系

3~4 岁	4~5 岁	5~6 岁
1. 能注意物体较明显的形状特征，并能用自己的语言描述。 2. 能感知物体基本的空间位置与方位，理解上下、前后、里外等方位词。	1. 能感知物体的形体结构特征，画出或拼搭出该物体的造型。 2. 能感知和发现常见几何图形的基本特征，并能进行分类。 3. 能使用上下、前后、里外、中间、旁边等方位词描述物体的位置和运动方向。	1. 能用常见的几何形体有创意地拼搭和画出物体的造型。 2. 能按语言指示或根据简单示意图正确取放物品。 3. 能辨别自己的左右。

教育建议：

1. 用多种方法帮助幼儿在物体与几何形体之间建立联系。如：

引导幼儿感受生活中各种物品的形状特征，并尝试识别和描述。如：感受和识别盘子、桌子、车轮、地砖等物品的形状特征。

鼓励和支持幼儿用积木、纸盒、拼板等各种形状的材料进行建构游戏或制作活动。如：用长方形的纸盒加两个圆形瓶盖制作“汽车”。

收拾整理积木时，引导幼儿体验图形之间的转换。如：两个三角形可组合成一个正方形，两个正方形可组合成一个长方形。

引导幼儿注意观察生活物品的图形特征，鼓励其按形状分类整理物品。

2. 丰富幼儿空间方位识别的经验，引导幼儿运用空间方位经验解决问题。如：

请幼儿取放物体时，使用其能够理解的方位词，如把桌子下面的东西放到窗台上，把花盆放在大树旁边等。

和幼儿一起识别熟悉场所的位置。如：超市在家的旁边，邮局在幼儿园的前面。

在体育、音乐和舞蹈活动中，引导幼儿感受空间方位和运动方向。

和幼儿玩按指令找宝的游戏。对年龄小的幼儿要求其按语言指令寻找，对年

龄大些的幼儿可要求其按照简单的示意图寻找。

五、艺术

艺术是人类感受美、表现美和创造美的重要形式，也是表达自己对周围世界的认识和情绪态度的独特方式。

每个幼儿心里都有一颗美的种子。幼儿艺术领域学习的关键在于充分创造条件和机会，在大自然和社会文化生活中萌发幼儿对美的感受和体验，丰富其想象力和创造力，引导幼儿学会用心灵去感受和发现美，用自己的方式去表现和创造美。

幼儿对事物的感受和理解不同于成人，其表达自己认识和情感的方式也有别于成人。幼儿独特的笔触、动作和语言往往蕴含着丰富的想象和情感，成人应对幼儿的艺术表现给予充分的理解和尊重，不能用自己的审美标准去评判幼儿，更不能为追求结果的“完美”而对幼儿进行千篇一律的训练，以免扼杀其想象与创造的萌芽。

（一）感受与欣赏

目标 1　喜欢自然界与生活中美的事物

3~4 岁	4~5 岁	5~6 岁
1. 喜欢观看花草树木、日月星空等大自然中美的事物。 2. 容易被自然界中的鸟鸣、风声、雨声等好听的声音所吸引。	1. 在欣赏自然界和生活环境中美的事物时，关注其色彩、形态等特征。 2. 喜欢倾听各种好听的声音，感知声音的高低、长短、强弱等变化。	1. 乐于收集美的物品或向别人介绍所发现的美的事物。 2. 乐于模仿自然界和生活环境中有特点的声音，并产生相应的联想。

教育建议：

1. 和幼儿一起感受、发现和欣赏自然环境和人文景观中美的事物。如：

让幼儿多接触大自然，感受和欣赏美丽的景色和好听的声音。

经常带幼儿参观园林、名胜古迹等人文景观，讲讲有关的历史故事、传说，与幼儿一起讨论和交流对美的感受。

2. 和幼儿一起发现美的事物的特征，感受和欣赏美。如：

让幼儿观察常见动植物以及其他物体，引导幼儿用自己的语言、动作等描述它们美的方面，如颜色、形状、形态等。

让幼儿倾听和分辨各种声响，引导幼儿用自己的方式来表达他对音色、强弱、快慢的感受。

支持幼儿收集喜欢的物品并和他一起欣赏。

目标 2　喜欢欣赏多种多样的艺术形式和作品

3~4 岁	4~5 岁	5~6 岁
1. 喜欢听音乐或观看舞蹈、戏剧等表演。 2. 乐于观看绘画、泥塑或其他艺术形式的作品。	1. 能够专心地观看自己喜欢的文艺演出或艺术品，有模仿和参与的愿望。 2. 欣赏艺术作品时会产生相应的联想和情绪反应。	1. 艺术欣赏时常常用表情、动作、语言等方式表达自己的理解。 2. 愿意和别人分享、交流自己喜爱的艺术作品和美感体验。

教育建议：

1. 创造条件让幼儿接触多种艺术形式和作品。如：

经常让幼儿接触适宜的、各种形式的音乐作品，丰富幼儿对音乐的感受和体验。

和幼儿一起用图画、手工制品等装饰和美化环境。

带幼儿观看或共同参与传统民间艺术和地方民俗文化活动，如皮影戏、剪纸和捏面人等。

有条件的情况下，带幼儿去剧院、美术馆、博物馆等欣赏文艺表演和艺术作品。

2. 尊重幼儿的兴趣和独特感受，理解他们欣赏时的行为。如：

理解和尊重幼儿在欣赏艺术作品时的手舞足蹈、即兴模仿等行为。

当幼儿主动介绍自己喜爱的舞蹈、戏曲、绘画或工艺品时，要耐心倾听并给予积极回应和鼓励。

（二）表现与创造

目标 1　喜欢进行艺术活动并大胆表现

3~4 岁	4~5 岁	5~6 岁
1. 经常自哼自唱或模仿有趣的动作、表情和声调。 2. 经常涂涂画画、粘粘贴贴并乐在其中。	1. 经常唱唱跳跳，愿意参加歌唱、律动、舞蹈、表演等活动。 2. 经常用绘画、捏泥、手工制作等多种方式表现自己的所见所想。	1. 积极参与艺术活动，有自己比较喜欢的活动形式。 2. 能用多种工具、材料或不同的表现手法表达自己的感受和想象。 3. 艺术活动中能与他人相互配合，也能独立表现。

教育建议：

1. 创造机会和条件，支持幼儿自发的艺术表现和创造。如：

提供丰富的便于幼儿取放的材料、工具或物品，支持幼儿进行自主绘画、手工、歌唱、表演等艺术活动。

经常和幼儿一起唱歌、表演、绘画、制作，共同分享艺术活动的乐趣。

2. 营造安全的心理氛围，让幼儿敢于并乐于表达表现。如：

欣赏和回应幼儿的哼哼唱唱、模仿表演等自发的艺术活动，赞赏他独特的表现方式。

在幼儿自主表达创作过程中，不做过多干预或把自己的意愿强加给幼儿，在幼儿需要时再给予具体的帮助。

了解并倾听幼儿艺术表现的想法或感受，领会并尊重幼儿的创作意图，不简单用“像不像”“好不好”等成人标准来评价。

展示幼儿的作品，鼓励幼儿用自己的作品或艺术品布置环境。

目标 2　具有初步的艺术表现与创造能力

3~4 岁	4~5 岁	5~6 岁
1. 能模仿学唱短小歌曲。 2. 能跟随熟悉的音乐做身体动作。 3. 能用声音、动作、姿态模拟自然界的事物和生活情景。 4. 能用简单的线条和色彩大体画出自己想画的人或事物。	1. 能用自然的、音量适中的声音基本准确地唱歌。 2. 能通过即兴哼唱、即兴表演或给熟悉的歌曲编词来表达自己的心情。 3. 能用拍手、踏脚等身体动作或可敲击的物品敲打节拍和基本节奏。 4. 能运用绘画、手工制作等表现自己观察到或想象的事物。	1. 能用基本准确的节奏和音调唱歌。 2. 能用律动或简单的舞蹈动作表现自己的情绪或自然界的情景。 3. 能自编自演故事，并为表演选择和搭配简单的服饰、道具或布景。 4. 能用自己制作的美术作品布置环境、美化生活。

教育建议：

尊重幼儿自发的表现和创造，并给予适当的指导。如：

鼓励幼儿在生活中细心观察、体验，为艺术活动积累经验与素材，如观察不同树种的形态、色彩等。

提供丰富的材料，如图书、照片、绘画或音乐作品等，让幼儿自主选择，用自己喜欢的方式去模仿或创作，成人不做过多要求。

根据幼儿的生活经验，与幼儿共同确定艺术表达表现的主题，引导幼儿围绕主题展开想象，进行艺术表现。

幼儿绘画时，不宜提供范画，特别不应要求幼儿完全按照范画来画。

肯定幼儿作品的优点，用表达自己感受的方式引导其提高。如："你的画用了这么多红颜色，感觉就像过年一样喜庆。""你扮演的大灰狼声音真像，要是表情再凶一点就更好了。"

中华人民共和国家庭教育促进法

（2021 年 10 月 23 日第十三届全国人民代表大会常务委员会第三十一次会议通过）

第一章　总则

第一条　为了发扬中华民族重视家庭教育的优良传统，引导全社会注重家庭、家教、家风，增进家庭幸福与社会和谐，培养德智体美劳全面发展的社会主义建设者和接班人，制定本法。

第二条　本法所称家庭教育，是指父母或者其他监护人为促进未成年人全面健康成长，对其实施的道德品质、身体素质、生活技能、文化修养、行为习惯等方面的培育、引导和影响。

第三条　家庭教育以立德树人为根本任务，培育和践行社会主义核心价值观，弘扬中华民族优秀传统文化、革命文化、社会主义先进文化，促进未成年人健康成长。

第四条　未成年人的父母或者其他监护人负责实施家庭教育。

国家和社会为家庭教育提供指导、支持和服务。

国家工作人员应当带头树立良好家风，履行家庭教育责任。

第五条　家庭教育应当符合以下要求：

（一）尊重未成年人身心发展规律和个体差异；

（二）尊重未成年人人格尊严，保护未成年人隐私权和个人信息，保障未成年人合法权益；

（三）遵循家庭教育特点，贯彻科学的家庭教育理念和方法；

（四）家庭教育、学校教育、社会教育紧密结合、协调一致；

（五）结合实际情况采取灵活多样的措施。

第六条　各级人民政府指导家庭教育工作，建立健全家庭学校社会协同育人机制。县级以上人民政府负责妇女儿童工作的机构，组织、协调、指导、督促有关部门做好家庭教育工作。

教育行政部门、妇女联合会统筹协调社会资源，协同推进覆盖城乡的家庭教育指导服务体系建设，并按照职责分工承担家庭教育工作的日常事务。

县级以上精神文明建设部门和县级以上人民政府公安、民政、司法行政、人力资源和社会保障、文化和旅游、卫生健康、市场监督管理、广播电视、体育、新闻出版、网信等有关部门在各自的职责范围内做好家庭教育工作。

第七条 县级以上人民政府应当制定家庭教育工作专项规划，将家庭教育指导服务纳入城乡公共服务体系和政府购买服务目录，将相关经费列入财政预算，鼓励和支持以政府购买服务的方式提供家庭教育指导。

第八条 人民法院、人民检察院发挥职能作用，配合同级人民政府及其有关部门建立家庭教育工作联动机制，共同做好家庭教育工作。

第九条 工会、共产主义青年团、残疾人联合会、科学技术协会、关心下一代工作委员会以及居民委员会、村民委员会等应当结合自身工作，积极开展家庭教育工作，为家庭教育提供社会支持。

第十条 国家鼓励和支持企业事业单位、社会组织及个人依法开展公益性家庭教育服务活动。

第十一条 国家鼓励开展家庭教育研究，鼓励高等学校开设家庭教育专业课程，支持师范院校和有条件的高等学校加强家庭教育学科建设，培养家庭教育服务专业人才，开展家庭教育服务人员培训。

第十二条 国家鼓励和支持自然人、法人和非法人组织为家庭教育事业进行捐赠或者提供志愿服务，对符合条件的，依法给予税收优惠。

国家对在家庭教育工作中做出突出贡献的组织和个人，按照有关规定给予表彰、奖励。

第十三条 每年5月15日国际家庭日所在周为全国家庭教育宣传周。

第二章 家庭责任

第十四条 父母或者其他监护人应当树立家庭是第一个课堂、家长是第一任

老师的责任意识，承担对未成年人实施家庭教育的主体责任，用正确思想、方法和行为教育未成年人养成良好思想、品行和习惯。

共同生活的具有完全民事行为能力的其他家庭成员应当协助和配合未成年人的父母或者其他监护人实施家庭教育。

第十五条　未成年人的父母或者其他监护人及其他家庭成员应当注重家庭建设，培育积极健康的家庭文化，树立和传承优良家风，弘扬中华民族家庭美德，共同构建文明、和睦的家庭关系，为未成年人健康成长营造良好的家庭环境。

第十六条　未成年人的父母或者其他监护人应当针对不同年龄段未成年人的身心发展特点，以下列内容为指引，开展家庭教育：

（一）教育未成年人爱党、爱国、爱人民、爱集体、爱社会主义，树立维护国家统一的观念，铸牢中华民族共同体意识，培养家国情怀；

（二）教育未成年人崇德向善、尊老爱幼、热爱家庭、勤俭节约、团结互助、诚信友爱、遵纪守法，培养其良好社会公德、家庭美德、个人品德意识和法治意识；

（三）帮助未成年人树立正确的成才观，引导其培养广泛兴趣爱好、健康审美追求和良好学习习惯，增强科学探索精神、创新意识和能力；

（四）保证未成年人营养均衡、科学运动、睡眠充足、身心愉悦，引导其养成良好生活习惯和行为习惯，促进其身心健康发展；

（五）关注未成年人心理健康，教导其珍爱生命，对其进行交通出行、健康上网和防欺凌、防溺水、防诈骗、防拐卖、防性侵等方面的安全知识教育，帮助其掌握安全知识和技能，增强其自我保护的意识和能力；

（六）帮助未成年人树立正确的劳动观念，参加力所能及的劳动，提高生活自理能力和独立生活能力，养成吃苦耐劳的优秀品格和热爱劳动的良好习惯。

第十七条　未成年人的父母或者其他监护人实施家庭教育，应当关注未成年人的生理、心理、智力发展状况，尊重其参与相关家庭事务和发表意见的权利，

合理运用以下方式方法：

（一）亲自养育，加强亲子陪伴；

（二）共同参与，发挥父母双方的作用；

（三）相机而教，寓教于日常生活之中；

（四）潜移默化，言传与身教相结合；

（五）严慈相济，关心爱护与严格要求并重；

（六）尊重差异，根据年龄和个性特点进行科学引导；

（七）平等交流，予以尊重、理解和鼓励；

（八）相互促进，父母与子女共同成长；

（九）其他有益于未成年人全面发展、健康成长的方式方法。

第十八条 未成年人的父母或者其他监护人应当树立正确的家庭教育理念，自觉学习家庭教育知识，在孕期和未成年人进入婴幼儿照护服务机构、幼儿园、中小学校等重要时段进行有针对性的学习，掌握科学的家庭教育方法，提高家庭教育的能力。

第十九条 未成年人的父母或者其他监护人应当与中小学校、幼儿园、婴幼儿照护服务机构、社区密切配合，积极参加其提供的公益性家庭教育指导和实践活动，共同促进未成年人健康成长。

第二十条 未成年人的父母分居或者离异的，应当相互配合履行家庭教育责任，任何一方不得拒绝或者怠于履行；除法律另有规定外，不得阻碍另一方实施家庭教育。

第二十一条 未成年人的父母或者其他监护人依法委托他人代为照护未成年人的，应当与被委托人、未成年人保持联系，定期了解未成年人学习、生活情况和心理状况，与被委托人共同履行家庭教育责任。

第二十二条 未成年人的父母或者其他监护人应当合理安排未成年人学习、休息、娱乐和体育锻炼的时间，避免加重未成年人学习负担，预防未成年人沉迷

网络。

第二十三条 未成年人的父母或者其他监护人不得因性别、身体状况、智力等歧视未成年人，不得实施家庭暴力，不得胁迫、引诱、教唆、纵容、利用未成年人从事违反法律法规和社会公德的活动。

第三章 国家支持

第二十四条 国务院应当组织有关部门制定、修订并及时颁布全国家庭教育指导大纲。

省级人民政府或者有条件的设区的市级人民政府应当组织有关部门编写或者采用适合当地实际的家庭教育指导读本，制定相应的家庭教育指导服务工作规范和评估规范。

第二十五条 省级以上人民政府应当组织有关部门统筹建设家庭教育信息化共享服务平台，开设公益性网上家长学校和网络课程，开通服务热线，提供线上家庭教育指导服务。

第二十六条 县级以上地方人民政府应当加强监督管理，减轻义务教育阶段学生作业负担和校外培训负担，畅通学校家庭沟通渠道，推进学校教育和家庭教育相互配合。

第二十七条 县级以上地方人民政府及有关部门组织建立家庭教育指导服务专业队伍，加强对专业人员的培养，鼓励社会工作者、志愿者参与家庭教育指导服务工作。

第二十八条 县级以上地方人民政府可以结合当地实际情况和需要，通过多种途径和方式确定家庭教育指导机构。

家庭教育指导机构对辖区内社区家长学校、学校家长学校及其他家庭教育指导服务站点进行指导，同时开展家庭教育研究、服务人员队伍建设和培训、公共服务产品研发。

第二十九条 家庭教育指导机构应当及时向有需求的家庭提供服务。

对于父母或者其他监护人履行家庭教育责任存在一定困难的家庭，家庭教育指导机构应当根据具体情况，与相关部门协作配合，提供有针对性的服务。

第三十条 设区的市、县、乡级人民政府应当结合当地实际采取措施，对留守未成年人和困境未成年人家庭建档立卡，提供生活帮扶、创业就业支持等关爱服务，为留守未成年人和困境未成年人的父母或者其他监护人实施家庭教育创造条件。

教育行政部门、妇女联合会应当采取有针对性的措施，为留守未成年人和困境未成年人的父母或者其他监护人实施家庭教育提供服务，引导其积极关注未成年人身心健康状况、加强亲情关爱。

第三十一条 家庭教育指导机构开展家庭教育指导服务活动，不得组织或者变相组织营利性教育培训。

第三十二条 婚姻登记机构和收养登记机构应当通过现场咨询辅导、播放宣传教育片等形式，向办理婚姻登记、收养登记的当事人宣传家庭教育知识，提供家庭教育指导。

第三十三条 儿童福利机构、未成年人救助保护机构应当对本机构安排的寄养家庭、接受救助保护的未成年人的父母或者其他监护人提供家庭教育指导。

第三十四条 人民法院在审理离婚案件时，应当对有未成年子女的夫妻双方提供家庭教育指导。

第三十五条 妇女联合会发挥妇女在弘扬中华民族家庭美德、树立良好家风等方面的独特作用，宣传普及家庭教育知识，通过家庭教育指导机构、社区家长学校、文明家庭建设等多种渠道组织开展家庭教育实践活动，提供家庭教育指导服务。

第三十六条 自然人、法人和非法人组织可以依法设立非营利性家庭教育服务机构。

县级以上地方人民政府及有关部门可以采取政府补贴、奖励激励、购买服务

等扶持措施，培育家庭教育服务机构。

教育、民政、卫生健康、市场监督管理等有关部门应当在各自职责范围内，依法对家庭教育服务机构及从业人员进行指导和监督。

第三十七条 国家机关、企业事业单位、群团组织、社会组织应当将家风建设纳入单位文化建设，支持职工参加相关的家庭教育服务活动。

文明城市、文明村镇、文明单位、文明社区、文明校园和文明家庭等创建活动，应当将家庭教育情况作为重要内容。

第四章 社会协同

第三十八条 居民委员会、村民委员会可以依托城乡社区公共服务设施，设立社区家长学校等家庭教育指导服务站点，配合家庭教育指导机构组织面向居民、村民的家庭教育知识宣传，为未成年人的父母或者其他监护人提供家庭教育指导服务。

第三十九条 中小学校、幼儿园应当将家庭教育指导服务纳入工作计划，作为教师业务培训的内容。

第四十条 中小学校、幼儿园可以采取建立家长学校等方式，针对不同年龄段未成年人的特点，定期组织公益性家庭教育指导服务和实践活动，并及时联系、督促未成年人的父母或者其他监护人参加。

第四十一条 中小学校、幼儿园应当根据家长的需求，邀请有关人员传授家庭教育理念、知识和方法，组织开展家庭教育指导服务和实践活动，促进家庭与学校共同教育。

第四十二条 具备条件的中小学校、幼儿园应当在教育行政部门的指导下，为家庭教育指导服务站点开展公益性家庭教育指导服务活动提供支持。

第四十三条 中小学校发现未成年学生严重违反校规校纪的，应当及时制止、管教，告知其父母或者其他监护人，并为其父母或者其他监护人提供有针对性的家庭教育指导服务；发现未成年学生有不良行为或者严重不良行为的，按照有关

法律规定处理。

第四十四条 婴幼儿照护服务机构、早期教育服务机构应当为未成年人的父母或者其他监护人提供科学养育指导等家庭教育指导服务。

第四十五条 医疗保健机构在开展婚前保健、孕产期保健、儿童保健、预防接种等服务时，应当对有关成年人、未成年人的父母或者其他监护人开展科学养育知识和婴幼儿早期发展的宣传和指导。

第四十六条 图书馆、博物馆、文化馆、纪念馆、美术馆、科技馆、体育场馆、青少年宫、儿童活动中心等公共文化服务机构和爱国主义教育基地每年应当定期开展公益性家庭教育宣传、家庭教育指导服务和实践活动，开发家庭教育类公共文化服务产品。

广播、电视、报刊、互联网等新闻媒体应当宣传正确的家庭教育知识，传播科学的家庭教育理念和方法，营造重视家庭教育的良好社会氛围。

第四十七条 家庭教育服务机构应当加强自律管理，制定家庭教育服务规范，组织从业人员培训，提高从业人员的业务素质和能力。

第五章 法律责任

第四十八条 未成年人住所地的居民委员会、村民委员会、妇女联合会，未成年人的父母或者其他监护人所在单位，以及中小学校、幼儿园等有关密切接触未成年人的单位，发现父母或者其他监护人拒绝、怠于履行家庭教育责任，或者非法阻碍其他监护人实施家庭教育的，应当予以批评教育、劝诫制止，必要时督促其接受家庭教育指导。

未成年人的父母或者其他监护人依法委托他人代为照护未成年人，有关单位发现被委托人不依法履行家庭教育责任的，适用前款规定。

第四十九条 公安机关、人民检察院、人民法院在办理案件过程中，发现未成年人存在严重不良行为或者实施犯罪行为，或者未成年人的父母或者其他监护人不正确实施家庭教育侵害未成年人合法权益的，根据情况对父母或者其他监护

人予以训诫，并可以责令其接受家庭教育指导。

第五十条 负有家庭教育工作职责的政府部门、机构有下列情形之一的，由其上级机关或者主管单位责令限期改正；情节严重的，对直接负责的主管人员和其他直接责任人员依法予以处分：

（一）不履行家庭教育工作职责；

（二）截留、挤占、挪用或者虚报、冒领家庭教育工作经费；

（三）其他滥用职权、玩忽职守或者徇私舞弊的情形。

第五十一条 家庭教育指导机构、中小学校、幼儿园、婴幼儿照护服务机构、早期教育服务机构违反本法规定，不履行或者不正确履行家庭教育指导服务职责的，由主管部门责令限期改正；情节严重的，对直接负责的主管人员和其他直接责任人员依法予以处分。

第五十二条 家庭教育服务机构有下列情形之一的，由主管部门责令限期改正；拒不改正或者情节严重的，由主管部门责令停业整顿、吊销营业执照或者撤销登记：

（一）未依法办理设立手续；

（二）从事超出许可业务范围的行为或作虚假、引人误解宣传，产生不良后果；

（三）侵犯未成年人及其父母或者其他监护人合法权益。

第五十三条 未成年人的父母或者其他监护人在家庭教育过程中对未成年人实施家庭暴力的，依照《中华人民共和国未成年人保护法》《中华人民共和国反家庭暴力法》等法律的规定追究法律责任。

第五十四条 违反本法规定，构成违反治安管理行为的，由公安机关依法予以治安管理处罚；构成犯罪的，依法追究刑事责任。

第六章 附则

第五十五条 本法自 2022 年 1 月 1 日起施行。

——幼儿园“家园共育”家庭教育指导课程

丛书主编　王桂亮　刘洁

让孩子走向优秀

Ranghaizi zouxiang youxiu

（大班·上册）

本册主编　韩丽　杨

山东城市出版传媒集团·济南出版社

图书在版编目（CIP）数据

让孩子走向优秀 / 王桂亮，刘洁主编. -- 济南 : 济南出版社，2023.6
ISBN 978-7-5488-5669-6

Ⅰ. ①让… Ⅱ. ①王… ②刘… Ⅲ. ①家庭教育 Ⅳ. ①G78

中国国家版本馆CIP数据核字(2023)第098073号

出 版 人　田俊林
责任编辑　郑红丽　李冰颖　姜海静
封面设计　侯文英　谭　正

出版发行　济南出版社
地　　址　济南市二环南路 1 号
印　　刷　山东彩峰印刷股份有限公司
版　　次　2023 年 8 月第 1 版
印　　次　2023 年 8 月第 1 次印刷
成品尺寸　170 mm × 240 mm　16 开
字　　数　700 千
印　　张　55.75
定　　价　288.00（全 6 册）

《让孩子走向优秀》
编 委 会

前　言

“让孩子走向优秀”，是我们这套丛书的名称。为什么要为这套丛书起这样一个名字呢？因为它体现着作者的理念和目标。

好的家庭教育，首先要确立一个科学、明晰的培养目标，也就是父母应该培养一个什么样的孩子？应该为孩子设计一个怎样的人生发展目标？

当孩子还在妈妈腹中孕育的时候，父母心中往往已经对孩子有了一个个美好的期望；当孩子呱呱坠地，父母更是对孩子的未来发展设计出了一个个目标——上清华，考北大，出国留学，将来成为一名科学家、钢琴家、教师、医生，等等。

这些远大的目标，体现着父母的美好期待，但对3~6岁孩子来讲是非常遥远的，特别是有些父母缺乏发现孩子天赋和兴趣的能力，或者是完全不顾孩子的天赋和兴趣，只是一味地按自己的意愿来为孩子设定未来发展的目标，犹如寓言故事《动物学校》中的老师一样，让具有游泳天赋的鸭子放弃游泳去练习跑步，让兔子这位跑步冠军放弃跑步去学习游泳……这样做的结果，往往会产生一些严重的负面影响——将不适合的目标强加给孩子，并早早把孩子拖进教育内卷的过度竞争旋涡，对孩子进行“拔苗助长”式教育，忽视孩子的全面、健康发展，使孩子感到“压力山大”，身心疲惫不堪，甚至产生厌学情绪，形成片面、畸形的发展，最终往往与父母的期望南辕北辙。

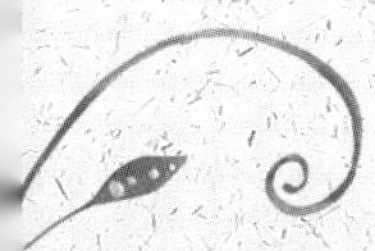

本书所提出的“让孩子走向优秀”，是孩子身心健康发展的一种素质培养目标——让孩子学会做人、学会交往、学会生活、学会学习、学会审美、学会健体、学会劳动、学会创新等，让孩子全面、和谐、健康、快乐地成长，为孩子未来发展打下坚实的基础。这样，孩子具备了良好的素质，将来必定会“飞”得高、“飞”得远。正所谓“养其根而俟其实”“根之茂者其实遂”，养好根、育好苗。若是红杉树，日后自然会长成参天大树；若是苹果树，长大后定会硕果累累。

如何让孩子走向优秀呢？本丛书立足于孩子终身发展的核心素质培养这个“基点”，从孩子终身发展和社会发展需要必备的品格和关键能力等方面着手，精选了家庭教育的60个专题，从“为什么教”“教什么”“怎么教”三个方面对每一个专题的意义、内容和方法等做出详细的阐述。

本丛书采用了“案例法”的撰写方式，通过古今中外一个个典型且富有指导意义的家庭教育案例，深入浅出地诠释了亲子教育的科学理念、内容和方法等，书中所选案例通俗易懂，富有生活情趣。

希望这套丛书能够为已经成为父母或即将为人父母的读者们拓宽教育孩子的视野，提供科学的教育理念和教育方法；为学前教育工作者提供家庭教育指导的前沿理念和方法。如果本书能对您的家庭幸福和家庭教育哪怕有一点益处，也将让我们深感欣慰。因资源与水平所限，书中难免出现这样那样的纰漏和错误，若您发现，恳请批评指正。在此，我们先向您致以深深的敬意。

目 录

专题一 教养有度：重要的教育哲学

在当今家庭教育中，普遍存在着两种极端的“过度教养”的现象，一种是过度管教、过度奖励、过度溺爱、过度保护、过度约束……另一种是过度放纵、过度责罚、亲情缺失、放任自流……

教育必须基于三个原则，中庸、可能和适当。

——亚里士多德

一 过度教养，对孩子是一种害

父母对孩子在教养的“度”的把握上出现种种问题，走向“过度管教”或“过度放纵”两个极端，都是不科学的。

家庭教育中的过度教育，是指家长对孩子所实施的教育超过了孩子身心全面健康成长的需要，具体表现为教育内容、方法等超出了社会对同龄人的普遍要求，超出了孩子生理、心理成熟程度及现有知识经验水平，扼杀了孩了的兴趣、潜能，使孩子丧失自信心。

我44岁才当上爸爸，当我抱着刚刚出生还在哇哇大哭的儿子时，激动的心情无法言表，想到自己碌碌无为的人生，我在心中暗暗发誓：一定要把儿子培养成才。

儿子还在襁褓里时，我就给他朗诵诗歌，给他读英语，给他念数字。只要儿子醒着，我就一刻不停地向他灌输各种知识。儿子刚满3岁时，我带他去测智商，测试的结果令我非常兴奋：刚刚3岁的儿子已经达到了5岁2个月的孩子的智力水平。这时我冒出一个大胆的想法：我要让3岁的儿子上小学，我要让他早日成才。于是，我制订了一个“神童培养计划”，我要让他3岁开始学习小学知识，7岁上初中，11岁参加高考，预计用4年的时间拿到本科文凭，然后15岁考研究生。

然而，现实的问题是没有小学愿意接收这么小的孩子入学，于是我决定自己教，我要和传统教育“比试比试”。

1999年春天，在许多同龄孩子和父母在河边放风筝的季节里，儿子在我的培养计划中开始了他的幼年生活。

每天清晨6点，3岁的儿子就被我叫醒，开始1个小时的早读。8点30分，正式开始一整天的课程。晚上，我还为儿子请了一位大学生教他英语。

实施“神童培养计划”以来，为了弥补我对儿子的歉意，在生活上我无比娇惯他，我可以追着三条街去给儿子喂饭，我也能够容忍他把家里的东西扔得满地都是。但在学习上，我一是一，二是二，绝不含糊。

有一次，儿子一边写生字，一边打瞌睡。看到这个情景，我上去就是一巴掌。事后，我一脸严肃地说：“儿子啊，不吃苦中苦，怎为人上人？”儿子似懂非懂地点了点头，继续埋头写字，泪水却一滴一滴地打湿了作业本。

我并不想将儿子培养成“书呆子”，而是希望他成为一个全面发展的神童，所以我又将儿子送到少年宫学习书法和绘画。儿子更忙了，他基本上没时间玩耍，家里的电视机更是已经几年没开过了。有一次，我和儿子从少年宫回家，儿子问我：“爸爸，一休哥是谁呀，我怎么没学过？”儿子的话让我鼻子一酸，我抚摸着他的头说：“儿子，你和其他小朋友不同，他们只知道看电视，他们虽然知道一休哥是谁，但不知道方程式怎么解。”儿子睁大眼睛说：“我想一休哥肯定比方程式有趣，不然为什么那么多小朋友都知道？”儿子的话竟让我一时语塞，半晌我才说道：“儿子，你长大了就理解爸爸了。”可这时，儿子已趴在我背上睡着了。为了不让其他的小朋友影响儿子，我尽量避免儿子和他们接触。

在我近乎“残暴”的教育下，儿子用 4 年时间跌跌撞撞地学完了小学课程，实现了我“神童培养计划”的第一步。

儿子 7 岁生日那天，在妻子的苦苦哀求下，我同意放假一天，让妻子带他出去玩。我本以为儿子会好好地玩上一天，可不到中午，儿子和妻子就回来了。原来，到了游乐园，儿子什么也不玩。妻子逼着儿子上了海盗船，谁知道，船刚一摆动，儿子就大哭起来，大声喊着要回家。

从那以后，我发现儿子经常发呆，说话越来越少，甚至出现了一些异常的行为。他常常将书撕成一点一点的碎片，然后很小心地将这些碎片装进一个塑料袋里，像收藏宝贝似的将塑料袋压在枕头底下。后来他的床上都快被碎纸铺满了，但他不允许别人清理，甚至有人动一下，他都会歇斯底里地哭，哭得让人害怕。

渐渐地，我感觉事态有些严重，就到一家医院的心理科咨询。医生听了我的介绍后说：“从这些情况来看，基本上可以断定你儿子已经患上了心理疾病。”我不相信，这么聪明的儿子会被我培养出毛病？我把市里的好医院都跑了个遍，每位医生都告诫我必须立刻给儿子减负。从医院出来，我的脚步沉重得快提不起来了，难道是我害了儿子？想到这些，我难过得找了个没人的地方大哭了一场。

回到家后，我决定给儿子“松绑”，可这时我才发现他自己已经“松”不了了。我们把他从书桌旁拉开，不一会儿，他又回到书桌旁，看书、做作业。他唯一的“休息”方式就是撕书。

按照医生的建议，我将儿子送到了一所学业压力相对较小的农村小学，让他在那里学着融入集体生活。每周，我还会陪儿子去做一次心理治疗。每次从治疗室出来，看着儿子轻松的笑脸，我都会想，有个会笑的儿子真好。

老天好像跟我开了个天大的玩笑，4 年前，我把刚满 3 岁的儿子拼命地往 7 岁拉；现在，我又把 7 岁的儿子拼命往 3 岁甚至往更小的年龄拽。原来我千方百计让他学习，现在我想尽办法哄他去玩。唉，悔不当初！

这个爸爸的教育悲剧，值得我们做父母的深刻反思。造成这一家庭悲剧的主要原因在于这个爸爸背离了孩子身心发展的规律，采取严格管教的方式，逼迫孩子学习知识，实施“拔苗助长”的教育。

过度教养的另一端，就是一些父母片面理解“释放孩子天性”的教育理念，把孩子捧上了天，把释放孩子的“天性”当作必然、当作合法、当作理所应当。当然，最后的结果是，孩子没长成父母想要的样子，“熊”、野蛮、没教养、没规矩成了这类孩子的突出问题。

一位博主发帖讲述了自己被家长放纵教育的经历：他小学的时候成绩很好，基本都排在年级前十名。结果上了初中之后，他开始沉迷于网络游戏，并一发不可收拾，逃课去网吧更是常事，成绩就此一落千丈。

父母对他缺乏管教，更放纵了他的行为。到了高二下学期，老师因为他成绩差频繁地给他父母打电话，他们才意识到问题的严重性。该骂的也骂了，该补的课也补了，可是落下了那么多的课业，又岂是一时半会能补得回来的。结果他高考只考了 350 分，上了一所普通的专科院校，毕业之后找工作更是屡次碰壁，博主这才懊悔不已，可是一切都为时已晚。写到最后，他无奈地说：“希望各位父母能够引以为戒，别再让孩子沉迷网络了，多关心一下身边的他们吧。”

以上两种极端的家庭教育现象，都是违背孩子身心发展特点和教育规律的，对于孩子的健康成长都是不利的。

二 教养有度，不偏不倚

“教养有度，不偏不倚”是指家长在家庭教育中要把握好一个度，遵循孩子身心发展的特点和规律，为了孩子身心健康，在学习和生活上提供适宜的养育。

孔子曰：“过犹不及。”事情做过了头就跟事情做得不够一样，都是不好的。孔子的“中庸”思想，很好地诠释了哲学上“度”的内涵。

什么叫“度”？这是一个抽象又复杂的概念。从哲学意义上解释“度”的含义，可理解为“限度”“限额”。在哲学上，“度”是质和量的统一的范畴，是事物保持其质和量的界限、幅度和范围。在这个界限、幅度、范围内，量的增减不改变事物的质，超过这个界限、幅度、范围，事物的质就要发生变化。从量变到质变的根本标志，是事物量的变化是否超出了“度”。

德国著名哲学家黑格尔在《小逻辑》一书中，曾经用比喻的方法对“度”的概念进行解释：一位农夫赶着一头小毛驴在路上轻快地走着。农夫看小毛驴驮着货物毫不费力，就给小毛驴背上增加了一些货物。加完后，看它还能驮，于是又增加了货物。就这样一点一点儿地往驴背上加，最终因加的货物太多，把小毛驴压垮了。这里“最终”压垮小毛驴的货物，就是超出了小毛驴承受的“度”的部分。

因此，父母在进行家庭教育时，必须要坚持“教育有度，不偏不倚”这一科学施教的原则，注意从以下几个方面把握好教育的“度”，做到“不偏不倚”。

（一）教育目标要适中

父母对孩子的教育，一定要根据孩子的年龄特点、兴趣爱好等，制定适当的目标，不可过高，也不可过低，最佳的目标高度是让孩子“跳一跳够得着”。如3~6岁的孩子，其发展目标可参照教育部颁发的《3~6岁儿童学习与发展指南》，具体的各项目标可根据孩子自身特点与指南要求制订；中小学阶段的孩子，要根据教育部下发的有关中小学各年级学生素质发展目标范围和孩子自身特点确定具体的目标。

（二）教育内容要适度

家长对孩子要实施德智体美劳全面、和谐发展的教育，在孩子学习内容的难度、数量、进度等方面，要与孩子身心发展成熟度相适应，不宜过难、过多、过快等，这样才能做到对孩子科学施教。

（三）教育方法要适宜

父母在对孩子进行教育时，要注意结合孩子的性格特点，善用表扬与批评相结合、收放有度、宽严有度等适宜的方法对孩子进行教育，孩子有进步、有成绩就要及时表扬鼓励，孩子有缺点就要及时批评教育，在日常生活中以表扬为主、批评为辅。

“过度教育”主要有如下几种潜在的危害：

1. 打压孩子的兴趣

“过度教育”的方式或内容大多超出了孩子的年龄和能力所能承受的范畴，而家长又多采取强制方式进行教育，久而久之，必然会让孩子产生厌烦情绪和抵触情绪，使孩子的学习兴趣受到影响。

2. 打击孩子的自信

孩子在花费了大量时间和精力努力学习后，如果依旧难以达到家长的要求，那便会被深深的挫败感包围，长此以往极不利于其建立自信，最终会影响孩子的性格与意志品质的形成。

3. 扼杀孩子的潜能

在“过度教育”的环境中，孩子可能会学到一定的知识或掌握一定的技能，但他们学习的积极性却在逐渐丧失，主动学习的能力也难以得到培养和锻炼，于是其潜能也会在不知不觉中被扼杀。

4. 影响全面平衡发展

当一些家长在为自己“过度教育”成果感到欣喜和得意的时候，却不知孩子在智力方面取得的成绩可能是以情感、社会性发展缺失为代价的，孩子某一方面的发展可能是以牺牲其他多方面的发展为代价的，孩子的眼前发展可能是以损害长远发展为代价的。

5. 破坏亲子关系

“过度教育”可能会对亲子关系产生双向的负面影响，一方面，孩子对学习的反感往往会转移到家长身上；另一方面，一旦孩子达不到家长要求的时候，家长便会迁怒于孩子。以上两种情况都会给亲子关系带来巨大的伤害。

三 科学养育，让孩子健康发展

要保证孩子健康、快乐、幸福地成长，父母应做到以下几点。

（一）遵循规律，因材施教，把握好教育的“度”

父母在对孩子进行教育时，一定要根据孩子身心发展的不同阶段和特点，遵循教育的规律，坚持适度的原则，结合教育目标、方法、内容等方面进行适当的教育。例如，孩子在3~6岁这个阶段，其思维特点是以具体形象思维为主，学习内容要以经验学习为主，学习方式应以游戏为主，等等。因此，父母要根据孩子这个阶段的特点，进行适度教育，多带孩子走进生活、走进大自然，让孩子看一看、摸一摸、想一想、说一说、做一做，积累生活经验，还可以通过角色游戏、情景游戏、体育游戏等，让孩子在游戏中快乐学习、快乐成长。

（二）爱而有度，严而有格，管而有限，收放得当，把握好对孩子管理的“度”

爱孩子是父母的天性，爱是家庭教育的基础和前提，没有爱就没有教育。但爱孩子也要爱得得法、爱得适度。过度的爱——溺爱，往往会导致孩子出现以自我为中心、内心无爱、不孝敬父母、自私自利、价值观混乱、能力低下、社会交往能力差等问题。家长对孩子的管理，要做到管而有限、收放得当，既不能管得过多、过严，也不能管得过少，甚至放任自流，听之任之。例如，穿衣服、洗澡、购物、结伴游玩等一些孩子在不同年龄阶段能够自己做的事情，父母一定要放手让孩子去做，不要紧紧抓住不放手。孩子从出生到长大成人，是父母从“收”到

“放”的过程，这是一个循序渐进的过程。孩子 18 岁之前，是其人生观、世界观、价值观尚未形成或正在形成的时期，他们的自治能力、自控能力及道德判断能力还不强，这个时期需要家长加强教育和管理，并注意随着孩子年龄的增大逐渐放手，培养孩子的自理能力、自主意识。

（三）科学保健，合理饮食，适度锻炼，把握好孩子生活的“度”

父母对孩子衣食住行方面的度的把握，对孩子的健康成长影响很大。现实生活中，很多家长在生活上往往对孩子过度保护：怕孩子在外面淘气，就让他宅在家里；怕孩子哭，就给零食满足；怕孩子饿肚子，便追着喂饭；怕孩子冷，就让他穿得很多……父母只有科学地安排孩子的生活，把握好保健、饮食、习惯、运动的度，才有利于孩子身心健康成长。

在科学饮食方面，“教养有度”具体表现为均衡饮食。正确的膳食搭配要把握两个度：一个是摄入种类的度，一个是摄入量的度。父母可以参照“中国居民平衡膳食宝塔”，为孩子科学地搭配膳食，保证孩子饮食的多样化，同时，做到让孩子各种营养均衡摄取，饮食有节制。

适当运动是保持孩子身体健康的重要方式，家长应该鼓励孩子或者和孩子一起参加多种多样的运动。这样不仅能够锻炼骨骼和肌肉，降低肥胖的发生率，提高身体素质，还能通过运动拉近和孩子的距离，增进亲子关系。

养成良好的生活习惯，是孩子健康成长的保证。培养孩子良好的作息习惯，科学地安排作息时间，做到“起居有时，早睡早起”，保证充足的睡眠，能有效提高孩子的学习效率；引导孩子养成良好的卫生习惯，注意生活卫生，能预防疾病；提醒孩子读书、写字、站立时保持正确姿势，能促进其身体正常发育……

（四）自由中有规矩，自主中有约束，把握好孩子自由、自主的“度”

很多家长对“给孩子自由”“让孩子自主”等现代教育理念存在一些误解，认为“给孩子自由”“让孩子自主”就是让孩子随心所欲地成长，不设规矩和限制。“没有规矩不成方圆”，只有自由与规范相结合、自主与约束相结合，才能确保孩子的身心健康发展。例如，在家里，孩子要知道各种生活用品、玩具都有固定的位置，使用后应物归原处；每日饮食起居也要有一定的规律，按时就寝，按时起床。在外面，孩子要遵守公共秩序和文明规范。家长应引导孩子树立这样一个观念：自由，是在规则许可的范围内的自由。同时，家长也要明白让孩子对一些事情有自主决定的权利，并不意味着他们可以不征求父母意见擅自做主，而是要在合情合理、征得父母同意前提下独立作出判断。

专家点评

在教育孩子的过程中，“过度教养”和“过度放养”是两种截然不同的做法，但二者却会造成相似的后果，那就是违背孩子正常的发展规律，给孩子的成长过程设置不必要的障碍。

心理专家认为，对于幼儿来说，过度限制孩子活动自由，或是太过突然的生活节奏变化，都会让孩子觉得无所适从。

孩子的童年应该是在一个快乐放松的环境中度过，对儿童而言，自由成长的童年，比过度早教使其成为所谓的“天才”更加重要。

问题与思考

1. 为什么要对孩子“教养有度”？请结合您的家庭教育经验谈谈自己对“教养有度”的理解。

2. 您认为在家庭教育中怎样做到“教养有度”？

专题二 关键事件：孩子成长道路上的关键节点

在漫漫人生之路上，一些关键事件会对一个人的成长起到重大影响和关键性作用。因此，父母在教育孩子的过程中，要特别关注一些关键事件和关键节点，让这些特殊的事件和节点对孩子成长尽可能起到积极的影响，避免消极的影响，引导孩子在人生的道路上顺利前行。

人生的道路虽然漫长，但紧要处常常只有几步，特别是当人年轻的时候。

——柳青

关键事件，是指对一个人一生成长产生重大影响、起到关键性作用的事件。

关键事件改变人的一生

一个人在其成长的道路上，会遇到各种各样、大大小小的事情，大多数事情会随着时间的推移被人慢慢淡忘，但那些改变人生走向的关键事件，却让人始终铭记在心。

童第周是我国著名的生物学家、教育家。他从事实验胚胎学的研究近半个世纪，是我国实验胚胎学的主要奠基人，被誉为“中国克隆之父”。

1902 年，童第周出生在浙江省鄞县的一个偏僻的小山村里。他的父亲是一位私塾先生，童第周从小就跟着父亲在私塾读书，边学习边劳动。

童第周小时候好奇心很强，遇到不懂的问题常常向父亲求教，父亲每次都不厌其烦地耐心给他讲解。

一天，童第周看到屋檐下的石阶上整整齐齐地排列着一行小坑，他觉得十分奇怪，琢磨了半天也没想明白是怎么回事，便去问父亲："父亲，那屋檐下石板上的小坑是谁凿出来的？是做什么用的呀？"父亲看到儿子这么有求知欲，高兴地说："这不是人凿的，这是檐头水滴落在上面砸出来的。"小童第周觉得更奇怪了，水还能把坚硬的石头砸出坑？父亲耐心地解释说："一滴水当然不能把石头砸出坑，但是天长日久，点点滴滴不断地砸，不但能砸出坑，还能砸出一个洞呢！古人不是常说'水滴石穿'吗，就是这个道理。"父亲的一席话，在小童第周的心里激起了一阵阵涟漪，他坐在屋檐下的石阶上，望着父亲，似懂非懂地点了点头。

后来有一段时间，由于家里农活比较多，童第周渐渐对学习有些失去兴趣，不太想读书了。父亲耐心地开导童第周说："你还记得'水滴石穿'的故事吗？小小的檐水只要长年坚持不懈，就能把坚硬的石头敲穿。难道一个人的恒心还不如檐水的力量吗？学知识也要靠一点一滴积累，只有坚持不懈才能获得成功。"为了更好地鼓励童第周，父亲书写了"水滴石穿"四个大字赠给他。

从此，童第周把父亲送他的"水滴石穿"四个大字牢记在心，刻苦读书，克服了各种困难，最终成了一位伟大的科学家。

父亲给童第周讲的"水滴穿石"的故事，对童第周一生的学习与发展产生了关键性的影响，使他从此牢记"水滴穿石"的道理，日复一日、坚持不懈地努力学习，最终获得了学术上的成就。

北京大兴摔婴案主犯韩磊，从偷自行车开始一步步发展为死刑犯，"偷自行车"这个关键事件就是他人生的一个十字路口。

1988 年，韩磊的妈妈用攒了一年的钱购置了一辆自行车，结果没多久就被小偷偷走了。15 岁的韩磊为了泄愤，居然去偷别人的自行车，案发后他因偷窃被处以行政拘留 13 天。

如果当时他的父母在发现他的偷窃行为后，对他进行严肃的教育，劝导他及时归还自行车，并争取被盗人的谅解，从正确的角度引导他面对失窃的情绪，或许他的人生就会是另一种结局。然而，韩磊的父母没有抓住“偷自行车”这一关键事件对孩子进行正面教育，而是对其进行包庇和纵容，使其对犯罪行为的严重性认识不足，从而走上了犯罪的道路：1992 年，因为在公交车上与人挤碰，韩磊因殴打他人被拘留 10 天；1996 年，韩磊因盗窃汽车被判处无期徒刑（后减刑提前出狱）；2013 年 7 月 23 日，韩磊因停车问题与一位年轻的妇女发生争执，随后便举起这位妇女所推的婴儿车中的女孩将其摔死，被判处死刑。

由此可见，对于孩子成长中的关键事件，父母要及时给予正面引导，让关键事件为孩子的健康成长发挥积极、持久的正向影响。

二 人生关键事件的主要内容

关键事件效应，是指人生中的一些关键事件，能够对一个人的成长起到正向的积极作用或负向的消极作用。关键事件效应原理告诉我们，父母应把握好孩子成长道路上的这些关键事件，挖掘其中所蕴含的教育价值，从积极的角度对孩子进行教育引导，这对于孩子的健康成长具有重要的意义。

那么一个人一生中会遇到哪些关键事件呢？我们从不同的角度可将这些关键事件分为人生必然经历、生活中常规大事和重大节日、生活中的突发事件、第一次犯错、人生中的成功与失败、人生的特殊事件等类别。

（一）人生的必然经历

我们每个人在成长过程中，都会经历一些大致相同的人生节点和关键事件，例如，入园、上学、入职、恋爱、结婚等。这些大多数人都必然经历的事件都属于人生的关键事件，对一个人的成长可能会产生积极或消极的重大影响。

教育心理学家研究发现，儿童从出生到成年（0~18 岁）要经历 6 个关键的转折时期。对于处在成长关键期的孩子，我们要针对其关键期的特点因材施教，帮助孩子顺利度过这些成长节点。

第一个关键转折期：新生儿（0~1 个月）；

第二个关键转折期：1 岁左右；

第三个关键转折期：3 岁左右（第一逆反期）；

第四个关键转折期：6 岁左右；

第五个关键转折期：女孩 11~12 岁和男孩 13~14 岁；

第六个关键转折期： 17~18 岁（青春期或第二逆反期）。

（二）生活中的常规大事和重大节日

每个人在成长过程中都会经历家庭、学校和社会生活中的一些常规大事和重大节日，家庭生活中家人或自己的生日、传统节日、婚丧嫁娶活动等，学校的开学典礼、颁奖大会、运动会等，社会生活中的国庆节、儿童节、劳动节等，这些常规大事和重大节日都可能对一个人的成长产生重大的影响。

（三）生活中的突发事件

在人生道路上，每个人都会遇到一些自身的、家庭中的和社会上的突发事件。例如，家人的生老病死和家中的生活变故等，突发的社会性公共事件等，这些事件往往会对一个人产生一些积极或消极的重大影响。

（四）犯错，特别是第一次犯错

每个人在成长道路上都会犯错，这些错误从积极的角度讲，是人生的必然经历，也是一个人在成长过程中吸取经验教训的过程，这些经历往往会对人的成长产生重大的影响，特别是一个人的第一次犯错，如第一次骂人、第一次打人、第一次说谎、第一次偷拿别人的东西、第一次违反纪律，等等。孩子犯错后，父母的引导方向对其以后的人生有着重要意义，父母及时制止和纠正孩子的错误，会对孩子的后续发展产生积极的影响；父母姑息放纵孩子的错误，会对孩子的后续发展产生消极的影响。

（五）人生中的成功与失败

在成长过程中，每一个人都会遇到大大小小的成功与失败，都会面对阶段性的逆境与顺境，这些都是一个人成长过程中的关键阶段。对待成功和失败的态度会对一个人的发展产生重大的影响。例如，一个人取得某一方面的成功后，如果沾沾自喜、骄傲自满，就会出现停滞不前，甚至退步等问题，导致“好事变坏事”；如果谦虚谨慎、继续努力，就会不断进步，形成“从成功走向成功”的激励效应。

（六）人生特殊经历

每一个人的人生道路都是独一无二的，都可能会经历一些与众不同的特殊事件。这些特殊事件，往往会使一个人的人生道路发生重大转折。比如，一个人结识一位益友，朋友就会引领他不断进取；如果交友不慎，就可能会走向人生的歧途。再例如，一个人早年丧母（父），会对他的心理产生极大的冲击，如何引导孩子面对这一事件，对他的成长影响巨大——坚强地面对，会使他学会化悲痛为力量；如果被不幸击倒，他就会一蹶不振而失去生活的希望和力量。

三 充分发挥关键事件的教育价值

在日常生活中，家长如何运用“关键事件效应”的原理对孩子进行教育呢？

（一）正确把握住关键事件及其教育价值

在我们日常生活中，与孩子相关的事件有很多，这些大多数是一般性事件，只有少数是关键事件。关键事件与一般性事件有时很难区分，这需要父母有敏锐的洞察和教育的智慧。例如，常规的一日三餐一般不属于关键事件，但一些特殊的进餐情境，如日常进餐中孩子的特殊表现、孩子第一次随父母参加朋友宴会等，就属于关键事件了，利用这些关键事件对孩子进行进餐注意事项、宴会礼仪等方面的引导就很有教育意义。再比如，两位同学同时参加学校运动会的长跑项目，成绩都不理想。一位同学的爸爸没有批评孩子，而是鼓励孩子说：“我们参加运动会的主要目的不是为了名次，而是为了锻炼身体，你能积极参与就非常棒！”这位同学受到爸爸“重在参与，重在锻炼”的正向引导，后来一直坚持长跑，不仅强健了体魄，还成为当地有名的业余马拉松选手；另一位同学的爸爸对孩子讽刺挖苦，说他不是长跑的料，比别的同学差得很远……这位同学不仅从此不再参加运动会比赛，而且还因这件事产生了心理阴影。

（二）把握好必然要经历的关键事件

关键事件一般可分为预设性关键事件和偶发性关键事件。预设性关键事件一般是每个人一生都必然要经历的一些关键事情，是人生道路上的一个个关键节点，如人生中的各种“第一次”，人生各发展阶段的关键事件。

预设性关键事件有可能成为孩子人生成长道路上的关键节点，父母要提前做好教育准备，适时对孩子进行相应的引导。例如，孩子要准备上小学了，父母要围绕上学这个关键事件对孩子进行尊敬老师、团结同学、不迟到不旷课、上课守纪律、按时作息、及时完成作业等有关上学的品格、习惯教育，让孩子尽快、顺利地适应学校生活，丰富有关上学的社会常识。

（三）巧对生活中偶发的关键事件

偶发性关键事件，一方面是指孩子自身和家庭生活中突发的一些事件，如孩子与同学打架、遇到挫折、家庭出现重大变故等；另一方面是社会上的突发事件，如恐怖袭击、恶性案件等。遇到这些偶发性的大事件，家长要以敏锐的眼光发现和挖掘其中的教育价值，对孩子进行教育引导。当孩子遇到挫折时，父母要及时对其进行挫折教育，让孩子学会正确认识挫折和面对挫折，不要被挫折打倒，培养孩子坚强的意志和顽强的毅力，增强其抗打击力。当社会上出现以学生为对象的诈骗案件时，父母要以这些诈骗案件作为孩子成长中的关键事件，对孩子进行全面的防诈骗安全教育，提醒孩子时刻保持警惕。

（四）发挥关键事件正向的教育价值，做好正强化和负转化

关键事件，既有成功的关键事件，如孩子成功当选学校学生会主席；也有失败的关键事件，如孩子偷拿别人东西。无论是成功的关键事件，还是失败的关键事件，都包含有正向或负向的影响因素，如孩子当选了学生会主席，除了对孩子有正向激励作用，也可能产生负面影响，如孩子可能会因此骄傲自大、自我膨胀等；孩子拿别人东西虽然是原则性错误，但如果孩子认识到事情的严重性，并以此为戒不再犯类似的错误，那么该事件也能对人生产生正面影响。因此，父母应抓住孩子身上所发生的一些成功或失败的关键事件，从积极的方面去发现和挖掘其中的正向教育价值，对孩子进行积极的正向教育引导，即成功的关键事件要进行正强化，而失败的关键事件，要将负面的因素转化为正面的教育因素。

（五）引导孩子对关键事件进行反思

父母应适时引导孩子对一些关键事件进行反思，分析该事件的发生原因、经验或教训，从而培养孩子认识自我、完善自我、不断进步的能力。越早培养这种反思能力，对孩子世界观、人生观和价值观的形成帮助越大。

专家点评

从古今中外成功者或失败者的人生经历来看，一个人成长过程中的一些关键事件有可能会改变其人生走向。一件看似微不足道的小事，有时却逆转了人生。

父母要重视并把握好关键事件对孩子成长的激励作用，挖掘出关键事件所蕴含的教育价值，让关键事件起到促进孩子成长的重要作用。

问题与思考

1. 您认为关键事件对孩子成长的影响重要吗？请结合自身成长经历谈谈您对“关键事件效应”的理解。

2. 在日常生活中，您认为应该如何利用关键事件对孩子进行正向引导教育？

专题三　诱因效应：诱发孩子的学习兴趣

著名科学家爱因斯坦曾说过：“兴趣是最好的老师。”兴趣是引领一个人学习发展最好的导师，能为一个人的学习发展提供不竭的动力。因此，父母要注意诱发和培养孩子的学习兴趣，让孩子想学、爱学、乐学，促进孩子自主学习、自主发展。

兴趣指对事物喜好的情绪。心理学认为，兴趣是人们力求认识某种事物和从事某项活动的意识倾向，它表现为人们对某件事物、某项活动的选择性态度和积极的情绪反应。兴趣在人的实践活动中具有重要的积极作用，可以使人集中注意，产生愉快紧张的心理状态。

一　兴趣是最好的老师

父母可以根据孩子年龄小、好奇心强等特点，“以趣导趣”，诱发孩子对知识的兴趣。

10岁的小男孩江涛，对食物的要求可谓是别出心裁。常规形状的饺子，他咽下几个便离席而去，任妈妈“软硬兼施”劝他多吃几个也无济于事。倘若妈妈变换一下饺子的形状，做成三角形、正方形，他便能狼吞虎咽地将往常的“吃饭纪录”打破甚至比平时多吃一倍。一般的面条他不感兴趣，若是把手擀面做成流苏状（一头得连着），他便觉得是在吃“胡子”，一吃就是一大碗。常见的地瓜无论蒸煮还是油炸，他看都不看，若做成拔丝地瓜，他却能来个一盘独吞。说到喝粥那更是让人哭笑不得。江涛一向不爱喝粥，无论大碗、小碗、瓷碗、铁碗甚至景泰蓝碗盛的粥，他都一概不理睬，这可愁坏了妈妈。直到有一天，妈妈灵机一动，费了九牛二虎之力用小钢锯把一个吃空了的大椰子一分为二，做成两个椰壳碗，并试着用椰壳碗盛粥给儿子喝，没想到小江涛竟因有了这只椰壳碗而爱上了喝粥。

知之者不如好之者，好之者不如乐之者。

——孔子

通过这个案例我们发现，无论是打破常规的食物还是新奇有趣的餐具，只要让孩子产生了兴趣，他们就能突破父母的期待。

著名钢琴家郎朗，1982 年 6 月 14 日出生在辽宁省沈阳市的一个充满艺术氛围的家庭中。他的父亲当时是空军文工团的二胡演奏员，对二胡有着非同一般的天赋和执着。郎朗出生后，父亲满墙满地地画五线谱，对儿子进行音乐启蒙。郎朗还不到一岁时，就能将收音机里面播放的旋律哼唱出来了。

郎朗两岁多的时候，看到动画片《猫和老鼠》中的汤姆猫用钢琴演奏弗朗茨·李斯特的《匈牙利狂想曲》，顿时就被钢琴的旋律吸引了。从此，郎朗就对钢琴产生了浓厚的兴趣。

父亲看到郎朗极具音乐天赋，又非常喜欢钢琴，就为他买了一架钢琴。郎朗特别喜欢钢琴的音色和手指在琴键上滑动的那种奇妙感觉。有一次，三岁的郎朗听到歌唱家蒋大为为《西游记》演唱的《敢问路在何方》，立刻被这首歌的音乐旋律吸引了，他只听了一遍就记住了这首歌的旋律，并马上用钢琴把这首曲子弹了出来。

从上面的案例可以看出，父母要培养孩子的学习兴趣，一个很有效的方法就是“以趣导趣”，即通过有趣的事物来诱导和激发孩子的学习兴趣。这种用孩子喜欢、感兴趣的一种事物来诱导、吸引他，从而使他对与此事物相关的另一事物产生兴趣、喜爱的心理现象，叫作诱因效应。

诱因效应在我们家庭教育工作中普遍存在。例如，家长可以将“玩”作为对孩子进行教育的诱因，通过各种趣味游戏、故事、儿歌等，将知识寓于其中，让孩子逐渐对学习产生兴趣。

要提高孩子的学习主动性和积极性，不仅要使其产生学习的需要，还要创造能够激发这种需要的条件，使原有的学习需要从潜在状态转变为活跃状态。这些能够产生学习动力的因素，一般被称为学习的诱因，是激发学习动机的外部因素。引起孩子学习的外部原因多种多样，从宏观角度讲，这些原因主要是社会的发展对每个人提出的掌握人类积累的知识和行为规范的要求，它们通常以国家设立学校、确立教育制度、规定义务教育等方式出现；从微观角度讲，是父母对孩子的期望、态度、奖惩以及为其创设的学习情境与条件等。有关研究表明，在孩子缺乏学习动力且没有明确的学习目标（特别是学龄初期，因缺乏学习的动机，孩子的学习更多是受直接兴趣的影响）的情况下，一些外部因素（诱因）更有助于激发孩子的学习动机。

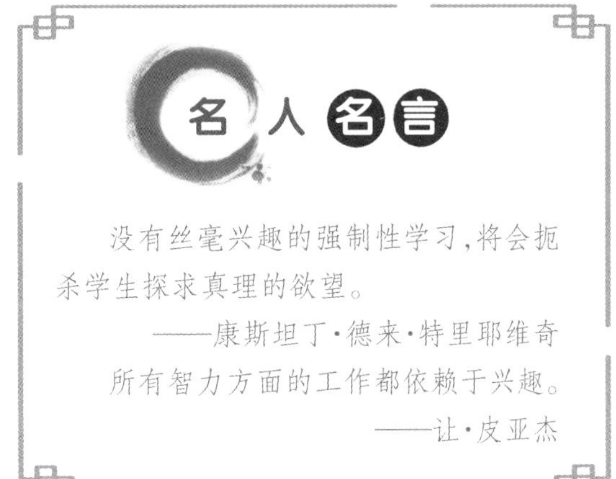

二 兴趣对孩子成长的重要意义

健康、有益的兴趣爱好，对孩子的学习、生活和成长具有重要的意义。

（一）激发学习动力，提高孩子学习的积极性

教育研究和实践表明，兴趣是人们对事物喜好的一种愉悦情绪，它可以成为

学习的一种内驱动力。当一个人做自己感兴趣的事情时，会感到特别愉快、轻松并富有激情，精神格外集中，能以一种积极的态度乐此不疲地做下去。因此，父母在教育孩子过程中，要充分理解“兴趣比知识更重要”这句话，不要只重视孩子的知识学习，更要注重培养孩子的学习兴趣，让孩子从自己内心生发出一种爱学、愿学、乐学的动力。例如，有很多孩子不喜欢学数学，是因为我们在引导孩子认识数量关系时，只是抽象而枯燥地教孩子学习加减运算，这种学习方法，不能让孩子体会到学习数学的乐趣，长此以往孩子就会抵触数学。如果通过“小兔拔萝卜”“送小动物回家”等生动有趣的情景游戏，让孩子在一种生活情景中认识数量关系，就能够提高孩子学习数学的兴趣和积极性，他们便会自然而然地喜欢上数学。

（二）陶冶情操，培养孩子良好的品格

兴趣爱好能够陶冶孩子的情操，培养孩子追求美、热爱美、创造美的能力，以及专注、坚持、自信、合作、乐观、豁达等良好的品格，提升孩子的身体机能和素质品格。例如，弹琴可以使人身心愉悦，提升对音乐的鉴赏能力；画画可以使人神安气定，提高审美水平，培养想象力和创造力；下棋可以锻炼心志和思维能力，培养专注、沉稳的性格等。

兴趣爱好的主要类别：

1. 运动类：打篮球、打羽毛球、打乒乓球、踢足球、滑板、滑旱冰……
2. 娱乐类：听音乐、看电影、写小说、看书……
3. 冒险类：露营、钓鱼、郊游……
4. 搭建类：拼乐高、拼图……
5. 收藏类：集邮、收集徽章……
6. 乐器类：弹吉他、弹钢琴、吹萨克斯、吹葫芦丝、吹大号、吹小号……
7. 艺术类：绘画、折纸、剪纸……
8. 棋牌类：下象棋、打扑克……

（三）开发优势智能，培养孩子“全面＋特长”共同发展

多元智能理论认为，每个人身上至少存在 8 项智能，即语言智能、数理逻辑智能、音乐智能、空间智能、身体运动智能、人际交往智能、自我认识智能、认识自然智能，每个人都有一种或数种优势智能。父母可以通过孩子的兴趣爱好，发现其优势智能，从而培养孩子的特长。例如，孩子喜爱绘画，父母就可以以此为切入点开发孩子空间思维智能，让孩子的优势智能得到充分发展，进而将其发展成一种特长。

优势智能的发展具有很强的迁移性，这种迁移有利于相关知识和技能的学习。例如，学习掌握了数学基础知识，再学习物理就会比较容易；学会了拉小提琴，再学习其他弦乐器就比较容易。这种学习迁移不仅存在于知识和技能的学习中，还体现在态度和行为规范的形成中，例如，学习认真、细心的学生，在做其他事情时也会非常认真、细心；在家爱劳动的孩子，在幼儿园、学校一般也比较勤劳。由此可见，优势智能的迁移性，能够推动孩子其他智能的发展，从而促进孩子按“全面＋特长”的模式成长。

（四）调适身心，让孩子健康、快乐地生活

兴趣爱好是孩子获得快乐的重要方式。当孩子由对某一事物感兴趣进而将其发展成为一种爱好后，便能从中体会到专注的快乐。

有研究表明，兴趣爱好与心理健康有密切关系，兴趣爱好是维持心理健康的积极因素。有自己兴趣爱好的人，抑郁、偏执、精神疾病、双向情感障碍等精神疾病的发病率大大低于没有兴趣爱好的人。例如，一个人爱好跳舞，这一爱好不仅拓展了其人际交往的范围，而且又是一种很好的有氧运动，具有锻炼肌肉、改善平衡、增加耐力、促进新陈代谢的功效，同时优美的音乐和翩翩的舞姿，还能够减轻心理压力，让人心情格外快乐舒畅。因此，健康积极的兴趣爱好有益于人的身体和心理健康。

（五）促进交往，提高社会交往能力

兴趣爱好是人际交往最好的媒介之一。《中国兴趣报告》研究显示约有 80% 的中国人认为共同兴趣对交友很重要。兴趣爱好在年轻人的日常生活中占有重要地位，许多年轻人的交友方式正在从关系社交向兴趣社交转移。

俗话说，物以类聚，人以群分。拥有相同兴趣爱好的人，更容易成为朋友。

在人际交往中，有同样的兴趣爱好和相似的人生经历的人，会很快找到共同的话题，并能在交谈中快速拉近彼此的距离，为以后的交往打下良好的基础。

因此，兴趣爱好能够成为孩子社会交往的良好媒介，孩子通过兴趣爱好可以广交朋友，提高其社会交往能力。

（六）兴趣与目标结合，寻求人生发展方向

有句话说得好：人生最为理想的职业状态就是做自己喜欢做的事情。如果孩子能将自己的兴趣爱好与他未来人生的发展目标相结合，将兴趣爱好发展成为自己的事业，就能有效激发其潜能，推动自身成长，并使其在为个人事业拼搏的过程中获得更多的乐趣和成就感。例如，著名台球运动员丁俊晖，他从小就喜欢打台球，并把台球这一兴趣爱好作为自己的事业来发展。他对台球的兴趣推动了他精心钻研球技，训练再苦再累也绝不放弃，最终他以傲人的实力在国内外台球大赛中取得了一系列辉煌的战绩。

三 诱发和培养兴趣的方法

很多家长常常抱怨自己的孩子对学习没有兴趣，其实，许多兴趣都不是天生的，是在对某种事物深入了解和反复接触后诱发出来的，是后天培养而成的。孩子对学习不感兴趣的主要原因之一，是父母对孩子学习兴趣的诱发和熏陶不够。因此，要培养孩子的学习兴趣，父母要善于运用“诱因效应”原理去诱发孩子的学习兴趣，让孩子从有趣的学习活动中体会到知识带来的快乐，进而将其发展成为自己的志趣，最终使兴趣成为学习的不竭动力。

那么，父母应该如何利用诱因效应来诱发和培养孩子的学习兴趣呢？

（一）新颖刺激，唤起孩子的学习兴趣

选择新颖、变化、奇特的学习内容对孩子进行刺激，能够唤起他们的好奇心，引起孩子的注意、关心和探究意愿。父母在对子女进行教育的过程中，要注意创设“问题的情境”，不仅要让孩子学会利用已有的知识和习惯的方法解决问题，还要激发其思维的积极性和求知的需要。父母应尽可能地采用新颖多样的引导方法，不断激发孩子的好奇心、求知欲，消除学习的单调感、枯燥感、疲劳感和厌倦情绪。例如，家长可以在日常生活中随机提出一些新颖奇特的问题，引发孩子的学习兴趣，激发孩子的求知欲；借助新颖有趣的玩具，探索玩具设计中蕴含的科学道理；开展一些模拟、角色扮演等活动，发展孩子的思维力、想象力等。

（二）动机转移，诱导孩子的学习兴趣

在孩子缺乏学习的动机和兴趣时，家长可以以孩子喜欢的游戏、故事等作为激发其学习兴趣的切入点，调动孩子学习的积极性。

（三）及时反馈，激发孩子的学习兴趣

在学习的过程中，让孩子及时了解自己的学习成果，包括看到自己所学知识在实际生活中的应用成效、答题时的正确率、学习成绩的高低等，可以激发学生进一步学习的动力。不少实验表明，了解学习结果的孩子比不了解学习结果的孩子学习积极性更高，进步更快。孩子能看到自己在学习上的进步，其学习的态度和手段就会向积极方向发展，坚定不断进步的决心；同时通过反馈，学生可以看到自己的缺点，树立克服缺点的信念，在学习之路上继续前进。

（四）激励评价，鼓励孩子的学习兴趣

表扬与鼓励等激励性评价，能够激发孩子的学习兴趣。正确评价、适当表扬与鼓励是对孩子学习成绩和态度的否定或肯定的一种强化方式，它可以激发孩子的上进心、自尊心等。实验表明，及时的评价一般比不及时的评价更有助于提升学习效果；表扬、鼓励比批评、指责更能激发孩子的学习动力；适当的批评能提

高孩子的专注力水平。表扬与批评应根据孩子的心理发展水平、性格特点等具体情况有针对性地采用。

（五）参与竞赛，刺激孩子的学习兴趣

适当让孩子参加一些竞赛可以刺激孩子的学习欲望，提高其学习成绩，如参加数学、物理竞赛；在家中的醒目处，张贴孩子的学习进度表、成绩表、获奖证书等。竞赛可以活跃学习气氛，减少学习的枯燥感，激发孩子的荣誉感和高昂的学习情绪，提高学习效率。与此同时，家长也应注意，要慎重、适度、适量地参加竞赛，避免过度参加竞赛影响孩子的学习和生活节奏。

专家点评

孔子说："知之者不如好之者，好之者不如乐之者。"这句名言道出了学习的三层境界：知 、好、 乐。学习的最高境界是"乐"，即兴趣。因此，家长一定要把培养孩子的学习兴趣放在第一位，当孩子达到了学习的最高境界——想学、爱学、乐学时，便会迸发出惊人的学习热情。

问题与思考

1. 为什么说"兴趣是最好的老师"？请谈谈您对这句话的理解。

2. 您认为应怎样在日常生活中培养孩子的兴趣？请介绍一下自己的经验。

兴趣重在培养

王桂亮

我们常常听到一些家长这样说：“我家孩子对 ×× （事情、事物）不感兴趣。”其实，孩子不感兴趣的不是这件事本身，而是父母没有培养孩子对它的兴趣。那么，我们应该如何培养孩子的兴趣呢？

1. 要培养高尚的兴趣

兴趣有高尚、低俗之分。凡是与人类与社会进步发展、与个人健康成长正向相关的兴趣，都是高尚的兴趣。与之相对的，便是低级庸俗的兴趣。高尚的兴趣能给人以精神与力量，有助于身心健康发展；低俗的兴趣则会使人胸无大志，甚至跌入犯罪的深渊。

2. 要在活动中培养兴趣

兴趣不是与生俱来的，而是在参加各种各样的活动的过程中培养出来的。我们可以根据孩子的实际情况和家庭、学校、社会环境条件，让其尽量多地参加各种活动，使孩子在活动中发现自己的兴趣。我们在培养孩子兴趣的同时，还应该考虑孩子的性格特征。性格外向的孩子可以从文艺、体育、表演等方面来培养兴趣，性格内向的孩子可以从书法、篆刻、集邮等方面来培养兴趣；动手能力强的人可以尝试小发明、工艺品小制作等，喜欢思考的人不妨多读些书，等等。培养兴趣不必急躁，家长应从活动实践中积累经验，做个有心人，就可以发现孩子真正的爱好所在。

3. 要在广泛的兴趣中形成相对固定的兴趣爱好

生活中，我们常常发现有的人对什么事物都很感兴趣，到头来却一事无成。每个人的时间和精力都是有限的，爱好过多，就只会像“狗熊掰棒子”，掰一个丢一个。兴趣广泛不是坏事，它可以使孩子的生活丰富多彩，充满乐趣，但要注意，我们要从广泛的兴趣中，选择对孩子人生发展有帮助的专门兴趣，并将它与孩子的未来发展和人生规划相结合，孩子若能把爱好作为事业，便能从中获得不断进步的动力。

4. 要处理好兴趣与日常学习的关系

既然兴趣对未来成功那么重要，是不是就可以只重兴趣不顾学习了？当然不是，学习基础知识是为人生奠基，没有基础知识作为铺垫，是无法成就人生的高楼大厦的。因此，发展兴趣必须建立在学好日常功课的基础之上。

专题四 保龄球效应：多给孩子正向激励评价

对人的评价，从激励的角度可分为正向激励评价和负向激励评价，这两种评价同等重要。但是，这两种评价的运用方式不同，对人的激励作用也是不同的。特别是对幼儿来说，这两种评价的使用占比和先后顺序，对孩子会有很大的影响。

正向激励是对人的行为进行肯定，采取赞赏、鼓励、奖励等方式进行正面强化，目的是鼓励其行为继续进行。

负向激励是对人的行为进行否定，采用批评、处罚等方式进行负面强化，目的在于制止某种行为。

一 保龄球效应：以正向激励为主

孩子从呱呱坠地到长大成人的漫长旅途中，家长的激励与评价，对孩子成长有着重大的影响。

妈妈第一次参加家长会，幼儿园的老师说：“你的儿子有多动症，在板凳上连三分钟都坐不住，你最好带他去医院看一看。”

回家的路上，儿子问妈妈老师都说了些什么，她鼻子一酸，差点流下泪来。因为全班30名小朋友，唯有他表现得最差，老师对他更是十分无奈。但她还是告诉了儿子：“老师表扬了你，说宝宝原来在板凳上一分钟都坐不了，现在能坐三分钟了。其他的妈妈都非常羡慕我，因为全班只有我的宝宝进步了。”那天晚上，她儿子破天荒地吃了两碗米饭，并且没有让她喂。

儿子上小学了，一次家长会上，老师对妈妈说："全班50名同学，这次数学考试，您儿子排49名。我们怀疑他智力有些障碍，您最好能带他去医院查一查。"

回去的路上，妈妈又一次流下了泪。但当她回到家里，却对坐在桌前的儿子说："老师对你充满信心。他说了，你并不是个笨孩子，只要能细心些，成绩一定会超过你同桌的，这次你同桌排在第21名。"

说这话时，她发现，儿子暗淡的眼神一下子亮了起来，沮丧的小脸也一下子舒展开来。她甚至发现，从那天起儿子突然乖巧得让她吃惊，好像一下子长大了许多。第二天上学时，他去得比平时都要早。

孩子上了初中，又一次开家长会。妈妈坐在儿子的座位上，等着老师点她儿子的名字，因为每次家长会，她儿子的名字总会出现在老师重点关注的名单里。

然而，这次却出乎她的预料，直到家长会结束，她都没有听到老师批评自己的孩子。她有些不习惯，家长会结束后，她便赶紧向老师询问孩子的情况，老师告诉她："按你儿子现在的成绩，考重点高中有点危险。"

妈妈怀着喜悦的心情走出校门，发现儿子正在校门口等她。路上她扶着儿子的肩膀，心里有一种说不出的欣慰，她告诉儿子："班主任对你非常满意，他说了，只要你努力，很有希望考上重点高中。"

孩子高考结束后，第一批大学录取通知书下达的日子，学校打电话让她儿子到学校去一趟。她有一种预感，她儿子会被清华大学录取，因为在报考时，她给儿子说过，她相信他能考取这所学校。

孩子从学校回来，把一个印有“清华大学招生办公室”的快递信封递到她的手里，突然转身跑到自己房间里大哭起来，他边哭边说：“妈妈，我一直都知道我不是个聪明的孩子，是您……”

这个故事告诉我们，作为家长，在评价孩子时，应多看孩子的“闪光点”，看到孩子的进步，多给孩子一些激励性评价，这对孩子的成长具有很强的推动作用。这就是人们所说的“保龄球效应”。

二 保龄球效应的启示

信息链接

“保龄球效应”源自于这样一个故事：两名保龄球教练分别训练各自的队员。他们的队员都是一球打倒了7只瓶。

教练甲对自己的队员说：“很好！你一下就打倒了7只。”他的队员听了教练的赞扬很受鼓舞，心里想，下次一定再加把劲，把剩下的3只也打倒。

教练乙则对他的队员说：“怎么搞的！还有3只没打倒。”队员听了教练的指责，心里很不服气，暗想，你怎么就看不见我已经打倒的那7只。

结果，教练甲训练的队员成绩不断上升，教练乙训练的队员球技却直线下降。

所谓保龄球效应，指的就是鼓励比指责更能激励人们提高办事的效率或者更能使人发挥潜能。

保龄球效应给予我们以下几点启示：

（一）正向激励和负向激励具有不对称性

从保龄球效应的原理可以看出，正向激励和负向激励之间具有不对称性。希望得到他人的肯定、赞赏，是每个人正常的心理需要；而面对指责时，人们都会自觉地为自己辩护，这也是正常的心理防卫机制。在上述故事中，教练甲用赞美的技巧，把球员的注意力集中到被球击倒的那7只瓶上，以称赞激励球员，大大提升了球员训练的积极性；反之，如果教练只关注球员的不足，则会挫伤其积极性。

（二）以正向激励为主

保龄球效应告诉我们，正向激励机制是对人的行为进行正面强化，能够使人以一种愉快的心情继续其行为，并进一步调动其积极性。因此，家长对孩子的评价应以正向激励为主，特别是面对年幼无知、心理脆弱的幼儿更应如此。

（三）过度的负向激励会使人产生逃避心理

持续的负向激励会产生多种不良后果，一是可能会导致被评价者产生接连不断的错误，为了避免错误，人们在心里会开始抵触类似的工作，使人为了少被批评而逃避现实；二是容易引发批评对象的逆反心理，严重的甚至会导致其自暴自弃。例如，孩子主动帮妈妈洗碗，可是由于能力和经验不足，摔碎了碗，如果妈妈一味地批评讽刺孩子，就可能会造成孩子今后逃避家务，不敢再去洗碗，免得再把碗摔碎；如果妈妈先是表扬孩子爱劳动，然后再引导孩子注意洗碗的一些方法和技巧，孩子就会在获得成就感的同时更加注意做家务的方式方法。

（四）不要只看结果，更要重视过程

依据保龄球效应，我们还可以发现这样一个道理：去评价一个人所做的一件事情，不要只看结果，更要关注过程。“击倒 7 只瓶，有 3 只没有被击倒”这个结果，是偶然因素和技术因素共同作用的结果，教练对击球过程中所体现的技术和态度进行鼓励，并找出问题、分析问题，比只是对结果进行肯定或否定更有针对性和指导性。

三 巧妙运用保龄球效应激励孩子

保龄球效应对于指导家长对孩子的日常评价，具有很重要的指导意义。那么，在日常家庭教育中，父母应如何巧妙运用保龄球效应激励孩子呢？

（一）多关注孩子积极的方面

我们从保龄球效应的故事中可以看出，希望得到鼓励和肯定是每个人的正常心理需要，孩子更是如此。因此，我们要多关注孩子的优点，以正向鼓励增强孩

子的自信心和学习动力，激发孩子的积极性。正如美国钢铁公司的首任总裁查尔斯·史考伯所说：“我在世界各地见到许多大人物，还没有发现任何人——不论他多么伟大，地位多么崇高——不是在被赞许的情况下，比在被批评的情况下工作成绩更佳、更卖力气的。”当然，我们所说的关注孩子积极的方面，并不是说毫无原则地表扬孩子、“捧”孩子，而是在面对积极与消极两种评价方式时，要把关注点侧重放在积极的一面，而非侧重消极的一面，强化孩子对积极方面的印象。

反之，如果过多地关注孩子的缺点，看不到孩子的优点，很容易打击孩子的积极性，损害其上进心。特别是当孩子处于叛逆期时，过多的批评、否定，容易让孩子逆反心理加重，从而导致他们与积极正确的成长方向越来越远。

正向激励性评价的种类有：鼓励、肯定、赏识、赞扬、表扬等。

1. 鼓励

鼓励是指家长激发、勉励孩子积极努力学习或完成某项任务。

2. 肯定

肯定是对某件事持认可的或赞成的态度，是主观上的赞同，即承认其存在或正确，对其言论或行为表示满意和支持，对成绩予以认可。幼儿对自己的行为是对是错，往往并不是很清楚，需要家长的指导。家长的肯定可以使孩子更加自信，对生活更加富有热情。

3. 赞扬

赞扬是指对某人或某件事给予夸奖。赞扬接近表扬，只不过表扬更正式一些，赞扬则是赞扬者根据当时的情况说出的。赞扬更加灵活，没有那么多限制，其程度可由激励者个人掌握。

4. 表扬

表扬是指对幼儿的进步或因其某件事情做得好而公开给予赞扬或肯定。表扬可分为口头表扬与书面表扬，当众表扬与单独表扬，一次表扬与多次表扬等。如果幼儿某件事情做得好，家长可以口头表扬或者制作一个小奖状予以鼓励；可以在其他家人和亲戚面前当众表扬或者和孩子在一起时单独表扬；可以表扬一次，也可以表扬多次并以此不断激励孩子。

（二）多用欣赏的眼光予以鼓励发现孩子的“闪光点”

在日常生活中，家长要多用欣赏的眼光看待孩子，善于发现孩子的“闪光点”，多多关注孩子的进步。例如，孩子在节假日喜欢与同学出去玩，对待这个问题，家长应用欣赏的眼光，发现孩子善于和同学交往、与同学相处得好这一“闪光点”，给予孩子积极的肯定。同时，也要引导孩子注意协调学习与玩的时间，不要耽误学习。这样，既强化了孩子的“闪光点”，又会让孩子虚心地接受家长的建议，使其在今后会自觉地注意安排好时间。再如，孩子在某一方面发展稍差，或者失利次数过多，家长应多鼓励少指责，与孩子一同分析问题所在，及时肯定孩子付出的努力，提高孩子的自信心，激发其学习发展的动力。

美国钢铁大王安德鲁·卡耐基提拔的美国钢铁公司首任总裁查尔斯·史考伯说：“我认为，我那能够使员工鼓舞起来的能力，是我所拥有的最大资产。而使一个人发挥最大能力的方法，是赞赏和鼓励。”“再也没有什么比上司的批评更能抹杀一个人的雄心……我赞成鼓励别人工作。因此我乐于称赞，而讨厌挑错。如果我喜欢什么的话，就是我诚于嘉许，宽于称道。”史考伯是这样说的，也是这样做的。史考伯和卡耐基在工作中的信条如出一辙。卡耐基甚至在他的墓碑上也不忘称赞他的下属，他生前为自己撰写的碑文是：“这里躺着的是一个知道怎样跟他那些比他更聪明的属下相处的人。”

（三）表扬不仅要看结果，更要看过程

让父母在生活中多称赞孩子，并不只是表扬孩子努力的成果，更要表扬其努力的过程。例如，孩子玩完玩具后，自己收拾了起来，并且分类整理得很好，父母既要表扬孩子自己整理玩具，更要重点表扬孩子学会了分类整理的方法。再如，孩子常常“好心办坏事”，本想做一个“自己的事情自己做”的好孩子，早晨起来尝试自己穿衣服系扣子，但有时扣子可能会系错位，这时父母应在表扬的前提下给予孩子指导：“你能自己穿衣服系扣子了，你真棒！但要注意系扣子时，扣子和扣眼要一一对应，相信你下次一定能做得更好！”这样孩子就会非常高兴，

不仅学会了自己的事情自己做，还会积极地尝试做其他事情。因此，不管孩子努力的结果是好还是不好，只要孩子在过程中尽力了就要给予其适当的表扬，然后再对他进行方法上的指导，这样孩子定会在父母的引导下不断进步。

（四）评价孩子不要过于片面

保龄球效应主要是从转换评价的角度，告诉人们在评价他人时要多关注其积极的方面，这样有利于调动其积极性。同时，家长应注意，在教育中运用保龄球效应看待、评价孩子，并不是让家长从一个极端走向另一个极端——从过去只看到孩子“不好”的一面，转向只看到孩子“好”的一面，无视孩子不足的地方，而是要我们正确看待孩子的发展，在强调关注积极方面的同时，注意巧妙地引导孩子纠正自己的不足，也就是我们常说的“多鼓励少批评”“鼓励为主、批评为辅”“表扬在先、批评在后”，只有这样，才能使孩子身心得到全面、协调、健康发展。

专家点评

保龄球效应向我们揭示了正向激励评价对激发人的积极性的作用，但这并不是说负向激励评价就不重要了。其实，这两种激励方式都同样重要，缺一不可。因此，家长在对孩子进行教育时，要坚持“鼓励为主、批评为辅”“先鼓励表扬、后批评教育”的原则，促进孩子身心健康发展。

问题与思考

1. 为什么要运用保龄球效应对孩子进行激励性评价？请谈谈您对激励性评价的理解。

2. 您认为对孩子进行激励性评价时应该注意哪些方面的问题？

妈妈的“谎言”

放学后，孩子蹦蹦跳跳地回到家，郑重其事地把一个信封交给母亲并说道：“老师只让妈妈看！”

母亲不解地接过信，打开，看着看着，泪流满面。孩子见状，急忙问道：“妈妈，老师说了什么？”母亲擦擦眼泪，哽咽着说：“老师说，‘夫人，你的孩子是个天才，这个学校太小了，没人教得了他，另请高明吧。’”孩子听后，异常高兴。

多年后，这个孩子真如其母亲所言，成了一个天才，他先后发明了留声机、电影摄影机、电灯等，他一生共有两千多项发明，一千多项专利。他对人类社会做出了巨大贡献，并被美国权威期刊《大西洋月刊》评选为“影响美国的100位人物”的第九名。他，就是举世闻名的托马斯·阿尔瓦·爱迪生。

母亲去世后，爱迪生在整理母亲的遗物时偶然发现了这封信，那个似曾相识的信封激起了他的好奇。他小心翼翼地打开信封，展开信纸，只见上面写着：“夫人，您的孩子有智力障碍，不能留在学校，只能退学。”看到这儿，爱迪生泪流满面，啜泣不已，他在信上提笔写下：爱迪生是个有智力障碍的孩子，可他的母亲把他变成一个天才。

母亲对孩子的影响是毋庸置疑的，甚至会伴随其一生，母亲是孩子人生的第一位导师。

某天，一位中年黑人出租车司机载了一对白人母子，孩子见司机面色黝黑，与自己的肤色完全不同，很是不解地问母亲：“为什么司机先生的皮肤和我们不一样？”母亲温柔答道：“上天为了让世界缤纷多彩，所以创造了不同肤色的人。”

到了目的地，黑人司机坚决不收钱且充满感激地说：“小时候我也曾问过母亲同样的问题，但我母亲说，‘我们是黑人，天生注定低人一等。’如果她也能像您这样回答，今天的我可能会是另外一种样子。”

这个故事中的两位母亲的回答已经不是“一句话使人笑，一句话使人跳”了，而是“一句话成就一个人，一句话毁掉一个人”。母亲的伟大不仅在于生，更在于育，正面积极的养育，会让孩子受益终身。

专题五　同伴效应：让孩子变得更优秀

同伴关系是孩子童年时期非常重要的一种人际关系，同伴间的交往对孩子的成长具有与成人互动无法替代的作用。同伴关系对孩子的认知、情绪情感、社会性、自我概念和人格以及行为的方方面面，有着极其重要的作用。

一　同伴效应：近朱者赤，近墨者黑

在孩子成长的过程中，同伴的选择、交往，对于其发展有着重要的影响。

知识窗

同伴的生活态度、行为等，会对交往双方的生活态度、行为等方面产生积极或消极的影响，这在心理学上被称为“同伴效应”或“同群效应”。中国有一句古语“近朱者赤，近墨者黑”，说的就是这个道理。

叶子上小学的时候，因为家里没有什么课外书，一直没有养成读课外书的习惯。上了初中后，她发现和自己很要好的同学兰兰特别喜欢读课外书，一有空就读一些文学名著、生活杂志等，与之交流时更能感到她的谈吐不凡，见多识广，这令叶子羡慕不已。从此，叶子也喜欢上了读课外书。

从初中到高中六年的时间里，叶子利用课余时间阅读了几十本中外文学名著，丰富了自己的业余文化生活和文学素养，她也因此爱上了文学创作，在报刊上发表了自己创作的十几篇散文、诗歌、小说等文学作品，在文学创作领域崭露头角。出于对文学的热爱，高考时她选择了汉语言文学专业。

大学期间，叶子的文学创作取得了丰硕的成果，创作出多部在国内有一定影响的小说。毕业后，她成为了专业作家，文学创作成为了她一生的事业。

叶子每每谈起自己是如何走上文学之路的，她都非常感激初中时结识的那位爱读书的好朋友兰兰，她总是说："兰兰影响了我一生的选择。"

其实，同伴之间不仅有积极影响，也有消极影响。

小欣第一次抽烟是在初三寒假，那天她和同学小红一起到咖啡店喝咖啡时，小红从包里拿出一盒香烟和一个打火机，熟练地抽出一支香烟点燃吸了起来。小欣看着这个情景，很是惊讶，她以前并不知道小红还会抽烟。惊讶之余，她看到小红抽烟的样子，感觉抽烟既优雅又有点"酷"，心中竟产生了一丝羡慕。

小红看到小欣惊讶、羡慕的表情，便对她说："你知道吗？吸烟有一种特殊的感觉。"小欣好奇地问："有什么感觉？""你看许多女明星都会抽烟，那个'范儿'多酷！抽烟会让你有一种飘飘然的感觉，这种感觉只能意会不能言传，来，你抽一支就知道了。"说着小红又从包里掏出烟盒，抽出一支香烟递给小欣。在她的"指导"下，小欣很快就学会抽烟。

信息链接

"青少年吸烟行为影响因素"研究表明，"同伴是否吸烟"是影响青少年吸烟行为的最主要因素之一。同伴不吸烟的青少年，其吸烟率只有4%；同伴吸烟的青少年，其吸烟率达38%。研究发现，好友的吸烟行为对青少年吸烟行为有直接影响。

有关影响青少年不良行为因素方面的研究表明，同伴特别是同性伙伴对青少年吸烟、饮酒、上网等不良行为的影响显著。

从上面的两个案例中可以看出，益友能够促进孩子健康成长，损友则容易把孩子引向歧途。因此，家长要引导孩子选择益友交往，让孩子与同伴共成长、共进步。

二 同伴效应的重要价值

与同伴交往，是幼儿心理发展的需要，是其成长过程中不可缺少的一部分，也是幼儿社会化的一条重要途径。

（一）有利于孩子心理健康和良好个性的形成

> **名人名言**
>
> 有了朋友，生命才显出它全部的价值，一个人活着是为了朋友；保持自己生命的完整，不受时间侵蚀，也是为了朋友。
>
> ——罗曼·罗兰

孩子 2~3 岁以后，随着其情绪的逐渐稳定和依恋的转移，他们对同伴的需要越发明显，交朋友成为他们的一种重要的心理需求。良好的同伴关系能为幼儿心理发展提供健康的精神环境，使其产生安全感和归属感，进而形成自尊、自信、活泼开朗的性格，推动其社会化及心智发展。有研究发现，幼儿在与同伴交往时会表现出更多的、更明显的愉快、兴奋和无拘无束的情绪，并且能更放松、更自主地投入各种活动。当幼儿处于困境时，同伴的帮助往往更容易帮助其摆脱困境，使其情绪恢复平静。

信息链接

在第二次世界大战期间发生了这样一件事：有六个婴儿因为战争失去了父母，他们在 3 岁时一起住在孤儿院。这六个儿童像亲兄弟姐妹一样相互依恋、相互帮助、一起成长。多年以后，有心理学家对成年后的他们进行研究，想看看他们是否会因为幼年缺失父母而产生心理问题。结果却发现，长大后的他们没有一个人有身心缺陷，他们都已成长为心智正常、年轻有为的成年人。这个事例充分说明同伴关系在一定程度上可以弥补丧失父母的痛苦，同伴之间的相互帮助可以促使儿童健康成长。

（二）提高孩子的社会交往能力

社会交往能力，是推动幼儿社会化发展的一项重要能力。在与同伴交往的过程中，孩子会运用表情、语言、动作等自己已掌握的社交技能和策略，与同伴进行社交并在此基础上逐渐学会表达、倾听和宽容。因此，良好的同伴关系可以帮助孩子更好地适应社会，获得较好的人际关系，掌握社会交往的技能和策略，促进其社会行为向友好、积极的方面发展。

（三）提高孩子的社会认知和适应能力

同伴之间的相互学习，是幼儿交往活动所具有的一种重要教育价值。在与同伴交往时，大家会常聚在一起探索问题，面对同一个问题，不同的孩子会带着各自不同的生活经验和认知基础，作出各不相同的反应。

同伴间的差异为孩子提供了分享知识经验和互相模仿、学习的重要机会，有助于提高其与同伴协作并共同解决问题的能力。

理解他人的行为和态度是儿童社会认知的主要体现。良好的伙伴关系可以提高孩子与他人交流的频率以及对他人的理解能力。孩子在与同伴沟通的过程中，可以获得同理心，并学会与他人共情，从而产生关爱他人的意愿。

在孩子与同伴交往的过程中，适当的意见或行为冲突对孩子的社会交往、社会适应能力的培养也具有一定意义。孩子在与同伴发生冲突过程中，身体和心理上可能都会遭受一定的挫折，并在挫折中形成对自身、同伴和社会规则更为深入的认识，从中学习和掌握一定的社会交往技能，孩子会从冲突中获得成长，进而提高其抗击打能力和适应社会的能力。

（四）促进孩子自我意识的形成

3~6 岁是儿童自我意识形成的加速期，同伴交往对孩子自我意识的发展具有积极的推进作用。良好的同伴关系会使孩子有更多机会更加深入地了解他人和社会，进而使其形成相对客观的自我理解和自我评价。例如，孩子在与同伴交往中已经能够将自己与同伴进行简单的对比，他们常常会对另一个小朋友说“我比你高”或者“我跑得比你快”，等等。同伴的行为就像一面“镜子”，为孩子提供自我评价的参照，使孩子能够更好地认识自己。另外，孩子和同伴交往时可能发生各种矛盾和问题，面对不同同伴的不同反应，孩子会在这个过程中不断调节和控制自己的行为，协调与同伴的关系，这对于孩子自我意识的调节和发展具有积极作用。

三 多交优秀同伴，孩子会变得更优秀

在孩子成长的过程中，建立良好的同伴关系对于孩子的健康成长具有重要的意义。因此，我们家长要积极鼓励孩子与同伴交往，引导孩子多与优秀的同伴玩耍，让孩子在交往中走向优秀。

（一）鼓励孩子与同伴交往

孩子的社交经验有利于自我意识和人格的发展。同伴是孩子获取信息的特殊渠道和进行对比的参照框架，是其获得知识和社会经验的重要来源，他们常常从同伴那里获得一些从成人那里不便或无法得到的知识、经验和信息。在交往过程中，孩子还可以从来自不同家庭的同伴那里了解到与自己家庭不同的价值观念和态度，从而进行比较和筛选，丰富自己对社会的认识。

孩子与同伴之间更容易交流信息、相互合作，他们可以通过共同解决问题或完成任务，实现社会认知能力的发展。

对孩子而言，在社会活动中更重要的是在与同伴玩耍的过程中收获的快乐、友谊、尊重等，这些收获使他们形成了一定的依恋感、亲密感和归属感，这种良好同伴关系可以促进孩子的情感发展。

因此，家长应鼓励孩子与同伴交往，给孩子选择同伴的权利和自由，并以此促进孩子情感、认知、社会性等方面的发展。

（二）引导孩子学会选择伙伴

一个优秀的同伴，有利于孩子的健康发展，能够让孩子的自身素质得到提升，因此，引导孩子学会选择伙伴非常重要。

在孩子选择同伴时，家长应注意引导孩子从“品行、互补、多元”三个方面去选择优秀的同伴进行交往。首先是要引导孩子选择与那些懂礼貌、有爱心、诚实、乐于助人的同伴交往，教育孩子不要与性格暴躁、爱说谎的品行不好的孩子交往。其次，要注意引导孩子选择与其有互补性的同伴进行交往。这样的同伴，能够与孩子形成学习与发展方面的互补，双方会在交往中取长补短，共同提高。最后，要引导孩子选择多元化的同伴进行交往，如不同性别、不同性格、不同经历的小伙伴，从而丰富孩子的生活阅历和社会经验。

在孩子进行交往活动时，家长应对孩子同伴的情况有所了解，特别要对其品行进行分辨，对于品行不好的同伴，要坚决制止孩子与其来往，并向孩子说明这样做的原因。

（三）为孩子与同伴交往创设有利的条件

在日常生活中，家长要注意为孩子发展同伴关系创造有利的条件，让孩子有机会与同伴交往。

一是鼓励孩子与同伴交往，既要让孩子“走出去”与同伴玩耍，又要让孩子把同伴“请进来”，让孩子充分体会与同伴交往的乐趣。如家长可以邀请自己的朋友、同学带着孩子来家中做客，或经常带孩子到邻居小朋友家串门等，为孩子创设与同伴交往的机会。

二是多带孩子参加一些家庭聚会活动，如与家中亲友组织的家庭聚会、与幼儿园小朋友的家长共同组织家庭旅游等有益的社会交往活动，使孩子结识更多的同伴和朋友。

三是鼓励、支持孩子多参加幼儿园集体活动，增强孩子的集体观念。幼儿园这个“大家庭”，能有效提升孩子的交往能力，帮助孩子形成良好的交往习惯。家长要鼓励孩子多参加班集体的活动，引导其主动为班级多做一些事情，和同学、老师搞好关系，形成良好的人际关系。

（四）引导孩子处理好同伴关系

孩子与同伴的交往活动，有时也需要家长进行正确的引导，这对于孩子处理好同伴关系具有重要的意义。

一是引导孩子在与同伴交往时，主动欣赏对方，赞美对方的优点，学习对方的长处。

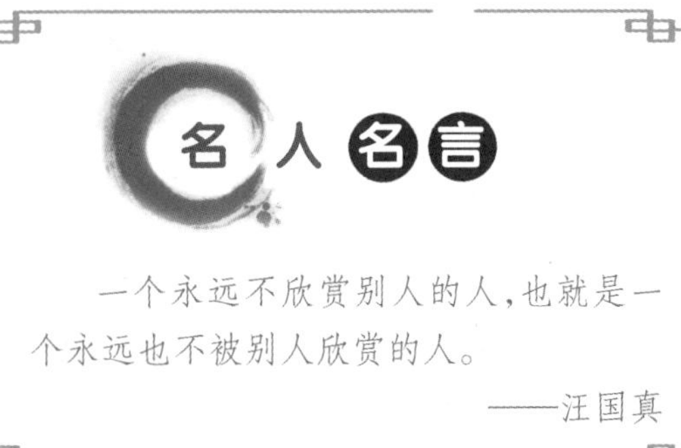

二是引导孩子在交往中，学会包容对方，对同伴提出的不同意见和建议要认真听取，对同伴身上的一些小毛病、小问题要主动谅解，不要完全以自己的意志去行事，更不要耍小性子。

三是引导孩子在交往中，要与同伴真诚相待，多关心帮助同伴，自己有错误时要大胆承认，形成良好的同伴关系。同时，家长也应教育孩子懂得，同伴之间不应讲所谓的“江湖义气”，要敢于拒绝同伴的不正当要求和不良行为，避免同伴的不良影响。

四是引导孩子学会处理交往中的矛盾。孩子与同伴交往，经常会产生矛盾纠纷，这是不可避免的，也是十分正常的。面对孩子们在交往过程中出现的矛盾纠纷，家长尽量不要直接介入，要教育引导孩子用自己的方式处理与同伴之间的问题，如学会站在对方的角度去想问题，理解对方的感受；学会谦让、妥协，包容对方；学会道歉，大胆承认错误；学会用正确、积极、善意的语言表达自己的情感，而不是以发泄的、报复的、对抗的甚至暴力的语言或行为来解决冲突等。

专家点评

近朱者赤，近墨者黑。同伴对人的影响是很大的，在和同伴的日常交流中，我们的价值观、态度、能力和认识方法也会受其影响。同伴关系可以给我们带来榜样、期待和强化作用，从而使我们形成各种不同的社会行为、观点和态度。因此，家长要重视对孩子进行同伴效应教育，防患于未然，未雨绸缪，让孩子在良好的社交关系中健康成长。

问题与思考

1. 您认为在孩子的成长过程中，同伴关系有多重要？

2. 从对孩子终身发展的角度而言，您认为应怎样引导孩子与同伴进行交往？

专题六 自由玩耍：孩子身心健康发展的高能营养剂

自由玩耍是孩子身心发展的一种重要需求。孩子的整个婴儿、幼儿、童年时期，都需要自由玩耍，玩耍对孩子的一生发展有着至关重要的作用。

一 自由玩耍促进孩子全面发展

对孩子而言，自由玩耍也是一种学习，甚至可以说是童年时期最主要的学习活动之一。在玩耍的过程中，孩子的身体素质、智力、社会交往能力、创造力都能得到发展，不仅如此，玩耍也有助于帮助孩子释放压力，为以后面对生活中的困难和挫折奠定基础。由此可见，童年时期是否能够充分地自由玩耍，对孩子是否能够健康成长有着重要的影响。

儿童早期的各种游戏，是一切未来生活的胚芽，因为整个人的最纯洁的素质和最内在的思想就是在游戏中得到发展和表现的。

——弗里德里希·威廉·奥古斯特·福禄贝尔

1966年8月1日，美国得克萨斯大学奥斯汀分校发生了一起重大枪杀案。25岁的查尔斯·惠特曼在持枪射杀了自己的妻子和母亲之后，爬到美国得克萨斯大学奥斯汀分校的楼顶，向路人开枪，射杀了46人。谁也不会想到，这位工程学学生、从美国海军退役的神枪手会变成一个杀人狂。

精神病学家斯图尔特·布朗作为精神病顾问医生参与了这起案件的调查。不久后，他又进行了一项小规模的初步研究，该研究共采访了得克萨斯州 26 名谋杀犯，布朗在调查采访中发现，很多杀人犯都具有以下两个特点：一是家庭成员中曾有人出现过暴力行为；二是童年时期几乎没有自由玩耍的机会。在之后的 40 多年里，布朗持续跟踪采访了 6000 多人，结果发现，孩子在小时候如果没能自由自在地玩耍，在其成人后不适应环境、不快乐的概率会更大。

通过上述案例可以看出，缺少自由玩耍的童年，可能会使孩子出现一定的性格缺陷，甚至对其认知、情感和社会技能造成影响。

（一）提升身体素质

儿童在玩耍的过程中，会经常进行走、跑、跳、钻、爬等动作，这些动作不仅能促进孩子的大肌肉发展，还能使孩子的平衡能力、协调性、耐力等素质得到锻炼，为孩子的身体发育打下良好的基础。

（二）促进智力发展

脑科学研究发现，儿童在自由玩耍时通过手、眼、脑相协调，使大脑接受和处理信息，会让更多的神经元建立链接，神经网络越丰富，孩子也就越聪明。由此可见，自由玩耍可以提升儿童的高级神经功能，对其智力发展具有重要作用。

（三）激发想象力和创造力

仔仔和豆豆两个小朋友相差四个月，两人经常一起玩他们自己设计的游戏。上午，他们两人用剪刀、双面胶把纸箱做成了电视机、小桌子、小椅子等；下午，他们尝试用沙发靠枕搭建小房子，两人一会儿扮演爸爸、妈妈，一会儿扮演老师、小朋友，一会儿扮演医生、病人。他们两个每时每刻都有新的创意，总有说不完的话。

人们应该重新认识玩耍，不能将玩耍看作是工作的对立面，而应看成是对工作的补充。好奇心、想象力和创造力就像肌肉一样，不用则废。

——戴维·埃尔金德

从上述案例中我们不难发现，会玩的孩子想象力和创造力都很强。他们会在游戏中“以物代物”，如一根普通的树枝，孩子们可能会想象成笔、筷子、针管……用它来玩各种各样的想象游戏。除此之外，孩子们还会想象游戏的场景、人物……丰富自己的游戏形式。从一定程度上讲，童年时期的想象会为孩子以后的思维发展奠定基础。

孩子在玩耍的过程中对新鲜事物总会抱有极大的热情，他们喜欢不断尝试、不断挑战，遇事喜欢问“为什么”。因此，经常玩耍的孩子对环境的感受更加敏锐，思考问题的方式更多，反应也会更加迅速。

（四）提高社会交往能力

孩子玩耍的过程也是他们与同伴之间进行交流、交往的过程，很多社交能力，如沟通能力、表达能力、解决同伴之间的矛盾的能力等，都可以在与同伴玩耍的过程中得到锻炼。自由玩耍时，孩子们可以在自由的环境中自由选择自己喜欢的同伴进行游戏，并用自己独特的方法和同伴进行交流，与同伴共同制定并遵守游戏的规则。当同伴之间出现矛盾时，需要他们自己解决问题，在此过程中，孩子能够学会观察别人的情绪、了解他人的想法，并通过谈判和妥协解决矛盾冲突。这些能力，都会为孩子以后的社会性发展奠定坚实的基础。

（五）缓解心理压力

1984年，《儿童和青少年医学文献》刊登了这样一篇报告：将一批有入园焦虑的小朋友分成两组，一组到游戏场地进行自主游戏，另一组坐在教室听老师讲故事。15分钟之后，自由玩耍的孩子的焦虑情绪缓解程度，是听故事一组的两倍。

由上述报告可知，玩耍对孩子的情绪健康有着积极的影响。孩子自由玩耍时，没有固定的规则作为束缚，孩子们可以和自己喜欢的同伴一起做自己想做的事情，能使其身心获得最大限度的放松。

二 自由玩耍，孩子最喜欢的游戏

自由玩耍对孩子的成长至关重要，那么，家长可以从哪些角度引导孩子自由玩耍呢？

（一）玩水、沙、土

孩子们对水、沙子、泥土具有天生亲近感，不管哪个年龄段的孩子，见到它们总会玩得不亦乐乎。此外，在孩子玩水、沙、土的过程中，他们不仅能够体会到快乐，还能发展智力。

> 如果一个孩子在他的生活里没接触过大自然，譬如摸过树的皮、踩过干而脆的落叶，就没办法教他美术。因为，他没第一手接触过美。
>
> ——席慕蓉

水、沙、土会带给孩子不同的体验，孩子们在玩耍时，可以将它们创造性地组合出不同的形态。可以说，沙、土、水是大自然赋予孩子最好的礼物。

（二）亲近自然游戏

喜欢自然、探索自然是孩子们的天性，经常与大自然接触的孩子会更有灵性。大自然是人类最伟大的母亲，儿童与大自然有着更为亲近、更为密切的“血肉之亲”。大自然为孩子的发展提供了广阔的空间，为孩子的探索提供了最佳的场所。

信息链接

“自然缺失症”是美国作家理查德·洛夫在其畅销书《林间最后的小孩》中提出的一个概念。他在书中强调，自然缺失症不是一种需要医生诊断或需要服药治疗的病症，而是当今社会的一种危险的现象，即儿童在大自然中度过的时间越来越少，从而导致了一系列行为和心理上的问题。

理查德·洛夫在书中写道，现在很多孩子被“困”家中，整天处于“钢筋水泥”式的环境中，缺少与大自然的接触，因此患上了“自然缺失症”，他呼吁人们关注、帮助患有自然缺失症的儿童。

自然环境中的花园、草坪、田野、小河、高山、森林……都是孩子玩耍的绝佳场所，在不同环境中孕育而生的花草树木、虫鱼鸟兽，都是孩子们探索的对象。孩子们在自然界中玩耍，更能激发其探索世界的兴趣和对生命的热爱。同时，在大自然的怀抱中，孩子们学习、生活中的压力也能得到缓解。

（三）角色扮演游戏

角色扮演游戏是幼儿最喜欢的游戏形式之一，我们在生活中经常会看到几个孩子凑在一起，玩“过家家”的游戏。你来做“爸爸”、我来做“妈妈”、他来做“宝宝”，随手取段树枝就是一支笔，捡片树叶就是一口锅……孩子们常常玩得乐此不疲。孩子们在角色扮演游戏中将自己经历过的、观察到的情景转变为自己的经验，在经验的基础上进行创造性的演绎，这一过程为孩子以后的社会性生活奠定了基础。此外，孩子们在游戏中会和同伴进行分工合作，互相协商角色分配、游戏玩法及规则，在这一过程中，幼儿的社会性行为得到充分发展，这些都为幼儿日后的社会性发展奠定重要的基础。

（四）结构性游戏

结构性游戏又称建构游戏或造型游戏，是指儿童运用积木、积塑、金属、泥、沙等各种材料进行建筑或构造活动，从而创造性地反映现实生活的游戏。

结构性游戏简单来说就是拼搭游戏。结构性游戏没有固定的模板，需要孩子发挥自己的想象力拼出自己在脑海中设计好的形状，再通过不断调整对作品进行完善。这类游戏能发展孩子的想象能力、动手能力和观察能力，让孩子的智力得到发展。孩子们在玩这种游戏时，往往会全身心投入其中，因此，结构性游戏还有助于孩子专注力的形成，为其未来的学习奠定基础。

结构性游戏可以选择的材料是丰富多样的，除了经常用到的积木、拼图等成品玩具外，木棒、石块以及一些废旧日用品也可以作为结构性游戏的材料。

（五）同伴游戏

和同龄人一起玩耍，能够发展孩子的语言沟通能力和交往能力，对孩子的社会性发展起着至关重要的作用。

三 家长要做孩子自由玩耍的支持者

在日常生活中，家长应该为孩子自由玩耍创设良好的条件，做孩子自由玩耍的支持者。

（一）给孩子充足的玩耍时间

随着社会的不断发展与进步，越来越多的家长把“不让孩子输在起跑线上”作为自己的育儿理念，从上幼儿园开始，就给孩子报名参加五花八门的兴趣班——英语、舞蹈、绘画、音乐、钢琴、武术、演讲、书法、篮球……孩子的每天都被安排得“丰富多彩”，像赶场似的，一场接一场，但孩子能够自由玩耍的时间却少得可怜。有资料显示，从 1981 年到 1997 年，短短十几年时间，我国孩子自由玩耍的时间缩短了四分之一。有调查发现，超过 90% 的中小学生周末都参加课外辅导班，有 40% 的中小学生周末培训班超过 3 个。当然，家长为孩子选择兴趣班的本意是想让孩子多学点东西，但如果不能做到劳逸结合，反而容易使孩子对自己的兴趣爱好产生抵触情绪。

自由玩耍时，孩子可以根据自己的意愿选择和谁玩、玩什么、怎么玩，能极大地锻炼孩子的自主性。因此，家长应支持孩子自由玩耍，并给予孩子充足的自由玩耍时间，建议每周给孩子至少 3 次自由玩耍的机会，每次玩耍时间不少于 1 小时。

（二）让孩子决定去哪玩、玩什么、怎么玩

公园里有一位妈妈带着自己的宝宝玩耍。宝宝骑着一根树枝跑来跑去，妈妈怕孩子摔倒，便像一只老母鸡一样，张开双手在旁边保护着。过了一会儿，孩子开始捡地上的小石子，并把它们一块一块地堆在一起。妈

妈发现了，立刻帮忙把附近所有的石块捡了过来，还不停地教孩子把石块摆成一个圆圈。天有点凉了，妈妈担心宝宝着凉，就把石块放进了垃圾桶准备带孩子回家，宝宝看到了，急忙去抢。妈妈这时终于忍不住了，对宝宝喊道："天凉了，赶紧回家，冻感冒了还要打针。"宝宝听到妈妈的训斥，"哇"的一声哭了起来。

在我们的日常生活中，很多家长和案例中的这位妈妈一样，出于安全、卫生等方面的考虑，往往会不自觉地干扰孩子的自由玩耍。要支持孩子自由玩耍，就必须尊重孩子的意愿。外出之前家长可以先和孩子商量今天去哪里玩，也可以提出几个适合玩耍的地方，让孩子自己选择。玩耍时，家长要支持孩子的想法，孩子想玩什么，想和谁玩，想怎么玩，这些都要由孩子自己决定。孩子在玩耍的过程中，家长不要给孩子过多的建议，要鼓励孩子自己动脑筋，要相信孩子能够在自由玩耍中创造属于自己的快乐。

（三）为孩子提供玩耍需要的材料和设备

孩子在游戏时，可能会用到多种材料，当孩子们自己准备材料遇到困难时，家长可以根据孩子玩耍的需要为其提供帮助，和孩子一起搜集游戏需要的各种材料，比如积木、塑料杯、纸箱、毛线、铲子、水桶、石头……但要注意，家长只是辅助孩子搜集材料，如何使用这些东西，要让孩子自己决定。

（四）给孩子一点独立的空间

孩子玩耍时，家长可以在附近找个地方坐下来，做点自己的事情分散注意力，不要把所有的注意力都放在孩子身上，给孩子一点独立的空间。当然，孩子自由玩耍时很有可能会受伤，当孩子出现小小磕碰的时候，家长要做的是对伤口进行必要的处理，并给孩子一个拥抱，告诉他游戏时要注意保护自己。当孩子们发生争执的时候，家长要控制自己干预游戏的冲动，给予孩子自己解决矛盾的空间。

（五）做孩子自由玩耍的引导者和保护者

家长要做孩子自由玩耍的支持者，"管住自己的手、闭上自己的嘴"，放手让孩子自己玩耍，让他们尽情享受童年的快乐，用属于他们的方式探索世界。但是，这并不是让家长什么事都不管，而是要在放手的同时，要做好孩子自由玩耍的引导和保护工作，并为他们提供必要的帮助。

美国儿童心理学家与教育家戴维·艾尔金德认为，爱、工作与玩耍，构成了人生的“金三角”，一个人成年之后的悲剧，就是将三者分开，或者三缺一。无论孩子还是成年人，“爱玩、会玩、喜欢玩”都很重要。孩子总会慢慢长大，但每个人的童年只有一次，各位家长请允许孩子按照自己的节奏在玩耍中慢慢长大。

专家点评

玩耍是儿童的天性。孩子的玩不带有功利性，是一种纯粹的好奇与探索，看似无用，却是童年时期最重要的体验。玩耍中蕴含着成人无法预知的、滋养孩子一生发展的“营养剂”。作为家长，我们应该明白自由玩耍对孩子成长的重要意义，应为孩子自由玩耍提供支持和帮助，让孩子自由成长。

问题与思考

1.为什么要鼓励儿童自由玩耍？请您结合事例谈谈自由玩耍对孩子一生发展的重要意义。

2.孩子自由玩耍时，您有哪些担心和顾虑？针对上述问题，您认为家长应该采取哪些预防措施？

专题七　给批评包上一层糖衣

孩子在成长过程中经常会犯错，父母也会经常对孩子进行批评教育。但是，很多父母往往会对孩子进行过激的批评，这不仅会导致教育效果不佳，有时还会适得其反。孩子犯错时，父母应采用什么样的批评方式进行批评呢？这就需要父母好好学习一下“批评的艺术”，让批评发挥出最佳的教育效果。

一　让“良药苦口”变为“良药甜口”

常言道：“良药苦口利于病，忠言逆耳利于行。”然而，无论何人，真正面对苦口之药时却还是会觉得难以下咽，对于别人的逆耳忠言更是难以接受。随着医学技术的进步，现在许多苦口的良药已被裹上了糖衣，成为了甜口的良药，使人们不再为良药苦口而伤脑筋。由良药甜口我们可以联想到——难道“忠言”非得“逆耳”吗？忠言“顺耳”不是更好吗？不信我们就来看看下面这个故事。

春秋战国时期，赵国惠文王病死后，年幼的孝成王继位，其母赵太后执政。

秦国趁赵国国丧之机，大兵压境攻打赵国。赵太后急忙向齐国求援，齐国提出以赵太后的小儿子长安君为人质，换取其出兵救援，赵太后不肯。左右大臣强谏，激怒了赵太后。赵太后明告左右大臣：“谁再劝说我让长安君作为人质，老妇我必唾其面！”

进谏之路绝，就意味着求援之路绝；求援之路绝，就意味着抗秦之路绝。国家存亡，千钧系于一发。在这个紧张僵持的时刻，老臣触龙求见太后。

触龙见太后满面怒气，进门不谈敏感的人质问题，而是问候太后的安康、饮食，随后又谈起了日常生活起居和养生之道，讲了一些体己话。太后听着老臣之言，情绪渐渐缓和下来。这时触龙请求把自己最疼爱的小儿子舒祺安排到宫中侍卫队，让他保卫王宫，由此引发出二人就“爱子”问题的一番谈话。触龙在漫不经心的谈话中，巧妙地让赵太后接受了他的“爱子”理论——“父母之爱子，则为之计深远”，即父母为子女的长远利益着想，才是真正爱孩子。触龙由此极为委婉地谈到“人质”之事，并从为长安君的未来着想的角度谈论此事，赵太后听后，愉快地接受了触龙的建议，同意让长安君到齐国做人质。

先前大臣强谏，错误地把长安君作为人质看成是一件坏事、一种牺牲，把“爱子”与“保国”对立起来。臣子越是要太后把“长安君为质”当作一种牺牲来接受，太后就越是不肯听取大臣的意见。触龙言辞的巧妙，恰恰在于他认识到“爱子”和“保国”的联系和统一，并适时引导太后转变“爱子”思想，从为长安君长远利益着想的角度提出问题，动之以情，晓之以理，最终让赵太后接受了自己的建议。

“批评”的原则包含以下六条：

（1）批评不能伤及自尊心和人格尊严。

（2）批评不能过分打击对方，要就事论理。

（3）批评要注意方式，容易让人接受。

（4）批评要遵循惩前毖后的原则。

（5）批评要适可而止，能达到教育的目的就可以，不可过为。

（6）批评不能戳人痛处。

上面这个故事告诉我们这样一个道理：当我们要对别人进行忠告或批评时，要考虑什么样的表达方法更能达到规劝的目的。

二 给批评包上一层“糖衣”

想要使批评达到“糖衣药片”的效果，家长应该怎样做呢？

（一）先表扬后批评，裹一层表扬的“糖衣”

古人云：“人非圣贤，孰能无过。”人人都会犯错，年幼无知的孩子更是如此。

戴尔·卡耐基曾说：“矫正对方错误的第一方法——批评前先赞美对方。”要对一个人的错误进行批评，最有效的方法之一就是先看他进步的方面，找出其优点进行表扬，然后再对其错误进行纠正。批评前先赞美，在表扬中温和地表达出“美中不足”之意，能有效化解被批评者的对立情绪，同时听到“表扬”和“批评”两种声音，能够使其以积极的态度接受批评。

陶行知先生在做校长时，一天在校园里看到一名男生正想用砖头砸另一名同学。陶行知马上制止了他，同时让这名男生去自己的办公室。

向在场的其他人了解情况后，他回到办公室，发现那名男生正在等他，便掏出了一颗糖递给他：“这是奖励你的，因为你很准时，比我先到了。”接着又掏出第二颗糖：“这也是奖励你的，我不让你打人，你立刻就住手，说明你很尊重我。”该男生将信将疑地接过糖。随后陶行知又掏出第三颗：“据我了解，你打那位同学是因为他欺负女生，说明你很有正义感。”

这时那名男生低下头呜咽着说：“校长，我错了。不管怎么说，我用砖头打人是不对的。”

陶校长这时掏出第四颗糖：“你已经认错了，我们的谈话也可以结束了。”

（二）善用微笑，裹一层幽默的“糖衣”

美国前总统约翰·卡尔文·柯立芝著名的“肥皂水理论”给微笑式批评做了很好的诠释。

肥皂水理论，大意是说人们刮胡子要先抹肥皂水，是为了刮起来不疼。该理论告诫人们要懂得以退

用幽默的方法指出他人的过错，比直截了当地提出更能为人接受。

——老舍

为进，要学会温情沟通。

通过肥皂水理论可知，微笑着表达对他人的期许，会让人更容易接受。

（三）心态平和，裹一层宽容的“糖衣”

面对他人的错误时，如果我们用平和、宽容的态度善意地指出错误，为批评裹一层宽容的“糖衣”，对方也会更容易接受。反之，如果粗暴、严厉地对其进行批评，往往容易引起对方的反感和抵触。

（四）学会倾听，裹一层理解的“糖衣”

人犯错的原因是多种多样的，有时是主观方面的失误，有时可能是不以个人意志为转移的客观因素导致的。从主观方面来说，犯错者可能是有意为之，也有可能是无心所致；有可能是态度问题，也可能是能力不足，等等。

所以，面对犯错者我们应给予其解释的机会，这样双方都能对错误的原因有更全面、更清楚的认识，批评和反思也会更有针对性。如果批评不符合事实，我们应允许其进行申辩，但同时要注意申辩不是让其推卸责任，而是让双方都能更为理性地面对错误。

三 巧用“糖衣药片”原理

在家庭教育中，家长该如何运用“糖衣药片”的原理批评教育孩子呢？

（一）从“爱”字出发

家长批评孩子，首先要从“爱”字出发，真诚地关心、爱护孩子，以和蔼的态度，动之以情，晓之以理，通过“爱”来渗透批评教育。在批评孩子时，家长一定要心平气和，切忌“暴风骤雨”式的批评，和缓的批评教导有助于保持良好的亲子关系，也更容易达到批评的目的。

如果家长批评孩子时语气居高临下，态度咄咄逼人，孩子就会感到被威胁、被压制，即便是孩子知道家长的批评是对的，也不愿接受这样粗暴的态度，从而可能产生逆反心理。

（二）学会用“表扬式的批评”方法

家长在批评孩子时，应先表扬其优点，然后再指出其不足。因为当一个人得到客观公正的评价时，他就很容易接受别人的忠告或批评，孩子尤其如此。

（三）批评要注意场合

家长在批评教育孩子时，要注意选择适宜的场合。一是不要在公共场合和孩子的朋友面前批评孩子，要给孩子留面子，保护他的自尊。二是要对事不对人，批评孩子时，孩子的某一件事做错了，不可将孩子的过错和其性格发展混为一谈，以偏概全地指责孩子：“你看你做了这么多遍还错，笨死了！”“你做什么事情都做不好，长大了有什么出息。”家长这些带有讽刺的批评，既伤了孩子的自尊心，也会阻断孩子内心谋求改进的路径，导致孩子把自己一时的过错和一生的发展混为一谈，从而认定自己是个“失败者”。

（四）采用寓教于乐的批评方式

要善于运用寓教于乐的方法对孩子进行批评教育，让孩子在愉悦的心理状态下受教育，如借助寓言、故事、童话等文学故事从侧面启发诱导孩子或者巧用幽默进行批评。幽默的方式能使孩子轻松快乐地接受批评教育，能消除孩子的逆反心理。例如，孩子总是粗心大意，父母不直接批评，而是采用幽默的方式进行引导，妈妈可以说：“你这么粗心，如果将来当外科大夫，那不得把手术剪刀缝进病人的肚子里？”爸爸接着妈妈的话题说：“那我闺女可以用裁缝的大剪刀动手术，那不就掉不进去了？”一家人哈哈大笑，笑过之后，爸爸妈妈再对孩子进行教育，让孩子明白粗心的危害，这样孩子就会很愉快地接受爸爸妈妈的批评。

另外，在批评教育孩子时，家长还要善于运用请教式批评、暗示式批评、旁敲侧击式批评、安慰式批评、模糊式批评等方法，这些方法能够让孩子更容易接受父母的批评或教育。

我们在现实生活中经常发现这样一种现象，在一片赞扬声中长大的孩子，很容易变成“老虎屁股摸不得”的“小霸王”，这对孩子的心理发展没有好处。让孩子在幼儿时代就学会接受批评，对其人格的塑造具有积极的意义。

问题与思考

1. 您认为“糖衣药片”式的批评教育重要吗？请谈谈您对这种批评教育方式的理解。

2. 您在日常批评孩子时，是否会从孩子的角度考虑问题？您在日常生活中最常用的批评方式有哪些？

批评的艺术

佚名

人人都喜欢玫瑰的花，却不喜欢玫瑰的刺。批评就像根刺，稍不小心就会把人刺伤。过于简单粗暴的批评方式，可能会引发对方的不良情绪和反抗心理，甚至会伤害一个人的自尊。批评也是一门艺术，善用批评技巧不仅能使对方虚心接纳，更能增进双方的关系。

那么，批评的技巧有哪些呢？

1. 诚恳的批评

说到底，无论是批评还是建议，我们的初衷都是希望对方能有改进。因此，要让对方明白我们的一番好意，就必须注意批评的态度，讲话一定要谦和诚恳，用语不能过于激烈，应客观指出对方的错误。

2. 私下的批评

心理学研究表明，几乎所有人都不愿意把自己的错误或隐私在公众面前曝光。因此，在批评时，我们应尽量避免触及对方所避讳的敏感区，避免使对方当众出丑。尽可能不当着他人的面对对方进行批评，避免对方因自尊心受挫而产生抵触情绪。

3. 善意的批评

在我们的生活和工作中，既会批评别人，也会被别人批评。批评他人时，一定要讲究策略，要从善意的角度指出他人的错误。

4. 含蓄的批评

有一次，一位著名的企业家来到他公司下属的一家工厂视察。当时正值中午，他看到几位工人正在抽烟，而在他们的头上，正好有一块“禁止吸烟”的大牌子。企业家笑着走向他们，递给他们每人一根香烟，平静地说：“师傅们，如果你们可以到外边去吸这根香烟，我将感激不尽。”工人们立刻意识到自己违反了规定，同时，也更加尊重他们的老板了。当面指责他人，会造成对方内心的反感，而巧妙地暗示对方发现自己的错误，则会受到对方的爱戴和尊重。

5. 感化的批评

春暖花开时，如果我们和朋友一起相约踏青，可能会看到公园的草坪上竖着一块牌子“青青芳草何忍践踏”。曾几何时，我们随处都可以看到“禁止 ×××”的标语，现在其中的有些标语却换成了温馨的提示。这种感化的批评比强硬的措辞更富有说服力和人情味，不仅起到了纠正错误行为的作用，也体现了一种批评的艺术。

6. 幽默的批评

幽默的批评就是在批评过程中使用含有哲理的故事、双关语、形象的比喻等有趣的内容，缓解受批评者的紧张情绪，启发被批评者的思考，增进双方的感情交流，使批评在轻松愉快的气氛中进行。幽默的批评能使对方更易接受。

专题八　安全：生命是第一位的

在家庭教育和亲子关系中，什么最重要？相信每位家长对这个问题会有自己的理解。有人认为，孩子身体健康最重要；有人认为，培养孩子良好品德最重要；还有人认为，孩子的学习最重要……这个问题的答案就藏在“安全不等式法则”中。

安全不等式法则：10000−1 ≠ 9999，10000−1=0。生命是 1，健康、容貌、智慧、学历、财富等其他都是 0；有了 1，才能有 10000……才能拥有一切；如果 1 没有了，0 再多也没有意义，一切将全部归零。

这个公式告诉我们，家长养育孩子一定要把孩子的生命安全放在第一位，有了生命安全保障，才能实现父母寄托在孩子身上的种种希望；孩子的生命没有了，一切皆为 0。生命，是一个人成长和发展等一切的基础和前提。

一　安全，万万不可疏忽大意

做父母的都希望孩子健康成长，成为一个有理想、有道德、有文化、有能力的社会栋梁。但是，要实现这个目标，一个最大的前提是：保障孩子的生命安全。

然而，在日常生活中，很多父母，往往把大部分精力倾注在孩子的学习上，对孩子的安全问题常常疏忽大意。

2018 年暑假，北京的一位妈妈带着就要上三年级的 8 岁双胞胎女儿——元元、桐桐（化名）到青岛游玩。

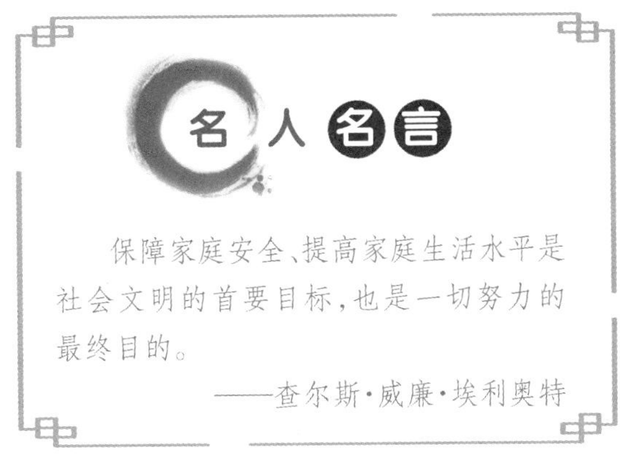
名人名言

保障家庭安全、提高家庭生活水平是社会文明的首要目标，也是一切努力的最终目的。

——查尔斯·威廉·埃利奥特

8月5日下午，妈妈带着两个女儿来到海滩玩耍，两个孩子身穿花泳衣，光着小脚丫，一会儿踩浪花、一会儿挖沙坑，妈妈拿着手机忙着给孩子拍照……三个人玩得不亦乐乎。

当天下午3点左右，妈妈迫不及待地要把两个女儿在海边玩耍的照片发到朋友圈。她编辑微信朋友圈的时候，两个孩子在离她几米远的地方和其他孩子一起挖沙子，等她把照片发到朋友圈后，再抬头突然发现两个孩子都不见了。

她求助身边的游人帮助寻找未果后，急忙报警。

孩子走失后，家人都心急如焚。孩子的爸爸赶忙驱车从北京赶往青岛。寻人消息发出后，不断有好心人提供线索，但其中有价值的线索却不多。

青岛市公安局接到报警后，第一时间派出刑警、消防、图侦和救援专家赶到现场寻找，并在两个女孩走失的海滩上设立了前线指挥部，组织公安民警、消防救援人员以及社会救援力量共同展开全面搜寻，共投入警力和社会力量400余人。

从当天下午开始，直到第二天上午，警方在附近海域都没有发现孩子的踪影，随后又调来摩托艇扩大海上搜索面积。

8月6日上午11点45分，一名女孩在海中被发现，遗憾的是她已经没有了生命体征。经过孩子父母现场确认，打捞上来的女童遗体，为失踪双胞胎姐妹中的元元，法医鉴定其死亡原因为溺亡。

同日下午4点多，一艘搜救船在离海岸大约50米左右的地方搜寻到双胞胎姐妹中的桐桐，同样已无生命体征。

警方在对孩子妈妈进行调查时，妈妈说，事发之前，两个孩子在玩沙子，她坐在离孩子几米远的地方看手机，“我看一会儿手机，看一眼孩子”，后来还看见她们和其他孩子一起挖沙子，所以有点松懈，等她发完朋友圈，再抬头看时，发现孩子已经不见了……

警方通过对此事件的调查，排除了他杀的可能，得出了属意外事故死亡的结论。

类似上述因父母疏忽大意而造成孩子身亡的事件，在日常生活中并不少见。例如，重庆一位妈妈带着3岁小孩过马路时，自己低头玩手机没有看管好孩子，孩子惨遭大货车碾压致当场身亡；东莞一位妈妈在商场单手抱着婴儿乘坐自动扶梯时，因重心不稳，身体失去平衡的瞬间，怀里才三四个月大的婴儿竟然脱手而出，从3楼的扶梯掉了下去当场坠亡……

信息链接

根据有关资料显示，2001—2018年，我国已经被曝光的幼童车内闷死事件达几十起，这些事件几乎都是由于教育机构以及父母等监护人疏忽大意造成的。

这些案例警示我们，万万不可对孩子的安全疏忽大意，以免酿成巨大的悲剧。

二 意外伤害：幼儿的第一大“杀手”

据有关调查资料显示，因窒息、溺水、车祸、跌落、中毒等意外伤害导致死亡的儿童数量占我国儿童总死亡人数的26.1%，每年约有16万0~14岁儿童死于意外伤害，约有64万儿童因伤致残。意外伤害已经成为我国儿童死亡的首要原因。

意外伤害，也称为非故意伤害，是指因意外导致身体受到伤害的事件，即外来的、突发的、非本意的、非疾病的使身体受到伤害的客观事件。

（一）跌落伤

跌落伤，又称坠落伤、高坠伤，是指人体由高处坠落于地面或物体上发生的损伤。

跌落伤在婴幼儿常见的各类意外伤害中发生的比率最高，约占意外伤害的70%。其中，儿童坠楼事件又是儿童意外伤害中最主要的、死亡率最高的事故类型。据不完全统计，全国每年累计发生的儿童坠楼事件不少于2000起，超85%的悲剧都是因父母及家人看护失责、窗户或阳台安全系数不达标所致。因此，父母和其他亲属必须加强对孩子的安全教育和日常看护。

（二）动物伤害

动物伤害是指犬、猫、猴、蛇等动物对人造成的咬伤、抓伤等伤害。动物致伤除造成组织损伤外，还可能引起细菌、病毒感染、中毒、过敏性休克、死亡等严重后果。例如，最常见的猫、狗咬伤，如果治疗不及时，就可能会引起破伤风、狂犬病，严重的还会致人死亡。随着养宠物的人越来越多，动物伤害已成为婴幼儿意外伤害中的高发伤害事件。

（三）烧烫伤

烧烫伤，是指日常生活中火焰、热水（热粥、热油）、蒸汽、炽热金属等造成的烧伤或烫伤。烧烫伤也是一种婴幼儿高发的意外伤害类型。婴幼儿由于受好奇心强、对危险因素的认知能力不足的影响，容易发生烧伤或烫伤，重者可造成局部和全身严重伤害，甚至导致患儿致残、致死。

（四）钝器伤

钝器伤，是指被钝器的打砸、碰撞、挫压等造成的人体损伤。钝器是指那些无锐利刃口和尖端的钝性物体，如棍棒、锤子、石块、皮带、拳头等。钝器伤可致皮肤裂伤，严重者可导致皮肤撕脱，肌腱、神经损伤和骨折，更严重的还会危及生命。

（五）锐器伤

锐器伤，是指因刀具、剪刀、玻璃、罐头等造成的切割伤。锐器伤，其伤口一般较整齐，出血较多，伤口的深浅不一，所致的组织损伤程度亦不同，往往造成神经、肌腱、血管的切断伤，严重者会导致指端缺损、断指或断肢，特别严重的还会危及生命。

（六）刺伤

刺伤，是指被钉、针、竹签、刀尖、小玻璃片等尖锐物体猛力刺穿皮肤以及皮下组织造成的创伤。刺伤看起来似乎只是皮肤上破了一个小洞，而且血流很少，但通常伤口较深，有时甚至会伤及内脏。刺伤有时会带来较为严重的后果，因为伤道很可能被血凝块堵塞，或因伤口中有污染物残留引发感染。

（七）交通事故伤

交通事故伤，是指行人或乘车人在道路行驶时发生交通事故造成的人体损伤。交通事故伤致人死亡的比率很高，儿童交通事故在所有交通事故类型中占很大比例，我国平均每年有 18500 名儿童死伤于道路交通事故。

信息链接

有关研究发现，在交通事故碰撞速度与行人死亡的关系中，30 千米 / 小时是车辆撞击行人出现死亡的最低时速；车辆速度 40 千米 / 小时，撞到行人后，行人的死亡率为 40% 以上；车辆速度 50 千米 / 小时，撞到行人后，行人的死亡率为 70% 以上；车辆速度 70 千米 / 小时，撞到行人后，行人的死亡率高达 98%；车辆速度 100 千米 / 小时，撞到行人后，行人的死亡率接近 100%。

（八）溺水事故伤

溺水事故伤，是指人淹没于水中导致的身体损伤。溺水事故致人死亡的比率很高，我国每年约有 5.9 万人因溺水身亡，其中未成年人占 95% 以上。

（九）其他伤害

除上述损伤外，还有挤压伤、气管异物伤、爆炸伤等，这些伤害都多发于 0~12 岁儿童。

三 如何保障孩子的生命安全

安全威胁无处不在、无时不有，家长稍有疏忽就可能发生危及孩子生命的悲剧。因此，在日常生活中，家长应高度重视孩子的人身安全。

（一）树立“安全第一”的育儿意识

意识指导行动。有了正确的意识，才有正确的行动。因此，要保障孩子的人身安全，就要求父母和孩子都树立安全意识。

一是父母要树立“孩子的安全是第一位的”意识。育儿千万条，安全第一条。我们要时时刻刻想着孩子的安全，时时处处保障孩子的安全，把安全问题想细致，把安全工作做到位，为孩子健康成长创设安全的环境。

二是父母要引导孩子树立安全意识，时刻绷紧安全这根弦，知道无论做什么事，一定要把安全放在第一位，做到“不安全的事不要做，不安全的地方不要去”。

三是父母要注意学习基本的婴幼儿救护常识，掌握保障孩子安全的具体内容和方法，认真履行监护人的责任，保障孩子人身安全。

（二）全方位做好对孩子的安全保障和教育

父母在养育孩子的过程中，应全方位地做好对孩子的安全保障和教育，给孩子提供一个安全成长的环境，让孩子健康长大。

全方位地做好安全保障，就是要求父母在日常生活中做到“安全第一，预防为主”，时时刻刻、事事处处做好各种意外伤害的预防工作，为孩子生活、学习、游玩等筑起一道安全屏障。例如，家住楼房，要在阳台、窗户安装防护栏，防止孩子坠楼事故的发生；在家中烧水、做饭时，要让孩子与之保持安全距离，把热饭、热水等放在安全的位置，时刻关注孩子，防止其在吃饭、玩耍时被烫伤等；带孩子外出，要注意观察车辆、他人宠物等，不要让孩子自己乱跑，防止交通事故和被动物咬伤、抓伤等事故的发生。

全方位做好对孩子的安全教育，就是要让孩子意识到安全的重要性，牢固树立安全意识。孩子发生意外事故，很多时候是因为他们缺乏安全知识，所以容易做出危险举动。因此，家长要对孩子进行全面的安全常识教育，让孩子知道如何预防各类意外伤害，具备一定的安全常识，明白哪些事情能做，哪些事情不能做，切实做到安全教育“无死角”，从而减少危险发生的可能性。

（三）为孩子提供一个安全的内外环境

要保障孩子居家、出行的安全，父母应尽可能地为孩子创设一个安全的成长环境。

信息链接

研究发现，婴幼儿意外伤害发生的主要地点依次是家中、幼儿园、公共场所。其中，在家中发生意外伤害的地点前三顺位为客厅、卧室、楼梯；在幼儿园发生意外伤害地点的前三顺位为课室、操场、活动室；在公共场所发生意外伤害地点的前三顺位是小区街道、公路、小区游戏和游乐场所。

首先，家长应为孩子提供一个安全的居家环境。大多数 0~6 岁婴幼儿的意外伤害，都是在家中发生的。因此，要防止孩子受到意外伤害，应从保障家庭环境安全做起。一是要做好对电、火、热水（饭）等的防护，安装防触电的安全插座，将插排等放在安全的地方，防止孩子触摸；做饭时要让孩子远离火源，保管好火柴、打火机等，防止孩子玩火；平时要把热水壶放到孩子够不到的安全位置，喝水、吃饭时注意不要让孩子烫伤等。二是做好棱角、易摔、尖锐器具的防护和保管，防止孩子因此受伤，如给孩子容易碰撞到的桌子、凳子、床、窗子等物品的棱安装一定的防撞保护，用专门的防撞护角、护边包裹，防止孩子因意外磕碰受伤；把高处易掉落的花瓶、花盆等放到安全的位置；把一些危险的、比较尖锐的刀、针等物品，放在孩子触摸不到的地方等。三是家长不可把孩子自己单独留在家中，应认真履行监护责任，保证孩子安全。在照看婴幼儿时，家长更应提高注意力，尽量让孩子在大人的视线范围内活动，确保孩子的人身安全。

其次，带孩子外出游玩、购物等，一定要把孩子的安全放在第一位。一是在外出时要做好安全准备，如在车上安装宝宝椅，保证孩子的乘车安全；安全驾驶，注意控制车速；给孩子随身佩戴写有其姓名、住址、联系电话等内容的信息牌；教育孩子万一走失时应及时向游乐场、商场工作人员求助等。二是在游玩、购物过程中，要时时刻刻把孩子带在身边，教育孩子不要自己乱跑，防止孩子走失。三是在路上行走、过马路时，一定要和孩子手拉手按交通规则行走，确保孩子的交通安全。

（四）寓安全教育于日常生活中

对孩了的安全保护和教育，一定要贯穿于日常生活中，在一言一行中渗透对孩子的安全教育。只有这样，才能保障孩子不受伤害或尽量少受伤害。例如，带孩子到游乐园玩滑梯、跷跷板等设施时，应提醒孩子不要拥挤，防止从高处摔下；孩子吃花生、糖豆等细小食物时，要看护好孩子，防止孩子发生噎呛，并教育孩子不要把细小的食物或东西放到鼻子、耳朵里，避免发生意外伤害。

（五）让孩子成为自身安全的主人

在日常生活中，父母既要履行好监护人的责任时刻保障孩子的人身安全，又要注意把保护安全的主动权交还给孩子，让孩子学会自我保护。

随着孩子慢慢长大，家长应鼓励孩子进行自我保护，树立自我保护意识，让孩子成为自身安全的主人。

想让孩子学会自我保护、主动躲避危险，不仅要对孩子进行安全教育，使其掌握基本安全常识，更重要的是培养孩子的危险应对能力。要让孩子具有危险应对能力，首先要让其了解危险行为的后果，使孩子对危险有明确的认识，从而意识到自我保护的重要性，在日常生活中主动规避可能发生的危险。

人生没有如果，生命不能重来。孩子的人身安全必须引起家长的高度重视。在日常生活中，家长要坚持“安全第一、预防为主”的原则，做到警钟长鸣，万万不可疏忽大意，时刻把孩子的安全放在心上，切实做到防患于未然。

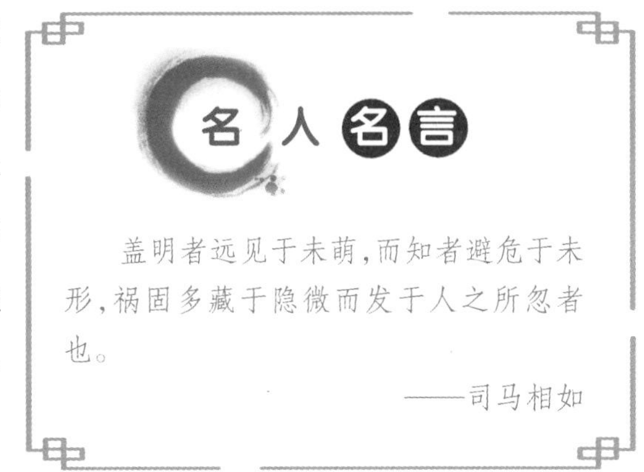

专家点评

孩子的生命是宝贵的，也是脆弱的。作为家长，我们要本着“宁可有备无患，不可无备有患”的原则，认真履行监护的责任，加强对孩子的安全保护和安全教育，避免孩子受到意外伤害。

问题与思考

1. 为什么说安全是第一位的？请谈谈您对这个问题的认识。

2. 您认为在日常生活中应怎样对孩子进行安全防护和安全教育？

专题九　积极期望：对孩子要永不放弃

孩子不是主动要来到这个世界的，是我们做父母的以自己的意愿造就了他们。因此，作为父母，我们应该尽可能地对孩子负责。

在养育孩子的道路上会出现各种各样的问题和困难，不管在养育的过程中遇到什么挫折，我们都应该对孩子永不放弃。永不放弃孩子是为人父母的责任，也是对孩子最好的教育。

一　最好的教育是永不放弃

每个孩子从嗷嗷待哺到长大成人，都会遇到很多挫折，这些挫折可能是生活中的困难，也可能是生理或心理的缺陷。面对孩子的无助，我们作为父母一定要坚定信念、永不放弃，陪伴孩子战胜各种困难和挫折。

女孩婷婷出生后双耳失聪，其父周弘不忍女儿一生生活在无声世界中，他一边带女儿四处求医治病，一边对其进行语言基础训练。几百个日日夜夜的艰辛与努力终于创造了奇迹，经过训练的婷婷不但学会了说话，而且和正常儿童一样走进了学校。在父亲的引导下，婷婷的智力不但发展正常，甚至逐渐显现出超过同龄孩子的势头，她 6 岁时已认识 2000 个汉字；8 岁能背出圆周率小数点后 1000 位数字，创造了吉尼斯世界纪录；10 岁时，她与爸爸共同完成 12 万字的童话故事《从哑女到神童》；16 岁她提前完成了高中课程并以优异的成绩考入辽宁师范大学教育系；她的毕业论文《聋人如何适应主流社会》被指导教授称为“可以成为载入史册的精品”。大学毕业后，婷婷又以优异的成绩通过了托福考试，申请了加劳德特大学并接到校方发出的录取通知书。周婷婷在父亲的不放弃和引导下，成为我国第一位少年聋人大学毕业生，被誉为“中国的海伦·凯勒”。她的事迹已被编成《墙角的小婷婷》一书，以激励和引导更多的人。

周婷婷的父母在发现自己的女儿有生理缺陷时，并没有放弃她，最终使她取得了普通人都难以获得的成就。由此可见，父母对孩子的教育和永不放弃的信念对其发展具有至关重要的作用，它可以推动孩子战胜自身的弱势和缺陷，最终获得成功。

豆豆的父母均是在外企工作的高学历、高收入白领。豆豆在其两岁时就展现出了极大的数学天赋，他对数字特别敏感，无论是电话号码还是书本上的数字，总是能在短时间内一字不差地记下。但由于父母平时工作较忙，豆豆从幼儿园起就被完全交由爷爷奶奶照看。爷爷奶奶对孙子的关注仅限于物质生活，在孩子的教育方面缺乏足够的重视，长久下来，豆豆对数学的兴趣也越来越弱，并且还养成了骄纵、乖张的性格。后来，豆豆因抢劫罪被判处有期徒刑两年六个月，缓刑三年。豆豆的父母认为孩子无药可救，更是完全放弃了对他的教育，不久后，父母又生了一个女儿，对他更是不管不问了。一日，豆豆应方某之约，与王某、钟某等人前往中学门口，拦住放学途经此处的袁某，先后将其带至学校附近的居民楼道处、某山上凉亭处，对袁某实施殴打、猥亵导致其重伤入院治疗。后豆豆被抓获到案，法院经审理认为，被告人豆豆在缓刑期间以暴力、胁迫手段强奸妇女、强制猥亵妇女，其行为构成强奸罪、强制猥亵妇女罪，应数罪并罚。

豆豆的父母在孩子展现出数学天赋时，并没有很好地对他加以引导，而是放任其发展，导致他的数学天赋渐渐泯灭。豆豆的家长在给孩子提供优越的物质条件的同时，对他缺乏管教，当孩子出现犯罪行为后没有及时对其进行教育引导，最终导致孩子走向歧途。可见，父母的引导方向对孩子的成长有着极其重要的影响，作为父母，仅仅关注孩子的物质生活需求是不够的，更应重视孩子的心理需求。

以上两个案例告诉我们：没有不幸的人生，只有不幸的教育；孩子有问题不可怕，最可怕的是父母放弃对孩子的教育。

在孩子成长的过程中，难免遇到困难和挫折，越是这样的时候越需要父母的支持。因为人在面对困难的时候，力量是极其不足的，自我效能感很低，对自己的评价基本上都偏负面。这时，父母的鼓励对深陷人生低谷的孩子来说就是一束温暖的阳光，是前行的希望和勇气。因此，当孩子遇到困难时，家长不要轻言放弃，要用自己的坚持，陪伴孩子健康幸福地成长。

二 接纳孩子的全部，永不放弃

世上没有十全十美的人，成长中的孩子，更是如此。从孩子出生到成人的人生历程中，总会有这样那样的不足和缺陷，接受孩子的缺点，欣赏他们的优点，接纳孩子的全部，永不放弃地教育、引导孩子，陪伴他们幸福快乐地成长，是每一位家长应该努力的方向。

（一）接纳孩子的身体缺陷，永不放弃

身体缺陷是一个沉重而敏感的话题，可能会成为孩子和父母一生的痛点。许多愚昧无知的家长在看到自己的孩子有生理缺陷时，甚至会产生抛弃或放弃孩子的想法。

爱孩子，尊重孩子的生命，接纳孩子的身体缺陷，让孩子尽情享受家庭的幸福和成长的快乐，是父母的最伟大之处。认为残疾孩子不会有任何出息想要放弃的父母，是极其不负责的。

世界上没有完全相同的两片树叶，也没有完全相同的两个人，身体不完整的人也有权利好好生活，好好成长，所以，家长没有任何理由放弃存在身体缺陷的孩子。

（二）接纳孩子的心理缺陷，永不放弃

孩子在成长中可能会出现这样或那样的心理问题，当孩子出现心理问题时，

父母要以永不放弃的信念陪伴孩子勇往直前。

知识窗

心理缺陷，指无法保持正常人所具备的心理调节和适应等平衡能力，心理特点明显偏离心理健康标准，但尚未达到心理疾病的程度。

常见的心理缺陷主要有性格缺陷和情感缺陷。性格缺陷主要表现为不适应社会交往、偏执、固执、多疑、性格暴躁、攻击性强等。情感缺陷主要表现为焦虑、抑郁、狂躁等。当孩子出现此类问题时，父母不要太过于惊慌，也不要任其发展、放弃管教，应在充分了解其病因后对其进行有针对性的心理疏导治疗。

（三）接纳孩子的行为缺陷，永不放弃

由于孩子的自控能力及情感表达能力发展还不完善，在遇到事情时很容易出现一些极端行为，家长不必太过惊慌，应学会正视孩子的行为缺陷，并根据不同问题的特点进行有针对性的引导。

孩子在幼儿时期“动手”是较为常见的现象，出现这种现象并不是因为他们天生崇尚武力，而是因为其语言表达能力有限。在他们看来，“动手”是最直接解决问题的方式，如当他们心爱的玩具被拿走时，赶紧抢回来是孩子的本能反应，在拿回玩具的过程中就很可能出现攻击性行为；有的孩子打人是为了引起关注，当他们渴望和对方建立联系又不知道如何表达，这时候有的孩子就会出现动手的行为。这样的孩子通常表达能力欠缺，他们在不高兴或很沮丧的时候便会出现攻击性行为，他们会把打人当作一种宣泄情绪的方式。当孩子出现这种问题时，父母首先要正视孩子的行为缺陷，同时要给予孩子正确的引导。

偷东西的行为在幼儿阶段也较常发生。家长在第一次发现自己的孩子偷拿了别人的物品时，往往想不通，因为家里并非缺吃少穿，孩子为什么会做这种事情呢？很多家长面对此类事件都很恐慌，不知该如何处理，既怕处理得太过严厉会使孩子产生心理阴影，又怕处理不当会导致孩子走向歧途。从孩子的心理发展情

况分析，幼儿时期的孩子三观还尚未形成，他们对物品所有权的意识还很模糊，没有形成清晰的界限感。在孩子的认知能力范围内，还没有“你的”“我的”这样的概念。即使他模糊地意识到，这东西可能是别人的，但由于孩子在这个阶段是非判断力依然相对薄弱，且较以自我为中心，对自己的行为缺失约束力，于是，当他看到自己喜欢的东西，就可能会悄悄地据为己有。家长不能因为孩子一时的行为缺陷就产生放弃的教育念头，当家长发现孩子有此类行为时，要先心平气和地与孩子沟通，在充分了解他们出现这些行为的原因后，再对症下药地解决问题。

（四）接纳孩子成长中的片段缺陷，永不放弃

在孩子的成长过程中可能会出现时间较短的行为缺陷，这种情况被称作片段缺陷。孩子成长中的片段缺陷具有时效性，它可能会在某个阶段突然出现，又会在某个阶段渐渐消失。对于此类片段缺陷，家长不用太过焦虑，需要做的是正视孩子的片段缺陷，再以正确的方式进行引导。

孩子在不同年龄段可能出现的片段缺陷也是不同的，比如许多孩子在2岁时，会出现打人、摔东西等行为，这其实是孩子探索外界的一种行为方式，这一阶段的孩子正处于通过手、脚去探索世界的关键期，他们对新鲜事物具有强烈的好奇，这其中就包括他人的身体，因而可能会出现打人、咬人、踢人的行为。同时2岁的宝宝自我意识开始觉醒，他们有了“自我”的观念，当大人下达命令时，他们会用身体或语言表达抗议，这是孩子成长必经的过程。当孩子出现此类情况时，家长首先应尊重孩子，保证孩子的安全，其次要引导孩子通过正确的方式表达情绪，最后还应多花时间陪伴孩子，用充足的爱缓解孩子的焦虑情绪，帮助孩子建立安全感。

在孩子成长的过程中还可能会出现其他的片段缺陷，例如，三年级孩子常常会出现的学习吃力、成绩滑落；升高中后孩子可能会因学习压力过大，出现不正确的减压行为等，这些都属于孩子的片段缺失，只要家长耐心地加以正确的引导，这些不好的行为就会渐渐消失。

（五）接纳孩子性格的缺陷，永不放弃

3~6 岁是孩子性格养成的关键期，作为家长的我们希望孩子乐观开朗、侃侃而谈，但是很多孩子却并不擅长这一方面。家长大都在此阶段急于改变孩子的性格，但是比改变更重要的是学会接纳。

如果家长觉得孩子的性格不好，不愿主动接纳孩子的性格，孩子渐渐会觉得家长不喜欢自己，长此以往会对孩子的心理造成影响，其性格发展也会受到影响。每个人都是独一无二的，都有自己的闪光点。就像不喜欢和别人交流的孩子，可能不会在社交时侃侃而谈，但他们却喜欢研究，喜欢独处做自己喜欢的事，他们的专注力也会更强。面对孩子的不同性格特点，家长应尊重孩子的性格发展，关注孩子性格上的优点，引导他们发挥性格上的优势，培养他们往自己擅长的领域发展。

三 孩子的成长需要父母的永不放弃

父母对孩子永不放弃，不仅要树立坚定的信念，还要通过科学的方法对孩子进行培养教育，这样才能让孩子更加顺利、健康地成长。

（一）父母要从“爱”出发，树立永不放弃的信念与信心

“爱”包含着父母对孩子的全部情感。无论孩子身体、心理、性格、学习等方面出现任何问题，父母首先要从“爱”出发，永不放弃，对其进行正确的引导和教育。

孩子的成长是一个漫长的过程，不要因为孩子一时的落后就对其失去信心。家长既要给予孩子充分的关爱，也要时刻注意调整好自己的心态，树立永不放弃孩子的信念与信心，相信他们的能力。只有父母肯定并相信孩子的能力，孩子才能相信自己，从而鼓舞斗志继续奋进。

很多家长因为孩子在某一个方面的缺点，就对其全盘否定，将孩子的梦想和天赋扼杀在萌芽阶段。幼儿阶段是孩子增强自信、培养良好学习习惯的重要时期，家长应以平和的心态接纳孩子的不完美，相信孩子的能力。父母是孩子避风的港

湾，父母有责任对孩子进行教育和引导，不能因为发现了孩子在某一方面有所欠缺就放弃他。父母应该以宽容的态度与孩子相处，尽量引导孩子弥补缺陷，培养其良好的性格，这才是真正优质的家庭教育。

（二）积极期望，培养孩子学习与发展的信心

“期望效应”是指因期望作用于某一时间或活动，引起相应结果的变化。

小强的母亲在孩子升入初中以前，一直都认为自己的孩子很聪明、很了不起。但是升入初中后，孩子因短暂的不适应导致成绩下滑，小强的母亲也因此对他有些失望，她意识到小强不仅是个普通的孩子，而且因其比同学们早一年上学，他的学习能力比同龄人差很多。

当小强升入初二面临生物、地理的学业水平测试时，她领着儿子把地理书上的重要地图描摹下来，复印了若干份，让儿子进行填图练习；周末她陪儿子背题单，遇到世界十几种气候类型等易混淆的难点时，及时和儿子交流如何对其进行区分理解；当学校下发新的复习题单后，小强的母亲便会和他分别完成题单，并互相订正答案，完成改错……母子俩齐心协力把复习进度提前了一个多月，在大多数孩子刚开始第一轮复习时，他已完成了全面复习。在母子二人的共同努力下，小强地理和生物的三次模拟考试成绩都排在班级前 5 名。最终在母亲的陪伴下，小强以优异的成绩考上了理想的高中。

当孩子出现成绩下滑的情况时，小强的母亲并没有对他丧失信心，反而更加用心地陪伴他，这才使小强的成绩不断提高。反观有些父母，在孩子出现一时的成绩下滑时就打击孩子，觉得孩子不是学习的料，这种消极的期望会导致孩子丧失学习的进取心，不利于孩子的长久发展。作为父母，我们要善用积极的期望鼓励孩子，无论何时都不要放弃孩子，做孩子坚强的后盾。

（三）关注心理成长，培养孩子良好的意志

近年来，学生的心理健康教育备受学校的关注，许多学校都设置了心理咨询

室并配备了专职心理教师，由此可见，社会对孩子心理健康的关注正在不断加强。孩子在成长中可能会出现这样或那样的心理问题，当孩子出现心理问题时，父母要用心陪伴、正确引导，支持孩子不断前进。

良好的意志品质是成功的必要条件，许多智力水平相同的人，有的能成就大业，有的则一事无成，这其中的重要差别之一就在于他们有无良好的意志品质。因此，当孩子遇到某些困难和问题时，家长要注意引导孩子用坚强的意志品质去战胜它们。

（四）尽可能地让孩子获得发展和幸福

父母之爱子，则为之计深远。真正的教育，不只是教会孩子知识和技能，还要让孩子获得发展与幸福。作为父母，我们既要给予孩子充分的陪伴，又要在孩子遇到挫折时适时鼓励、支持，在孩子取得成绩时及时表扬、肯定，见证他们的成长与收获。

专家点评

孩子在成长的过程中往往会出现这样那样的问题，或走上歧路。在这个时候，可怕的不是孩子自己放弃了自己，而是父母对孩子丧失希望甚至放弃孩子。孩子越是在艰难的时候，越需要父母的支持。因为孩子在困难的时候，力量是极其不足的，自我效能感很低，对自己的评价基本上都偏负向。如果父母不放弃孩子，那么孩子永远都有希望。

问题与思考

1. 为什么要对孩子永不放弃？请谈谈您对永不放弃教育孩子的重要性的独特见解。

2. 从孩子终身发展的角度而言，家长应该给孩子提供怎样的支持？

专题十 性教育：促进孩子身心健康发展

长期以来，大多数家长对孩子进行性教育的态度是羞涩、冷淡的，甚至是排斥的。随着社会文明的进步和性教育科学的发展，以及社会上性侵害、性无知等现象的频发，孩子的性教育问题逐渐开始引起人们的关注。

但是，对孩子进行性教育的意义是什么？应该对孩子进行哪些方面的性教育？如何对孩子进行性教育？如何把握性教育的尺度？这些问题让许多家长感到无从下手。

一 性教育关系着一个人的身心健康

受中华民族传统观念的影响，我国家长对性教育大多怀揣着“不好意思讲”“孩子长大自然就知道了”等不正确的想法，没有意识到性教育对孩子身心健康的重要性。

一位妈妈在给6岁女儿洗澡时，发现孩子下体出血还有大量分泌物。

一开始，妈妈以为孩子受到他人侵害，便带孩子去医院检查。医院检查结果发现，B超显示是因下体有异物导致的阴道出血，而非性侵。

医院对女孩进行了异物取出的手术，共在女孩体内取出小石子、玩具零件等足足10件物品，医生仔细询问孩子后得知，这些物品都是孩子自己好奇，在近两年的时间里陆陆续续塞入体内的。

这个案例警示家长，要加强对孩子的性教育，让孩子了解基本的性的知识，保证孩子的身心健康发展。

上海一对夫妇分别毕业于武汉市两所重点高校，丈夫是博士，妻子是硕士。两个人对学术都很着迷，天天“泡”在实验室，不知不觉就成了大龄未婚青年。后来，两人经人介绍认识了，接触一段时间后双方都感觉不错，不久就结了婚。因为年纪都不小了，双方老人都催着他们赶紧要孩子。可结婚已经三年了，妻子也没有怀孕，家里的老人催他们去医院检查身体。医生询问他们平时的情况后，哭笑不得。原来，这对“单纯”的夫妻婚后根本没有性生活，他们理解的夫妻“同房”就是在一个房间一张床上睡觉。婚前，他们根本不敢拉手亲吻，以为那样就可能会怀孕。无奈之下，医生赶紧给他们补上了一堂“性启蒙教育课”。

这对夫妻，一位是博士、一位是硕士，可以说都是高智商、高学历的知识分子，但由于两人“性教育”的缺失，却闹出了这样的笑话。

由此可见，性教育不仅关系到孩子的身心健康，还对其今后处理两性关系有着重要影响。

（一）性教育是幼儿认知发展的需要

人在幼儿阶段已基本能够认识到不同性别间的差异，许多孩子在这一阶段会对自己的生殖器官产生浓厚的兴趣，会思考“我从哪里来”的问题。幼儿对类似问题产生兴趣的阶段可以称为儿童性认知的敏感期或关键期。性教育的关键时期是性意识和性观念形成的主要时期。一般认为，婴幼儿期，特别是5岁之前，是儿童性意识形成的关键时期。家长应抓住这一关键期，对孩子进行适当的性教育和性知识引导。

从心理学角度而言，学前期的幼儿已进入“性蕾期”，这个年龄段的幼儿已经认识到男女的差别，可能会对异性产生特别的关注或爱慕异性。

性蕾期是指3岁左右的孩子处于一个性心理发展的特殊阶段，他们这个阶段会产生性好奇、性骄傲、幼儿手淫、性别认同混乱等现象。

家长应适当向学龄前儿童讲解科学的生理卫生知识，使儿童能够正确应对未来性心理和性生理的变化，预防性变态和性功能障碍等问题。

（二）性教育有助于学前儿童性别角色的确立

3~6 岁是儿童性别角色确立的重要时期。儿童在这一时期对性别角色有了初步了解，但仍然不稳定，大部分儿童直到进入小学阶段，才真正理解性别的含义。

在性教育问题上具有决定性作用的，不消说，不是专为性教育预定的某些个别的方法，而是教育工作的全部范畴，即教育工作的整个内容。

——安·谢·马卡连柯

在此期间，家长应及时对孩子进行性别角色教育，提高其性别角色意识，让孩子对性别有一定的识别和认知能力。如果在此期间家长忽视对孩子的性别角色教育或教育不当，则不利于儿童性别角色的确立，甚至会导致性别角色混淆，男孩女性化或女孩男性化，这将严重影响他们以后的正常生活。

（三）性教育有助于让孩子学会自我保护

家长经常、适时、适度地对孩子进行性教育，能够让孩子在了解一些基本性知识、性态度的同时，保证个人日常生理卫生并提高自我保护意识，防止性疾病和性侵害的发生。

（四）性教育有助于防止性尴尬和性抑制

在学龄前儿童性发育的过程中，经常会出现对性的过度好奇或玩弄性器官等现象，此时如果家长对其引导不当，很容易导致学龄前儿童的性角色异常，并出现“性神秘”或“性内疚”心理。

因此，家长如能在日常生活中及时发现孩子在这方面的异常情况并进行及时有效的干预，将有助于解决儿童的性困惑，并能防止孩子在青春期出现性抑制和性尴尬等问题。

二 性教育不是狭义的性知识教育

很多家长误认为性教育只是性知识或性生活方面的教育。其实不然，性教育的内容非常广泛，包括了性知识、性心理、性别角色、性态度、性观念、性科学、性文明等多方面的教育，需要靠学校、家庭、社会三方合力共同完成。性教育绝不仅局限于某一年龄阶段，而是应该从人出生开始到成年，适时、适度地持续进行。

（一）幼儿期性教育的重点：性别认知和自我保护

幼儿期性教育的重点是让孩子认识自己的性别，学会保护自己；让孩子知道不同性别的不同特征和区别；知道自己的私密处不准他人窥探、触摸，初步建立性保护意识、性道德观念，学习基本的生理卫生知识。

（二）儿童期性教育的重点：肯定其心理现象

6~10 岁的儿童性意识逐渐增强，有的孩子只喜欢和同性交往，甚至不愿意与异性同桌……这些都是儿童心理发展的正常现象，父母应在不否定其主观意愿的情况下给予正确的引导。当我们发现孩子不喜欢自己的性别时，应及时干预纠正，防止其将来出现性别角色逆转。在这一时期，家长应让孩子了解性健康的基本知识，知道性器官健康的重要性，同时要让孩子学会自我保护、自尊自爱。

性教育也正应该是爱的教育，即由生活、志趣和希望的一致所组成的那种重大的深刻的感情教育。

——安·谢·马卡连柯

（三）青春期性教育的重点：青少年身心健康教育

与幼儿性教育相比，青少年时期的性教育具有更为重要的意义。由于这一时期的孩子已经进入了生命发展的第二阶段，他们的外貌和第二性征都发生了很大变化，女孩会迎来初潮，男孩可能会出现第一次遗精。他们开始关注异性，会产生模糊的性意识，开始对异性有好奇心和沟通需求。这一阶段性教育的重点应集中在热爱生命、珍爱生命的生命教育，青少年性别角色认同教育，生理健康知识教育，月经健康知识教育，性保护教育，男女交往原则和注意事项教育，以及关于婚姻和爱情的初步道德教育。

三 儿童性教育应及时和适当

家长对子女进行性教育的基本原则是，根据子女的年龄和心理特点，运用科学的方法，有步骤、有针对性、生动地进行及时和适当的教育。

（一）“尽早”“随机”，在日常生活中渗透性教育

性教育应该从娃娃抓起，家长不要把这个问题当成是“少儿不宜”的敏感话题。让孩子了解一定的性知识，才能从根本上保护其身心健康和不受侵害。

在日常生活中，家长应本着顺其自然、适时教育的原则，在日常生活中渗透性知识教育，比如给孩子洗澡时，要告诉孩子自己的性器官不能给别人看，更不能让人触抚。性学家建议，对孩子永远不应该正式地说“性”，因为性和生活是分不开的。对儿童来说，性教育不仅可以渗透到家庭生活的各个方面，还可以体现在父母的日常态度和行为中。因此，家长应该在适合的时机向孩子普及性知识，而不是以过于严肃的态度专门和孩子谈“性”。比如，让孩子通过观察动物来认识雄性和雌性动物，并由此延伸到人的两性知识，让孩子潜移默化地认识和学会区分不同性别。

除了具体生活场景中的性教育，家长还可以通过绘本故事教孩子认识身体各个部位的正确名称，这不仅能帮助父母和孩子更准确地交流性问题、解决性困惑，还可以帮助父母向孩子解释什么是性侵犯。

（二）重点加强孩子自我保护的教育

无论是男孩还是女孩，家长都应该尽早培养孩子的自我保护意识，让孩子掌握一定的自我保护技巧，不仅如此，家长还应告诉孩子，如果在与他人相处的过程中感到不舒服或奇怪，必须及时告诉父母。有的孩子会因为自身心智还不成熟，

在受到恐吓后不敢说出真相，才导致性侵犯案件在其身上反复发生。许多惯犯一次又一次地犯罪，因为他们知道孩子在受到胁迫和诱惑后不会说出真相。此外，父母必须做好安抚孩子的工作，让孩子对周遭环境充满安全感。

（三）适时、适度地进行性教育

适时和适度是家长对孩子进行性教育的标尺。适时、适度，就是要根据孩子不同年龄阶段的认知能力和身心发展特点，选择适宜的方法、适宜的内容进行科学的性教育，既不能回避，又不能尺度过大。例如，孩子在幼儿阶段会经常问妈妈自己是从哪里来的，很多家长往往用欺骗的方法回答孩子："你是从垃圾箱里捡来的。"还有的家长会回避孩子的问题，敷衍说："你长大了就知道了。"正确的做法是应正面回答孩子："你是从妈妈的肚子里生出来的。"对于幼儿阶段的孩子来说，家长这样的回答就可以了，不要再深入谈"性生活"相关的问题，因为这些问题对幼儿来说尺度太大了，他们的理解和认识能力还无法接受这些知识。可见，家长对孩子进行性教育，一定要注意性知识的尺度与孩子生理发育阶段特点和认知能力发展情况相适应。

（四）利用绘本故事、视频、生活案例进行性教育

很多家长认为性教育就是让孩子自己读一读生理卫生读本，这种想法是错误的，事实上没有比家长和孩子共同探索性知识更适合的性教育方式了。

家长可以借助性教育绘本，在孩子不同的年龄阶段，开展亲子共读，如适用于低龄儿童的《小威向前冲》《乳房的故事》《小鸡鸡的故事》；适用于青春前期孩子的《和妈妈一起看的性教育绘本》《不要随便摸我》等，这些都是近年来非常优秀的性知识绘本作品。

家长还可以在和同性孩子洗完澡后，以展示自己身体的方式，向孩子说明性器官的功能，向孩子传递"它们是我们身体的组成部分，有非常大的作用，我们要爱护和保护它们"的正确生理健康观，告诉孩子，哪些部位是除了他自己之外，任何人都不可以触碰的，帮助孩子建立性别意识，让孩子对自己的身体有更直观

的了解。

（五）正面回答、正面教育

孩子进入青春期之后可能会对性产生更多好奇，此时父母不应该回避或敷衍孩子的提问。这样做不仅不会消除孩子的疑虑，还会激发他们的好奇心。正确的方法是坦诚地回答孩子提出的问题，系统地向孩子介绍与之相关的知识。

西格蒙德·弗洛伊德，奥地利著名的精神病医师、心理学家，被誉为“现代心理学之父”。弗洛伊德非常重视儿童心理发展研究，他将心理发展概括为5个阶段：口欲期、肛门期、性器期、潜伏期、生殖期。

1. 口欲期（0~18个月）

这个时期的婴儿主要通过吮吸、咀嚼、吞咽、咬等口腔刺激获得食物和快感。口唇是这一时期“力比多”最集中的区域，大多数婴儿会在这一时期尝试把周围一切他能抓到的东西塞到嘴里去吸吮。

2. 肛门期（18个月~3岁）

此时儿童的“力比多”会集中到肛门区域，排泄时产生的轻松，使儿童体验到了操纵与控制的快感。这一时期是训练幼儿的排泄习惯的最佳时机，需要注意的是，父母在训练儿童排泄时要以温柔和缓的态度进行引导。如果父母对孩子的排泄问题要求得过于严苛，可能会使其长大后形成洁癖、刻薄的人格特征。

3. 性器期（3~6岁）

儿童通常在这一时期开始关注不同性别之间的身体差异，开始对生殖器感兴趣，可能会出现弗洛伊德所说的无意识恋母情结或恋父情结。要以健康的方式解决这一特殊情结，就需要儿童对于同性别的家长的角色产生正确的认同。

4. 潜伏期（6~12岁）

潜伏期又称“同性期”，儿童这一时期的最大特点是对性缺乏兴趣，他们男女界限分明，甚至互不往来，这种情况直到青春期才有所改变。这一阶段孩子的一个重要任务是建立与同性别父母的角色认同，男孩向父亲学习男性的行为方式和角色意识，女孩向母亲学习女性的行为方式和兴趣点。此阶段如果没有同性别的父母可以模仿或者亲子关系不好，可能会影响孩子对性别的心理认同与成熟，严重的还会导致性别角色混乱或倒置。

5.生殖期（12~18岁）

又称“异性期”。进入青春期后，孩子在生理上出现第二性征，心理上也开始对异性感兴趣。这一时期的青少年十分关注自身形象，如外貌、服饰、个人表现等。青少年会在此时竭力想要摆脱父母的束缚，容易与父母产生冲突。在这一时期，许多青少年会通过参加运动的方式来消耗体力，并试图把性的问题转移到高度抽象的智力活动上，从而达到排解性的压力或宣泄内心焦虑的目的。

专家点评

性教育专家胡萍说，对于任何一个独立人格的人，无论是孩子还是成人，当我们要跟他进行身体接触的时候，都需要征得他的同意。

如果我们在送孩子到幼儿园的时候细心观察，就会发现，老师们通常都是先蹲下来询问小朋友“我可以牵你的手吗”“我可以抱你吗”，他们在得到孩子的同意后才会与其牵手、拥抱，这其实也是在培养孩子的界限感。

对孩子身体界限感的教育包括两个方面，一是教会孩子认识并守护自己的身体界限，二是教会孩子不去触碰别人特别是异性的身体界限。这既是对孩子自身的一种保护，也是对他人的一种尊重。

问题与思考

1.对于儿童性教育问题，您还有哪些困惑呢？

2.从您的孩子身心发展角度考虑，您会采取哪些方式进行性教育呢？

3~6 岁儿童学习与发展指南

中华人民共和国教育部

说　明

一、为深入贯彻《国家中长期教育改革和发展规划纲要（2010—2020 年）》和《国务院关于当前发展学前教育的若干意见》（国发〔2010〕41 号），指导幼儿园和家庭实施科学的保育和教育，促进幼儿身心全面和谐发展，制定《3~6 岁儿童学习与发展指南》（以下简称《指南》）。

二、《指南》以为幼儿后继学习和终身发展奠定良好素质基础为目标，以促进幼儿体、智、德、美各方面的协调发展为核心，通过提出 3~6 岁各年龄段儿童学习与发展目标和相应的教育建议，帮助幼儿园教师和家长了解 3~6 岁幼儿学习与发展的基本规律和特点，建立对幼儿发展的合理期望，实施科学的保育和教育，让幼儿度过快乐而有意义的童年。

三、《指南》从健康、语言、社会、科学、艺术五个领域描述幼儿的学习与发展。每个领域按照幼儿学习与发展最基本、最重要的内容划分为若干方面。每个方面由学习与发展目标和教育建议两部分组成。

目标部分分别对 3~4 岁、4~5 岁、5~6 岁三个年龄段末期幼儿应该知道什么、能做什么、大致可以达到什么发展水平提出了合理期望，指明了幼儿学习与发展的具体方向；教育建议部分列举了一些能够有效帮助和促进幼儿学习与发展的教育途径与方法。

四、实施《指南》应把握以下几个方面：

1. 关注幼儿学习与发展的整体性。儿童的发展是一个整体，要注重领域之间、目标之间的相互渗透和整合，促进幼儿身心全面协调发展，而不应片面追求某一

方面或几方面的发展。

2. 尊重幼儿发展的个体差异。幼儿的发展是一个持续、渐进的过程，同时也表现出一定的阶段性特征。每个幼儿在沿着相似进程发展的过程中，各自的发展速度和到达某一水平的时间不完全相同。要充分理解和尊重幼儿发展进程中的个别差异，支持和引导他们从原有水平向更高水平发展，按照自身的速度和方式到达《指南》所呈现的发展“阶梯”，切忌用一把“尺子”衡量所有幼儿。

3. 理解幼儿的学习方式和特点。幼儿的学习是以直接经验为基础，在游戏和日常生活中进行的。要珍视游戏和生活的独特价值，创设丰富的教育环境，合理安排一日生活，最大限度地支持和满足幼儿通过直接感知、实际操作和亲身体验获取经验的需要，严禁“拔苗助长”式的超前教育和强化训练。

4. 重视幼儿的学习品质。幼儿在活动过程中表现出的积极态度和良好行为倾向是终身学习与发展所必需的宝贵品质。要充分尊重和保护幼儿的好奇心和学习兴趣，帮助幼儿逐步养成积极主动、认真专注、不怕困难、敢于探究和尝试、乐于想象和创造等良好学习品质。忽视幼儿学习品质培养，单纯追求知识技能学习的做法是短视而有害的。

一、健康

健康是指人在身体、心理和社会适应方面的良好状态。幼儿阶段是儿童身体发育和机能发展极为迅速的时期，也是形成安全感和乐观态度的重要阶段。发育良好的身体、愉快的情绪、强健的体质、协调的动作、良好的生活习惯和基本生活能力是幼儿身心健康的重要标志，也是其他领域学习与发展的基础。

为有效促进幼儿身心健康发展，成人应为幼儿提供合理均衡的营养，保证充足的睡眠和适宜的锻炼，满足幼儿生长发育的需要；创设温馨的人际环境，让幼儿充分感受到亲情和关爱，形成积极稳定的情绪情感；帮助幼儿养成良好的生活与卫生习惯，提高自我保护能力，形成使其终身受益的生活能力和文明生活方式。

幼儿身心发育尚未成熟，需要成人的精心呵护和照顾，但不宜过度保护和包

办代替，以免剥夺幼儿自主学习的机会，养成过于依赖的不良习惯，影响其主动性、独立性的发展。

（一）身心状况

目标 1　具有健康的体态

3~4 岁	4~5 岁	5~6 岁
1. 身高和体重适宜。 参考标准 男孩： 身高 94.9~111.7 cm 体重 12.7~21.2 kg 女孩： 身高 94.1~111.3 cm 体重 12.3~21.5 kg 2. 在提醒下能自然坐直、站直。	1. 身高和体重适宜。 参考标准 男孩： 身高 100.7~119.2 cm 体重 14.1~24.2 kg 女孩： 身高 99.9~118.9 cm 体重 13.7~24.9 kg 2. 在提醒下能保持正确的站、坐和行走姿势。	1. 身高和体重适宜。 参考标准 男孩： 身高 106.1~125.8 cm 体重 15.9~27.1 kg 女孩： 身高 104.9~125.4 cm 体重 15.3~27.8 kg 2. 经常保持正确的站、坐和行走姿势。

注：身高和体重数据源自《2006 年世界卫生组织儿童生长标准》4、5、6 周岁儿童身高和体重的参考数据。

教育建议：

1. 为幼儿提供营养丰富、健康的饮食。如：

参照《中国孕期、哺乳期妇女和 0~6 岁儿童膳食指南》，为幼儿提供谷物、蔬菜、水果、肉、奶、蛋、豆制品等多样化的食物，均衡搭配。

烹调方式要科学，尽量少煎炸、烧烤、腌制。

2. 保证幼儿每天睡 11~12 小时，其中午睡一般应达到 2 小时左右。午睡时间可根据幼儿的年龄、季节的变化和个体差异适当减少。

3. 注意幼儿的体态，帮助他们形成正确的姿势。如：

提醒幼儿要保持正确的站、坐、走姿势；发现有八字脚、罗圈腿、驼背等骨骼发育异常的情况，应及时就医矫治。

桌、椅和床要合适。椅子的高度以幼儿写画时双脚能自然着地、大腿基本保持水平状为宜；桌子的高度以写画时身体能坐直，不驼背、不耸肩为宜；床不宜过软。

4. 每年为幼儿进行健康检查。

目标 2　情绪安定愉快

3~4 岁	4~5 岁	5~6 岁
1. 情绪比较稳定，很少因一点小事哭闹不止。 2. 有比较强烈的情绪反应时，能在成人的安抚下逐渐平静下来。	1. 经常保持愉快的情绪，不高兴时能较快缓解。 2. 有比较强烈的情绪反应时，能在成人的提醒下逐渐平静下来。 3. 愿意把自己的情绪告诉亲近的人，一起分享快乐或求得安慰。	1. 经常保持愉快的情绪。知道引起自己某种情绪的原因，并努力缓解。 2. 表达情绪的方式比较适度，不乱发脾气。 3. 能随着活动的需要转换情绪和注意力。

教育建议：

1. 营造温暖、轻松的心理环境，让幼儿形成安全感和信赖感。如：

保持良好的情绪状态，以积极、愉快的情绪影响幼儿。

以欣赏的态度对待幼儿。注意发现幼儿的优点，接纳他们的个体差异，不简单与同伴做横向比较。

幼儿做错事时要冷静处理，不厉声斥责，更不能打骂。

2. 帮助幼儿学会恰当表达和调控情绪。

成人用恰当的方式表达情绪，为幼儿做出榜样。如：生气时不乱发脾气，不迁怒于人。

成人和幼儿一起谈论自己高兴或生气的事，鼓励幼儿与人分享自己的情绪。

允许幼儿表达自己的情绪，并给予适当的引导。如：幼儿发脾气时不硬性压制，等其平静后告诉他什么行为是可以接受的。

发现幼儿不高兴时，主动询问情况，帮助他们化解消极情绪。

目标 3　具有一定的适应能力

3~4 岁	4~5 岁	5~6 岁
1. 能在较热或较冷的户外环境中活动。 2. 换新环境时情绪能较快稳定，睡眠、饮食基本正常。 3. 在帮助下能较快适应集体生活。	1. 能在较热或较冷的户外环境中连续活动半小时左右。 2. 换新环境时较少出现身体不适。 3. 能较快适应人际环境中发生的变化。如：换了新老师能较快适应。	1. 能在较热或较冷的户外环境中连续活动半小时以上。 2. 天气变化时较少感冒，能适应车、船等交通工具造成的轻微颠簸。 3. 能较快融入新的人际关系环境。如：换了新的幼儿园或班级能较快适应。

教育建议：

1. 保证幼儿的户外活动时间，提高幼儿适应季节变化的能力。

幼儿每天的户外活动时间一般不少于 2 小时，其中体育活动时间不少于 1 小时，季节交替时要坚持。

气温过热或过冷的季节或地区应因地制宜，选择温度适当的时间段开展户外活动，也可根据气温的变化和幼儿的个体差异，适当减少活动的时间。

2. 经常与幼儿玩拉手转圈、秋千、转椅等游戏活动，让幼儿适应轻微的摆动、颠簸、旋转，促进其平衡机能的发展。

3. 锻炼幼儿适应生活环境变化的能力。如：

注意观察幼儿在新环境中的饮食、睡眠、游戏等方面的情况，采取相应的措施帮助他们尽快适应新环境。

经常带幼儿接触不同的人际环境，如参加亲戚朋友聚会，多和不熟悉的小朋友玩，使幼儿较快适应新的人际关系。

（二）动作发展

目标 1　具有一定的平衡能力，动作协调、灵敏

3~4 岁	4~5 岁	5~6 岁
1. 能沿地面直线或在较窄的低矮物体上走一段距离。 2. 能双脚灵活交替上下楼梯。 3. 能身体平稳地双脚连续向前跳。 4. 分散跑时能躲避他人的碰撞。 5. 能双手向上抛球。	1. 能在较窄的低矮物体上平稳地走一段距离。 2. 能以匍匐、膝盖悬空等多种方式钻爬。 3. 能助跑跨跳过一定距离，或助跑跨跳过一定高度的物体。 4. 能与他人玩追逐、躲闪跑的游戏。 5. 能连续自抛自接球。	1. 能在斜坡、荡桥和有一定间隔的物体上较平稳地行走。 2. 能以手脚并用的方式安全地爬攀登架、网等。 3. 能连续跳绳。 4. 能躲避他人滚过来的球或扔过来的沙包。 5. 能连续拍球。

教育建议：

1. 利用多种活动发展身体平衡和协调能力。如：走平衡木，或沿着地面直线、田埂行走。玩跳房子、踢毽子、蒙眼走路、踩小高跷等游戏活动。

2. 发展幼儿动作的协调性和灵活性。鼓励幼儿进行跑跳、钻爬、攀登、投掷、拍球等活动。玩跳竹竿、滚铁环等传统体育游戏。

3. 对于拍球、跳绳等技能性活动，不要过于要求数量，更不能机械训练。

4. 结合活动内容对幼儿进行安全教育，注重在活动中培养幼儿的自我保护能力。

目标 2 具有一定的力量和耐力

3~4 岁	4~5 岁	5~6 岁
1. 能双手抓杠悬空吊起 10 秒左右。 2. 能单手将沙包向前投掷 2 m 左右。 3. 能单脚连续向前跳 2 m 左右。 4. 能快跑 15 m 左右。 5. 能行走 1k m 左右（途中可适当停歇）。	1. 能双手抓杠悬空吊起 15 秒左右。 2. 能单手将沙包向前投掷 4 m 左右。 3. 能单脚连续向前跳 5 m 左右。 4. 能快跑 20 m 左右。 5. 能连续行走 1.5km 左右（途中可适当停歇）。	1. 能双手抓杠悬空吊起 20 秒左右。 2. 能单手将沙包向前投掷 5m 左右。 3. 能单脚连续向前跳 8m 左右。 4. 能快跑 25m 左右。 5. 能连续行走 1.5km 以上（途中可适当停歇）。

教育建议：

开展丰富多样、适合幼儿年龄特点的各种身体活动，如走、跑、跳、攀、爬等，鼓励幼儿坚持下来，不怕累。

日常生活中鼓励幼儿多走路，少坐车；自己上下楼梯，自己背包。

目标 3 手的动作灵活协调

3~4 岁	4~5 岁	5~6 岁
1. 能用笔涂涂画画。 2. 能熟练地用勺子吃饭。 3. 能用剪刀沿直线剪，边线基本吻合。	1. 能沿边线较直地画出简单图形，或能边线基本对齐地折纸。 2. 会用筷子吃饭。 3. 能沿轮廓线剪出由直线构成的简单图形，边线吻合。	1. 能根据需要画出图形，线条基本平滑。 2. 能熟练使用筷子。 3. 能沿轮廓线剪出由曲线构成的简单图形，边线吻合且平滑。 4. 能使用简单的劳动工具或用具。

教育建议：

1. 创造条件和机会，促进幼儿手的动作灵活协调。如：

提供画笔、剪刀、纸张、泥团等工具和材料，或充分利用各种自然、废旧材料和常见物品，让幼儿进行画、剪、折、粘等美工活动。

引导幼儿生活自理或参与家务劳动，发展其手的动作。如：练习自己用筷子吃饭、扣扣子，帮助家人择菜叶、做面食等。

幼儿园在布置娃娃家、商店等活动区时，多提供原材料和半成品，让幼儿有更多机会参与制作活动。

2. 引导幼儿注意活动安全。如：

为幼儿提供的塑料粒、珠子等活动材料要足够大，材质要安全，以免造成异物进入气管、铅中毒等伤害。提供幼儿用安全剪刀。

为幼儿示范拿筷子、握笔的正确姿势以及使用剪刀、锤子等工具的方法。

提醒幼儿不要拿剪刀等锋利工具玩耍，用完后要放回原处。

（三）生活习惯与生活能力

目标 1　具有良好的生活与卫生习惯

3~4 岁	4~5 岁	5~6 岁
1. 在提醒下，按时睡觉和起床，并能坚持午睡。 2. 喜欢参加体育活动。 3. 在引导下，不偏食、挑食。喜欢吃瓜果、蔬菜等新鲜食品。 4. 愿意饮用白开水，不贪喝饮料。 5. 不用脏手揉眼睛，连续看电视等不超过 15 分钟。 6. 在提醒下，每天早晚刷牙，饭前便后洗手。	1. 每天按时睡觉和起床，并能坚持午睡。 2. 喜欢参加体育活动。 3. 不偏食、挑食，不暴饮暴食。喜欢吃瓜果、蔬菜等新鲜食品。 4. 常喝白开水，不贪喝饮料。 5. 知道保护眼睛，不在光线过强或过暗的地方看书，连续看电视等不超过 20 分钟。 6. 每天早晚刷牙，饭前便后洗手，方法基本正确。	1. 养成每天按时睡觉和起床的习惯。 2. 能主动参加体育活动。 3. 吃东西时细嚼慢咽。 4. 主动饮用白开水，不贪喝饮料。 5. 主动保护眼睛。不在光线过强或过暗的地方看书，连续看电视等不超过 30 分钟。 6. 每天早晚主动刷牙，饭前便后主动洗手，方法正确。

教育建议：

1. 让幼儿保持有规律的生活，养成良好的作息习惯，如早睡早起、每天午睡、按时进餐、吃好早餐等。

2. 帮助幼儿养成良好的饮食习惯。如：

合理安排餐点，帮助幼儿养成定点、定时、定量进餐的习惯。

帮助幼儿了解食物的营养价值，引导他们不偏食不挑食，少吃或不吃不利于健康的食品；多喝白开水，少喝饮料。

吃饭时不过分催促，提醒幼儿细嚼慢咽，不要边吃边玩。

3. 帮助幼儿养成良好的个人卫生习惯。如：

早晚刷牙，饭后漱口。

勤为幼儿洗澡、换衣服、剪指甲。

提醒幼儿保护五官，如不乱挖耳朵、鼻孔，看电视时保持 3 m 左右的距离等。

4. 激发幼儿参加体育活动的兴趣，养成锻炼的习惯。如：

为幼儿准备多种体育活动材料，鼓励幼儿选择自己喜欢的材料开展活动。

经常和幼儿一起在户外运动和游戏，鼓励幼儿和同伴一起开展体育活动。

和幼儿一起观看体育比赛或有关体育赛事的电视节目，培养其对体育活动的兴趣。

目标 2　具有基本的生活自理能力

3~4 岁	4~5 岁	5~6 岁
1. 在帮助下能穿脱衣服或鞋袜。 2. 能将玩具和图书放回原处。	1. 能自己穿脱衣服和鞋袜、扣纽扣。 2. 能整理自己的物品。	1. 能知道根据冷热增减衣服。 2. 会自己系鞋带。 3. 能按类别整理好自己的物品。

教育建议：

1. 鼓励幼儿做力所能及的事情，对幼儿的尝试与努力给予肯定，不因做不好或做得慢而包办代替。

2. 指导幼儿学习和掌握生活自理的基本方法，如穿脱衣服和鞋袜、洗手洗脸、擦鼻涕、擦屁股的正确方法。

3. 提供有利于幼儿生活自理的条件。如：

提供一些纸箱、盒子，供幼儿收拾和存放自己的玩具、图书或生活用品等。

幼儿的衣服、鞋子等要简单实用，便于自己穿脱。

目标 3　具备基本的安全知识和自我保护能力

3~4 岁	4~5 岁	5~6 岁
1. 不吃陌生人给的东西，不跟陌生人走。 2. 在提醒下能注意安全，不做危险的事。 3. 在公共场所走失时，能向警察或有关人员说出自己和家长的名字、电话号码等简单信息。	1. 知道在公共场合不远离成人的视线单独活动。 2. 认识常见的安全标志，能遵守安全规则。 3. 运动时能主动躲避危险。 4. 知道简单的求助方式。	1. 未经大人允许不给陌生人开门。 2. 能自觉遵守基本的安全规则和交通规则。 3. 运动时能注意安全，不给他人造成危险。 4. 知道一些基本的防灾知识。

教育建议：

1. 创设安全的生活环境，提供必要的保护措施。如：

要把热水瓶、药品、火柴、刀具等物品放到幼儿够不到的地方；阳台或窗台要有安全保护措施；要使用安全的电源插座等。

在公共场所要注意照看好幼儿；幼儿乘车、乘电梯时要有成人陪伴；不把幼儿单独留在家里或汽车里等。

2. 结合生活实际对幼儿进行安全教育。如：

外出时，提醒幼儿要紧跟成人，不远离成人的视线，不跟陌生人走，不吃陌生人给的东西；不在河边和马路边玩耍；要遵守交通规则等。

帮助幼儿了解周围环境中不安全的事物，不做危险的事。如：不动热水壶，不玩火柴或打火机，不摸电源插座，不攀爬窗户或阳台等。

帮助幼儿认识常见的安全标志，如：小心触电、小心有毒、禁止下河游泳、紧急出口等。

告诉幼儿不允许别人触摸自己的隐私部位。

3. 教给幼儿简单的自救和求救的方法。如：

记住自己家庭的住址、电话号码、父母的姓名和单位，一旦走失时知道向成人求助，并能提供必要信息。

遇到火灾或其他紧急情况时，知道要拨打 110、120、119 等求救电话。

可利用图书、音像等材料对幼儿进行逃生和求救方面的教育，并运用游戏方式模拟练习。

幼儿园应定期进行火灾、地震等自然灾害的逃生演习。

二、语言

语言是交流和思维的工具。幼儿期是语言发展，特别是口语发展的重要时期。幼儿语言的发展贯穿于各个领域，也对其他领域的学习与发展有着重要的影响：幼儿在运用语言进行交流的同时，也在发展着人际交往能力、理解他人和判断交往情境的能力、组织自己思想的能力。通过语言获取信息，幼儿的学习逐步超越个体的直接感知。

幼儿的语言能力是在交流和运用的过程中发展起来的。应为幼儿创设自由、宽松的语言交往环境，鼓励和支持幼儿与成人、同伴交流，让幼儿想说、敢说、喜欢说并能得到积极回应。为幼儿提供丰富、适宜的低幼读物，经常和幼儿一起看图书、讲故事，丰富其语言表达能力，培养其阅读兴趣和良好的阅读习惯，进一步为其拓展学习经验。

幼儿的语言学习需要相应的社会经验支持，应通过多种活动扩展幼儿的生活经验，丰富语言的内容，增强理解和表达能力。应在生活情境和阅读活动中引导幼儿自然而然地产生对文字的兴趣，用机械记忆和强化训练的方式让幼儿过早识字不符合其学习特点和接受能力。

（一）倾听与表达

目标 1　认真听并能听懂常用语言

3~4 岁	4~5 岁	5~6 岁
1. 别人对自己说话时能注意听并做出回应。 2. 能听懂日常会话。	1. 在群体中能有意识地听与自己有关的信息。 2. 能结合情境感受到不同语气、语调所表达的不同意思。 3. 方言地区和少数民族幼儿能基本听懂普通话。	1. 在集体中能注意听老师或其他人讲话。 2. 听不懂或有疑问时能主动提问。 3. 能结合情境理解一些表示因果、假设等相对复杂的句子。

教育建议：

1. 多给幼儿提供倾听和交谈的机会。如：经常和幼儿一起谈论他感兴趣的话题，或一起看图书、讲故事。

2. 引导幼儿学会认真倾听。如：

成人要耐心倾听别人（包括幼儿）的讲话，等别人讲完再表达自己的观点。

与幼儿交谈时，要用幼儿能听得懂的语言。

对幼儿提要求和布置任务时要求他注意听，鼓励他主动提问。

对幼儿讲话时，注意结合情境使用丰富的语言，以便于幼儿理解。如：

说话时注意语气、语调，让幼儿感受语气、语调的作用。如：对幼儿的不合理要求应以比较坚定的语气表示不同意；讲故事时，尽量把故事人物高兴、悲伤的心情用不同的语气、语调表现出来。

根据幼儿的理解水平有意识地使用一些反映因果、假设、条件等关系的句子。

目标 2　愿意讲话并能清楚地表达

3~4 岁	4~5 岁	5~6 岁
1. 愿意在熟悉的人面前说话，能大方地与人打招呼。 2. 基本会说本民族或本地区的语言。 3. 愿意表达自己的需要和想法，必要时能配以手势动作。 4. 能口齿清楚地说儿歌、童谣或复述简短的故事。	1. 愿意与他人交谈，喜欢谈论自己感兴趣的话题。 2. 会说本民族或本地区的语言，基本会说普通话。少数民族聚居地区幼儿会用普通话进行日常会话。 3. 能基本完整地讲述自己的所见所闻和经历的事情。 4. 讲述比较连贯。	1. 愿意与他人讨论问题，敢在众人面前说话。 2. 会说本民族或本地区的语言和普通话，发音正确清晰。少数民族聚居地区幼儿基本会说普通话。 3. 能有序、连贯、清楚地讲述一件事情。 4. 讲述时能使用常见的形容词、同义词等，语言比较生动。

教育建议：

1. 为幼儿创造说话的机会并体验语言交往的乐趣。

每天有足够的时间与幼儿交谈。如：谈论他感兴趣的话题，询问和听取他对自己事情的意见等。

尊重和接纳幼儿的说话方式，无论幼儿的表达水平如何，都应认真地倾听并

给予积极的回应。

鼓励和支持幼儿与同伴一起玩耍、交谈，相互讲述见闻、趣事或看过的图书、动画片等。

方言和少数民族地区应积极为幼儿创设用普通话交流的语言环境。

2. 引导幼儿清楚地表达。如：

和幼儿讲话时，成人自身的语言要清楚、简洁。

当幼儿因为急于表达而说不清楚的时候，提醒他不要着急，慢慢说；同时要耐心倾听，给予必要的补充，帮助他理清思路并清晰地说出来。

目标 3　具有文明的语言习惯

3~4 岁	4~5 岁	5~6 岁
1. 与别人讲话时知道眼睛要看着对方。 2. 说话自然，声音大小适中。 3. 能在成人的提醒下使用恰当的礼貌用语。	1. 别人对自己讲话时能回应。 2. 能根据场合调节自己说话声音的大小。 3. 能主动使用礼貌用语，不说脏话、粗话。	1. 别人讲话时能积极主动地回应。 2. 能根据谈话对象和需要，调整说话的语气。 3. 懂得按次序轮流讲话，不随意打断别人。 4. 能依据所处情境使用恰当的语言。如在别人难过时会用恰当的语言表示安慰。

教育建议：

1. 成人注意语言文明，为幼儿做出表率。

与他人交谈时，认真倾听，使用礼貌用语。

在公共场合不大声说话，不说脏话、粗话。

幼儿表达意见时，成人可蹲下来，眼睛平视幼儿，耐心听他把话说完。

2. 帮助幼儿养成良好的语言行为习惯。

结合情境提醒幼儿一些必要的交流礼节。如：对长辈说话要有礼貌，客人来访时要打招呼，得到帮助时要说谢谢等。

提醒幼儿遵守集体生活的语言规则。如：轮流发言，不随意打断别人讲话等。

提醒幼儿注意公共场所的语言文明。如：不大声喧哗等。

（二）阅读与书写准备

目标 1　喜欢听故事、看图书

3~4 岁	4~5 岁	5~6 岁
1. 主动要求成人讲故事、读图书。 2. 喜欢跟读韵律感强的儿歌、童谣。 3. 爱护图书，不乱撕、乱扔。	1. 反复看自己喜欢的图书。 2. 喜欢把听过的故事或看过的图书讲给别人听。 3. 对生活中常见的标志、符号感兴趣，知道它们表示一定的意义。	1. 专注地阅读图书。 2. 喜欢与他人一起谈论图书和故事的有关内容。 3. 对图书和生活情境中的文字符号感兴趣，知道文字表示一定的意义。

教育建议：

1. 为幼儿提供良好的阅读环境和条件。如：

提供一定数量、符合幼儿年龄特点、富有童趣的图画书。

提供相对安静的地方，尽量减少干扰，保证幼儿自主阅读。

2. 激发幼儿的阅读兴趣，培养阅读习惯。如：

经常抽时间与幼儿一起看图书，给幼儿讲故事。

提供童谣、故事等不同体裁的儿童文学作品，让幼儿自主选择和阅读。

当幼儿遇到感兴趣的事物或问题时，和他一起查阅图书资料，让他感受图书的作用，体会通过阅读获取信息的乐趣。

3. 引导幼儿体会标志、文字符号的用途。如：

向幼儿介绍医院、公用电话等生活中的常见标志，让其知道标志可以代表具体事物。

结合生活实际，帮助幼儿体会文字的用途。如：买来新玩具时，把说明书上的文字念给幼儿听，让幼儿了解玩具的玩法。

目标 2　具有初步的阅读理解能力

3~4 岁	4~5 岁	5~6 岁
1. 能听懂短小的儿歌或故事。 2. 会看画面，能根据画面说出图中有什么、发生了什么事等。 3. 能理解图书上的文字是和画面对应的，是用来表达画面意义的。	1. 能大体讲出所听故事的主要内容。 2. 能根据连续画面提供的信息，大致说出故事的情节。 3. 能随着作品的展开产生喜悦、担忧等相应的情绪反应，体会作品所表达的情绪情感。	1. 能说出所阅读的幼儿文学作品的主要内容。 2. 能根据故事的部分情节或图书画面的线索猜想故事情节的发展，或续编、创编故事。 3. 对看过的图书、听过的故事能说出自己的看法。 4. 能初步感受文学语言的美。

教育建议：

1. 经常和幼儿一起阅读，引导他以自己的经验为基础理解图书的内容。如：

引导幼儿仔细观察画面，结合画面讨论故事内容，学习建立画面与故事内容的联系。

和幼儿一起讨论或回忆书中的故事情节，引导他有条理地说出故事的大致内容。

在给幼儿读书或讲故事时，可先不告诉名字，让幼儿听完后自己命名，并说出这样命名的理由。

鼓励幼儿自主阅读，并与他人讨论自己在阅读中的发现、体会和想法。

2. 在阅读中发展幼儿的想象和创造能力。如：

鼓励幼儿依据画面线索讲述故事，大胆推测、想象故事情节的发展，改编故事部分情节或续编故事结尾。

鼓励幼儿用故事表演、绘画等不同的方式表达自己对图书和故事的理解。

鼓励和支持幼儿自编故事，并为自编的故事配上图画，制成图画书。

3. 引导幼儿感受文学作品的美。如：

有意识地引导幼儿欣赏或模仿文学作品的语言节奏和韵律。

给幼儿读书时，通过表情、动作和抑扬顿挫的声音传达书中的情绪情感，让幼儿体会作品的感染力和表现力。

目标 3　具有书面表达的愿望和初步技能

3~4 岁	4~5 岁	5~6 岁
1. 喜欢用涂涂画画表达一定的意思。	1. 愿意用图画和符号表达自己的愿望和想法。 2. 在成人提醒下，写写画画时姿势正确。	1. 愿意用图画和符号表现事物或故事。 2. 会正确书写自己的名字。 3. 写画时姿势正确。

教育建议：

1. 让幼儿在写写画画的过程中体验文字符号的功能，培养书写兴趣。如：

准备供幼儿随时取放的纸、笔等材料，也可利用沙地、树枝等自然材料，满足幼儿自由涂画的需要。

鼓励幼儿将自己感兴趣的事情或故事画下来并讲给别人听，让幼儿体会写写画画的方式可以表达自己的想法和情感。

把幼儿讲过的事情用文字记录下来，并念给他听，使幼儿知道说的话可以用文字记录下来，从中体会文字的用途。

2. 在绘画和游戏中做必要的书写准备，如：

通过把虚线画出的图形轮廓连成实线等游戏，促进幼儿手眼协调，同时帮助其学习由上至下、由左至右的运笔技能。

鼓励幼儿学习书写自己的名字。

提醒幼儿写画时保持正确姿势。

三、社会

幼儿社会领域的学习与发展过程是其社会性不断完善并奠定健全人格基础的过程。人际交往和社会适应是幼儿社会学习的主要内容，也是其社会性发展的基本途径。幼儿在与成人和同伴交往的过程中，不仅学习如何与人友好相处，也在学习如何看待自己、对待他人，不断发展适应社会生活的能力。良好的社会性发展对幼儿身心健康和其他各方面的发展都具有重要影响。

家庭、幼儿园和社会应共同努力，为幼儿创设温暖、关爱、平等的家庭和集体生活氛围，建立良好的亲子关系、师生关系和同伴关系，让幼儿在积极健康的人际关系中获得安全感和信任感，发展自信和自尊，在良好的社会环境及文化的

熏陶中学会遵守规则，形成基本的认同感和归属感。

幼儿的社会性主要是在日常生活和游戏中通过观察和模仿潜移默化地发展起来的。成人应注重自己言行的榜样作用，避免简单生硬的说教。

（一）人际交往

目标1　愿意与人交往

3~4岁	4~5岁	5~6岁
1. 愿意和小朋友一起游戏。 2. 愿意与熟悉的长辈一起活动。	1. 喜欢和小朋友一起游戏，有经常一起玩的小伙伴。 2. 喜欢和长辈交谈，有事愿意告诉长辈。	1. 有自己的好朋友，也喜欢结交新朋友。 2. 有问题愿意向别人请教。 3. 有高兴的或有趣的事愿意与大家分享。

教育建议：

1. 主动亲近和关心幼儿，经常和他一起游戏或活动，让幼儿感受到与成人交往的快乐，建立亲密的亲子关系和师生关系。

2. 创造交往的机会，让幼儿体会交往的乐趣。如：

利用走亲戚、到朋友家做客或有客人来访的时机，鼓励幼儿与他人接触和交谈。

鼓励幼儿参加小朋友的游戏，邀请小朋友到家里玩，感受有朋友一起玩的快乐。

幼儿园应多为幼儿提供自由交往和游戏的机会，鼓励他们自主选择、自由结伴开展活动。

目标2　能与同伴友好相处

3~4岁	4~5岁	5~6岁
1. 想加入同伴的游戏时，能友好地提出请求。 2. 在成人指导下，不争抢、不独霸玩具。 3. 与同伴发生冲突时，能听从成人的劝解。	1. 会运用介绍自己、交换玩具等简单技巧加入同伴游戏。 2. 对大家都喜欢的东西能轮流、分享。 3. 与同伴发生冲突时，能在他人帮助下和平解决。 4. 活动时愿意接受同伴的意见和建议。 5. 不欺负弱小。	1. 能想办法吸引同伴和自己一起游戏。 2. 活动时能与同伴分工合作，遇到困难能一起克服。 3. 与同伴发生冲突时能自己协商解决。 4. 知道别人的想法有时和自己不一样，能倾听和接受别人的意见，不能接受时会说明理由。 5. 不欺负别人，也不允许别人欺负自己。

教育建议：

1. 结合具体情境，指导幼儿学习交往的基本规则和技能。如：

当幼儿不知怎样加入同伴游戏，或提出请求不被接受时，建议他拿出玩具邀请大家一起玩；或者扮成某个角色加入同伴的游戏。

对幼儿与别人分享玩具、图书等行为给予肯定，让他对自己的表现感到高兴和满足。

当幼儿与同伴发生矛盾或冲突时，指导他尝试用协商、交换、轮流玩、合作等方式解决冲突。

利用相关的图书、故事，结合幼儿的交往经验，和他讨论什么样的行为受大家欢迎，想要得到别人的接纳应该怎样做。

幼儿园应多为幼儿提供需要大家齐心协力才能完成的活动，让幼儿在具体活动中体会合作的重要性，学习分工合作。

2. 结合具体情境，引导幼儿换位思考，学习理解别人。如：

幼儿有争抢玩具等不友好行为时，引导其想一想：“假如你是那个小朋友，你有什么感受？”让幼儿学习理解别人的想法和感受。

3. 和幼儿一起谈谈他的好朋友，说说喜欢这个朋友的原因，引导他多发现同伴的优点、长处。

目标 3　具有自尊、自信、自主的表现

3~4 岁	4~5 岁	5~6 岁
1. 能根据自己的兴趣选择游戏或其他活动。 2. 为自己的好行为或活动成果感到高兴。 3. 自己能做的事情愿意自己做。 4. 喜欢承担一些小任务。	1. 能按自己的想法进行游戏或其他活动。 2. 知道自己的一些优点和长处，并对此感到满意。 3. 自己的事情尽量自己做，不愿意依赖别人。 4. 敢于尝试有一定难度的活动和任务。	1. 能主动发起活动或在活动中出主意、想办法。 2. 做了好事或取得成功后还想做得更好。 3. 自己的事情自己做，不会的愿意学。 4. 主动承担任务，遇到困难能够坚持而不轻易求助。 5. 与别人的看法不同时，敢于坚持自己的意见并说出理由。

教育建议：

1. 关注幼儿的感受，保护其自尊心和自信心。如：

能以平等的态度对待幼儿，使幼儿切实感受到自己被尊重。

对幼儿好的行为表现多给予具体、有针对性的肯定和表扬，让其对自己的优点和长处有所认识并感到满足和自豪。

不要拿幼儿的不足与其他幼儿的优点做比较。

2. 鼓励幼儿自主决定，独立做事，增强其自尊心和自信心。如：

与幼儿有关的事情要征求他的意见，即使他的意见与成人不同，也要认真倾听，接受他的合理要求。

在保证安全的情况下，支持幼儿按自己的想法做事；或提供必要的条件，帮助他实现自己的想法。

幼儿自己的事情尽量放手让他自己做，即使做得不够好，也应鼓励并给予一定的指导，让他在做事中树立自尊和自信。

鼓励幼儿尝试有一定难度的任务，并注意调整难度，让他感受经过努力获得的成就感。

目标 4　关心尊重他人

3~4 岁	4~5 岁	5~6 岁
1. 长辈讲话时能认真听，并能听从长辈的要求。 2. 身边的人生病或不开心时表示同情。 3. 在提醒下能做到不打扰别人。	1. 会用礼貌的方式向长辈表达自己的要求和想法。 2. 能注意到别人的情绪，并有关心、体贴的表现。 3. 知道父母的职业，能体会到父母为养育自己所付出的辛劳。	1. 能有礼貌地与人交往。 2. 能关注别人的情绪和需要，并能给予力所能及的帮助。 3. 尊重为大家提供服务的人，珍惜他们的劳动成果。 4. 接纳、尊重与自己的生活方式或习惯不同的人。

教育建议：

1. 成人以身作则，以尊重、关心的态度对待自己的父母、长辈和其他人。如：

经常问候父母，主动做家务。

礼貌地对待老年人，如坐车时主动为老人让座。

看到别人有困难能主动关心并给予一定的帮助。

2. 引导幼儿尊重、关心长辈和身边的人，尊重他人劳动及成果。如：

提醒幼儿关心身边的人。如：妈妈累了，知道让她安静地休息一会儿。

借助故事、图书等给幼儿讲讲父母抚育孩子成长的经历，让幼儿理解和体会父爱与母爱。

结合实际情境，提醒幼儿注意别人的情绪，了解他们的需要，给予适当的关心和帮助。

利用生活机会和角色游戏，帮助幼儿了解与自己关系密切的社会服务机构及其工作，如商场、邮局、医院等，体会这些机构给大家提供的便利和服务，懂得尊重工作人员的劳动，珍惜劳动成果。

3. 引导幼儿学习用平等、接纳和尊重的态度对待差异。如：

了解每个人都有自己的兴趣、爱好和特长，可以相互学习。

利用民间游戏、传统节日等，适当向幼儿介绍我国主要民族和世界其他国家和民族的文化，帮助幼儿感知文化的多样性和差异性，理解人们之间是平等的，应该互相尊重，友好相处。

（二）社会适应

目标 1　喜欢并适应群体生活

3~4 岁	4~5 岁	5~6 岁
1. 对群体活动有兴趣。 2. 对幼儿园的生活好奇，喜欢上幼儿园。	1. 愿意并主动参加群体活动。 2. 愿意与家长一起参加社区的一些群体活动。	1. 在群体活动中积极、快乐。 2. 对小学生活有好奇和向往。

教育建议：

1. 经常和幼儿一起参加一些群体性的活动，让幼儿体会群体活动的乐趣。如：参加亲戚、朋友和同事间的聚会以及适合幼儿参加的社区活动等，支持幼儿和不同群体的同伴一起游戏，丰富其群体活动的经验。

2. 幼儿园组织活动时，可以经常打破班级的界限，让幼儿有更多机会参加不同群体的活动。

3. 带领大班幼儿参观小学，讲讲小学有趣的活动，唤起他们对小学生活的好奇和向往，为入学做好心理准备。

目标 2　遵守基本的行为规范

3~4 岁	4~5 岁	5~6 岁
1. 在提醒下，能遵守游戏和公共场所的规则。 2. 知道不经允许不能拿别人的东西，借别人的东西要归还。 3. 在成人提醒下，爱护玩具和其他物品。	1. 感受规则的意义，并能基本遵守规则。 2. 不私自拿不属于自己的东西。 3. 知道说谎是不对的。 4. 知道接受了的任务要努力完成。 5. 在提醒下，能节约粮食、水电等。	1. 理解规则的意义，能与同伴协商制定游戏和活动规则。 2. 爱惜物品，用别人的东西时也知道爱护。 3. 做了错事敢于承认，不说谎。 4. 能认真负责地完成自己所接受的任务。 5. 爱护身边的环境，注意节约资源。

教育建议：

1. 成人要遵守社会行为规则，为幼儿树立良好的榜样。如：答应幼儿的事一定要做到，尊老爱幼，爱护公共环境，节约水电等。

2. 结合社会生活实际，帮助幼儿了解基本行为规则和游戏规则，体会规则的重要性，学习自觉遵守规则。如：

经常和幼儿玩带有规则的游戏，遵守共同约定的游戏规则。

利用实际生活情境和图书故事，向幼儿介绍一些必要的社会行为规则，以及为什么要遵守这些规则。

在幼儿园的区域活动中，创设情境，让幼儿体会没有规则的不方便，鼓励他们讨论制定规则并自觉遵守。

对幼儿表现出的遵守规则的行为要及时肯定，对违规行为给予纠正。如：幼儿主动为老人让座时要表扬；幼儿损害别人的物品或公共物品时要及时制止并主动赔偿。

3. 教育幼儿要诚实守信。如：

对幼儿诚实守信的行为要及时肯定。

允许幼儿犯错误，告诉他改了就好。不要打骂幼儿，以免他因害怕惩罚而说谎。

小年龄幼儿经常分不清想象和现实，成人不要误认为他是在说谎。

发现幼儿说谎时，要反思是否是因自己对幼儿的要求过高过严造成的。如果是，要及时调整自己的行为，同时要严肃地告诉幼儿说谎是不对的。

经常给幼儿分配一些力所能及的任务，要求他完成并及时给予表扬，培养他的责任感和认真负责的态度。

目标 3　具有初步的归属感

3~4 岁	4~5 岁	5~6 岁
1. 知道和自己一起生活的家庭成员及与自己的关系，体会到自己是家庭的一员。 2. 能感受到家庭生活的温暖，爱父母，亲近与信赖长辈。 3. 能说出自己家所在街道、小区（乡镇、村）的名称。 4. 认识国旗，知道国歌。	1. 喜欢自己所在的幼儿园和班级，积极参加集体活动。 2. 能说出自己家所在地的省、市、县（区）名称，知道当地有代表性的物产或景观。 3. 知道自己是中国人。 4. 奏国歌、升国旗时能自动站好。	1. 愿意为集体做事，为集体的成绩感到高兴。 2. 能感受到家乡的发展变化并为此感到高兴。 3. 知道自己的民族，知道中国是一个多民族的大家庭，各民族之间要互相尊重，团结友爱。 4. 知道国家一些重大成就，爱祖国，为自己是中国人感到自豪。

教育建议：

1. 亲切地对待幼儿，关心幼儿，让他感到长辈是可亲、可近、可信赖的，家庭和幼儿园是温暖的。如：

多和幼儿一起游戏、谈笑，尽量在家庭和班级中营造温馨的氛围。

通过和幼儿一起翻阅照片、讲幼儿成长的故事等，让幼儿感受到家庭和幼儿园的温暖、老师的和蔼可亲，对养育自己的人产生感激之情。

2. 吸引和鼓励幼儿参加集体活动，萌发集体意识。如：

幼儿园和班级里的重大事情和计划，请幼儿集体讨论决定。

幼儿园应经常组织多种形式的集体活动，萌发幼儿的集体荣誉感。

3. 运用幼儿喜闻乐见和能够理解的方式激发幼儿爱家乡、爱祖国的情感。如：

和幼儿说一说或在地图上找一找自己家所在的省、市、县（区）名称。

和幼儿一起外出游玩，一起看有关的电视节目或画报等；和他们一起收集有关家乡、祖国各地的风景名胜、著名的建筑、独特物产的图片等，在观看和欣赏的过程中激发幼儿的自豪感和热爱之情。

利用电视节目或参加升旗等活动，向幼儿介绍国旗、国歌以及观看升旗、奏国歌的礼仪。

向幼儿介绍反映中国人聪明才智的发明和创造，激发幼儿的民族自豪感。

四、科学

幼儿的科学学习是在探究具体事物和解决实际问题中，尝试发现事物间的异同和联系的过程。幼儿在对自然事物的探究和运用数学解决实际生活问题的过程中，不仅获得丰富的感性经验，充分发展形象思维，而且初步尝试归类、排序、判断、推理，逐步发展逻辑思维能力，为其他领域的深入学习奠定基础。

幼儿科学学习的核心是激发探究兴趣，体验探究过程，发展初步的探究能力。成人要善于发现和保护幼儿的好奇心，充分利用自然和实际生活机会，引导幼儿通过观察、比较、操作、实验等方法，学习发现问题、分析问题和解决问题；帮助幼儿不断积累经验，并运用于新的学习活动，形成受益终身的学习态度和能力。

幼儿的思维特点是以具体形象思维为主，应注重引导幼儿通过直接感知、亲身体验和实际操作进行科学学习，不应为追求知识和技能的掌握，对幼儿进行灌输和强化训练。

（一）科学探究

目标 1　亲近自然，喜欢探究

3~4 岁	4~5 岁	5~6 岁
1. 喜欢接触大自然，对周围的很多事物和现象感兴趣。 2. 经常问各种问题，或好奇地摆弄物品。	1. 喜欢接触新事物，经常问一些与新事物有关的问题。 2. 常常动手动脑探索物体和材料，并乐在其中。	1. 对自己感兴趣的问题总是刨根问底。 2. 能经常动手动脑寻找问题的答案。 3. 探索中有所发现时感到兴奋和满足。

教育建议：

1. 经常带幼儿接触大自然，激发其好奇心与探究欲望。如：

为幼儿提供一些有趣的探究工具，用自己的好奇心和探究积极性感染和带动幼儿。

和幼儿一起发现并分享周围新奇、有趣的事物或现象，一起寻找问题的答案。

通过拍照和画图等方式保留和积累有趣的探索与发现。

2. 真诚地接纳、多方面支持和鼓励幼儿的探索行为。如：

认真对待幼儿的问题，引导他们猜一猜、想一想，有条件时和幼儿一起做一些简易的调查或有趣的小实验。

容忍幼儿因探究而弄脏、弄乱，甚至破坏物品的行为，引导他们活动后做好收拾整理。

多为幼儿选择一些能操作、多变化、多功能的玩具材料或废旧材料，在保证安全的前提下，鼓励幼儿拆装或动手自制玩具。

目标 2　具有初步的探究能力

3~4 岁	4~5 岁	5~6 岁
1. 对感兴趣的事物能仔细观察，发现其明显特征。 2. 能用多种感官或动作去探索物体，关注动作所产生的结果。	1. 能对事物或现象进行观察比较，发现其相同与不同。 2. 能根据观察结果提出问题，并大胆猜测答案。 3. 能通过简单的调查收集信息。 4. 能用图画或其他符号进行记录。	1. 能通过观察、比较与分析，发现并描述不同种类物体的特征或某个事物前后的变化。 2. 能用一定的方法验证自己的猜测。 3. 在成人的帮助下能制订简单的调查计划并执行。 4. 能用数字、图画、图表或其他符号记录。 5. 探究中能与他人合作与交流。

教育建议：

1. 有意识地引导幼儿观察周围事物，学习观察的基本方法，培养观察与分类能力。如：

支持幼儿自发的观察活动，对其发现表示赞赏。

通过提问等方式引导幼儿思考并对事物进行比较观察和连续观察。

引导幼儿在观察和探索的基础上，尝试进行简单的分类、概括。如：根据运动方式给动物分类，根据生长环境给植物分类，根据外部特征给物体分类等。

2. 支持和鼓励幼儿在探究的过程中积极动手动脑寻找答案或解决问题。如：

鼓励幼儿根据观察或发现提出值得继续探究的问题，或成人提出有探究意义且能激发幼儿兴趣的问题。如：皮球、轮胎、竹筒等物体滚动时都走直线吗？怎样让橡皮泥球浮在水面上？

支持和鼓励幼儿大胆联想、猜测问题的答案，并设法验证。如：玩风车时，鼓励幼儿猜测风车转动方向及速度快慢的原因和条件，并实际去验证。

支持、引导幼儿学习用适宜的方法探究和解决问题，或为自己的想法搜集证据。如：想知道院子里有多少种植物，可以进行实地调查；想知道球在平地上还是在斜坡上滚得快，可以动手试一试；想证明影子的方向与太阳的位置有关，可以做个小实验进行验证等。

3. 鼓励和引导幼儿学习做简单的计划和记录，并与他人交流分享。如：

和幼儿共同制订调查计划，讨论调查对象、步骤和方法等，也可以和幼儿一起设法用图画、箭头等呈现计划。

鼓励幼儿用绘画、照相、做标本等办法记录观察和探究的过程与结果，注意要让记录有意义，通过记录帮助幼儿丰富观察经验、建立事物之间的联系和分享发现。

支持幼儿与同伴合作探究与分享交流，引导他们在交流中尝试整理、概括自己探究的成果，体验合作探究和发现的乐趣。如：一起讨论和分享自己的问题与发现，一起想办法收集资料和验证猜测。

4. 帮助幼儿回顾自己的探究过程，讨论自己做了什么、怎么做的、结果与计划目标是否一致，分析一下原因以及下一步要怎样做等。

目标 3　在探究中认识周围事物和现象

3~4 岁	4~5 岁	5~6 岁
1. 认识常见的动植物，能注意并发现周围的动植物是多种多样的。 2. 能感知和发现物体和材料的软硬、光滑和粗糙等特性。 3. 能感知和体验天气对自己生活和活动的影响。 4. 初步了解和体会动植物和人们生活的关系。	1. 能感知和发现动植物的生长变化及其基本条件。 2. 能感知和发现常见材料的溶解、传热等性质或用途。 3. 能感知和发现简单物理现象，如物体形态或位置变化等。 4. 能感知和发现不同季节的特点，体验季节对动植物和人的影响。 5. 初步感知常用科技产品与自己生活的关系，知道科技产品有利也有弊。	1. 能察觉到动植物的外形特征、习性与生存环境的适应关系。 2. 能发现常见物体的结构与功能之间的关系。 3. 能探索并发现常见的物理现象产生的条件或影响因素，如影子、沉浮等。 4. 感知并了解季节变化的周期性，知道变化的顺序。 5. 初步了解人们的生活与自然环境的密切关系，知道尊重和珍惜生命，保护环境。

教育建议：

1. 支持幼儿在接触自然、生活事物和现象中积累有益的直接经验和感性认识。如：

和幼儿一起通过户外活动、参观考察、种植和饲养活动，感知生物的多样性和独特性，以及生长发育、繁殖和死亡的过程。

给幼儿提供丰富的材料和适宜的工具，支持幼儿在游戏过程中探索并感知常见物质、材料的特性和物体的结构特点。

2. 引导幼儿在探究中思考，尝试进行简单的推理和分析，发现事物之间明显的关联。如：

引导 5 岁以上幼儿关注和思考动植物的外部特征、习性与生活环境对动植物生存的意义。如：兔子的长耳朵具有自我保护的作用；植物种子的形状有助于其传播等。

引导幼儿根据常见物质、材料的特性和物体的结构特点，推测和证实它们的用途。如：带轮子的物体方便移动，不同用途的车辆有不同的结构等。

3. 引导幼儿关注和了解自然、科技产品与人们生活的密切关系，逐渐懂得热爱、尊重、保护自然。如：

结合幼儿的生活需要，引导其体会人与自然、动植物的依赖关系。如：动植物、季节变化与人们生活的关系、常见灾害性天气给人们生产和生活带来的影响等。

和幼儿一起讨论常见科技产品的用途和弊端，如汽车等交通工具给生活带来的方便和对环境的污染等。

（二）数学认知

目标 1　初步感知生活中数学的有用和有趣

3~4 岁	4~5 岁	5~6 岁
1. 感知和发现周围物体的形状是多种多样的，对不同的形状感兴趣。 2. 体验和发现生活中很多地方都用到数。	1. 在指导下，感知和体会有些事物可以用形状来描述。 2. 在指导下，感知和体会有些事物可以用数来描述，对环境中各种数字的含义有进一步探究的兴趣。	1. 能发现事物简单的排列规律，并尝试创造新的排列规律。 2. 能发现生活中许多问题都可以用数学的方法来解决，体验解决问题的乐趣。

教育建议：

1. 引导幼儿注意事物的形状特征，尝试用表示形状的词来描述事物，体会描述的生动形象性和趣味性。如：

参观游览后，和幼儿一起谈论所看到的事物的形状，鼓励幼儿产生联想，并用自己的语言进行描述。如：熊猫的身体圆圆的，全身好像是由一个个的圆形组成的。

和幼儿交谈或读书、讲故事时，适当地运用一些有关形状的词汇来描述事物。如：看图片时，和幼儿讨论奥运会场馆的形状，体会为什么有的场馆叫“水立方”，有的叫“鸟巢”。

2. 引导幼儿感知和体会生活中很多地方都用到数，关注周围与自己生活密切相关的数的信息，体会数可以代表不同的意义。如：

和幼儿一起寻找发现生活中用数字来表现的事物，如电话号码、时钟、日历和商品的价签等。

引导幼儿了解和感受数用在不同的地方，表示的意义是不一样的。如：天气预报中表示气温的数代表冷热状况；钟表上的数表明时间的早晚等。

鼓励幼儿尝试使用数的信息进行一些简单的推理。如：知道今天是星期五，能推断明天是星期六，爸爸、妈妈休息。

3. 引导幼儿观察发现按照一定规律排列的事物，体会其中的排列特点与规律，并尝试自己创造出新的排列规律。如：

和幼儿一起发现和体会按一定顺序排列的队形整齐有序。

提供具有重复性旋律和词语的音乐、儿歌和故事，或利用环境中有序排列的图案（如按颜色间隔排列的瓷砖、按形状间隔排列的珠帘等），鼓励幼儿发现和感受其中的规律。

鼓励幼儿尝试自己设计有规律的花边图案、创编有一定规律的动作，或者按某种规律进行搭建活动。

引导幼儿体会生活中很多事情都是有一定顺序和规律的。如：一周七天的顺序是从周一到周日，一年四季按照春夏秋冬轮回等。

4. 鼓励和支持幼儿发现、尝试解决日常生活中需要用到数学的问题，体会数学的用处。如：

拍球、跳绳、跳远或投沙包时，可通过数数、测量的方法确定名次。

讨论春游去哪里玩时，让幼儿商量想去哪里玩、每个想去的地方有多少人。根据统计结果做出决定。

滑滑梯时，按照“先来先玩”的规则有序地排队玩。

目标 2　感知和理解数、量及数量关系

3~4 岁	4~5 岁	5~6 岁
1. 能感知和区分物体的大小、多少、高矮长短等量方面的特点，并能用相应的词表示。 2. 能通过一一对应的方法比较两组物体的多少。 3. 能手口一致地点数 5 个以内的物体，并能说出总数。能按数取物。 4. 能用数词描述事物或动作。如：我有 4 本图书。	1. 能感知和区分物体的粗细、厚薄、轻重等量方面的特点，并能用相应的词语描述。 2. 能通过数数比较两组物体的多少。 3. 能通过实际操作理解数与数之间的关系。如：5 比 4 多 1；2 和 3 合在一起是 5。 4. 会用数词描述事物的排列顺序和位置。	1. 初步理解量的相对性。 2. 借助实际情境和操作（如合并或拿取）理解“加”和“减”的实际意义。 3. 能通过实物操作或其他方法进行 10 以内的加减运算。 4. 能用简单的记录表、统计图等表示简单的数量关系。

教育建议：

1. 引导幼儿感知和理解事物“量”的特征。如：

感知常见事物的大小、多少、高矮、粗细等量的特征，学习使用相应的词汇描述这些特征。

结合具体事物让幼儿通过多次比较逐渐理解“量”是相对的。如：小亮比小明高，但比小强矮。

收拾物品时，根据情况，鼓励幼儿按照物体量的特征分类整理。如：整理图书时按照大小摆放。

2. 结合日常生活指导幼儿学习通过对应或数数的方式比较物体的多少。如：

鼓励幼儿在一对一配对的过程中发现两组物体的多少。如：在给桌子上的每个碗配上勺子时，发现碗和勺多少的不同。

鼓励幼儿通过数数比较两样东西的多少。如：数一数有多少个苹果、多少个梨，判断苹果和梨哪个多、哪个少。

3. 利用生活和游戏中的实际情境引导幼儿理解数的概念。如：

结合生活需要，和幼儿一起手口一致点数物体，得出物体的总数。

通过点数的方式让幼儿体会物体的数量不会因排列形式、空间位置的不同而发生变化。如：鼓励幼儿将一定数量的扣子以不同的形式摆放，体会扣子的数量是不变的。

结合日常生活，为幼儿提供“按数取物”的机会。如：游戏时，请幼儿按要求拿出几个球。

4. 通过实物操作引导幼儿理解数与数之间的关系，并用“加”或“减”的办法来解决问题。如：

游戏中遇到让 4 个小动物住进两间房子的问题，或生活中遇到将 5 块饼干分给两个小朋友问题时，让幼儿尝试不同的分法。

鼓励幼儿尝试自己解决生活中的数学问题。如：家里来了 5 位客人，桌子上

只有 3 个杯子，还需要几个杯子？

购少量物品时，有意识地鼓励幼儿参与计算和付款的过程等。

目标 3　感知形状与空间关系

3~4 岁	4~5 岁	5~6 岁
1. 能注意物体较明显的形状特征，并能用自己的语言描述。 2. 能感知物体基本的空间位置与方位，理解上下、前后、里外等方位词。	1. 能感知物体的形体结构特征，画出或拼搭出该物体的造型。 2. 能感知和发现常见几何图形的基本特征，并能进行分类。 3. 能使用上下、前后、里外、中间、旁边等方位词描述物体的位置和运动方向。	1. 能用常见的几何形体有创意地拼搭和画出物体的造型。 2. 能按语言指示或根据简单示意图正确取放物品。 3. 能辨别自己的左右。

教育建议：

1. 用多种方法帮助幼儿在物体与几何形体之间建立联系。如：

引导幼儿感受生活中各种物品的形状特征，并尝试识别和描述。如：感受和识别盘子、桌子、车轮、地砖等物品的形状特征。

鼓励和支持幼儿用积木、纸盒、拼板等各种形状的材料进行建构游戏或制作活动。如：用长方形的纸盒加两个圆形瓶盖制作“汽车”。

收拾整理积木时，引导幼儿体验图形之间的转换。如：两个三角形可组合成一个正方形，两个正方形可组合成一个长方形。

引导幼儿注意观察生活物品的图形特征，鼓励其按形状分类整理物品。

2. 丰富幼儿空间方位识别的经验，引导幼儿运用空间方位经验解决问题。如：

请幼儿取放物体时，使用其能够理解的方位词，如把桌子下面的东西放到窗台上，把花盆放在大树旁边等。

和幼儿一起识别熟悉场所的位置。如：超市在家的旁边，邮局在幼儿园的前面。

在体育、音乐和舞蹈活动中，引导幼儿感受空间方位和运动方向。

和幼儿玩按指令找宝的游戏。对年龄小的幼儿要求其按语言指令寻找，对年

龄大些的幼儿可要求其按照简单的示意图寻找。

五、艺术

艺术是人类感受美、表现美和创造美的重要形式，也是表达自己对周围世界的认识和情绪态度的独特方式。

每个幼儿心里都有一颗美的种子。幼儿艺术领域学习的关键在于充分创造条件和机会，在大自然和社会文化生活中萌发幼儿对美的感受和体验，丰富其想象力和创造力，引导幼儿学会用心灵去感受和发现美，用自己的方式去表现和创造美。

幼儿对事物的感受和理解不同于成人，其表达自己认识和情感的方式也有别于成人。幼儿独特的笔触、动作和语言往往蕴含着丰富的想象和情感，成人应对幼儿的艺术表现给予充分的理解和尊重，不能用自己的审美标准去评判幼儿，更不能为追求结果的“完美”而对幼儿进行千篇一律的训练，以免扼杀其想象与创造的萌芽。

（一）感受与欣赏

目标 1　喜欢自然界与生活中美的事物

3~4 岁	4~5 岁	5~6 岁
1. 喜欢观看花草树木、日月星空等大自然中美的事物。 2. 容易被自然界中的鸟鸣、风声、雨声等好听的声音所吸引。	1. 在欣赏自然界和生活环境中美的事物时，关注其色彩、形态等特征。 2. 喜欢倾听各种好听的声音，感知声音的高低、长短、强弱等变化。	1. 乐于收集美的物品或向别人介绍所发现的美的事物。 2. 乐于模仿自然界和生活环境中有特点的声音，并产生相应的联想。

教育建议：

1. 和幼儿一起感受、发现和欣赏自然环境和人文景观中美的事物。如：

让幼儿多接触大自然，感受和欣赏美丽的景色和好听的声音。

经常带幼儿参观园林、名胜古迹等人文景观，讲讲有关的历史故事、传说，与幼儿一起讨论和交流对美的感受。

2. 和幼儿一起发现美的事物的特征，感受和欣赏美。如：

让幼儿观察常见动植物以及其他物体，引导幼儿用自己的语言、动作等描述它们美的方面，如颜色、形状、形态等。

让幼儿倾听和分辨各种声响，引导幼儿用自己的方式来表达他对音色、强弱、快慢的感受。

支持幼儿收集喜欢的物品并和他一起欣赏。

目标 2　喜欢欣赏多种多样的艺术形式和作品

3~4 岁	4~5 岁	5~6 岁
1. 喜欢听音乐或观看舞蹈、戏剧等表演。 2. 乐于观看绘画、泥塑或其他艺术形式的作品。	1. 能够专心地观看自己喜欢的文艺演出或艺术品，有模仿和参与的愿望。 2. 欣赏艺术作品时会产生相应的联想和情绪反应。	1. 艺术欣赏时常常用表情、动作、语言等方式表达自己的理解。 2. 愿意和别人分享、交流自己喜爱的艺术作品和美感体验。

教育建议：

1. 创造条件让幼儿接触多种艺术形式和作品。如：

经常让幼儿接触适宜的、各种形式的音乐作品，丰富幼儿对音乐的感受和体验。

和幼儿一起用图画、手工制品等装饰和美化环境。

带幼儿观看或共同参与传统民间艺术和地方民俗文化活动，如皮影戏、剪纸和捏面人等。

有条件的情况下，带幼儿去剧院、美术馆、博物馆等欣赏文艺表演和艺术作品。

2. 尊重幼儿的兴趣和独特感受，理解他们欣赏时的行为。如：

理解和尊重幼儿在欣赏艺术作品时的手舞足蹈、即兴模仿等行为。

当幼儿主动介绍自己喜爱的舞蹈、戏曲、绘画或工艺品时，要耐心倾听并给予积极回应和鼓励。

（二）表现与创造

目标 1　喜欢进行艺术活动并大胆表现

3~4 岁	4~5 岁	5~6 岁
1. 经常自哼自唱或模仿有趣的动作、表情和声调。 2. 经常涂涂画画、粘粘贴贴并乐在其中。	1. 经常唱唱跳跳，愿意参加歌唱、律动、舞蹈、表演等活动。 2. 经常用绘画、捏泥、手工制作等多种方式表现自己的所见所想。	1. 积极参与艺术活动，有自己比较喜欢的活动形式。 2. 能用多种工具、材料或不同的表现手法表达自己的感受和想象。 3. 艺术活动中能与他人相互配合，也能独立表现。

教育建议：

1. 创造机会和条件，支持幼儿自发的艺术表现和创造。如：

提供丰富的便于幼儿取放的材料、工具或物品，支持幼儿进行自主绘画、手工、歌唱、表演等艺术活动。

经常和幼儿一起唱歌、表演、绘画、制作，共同分享艺术活动的乐趣。

2. 营造安全的心理氛围，让幼儿敢于并乐于表达表现。如：

欣赏和回应幼儿的哼哼唱唱、模仿表演等自发的艺术活动，赞赏他独特的表现方式。

在幼儿自主表达创作过程中，不做过多干预或把自己的意愿强加给幼儿，在幼儿需要时再给予具体的帮助。

了解并倾听幼儿艺术表现的想法或感受，领会并尊重幼儿的创作意图，不简单用“像不像”“好不好”等成人标准来评价。

展示幼儿的作品，鼓励幼儿用自己的作品或艺术品布置环境。

目标 2　具有初步的艺术表现与创造能力

3~4 岁	4~5 岁	5~6 岁
1. 能模仿学唱短小歌曲。 2. 能跟随熟悉的音乐做身体动作。 3. 能用声音、动作、姿态模拟自然界的事物和生活情景。 4. 能用简单的线条和色彩大体画出自己想画的人或事物。	1. 能用自然的、音量适中的声音基本准确地唱歌。 2. 能通过即兴哼唱、即兴表演或给熟悉的歌曲编词来表达自己的心情。 3. 能用拍手、踏脚等身体动作或可敲击的物品敲打节拍和基本节奏。 4. 能运用绘画、手工制作等表现自己观察到或想象的事物。	1. 能用基本准确的节奏和音调唱歌。 2. 能用律动或简单的舞蹈动作表现自己的情绪或自然界的情景。 3. 能自编自演故事，并为表演选择和搭配简单的服饰、道具或布景。 4. 能用自己制作的美术作品布置环境、美化生活。

教育建议：

尊重幼儿自发的表现和创造，并给予适当的指导。如：

鼓励幼儿在生活中细心观察、体验，为艺术活动积累经验与素材，如观察不同树种的形态、色彩等。

提供丰富的材料，如图书、照片、绘画或音乐作品等，让幼儿自主选择，用自己喜欢的方式去模仿或创作，成人不做过多要求。

根据幼儿的生活经验，与幼儿共同确定艺术表达表现的主题，引导幼儿围绕主题展开想象，进行艺术表现。

幼儿绘画时，不宜提供范画，特别不应要求幼儿完全按照范画来画。

肯定幼儿作品的优点，用表达自己感受的方式引导其提高。如：“你的画用了这么多红颜色，感觉就像过年一样喜庆。”“你扮演的大灰狼声音真像，要是表情再凶一点就更好了。”

中华人民共和国家庭教育促进法

（2021 年 10 月 23 日第十三届全国人民代表大会常务委员会第三十一次会议通过）

第一章　总则

第一条　为了发扬中华民族重视家庭教育的优良传统，引导全社会注重家庭、家教、家风，增进家庭幸福与社会和谐，培养德智体美劳全面发展的社会主义建设者和接班人，制定本法。

第二条　本法所称家庭教育，是指父母或者其他监护人为促进未成年人全面健康成长，对其实施的道德品质、身体素质、生活技能、文化修养、行为习惯等方面的培育、引导和影响。

第三条　家庭教育以立德树人为根本任务，培育和践行社会主义核心价值观，弘扬中华民族优秀传统文化、革命文化、社会主义先进文化，促进未成年人健康成长。

第四条　未成年人的父母或者其他监护人负责实施家庭教育。

国家和社会为家庭教育提供指导、支持和服务。

国家工作人员应当带头树立良好家风，履行家庭教育责任。

第五条　家庭教育应当符合以下要求：

（一）尊重未成年人身心发展规律和个体差异；

（二）尊重未成年人人格尊严，保护未成年人隐私权和个人信息，保障未成年人合法权益；

（三）遵循家庭教育特点，贯彻科学的家庭教育理念和方法；

（四）家庭教育、学校教育、社会教育紧密结合、协调一致；

（五）结合实际情况采取灵活多样的措施。

第六条　各级人民政府指导家庭教育工作，建立健全家庭学校社会协同育人机制。县级以上人民政府负责妇女儿童工作的机构，组织、协调、指导、督促有关部门做好家庭教育工作。

教育行政部门、妇女联合会统筹协调社会资源，协同推进覆盖城乡的家庭教育指导服务体系建设，并按照职责分工承担家庭教育工作的日常事务。

县级以上精神文明建设部门和县级以上人民政府公安、民政、司法行政、人力资源和社会保障、文化和旅游、卫生健康、市场监督管理、广播电视、体育、新闻出版、网信等有关部门在各自的职责范围内做好家庭教育工作。

第七条 县级以上人民政府应当制定家庭教育工作专项规划，将家庭教育指导服务纳入城乡公共服务体系和政府购买服务目录，将相关经费列入财政预算，鼓励和支持以政府购买服务的方式提供家庭教育指导。

第八条 人民法院、人民检察院发挥职能作用，配合同级人民政府及其有关部门建立家庭教育工作联动机制，共同做好家庭教育工作。

第九条 工会、共产主义青年团、残疾人联合会、科学技术协会、关心下一代工作委员会以及居民委员会、村民委员会等应当结合自身工作，积极开展家庭教育工作，为家庭教育提供社会支持。

第十条 国家鼓励和支持企业事业单位、社会组织及个人依法开展公益性家庭教育服务活动。

第十一条 国家鼓励开展家庭教育研究，鼓励高等学校开设家庭教育专业课程，支持师范院校和有条件的高等学校加强家庭教育学科建设，培养家庭教育服务专业人才，开展家庭教育服务人员培训。

第十二条 国家鼓励和支持自然人、法人和非法人组织为家庭教育事业进行捐赠或者提供志愿服务，对符合条件的，依法给予税收优惠。

国家对在家庭教育工作中做出突出贡献的组织和个人，按照有关规定给予表彰、奖励。

第十三条 每年 5 月 15 日国际家庭日所在周为全国家庭教育宣传周。

第二章　家庭责任

第十四条 父母或者其他监护人应当树立家庭是第一个课堂、家长是第一任

老师的责任意识，承担对未成年人实施家庭教育的主体责任，用正确思想、方法和行为教育未成年人养成良好思想、品行和习惯。

共同生活的具有完全民事行为能力的其他家庭成员应当协助和配合未成年人的父母或者其他监护人实施家庭教育。

第十五条 未成年人的父母或者其他监护人及其他家庭成员应当注重家庭建设，培育积极健康的家庭文化，树立和传承优良家风，弘扬中华民族家庭美德，共同构建文明、和睦的家庭关系，为未成年人健康成长营造良好的家庭环境。

第十六条 未成年人的父母或者其他监护人应当针对不同年龄段未成年人的身心发展特点，以下列内容为指引，开展家庭教育：

（一）教育未成年人爱党、爱国、爱人民、爱集体、爱社会主义，树立维护国家统一的观念，铸牢中华民族共同体意识，培养家国情怀；

（二）教育未成年人崇德向善、尊老爱幼、热爱家庭、勤俭节约、团结互助、诚信友爱、遵纪守法，培养其良好社会公德、家庭美德、个人品德意识和法治意识；

（三）帮助未成年人树立正确的成才观，引导其培养广泛兴趣爱好、健康审美追求和良好学习习惯，增强科学探索精神、创新意识和能力；

（四）保证未成年人营养均衡、科学运动、睡眠充足、身心愉悦，引导其养成良好生活习惯和行为习惯，促进其身心健康发展；

（五）关注未成年人心理健康，教导其珍爱生命，对其进行交通出行、健康上网和防欺凌、防溺水、防诈骗、防拐卖、防性侵等方面的安全知识教育，帮助其掌握安全知识和技能，增强其自我保护的意识和能力；

（六）帮助未成年人树立正确的劳动观念，参加力所能及的劳动，提高生活自理能力和独立生活能力，养成吃苦耐劳的优秀品格和热爱劳动的良好习惯。

第十七条 未成年人的父母或者其他监护人实施家庭教育，应当关注未成年人的生理、心理、智力发展状况，尊重其参与相关家庭事务和发表意见的权利，

合理运用以下方式方法：

（一）亲自养育，加强亲子陪伴；

（二）共同参与，发挥父母双方的作用；

（三）相机而教，寓教于日常生活之中；

（四）潜移默化，言传与身教相结合；

（五）严慈相济，关心爱护与严格要求并重；

（六）尊重差异，根据年龄和个性特点进行科学引导；

（七）平等交流，予以尊重、理解和鼓励；

（八）相互促进，父母与子女共同成长；

（九）其他有益于未成年人全面发展、健康成长的方式方法。

第十八条 未成年人的父母或者其他监护人应当树立正确的家庭教育理念，自觉学习家庭教育知识，在孕期和未成年人进入婴幼儿照护服务机构、幼儿园、中小学校等重要时段进行有针对性的学习，掌握科学的家庭教育方法，提高家庭教育的能力。

第十九条 未成年人的父母或者其他监护人应当与中小学校、幼儿园、婴幼儿照护服务机构、社区密切配合，积极参加其提供的公益性家庭教育指导和实践活动，共同促进未成年人健康成长。

第二十条 未成年人的父母分居或者离异的，应当相互配合履行家庭教育责任，任何一方不得拒绝或者怠于履行；除法律另有规定外，不得阻碍另一方实施家庭教育。

第二十一条 未成年人的父母或者其他监护人依法委托他人代为照护未成年人的，应当与被委托人、未成年人保持联系，定期了解未成年人学习、生活情况和心理状况，与被委托人共同履行家庭教育责任。

第二十二条 未成年人的父母或者其他监护人应当合理安排未成年人学习、休息、娱乐和体育锻炼的时间，避免加重未成年人学习负担，预防未成年人沉迷

网络。

第二十三条 未成年人的父母或者其他监护人不得因性别、身体状况、智力等歧视未成年人，不得实施家庭暴力，不得胁迫、引诱、教唆、纵容、利用未成年人从事违反法律法规和社会公德的活动。

第三章 国家支持

第二十四条 国务院应当组织有关部门制定、修订并及时颁布全国家庭教育指导大纲。

省级人民政府或者有条件的设区的市级人民政府应当组织有关部门编写或者采用适合当地实际的家庭教育指导读本，制定相应的家庭教育指导服务工作规范和评估规范。

第二十五条 省级以上人民政府应当组织有关部门统筹建设家庭教育信息化共享服务平台，开设公益性网上家长学校和网络课程，开通服务热线，提供线上家庭教育指导服务。

第二十六条 县级以上地方人民政府应当加强监督管理，减轻义务教育阶段学生作业负担和校外培训负担，畅通学校家庭沟通渠道，推进学校教育和家庭教育相互配合。

第二十七条 县级以上地方人民政府及有关部门组织建立家庭教育指导服务专业队伍，加强对专业人员的培养，鼓励社会工作者、志愿者参与家庭教育指导服务工作。

第二十八条 县级以上地方人民政府可以结合当地实际情况和需要，通过多种途径和方式确定家庭教育指导机构。

家庭教育指导机构对辖区内社区家长学校、学校家长学校及其他家庭教育指导服务站点进行指导，同时开展家庭教育研究、服务人员队伍建设和培训、公共服务产品研发。

第二十九条 家庭教育指导机构应当及时向有需求的家庭提供服务。

对于父母或者其他监护人履行家庭教育责任存在一定困难的家庭，家庭教育指导机构应当根据具体情况，与相关部门协作配合，提供有针对性的服务。

第三十条 设区的市、县、乡级人民政府应当结合当地实际采取措施，对留守未成年人和困境未成年人家庭建档立卡，提供生活帮扶、创业就业支持等关爱服务，为留守未成年人和困境未成年人的父母或者其他监护人实施家庭教育创造条件。

教育行政部门、妇女联合会应当采取有针对性的措施，为留守未成年人和困境未成年人的父母或者其他监护人实施家庭教育提供服务，引导其积极关注未成年人身心健康状况、加强亲情关爱。

第三十一条 家庭教育指导机构开展家庭教育指导服务活动，不得组织或者变相组织营利性教育培训。

第三十二条 婚姻登记机构和收养登记机构应当通过现场咨询辅导、播放宣传教育片等形式，向办理婚姻登记、收养登记的当事人宣传家庭教育知识，提供家庭教育指导。

第三十三条 儿童福利机构、未成年人救助保护机构应当对本机构安排的寄养家庭、接受救助保护的未成年人的父母或者其他监护人提供家庭教育指导。

第三十四条 人民法院在审理离婚案件时，应当对有未成年子女的夫妻双方提供家庭教育指导。

第三十五条 妇女联合会发挥妇女在弘扬中华民族家庭美德、树立良好家风等方面的独特作用，宣传普及家庭教育知识，通过家庭教育指导机构、社区家长学校、文明家庭建设等多种渠道组织开展家庭教育实践活动，提供家庭教育指导服务。

第三十六条 自然人、法人和非法人组织可以依法设立非营利性家庭教育服务机构。

县级以上地方人民政府及有关部门可以采取政府补贴、奖励激励、购买服务

等扶持措施，培育家庭教育服务机构。

教育、民政、卫生健康、市场监督管理等有关部门应当在各自职责范围内，依法对家庭教育服务机构及从业人员进行指导和监督。

第三十七条 国家机关、企业事业单位、群团组织、社会组织应当将家风建设纳入单位文化建设，支持职工参加相关的家庭教育服务活动。

文明城市、文明村镇、文明单位、文明社区、文明校园和文明家庭等创建活动，应当将家庭教育情况作为重要内容。

第四章 社会协同

第三十八条 居民委员会、村民委员会可以依托城乡社区公共服务设施，设立社区家长学校等家庭教育指导服务站点，配合家庭教育指导机构组织面向居民、村民的家庭教育知识宣传，为未成年人的父母或者其他监护人提供家庭教育指导服务。

第三十九条 中小学校、幼儿园应当将家庭教育指导服务纳入工作计划，作为教师业务培训的内容。

第四十条 中小学校、幼儿园可以采取建立家长学校等方式，针对不同年龄段未成年人的特点，定期组织公益性家庭教育指导服务和实践活动，并及时联系、督促未成年人的父母或者其他监护人参加。

第四十一条 中小学校、幼儿园应当根据家长的需求，邀请有关人员传授家庭教育理念、知识和方法，组织开展家庭教育指导服务和实践活动，促进家庭与学校共同教育。

第四十二条 具备条件的中小学校、幼儿园应当在教育行政部门的指导下，为家庭教育指导服务站点开展公益性家庭教育指导服务活动提供支持。

第四十三条 中小学校发现未成年学生严重违反校规校纪的，应当及时制止、管教，告知其父母或者其他监护人，并为其父母或者其他监护人提供有针对性的家庭教育指导服务；发现未成年学生有不良行为或者严重不良行为的，按照有关

法律规定处理。

第四十四条 婴幼儿照护服务机构、早期教育服务机构应当为未成年人的父母或者其他监护人提供科学养育指导等家庭教育指导服务。

第四十五条 医疗保健机构在开展婚前保健、孕产期保健、儿童保健、预防接种等服务时，应当对有关成年人、未成年人的父母或者其他监护人开展科学养育知识和婴幼儿早期发展的宣传和指导。

第四十六条 图书馆、博物馆、文化馆、纪念馆、美术馆、科技馆、体育场馆、青少年宫、儿童活动中心等公共文化服务机构和爱国主义教育基地每年应当定期开展公益性家庭教育宣传、家庭教育指导服务和实践活动，开发家庭教育类公共文化服务产品。

广播、电视、报刊、互联网等新闻媒体应当宣传正确的家庭教育知识，传播科学的家庭教育理念和方法，营造重视家庭教育的良好社会氛围。

第四十七条 家庭教育服务机构应当加强自律管理，制定家庭教育服务规范，组织从业人员培训，提高从业人员的业务素质和能力。

第五章　法律责任

第四十八条 未成年人住所地的居民委员会、村民委员会、妇女联合会，未成年人的父母或者其他监护人所在单位，以及中小学校、幼儿园等有关密切接触未成年人的单位，发现父母或者其他监护人拒绝、怠于履行家庭教育责任，或者非法阻碍其他监护人实施家庭教育的，应当予以批评教育、劝诫制止，必要时督促其接受家庭教育指导。

未成年人的父母或者其他监护人依法委托他人代为照护未成年人，有关单位发现被委托人不依法履行家庭教育责任的，适用前款规定。

第四十九条 公安机关、人民检察院、人民法院在办理案件过程中，发现未成年人存在严重不良行为或者实施犯罪行为，或者未成年人的父母或者其他监护人不正确实施家庭教育侵害未成年人合法权益的，根据情况对父母或者其他监护

人予以训诫，并可以责令其接受家庭教育指导。

第五十条 负有家庭教育工作职责的政府部门、机构有下列情形之一的，由其上级机关或者主管单位责令限期改正；情节严重的，对直接负责的主管人员和其他直接责任人员依法予以处分：

（一）不履行家庭教育工作职责；

（二）截留、挤占、挪用或者虚报、冒领家庭教育工作经费；

（三）其他滥用职权、玩忽职守或者徇私舞弊的情形。

第五十一条 家庭教育指导机构、中小学校、幼儿园、婴幼儿照护服务机构、早期教育服务机构违反本法规定，不履行或者不正确履行家庭教育指导服务职责的，由主管部门责令限期改正；情节严重的，对直接负责的主管人员和其他直接责任人员依法予以处分。

第五十二条 家庭教育服务机构有下列情形之一的，由主管部门责令限期改正；拒不改正或者情节严重的，由主管部门责令停业整顿、吊销营业执照或者撤销登记：

（一）未依法办理设立手续；

（二）从事超出许可业务范围的行为或作虚假、引人误解宣传，产生不良后果；

（三）侵犯未成年人及其父母或者其他监护人合法权益。

第五十三条 未成年人的父母或者其他监护人在家庭教育过程中对未成年人实施家庭暴力的，依照《中华人民共和国未成年人保护法》《中华人民共和国反家庭暴力法》等法律的规定追究法律责任。

第五十四条 违反本法规定，构成违反治安管理行为的，由公安机关依法予以治安管理处罚；构成犯罪的，依法追究刑事责任。

第六章 附则

第五十五条 本法自 2022 年 1 月 1 日起施行。